D1724660

Schriftenreihe

Medizinrecht

in Forschung und Praxis

Band 38

ISSN 1861-1508

Verlag Dr. Kovač

Anna-Maria Kanter

Das Steuerungsinstrument der vertragsärztlichen Zulassung im Wandel der Gesundheitsreformen

insbesondere seit 2004

Verlag Dr. Kovač

Hamburg
2013

VERLAG DR. KOVAČ GMBH

FACHVERLAG FÜR WISSENSCHAFTLICHE LITERATUR

Leverkusenstr. 13 · 22761 Hamburg · Tel. 040 - 39 88 80-0 · Fax 040 - 39 88 80-55

E-Mail info@verlagdrkovac.de · Internet www.verlagdrkovac.de

Bibliografische Information der Deutschen Nationalbibliothek
Die Deutsche Nationalbibliothek verzeichnet diese Publikation
in der Deutschen Nationalbibliografie;
detaillierte bibliografische Daten sind im Internet
über http://dnb.d-nb.de abrufbar.

ISSN: 1861-1508

ISBN: 978-3-8300-7107-5

Zugl.: Dissertation, Ruhr-Universität Bochum, 2012

© VERLAG DR. KOVAČ GmbH, Hamburg 2013

Danksagung

Ich danke ganz herzlich meinen Eltern, Maria und Prof. Dr. Gustav Kanter, meinen Schwiegereltern Hannelore und Werner Janßen und meinem Ehemann Stefan Emmerich, ohne deren Unterstützung in praktischer Hinsicht, insbesondere durch die sehr umfängliche Betreuung meines Sohnes und ohne deren Geduld in schwierigen Phasen der Bearbeitung und bei Motivationstiefen das Vorhaben sicherlich auf dem Weg gescheitert wäre.

Besonderen Dank spreche ich meinem Doktorvater, Herrn Prof. Dr. Huster aus, für die Offenheit für mein Thema, das Vertrauen darauf, dass ich mein Vorhaben auch neben Beruf und Familie vollende und die stetige unmittelbare Unterstützung, wann immer es Bedarf gab. Herrn Prof. Dr. Kaltenborn danke ich für die Erstellung des Zweitgutachtens.

Großer Dank im Hinblick darauf, das Vorhaben mitten im Berufsleben noch zu verwirklichen, gilt meinem Sozius Dr. Matthes Heller, der nicht zuletzt auch zeitweise erhebliche berufliche Einschränkungen zum Zwecke der Verfolgung des Unternehmens toleriert hat und Lösungen finden geholfen hat. Weiterer Dank gilt den lieben Mitarbeitern unserer Kanzlei, die mich in Fragen bei der Anwendung des Schreibprogramms, bei Bibliotheksgängen oder beim Druck unterstützt haben, besonders hervorgehoben aber meinem verehrten wervollen Gesprächspartner, Herrn Dr. Hans-Detlef Heller.

Inhaltsübersicht:

XI

XII

XIV

Literaturverzeichnis:

a) mit Verfasserangabe

b) ohne Verfasserangabe (o. V.)

a) mit Verfasserangabe:

AOK-Bundesverband (o. J.): Lexikon, Einkaufsmodell, o. S., http://www.bv-aok.de/ lexikon/e/index_00306.html, (11.11.2011).

AOK-Bundesverband (Hrsg.) (2006): Gutachten zeigt Wege zu mehr Wettbewerb unter Leistungserbringern „Gesundheitsreform muss Hürden für mehr Wettbewerb ausräumen", in: presseservice gesundheit, Mediendienst des AOK-Bundesverbandes, 06/ 2006, vom 04.09.2006, 2 - 4, http://www.aok-bv.de/imperia/md/aokbv/presse/psg/ thema/psg_thema_0606_web.pdf, (14.11.2011).

Ders. (2010): Neue Wege für bessere medizinische Versorgung Gesund leben auf dem Land vom 22.04.2010, o. S, http://www.aok-bv.de/presse/medienservice/politik/index _02772.html, (15.11.2011).

Ders. (2010a): Gesundheitskasse setzt sich für neue Versorgungsmodelle ein, vom 15.11.2010, o. S., AOK-Bundesverband, http://www.aok-bv.de/presse/medienservice/ politik/index_04967.html, (17.11.2011).

Ders. (2010b): Schönbach: Planung muss flexibler werden und tatsächlichem Bedarf folgen Bundesgesundheitsminister plant für 2011 ein Versorgungsgesetz, vom 15.11.2010, o. S., AOK-Bundesverband, http://www.aok-bv.de/presse/medienservice/ politik/index_04965.html, (04.11.2011).

Augsberg, Steffen: Der morbiditätsorientierte Risikostrukturausgleich zwischen politischer Gestaltungsfreiheit und verfassungsrechtlicher Kontrolle, in: GesR 2008, 515 - 519.

Ax, Thomas/Schneider, Matthias/Siewert, Josephine: Ausschreibungspflicht für Anwaltsdienstleistungen, in: Kammer Forum, Mitteilungen der Rechtsanwaltskammer Köln 2010, 132 - 137.

Barth, Holger/Hänlein, Andreas: Die Gefährdung der Berufsfreiheit (Art. 12 Abs. 1 GG) niedergelassener Vertragsärzte durch Verträge nach § 116b Abs. 2 SGB V - materiellrecht-liche und verfahrensrechtliche Folgerungen aus dem „Ermächtigungsbeschluss" des BVerfG vom 17.8.2004 (1 BvR 378/00), Kurzgutachten im Auftrag des Berufsverbandes der niedergelassenen Hämatologen und internistischen Onkologen in Deutschland e. V. (BNHO) - http://www.arztrechtplus.de/gutachten.pdf (09.11.2011), (zitiert: Barth/Hänlein, Gutachten).

Bäune, Stefan: Besprechung Urteil des LG Dortmund v. 27.09.2007, 3 O 391/07, in: Zeitschrift für das gesamte Medizin- und Gesundheitsrecht 2008, 52 - 54.

Ders.: Gesellschaftsvertragliche Verpflichtung zum Zulassungsverzicht bei Ausscheiden aus einer Berufsausübungsgemeinschaft, in: ZMGR 2008, 54 - 56.

Ders./Meschke, Andreas/Rothfuß, Sven (Hrsg.): Kommentar zur Zulassungsverordnung für Vertragsärzte und Vertragszahnärzte, Berlin, Heidelberg: C. F. Müller, 2008, (zitiert: *Bearbeiter*, in Bäune/Meschke/Rothfuß).

Bayerische Landesärztekammer (Hrsg.) (2009): Rahmenbedingungen ärztlicher Tätigkeit, Bayerisches Ärzteblatt 11/2009, 560 - 561, http://www.blaek.de/presse/aerzteblatt/2009/BAB_1109_558_563.pdf, (15.11.2011).

Bechtold, Rainer/Brinker, Ingo/Holzmüller, Tobias (2010): Eckpunktepapier zum Rechtsgutachten: Grenzen der Anwendung des Kartellverbots auf die Tätigkeit gesetzlicher Krankenkassen, erstellt im Auftrag des AOK Bundesverbandes, vom 11.06.2010, 1 - 6, http://www.aok-bv.de/imperia/md/aokbv/politik/reformaktuell/gutachten_kartellrecht_amnog_eckpunkte.pdf, (17.11.2011).

Becker, Ulrich/Kingreen, Thorsten (Hrsg.): Gesetzliche Krankenversicherung, Kommentar, 2. Auflage, München: C.H. Beck, 2010, (zitiert: Bearbeiter, in: Kommentar zum SGB V).

Bergmann, Karl Otto: Delegation und Substitution ärztlicher Leistungen auf/durch nichtärztliches Personal, in: MedR 2009, 1 - 10.

Beske, Fritz/Drabinski, Thomas/Wolf, Jörn Henning: Sicherstellungsauftrag in der vertragsärztlichen Versorgung - Standpunkte und Perspektiven, Fritz Beske Institut für Gesundheits-System-Forschung (Hrsg.), Kiel: IGFS, 2002.

Bewertungsausschuss (Hrsg.) (2011): Bekanntmachung der Beschlüsse des Bewertungsausschusses nach § 87 Absatz 3 SGB V, Stand: 28.12.2011, http://www.kbv.de/8157.html, (04.11.2011).

Bickmann, Hans-Jürgen: Neue Kooperationsformen von Ärzten und Krankenkassen, in: Schmehl, Arndt/Wallrabenstein, Astrid (Hrsg.): Steuerungsinstrumente im Recht des Gesundheitswesens, Bd. 2: Kooperation, Tübingen: Mohr Siebeck, 2006, 125 - 136.

Böcken, Jan/Braun, Bernard/Amhof, Robert (Hrsg.): Gesundheitsmonitor 2008, Gesundheitsversorgung und Gestaltungsoptionen aus der Perspektive der Bevölkerung, Gütersloh: Verlag Bertelsmann Stiftung, 2008, (zitiert: Gesundheitsmonitor).

Bonvie, Horst: Bindung des Vertragsarztsitzes, in: GesR 2008, 505 - 510.

Bröhmer, Jürgen: Transparenz als Verfassungsprinzip, Tübingen: Mohr Siebeck, 2004.

Bucher, Hannes: Das Europäische Wettbewerbsrecht - Fluch oder Segen für das deutsche Gesundheitssystem? In: RPG 2009, 58 - 68.

Bundesministerium für Gesundheit (Hrsg.) (2012): Glossarbegriff Hausarzt, o. S., Stand: 19.01.2012, http://www.bmg.bund.de/krankenversicherung/zusatzleistungen-wahltarife/hausarzt.html, (14.11.2011).

Bundeszahnärztekammer (Hrsg.) (2008): Pressemitteilung der BZÄK, v. 18.07.2008, "'Öffnungsklausel' in der GOZ wäre verfassungswidrig" (zum Gutachten des Konstanzer Rechtswissenschaftlers Prof. Boecken), o. S., http://www.bzaek.de/presse/presseinformationen/presseinformation/bzaek/18/07/2008/oeffnungsklausel-in-der-goz-waere-verfassungswidrig.html, (10.11.2011).

Bungenstock, Jan M.: Gesundheitsreform: Mehr Wettbewerb auf dem Markt für Arzneimittel? In: Wirtschaftsdienst 2007, 679 - 686, Wirtschaftsdienst Volume 87, Number 10, 679 - 686.

Butzer, Hermann: § 95 SGB V und die Neuausrichtung des ärztlichen Berufsrechts, in: NZS 2005, 344 - 352.

Byok, Jan: Auftragsvergabe im Gesundheitssektor, in: GesR 2007, 553 - 559.

Cassel, Dieter (Hrsg.): Wettbewerb und Regulierung im Gesundheitswesen, Baden-Baden: Nomos, 2004 (=Gesundheitsökonomische Beiträge 44), (zitiert: Wettbewerbsperspektiven).

Ders./Jacobs, Klaus: Krankheit besser abbilden Risikostrukturausgleich, in: G+G, Das AOK-Forum für Politik, Praxis und Wissenschaft, 11/2008, 28 - 30, (zitiert: GG).

Cassel, Dieter/Ebsen, Ingwer/Greß, Stefan/Jacobs, Klaus/Schulze, Sabine/Wasem, Jürgen (Hrsg.): „Vertragswettbewerb in der GKV - Möglichkeiten und Grenzen vor und nach der Gesundheitsreform der Großen Koalition", WIdO-Publikation, Bonn: 2008, http://www.wido.de/fileadmin/wido/downloads/pdf_publikationen/wido_ges_vertragswettbewerb-gkv2008_0209.pdf, (14.11.2011).

Cranshaw, Friedrich L.: Anfechtung von Zahlungen der kassenärztlichen Vereinigung an einen Gläubiger, Anmerkung zu OLG Brandenburg 7. Zivilsenat, Urteil vom 09. Juli 2008, 7 U 193/07, in: jurisPraxisreport-InsR 25/2008 Anm. 4.

CDU, CSU und FDP, 92 (2009): Koalitionsvertrag „Wachstum. Bildung. Zusammenarbeit" aus dem Jahr 2009, http://www.cdu.de/doc/pdfc/091026-koalitionsvertrag-cducsu-fdp.pdf, (16.11.2011).

Dahm, Franz-Josef: Abwicklung einer als BGB-Gesellschaft betriebenen ärztlichen Gemeinschaftspraxis, in: MedR 2005, 357 - 358.

Ders.: Voraussetzungen für die Genehmigung einer Vertrags(zahn)ärztlichen Zweigpraxis, Anm. zu LSG Darmstadt vom 29.11.2007 - L 4 KA 56/07 ER, in: MedR 2008, 172 - 178.

Ders./Ratzel, Rudolf: Liberalisierung der Tätigkeitsvoraussetzungen des Vertragsarztes und Vertragsarztrechtsänderungsgesetz - VändG in: MedR 2006, 555 - 568.

Ders./Möller, Karl-Heinz/Ratzel, Rudolf (Hrsg.): Rechtshandbuch Medizinische Versorgungszentren, Berlin, Heidelberg, New York: Springer, 2005, (zitiert: *Bearbeiter*, in: Rechtshdb. MVZ).

Dannecker, Gerhard: Korruption durch Zuwendung finanzieller Leistungen an Ärzte - zugleich eine Anmerkung zur Entscheidung des OLG Braunschweig 23.02.2010, in: GesR 2010, 281 - 286.

Debatin, Jörg F./Ekkernkamp, Axel/Schulte, Barbara (Hrsg.): Krankenhausmanagement, Strategien, Konzepte, Methoden, Berlin: MWV Medizinisch Wissenschaftliche Verlagsgesellschaft 2010, (zitiert: Debatin et al.).

Der Doktor und das liebe Geld - wer rettet den Hausarzt von nebenan? - WDR, Talkshow vom 22.06.2011, 75 min., Hart aber fair dazu auf der Homepage: Faktencheck, http://www.wdr.de/themen/politik/1/hart_aber_fair/faktencheck_110622/index.jhtml, (13.11.2011).

Deutsche Sozialversicherung (Hrsg.) (o. J.): http://www.deutsche-sozialversicherung. de/de/krankenversicherung/versicherte.html, o. S., (30.11.2011).

Dörre, Klaus (2007): Die Einschläge kommen näher, in: Karriere. Das junge Job- und Wirtschaftsmagazin. Ausgabe 03/2007. Verlagsgruppe Handelsblatt GmbH Düsseldorf, 59 f., (zitiert: Karriere).

Ebsen, Ingwer: Kartell- und vergaberechtliche Aspekte des vertraglichen Handelns der Krankenkassen, in: KrV 2004, 95 - 100.

Ders.: Ausschreibungspflichten für selektivvertragliche ärztliche Versorgung in der GKV, in: KrV 2010, 139 - 143.

Erdogan-Griese, Bülent: Neuer Anlauf für eine integrierte Bedarfsplanung, Rheinisches Ärzteblatt 2/2011, 12 - 13.

Eulitz, Martin: „Unverzichtbar für hohen Versorgungsstandard", Bayerisches Ärzteblatt 10/2008, 606 - 607.

Fiedler, André: Vertragsarztrechtliche Fragen beim Tod eines niedergelassenen Arztes, in: GesR 2011, 326 - 330.

Frehse, Michael/Lauber, Anna: Rechtsfragen der vertragsärztlichen Teilzulassung nach § 19a Ärzte-ZV, in: GesR 2011, 278 - 283.

Friebe, Michael: Freiberufler, Angestellter oder Unternehmer - der Arzt entscheidet oder er wird entschieden! In: PFB 2011, 112 - 119.

Fuerst, Anna-Maria: Preisbildung von Arzneimitteln zwischen öffentlichem Kostendruck und privater Wettbewerbsfreiheit, in: GesR 2010, 183 - 188.

Gaßner, Maximilian: Kartellrechtliche Schranken des Wettbewerbs in der GKV, in: RPG 2011, 7 - 11.

Geis, Mark: (Vertrags-)Arztbild des BGH versus Publikumswahrnehmung zu den Wortsinngrenzen des Amtsträgerbegriffs und des Beauftragtenbegriffs in § 299 StGB, in: GesR 2001, 641 - 648.

Gemeinsamer Bundesausschuss (Hrsg.) (2008): Berufsausübungs-Richtlinie v. 29.5.2007 erlassen, Stand 16.10.2008, http://www.g-ba.de/informationen/richtlinien/ quellennachweis/510/, (14.11.2011).

Ders. (2010): Tragende Gründe zum Beschluss des Gemeinsamen Bundesausschusses über eine Änderung der Bedarfsplanungs-Richtlinie: Einführung eines Demografiefaktors, vom 15.07.2010, 1 - 26, http://www.g-ba.de/downloads/40-268-1298/2010-07-15-Bedarf-Demografiefaktor_TrG.pdf, (12.11.2011).

Ders. (2011): Bedarfsplanungs-Richtlinie (Deckung des Sonderbedarfs durch Anstellung eines weiteren Arztes bei einem Facharzt), Stand 04.08.2011, http://www.g-ba.de/informationen/beschluesse/1324/, Gemeinsamer Bundesausschuss, (09.11.2011).

Gerlinger, Thomas (2002): Zwischen Korporatismus und Wettbewerb, Gesundheitspolitische Steuerung im Wandel, 1 - 42, Mai 2002, http://bibliothek.wzb.eu/pdf/2002/p02-204.pdf, (08.12.2011), (zitiert: Zwischen Korporatismus und Wettbewerb).

Gerst, Thomas: Rückblick aus aktuellem Anlass - Vertragsärzte: Abschied vom Streikrecht, in: Deutsches Ärzteblatt 2000; 97: A-826-828 [Heft 13], (zitiert: DÄBl.).

Ders.: Ärztliche Standesorganisationen und Standespolitik in Deutschland 1945 - 1955, in: Medizin, Gesellschaft und Geschichte-Beihefte 21, Stuttgart 2004.

Ders.: 50 Jahre Kassenarztrecht:"...dass wir allen Grund haben, uns zu freuen", in: Deutsches Ärzteblatt 2005, 300.

Ders.: Gesundheitsfonds: Erhebliche Fehlanreize und Wettbewerbsverzerrung, in: Deutsches Ärzteblatt 2009, 17/A-800.

Giesen, Richard: Das Kartellrecht der GKV Leistungserbringung und die dafür gültige neue Rechtswegzuweisung, in: G+G Wissenschaft 2001, 19 - 23.

GKV-Spitzenverband (Hrsg.) (o. J.):, Anzahl der Krankenkassen im Zeitablauf - Konzentrationsprozess durch Fusionen (Angaben zum Stichtag 1.1., bis 2011), eine Folie, https://www.gkv-spitzenverband.de/upload/Krankenkassen_Fusionenverlauf_1970-2011_15401.pdf, (16.11.2011).

Ders. (2010): Kennzahlen der gesetzlichen Krankenversicherung zuletzt aktualisiert: Dezember 2010, 1 - 23, http://www.gkv-spitzenverband.de/upload/GKV_Kennzahlen _Booklet_Q3_2010_15301.pdf, (11.11.2011).

Ders. (2011a): Unterversorgung verhindern - Überversorgung abbauen, Berlin, vom 06.04.2011 12:10, o. S., http://www.gkv-spitzenverband.de/PM_110406_ueber_ unterversorgung.gkvnet, Pressemitteilung, (05.11.2011)

Ders. (2011b): Positionspapier, Eckpunkte zu einem Versorgungsgesetz, 1 - 7, Berlin, Mai 2011, http://www.gkv-spitzenverband.de/upload/110505_GKV-SV_Eckpunkte_ Versorgungsgesetz_16451.pdf, (11.11.2011).

Ders. (2011c): Statement (Doris Pfeiffer), GKV-Spitzenverband, o. S., vom 28.03.2011, http://www.gkv-spitzenverband.de/Statement_Pfeiffer_20110328.gkvnet, (11.11.2011).

Ders. (2012): Alle gesetzlichen Krankenkassen, Stand 01.03.2012, http://www.gkv-spitzenverband.de/ITSGKrankenkassenListe.gkvnet, (Anzahl KKen), (01.01.2012).

Glaeske, Gerd: Vom RSA zum Morbi-RSA Mehr Rationalität im Finanzausgleich? In: KrV 2008, 188 - 192.

Göpffarth, Dirk/Sichert, Markus: Morbi-RSA und Einflussnahmen auf ärztliches Kodierverhalten - „Logik - Fehlannahmen - Rechtslage, in: KrV 2009, 186 - 191.

Goodarzi, Ramin/Schmid, Karsten: Die Ausschreibung vertragsärztlicher Leistungen nach dem SGB V, in: NZS 2009, 518 - 524.

Greß, Stefan/Wasem, Jürgen: Gemeinsamer Bundesausschuss und die Wettbewerbsordnung in der GKV, in: MedR 2006, 512 - 515.

Grohn, Beatrix: "Vom Praxischef zum Filialleiter - Chancen und Risiken einer Liberalisierung des Vertragsarztrechts", in: BKK 2007, 8 - 10.

Gründer, Stefan: Gesundheitsfonds und Mori-RSA: Erste Erfahrung mit der Umsetzung, in: KrV 2009, 192 - 196.

Hänlein, Andreas: Zur Vereinbarkeit der Zulassungsbeschränkungen für Vertragsärzte gemäß §§ 101 bis 103 SGB V in der Fassung des Gesundheitsstrukturgesetzes mit höherrangigem Recht, in: VSSR, Köln, 1993, 169 - 193.

Halbe, Bernd/Münzel, Hartmut Preusker/Uwe K./Rau, Ferdinand (Hrsg.): Krankenhausfinanzierungsgesetz (KHRG): Auswirkungen für Krankenhäuser, Heidelberg: medhochzwei, 2010.

Harney, Anke/Müller, Sandra C.: Bedarfsprüfung bei der ärztlichen Zweigpraxis? - Zur Verbesserung der Versorgung der Versicherten an weiteren Orten, in: NZS 2008, 286 - 292.

Hartmannbund (2008*)*: Beschlüsse, Konzept gegen den Ärztemangel in struktur-schwachen Gebieten, vom 25.10.2008, o. S., http://www.hartmannbund.de/enews/708/115/Konzept-gegen-den-aerztemangel-in-strukturschwachen-Gebieten/, (08.12.2011).

Hartmannsgruber, Karl: Beraterhinweis zu LSG Bayern Urt. v. 27.05.2009, L 12 KA 547/07, in: GesR 2009, 579 - 580.

Heberlein, Ingo: Insolvenz von Krankenkassen aus der Sicht von Versicherten, in: GesR 2009, 141 - 146.

Heller, Matthes/Kanter, Anna-Maria: Hinauskündigungsklausel und Bindung des Ver-tragsarztsitzes höchstens in den ersten zwei Jahren, in: GesR 2009, 346 - 350.

Herre, Ralf: "Statt Planwirtschaft gezielt Anreize setzen!" Aktuell im Gespräch mit Lars Lindemann, FDP, in: KVIntern (Monatsschrift der Kassenärztlichen Vereinigung Brandenburg), 3/2011, 8 - 10.

Hess, Renate: Angleichung von Gesetzlicher und privater Krankenversicherung, in: Deutsches Ärzteblatt 101, Heft 33 (13.08.2004), A-2214 - A-2215.

Hilberg, Raul: Die Vernichtung der europäischen Juden, Bd. 1, Frankfurt, Main: Fi-scher, 1993.

Hoffritz, Jutta (2003): KBV - Kassieren, Bestimmen, Verarzten, Jutta H, DIE ZEIT, 15/2003, o. S. http://www.zeit.de/2003/15/KBV_-_Kassieren_Bestimmen_Verarzten? page=all, (11.11.2011).

Hurrelmann, Klaus/Laaser, Ulrich/Razum, Oliver (Hrsg.): Handbuch Gesundheitswis-senschaften, Weinheim und München: Juventa Verlags, 2006, (zitiert: Hdb. Gesund-heit).

Huster, Stefan: Die Beitragsbemessung in der gesetzlichen Krankenversicherung, Ge-sellschaftlicher Wandel als Herausforderung für das Sozialversicherungsrecht, in: JZ 2002, 371 - 378.

Ders.: Die Beobachtungspflicht des Gesetzgebers. Ein neues Instrument zur verfas-sungsrechtlichen Bewältigung des sozialen Wandels? In: ZfRSoz 24 (2003), 3 - 26.

Ders.: Krankenhausrecht und SGB V - Medizinische Innovationen im stationären Sek-tor, in: GesR 2010, 337 - 344.

Ders.: Die Zuverlässigkeit von Add on-Verträgen zur Durchführung einer hausarzt-zentrierten Versorgung nach §73b, in: Die SGb 2010, 253 - 256.

Iungareva, Iordanka (2009): Grenzüberschreitende Gesundheitsnetzwerke im Lichte der EG-Grundfreiheiten und des europäischen Wettbewerbs-, Beihilfe- und Vergaberechts Eine neuinstitutionsökonomische und evolutionsökonomische Analyse des Managements transnationaler Gesundheitsnetzwerke, Univ. zu Köln, 2009, http://kups. ub.uni-koeln.de/2620/, (02.01.2012), (zitiert: Iungareva).

Jacobs, Klaus: Kassenärztliche Vereinigungen: Tausendsassa im Wettbewerb? in: G+G, 11/2005, 20 - 21.

Ders. (2009): Welche Zukunft hat der Kollektivvertrag, Dr. Jacobs? In: Recht und Politik im Gesundheitswesen, Mediendienst des AOK-Bundesverbandes 02/2009,10 - 11, http://www.aok-bv.de/imperia/md/aokbv/presse/psg/thema/psg_thema_0209_web.pdf, (16.11.2011).

Ders./Schulze, Sabine (2004): Wettbewerbsperspektiven integrierter Versorgung in der gesetzlichen Krankenversicherung, in: Cassel, Dieter (Hrsg.): Wettbewerb und Regulierung im Gesundheitswesen, Baden-Baden: Nomos 2004, 89 - 110, (= Gesundheitsökonomische Beiträge 44).

Ders./Schulze, Sabine: Sicherstellung der Gesundheitsversorgung Neue Konzepte für Stadt und Land, Berlin: KomPart 2011, (zitiert: *Bearbeiter*, in: Jacobs/Schulze, Sicherstellung der Gesundheitsversorgung).

Jarass, Hans Dieter/Pieroth, Bodo: Grundgesetz für die Bundesrepublik Deutschland: GG, München: C.H. Beck, 10. Aufl. 2009, (zitiert: GG).

Jasper, Jörg/Sundmacher, Torsten: Wettbewerb und Kooperation als Koordinationsverfahren für die Integrierte Versorgung, in: SF 3/ 2005, 53 - 62.

Jörg, Michael: Das neue Kassenarztrecht, München: Beck, 1993.

Jung, Karl/Gawlik, Christian/Gibis, Bernhard/Pötsch, Rüdiger/Rheinberger, Paul/ Schmacke, Norbert/Schneider, Günther: Bundesausschuss der Ärzte und Krankenkassen: Ansprüche der Versicherten präzisieren, in: Deutsches Ärzteblatt 2000; 97: A-365–370 [Heft 7], http://www.aerzteblatt.de/pdf/97/7/a365-0.pdf, (04.03.2012).

Kahl, Wolfgang/Gärditz, Klaus: Konkurrenzfragen zwischen Sozial- und Vergaberechtsschutz, in: NZS 2008, 337 - 342.

Kaltenborn, Markus: Der kartellvergaberechtliche Auftragsbegriff im Vertragswettbewerb des SGB V, in: GesR 2011, 1 - 8.

Kamps, Hans: Die Fortführung der Praxis eines verstorbenen Arztes durch den Praxis-verweser, in: NJW 1995, 2384 - 2389.

Kanter, Anna-Maria: Keine Abschreibung der Vertragsarztzulassung, Entscheidungs-besprechung - Aufsatz, in: PFB 2005, 213 - 215.

Dies.: Die ärztliche Gemeinschaftspraxis, in: PFB 2006, 90 - 99.

Dies.: Wann Zahlungen für die Zulassung doch abgeschrieben werden können, in: PFB 2008, 167 - 173.

Katzenmeier, Christian: Arzthaftung, Tübingen: Mohr, Siebeck, 2002.

Kaufmann, Mario: Einfluss des Europarechts auf das Gesundheitsrecht und die deutsche gesetzliche Krankenversicherung, Münster, Hamburg, London: Lit Verlag, 2003 (=Kölner Schriften zum internationalen und europäischen Recht ; 4).

Kassenärztliche Bundesvereinigung (Hrsg.) (o. J.): Informationsarchiv, http://daris.kbv.de/daris.asp, (12.11.2011) und http://daris.kbv.de/daris.asp, Archivnr. 1003744160, (17.11.2011).

Dies. (2005): Pressemitteilung vom 19.12.2005, Vorträge Gemeinsame Pressekonferenz von KBV und BNHO zur Rechtswidrigkeit des Paragraphen 116b Statement von Dr. Andreas Köhler, Vorsitzender des Vorstands der KBV, am 19. Dezember 2005 in Berlin, http://www.kbv.de/veranstaltungen/7353.html, (09.11.2011).

Dies. (2005): Überwachungen und Begehungen von Arztpraxen durch Behörden, Stand: 26.03.2009, Stand der Broschüre 10/2005, 1 - 34 (35), http://www.kbv.de/publikationen/7160.html, (11.11.2011).

Dies. (2007a): „Gemeinschaftsmaßnahmen im Bereich der Gesundheitsdienstleistun-gen" Stellungnahme der Kassenärztlichen Bundesvereinigung vom 31.01.2007, 1 - 16, http://ec.europa.eu/health/archive/ph_overview/co_operation/mobility/docs/health_services_co209.pdf, (08.11.2011).

Dies. (2007ba): Vertragsarztrecht, Vertragsarztrechtsänderungsgesetz - FAQ, „IV. So genannte `Teilzulassung`", Nr. 46, Stand: 10.04.2007, o. S., http://www.kbv.de/themen/10306.html, (10.11.2011).

Dies. (2007bb): „Themen A - Z", „Vertragsarztrecht" „Vertragsarztrechtsänderungs-gesetz FAQs, Stand: 10.04.2007, o. S., FAQs, http://www.kbv.de/themen/200.html

und http://www.kbv.de/themen/10306.html und http://www.kbv.de/themen/10309. html, (12.11.2011).

Dies. (2007c): FAQs Fragen zu Verträgen nach §73c SGB V (besondere ambulante ärztliche Versorgung), Stand: 14.11.2007, o. S., http://www.kbv.de/koop/9104.html, (15.11.2011).

Dies. (2008a): Vertragsoffensive Die Vertragsoffensive der KBV und der KVen, Stand: 26.09.2008, , o. S., https://www.kbv.de/11925.html, (17.11.2011).

Dies. (2008b): Schreiben der KBV an alle KVen vom 31.10.2008, D3 - 159 - I 92/2008, Az.: 08.IV.32, 1 - 3, http://www.kvsh.de/medien/news/2583_dez3_159..pdf, (12.11.2011).

Dies. (2009): Die Zukunft der vertragsärztlichen Versorgung Vorschläge zur Weiterentwicklung der ambulanten Medizin, vom 25.11.2009, 1 - 14, http://www.liberaleaerzte.de/files/21795/KBV_Reformpositionen.pdf, (02.01.2012).

Dies. (2010): Beilagen Deutsches Ärzteblatt, Honorarreform Rückblick und Ausblick, Serviceteil mit allen Regeln und Neuerungen zur Honorarverteilung ab 1. Juli 2010, Stand: 21.05.2010, 1 - 20, http://www.kbv.de/26443.html, (14.11.2011).

Dies.(2011): Bedarfsplanung Land oder Stadt? - Wo sich Ärzte niederlassen können, Stand: 01.05.2011, o. S., http://www.kbv.de/service/38805.html, (13.11.2011).

Dies. (2012a): Versorgungsstrukturgesetz, Neuausrichtung der Bedarfsplanung: Für eine gute Zukunft der ambulanten ärztlichen Versorgung, Stand: 06.01.2012, o. S., http://www.kbv.de/40652.html, (28.02.2012).

Dies. (2012b): Arztgruppen-EBM Einheitlicher Bewertungsmaßstab (EBM), Stand: 06.01.2012, o. S., http://www.kbv.de/8170.html, (12.01.2012).

Dies. (2012c).: Medizinische Versorgungszentren (MVZ), Medizinische Versorgungszentren aktuell (2. Quartal 2010), 1 - 9, Stand: 24.02.2012, Medizinische Versorgungszentren aktuell (4. Quartal 2010), 1 - 9, Entwicklung der Medizinischen Versorgungszentren 2006 bis 2010, 1 - 12, Dokumente zum Download, alle: http://www.kbv.de/koop/8791.html, (12.11.2011).

Keil-Löw, Martina: Auswirkungen des Gesundheitsfonds für die Leistungserbringer und Versicherten der GKV, in: ZMGR 2009, 269 - 282.

Kiel, Nadine: Zahnärzte ohne Zulassungsbeschränkungen, Konsequenzen aus Gesetzesänderungen, Thüringer Zahnärzteblatt 4/2007, 5 - 7.

Kingreen, Thorsten (2009): Die hausarztzentrierte Versorgung (§ 73b SGB V) als neues Steuerungsmodell in der vertragsärztlichen Versorgung, 03.07.2009, Folien 1 - 13, http://www.igmr.uni-bremen.de/deutsch/veranst/Workshop09-Kingreen.pdf (30. 12.2011), Bremen 2009.

Ders./Deniz, Temizel: Die Übermittlung ärztlicher Leistungsdaten in der hausarztzentrierten Versorgung, in: GesR 2010, 225 - 231.

Kistemann, Thomas/Schröer, Milly-Anna: Kleinräumige kassenärztliche Versorgung und subjektives Standortwahlverhalten von Vertragsärzten in einem überversorgten Planungsgebiet, in: Zeitschrift für Gesundheitswissenschaften, GesundhWes 2007, 593 - 600.

Klöck, Oliver: Die Anwendbarkeit des Vergaberechts auf Beschaffungen durch die gesetzlichen Krankenkassen, in: NZS 2008, 178 - 186.

Klose, Joachim/Uhlemann, Thomas: Fehlallokation in der vertragsärztlichen Versorgung. Abbau und Vermeidung von Über- und Unterversorgung, in: G+G Wissenschaft, 3/2006, 7 - 17.

Ders./Rehbein, Isabel (2011): Ärzteatlas 2011, Daten zur Versorgungsdichte von Vertragsärzten, Publikation des Wissenschaftlichen Instituts der AOK (WIdO), 1 - 118, http://www.wido.de/fileadmin/wido/downloads/pdf_ambulaten_versorg/wido_amb_pu b-aerzteatlas2011_0511.pdf, (12.11.2011).

Knappe, Eckhard/Schulz-Nieswandt, Frank/Kurscheid, Clarissa/Weissberger, Doris (2003): Vertragssystemwettbewerb Zur Neuordnung des Sicherstellungsauftrages zwischen kollektiv- und individualvertragsrechtlicher Perspektive und das Problem der Integrationsversorgung im bundesdeutschen Gesundheitswesen auf der Grundlage von Tarifwahlfreiheiten der Versicherten, Gutachten im Auftrag der KBV Köln/Trier, November 2003, http://www.sozialpolitik.uni-koeln.de/fileadmin/downloads/pdf_sn/vertrags systemwettbewerb.pdf, (16.11.2011), (zitiert: Knappe et al.).

Koenig, Christian/Engelmann, Christina/Hentschel, Kristin: Die Anwendbarkeit des Vergaberechts auf die Leistungserbringung im Gesundheitswesen, in: MedR 2003, 562 - 569.

Ders./Schreiber, Kristina: Kassenärztliche Vereinigungen - gesetzlicher „Freibrief" oder greifen die Kontrollmechanismen des Wettbewerbsrechts? In: GesR 2008, 561 - 567.

Ders./Dies.: Das undenkbare Denken: Nur ein staatlich unabhängig regulierter Selektivvertragswettbewerb zieht die GKV aus dem Sumpf des Korporatismus! In: GesR 2010, 127 - 130.

König, Hans-Helmut (Projektleiter)/Günther, Oliver H./Kürstein, Beate/Riedel-Heller, Steffi: Univ. Leipzig, Analyse von Anreizen für die Niederlassung von Ärzten, mit besonderer Berücksichtigung der Versorgung in strukturschwachen Regionen Ostdeutschlands, 23. Endbericht zur Förderinitiative der Bundesärztekammer zur Versorgungsforschung im Bereich III („Physician Factor"), (zitiert: Studie der Univ. Leipzig, König u. a.).

Konerding, Susanne: Der Vertragsarztsitz im Medizinischen Versorgungszentrum, Regensburg: Nomos 2009.

Kopetsch, Thomas (2005): Bedarfsplanung: Geregelt wird nur die Verteilung, Deutsches Ärzteblatt online, 06.05.2005, o. S., www.aerzteblatt.de/aufsaetze/0505, (16.06.2011).

Korzilius, Heike/Maus, Josef (2004): Kassenärztliche Vereinigungen: Neuanfang oder Anfang vom Ende? Deutsches Ärzteblatt 2004; 101(15): A-981 / B-815 / C-795, http://www.aerzteblatt.de/v4/archiv/artikel.asp?id=41300, (11.11.2011).

Dies./Rieser, Sabine: Honorarreform: Großes Plus reicht nicht für jeden, in: Deutsches Ärzteblatt 2010; 107(9): A-374 / B-334 / C-324.

Krauskopf, Dieter, Soziale Krankenversicherung Pflegeversicherung Kommentar, Bd. 1, München 2010, Stand: März 2010 (zitiert. *Bearbeiter*, in: SozKV).

Kröner, Hans-Peter: Zwischen Ethik und Ökonomie: Die Krise in der Weimarer Republik, Westfälisches Ärzteblatt 4/2006, 12 - 14.

Kruse, Jürgen/Hänlein, Andreas: Sozialgesetzbuch V, Gesetzliche Krankenversicherung, Lehr- und Praxiskommentar, 3. Auflage, Baden-Baden: Nomos, 2009, (zitiert: *Bearbeiter*, in: *LPK-SGB V*).

KV Berlin (Hrsg.) (o. J.): Forschungsprojekt KV Berlin erforscht ihre Rolle im Dritten Reich, o. S., http://www.kvberlin.de/10kvberlin/40geschichte/20projekt/index.html, (02.12.2011).

Dies. (o. J.a): Erläuterungen zur Honorarsystematik ab 01.07.2010 RLV-Berechnung, o. S., http://www.kvb.de/praxis/honorar/honorar-ab-010710/erlaeuterungen.html, (12.11.2011).

KV Nordrhein (Hrsg.) (2010): KV Nordrhein korrigiert Folgen der Honorarreform: Die Möglichkeiten der Konvergenz ausgeschöpft, in: KVNO aktuell online 9/10, o. S., http://www.kvno.de/60neues/2010/honorarreform/index.html, (17.11.2011).

KV Nordrhein (Hrsg.) (2011): Schnellinformation, 17.01.2011, 1 - 2, http://www.kvno.de/downloads/schnellinfo/schnellinformation_ausgabenbegrenzung2011.pdf, (11.11.2011).

KV Rheinland-Pfalz (Hrsg.) (o. J.): Zulassung, o. S., http://www.kv-rlp.de/mitglieder/zulassung-praxis/zulassung.html, (11.11.2011).

Dies. (2009): Neues aus der KV Verwaltungskosten sinken 21. Sitzung der Vertreterversammlung der KV RLP, Ärzteblatt Rheinland-Pfalz. 62 (1), 2009, 16 - 17, http://www.aerzteblatt-rheinlandpfalz.de/pdf/rlp0901_016.pdf, (15.11.2011).

KV Sachsen *(Hrsg.)* (o. J.): Programm "Studienbeihilfe", o. S., KV Sachsen, http://www.kvs-sachsen.de/aktuell/foerderungen/programm-studienbeihilfe/, (11.11.2011).

KV Sachsen (Hrsg.) (2007): Aufnahme niedergelassener Ärzte in Förderprogramm: „Förderung von Investitionen kleinerer Unternehmen in strukturschwachen Räumen", KVS-Mitteilungen, Ausgabe 07-08/2007, o. S., http://www.kvs-sachsen.de/mitglieder/kvs-mitteilungen/2007/07-082007/verschiedenes/, (11.11.2011).

KV Sachsen (Hrsg.) (2008): Aktuelles Thema - Ärztemangel Sachsen lockt! KVS-Mitteilungen, Ausgabe 06/2008, 1 - 5, http://www.kvs-sachsen.de/uploads/media/akt_them.pdf, (17.11.2011).

Land Nordrhein-Westfalen, Staatskanzlei des Landes Nordrhein-Westfalen (Hrsg.) (2010): Minister Karl-Josef Laumann: „Hausarzt-Aktionsprogramm stößt auf deutliches Interesse" / Hausärzte können weiterhin Förderung zur Niederlassung in ländlichen Gebieten beantragen - Anträge im Internet, 02.06.2010, o. S., http://www.nrw.de/presse/laumann-hausarzt-aktionsprogramm-stoesst-auf-deutliches-interesse-9350/, (11.11.2011).

Laufer, Roland/Heins, Detlev/Wörz, Markus/Meissner, Sabine/Derix, Frank/Georgi, Anja/Koerdt, Stefan/Mörsch, Michael/Jaeger, Christian: Selektiv statt kollektiv? Warum Selektivverträge dem Gesundheitssystem nicht helfen, in: das Krankenhaus 2010, 921 - 931.

Laum, Heinz-Dieter (2001): Gesetzliche Krankenversicherung: Spannungen zwischen Arzthaftung und Leistungsgrenzen, in: Deutsches Ärzteblatt 2001; 98: A-3176, B-2690, C-2497, o. S., auch: http://www.aerzteblatt.de/v4/archiv/artikel.asp?id=29644, (09.11.2011), Deutscher Ärzte-Verlag GmbH.

Lindenau, Lars: Offene Fragen der ärztlichen Teilzulassung, in: PFB 2008, 206 - 208.

Ders.: Zulassungsentzug wegen Patientenzuzahlungen? In: PFB 2009, 117.

Lippert, Hans-Dieter: Der Honorar-(Vertretungs-)arzt - ein etwas anderer Freiberufler, in: GesR 2010, 665 - 667.

Luxenburger, Bernd/Wölk, Florian: Mitgliederwerbung gesetzlicher Krankenkassen zwischen Konkurrenz und Kooperation - Wettbewerbsrechtliche Auseinandersetzungen zwischen den gesetzlichen Krankenkassen und anderen, in: ZMGR 2008, 111 - 124.

Mahr, Werner: Einführung in die Versicherungswirtschaft, Berlin: Duncker & Humblot, 1951.

Muckel, Stefan/Hiddemann, Till-Christian: Das Gesetz zur Modernisierung der gesetzlichen Krankenversicherung, in: NJW 2004, 7 - 13.

Makoski, Kyrill: Belegarzt mit Honorarvertrag, in: GesR 2009, 225 - 229.

Meißner, Marc (2010): Bedarfsplanung: G-BA beschließt Demografiefaktor, in: Deutsches Ärzteblatt 2010, 341, http://www.aerzteblatt.de/v4/archiv/artikel.asp?id=77920, (14.12.2011).

Ders./Richter-Kuhlmann, Eva A./Rieser, Sabine: Vertragswerkstatt der KBV: Lauter gute Konzepte, aber wenige Abnehmer, in: Deutsches Ärzteblatt 2010; 107(13): A-580 / B-508 / C-500, o. S., http://www.aerzteblatt.de/v4/archiv/artikel.asp?id=70605, (12.11.2011) (zitiert: Meißner et al.).

Merten, Martina: Parallelorganisationen: Vorbereitungen für den Systemausstieg, in: Deutsches Ärzteblatt 2007; 104(7): A-384 / B-340 / C-328.

Meurers, Horst: Antwort auf die Krise, Anwalt: Korbmodell als Weg zur Direktabrechnung, in: Die monatliche Zeitschrift für alle niedersächsischen Zahnärzte (zitiert: ZKN Mitteilungen) 2007, 612.

Meyenburg, Gerhard (2011): Kontroverse um den Kassen-Wechsel, Regierung hat den Übergang in die Private Krankenversicherung erleichtert. Bindung an Wahltarife ist aber strittig, General-Anzeiger, 27.11.2011, 6.

Michels, Rolf/Ketteler-Eising, Thomas: Gewerbliche Infizierung durch Fallpauschalen, in: PFB 2008, 282 - 286.

Mittler, Dietrich (2008): Staatsregierung will Ärzteprotest vereiteln, vom 30.01.2008, o. S., Süddeutsche Zeitung GmbH, http://www.sueddeutsche.de/bayern/nuernberg-staatsregierung-will-aerzteprotest-vereiteln-1.266097, (10.11.2011).

Möller, Karl-Heinz: Ausgewählte Probleme bei der Gestaltung ärztlicher Kooperationsverträge, in: Ausgewählte Probleme bei der Gestaltung ärztlicher Kooperationsverträge (Zivil-, Berufs-, Vertragsarzt-, Steuerrecht), Arbeitsunterlagen Michels, Rolf; Möller, Karl-Heinz, DAI-Ausbildungscenter Rhein / Main (Hrsg.), 2010. (zit.: DAI).

Müller, Carl-Heinz: Pro & Contra: Ärztemangel in Deutschland! - Die Sicht der KBV, in: KrV 2010, 114.

Müller, Peter (2007): Ärzte laufen Sturm Ersatzkassen schreiben ambulante Versorgung aus, Frankfurter Allgemeine Zeitung, vom 17.10.2007, o. S., http://www.faz.net/s/Rub0E9EEF84AC1E4A389A8DC6C23161FE44/Doc~EDC566592C8C14A FA838FD2493970F0FF~ATpl~Ecommon~Scontent.html, (11.11.2011).

Nies, Katja: Bedroht die geplante ambulante spezialärztliche Versorgung die Vertragsärzte? In: PFB 2011, 211 - 212.

Niesel, Klaus u. a. (Hrsg.), Kasseler Kommentar Sozialversicherungsrecht, Bd. 1 (zitiert: *Bearbeiter*, in KassKomm), (München, Stand Dezember 2011, Egl. 72.

Noweski, Michael (2004): Der unvollendete Korporatismus, Staatliche Steuerungsfähigkeit im ambulanten Sektor des deutschen Gesundheitswesens, September 2004, 1 - 135, (=Veröffentlichungsreihe der Arbeitsgruppe Public Health Forschungsschwerpunkt Arbeit, Sozialstruktur und Sozialstaat Wissenschaftszentrum Berlin für Sozialforschung (WZB)), http://bibliothek.wzb.eu/pdf/2004/i04-304.pdf, (08.12.2011), (zitiert: Der unvollendete Korporatismus).

Orlowski, Ulrich; Halbe, Bernd, Karch, Thomas, Vertragsarztrechtsänderungsgesetz (VÄndG) - Chancen und Risiken politische, rechtliche und steuerliche Aspekte, Heidelberg; München; Landsberg; Berlin; Frankfurt/Main: MLP Finanzdienstleistungen, 2007, (zitiert: VÄndG).

Ders./Wasem, Jürgen, Gesundheitsreform 2007 (GKV-WSG), Änderungen und Auswirkungen auf einen Blick, Heidelberg: C.F. Müller, 2007, (zitiert: Gesundheitsreform 2007).

Ders./Halbe, Bernd; Karch, Thomas, Vertragsarztrechtsänderungsgesetz (VÄndG), Mit Kommentierungen zum Bundesmantelvertrag - Erste Erfahrungen aus der Praxis, Heidelberg, München, Landsberg, Berlin: C.F. Müller, 2008.

Ders./Rau, Ferdinand/Wasem, Jürgen/Zipperer, Manfred (Hrsg.): SGB V Kommentar, Gesetzliche Krankenversicherung, Heidelberg: C.F. Müller, Losebl. Stand 23/11, 2011, (zitiert: *Bearbeiter,* in: Orlowski et al., GKV-Kommentar).

Osterloh, Falk/Rieser, Sabine (2010): Interview mit Prof. Dr. Volker Amelung, Vorstandsvorsitzender des Bundesverbandes Managed Care: „Zur integrierten Versorgung gibt es keine Alternative", Deutsches Ärzteblatt 2010; 107(17), A-791, B-691 / C-679, o. S., http://www.aerzteblatt.de/v4/archiv/artikel.asp?id=74546, (14.11.2011).

Paquet, Robert (2011): Vertragswettbewerb in der GKV und die Rolle der Selektivverträge: Nutzen und Informationsbedarf aus der Patientenperspektive; Expertise im Auftrag der Abteilung Wirtschafts- und Sozialpolitik der Friedrich-Ebert-Stiftung, März 2011, (=Gesprächskreis Sozialpolitik), http://library.fes.de/pdf-files/wiso/07935.pdf, (03.03.2012), (zitiert: Paquet, Vertragswettbewerb).

Peikert, Peter/Kroel, Mark: Das GKV-Gesundheitsreformgesetz 2000 und die Auswirkungen auf kartellrechtliche Streitigkeiten zwischen Leistungserbringern und den Institutionen der gesetzlichen Krankenversicherung und Dritten, insbesondere den Rechtsweg betreffend, in: MedR 2000, 14 - 20.

Pestalozza, Christian (2006): Kompetentielle Fragen des Entwurfs eines Vertragsarztrechtsänderungsgesetzes (BR-Drs. 353/06) Rechtsgutachtliche Stellungnahme im Auftrag der Bayerischen Landesärztekammer, Berlin Juni 2006, 1 - 35, http://www.blaek.de/pdf_rechtliches/haupt/Gutachten_Pestalozza_2006.pdf, (12.11. 2011), (zitiert: „Pestalozza, Gutachten").

Pfeiffer, Doris: Auswirkungen des Wettbewerbsstärkungsgesetzes auf die Versorgung aus Sicht der Krankenkassen, in: ZMGR 2007/5+6, 119 - 122.

Pitschas, Rainer: Verfassungsrechtliche Zentralfragen der Neuordnung ambulanter Krankenversorgung und § 116b SGB V, in: GesR 2010, 513 - 522.

Plagemann, Hermann/Ziegler, Ole: Neues Sozialvergaberecht, in: GesR 2008, 617 - 623.

Platzer, Helmut: Privatrechtliche Rahmenbedingungen für die gesetzliche Krankenversicherung am Beispiel der Erstreckung des Kartellrecht, in: RPG 2011, 12 - 17.

Ders./Matschiner, Herbert: Konsequenzen der kollektiven Rückgabe der Kassenzulassung durch Vertragsärzte, (Anmerkungen zu den BSG-Entscheidungen vom 27. Juni 2007, B 6 KA 37/06 R, B 6 KA 38/06 R und B 6 KA 39/06 R), in: NZS 2008, 244 - 246.

Maunz, Theodor/Dürig, Günter/Herzog, Roman/Scholz, Rupert (Hrsg.): Grundgesetz-Kommentar, Bd. II, München: C.H. Beck, 55. EgL.; Mai 2009, (zitiert: *Bearbeiter*, in Maunz-Dürig).

Müller-Glöge, Rudi/Preis, Ulrich/Schmidt, Ingrid (Hrsg.): Erfurter Kommentar zum Arbeitsrecht, München: Beck, 11. Auflage 2011, (zitiert: *Bearbeiter*, in: Erfurter Kommentar).

Probst, Peter Michael/Tews, Adrian (2011): Ausschreibungspflichten bei der Gründung eines Gemeinschaftsunternehmens (Terveystalo Healthcare Oy ./. Oulun kaupunki, EuGH (Dritte Kammer), Urteil vom 22. Dezember 2010, C-215/09), in: European Law Reporter 3/2001, 86 - 91, http://www.lexton.de/downloads/Probst/Probst-Tews_Gemeinschaftsunternehmen_ELR_2011-03.pdf, (12.12.2011), (zitiert: ELR).

Prognos AG (2011): Ergebnisse der telefonischen Versichertenbefragung im Rahmen der hausarztzentrierten Versorgung der AOK Baden-Württemberg, Auftraggeber: Hausärztliche Vertragsgemeinschaft e.G., 1 - 23, http://www.aok-gesundheitspartner.de/imperia/md/gpp/bw/arztundpraxis/hzv/bw_hzv_versichertenbefragung_260511.pdf, (15.11.2011).

Prüfer-Storcks, Cornelia: Lösen Hausarzt- und Direktverträge die Kollektivverträge ab? Cui bono? In: RPG 2009, 27 - 29.

Quaas, Michael: Zur Berufsfreiheit des Freiberuflers, insbesondere der Ärzte, in: MedR 2001, 34 - 37.

Ders.: Der Honorararzt im Krankenhaus: Zukunfts- oder Auslaufmodell? In: GesR 2009, 459 - 465.

Ders.: Konkurrentenschutz des Vertragsarztes gegen die Bestimmung eines Krankenhauses gem. § 116b Abs. 2 SGB V?, in: GesR 2010, 455 - 461.

Ders./Zuck, Rüdiger: Medizinrecht, München: C.H. Beck, 2. Aufl. 2008.

Ralf Großbölting/Johannes Jaklin: Formen ärztlicher Tätigkeit im Vertragsarztrecht, Zulassung und Konkurrentenstreit, in: NZS 2002, 130 - 137.

Ratzel, Rudolf/Möller, Karl-Heinz/Michels, Rolf: Die Teilgemeinschaftspraxis - Zulässigkeit, Vertragsinhalte, Steuern -, in: MedR 2006, 377 - 390.

Ders./Luxenburger, Bernd: Handbucht Medizinrecht, Bonn: Deutscher AnwaltVerlag, 2. Auflage 2011, (zitiert: *Bearbeiter,* in: Ratzel/Luxenburger, Hdb. Medizinrecht).

Rebscher, Herbert (1994): Solidarische Wettbewerbsordnung - Zukunftskonzept gegen staatliche Regulierung und Leistungsausgrenzung, 35 - 53, in: Gesundheitsstrukturgesetz Bilanz und Perspektiven, (=Gesprächskreis Arbeit und Soziales Nr. 37), Forschungsinstitut der Friedrich-Ebert-Stiftung, Tagungsband zu einer Tagung vom 24.01.1994, Bonn, Dezember 1994, http://library.fes.de/pdf-files/asfo/gk-aso37.pdf, (17.11.2011), (zitiert: Gesprächskreis Arbeit und Soziales Nr. 37).

Reiter, Carsten: Vertragsärztliche Bedarfsplanung - Einführung eines Demografiefaktors, in: GesR 2011, 141 - 143.

Rieser, Sabine (2009): Forderung nach Vorleistungen: Schmidt droht Ärzten mit Zulassungsentzug, in: Deutsches Ärzteblatt 2009, 106(8); A-316, 12.02.2009, o. S., http://www.aerzteblatt.de/v4/archiv/artikel.asp?src=heft&id=63455, (11.11.2011).

Dies. (2010): Bedarfsplanung: Bessere Abstimmung in Regionalverbünden, in: Deutsches Ärzteblatt Heft 1/2010, 4, o. S., http://www.aerzteblatt.de/v4/archiv/artikel. asp?src=suche&p=kleinr%E4umige+versorgungsanalyse&id=67323, (14.12.2011).

Dies. (2010a):, Honorarbereinigung bei Selektivverträgen: Klare Regeln statt dicker Daumen, in: Deutsches Ärzteblatt 2010; 107(1-2): A-16 / B-14 / C-14, o. S.. Deutscher Ärzte-Verlag GmbH, http://www.aerzteblatt.de/v4/archiv/artikel.asp?src=&id= 67294&p=, (14.11.2011).

Rixen, Stephan: Sozialrecht als Öffentliches Wirtschaftsrecht: am Beispiel des Leistungs-erbringerrechts der gesetzlichen Krankenversicherung, Tübingen: Jus Publicum 130, 2005.

Rolf, Michels/Ketteler-Eising, Thomas: Die Vertragsarztzulassung als praxiswertbildender Faktor, in: DStR 2008, 314 - 320.

Römermann, Volker: 50 Jahre BRAO, BRAK Mitteilungen (Mitteilungen der Bundesrechtsanwaltskammer) 2009, 208 - 214.

Rüfner, Wolfgang: Das Gesetz zur Sicherung und Strukturverbesserung der gesetzlichen Krankenversicherung (Gesundheitsstrukturgesetz), in: NJW 1993, 753 - 757.

Sachverständigenrat zur Begutachtung der Entwicklung im Gesundheitswesen (Hrsg.) (2009): Koordination und Integration - Gesundheitsversorgung in einer Gesellschaft des längeren Lebens Sondergutachten, sondergutachten 2009, 1 - 904, http://www.svr-gesundheit.de/Gutachten/Uebersicht/GA2009-LF.pdf, (11.11.2011), (zitiert: Sachverständigenrat), siehe auch BT-Drs. 16/13770, 511.

Samir, Rabbata: Zulassungsrückgabe: Spiel mit hohem Einsatz, in: Deutsches Ärzteblatt 2007, C-1851.

Sauer, Bettina (2009): Selektivverträge AOK will Vertragsoptionen nutzen, Pharmazeutische Zeitung online, Beitrag aus Ausgabe 47/2009, o. S., http://www.pharmazeutische-zeitung.de/index.php?id=31707, (11.11.2011).

Schaffmann, Christa (2011): Bedarfsplanung dringend reformbedürftig, in: Zeitschrift des Bundesverbandes deutscher Psychologinnen und Psychologen e. V., „Report Psychologie" (rp) 3/2011, o.S., http://www.report-psychologie.de/aktuell/2011/03-01.html, (11.11.2011).

Schallen, Rolf: Zulassungsverordnung für Vertragsärzte, Vertragszahnärzte, Medizinische Versorgungszentren, Psychotherapeuten, Kommentar, Heidelberg, München, Landsberg, Berlin: C.F. Müller, 2008, (zitiert: Schallen).

Schieder, Theodor: Handbuch der europäischen Geschichte, Bd. 7/1, Stuttgart: Klett-Cotta, 1979.

Schildhauer, n. n. (2009): Selbstverwaltung und Staatsgewalt, Reibungsflächen und Gestaltungsspielraum, Zahnärzteblatt Baden-Württemberg, Ausgabe 2009 - 01, o.. S., http://www.zahnaerzteblatt.de/page.php?modul=HTMLPages&pid=443, (11.11.2011).

Schiller, Herbert: Zulassungsrückgabe - Spiel mit hohem Einsatz, Anmerkung zu BSG Urt. v. 27.06.2007, B 6 KA 38/06 R, in: MedR 2008, 384 - 391 (Anm.: 389 - 391).

Ders./Steinhilper, Gernot: Zum Spannungsverhältnis Vertragsarzt/Privatarzt - Darf ein Vertragsarzt Leistungen einem Kassenpatienten ablehnen, sie aber zugleich privatärztlich anbieten? In: MedR 2001, 29 - 33.

Schirmer, Horst Dieter: 1947/1997 - Bundesärztekammer im Wandel (VIII); Ärzte und Sozialversicherung (I) - Der Weg zum Kassenarztrecht, in: Deutsches Ärzteblatt 1997; 94: A-1790-1793 [Heft 26].

Ders.: Vertragsarztrecht kompakt, Die Übersicht für Ärzte, Psychotherapeuten und Juristen, Köln: Deutscher Ärzte-Verlag, 2006.

Schlegel, Rainer/Voelzke, Thomas (Hrsg.): juris-PraxisKommentar, SGB V, Update-Stand 13.12.2011, (zitiert: *Bearbeiter*, in: juris-pk).

Schmehl, Arndt/Wallrabenstein, Astrid (Hrsg.): Steuerungsinstrumente im Recht des Gesundheitswesens, Bd. 1: Wettbewerb, Tübingen: Mohr Siebeck, 2005, (zitiert: Steuerungsinstrumente im Recht des Gesundheitswesens, Bd. 1).

Ders./dies.: Steuerungsinstrumente im Recht des Gesundheitswesens, Bd. 2: Kooperation, Tübingen: Mohr Siebeck, 2006, (zitiert: Steuerungsinstrumente im Recht des Gesundheitswesens, Bd. 2).

Schnack, Dirk: Wanderungsbewegung unter Operateuren Unterschiedliche Wettbewerbsbedingungen, Schleswig-Holsteinisches Ärzteblatt 11/2007, 28 - 29.

Schnapp, Friedrich E.: Sozialversicherung - Begriff ohne Kontur? In: VSSR 1995, 101 - 115.

Ders./Wigge, Peter: Handbuch des Vertragsarztrechts, München: C.H. Beck, 2. Auflage, 2006, (zitiert: *Bearbeiter*, in: Hdb. Vertragsarztrecht).

Schneider, Günther: Handbuch des Kassenarztrechts, München: Heymanns, 1994, (zitiert: Hdb. d. Kassenarztrechts).

Schulz, Gerhard: Zwischen Demokratie und Diktatur: Verfassungspolitik und Reichsreform in der Weimarer Republik, Bd. 3, Von Brüning zu Hitler: der Wandel des politischen Systems in Deutschland 1930 - 1933, Berlin, New York: Walter de Gruyter, 1992.

Schuler-Harms, Margarete: Grundrechte als Rahmen verschiedener Kooperationsformen im Gesundheitswesen, in: Schmehl, Arndt/Wallrabenstein, Astrid (Hrsg.): Steuerungsinstrumente im Recht des Gesundheitswesens, Bd. 2: Kooperation, Tübingen: Mohr Siebeck, 2006, 23 - 48.

Schumacher, Horst: Hoppe lobt Kultur des Dialogs - Bahr erneuert Röslers Versprechen, Rheinisches Ärzteblatt 7/2011, 12 - 13.

Ders. (2011): SGB V: Gefangen im Labyrinth, Beitrag im Rheinischen Ärzteblatt 5/2011, Homepage der Ärztekammer Nordrhein o. S., http://www.aerztekammer-nordrhein.de/page.asp?pageID=9036&noredir=True, (09.11.2011).

Seewald, Otfried: Fachbezogene Qualitätssicherung durch ärztliches Berufsrecht und Vertragsarztrecht, in: SGb 2009, 1 - 7.

Sobotta, Daniel: Der Vertragsarzt - tatsächlich Beauftragter der Krankenkassen? Betrachtungen zum Beschluss de OLG Braunschweig v. 23.2.2010 und zugleich Replik auf Dannecker, in: GesR 2010, 471 - 474.

Sodan, Helge: Freie Berufe als Leistungserbringer im Recht der gesetzlichen Krankenversicherung: Ein verfassungs- und verwaltungsrechtlicher Beitrag zum Umbau des Sozialstaates, Tübingen: Mohr Siebeck, 1997.

Sormani-Bastian, Laura: Die vergaberechtlichen Rahmenbedingungen für den Abschluss von Leistungserbringungsverträgen nach § 69 Abs. 1 SGB V im Überblick, in: ZESAR 2010, 13 - 18.

Spiecker, Indra, gen. Döhmann: Zur Wettbewerbsfähigkeit der Gesundheitsgüter, in: Schmehl, Arndt/Wallrabenstein, Astrid (Hrsg.): Steuerungsinstrumente im Recht des Gesundheitswesens, Bd. 1: Wettbewerb, Tübingen: Mohr Siebeck, 2005, 1 - 35.

Stackelberg von, Johann-Magnus/Köhler, Andreas: im Interview, Vergütungsreform: Prinzipien richtig, Reformbedarf bleibt, in: KrV 2009, 100 - 101.

Steinbrück, Ralph: Zu den Voraussetzungen der Genehmigung einer ärztlichen Zweigpraxis und zur Drittanfechtungsberechtigung, Anm. zu BSG 28.10.2009, B 6 KA 42/08 R, in: MedR 2010, 518 - 519.

Steinhilper, Gernot: Der Vertragsarzt - überreguliert oder noch geschützt? - Der Vertragsarzt in seinen rechtlichen Bindungen, in: GesR 2009, 337 - 346.

Ders.: Schwierigkeiten bei der Honorarabrechnung von Ärzten - Verlockung zum Abrechnungsbetrug? In: GesR 2010, 398 - 401.

Stellpflug, Martin H.: Vertragsarztrecht/Vertragszahnarztrecht, Heidelberg: C.F. Müller, 2005.

Ders./Meier, Sybille M./Tadayon, Ajang (Hrsg.): Handbuch Medizinrecht, Heidelberg, München, Landsberg, Berlin: C.F. Müller, 4. Auflage 07/08, (zitiert: *Bearbeiter*, in: Stellpflug et al., Hdb. Medizinrecht).

Stuppardt, Rolf: Honorarvolumen der Ärzte besser verteilen, in: Die Krankenversicherung 2009, 70.

Taupitz, Jochen: Integrative Gesundheitszentren - neue interprofessioneller Formen ärztlicher Zusammenarbeit, in: MedR 1993, 367 - 378.

Tettinger, Peter J.: Grundfragen zahnärztlicher Freiberuflichkeit, in: MedR 2001, 287 - 294.

Thelen, Peter (2009): Der Wettbewerb greift - Kassen entmachten die ärztliche Selbstverwaltung schrittweise durch neue Angebote, Handelsblatt, 20./21.03.2009, 8.

Ders. (2009): Mit dem Start des Gesundheitsfonds: Krankenkassen im Fusionsfieber, vom 21.07.2009, o. S., http://www.handelsblatt.com/politik/deutschland/krankenkassen-im-fusionsfieber/3223622.html, „Krankenkassen im Fusionsfieber", (16.11.2011).

Thüsing, Gregor: Wahltarife nach § 53 Abs. 4 bis 6 SGB V n. F. im Lichte des Verfassungsrechts, in: NZS 2008, 449 - 455.

Umbach, Dieter/Clemens, Thomas: Grundgesetz Mitarbeiterkommentar, Bd. 1., Heidelberg: C.F. Müller, 2002.

Unabhängiges Landeszentrum für Datenschutz (ULD) (Hrsg.) (2010): *Pressemitteilung:* Hausarztzentrierte Versorgung sofort stoppen und Hausarztzentrierte Versorgung und Datenschutz, vom 04.03.2010, Schleswig-Holsteinischer Landtag, Umdruck 17/498, 1 - 8, http://www.landtag.ltsh.de/infothek/wahl17/umdrucke/0400/umdruck-17-0498.pdf, (15.11.2011).

VDEK (Verband der Ersatzkassen e. V.) (Hrsg.) (2011): Informationsbroschüre des vdek, Ärztliche Versorgung flexibel gestalten, 1 - 16, vom 18.05.2011, vdek, die Ersatzkassen, http://www.vdek.com/politik/gesundheitspolitik/index.htm, bzw. http://www.vdek.com/politik/gesundheitspolitik/aerztliche_versorgung/versorgung_zukunfts fest_gestalten_20110518.pdf, (11.11.2011).

Vollmöller, Thomas: Die Vereinbarkeit der Öffnung der Krankenhäuser für ambulante Leistungen (§ 116b II SGB V) mit der Berufsfreiheit der niedergelassenen Vertragsärzte (Art. 12 I GG), in: NZS 2006, 572 - 578.

Waltermann, Raimund: Sozialrecht, 8. Auflage, Heidelberg, München, Landsberg, Frechen, Hamburg: C.F. Müller, 2009.

Wannagat, Georg: Lehrbuch des Sozialversicherungsrechts, Bd. I, Tübingen: Mohr Siebeck, 1965.

Ders./Eichenhofer, Eberhard (Hrsg.): Kommentar zum SGB V: Gesetzliche Krankenversicherung, SGB V. Köln, Berlin, Bonn, München: Carl Heymanns, 5. Lfg./März 2000.

Wasem, Jürgen/Walendzik, Anke: Quo vadis Honorarreform? In: KrV 2009, 102 - 105.

Weiner, Katharina: Das Ausschreibungsregime für Verträge über die hausarztzentrierte Versorgung (§ 73b SGB V) und die besondere ambulante ärztliche Versorgung (§ 73c SGB V), in: GesR 2010, 237 - 244.

Wenner, Ulrich: Einbeziehung von Krankenhäusern in die ambulante ärztliche Versorgung Auswirkungen des Vertragsarztrechtsänderungsgesetzes (VÄndG) und des GKV-Wettbewerbsstärkungsgesetzes (GKV-WSG), in: GesR 2007, 337 - 346.

Ders.: Vertragsarztrecht nach der Gesundheitsreform, München: C.H. Beck, 2008.

Ders.: Neue Rollenanforderungen an den Vertragsarzt, Freiberuflicher Unternehmer, Funktionsträger im Gesundheitskonzern, Restverwalter oder Vollzugsakteur staatlicher Gesundheitspolitik? In: GesR 2009, 505 - 518.

Wolf, Sven: Vertragsarzt - Hauptberuf oder Nebenjob? Zur Zulässigkeit von beruflichen Betätigungen neben der vertragsärztlichen Tätigkeit, in: GesR 2004, 353 - 361.

Ders.: Mitteilungen, Neue Herausforderungen für die Krankenversicherungen, 7. Kölner Sozialrechtstag, in: MedR 2009, 335 - 336.

Wessing, Jürgen/Dann, Matthias: Scheinselbstständigkeit als Strafbarkeitsrisiko für Vertragsärzte, zugleich Anmerkung zu LG Lübeck, Beschluss vom 25.8.2005 - 6 KLs 22/04, in: GesR 2006, 150 - 154.

Willenborg, Peter/Kolpatzik, Kai: Länger leben im DMP eine Vergleichsstudie belegt: Diabetiker im Disease-Management-Programm (DMP) haben eine deutlich höhere Lebenserwartung als zuckerkranke Patienten in der herkömmlichen Versorgung, in: G+G, 9/2008, 14 - 15.

Wigge, Peter: Ärztliche Leistungserbringung durch Einzelverträge - Ein Zukunftsmodell für die gesetzliche Krankenversicherung? In: MedR 1996, 51 - 59.

Ders.: Ärztliche Leistungserbringung durch Einzelverträge - Ein Zukunftsmodell für die gesetzliche Krankenversicherung? In : MedR 1996, 51 - 59.

Ders.: Die Teilgemeinschaftspraxis - Innovative Kooperationsform oder unzulässiges Kick-Back-Modell? - Inhalt und Grenzen der Ausgestaltung von Teilkooperationen, in: NZS 2007, 393 - 448.

Ders./Harney, Anke: Selektivverträge zwischen Ärzten und Krankenkassen nach dem GKV-WSG, Rechtliche Rahmenbedingungen für den Vertragswettbewerb im Gesundheitswesen, in: MedR 2008, 139 - 149.

Wille, Eberhard: Steuerungskonzepte für die GKV - Korporativismus versus Wettbewerb, in: KrV 2006, 7 - 11.

Windau, n. n. (2010): Stenografischer Wortbericht der Bundesärztekammer, vom 11.05.2010, Nachmittagssitzung, TOP I: Gesundheits-, Sozial- und ärztliche Berufspolitik, http://www.bundesaerztekammer.de/arzt2010/co010042/artikel.htm, (06.12. 2011);

Wissenschaftliches Institut der AOK (WIdO (Hrsg.) (2011): Pressemitteilung, Kein Mangel an Ärzten, sondern ungleiche regionale Verteilung Berlin, vom 10.05.2011, 1 - 6, http://www.wido.de/fileadmin/wido/downloads/pdf_pressemitteilungen/wido_amb_p m_arzteatlas2011_0511.pdf, (11.11.2011).

Dasselbe (Hrsg.) (2012): Versorgung, Vertragswettbewerb, o. S., http://www. wido.de/vertragswettbewerb0.html, (14.11.2011).

Woedtke, Erich von: Das Reichsgesetz betreffend die Krankenversicherung der Arbeiter mit Einleitung und Erläuterungen, Berlin, Leipzig: Guttentag, 1883.

Wollersheim, Ulrike: Genehmigung von Zweigpraxen, in: GesR 2008, 281 - 287.

„Wut auf kassenärztliche Vereinigung bei AKS-Zuschauern": WDR, Aktuelle Stunde, Beitrag vom 13.05.2009 (auf Datenträger beim Sender zu beziehen).

Zuck, Rüdiger: Die asymmetrische Verteilung des vertragsärztlichen Gebührenaufkommens, in: GesR 2011, 321 - 325.

b) ohne Verfasserangabe (o. V.) - Zeitschriften – Informationsdienste – Kurzbeiträge

Zeitschrift A + S aktuell

O. V.: Ärztestatistik/Prognosen: Zahl der Humanmedizin-Studenten ist rückläufig, in: A+S aktuell 20/2008, 7 - 8.

O. V.: Frührehabilitation: Für differenzierte Tagespauschalen, in: A+S aktuell 20/2008, 17.

O. V.: Demografie: Kranken- und Pflegeversicherung durch Alterskomponente belastet, in: A+S aktuell 22/2008, 17 - 18.

O. V.: Neue Versorgungsformen/Hausarztverträge Klagen gegen neue Gesetzesregelung angekündigt, in: A+S aktuell 24/2008, 2.

O. V.: Neue Versorgungsformen/Integrierte Versorgung Experten diskutieren über Pay for Performance, in: A+S aktuell 24/2008, 3.

O. V.: Kassenärztliche Bundesvereinigung/Neue Versorgungsformen, KBV will aktive Rolle im Vertragswettbewerb einnehmen, in: A+S aktuell 25/2008, 2 - 3.

O. V.: Qualitätssicherung/Gemeinsamer Bundesausschuss Sektorenübergreifende Qualitätssicherung gefordert, in: A+S aktuell 25/2008, 4 - 5.

O. V.: Niedergelassene Ärzte NAV-Virchow-Bund will Kooperationsmöglichkeiten stärken, in: A+S aktuell 01/2009, 6 - 7.

O. V.: Bundestagswahl Ärzteverbände wollen sich in Wahlkampf einschalten, in: A+S aktuell 04/2009, 2.

O. V.: Kassenärztliche Bundesvereinigung: Honorarreform für niedergelassen Ärzte auf dem Prüfstand, in: A+S aktuell 04/2009, 3 - 5.

O. V.: Neue Versorgungsformen/Hausarztverträge Kasse warnt vor zuviel Vertrauen in Hausarztverträge, in: A+S aktuell 04/2009, 6.

O. V.: Kassenärztliche Bundesvereinigung/GKV-Spitzenverband Honorarreform wird überprüft, in: A+S aktuell 06/2009, 2.

O. V.: Gesundheitsreform: CSU stellt die Systemfrage, in: A+S aktuell 06/2009, 3.

O. V.: Ärztliche Parallelorganisationen/Honorarreform: Proteste schon vor dem Wahl-kampfauftakt, in: A+S aktuell 06/2009, 5.

O. V.: Reform der ärztlichen Vergütung "Protestaktionen unangemessen und teilweise rechtswidrig", in: A+S aktuell 07/2009, 8.

O. V.: Kassenärztliche Bundesvereinigung/GKV-Spitzenverband Erweiterter Bewer-tungsausschuss entscheidet erst Ende April, in: A+S aktuell 08/2009, 3.

O. V.: Gesundheitsreform Dauerbaustelle - und kein Ende? In: A+S aktuell 08/2009, 7 - 8.

O. V.: Krankenkassen/Parallelverbände: Der Morbi-RSA als Politikum, in: A+S ak-tuell 09/2009, 2 - 3.

O. V.: GKV-Spitzenverband/Kassenärztliche Bundesvereinigung: Regelleistungsvo-lumina ab Juli neu zugeschnitten, in: A+S aktuell 09/2009, 4.

O. V.: Hausarztverträge Krankenkassen sind zurückhaltend, in: A+S aktuell 10/2009, 4 - 5.

O. V.: KBV/112. Deutscher Ärztetag Plädoyer für ungeteilten Sicherstellungsauftrag, in: A+S aktuell 11/2009, 2 - 3.

O. V.: Studie Beske will Kassenärztliche Vereinigungen erhalten, in: A+S aktuell 11/2009, 13 - 14.

O. V.: Fachtagung der AOK zu Disease Management Programmen, in: A+S aktuell 14/2009, 14.

O. V.: Brandbrief Ärzte warnen vor zu viel Markt im Gesundheitswesen, in: A+S ak-tuell 19/2009, 4 - 5.

O. V.: Koalitionsvertrag Rösler steht vor enormen Herausforderungen, in: A+S aktuell 22/2009, 2 - 3.

O. V.: Hartmannbund: Generalsanierung statt Retouchen am System, in: A+S aktuell 22/2009, 5 - 6.

O. V.: BAH, Pharmaverband präsentiert Einheitspreismodell, in: A+S aktuell 22/2009, 12 - 13.

O. V.: Selektivverträge AOK will Hausarzt- und Facharzt-Verträge vermehrt koppeln, in: A+S aktuell, 23/2009, 4 - 5.

O. V.: Gemeinsamer Bundesausschuss/AQUA-Institut: Sektorenübergreifende Qualitätssicherung beginnt, in: A+S aktuell 24/2009, 6.

O. V.: Spitzenverband Bund der Krankenkassen Verwaltungsrat positioniert sich zur neuen Bundesregierung, in: A+S aktuell 25/2009, 5.

O. V.: AOK Bayern Vertragsstrategien, in: A+S aktuell 25/2009, 6 - 7.

O. V.: Vertragsärzte: Hausarztverträge II: Heinz Jarmatz setzt auf Add-On - und nun? In: A+S aktuell 03/2010, 6 - 8.

O. V.: Vertragsärzte: Hausarztvertrag Niedersachsen: Die Missionare sind auf dem Sprung, in: A+S aktuell 04/2010, 8 - 10.

O. V.: Vertragsärzte: Selektivverträge: plötzlicher Tod durch die Hintertür? In: A+S aktuell 5/2010, 4 -7.

O. V.: Vertragsärzte: GKV-Labor I: nur ein Vollvertrag ist ein guter Hausarztvertrag, in: A+S aktuell 6/2010, 2 - 4.

O. V.: GKV - Labor II: nur ein Add-On Vertrag ist ein guter Hausarztvertrag, in: A+S aktuell 6/2010, 5 - 7.

O. V.: Vertragsärzte: Engelmanns BKK-Schiedsspruch: Da sind rigorose Qualitätsvorgaben drin, A+S aktuell 7/2010, 4 - 7.

O. V.: Vertragsärzte: Selektivverträge: Kommt eine neue, total verrückte Prüf-Welt? In: A+S aktuell 10/2010, 4 - 7.

O. V.: Vertragsärzte: Selektivverträge: Optionen von Orlowski, Probleme von Weigeldt, in: A+S aktuell 12-13/2010, 2 - 3.

O. V.: Vertragsärzte: Implementierung der Hausarztverträge - ein Fall für die Chaosforschung, in: A+S aktuell 15/2010, 4 -8.

O. V.: Dokumentation: Delegation von Leistungen - Pflegeberufe feuern Diskussion an, in: A+S aktuell 20+21/2010, 8 - 12.

O. V.: Interview mit Internistenpräsident Dr. Med. Wolfgang Wesiack, „Bei Pauschalen in Hausarztverträgen bluten die Fachärzte" Interview von Küpper, Jost, in: A+S aktuell 32+33/2010, 2 - 3.

O. V.: Ärzte: Wahlerfolg: Medi und Hausärzteverband wollen jetzt Stuttgarter KV-Burg, in: A+S aktuell 32+33/2010, 4 - 5.

O. V.: Ärzte: Unerbittlicher Kampf ums Geld, in: A+S aktuell 34/2010, 4 - 6.

O. V.: Ärzte: Der Honorarkrieg ist ausgebrochen: Acht KVen wollen größere Kuchenanteile, in: A+S aktuell 35/2010, 5 - 6.

O. V.: Ärzte: 300 "Silberlinge": Werfen Hausärzte dafür alle Grundsätze über Bord!? In: A+S aktuell 41+42/2010, 4 - 7.

O. V.: Gesundheits- und Sozialpolitik: Bundesländer geben nicht nach, sie wollen die Macht im Gesundheitswesen, in: A+S aktuell 43/2010, 2 - 7.

O. V.: Ärzte: Arzneimittel-Einsparungen durch HzV: Wer hat den nun recht? In: A+S aktuell 45/2010, 3 - 5.

O. V.: Ärzte: Bundesdatenschutzbeauftragter regt an: HzV-Verträge vorerst nicht umsetzen, A+S aktuell 46/2010, 2.

O. V.: Gesetzliche Krankenversicherung ein System hadert mit seinem Amt und dessen Präsidenten, in: A+S aktuell 46/2010, 1 - 9.

O. V.: Ärzte: KV Bayerns: Erdrutschartiger Wahlerfolg für Hoppenthaller und den „Systemausstieg", in: A+S aktuell 47/2010, 2.

O. V.: Ärzte: HÄV: Riskantes Spiel mit der Macht verloren - Personal wird abgebaut, in: A+S aktuell 01+02/2011, 3 - 4.

O. V.: Gesundheits- und Sozialpolitik: Versorgungsgesetz 2011: Bemerkenswerte, teils revolutionäre Unions-Eckpunkte, in: A+S aktuell 03/2011, 2 - 8.

O. V.: Gesundheits- und Sozialpolitik: Versorgungsgesetz I: Rösler plant erhebliche Änderungen A+S aktuell 08/2011, 2.

O. V.: § 295a SGB V neu: Gesetzes-Omnibus schafft Freude bei HÄVG und anderen, in: A+S aktuell 08/2011, 4- 5.

O. V.: Gesetzliche Krankenversicherung/Ärzte § 73b SGB V: BVA schreibt Details vor und schreitet künftig ein, in: A+S aktuell 14+15/2011, 8 - 9.

O. V.: Ärzte: Honorar-Konvergenz: KBV-Opposition erinnert sich an schlechte Gewohnheiten, in: A+S aktuell 20/2011, 2 - 5.

O. V.: Ärzte: System-Umstieg ist nicht: Bundeskartellamt redet Klartext, in: A+S aktuell 22/2011, 3 - 4.

O. V.: Ärzte: Kampf der IT-Giganten II: Hausärzteverband überlässt Tafelsilber der CompuGroup, in: A+S aktuell 27+28/2011, 4 -5.

O. V.: Ärzte: Machtkampf im Hausärzteverband? Kämpfen Weigeldt & Co. ums Überleben? In: A+S aktuell 29+30/2011, 2 - 4.

O. V.: Ärzte: Kassenärztliche Kakophonie oder „Wir brauchen mehr Geld!", in: A+S aktuell 32/2011, 4 - 5.

O. V.: Ärzte: Kartellrecht setzt HzV-Vertrag außer Gefecht, in: A+S aktuell 33/2011, 3.

O. V.: Gesundheits- und Sozialpolitik: Länder machen mobil: Spezialärztliche Versorgung in einem Sondergesetz regeln, in: A+S aktuell 37/2011, 2 - 4.

O. V.: Gesundheits- und Sozialpolitik: Ärztemacht formuliert politische Forderungen - nur Hausärzte und MEDI stehen abseits, in: A+S aktuell 43+44/2011, 3 - 6.

Sonstige

O. V. (2008a): Mitteilungen, Änderung des Bundesmantelvertrages Ärzte (BMV-Ä) sowie Änderung des Bundesmantelvertrages Ärzte/Ersatzkassen (EKV) zur weiteren Umsetzung der Laborreform, in: Deutsches Ärzteblatt 2008, 105 (51 - 52), A 2780, A 2781, siehe auch: http://data.aerzteblatt.org/pdf/105/51/a2780.pdf, (12.11.2011).

O. V. (2008b): Undank ist der Welten Lohn Trotz deutlicher finanzieller Zugeständnisse herrscht wenig Zufriedenheit, in: Gesundheitspolitischer Informationsdienst, 30/2008, 5 - 7.

O. V. (2008c): Emotionen für Wettbewerb und Selbstverwaltung GKV-Spitzenverband erstmals in der Anhörung zum GKV-OrgWG, in: Gesundheitspolitischer Informationsdienst, 30/2008, 11 - 15.

O. V. (2008d): Politisch verantwortete Unterfinanzierung? Flächendeckende Zusatz-beiträge schon im nächsten Jahr? In: Gesundheitspolitischer Informationsdienst, 31/2008, 2 - 4.

O.V. (2008e): ZDF-Magazin "Frontal 21" prangert schlechte Versorgung von Kassen-patienten an, digitalfernsehen.de, vom 18.11.2008, http://www.digitalfernsehen.de/ZDF-Magazin-Frontal-21-prangert-schlechte-Versorgung-von-Kassenpatienten-an. news_657394.0.html,(12.01.2012).

O. V. (2009): KBV-Vertreter diskutieren Honorarperspektiven Rettet Morbi-Vergü tung die Ärzte vor der Wirtschaftskrise? In: Medical Tribune, Nr. 2, Juni 2009, o. S., http://extranet.medical-tribune.de/volltext/PDF/2009/MTD_Paed/02_MTDPaed/MTD_Paed_02_S17.pdf, (14.11.2011).

O. V. (2009a): Vergütungsreform: Prinzipien richtig, Reformbedarf bleibt, Interview mit Johann-Magnus von Steckelberg, in: Die Krankenversicherung, 2009, 100 - 101.

O. V. (2009b*)*: EBM 2009 Zuschlag zum RLV und auf die Konsiliarpauschale in Be-rufsausübungsgemeinschaften, in: Radiologen WirtschaftsForum 7/2009, 1 - 2, Guer-bet GmbH (Hrsg.), Verlag: IWW Institut für Wirtschaftspublizistik, http://www. radiologen-foren.de/rwf/sites/default/files/RWF-07-09.pdf, (12.11.2011).

O.V. (2010): Niedersachsen schafft finanzielle Anreize für zukünftige Hausärzte, vom 03.09.2010, o. S., Deutscher Ärzte-Verlag GmbH,

http://www.aerzteblatt.de/v4/news/news.asp?id=42587&src=suche&p=studenten+fina nzielle+f%F6rderung, (11.11.2011).

O. V. (2011): Kassenabrechnung Mengenbegrenzung für extrabudgetäre Leistungen - Was kommt auf Sie zu? 5/2011, o. S., Radiologen WirtschaftsForum, Hrsg: Guerbet GmbH, Verlag: IWW Institut für Wirtschaftspublizistik Verlag, http://www.radiologen -foren.de/rwf/node/775, (11.11.2011).

O. V. (2011a): Aktuelle Kurzinformationen, Evangelische Kirche hält für Diakonie am sog. „Dritten Weg" fest, EKD PM v. 09.11.2011, in: ArbRB 2011, 358.

O. V. (2011b): Krankenkassen wollen neue Arzt-Zulassungen befristen, vom 25.04.2011, o. S., Deutsche Ärzteblatt GmbH, http://www.aerzteblatt.de/v4/news/news.asp?id=45569, (11.11.2011).

O. V. (2011c): 16 KVen protestieren gegen spezialärztliche Versorgung, 19.07.2011, Deutscher Ärzte-Verlag GmbH, http://www.aerzteblatt.de/nachrichten/46671/ 16_KVen_protestieren_gegen_spezialaerztliche_Versorgung.html, (09.09.2011).

O. V. (2011d): Rösler will RLV aussetzen, o. S., vom 22.02.2011, Ärzte Zeitung Verlags-GmbH, http://www.aerztezeitung.de/politik_gesellschaft/krankenkassen/article/ 642054/roesler-will-rlv-aussetzen.html, (14.11.2011).

O. V. (2011e): Systemreform gefordert Streit über die Hausarztverträge, vom 13.01.2010, o. S., Frankfurter Allgemeine Zeitung GmbH 2011, http://www. faz.net/s/Rub0E9EEF84AC1E4A389A8DC6C23161FE44/Doc~EABDDDE6667A740 D39454481EC9B9272E~ATpl~Ecommon~Scontent.html, (14.11.2011).

O. V. (2011f): Versorgungsstrukturgesetz, Statt Vorkaufsrecht für Arztsitze kommt Zulassungsvorbehalt, 05.12.2011, in: Arzt und Wirtschaft, o. S., http:// www.auw.de/2011/12/statt-vorkaufsrecht-fuer-arztsitze-kommt-zulassungsvorbehalt/, (14.12.2010).

O. V. (2011g): Zulassung nur noch auf Zeit? In: Arzt & Wirtschaft 6/2011, 42 - 43.

Abkürzungsverzeichnis:

(Gängige Abkürzungen wie „Art." sind nur teilweise angeführt)

a. F.	alte Fassung
AOP-Vertrag	Vertrag nach § 115 b Abs. 1 SGB V - Ambulantes Operieren und stationsersetzende Eingriffe im Krankenhaus
ArbRB	Der Arbeitsrechtsberater
Arzt & Wirtschaft	A & W
BÄK	Bundesärztekammer
BAnz	Bundesanzeiger
BÄO	Bundesärzteordnung
BedarfsplRL-Ä	Bedarfsplanungsrichtlinien Ärzte
BHÄV	Bayerischer Hausärzteverband
BKK	Betriebskrankenkasse
BMV-Ä	Bundesmantelvertrag Ärzte
BMV-Z	Bundesmantelvertrag Zahnärzte
bzw.	beziehungsweise
d. Verf.	die Verfasserin
d. h.	das heißt
DÄBl.	Deutsches Ärzteblatt
dpa	Deutsche Presse-Agentur
Drs.	Drucksache
DStR	Deutsches Steuerrecht
EKV-Ä	Ersatzkassenvertrag Ärzte
EKV-Z	Ersatzkassenvertrag Zahnärzte
G-BA	Gemeinsamer Bundesausschuss
GesR	Gesundheitsrecht
GesundhWes	Das Gesundheitswesen
GG	Gesundheit und Gesellschaft
GGW	Gesundheit und Gesellschaft Wissenschaft
HVM	Honorarverteilungsmaßstab
HzV	hausarztzentrierte Versorgung
i. d. R	in der Regel
i. d. F	in der Fassung
i. S. d.	im Sinne des/der
insbes.	insbesondere
IV	Integrierte Versorgung
JZ	Juristenzeitung
KBV	Kassenärztliche Bundesvereinigung

KrV	Die Krankenversicherung
KV	Kassenärztliche Vereinigung
m. w. N	mit weiteren Nachweisen
MBO-Ä	Musterberufsordnung Ärzte
MBO-Psychotherapeuten	Musterberufsordnung Psychotherapeuten
MBO-Zahnärzte	Musterberufsordnung Zahnärzte
MedGG-Beiheft	Medizin, Gesellschaft und Geschichte-Beihefte
MedR	Medizinrecht
MVZ	medizinisches Versorgungszentrum
NJW	Neue Juristische Wochenschrift
NZS	Neue Zeitschrift für Sozialrecht
o. g.	oben genannte(r)
PFB	Praxis Freiberufler Beratung
(Rechts-)Hdb.	(Rechts-)Handbuch
Rnrn.	Randnummern
RPG	Recht und Politik im Gesundheitswesen
SAPV	spezialisierte ambulante Palliativversorgung
SGb	Die Sozialgerichtsbarkeit
SF	Sozialer Fortschritt - Unabhängige Zeitschrift für Sozialpolitik
Stv.	Stellvertretend(e/er)
u. a.	unter anderem
Verg.	Vergabekammer
vgl.	vergleiche
VSSR	Vierteljahresschrift für Sozialrecht
z. B.	zum Beispiel
ZESAR	Zeitschrift für europäisches Sozial- und Arbeitsrecht
ZfRSoz	Zeitschrift für Rechtssoziologie
ZHG	Zahnheilkundegesetz
ZMGR	Zeitschrift für das gesamte Medizin- und Gesundheitsrecht

Nachweis häufig zitierter Gesetze ab 2000

Gesetz zur Reform der gesetzlichen Krankenversicherung ab dem Jahr 2000 **GKV-Gesundheitsreformgesetz 2000** vom 22.12.1999, (BGBl. I 1999, 2626)

Gesetz zur Modernisierung der gesetzlichen Krankenversicherung, GKV-Modernisierungsgesetz - **GMG** vom 14.11.2003, (BGBl. I 2003, 2190)

Gesetz zur Änderung des Vertragsarztrechts und anderer Gesetze, Vertragsarztrechts-änderungsgesetz, **VÄndG** vom 22.12.2006, (BGBl. I 2006, 3439)

Gesetz zur Stärkung des Wettbewerbs in der gesetzlichen Krankenversicherung, GKV-Wettbewerbsstärkungsgesetz, **GKV-WSG** vom 26.03.2007, (BGBl. I 2007, 378)

Gesetz zur strukturellen Weiterentwicklung der Pflege, **Pflege-Weiterentwicklungsgesetz** vom 28.05.2008, (BGBl. I 2008, 874)

Gesetz zur Weiterentwicklung der Organisationsstrukturen in der gesetzlichen Krankenversicherung, **GKV-OrgWG** vom 15.12.2008, (BGBl. I 2008, 2426)

Gesetz zur Neuordnung des Arzneimittelmarktes in der gesetzlichen Krankenversicherung, **AMNOG**, vom 22.12.2010, (BGBl. I 2010, 2262)

Gesetz zur nachhaltigen und sozial ausgewogenen Finanzierung der Gesetzlichen Krankenversicherung, **GKV-FinG**, vom 22.12.2010, (BGBl. I 2010, 2309).

Gesetz zur Verbesserung der Versorgungsstrukturen in der gesetzlichen Krankenversicherung, GKV-Versorgungsstrukturgesetz, **GKV-VStG**, vom v. 22.12.2011, (BGBl. I 2011, 2983 - Nr. 70)

Kapitel 1

Einleitung und geschichtliche Einführung

A. Einleitung

Die vorliegende Arbeit macht es sich zur Aufgabe, den Charakter der vertragsärztlichen Zulassung[1] als zentrales Steuerungsmittel für die ambulante ärztliche Behandlung im System der gesetzlichen Krankenversicherung (GKV) herauszuarbeiten. Ziel ist es sodann, die vertragsärztliche Zulassung auf ihre zukünftige Eignung als Steuerungselement in rechtlicher und gesundheitspolitischer Hinsicht zu überprüfen und mögliche ablösende oder aber nur ergänzende Gestaltungsmittel und Steuerungsmodelle herauszuarbeiten. Diese Überprüfung ist veranlasst durch die insbesondere mit den letzten Gesundheitsreformen zunehmende Wandlung des Steuerungsinstruments und ihres Rahmens. Die Entwicklung von alternativen Steuerungsmodellen ist erforderlich, weil das Gesundheitswesen in starken Reformen begriffen ist, die auch die Regelung und Steuerung der ambulanten ärztlichen Behandlung betreffen, welche bisher durch die zugelassenen Vertragsärzte sichergestellt wird. Die Wandlung macht sich einerseits zugunsten, andererseits zu Lasten eines Fortbestands der vertragsärztlichen Zulassung als zentralem Steuerungsmittel bemerkbar. Sie wird dabei auch grundsätzlich in Frage gestellt.

I. Ablösungstendenzen vom Steuerungsinstrument Zulassung

So wurden, beginnend mit jüngeren Reformen, vor allem seit dem Gesetz zur Modernisierung der gesetzlichen Krankenversicherung (GMG)[2] vom 14.11.2003, insbesondere der damit erfolgten Einführung des institutionellen Teilnehmers „Medizinisches Versorgungszentrum" (MVZ), und wesentlich intensiviert durch das Gesetz zur Stärkung des Wettbewerbs in der gesetzlichen Krankenversicherung[3] (GKV-WSG) vom 26.03.2007 verschiedene Regelungen zur Versorgung gesetzlich Versicherter gültig, die das System an unterschiedlichen Stellen in großen Schritten verlassen bzw. flexibilisieren. Zu dem Einbruch in das seit Anfang des letzten Jahrhunderts bestehende System gehört vor allem der Ausbau der Möglichkeiten von Einzel- bzw. Selektivvertragsabschlüssen[4] der Krankenkassen mit Leistungserbringern. Das widerspricht dem

---

[1] Die Erwähnung der vertragsärztlichen Zulassung erfasst im Weiteren auch die vertrags-
    zahnärztliche Zulassung. Nur soweit hierfür Besonderheiten gelten, die für Geschichte oder
    Entwicklung im Rahmen dieser Arbeit relevant sind, wird sie ausdrücklich behandelt.
[2] Auch GKV-Modernisierungsgesetz, BGBl. I 2003, 2190.
[3] Auch GKV-Wettbewerbsstärkungsgesetz, BGBl. I, 378.
[4] Der Begriff des Selektivvertrags ist nicht gesetzlich definiert, sondern als Sammelbegriff
    zu verstehen, für Verträge, die außerhalb des Kollektivvertragsrahmens mit einzelnen oder

Kollektivvertragssystem und ermöglicht ein Unterlaufen der Gesamtzuständigkeit der Kassenärztlichen Vereinigungen (KVen) für die Leistungserbringer in Form der zugelassenen Ärzte. Noch weitergehend wird, wenn auch insoweit noch ganz zurückhaltend[5], die Grundvoraussetzung der vertragsärztlichen Zulassung für die Teilnahme an der Vergütung in der GKV nicht unberührt gelassen, sondern es werden Abweichungen zugelassen.

Einen wesentlichen Schritt zu diesem Systembruch stellte schon die mit dem GKV-Gesundheitsreformgesetz 2000 vom 22.12.1999[6] zum 01.01.2000 eingeführte Form der Leistungserbringung für gesetzlich Versicherte außerhalb der vertragsärztlichen Versorgung, die integrierten Versorgung (IV) nach §§ 140a ff. SGB V[7], dar. Sie gestattet erhebliche Abweichungen von der Behandlung im Rahmen der herkömmlichen vertragsärztlichen Zulassung.

Ein weiteres wesentliches Beispiel für Auflösungstendenzen des etablierten Systems ist die hausarztzentrierte Versorgung (HzV), die mit dem GMG mit Wirkung vom 01.01.2004 eingeführt wurde. Mit ihr wurde ein essentielles Steuerungselement der vertragsärztlichen Zulassung, nämlich die zentrale Abwicklung über die Körperschaft der Vertragsärzte und damit deren Einfluss auf ihre Mitglieder über die Zulassung, in Teilbereichen nahezu aufgehoben. Mit der ursprünglichen Einführung der Norm erhielten die Krankenkassen erstmals die Kompetenz, Direktverträge mit einzelnen Hausärzten oder Gemeinschaften von Hausärzten abzuschließen.[8] Noch einschneidender war die Neufassung der Vorschrift durch Art. 1 Nr. 45 des GKV-WSG vom 26.03.2007, mit welcher, mit Wirkung vom 01.04.2007, das richtungweisende Anliegen des Gesetzgebers verfolgt wurde, die bisherige Einbettung der HzV in die gesamtvertraglichen Regelungen zu beenden und eine selektivvertragliche Organisation zu installieren. Zusätzlich verpflichtete der Gesetzgeber die Krankenkassen, eine flächendeckende Versorgung der Versicherten sicherzustellen, und substituierte insoweit den Sicherstellungsauftrag der KVen nach § 75 Abs. 1.

Gruppen von Leistungserbringern abgeschlossen werden. Verwandt werden auch die Begriffe Einzel- oder Direktvertrag. Der Begriff des „Einzelvertrags" ist gesetzlich beispielsweise in § 73b Abs. 5 und 7 sowie § 73c Abs. 3 u. 6 genannt.

[5] So bleibt die Zulassung im Rahmen von Selektivverträgen bisher grundsätzlich Voraussetzung, vgl. *Pawlita*, in: juris-PK SGB V, § 95, Rn. 25, *Engelmann*, in: juris-PK SGB V, § 69 Rn. 253; wovon der Gesetzgeber nicht abgewichen wird, vgl. Wenner, GesR, 2009, 505 (511) Fn. 54.

[6] BGBl. 1999, 2626.

[7] Soweit in dieser Arbeit nicht anders gekennzeichnet, sind alle zitierten Paragrafen solche des Sozialgesetzbuchs V (gesetzliche Krankenversicherung), Gesetz v. 20.12.1988, BGBl. I, 2477, mit Geltung ab 01.01.1989, i. d. F. v. 01.01.2012.

[8] Dies erfolgte, um den Gestaltungsspielraum im Versorgungsgeschehen zu vergrößern, so der Entwurf, BT-Drs. 15/1525, 74.

Mit § 116b, der durch Art. 1 Nr. 85 GMG in das SGB V integriert wurde und am 01.01.2004 in Kraft trat, wurde als weitere Möglichkeit zur Teilnahme an der ambulan ten vertragsärztlichen Versorgung das ambulante Operieren eingeführt. Nach der Ausgestaltung als Zulassungsverfahren mit dem GKV-WSG gewann die Vorschrift erheblich an Bedeutung und legitimierte einen Übergriff des stationären in den ambulanten Sektor. Mit dem Gesetz zur Verbesserung der Versorgungsstrukturen in der gesetzlichen Krankenversicherung (GKV-Versorgungsstrukturgesetz - GKV-VStG)[9] wird dieser sektorenübergreifende Ansatz durch die spezialärztliche Versorgung ausgebaut.[10]

Neben der Erweiterung der Teilnehmer und Teilnahmeformen an der ambulanten vertragsärztlichen Versorgung finden weitere Einschnitte durch Veränderungen der Funktionen der vertragsärztlichen Zulassung und ihrer Ausübungsmöglichkeiten statt. Die Bedarfszulassung für Zahnärzte wurde durch das GKV-WSG mit dem 01.04.2007 aufgehoben (§ 103 Abs. 8)[11]. Die Überprüfung derselben Maßnahme wurde für Ärzte gesetzlich festgeschrieben. Sie sollte im Jahr 2012 möglicherweise entfallen (§ 87 Abs. 7 S. 3), was begrüßenswerter Weise mit dem GKV-VStG zunächst wieder revidiert wird.[12] Das aber führt gleich mit zwei gesetzlichen Neuerungen, einer Einziehungs- (§ 103 Abs. 3a n. F.) wie einer Befristungsmöglichkeit (§ 98 Abs. 2 Nr. 12) der vertragsärztlichen[13] Zulassung ganz neue Restriktionen des bisherigen Status, den die Zulassung vermittelt, ein. Eine Befristung war bisher nur bei der der Zulassung nachrangigen[14] Teilnahmeform der Ermächtigung möglich, was insoweit die Herabstufung der vertragsärztlichen Zulassung durch die gesetzgeberische Maßnahme zeigt.

Das Erfordernis einer Steuerung der ambulanten ärztlichen Versorgung bleibt neben allen Änderungen bestehen. Fraglich ist jedoch, ob die vertragsärztliche Zulassung hierzu wie in den vergangenen Jahrzehnten das entscheidende Instrument bleibt. Soweit das nicht der Fall ist, stellt sich die Frage nach Alternativen.

Außer auf der rechtlichen findet auch auf der tatsächlichen Ebene zunehmend ein Akzeptanzverlust der Zulassung als Teilnahmerecht mit Alleinstellung durch die Leistungserbringer selbst statt. Der im Jahr 1992 insbesondere von Vertragszahnärzten angekündigte Verzicht auf Zulassungen (kollektiver Verzicht)[15], auf den mit der Einfüh-

---

[9]   V. 22.12.2011, BGBl. I, 2983 - Nr. 70.
[10] BT-Drs. 17/6906, 3, hier noch explizit spezialärztlich, nicht spezialfachärztlich bezeichnet.
[11] Umgesetzt durch Beschluss des Gemeinsamen Bundesausschusses vom 14.08.2007 zu den Bedarfsplanungsrichtlinien Zahnärzte, BAnz. Nr. 185, 7673 vom 02.10.2007.
[12] BT-Drs. 17/6906, 17; vlg. auch BR-Drs. 456/11, 88 f..
[13] Das gilt nach einem neuen Abs. 3 nicht für Vertragszahnärzte, BR-Drs. 785/11, 19.
[14] Dazu unter Kap. 2 A.I.2..
[15] Nachweise zu einem Ende 1992 angedrohten "Ärztestreik" über die so genannte "Korbaktion" gemäß BSG, Urt. v. 17.06.2009, B 6 KA 16/08 R, BSGE 103, 243. Das Urteil selbst

3

rung des § 72a, dem Übergang des Sicherstellungsauftrags auf die Krankenkassen für Versorgungsnotfälle, reagiert wurde[16], wird in den letzten Jahren wieder (trotz der Sanktion des § 72a) diskutiert und von einigen Leistungserbringern und deren Vertretern propagiert. Der Streit um eine angemessene Vergütung ist zuletzt im Frühjahr 2009 eskaliert, Vertragsärzte erwogen den Systemausstieg.[17] In Form der Unzufriedenheit mit den Verhandlungen im Rahmen von Selektivverträgen, konkret Hausarztverträgen, erhielt die Idee des Systemausstiegs einen weiteren Höhepunkt im Jahr 2010. In einer medienwirksamen Maßnahme planten die Hausärzte Bayerns einen Kollektivverzicht[18], der auch 2011 noch propagiert wurde.[19] Das ist die Reaktion der Zulassungsinhaber auf ihre Zwangsmitgliedschaft, die sie aufgrund der sich ändernden Rahmenbedingungen und finanziellen Situation wiederholt in Frage stellen.

Bei der durch die Gesundheitsreformen der letzten Jahre gesetzlich geförderten zunehmenden „Verwässerung" der Alleinstellung der freiberuflichen ärztlichen Zulassungsinhaber als Leistungserbringer der ambulanten Versorgung und bei abnehmender Einflussnahme der KV als Vertretungskörperschaft im Vertragsgeschäft mit den Krankenkassen, besteht somit das Risiko, dass die Zulassung an Akzeptanz und zunehmend auch an tatsächlicher Relevanz für Ärzte verliert. Das Bundessozialgericht (BSG) spricht davon, dass dies durch die gesetzliche vorprogrammierte Zunahme der Leistungserbringervielfalt infolge einer Relativierung und bewussten Zurücknahme der klassischen Steuerungsfunktion gerade der Kassen-/Vertragsärzte in niedergelassener Praxis, besonders durch die Erweiterung der Aufgaben der Krankenhäuser im Bereich der ambulanten Versorgung, durch neue Formen der Leistungserbringung und gänzlich neu geschaffene Regelungsmechanismen wie z. B. Selektivverträge, erfolgt.[20] Dabei ist kritisch anzumerken, dass Selektivverträge im Grunde eine Rückkehr zum historischen Einzelvertragssystem darstellen und weniger einen gänzlich neuen Regelungsmechanismus, wie die nachfolgende Darstellung des geschichtlichen Hintergrunds zeigen wird.

Auch wenn die Zulassung daher bis jetzt als grundsätzliche Voraussetzung für die meisten ambulanten Leistungsformen unberührt bleibt, kann ihre Funktion somit durch falsche, jedenfalls aber nicht auf Akzeptanz stoßende Entscheidungen des Gesetzge-

---

befasste sich mit dem so genannten „Kieferorthopäden-Streik", der u. a. Reaktion auf die Abwertung kieferorthopädischer Leistungen im BEMA zum 01.01.2004 war.

16 Vgl. BSG, Urt. v. 17.06.2009, B 6 KA 16/08 R, BSGE 103, 243 - juris Rn. 24, wonach der Gesetzgeber mit der Verabschiedung des GSG - vgl. dieses Kapitel Fn. 40 - damit explizit auf die Situation reagiert hat.

17 Wenner, GesR 2009, 505 (505).

18 Vgl. Bayerisches LSG, Beschl. v. 22.02.2011, L 12 KA 2/11 B ER, NZS 2011, 386.

19 O. V., A+S aktuell, 47/2010, 2.

20 BSG, Beschl. v. 10.03.2010, B 3 KR 36/09 B, GesR 2010, 415 (417).

bers gefährdet werden. Soweit nämlich durch einen kollektiven Zulassungsverzicht tatsächlich nicht mehr eine ausreichende Zahl von Zulassungsinhabern zur Erfüllung der Versorgung zur Verfügung steht, wird die Möglichkeit der Versorgung auch ohne eine vertragsärztliche Zulassung möglicherweise in der weiteren Entwicklung aktuell werden. Das wäre allein begrenzt durch das gesetzlich geregelte Verbot von Verträgen mit solchen Leistungser-bringern, die in kollektiver Abstimmung auf ihre ursprünglich vorhandene Zulassung verzichtet haben (§ 72a Abs. 3 S. 3).

II. Förderungstendenzen beim Steuerungsinstrument Zulassung

Während der Gesetzgeber somit einerseits die Zulassung mit ihrer sinnvollen Steue-rungsfunktion teilweise verdrängt und den Wettbewerb der Krankenkassen fördert, wird andererseits die Zulassung nach jahrelanger relativ statischer Regelung mit dem Gesetz zur Änderung des Vertragsarztrechts und anderer Gesetze vom 22.12.2006[21] (VÄndG), dem Gesetz zur Weiterentwicklung der Organisationsstrukturen in der ge-setzlichen Krankenversicherung (GKV-OrgWG), mit Wirkung vom 01.01.2009[22] und dem Gesetz zur strukturellen Weiterentwicklung der Pflege (Pflege-Weiterent-wicklungsgesetz)[23] stark flexibilisiert, was offensichtlich der Erhaltung und Förderung dieser Form der Teilnahme an der gesetzlichen Leistungserbringung dienen soll[24]. Auch das GKV-VStG reiht sich hier deutlich ein, indem es auf Möglichkeiten einer Steuerung über die zugelassenen Vertragsärzte zurück greift[25]. In geringerem Umfang, aber zahlmäßig beachtlich erfolgen auch konkrete Fördermaßnahmen, wie eine Er-leichterung der Zweigpraxisniederlassung oder Vertretung.

Grundsätzlich löste schon die Einführung des institutionellen Teilnehmers in Form des MVZ mit dem GMG im Jahr 2004 eine Stärkung des Instruments der Zulassung als Teilhabe an der ambulanten ärztlichen Versorgung aus. Dieses Gesetz brach mit dem Jahrzehnte alten Prinzip der Zulassung nur natürlicher Personen und schuf die Mög-lichkeit, durch zugelassene Institute, die Sicherstellung einer zeitgemäßen ambulanten Versorgung zu verbessern. MVZ werden durch das Gesetz den Leistungserbringern

---

[21] Auch Vertragsarztrechtsänderungsgesetz, BGBl. I 2006, 3439, in Kraft getreten zum 01.01.2007.
[22] V. 15.12.2008, BGBl. I 2008, 2426.
[23] V. 28.05.2008, BGBl. I, 874.
[24] BT-Drs. 16/2474 spricht bereits in der Einleitung ab Seite 1 davon, dass die berufsrechtli-chen Flexibilisierungen in das Vertragsarztrecht zu transformieren sind.
[25] BT-Drs. 17/6906, 65 ff..

der zugelassenen Vertragsärzte gleichgestellt[26] (§ 95 Abs. 1 S. 1) und als weitere Leistungserbringer bezeichnet.[27]

Diese Neuerung und Flexibilisierung hat aber auch eine Kehrseite. Die Teilnahme von Instituten an der ambulanten ärztlichen Versorgung bedeutet eine beträchtliche Konkurrenz für die klassischen Leistungserbringer in diesem Sektor, die freiberuflich niedergelassenen Ärzte, übrigens auch auf privatärztlichem Feld. Das MVZ verschärft somit den Wettbewerb. Die durch das GMG veränderten Versorgungsstrukturen in der GKV, durch welche nach dem Willen des Gesetzgebers ein „Wettbewerb zwischen den verschiedenen Versorgungsformen ermöglicht werden sollte, mit dem Ziel, dass Patienten jeweils in der ihren Erfordernissen am besten entsprechenden Versorgungsform versorgt werden können"[28], waren daher auch schon bald Anlass weitreichender Liberalisierungen im Berufsrecht der Ärzte, denn es bestand Bedarf, die Handlungsfähigkeit der Ärzte im Wettbewerb zu erweitern. So sollte auch mit der auf dem 107. Deutschen Ärztetag beschlossenen Neufassung der (Muster-)Berufsordnung (MBO-Ä[29]) die Weiterentwicklung der Strukturen ärztlicher Berufsausübung sowie die Stärkung der Kooperation von Ärzten untereinander und mit anderen Gesundheitsberufen erreicht werden. Die Bundesärztekammer betonte dabei in einem Positionspapier „Niederlassung und berufliche Kooperation" vom 17.02.2006[30], dass mit den Änderungen des ärztlichen Berufsrechts, „vor allem die niedergelassenen Ärzte und Ärztinnen in die Lage versetzt werden sollen, bei zunehmend starkem Wettbewerb auch zukünftig konkurrenzfähig zu bleiben und tatsächliche oder vermeintliche Wettbewerbsvorteile `medizinischer Versorgungszentren` auszugleichen". Die weitere Entwicklung war die zu der Förderung bereits genannte Gesetzgebung des VÄndG, GKV-OrgWG und Pflege-Weiterentwicklungsgesetzes, mit welchen die erheblichen Flexibilisierungen auch im vertragsärztlichen Bereich nachvollzogen wurden. Jahrzehntelang gab es keine Liberalisierung der vertragsärztlichen Tätigkeit, wie sie mit diesen Gesetzen erfolgte.

---

[26] *Hess,* in: KassKomm § 95 Rn. 9a

[27] Schallen, vor § 18 Rn. 373, 449, der diese noch betont, indem er die Neuigkeit der MVZ als Leistungserbringer in das Verhältnis zu dem bis zu ihrer Einführung vorherrschenden Leitbild des persönlich verantwortlichen, freiberuflich tätigen niedergelassenen Arztes stellt.

[28] Vgl. BT-Drs. 15/1170, 2.

[29] Musterberufsordnung-Ärzte, MBO-Ä 1997 in der Fassung der Beschlüsse des 114. Deutschen Ärztetages 2011 in Kiel, http://www.bundesaerztekammer.de/page.asp?his=1.100.1143 (04.11.2011).

[30] DÄBl. 2006, A 801 ff..

In den folgenden Gesetzen, insbesondere dem Gesetz zur nachhaltigen und sozial ausgewogenen Finanzierung der Gesetzlichen Krankenversicherung, GKV-FinG[31], wurden nicht mehr so einschneidende Änderungen vollzogen und teilweise Korrekturen
durchgeführt. Die grundsätzlichen Entscheidungen der Flexibilisierung der Zulassung
und zugleich der Fortführung der Vergütungsreform wurden jedoch bestätigt. Das gilt
gleichermaßen für das GKV-VStG, bei dem Fragen der Steuerung der ärztlichen Versorgung im Mittelpunkt stehen. Hiermit wird ebenfalls der Weg der grundsätzlichen
Unberührtheit der Zulassung als Zugang zur Versorgung gesetzlich Versicherter und
Förderung ihrer Flexibilität bei Änderung der Verteilungssteuerung über die ärztliche
Vergütung beibehalten. Allerdings steht die vertragsärztliche Zulassung als Steuerungsinstrument wieder viel mehr im Fokus, auf ihre Steuerungsmöglichkeiten, wie
die Bedarfsplanung, wird zurück gegriffen und diese modernisiert. Ebenso wird der
Gesundheitsmarkt aber auch weiter mit Folgen für das Instrument der vertragsärztli-
chen Zulassung flexibilisiert.

Prinzipiell bleibt zwar als Voraussetzung nahezu jeder neuen Teilnahmeform an der
ambulanten Versorgung gesetzlich Versicherter die Zulassung als Leistungserbringer
bestehen. Das gilt jedoch einerseits nicht ausschließlich, und andererseits und vor allem nur eingeschränkt, da Teilfunktionen der Zulassung, z. B. die Vertretung der zugelassenen Zwangsmitglieder durch die KV als Körperschaft zur Vertretung der zugelassenen Ärzte, ausgeschaltet und Ausnahmen vermehrt werden.

III. Fazit, Fragestellung und Gang der Untersuchung

Die Entwicklungen führen zu der Frage, ob die vertragsärztliche Zulassung künftig
gleichermaßen ein wesentliches, funktionsfähiges Steuerungsinstrument in der vertragsärztlichen Versorgung, insbesondere in Bezug auf den freiberuflichen Arzt als
herkömmlichen Leistungserbringer[32], in der ambulanten Versorgung[33] der gesetzlich
Versicherten bleiben kann oder sollte. Ferner stellt sich die Frage, welche Alternativen
zur Verfügung stehen, die die wichtigen Aufgaben der Zulassung ersetzen oder verbessern können und an welchen Stellen wichtige Funktionen in der derzeitigen Entwicklung drohen, verloren zu gehen. Dabei spielt die Entwicklung des Vertragsarzt-

---

[31] V. 22.12.2010, mit Wirkung zum 01.01.2011, BGBl. I 2010, 2309.
[32] So etwa im Zusammenhang mit der Erweiterung des § 116b auch das LSG Nordrhein-
    Westfalen, Beschl. v. 04.05.2011, L 11 KA 120/10 B ER - juris, welches insbesondere der
    Gesetzesbegründung entnimmt, dass die ambulante Versorgung sich weiterhin auf freibe-
    ruflich tätige Haus- und Fachärzte stützt sowie in besonderen Fällen auf die Behandlung
    am Krankenhaus (BT-Drs. 16/3100, 88) und eben nicht auf eine Krankenhausbehandlung
    i. S. d. § 39 Abs. 1 S. 1. (Richtig: BT-Drs. 16/3100, 87).
[33] Der Vorrang des freiberuflichen Arztes hat jedoch keinen Verfassungsrang, Quaas, GesR
    2010, 455 (456).

7

rechts insgesamt stets eine Rolle, was jedoch in seinem vollständigen Umfang nicht Gegenstand der Arbeit ist. Auf eine Steuerung der medizinischen Versorgung durch Einflussnahme auf die Leistungserbringer des Systems der GKV, insbesondere für die flächendeckende ambulante ärztliche Behandlung, kann nicht verzichtet werden. Es besteht daher das unbedingte Erfordernis, alternative funktionsfähige Steuerungsmodelle zu entwickeln und zu etablieren, soweit der Gesetzgeber den Plan verfolgt, die jahrzehntelange Funktion der Zulassung im System der GKV dauerhaft abzulösen. Aber auch wenn neue Instrumente nur neben der Zulassung erfolgreich etabliert werden sollen, müssen diese einer Überprüfung ihrer Eignung zur Steuerung der ambulanten vertragsärztlichen Versorgung stand halten.

Mit dem Ziel des Versuchs einer Klärung der zukünftigen Funktion und Bedeutung der vertragsärztlichen Zulassung und möglicher Alternativen erfolgt zunächst eine Darstellung ihrer geschichtlichen Entstehung (Kapitel 1 B.), da insbesondere festzustellen ist, dass historische Sachverhalte in den jüngeren Gesundheitsreformen wieder Bedeutung gewinnen. Sodann werden die wesentlichen Funktionen der Zulassung (Kapitel 2 A.), ausgewählte besondere rechtsgeschichtliche Entwicklungen und besondere Aspekte (Kapitel 2 B.) sowie ihre Einbindung in das Rechtssystem (Kapitel 2 C) dargestellt. Schwerpunkt liegt im Anschluss daran auf der detaillierten Untersuchung ihres status quo aufgrund der jüngeren Gesundheitsreformen (Kapitel 3 A.) sowie der Behandlung der Frage, ob dieser status quo derzeit oder in künftiger Entwicklung bestehen kann und ob aktuell Alternativen zur Zulassung als Steuerungsinstrument bestehen oder nicht und aus welchen Gründen (Kapitel 3 B.). Für die künftige Entwicklung werden mit dem GKV-VStG geplante Änderungen von Relevanz sein, die in mehreren Bereichen Auswirkungen auf die Zulassung haben. Hieraus wird das Ergebnis zu gewinnen sein (Kapitel 4 A. und C.), in welcher Weise gesetzliche Anpassungen in Form einer Stärkung des Steuerungselements Zulassung oder in Form der Sicherstellung von alternativen neuen Instrumenten bzw. gesetzlichen Vorgaben angezeigt sind. Zur Vervollständigung erfolgt die Darstellung der Ergebnisse einer evaluativen Befragung (Kapitel 4 B.). Mit der Zusammenfassung wesentlicher Ergebnisse in Thesen (Kapitel 5) schließt die Arbeit.

B. Geschichte der vertragsärztlichen Zulassung

I. Die vertragsärztliche Zulassung im deutschen Krankenversicherungsrecht

1. Krankenversicherungswesen in Deutschland

Die Krankenversicherung in Deutschland ist heute zweigeteilt, in die Versicherung gesetzlich Pflichtversicherter und privat Versicherter. In der privaten Versicherung

(PKV) vereinbaren die Vertragspartner (Versicherungsnehmer / Patient und privates Versicherungsunternehmen) im Rahmen eines privatrechtlichen Vertrags eine Kostenerstattung für medizinische Leistungen. Dabei werden die medizinisch notwendigen Leistungen vor allem durch Versicherungsbedingungen festgelegt, die sich vor allem an ärztlichen Standards ausrichten. Die von den Versicherten zu zahlenden Prämien werden nach Gesundheitszustand und Alter der Versicherten (Versicherungsrisiko[34]) versicherungsmathematisch ermittelt. Die finanzielle Leistungsfähigkeit der Versicherten hat in der PKV grundsätzlich keine Bedeutung[35].

Das Sozialstaatsprinzip forderte jedoch eine Alternative für die Bürger, die ihr Krankheitsrisiko aus wirtschaftlichen Gründen nicht ohne weiteres absichern können.[36] Die gesetzliche Pflichtversicherung stellt diese Alternative in Form eines öffentlich-rechtlichen Sozialversicherungssystems zur flächendeckenden Versorgung in der Bundesrepublik Deutschland (BRD) dar. Dieses System ist Grundlage für eine Solidargemeinschaft (§ 1), in der die Krankenkassen und Leistungserbringer eine bedarfsgerechte und gleichmäßige, dem allgemein anerkannten Stand der medizinischen Erkenntnisse entsprechende Versorgung der Versicherten zu gewährleisten (§ 70) und sicherzustellen (§ 75) haben. Gesetzlich Versicherte sind darin - neben freiwilligen Mitgliedern - Pflichtmitglieder. Die zu zahlenden Prämien (§ 33 VVG) - hier Beiträge (§ 223) - sind an die Einnahmen in Form von Arbeitsentgelt und somit an die finanzielle Leistungsfähigkeit des einzelnen Versicherten gekoppelt und durch einen Höchstbetrag begrenzt. Ferner sind die medizinischen Leistungen in einem Leistungskatalog vereinheitlicht, so dass der finanziellen Leistungsfähigkeit des einzelnen Versicherten für den Umfang seines Anspruchs auf medizinische Leistungen insgesamt nicht die gleiche Bedeutung wie in der PKV zukommt. In den letzten Jahren wird aber eine Erweiterung der einzubeziehenden Einkünfte als Bemessungsgrundlage der GKV erwogen.[37] Ihre Leistungen erhalten gesetzlich Versicherte von der Krankenkasse als Sachleistung (§ 2), nicht als Erstattung ihrer verauslagten Ausgaben. Unter dem Sachleistungsprinzip in der GKV versteht man die Bereitstellung von Leistungen durch die Krankenkasse. Das Sachleistungsprinzip soll durch die grundsätzlich bargeldlose medizinische Versorgung ebenfalls sicher-stellen, dass die Gesundheitsversorgung der Patienten nicht von ihrer unmittelbaren finanziellen Leistungsfähigkeit abhängig ist. Die Kostenerstattung ist in der gesetzlichen Pflichtversicherung die Ausnahme. Ver-

---

[34] Vgl. Wannagat, Lehrbuch des Sozialversicherungsrechts, 4; Mahr, Werner, Einführung in die Versicherungswirtschaft, 21 f.
[35] Dieser Grundsatz wurde durch den mit dem GKV-WSG zum 01.01.2009 eingeführten Basistarif eingeschränkt, zuvor stellte nur der Standardtarif eine gewisse Einschränkung der freien Prämienvereinbarung dar.
[36] Vgl. detailliert nachfolgend unter Kap. 1 B.II.2..
[37] Vgl. hierzu Huster, JZ 2002, 371 (372 f.).

mengungen treten auf durch private Zusatzversicherungen zur GKV und durch die Regelung des Basistarifs in der PKV.

2. Vertragsärztliche Zulassung

Das Zulassungsrecht ist Teil des so genannten Vertragsarztrechts. Dieses regelt die Voraussetzungen und Formen der Teilnahme von Ärzten, Psychotherapeuten, Zahnärzten und institutionellen Teilnehmern[38], wie etwa dem MVZ, an der Versorgung der gesetzlich Versicherten (§§ 95 ff.). Näheres zur Zulassung bestimmen die Zulassungsverordnungen für Ärzte und Zahnärzte. Sie sind trotz ihrer Bezeichnung als Verordnung Gesetz im formellen Sinne[39]. Nicht geregelt werden hierdurch die eben genannten institutionellen Teilnehmer. Die Zulassungsverordnungen wiederum ermächtigen die Bundesmantelvertragspartner, die Kassenärztliche Bundesvereinigung (KBV) und die Spitzenverbände der Krankenkassen[40] (seit dem 01.07.2008 Spitzenverband Bund), zu Vertragsabschlüssen. Mit ihnen werden weitere Rahmenbedingungen für die Tätigkeit der Vertragsärzte festgelegt. Der ärztliche Leistungserbringer, der die Zulassung erhält, wird als "Kassenarzt", heute "Vertragsarzt"[41] tätig.

Der Vertragsarzt hat besondere Rechte und Pflichten (§ 75 Abs. 2).[42] Die Zulassung bedeutet vor allem eine Verpflichtung des Arztes zur Teilnahme an der vertragsärztlichen Versorgung (§ 95 Abs. 3). Ebenso zu den Pflichten gehören etwa auch eine geregelte Präsenz - diese verbunden mit der Frage der Nebentätigkeit - und eine persönliche Leistungserbringung, welche die Bundesmantelvertragspartner festlegen. Mit der Zulassung wird ihr Inhaber Teil eines Systems, welches eine ausreichende, wirtschaftliche und zweckmäßige Versorgung (§ 12 Abs. 1) aller gesetzlich Versicherten mit dem gesetzlich oder durch Richtlinien festgelegten, medizinisch Notwendigen sicherzustellen hat. Dies haben die Ärzteverbünde[43], KVen und die KBV, im Rahmen des gesetzlich festgelegten Umfangs nach § 73 Abs. 2 sicherzustellen (Sicherstellungsauftrag § 75 Abs. 1) und den Krankenkassen zu gewährleisten.

Zu den Rechten des zugelassenen Vertragsarztes gehört die Behandlung von gesetzlich Versicherten im Rahmen des Sachleistungssystems zu Lasten der jeweiligen Kranken-

---

[38] Vgl. zu institutionellen Teilnehmern, Schirmer, Vertragsarztrecht kompakt, Kap. G.7. ff..

[39] BSG, Urt. v. 16.07.2003, B 6 KA 49/02 R, NJW 2004, 1820 - Leitsatz.

[40] Schallen, Zulassungsverordnung, Kommentar, Rn. 1.

[41] Mit dem Gesetz zur Sicherung und Strukturverbesserung der gesetzlichen Krankenversicherung, Gesundheitsstrukturgesetz (GSG) v. 21.12.1992, BGBl. I, 2266 wurde der Begriff des Kassenarztes in Vertragsarzt geändert.

[42] Dazu noch detailliert unter Kap. 2 A.III. 1..

[43] Weiterführend: KZV als gesetzliche Genossenschaft, Schirmer, DÄBl. 1997, 94 A-1790-1793; öffentlich-rechtliche Körperschaft, *Schnapp*, in: Schnapp/Wigge, Hdb. Vertragsarztrecht, § 1 Rn. 23; Jörg, Kassenarztrecht, Rn. 11.

kasse. Ferner fällt hierunter beispielsweise auch die Vertretung der Interessen der freiberuflichen Vertragsärzte, insbesondere für eine angemessene Vergütung ihrer Leistungen, beim Abschluss von Verträgen mit den Spitzenverbänden der Krankenkassen
sowie die Vertretung durch Mitarbeit von Vertretern in Ausschüssen der gemeinsamen
Selbstverwaltung. Der Arzt als Inhaber der vertragsärztlichen Zulassung ist berechtigt,
an der Versorgung der Kassenpatienten und der für diese zur Verfügung stehenden
Vergütung teilzuhaben. Ohne die Zulassung als Vertragsarzt ist eine Behandlung von
Kassenpatienten zwar nicht untersagt, sie kann jedoch nicht zu Lasten der GKV erfolgen. Sie darf aber auch dem gesetzlich Versicherten von Vertragsärzten grundsätzlich
nicht privat berechnet werden, wenn sie eine Leistung der GKV darstellt (a. A. wohl
Schiller/Steinhilper, wenn darüber aufgeklärt wird, dass es sich um eine gesetzliche
Leistung handelt, die andere Vertragsärzte ohne Zahlung erbringen[44]), andernfalls läge
ein Verstoß gegen den in § 75 verfassten Sicherstellungs- und Gewährleistungsauftrag
vor. Dieser Grundsatz wird nochmals in den Bundesmantelverträgen (beispielsweise
für die Ärzte: § 18 Abs. 1 BMV-Ä) festgeschrieben. Die vertragsärztliche Zulassung
ist daher grundlegende Voraussetzung für den Arzt zur Behandlung der gesetzlich versicherten Patienten, die immerhin etwa 90 % der Bevölkerung darstellen.[45]

3. Steuerungselement Zulassung

Für ein funktionierendes System einer planmäßigen, flächendeckenden Versorgung
muss ausgeschlossen sein, dass jeder Arzt unreglementiert Leistungen an die gesetzlich Versicherten erbringen darf. Das erfolgt vor allem über die Zulassung, die jeder
Leistungserbringer zur Teilnahme an der Versorgung der gesetzlich Versicherten
grundsätzlich innehaben muss und durch welche er einem Normengeflecht unterworfen wird. Eine der wenigen Ausnahmen stellt der medizinische Notfall dar. Zu dem
Normengeflecht gehören die für die Leistungserbringer verbindlichen Richtlinien des
obersten Beschlussgremiums der gemeinsamen Selbstverwaltung der Ärzte, Zahnärzte,
Psychotherapeuten, Krankenhäuser und Krankenkassen in Deutschland[46] nach § 92 mit
der Qualität untergesetzlicher Normen (streitig). Über sie wird die medizinische Versorgung sicher gestellt und gewährleistet. Das Gesetz legt dabei grundlegend fest, was
medizinisch notwendig ist. Die Zulassung wirkt daher wie ein Kontrollinstrument über

---

[44] Schiller/Steinhilper, MedR 2001, 29 (33).
[45] Beispielsweise Deutsche Sozialversicherung, o.J., http://www.deutsche-
      sozialversicherung.de unter „krankenversicherung" und „wer ist versichert", exakte Adres-
      se: http://www.deutsche-sozialversicherung.de/de/krankenversicherung/versicherte.html
      (30.11.2011), schon im Jahr 1990 vgl. Hänlein, VSSR 1993, 169 (177, Fn. 63); Wig-
      ge/Harney, MedR 2008, 139, (144), vgl. detailliert Kap. 2 Fn. 2.
[46] Zur demokratischen Legitimation des Beschlussorgans, des heutigen Gemeinsamen Bun-
      desausschusses vgl. u. a. BSG, Urt. v. 31.05.2006, B 6 KA 13/05 R und 07.11.2006, B 1
      KR 24/06 R.

die Teilnahme und für den Zugang an der Versorgung gesetzlich Krankenversicherter.[47]

Die ersten Elemente, mit denen die Teilnahme der Leistungserbringer an der kassenärztlichen[48] Versorgung zur Erreichung der Ziele der Krankenversicherung gesteuert wurde, waren bereits mit der Begründung eines Systems der Sachleistung geschaffen worden. Das geschah, indem die Krankenkasse sich die freie Wahl vorbehielt, mit welchem Arzt sie einen Kontrakt schließen wollte. Zudem hatten sich bereits in den Anfängen eines Systems der Zulassung die Kassen das Recht vorbehalten, die Anzahl der zuzulassenden Ärzte festzulegen. In dieser Zeit lag der Sicherstellungsauftrag für die medizinische Versorgung gemäß den gesetzlichen Anforderungen bei den Krankenkassen. In der Weiterentwicklung wurden bestimmte Verhältniszahlen von Arzt zu Patient bestimmt, mit welchen die Versorgung erreicht werden musste. Als weitere Instrumente kam mit den Jahrzehnten auch eine Deckelung der Gesamtausgaben, die von den Leistungserbringern und der Verwaltung verursacht werden durften, hinzu (Budgetierung).[49] Durch Maßnahmen solcher Art wurde das Verordnungs- und Behandlungsverhalten der Leistungserbringer von jeher gesteuert. Die Zulassung ist somit von Beginn an auch Steuerungselement für die Krankenkassen bzw. später die KVen, um die Niederlassung der Vertragsärzte im Sinne des Auftrags zur Sicherstellung der medizinischen Versorgung zu erreichen. Mit Einführung des Sachleistungssystems wurde die Teilnahme hieran rationiert und reglementiert. Das BSG hat dies als einen Prozess der Bedarfsplanung und Angebotssteuerung durch Zulassungsbeschränkungen bezeichnet.[50] Die Systeme und Mittel wechselten dabei bis zum heutigen System der Zulassung zur vertragsärztlichen Versorgung.

Nachfolgend wird die angesprochene Entwicklung zur heutigen vertragsärztlichen Zulassung anhand ihrer einzelnen historischen Stationen näher dargestellt.

II. Die Entwicklung zur vertragsärztlichen Zulassung

1. Vorläufer einer Pflichtversicherung

Vor Einführung des Vertragsarztsystems war die medizinische Versorgung grundsätzlich Sache des Einzelnen. Dieser erhielt die erforderliche Versorgung, indem er als freier Vertragspartner durch einen Dienstvertrag einen gewählten Arzt beauftragte.[51] Es handelte sich somit um ein privatrechtliches Rechtsverhältnis zwischen dem einzel-

---

[47] Dazu noch detailliert unter Kap. 2 A III., insbesondere 1. und 4..
[48] Zum Begriff Kassenarzt siehe dieses Kap. Fn. 40.
[49] GSG, siehe dieses Kap. Fn. 40.
[50] BSG, Urt. v. 23.02.2005, B 6 KA 81/ 03 R - juris Rn. 22.
[51] *Schnapp*, in: Schnapp/Wigge, Hdb. Vertragsarztrecht, § 1 I. Rn. 1.

nen Patienten und dem von ihm gewählten Arzt. Das Institut einer Zulassung existierte nicht. In der privaten Versicherung ist der Behandlungsvertrag auch heute noch ein Dienstvertrag.[52] Leistungen der existierenden Kassen erschöpften sich regelmäßig in der Erstattung von Behandlungskosten. So erfolgte dies etwa durch die Hilfskassen. Diese entstanden durch Gesetz über die eingeschriebenen Hilfskassen vom 07.04.1876 aus den Selbsthilfekassen von Handwerkern und Fabrikarbeitern. Sie arbeiteten nach dem Kostenerstattungsprinzip, so dass keine vertraglichen Bindungen mit den Ärzten bestanden, sondern nur mit den Versicherten. Parallel wurden allerdings Ärzte von den Krankenkassen angestellt.[53]

Mit dem preußischen Gesetz betreffend die gewerblichen Unterstützungskassen vom 03.04.1854 waren auch bereits Unterstützungskassen mit Zwangscharakter - somit Pflichtkassen - eingerichtet worden. Diese erfassten jedoch nur wenige Berufszweige gewerblicher Arbeiter, die auf Anordnung von den Gemeinden verpflichtet wurden[54], was nur in geringem Umfang erfolgte.

2. Einführung eines Sachleistungssystems und einer gesetzlichen Krankenversicherung

Mit dem Gesetz betreffend die Krankenversicherung der Arbeiter vom 15.06.1883[55] (KVG - Teil „Bismarckschen Sozialgesetzgebung"[56]) wurde erstmals ein System der Sachleistung (Naturalleistungsprinzip) normiert. Das Gesetz von 1883 knüpfte an die Institutionen des bestehenden Systems der Hilfskassen an.[57] Die Krankenkassen wurden verpflichtet, ihren Mitgliedern freie ärztliche Behandlung zu gewährleisten.[58] Damit wurde von der bloßen Erstattung der Ausgaben von Versicherten für die Inanspruchnahme medizinischer Leistungen Abstand genommen. Mit der Zurverfügungstellung von Sachleistungen sollte die medizinische Versorgung von der unmittelbaren finanziellen Leistungsfähigkeit des Versicherten losgelöst werden. Die Versicherten erhalten die Sach- und Dienstleistungen grundsätzlich kostenfrei, vorfinanzierungs- und risikolos.[59] Der Patient sollte nicht in Vorleistung gehen müssen, sondern sich oh-

---

[52] Teilweise streitig bei Zahnärzten für prothetische Leistungen (vgl. OLG Karlsruhe, Urt. v. 28.02.2007, 7 U 224/06 dagegen; OLG Oldenburg, Urt. v. 27.02.2008, 5 U 22/07 dafür).
[53] Schneider, Kassenarztrecht, Rn. 17.
[54] Woedtke, Das Reichsgesetz betreffend die Krankenversicherung der Arbeiter, 5.
[55] RGBl., 73.
[56] Dieses wurde erstmals durch Reichskanzler Bismarck am 17.11.1881 in der „kaiserlichen Botschaft" vorgestellt.
[57] Woedtke, Das Reichsgesetz betreffend die Krankenversicherung der Arbeiter, 17.
[58] *Schnapp*, in: Schnapp/Wigge, Hdb. Vertragsarztrecht, § 1 II. Rn. 3.
[59] Vgl. hierzu BVerfGE 11, 30; BSG 73, 271 (274 f.).

ne Sorge vor den Kosten in ärztliche Behandlung begeben können.[60] So lautet es zur Begründung des Gesetzes betreffend die Krankenversicherung der Arbeiter „Die Verarmung zahlreicher Arbeiterfamilien hat ihren Grund darin, dass sie in Zeiten der Erkrankung ihrer Ernährer eine ausreichende Unterstützung nicht erhalten"[61]. Mit Einführung eines Sachleistungssystems wurden aber auch Möglichkeiten des Missbrauchs geschaffen. Neu waren auch die Rechtsbeziehungen. In das zweiseitige Arzt-Patient-Verhältnis wurde die Krankenkasse als Vertragspartner eingebunden. Die Krankenkassen nahmen nun den Arzt zur Erfüllung ihrer Verpflichtung zur Sachleistung in die Verantwortung. Hierzu schlossen die Krankenkassen mit den Ärzten zugunsten der Versicherten zivilrechtliche Dienstverträge.[62] § 46 Abs. 1 Nr. 2 KVG sah den Abschluss solcher schriftlichen Verträge vor. Die Rechtsbeziehungen bewegten sich damit in einem Dreiecksverhältnis zwischen Versichertem, Krankenkasse und Leistungserbringer (Arzt).[63] Mangels einer großen Anzahl von Versicherten, die diesen Regelungen unterlag, bestand noch kein Bedürfnis für eine gesetzliche Regelung des Verhältnisses von Ärzten zu Krankenkassen, allein ein Schriftformerfordernis für Verträge war geregelt (§ 46 Abs. 1 Nr. 2 KVG).[64] Zu diesem Zeitpunkt gab es daher noch keine Form der vertragsärztlichen Zulassung im heutigen Sinne. Der Ursprung dafür war hingegen mit der gesetzlichen Regelung des heutigen Sachleistungsanspruchs in der GKV gelegt.

Mit der Novelle zum KVG vom 10.04.1892[65] wurde die Pflichtversicherung für einige Gruppen von Arbeitnehmern eingeführt und somit der Kreis der gesetzlich Versicherten erweitert. Die Krankenkassen erhielten die Ermächtigung, nach ihrem Ermessen in ihren Statuten die Behandlung durch bestimmte Ärzte sicherzustellen und das Entgelt zu regeln.[66] Die Bezahlung anderer Ärzte als der durch das Statut bestimmten konnte die Kasse bis auf Notfälle ablehnen (§§ 6a Nr. 6, 26 a Nr. 2b KVG). Die „Zulassung" (untechnisch) von Ärzten lag damit einseitig in der Hand der Kassen. Teilweise wurden Einzelleistungsvergütungen vorgesehen, zunehmend aber Pauschalen.[67] Wegen der großen Anzahl verfügbarer Ärzte konnten die Vertragsbedingungen durch die Krankenkassen vorgegeben werden.[68] Mit diesem Recht der Krankenkassen, Ärzte als

---

[60] Heberlein, GesR 2009, 141 (143, m. w. N.).
[61] Woedtke, Das Reichsgesetz betreffend die Krankenversicherung der Arbeiter, 3.
[62] Jörg, Kassenarztrecht, Rn. 7.
[63] Wie vor.
[64] *Schnapp*, in: Schnapp/Wigge, Hdb. Vertragsarztrecht, § 1 II. Rn. 2.
[65] RGBl., 417.
[66] Jörg, Kassenarztrecht, Rn. 7.
[67] Jörg, Kassenarztrecht, Rn. 7.
[68] *Schnapp*, in: Schnapp/Wigge, Hdb. Vertragsarztrecht, § 1 II. Rn. 3.

Kassenärzte auszuwählen, verloren andere Ärzte des Bezirks jeglichen Einfluss auf die Behandlung der Patientengruppe der gesetzlich Versicherten.

Der wachsende Umfang der Versicherungspflicht und die damit einhergehende Zunahme der Anzahl von Versicherten steigerten für die Ärzte zunehmend die Bedeutung, diese Patienten zu behandeln und damit an deren Versorgung teilnehmen zu können.[69] Die Kassen konnten sich aufgrund der bestehenden Verhältnisse den Arzt wählen, der mit niedrigen Entgelten zufrieden war.[70] Dadurch gerieten die Ärzte zunehmend in eine finanzielle Abhängigkeit von den Krankenkassen. Den Streit darüber, ob die Krankenkassen dazu verpflichtet waren, mit allen Ärzten ihres Bezirks einen Vertrag abzuschließen (freie Arztwahl) oder ob sie sich auf einzelne Verträge mit nach ihrem freien Ermessen ausgewählten Ärzten beschränken durften (beschränkt freie Arztwahl), entschied das KVG von 1892 zugunsten der beschränkt freien Arztwahl (§§ 6a, 56a KVG)[71] und damit zu Lasten der Ärzteschaft. Diese, bzw. ihre existierenden Standesorganisationen, waren vor allem lokaler Provenienz und vertraten die Interessen mangels umfassender Mitgliedschaft aller Ärzte nicht ausreichend.[72] Die Ärzte organisierten sich daher gewerkschaftsähnlich[73] und bildeten im Jahr 1900 den freien Verband der Ärzte Deutschlands zur Wahrung ihrer wirtschaftlichen Interessen[74] (Leipziger Verband, später Hartmannbund[75]). In diesem forderten sie die Vergütung nach Einzelleistungen und den unbeschränkten Zugang zur Kassenpraxis. Die alleinige Auswahl des Arztes für einen Vertragsabschluss durch die Krankenkassen sollte entfallen und eine freie möglich werden. Anstelle von Einzelverträgen begehrten die Ärzte einen Kollektivvertrag.[76]

3. Reform der Arbeiterversicherung

Die erste Reichsversicherungsordnung (RVO) wurde mit dem 19.07.1911[77] verkündet. Die Kassenarztfrage wurde jedoch im Einzelnen nicht geregelt, da zu viele Streitpunkte zwischen Ärzten und Kassen bzw. deren Interessenvertretungen seit Inkrafttreten des Gesetzes betreffend die Krankenversicherung der Arbeiter von 1883 eine Kodifizierung unmöglich machten.[78] Von der Verkündung der Reichsversicherungsordnung

---

[69] Hänlein, VSSR 1993, 169 (170).
[70] *Schnapp*, in: Schnapp/Wigge, Hdb. Vertragsarztrecht, § 1 II. Rn. 3.
[71] *Schnapp*, in: Schnapp/Wigge, Hdb. Vertragsarztrecht, § 1 II. Rn. 4.
[72] Wie vor Rn. 5.
[73] Wannagat, Lehrbuch des Sozialversicherungsrechts, 132.
[74] Schneider, Kassenarztrecht, Rn. 31.
[75] Benannt nach seinem Gründer.
[76] Vgl. zu den Forderungen Jörg, Kassenarztrecht, Rn. 7.
[77] RGBl. I, 509.
[78] *Schnapp*, in: Schnapp/Wigge, Hdb. Vertragsarztrecht, § 1 II. Rn. 7.

bis zum Inkrafttreten des zweiten Buchs zur Regelung der Krankenversicherung, welches mit dem 01.01.1914 in Kraft treten sollte[79], waren Einigungsversuche von starken Auseinandersetzungen geprägt.[80] Insbesondere die Regelung, dass die Krankenkassen nach § 370 RVO-1911 das Recht erhielten, den Versicherten anstelle der ärztlichen Behandlung eine Barleistung zu zweidrittel des Durchschnittsbetrags des gesetzlichen Krankengeldes zu gewähren, falls die ärztliche Versorgung dadurch gefährdet werden würde, dass die Krankenkassen keine Verträge zu angemessenen Bedingungen mit Ärzten schließen konnten oder Ärzte Verträge nicht einhielten, führte zu einer Verschärfung der Interessengegensätze. Unter anderem dadurch wurde das Druckpotential der organisierten Ärzteschaft, nämlich der Boykott von als unzureichend empfundener Vertragsbedingungen, wie z. B. durch die Weigerung, derartige Verträge umzusetzen, in Frage gestellt.[81] Der Hartmannbund sah seine Forderungen nach freier Arztwahl, Kollektivverträgen und Vergütung nach Einzelleistungen nicht erfüllt. Es sollte zum Generalstreik kommen.[82] Erst im letzten Augenblick wurde eine Einigung der Gegenspieler über das grundsätzliche weitere Zusammenwirken erreicht.[83] Eine gesetzliche Regelung hingegen wurde nicht errungen. Die Einigung wird als das so genannte Berliner Abkommen (BA)[84] bezeichnet und wurde auf Seiten der Ärzte durch den Deutschen Ärztevereinsbund und den Hartmannbund sowie auf Seiten der Krankenkassen durch den Verband zur Wahrung der Interessen der deutschen Betriebskrankenkassen, den Verband der deutschen Krankenkassen und den Hauptverband der Ortskrankenkassen[85] am 23.12.1913 geschlossen.

4. Einigung der Gegenspieler Ärzte und Krankenkassen

Das BA[86] war kein ausgearbeitetes, definitives Regelwerk, sondern ein auf zehn Jahre (bis zum 31.12.1923) befristeter Kompromiss der Ärzte und Krankenkassen bzw. ihrer Verbände zur Vermeidung eines vertragslosen Zustandes in der kassenärztlichen Versorgung. Basis blieb das Einzelvertragssystem.[87] Eine gesetzliche Regelung der Zusammenarbeit oder eine Klärung der höchst streitigen Frage, ob von den Krankenkassen Einzelleistungshonorare oder Pauschalvergütungen gezahlt werden müssen, wurde nicht erreicht.[88] Erreicht wurde aber ein System der gemeinsamen Selbstverwaltung[89],

---

[79] VO betreffend die Inkraftsetzung von Vorschriften der RVO vom 05.07.1912, RGBl., 439.
[80] *Schnapp*, in: Schnapp/Wigge, Hdb. Vertragsarztrecht, § 1 II. Rn. 7.
[81] Vgl. *Orlowski*, in: Orlowski et al., GKV-Kommentar § 72 Rn. 15.
[82] Schneider, Kassenarztrecht, Rn. 37.
[83] *Schnapp*, in: Schnapp/Wigge, Hdb. Vertragsarztrecht, § 1 II. Rn. 7.
[84] RAnz. 1913 Nr. 285.
[85] *Schnapp*, in: Schnapp/Wigge, Hdb. Vertragsarztrecht, § 1 II. Rn. 7, Fn. 7.
[86] Laut *Schnapp*, in: Schnapp/Wigge, Hdb. Vertragsarztrecht, § 1 II. Rn. 7.
[87] Hänlein, VSSR 1993, 169 (170 f.).
[88] *Schnapp*, in: Schnapp/Wigge, Hdb. Vertragsarztrecht, § 1 II. Rn. 9.

das entscheidende Streitpunkte regelte. Zu diesen gehörten das Arztsystem einerseits und das Vertragssystem andererseits.

In Bezug auf das Arztsystem wurde eine Änderung der Situation durch Festlegung einer Verhältniszahl von Ärzten zu Versicherten erreicht.[90] Bis dahin konnten die Krankenkassen eine Auswahl unter den Ärzten treffen, mit denen sie einen Vertrag schließen wollten (das hatte eine beschränkte Auswahl an Ärzten für die Versicherten zur Folge), und zudem auch die Gesamtzahl der Ärzte bestimmen. Die Zahl der Ärzte richtete sich daher allein nach dem Bedarf der Kassen. Mit der nun erfolgten Festlegung der Verhältniszahl im BA wurde immerhin die zuvor autark durch die Krankenkassen bestimmte Gesamtzahl der Ärzte fortan bestimmt. Auch konnten die Krankenkassen seither unter den in Frage kommenden Ärzten nicht mehr frei auswählen. Vielmehr wurde ein Arztregister eingeführt, aus dem Ärzte zur Zulassung auszuwählen waren.[91] Die Krankenkassen behielten aber entgegen den Interessen der Ärzte das Recht, das System einer freien oder aber einer nur beschränkt freien Arztwahl vorzugeben, und somit letztlich noch das Entscheidungsrecht über das Arztsystem. Zur Schlichtung von Streitigkeiten im Hinblick auf die neu festgelegten Arztzahlen wurde ein paritätisch besetzter Registerausschuss gebildet, der auch über die Frage der Zulassung entschied.[92]

In Bezug auf das Vertragssystem wurde zwar kein Kollektivvertrag erreicht, sondern es blieb bei dem Abschluss von Einzelverträgen, allerdings wurden die Bedingungen der Einzelverträge nicht mehr autark durch die Krankenkasse vorgegeben. Ein von den örtlichen Vereinigungen beider Seiten gewählter Ausschuss gab die Bedingungen nun vor. Dieser Ausschuss nannte sich Vertragsausschuss.[93] Damit war ein Rechtszustand geschaffen worden, der eine Mischung aus individualrechtlichen und kollektivrechtlichen Elementen enthielt, ähnlich dem Arbeitsrecht. Das entsprach der damaligen Anschauung, nach der der Dienstvertrag zwischen Arzt und Krankenkasse als Arbeitsvertrag verstanden wurde.[94] Das Vertragsarztrecht lag historisch auch im Zuständigkeitsbereich des Bundesministeriums für Arbeit und Sozialordnung. Erst mit dem Jahr 1992 fiel das Vertragsarztrecht in die Zuständigkeit des mit dem 18.01.1991 (nach einer ursprünglichen Schaffung im Jahr 1961) neu eingerichteten Bundesministeriums für Gesundheit (BMG). Für den Fall, dass keine Einigung des Vertragsausschusses zu-

---

[89] *Schnapp*, in: Schnapp/Wigge, Hdb. Vertragsarztrecht, § 1 II. Rn. 8.
[90] *Schnapp*, in: Schnapp/Wigge, Hdb. Vertragsarztrecht, § 1 II. Rn. 8; Hänlein, VSSR 1993, 169 (171).
[91] *Schnapp*, in: Schnapp/Wigge, Hdb. Vertragsarztrecht, § 1 II. Rn. 8.
[92] Schneider, Kassenarztrecht, Rn. 38.
[93] Vgl. zum Ausschuss und den genannten Aufgaben Jörg, Kassenarztrecht, Rn. 8.
[94] Schirmer, Vertragsarztrecht kompakt, Kap. C.3.1, 63.

stande kam, war mit der Entscheidung ein gleichfalls paritätisch besetztes Gremium, ein Schiedsamt, berufen. Für die Klärung von Streitigkeiten aus bereits geschlossenen Verträgen wurde ein Schiedsgericht beauftragt.[95]

Ein Zentralausschuss stellte die Durchführung des BA selbst sicher und entschied über aus dem BA erwachsende Streitigkeiten. Er bestand aus Vertretern der beiderseitigen Spitzenverbände.[96] Es blieb somit weiter bei der privatrechtlichen Verpflichtung von Ärzten durch die Krankenkassen, das Zusammenwirken der beiderseitigen Parteien wurde jedoch zunehmend verzahnt und voneinander abhängig gemacht. Hiermit war ein besseres Verhandlungsgleichgewicht erreicht. Die Interessengegensätze wurden dadurch jedoch nicht weniger. In puncto auf die Vergütung und die Ausgaben der Krankenversicherung wurde mit dem BA nicht viel erreicht. Die Ausgaben hatten aber damals (Anfang der zwanziger Jahre) noch keine erhebliche Relevanz. Zunächst ging es darum, ein funktionierendes System des Zusammenwirkens zu erlangen. Das war mit der Einführung der gemeinsamen Selbstverwaltung und der Einsetzung der beschriebenen Organe erreicht worden.

Die RVO enthielt jedoch auch nach dem BA zunächst keine entscheidenden Vorschriften, sondern kodifizierte vielmehr die ohnehin schon geltenden Regelungen des Schriftformerfordernisses für die Beziehungen zwischen Ärzten und Krankenkassen sowie das Recht der Krankenkassen, die Vergütung von Nicht-Kassenärzten abzulehnen.[97] Für die Verpflichtung der Ärzte durch die Krankenkassen blieb es also zunächst bei dem Abschluss von Einzelverträgen. Die Ärzte hatten keinen Anspruch auf Behandlung gesetzlich Versicherter, zugleich hatte aber auch die Krankenkasse kein Zwangsmittel, die Ärzte zu zwingen, ihrer Sachleistungsverpflichtung nachzukommen.

5. Regelungslücken in den Nachkriegsjahren

In den Kriegsjahren des ersten Weltkrieges traten die Fragen der gesetzlichen Krankenversicherung in den Hintergrund. Erst mit dem Jahr 1918 wurden sie wieder aktueller. Am Ende dieses Jahres sowie im Jahr 1919 liefen eine erhebliche Anzahl von Verträgen zwischen Ärzten und Krankenkassen aus, was eine Regelung für die Zeit danach dringlich machte.[98]

Mangels Einigung der Beteiligten wurde mit dem 23.12.1918 vom Rat der Volksbeauftragten und dem Staatssekretär im Reichsamt des Innern die Verordnung über die Sicherung der kassenärztlichen Versorgung bei den Krankenkassen erlassen. Sie be-

---

[95] *Schnapp*, in: Schnapp/Wigge, Hdb. Vertragsarztrecht, § 1 II. Rn. 10.
[96] *Schnapp*, in: Schnapp/Wigge, Hdb. Vertragsarztrecht, § 1 II. Rn. 11.
[97] *Schnapp*, in: Schnapp/Wigge, Hdb. Vertragsarztrecht, § 1 II. Rn. 7.
[98] *Schnapp*, in: Schnapp/Wigge, Hdb. Vertragsarztrecht, § 1 II. Rn. 13.

stimmte, dass nach § 370 RVO die Krankenkassen zur Kostenerstattung ermächtigt sein sollten, falls keine Verträge zu angemessenen Bedingungen zustande kommen sollten. Der Kreis der Versicherten wurde durch die Verdoppelung der Obergrenze des Jahreseinkommens, die Maßstab für die Einbeziehung der Versicherten in den Kreis der Pflichtversicherten war, vergrößert.[99]

Verlängerungen der nach dem BA geschlossenen Verträge wurden mit der Verordnung nur in geringer Zahl erreicht, so dass eine Regelung der Versorgung der Versicherten kritisch blieb. Auch mit dem nachfolgenden Tarifabkommen vom 09.12.1919 wurde lediglich eine Einigung im Hinblick auf die Vergütung erreicht. Nachdem grundlegende Regelungen auch hier ausgeblieben waren, erging eine weitere Verordnung mit dem 01.04.1920, die zugleich den Kreis der Versicherten erneut vergrößerte. Dies hatte einen Generalstreik der Ärzte am 25.05.1920 zur Folge,[100] der dazu führte, dass sich die Spitzenverbände über die strittigen Punkte verständigten. Hierzu gehörte vor allem die Vereinbarung der freien Arztwahl. Soweit Krankenkassen noch eine beschränkte Arztwahl vorsahen, verpflichteten sie sich, gegen die Einführung der freien Arztwahl keinen Widerstand mehr zu leisten. Das Arztsystem wurde grundsätzlich der freien Vereinbarung zwischen Krankenkassen und Ärzten oder deren Organisationen überlassen.[101] Eine entscheidende Entwicklung in Richtung auf Kollektivregelungen lag darin, dass die Krankenkassen neben ihrem Einzelvertrag mit der Organisation der Kassenärzte einen Mantelvertrag abschlossen. Auch die Vergütung wurde nicht mehr in allen Fällen an den einzelnen Arzt ausgezahlt, sondern bei entsprechender Vereinbarung an die kassenärztliche Organisation oder eine gemeinsame Abrechnungsstelle.[102] Die Entwicklung ging also in Richtung auf Kollektivregelungen.

Die Parteien versuchten auch weiterhin, eine gesetzliche Regelung der Kassenarztfrage zu erreichen. Das gelang nach wie vor nicht. Eine Einigung kam nur für die Verlängerung des Tarifabkommens vom 09.12.1919 bis zum 31.03.1922 zustande.[103] Neben der Verlängerung wurde ferner Einigkeit erzielt, dass ein Zentralschiedsamt als Rechtsmittelinstanz für die Entscheidungen der Schiedsämter gebildet wird. Hieraufhin wurde das so genannte Reichsschiedsamt eingeführt, das mit dem 06.03.1922 seine Tätigkeit

---

[99] Zu alledem *Schnapp*, in: Schnapp/Wigge, Hdb. Vertragsarztrecht, § 1 II. Rn. 13.
[100] Zu alledem *Schnapp*, in: Schnapp/Wigge, Hdb. Vertragsarztrecht, § 1 II. Rn. 14.
[101] Wie vor.
[102] Wie vor.
[103] Wie vor.

aufnahm.[104] Aufgrund der Verweigerung der ärztlichen Beisitzer mitzuwirken, musste das Reichsschiedsamt seine Tätigkeit jedoch bald wieder aufgeben.[105]

Da unverändert keine einvernehmliche gesetzliche Regelung möglich erschien, wurde der Reichsarbeitsminister durch das Gesetz zur Sicherung der ärztlichen Versorgung bei den Krankenkassen vom 20.04.1922[106] ermächtigt, über § 370 RVO hinaus zu bestimmen, in welchen Fällen die Krankenkassen Kostenerstattung anstelle von Sachleistung gewähren konnten. Somit war die Versorgung der Patienten nicht gefährdet.

Aufgrund weiterhin fehlender Einigungsaussichten griff, vor dem drohenden Eintritt eines vertragslosen Zustands infolge des Ablaufens des BA am 31.12.1923, die Regierung ein.[107] Sie erließ am 30.10.1923 aufgrund der Ermächtigungsgesetze vom 13.10.1923[108] die Verordnung über Ärzte und Krankenkassen[109], mit der im Wesentlichen die Fortgeltung des BA bis zum Erlass anderweitiger Regelungen festgelegt wurde. Das BA erhielt somit die Wirkung eines Gesetzes.[110]

Weiterhin erging eine Verordnung über Krankenhilfe bei den Krankenkassen vom 30.10.1923[111] mit der der Beitragssatz für die Versicherten erhöht wurde sowie dass Recht auf freie Arztwahl und die Freiheit der ärztlichen Berufsausübung weiter eingeschränkt wurden. Der „Leipziger Verband" rief hieraufhin zu einem Streik der niedergelassenen Kassenärzte auf. Im Rahmen dieses Streiks verweigerten die Kassenärzte nicht die Behandlung (wie bei den Streiks des Jahres 1919) sondern verlangten von ihren Patienten die sofortige Bezahlung in bar.[112] „Die Kassen reagierten darauf mit der Einrichtung von Ambulatorien, in denen angestellte Ärzte die Versicherten behandelten."[113] Die Ambulatorien existierten bis in das Jahr 1933, in dem sie von den Nationalsozialisten geschlossen wurden.[114] Die Streikforderungen der Ärzte zielten auf eine gesetzliche Festlegung der freien Arztwahl, eine Aufhebung der Zulassungsbeschränkungen durch die Kassen und eine Honorierung nach Einzelleistungen in Goldmark.[115]

---

[104] *Schnapp*, in: Schnapp/Wigge, Hdb. Vertragsarztrecht, § 1 II. Rn. 15.
[105] Wie vor.
[106] RGBl. I, 463.
[107] *Schnapp*, in: Schnapp/Wigge, Hdb. Vertragsarztrecht, § 1 II. Rn. 16.
[108] RGBl. I, 943.
[109] RGBl. I, 1051.
[110] *Schnapp*, in: Schnapp/Wigge, Hdb. Vertragsarztrecht, § 1 II. Rn. 17.
[111] RGBl. I, 1054.
[112] Kröner, Westfälisches Ärzteblatt 4/2006, 12 (13).
[113] Wie vor.
[114] Wie vor.
[115] Kröner, Westfälisches Ärzteblatt 4/2006, 12 (13 und 14).

Infolge der Verordnung vom 30.10.1923, die dem BA Gesetzeskraft verlieh, existierte zwar mit Beginn des Jahres 1924 und Auslaufen des BA tatsächlich vielerorts ein vertragsloser Zustand, die Einhaltung der im BA enthaltenen Grundregeln war jedoch sichergestellt, soweit die Parteien keine andere Regelung getroffen hatten.[116] Weiterer Inhalt der Verordnung zur Weitergeltung des BA war die Bildung eines Reichsausschusses für Ärzte und Krankenkassen, in Weiterentwicklung des Zentralausschusses[117], als rechtssetzendes Organ. Im Übrigen wurden im Wesentlichen die Organe des BA übernommen.[118]

Mit dem 12.05.1924 erließ der Zentralausschuss erste Richtlinien mit wesentlichem Inhalt. Er betraf u. a. die Zulassung. In den Richtlinien wurden erstmals (faktisch wurde dies schon mit der Einigung der Spitzenverbände nach dem Generalstreik der Ärzte vom 25.05.1920 begonnen) kollektive Mantelverträge vorgesehen, „die der Arzt als von ihm in eigener Person geschlossen anerkennen konnte".[119] Die Mantelverträge wurden von den öffentlich-rechtlichen Verbänden der Krankenkassen mit den Kassenärzten vereinbart. Die Richtlinien des Reichsausschusses fanden bei der Neufassung der RVO am 15.12.1924[120] Eingang in die §§ 368a bis 368t RVO. Weiterentwicklungen folgten zum 14.11.1928 mit der Beschlussfassung des Reichsausschusses über Vertragsrichtlinien und einer Zulassungsordnung, mit der die früher erlassenen Richtlinien „begradigt" wurden.[121]

Es fand eine „Umkleidung" des privatrechtlichen Vertrags zwischen Ärzten und Krankenkassen durch öffentlich-rechtliche Regelungen statt.[122] Die Vertragsrichtlinien hatten insoweit normative Wirkung, als sie die Schiedsämter verpflichteten, ihren Entscheidungen die zwischen den Krankenkassenverbänden und der Organisation der Kassenärzte geschlossenen Kollektivverträge zu Grunde zu legen.[123] Der Inhalt des Mantelvertrags war somit für die über Streitigkeiten zu befindenden Schiedsämter verbindlich. Dennoch wirkten die Gesamtverträge nicht unmittelbar auf den Einzelvertrag ein, da ihnen keine normative Kraft zukam. Vielmehr mussten sie ausdrücklich in die Einzelabrede übernommen werden.[124] In diesem System blieb daher das Prinzip der einzelvertraglichen Regelung zwischen Kassen und Ärzten zwar bestehen, allerdings

---

[116] *Schnapp*, in: Schnapp/Wigge, Hdb. Vertragsarztrecht, § 1 II. Rn. 18.
[117] Jung et al., DÄBl. 2000, 97; Jörg, Kassenarztrecht, Rn. 9; Schneider, Kassenarztrecht, Rn. 44. Der Zentralausschuss wurde mit dem BA eingerichtet.
[118] Schneider, Kassenarztrecht, Rn. 51.
[119] Jörg, Kassenarztrecht, Rn. 9.
[120] RGBl. I, 779.
[121] Schneider, Kassenarztrecht, Rn. 51.
[122] Jörg, Kassenarztrecht, Rn. 9.
[123] Jörg, Kassenarztrecht, Rn. 9.
[124] Schneider, Kassenarztrecht, Rn. 57.

nur in rudimentärer Form. Die Zulassung zur ambulanten Versorgung war in dieser Zeit zu definieren als „die Anerkennung des Anspruchs auf Abschluss eines Vertrages über die Ausübung einer Kassenarztpraxis"[125]. Nach dem geltenden System bedeutete das die Befugnis zum Abschluss eines privatrechtlichen Einzelvertrags. Es handelte sich bei der Vereinbarung mit der Krankenkasse zur Teilnahme an der Kassenärztlichen Versorgung daher zwar weiterhin um ein privatrechtliches Vertragsverhältnis, allerdings eingekleidet von zumindest für die Schiedsämter verbindlichen kollektivrechtlichen Bedingungen. Weiterhin kam es nicht zu einer Regelung der Honorierung. Die Vergütung ärztlicher Leistung konnte als Einzelleistung oder pauschal erfolgen (§ 7 Abs. 2 Vertrags-Richtlinien).[126]

6. Auswirkungen der Weltwirtschaftskrise

Die Weltwirtschaftskrise der Jahre 1929 bis 1932[127] erforderte eine Überprüfung der Ausgaben für die Krankenversicherung und stellte die Akzeptanz der bislang erreichten Ergebnisse bei den Ärzten und Krankenkassen erneut in Frage. Die Reformpläne fanden in die Notverordnung zur Behebung finanzieller, wirtschaftlicher und sozialer Notstände vom 26.07.1930[128] Eingang. Sie wurde auf der Grundlage von Art. 48 Abs. 2 WRV erlassen[129] und berechtigte die Krankenkassen wie gehabt, Einzelverträge mit Ärzten ihrer Wahl abzuschließen. Das Oberversicherungsamt erhielt die Möglichkeit, eine Zulassungssperre zu verhängen.[130] Eine Senkung der Ausgaben wurde zunächst mit verschiedenen Regelungen, die etwa die Wirtschaftlichkeit betrafen, angestrebt. Erneut erhielten die Krankenkassen das Recht zur baren Ersatzleistung an die Versicherten nach § 370 Abs. 1 RVO. Mit dem neuen Abs. 2 des § 368 RVO wurde eine Schadensersatzpflicht der Ärzte für den Fall nicht ausreichender Sorgfalt im Hinblick auf Notwendigkeit und Wirtschaftlichkeit bei der Behandlung und Verordnungen geregelt.[131] Da die Maßnahmen nicht ausreichten, sollten auch die Kassenarzthonorare gekürzt werden. Mit dem 31.07.1931 verständigten sich die Spitzenorganisationen unter Beteiligung des Reichsarbeitsministeriums auf eine Zwischenlösung[132], die demgemäß für die Frage des Kassenarztrechts und der ärztlichen Zulassung keine

---

[125] *Schnapp*, in: Schnapp/Wigge, Hdb. Vertragsarztrecht, § 1 II. Rn. 19.
[126] *Orlowski*, in: Orlowski et al., GKV- Kommentar § 72 Rn. 16.
[127] Vgl. z. B. Schieder, Theodor, Handbuch der europäischen Geschichte, 20.
[128] RGBl. 321, u.a. enthält die VO auch die Einführung einer so genannten Krankenscheingebühr, die als Vorläufer der Praxisgebühr, die mit dem Gesetz zur Modernisierung der gesetzlichen Krankenversicherung, GMG v. 14.11.2003 (BGBl. I, 2190) eingeführt wurde, gesehen werden kann.
[129] Zur verfassungsrechtlichen Bedenklichkeit der Verordnung, Schulz, 373 bis 375.
[130] Schneider, Kassenarztrecht, Rn. 61.
[131] Vgl. zu Ersatzleistung und Maßnahmen gegenüber Ärzten, RGBl. I 1930, 322 und 325.
[132] *Schnapp*, in: Schnapp/Wigge, Hdb. Vertragsarztrecht, § 1 I. Rn. 21.

entscheidende Rolle einnahm. Die Verhandlungen wurden mit dem Bestreben, eine endgültige Regelung zu erreichen, fortgeführt.[133]

Am 17.10.1931 schlossen die Parteien - unter Vorbehalt der Annahme durch die Organe - eine Vereinbarung u. a. über eine Kopfpauschale als Honorarsystem und eine Beschränkung der ärztlichen Verordnungskosten.[134] Im Rahmen der dieser Vereinbarung vorangegangenen Verhandlungen bestanden Differenzen nicht nur zwischen Ärzten und Krankenkassen, sondern auch innerhalb der Ärzteschaft.[135] Es wurde deutlich, dass eine Regelung der Zahl der zugelassenen Ärzte unverzichtbar war, da Uneinigkeit hierüber bestand. Einerseits strebten Kriegsheimkehrer eine Zulassung an, was die Zahl zugelassener Ärzte erhöht hätte. Auch hatte die Anzahl von Ärzten aufgrund von Notapprobationen im Krieg und dem Einstrom von Ärzten aus den abgetretenen Gebieten sowie ein Anstieg von Studentenzahlen die Anzahl von Interessenten für eine Zulassung erhöht. Andererseits sollten die Einnahmen der bereits praktizierenden Ärzte nicht tangiert werden, was die Folge von Neuzulassungen gewesen wäre. Als Lösung bot sich jedoch allein eine Neubestimmung der Verhältniszahl an, so dass Neuzulassungen möglich wurden. Der Nachteil dieser Lösung war die dann zwingende Folge von Einnahmeverlusten aller zugelassenen Ärzte. Die Festlegung einer Verhältniszahl wurde durch die Verordnung den Ärzten überlassen. Als die Ärzteschaft aufgrund ihres internen Konflikts jedoch keine Festlegung erreichte, griff die Regierung mit dem Vorschlag zur Gewinnung einer Verhältniszahl ein, der auch Eingang in das Abkommen vom 17.10.1931 fand[136] und Entspannung brachte, da erheblich mehr Ärzte zugelassen werden konnten als zuvor (von einem Arzt auf 1000 Patienten auf einen Arzt pro 600 Patienten).

Die zentrale Forderung der Ärzte nach Einzelleistungsvergütung wurde im Rahmen des Kölner Ärztetags von 1931 aufgegeben und die Vergütung nach Kopfpauschalen akzeptiert.[137]

7. Entwicklung zum öffentlich-rechtlichen Kassenarztsystem

Mit dem 08.12.1931 erging neuerlich eine Notverordnung mit entscheidender Relevanz für die kassenärztliche Versorgung, die vierte Verordnung des Reichspräsidenten

---

[133] *Schnapp*, in: Schnapp/Wigge, Hdb. Vertragsarztrecht, § 1 I. Rn. 22.
[134] *Schnapp*, in: Schnapp/Wigge, Hdb. Vertragsarztrecht, § 1 I. Rn. 22.
[135] Vgl. ausführlich hierzu und zur wieder gegebenen Lösung einer Verhältniszahl *Schnapp*, in: Schnapp/Wigge, Hdb. Vertragsarztrecht, § 1 I. Rn. 22; vgl. auch Kröner, Westfälisches Ärzteblatt 4/2006, 12 (13).
[136] *Schnapp*, in: Schnapp/Wigge, Hdb. Vertragsarztrecht, § 1 I. Rn. 22.
[137] *Orlowski*, in: Orlowski et al., GKV-Kommentar § 72 Rn. 18.

zur Sicherung von Wirtschaft und Finanzen und zum Schutze des inneren Friedens.[138] Ihr Erlass wird als „Etappensieg" der Ärzteschaft im Kampf gegen die Kassen bezeichnet, die damit ab 1932 selbst die Verteilung ihres Anteils an den Kassenbeiträgen und die Kontrolle seiner wirtschaftlichen Verwendung übernahmen.[139] Ihr Inhalt entsprach im Wesentlichen der Vereinbarung vom 17.10.1931. Zu der Verordnung ergingen Ausführungs- und Überleitungsbestimmungen des Reichsarbeitsministers in Form einer Vertrags- und einer Zulassungsordnung. Am 30.12.1931 wurde eine Zulassungsordnung erlassen, welche alle bisherigen aufhob.[140]

Aufgrund der Notverordnung vom 08.12.1931 erfolgte eine Neubekanntmachung der §§ 368 bis 373 RVO mit Verordnung vom 14.01.1932[141], mit der die neue Rechtslage Eingang in die RVO fand. Das Einzelvertragssystems wurde durch ein Kollektivvertragssystem abgelöst und KVen als Vertragspartner der Krankenkassen eingeführt.[142] Ein Einzelvertrag zwischen Krankenkasse und Arzt wurde fortan nicht mehr geschlossen.[143] Damit lag eine wesentliche Neuregelung des Kassenarztwesens vor.

Mit der Einführung der KVen wurde das Dreiecksverhältnis zwischen Versichertem, Krankenkasse und Leistungserbringer (z. B. Arzt) um einen Vertragspartner erweitert.[144] Jörg spricht von Etablierung eines Vierecksverhältnisses.[145] Die Verordnung war geprägt vom Gedanken der gemeinsamen Selbstverwaltung.[146] Es erfolgte eine Rechtsangleichung, in Folge derer örtliche Regelungen vereinheitlicht wurden.[147] So wurde insbesondere für alle Krankenkassen ein übereinstimmendes Vertragssystem geschaffen.[148]

Der neue Vertragspartner auf Seiten der Ärzte, die KV, wurde als rechtsfähige öffentlich-rechtliche Körperschaft[149] gebildet. Die Mitgliedschaft in dieser Vereinigung war eine Zwangsmitgliedschaft aller Ärzte eines Bezirks[150]. Die Zulassung und das Teilnahmerecht folgten der öffentlich-rechtlichen Mitgliedschaft in der KV. Der Beitritt geschah durch schriftliche Erklärung, den sogenannten Verpflichtungsschein. Der Arzt

---

[138] RGBl. I, 699, 718.
[139] Kröner, Westfälisches Ärzteblatt 4/2006, 12 (14).
[140] Schneider, Kassenarztrecht, Rn. 65.
[141] RGBl. I, 19.
[142] *Schnapp*, in: Schnapp/Wigge, Hdb. Vertragsarztrecht, § 1 Rn. 24.
[143] Wie vor.
[144] Jörg, Kassenarztrecht, Rn. 7.
[145] Jörg, Kassenarztrecht, Rn. 11.
[146] *Schnapp*, in: Schnapp/Wigge, Hdb. Vertragsarztrecht, § 1 Rn. 27.
[147] Wie vor, Rn. 23.
[148] Wie vor.
[149] Wie vor.
[150] Wie vor.

musste beitreten.[151] Damit wurde der Schritt vollzogen, die bisherigen Kollektivvertragspartner auf privatrechtlicher Grundlage in ein öffentlich-rechtliches System zu überführen und zu diesem Zwecke die privatrechtlichen Organisationen zu "verkörperschaften"[152]. Der Einzelvertrag zwischen Arzt und Krankenkasse wurde damit durch ein Kollektivvertragssystem abgelöst.[153] Die Zulassung war fortan nicht mehr das Recht, für eine oder mehrere Krankenkassen tätig zu werden, sondern das Recht, in einem bestimmten Bezirk den Gesamtverträgen aller Krankenkassen beizutreten.[154] § 368b RVO regelte: „Durch die Zulassung erwirbt der Arzt die Berechtigung zum Abschluss eines Einzelvertrags". Das wird als subjektives Recht auf Kassenpraxis bezeichnet.[155] Mit der erweiterten Zulassung zur Kassenpraxis erreichte die Ärzteschaft die gesetzliche Festschreibung ihres lange umkämpften Ziels eines freien Zugangs der Kassenversicherten zu allen verbandlich organisierten Ärzten (freie Arztwahl).

Ein vorgesehenes Schiedsamt beim Oberversicherungsamt (paritätisch besetzt wie schon nach dem BA im Jahr 1913[156]) entschied über die Zulassung, ein Reichsschiedsamt (wie für kurze Zeit schon 1923 eingerichtet) hatte die Funktion einer Rechtsmittelinstanz. Zudem gab es noch die zur Schlichtung berufenen privatrechtlichen Organe des Vertrags- und des Einigungsausschusses, diese hatten jedoch keine Entscheidungsbefugnis.[157]

Die KV übernahm gegenüber den Krankenkassen die Gewähr für die Ordnungsgemäßheit der kassenärztlichen Versorgung. Sie erhielt zu diesem Zweck Disziplinarbefugnisse gegenüber den Ärzten. Damit wurde der Übergang des ursprünglich bei den Krankenkassen liegenden Sicherstellungsauftrags nach § 75 Abs. 1 auf die KVen vollzogen, den diese seither durch ihre Mitglieder, die Leistungserbringer, gewährleisten.[158] Die Ärzte als Mitglieder erhielten die gesetzliche Pflicht zur ausreichenden und

---

[151] Schneider, Kassenarztrecht, Rn. 80.

[152] Schirmer, Vertragsarztrecht kompakt, Kap. C. 3.1, 64.

[153] *Schnapp*, in: Schnapp/Wigge, Hdb. Vertragsarztrecht, § 1 Rn. 24; Jörg, Kassenarztrecht, Rn. 11.

[154] Wie vor, Rn. 24.

[155] Schirmer, DÄBl. 1997, 94 A-1790-1793.

[156] Wenner, Vertragsarztrecht nach der Gesundheitsreform, § 2 Rn. 3.

[157] *Schnapp*, in: Schnapp/Wigge, Hdb. Vertragsarztrecht, § 1 Rn. 27.

[158] Präziser als heute § 75 Abs. 1, der den Sicherstellungsauftrag regelt, bestimmte die sinngleiche Vorgängervorschrift des § 368n Abs. 1 RVO die Sicherstellungsaufgaben: „Die Kassenärztlichen Vereinigungen und die Kassenärztliche Bundesvereinigung haben die den Krankenkassen obliegende ärztliche Versorgung...sicherzustellen." Damit handelt es sich nicht um die Zuweisung einer unmittelbaren staatlichen Aufgabe sondern um eine spezielle, wenn auch exklusive Zuordnung zur Erfüllungspflicht der Sachleistungsgewährung der Krankenkassen, ohne dass die KVen damit die Ausführung der GKV selbst übertragen würde, vgl. hierzu Schirmer, DÄBl. 1997, 94 A-1790-1793).

zweckmäßigen Behandlung der Patienten.[159] Zweck der Verpflichtung war unter anderem die Ausgabenbeschränkung, was sich darin widerspiegelte, dass der Verstoß eines Arztes gegen seine Pflicht eine Schadensersatzpflicht gegenüber der KV (zuvor gegenüber der Kasse, siehe oben VO v. 26.07.1930) auslösen konnte. Den Ärzten oblag somit bis auf geregelte Ausnahmefälle künftig die ambulante Versorgung. Eine Verstaatlichung des ärztlichen Standes war erfolgreich verhindert worden, allerdings um den Preis des Verzichts auf den vertragslosen Zustand als Streikmittel[160], denn die Ärzte hatten nun in Form der KV die Pflicht zur Sicherstellung der Versorgung zu gewährleisten.

Die Gesamtverträge wurden zwischen der neuen Körperschaft KV und den Kassen geschlossen. Die Inhalte waren allerdings durch die bereits von den beiderseitigen Landesverbänden geschlossenen Mantelverträge vorbestimmt. Deren Inhalte waren wiederum durch ein Vertragsmuster der Spitzenverbände vorgegeben[161], die damit letztlich über den Inhalt der Gesamtverträge entschieden. Mit den Notverordnungen von Dezember 1931 und Januar 1932 wurde auch das neue Vergütungssystem der Gesamtvergütung eingeführt[162] (erste Ansätze hierzu gab es bereits mit der VO vom 01.04.1920).

Einzig mögliche Vergütungsform war die Kopfpauschale, die sich nach dem durchschnittlichen Jahresbedarf an ärztlichen Leistungen für ein Kassenmitglied und den durchschnittlichen Mitgliedern der jeweiligen Krankenkasse bestimmte (§ 368e Abs. 1 S. 2 RVO-1932).[163] Insofern war eine Einzelleistungsvergütung ausgeschlossen. Die Bindung an den Grundlohn[164] garantierte, dass die Kopfpauschalen mit der inflationären Entwicklung der Grundlohnsumme Schritt hielten.

Der Reichsausschuss erhielt neben seinen bereits bestehenden Aufgaben und nicht verbindlichen Richtlinienbefugnissen[165] die Befugnis, erforderliche Ausführungsvorschriften zu den §§ 368 bis 378e RVO als zwingendes Recht zu erlassen.[166] Er sollte ferner Richtlinien zur Gewährleistung von Gleichmäßigkeit und Angemessenheit der

---

[159] *Schnapp*, in: Schnapp/Wigge, Hdb. Vertragsarztrecht, § 1 Rn. 26.
[160] Gerst, DÄBl. 2000, 97 A-826.
[161] Kap. I, Abschn. 1, § 1 Abs. 2 der NotVO vom 08.12.1931.
[162] Hänlein, VSSR 1993, 171, Fn. 16.
[163] *Schnapp*, in: Schnapp/Wigge, Hdb. Vertragsarztrecht, § 1 Rn. 25.
[164] Dazu wie vor.
[165] Vgl. auch *Schnapp*, in: Schnapp/Wigge, Hdb. Vertragsarztrecht, § 1 Rn. 18, dort Fn. 12; Schneider, Kassenarztrecht, 26 u. 29 Rn. 57: danach gab es keine unmittelbare Rechtswirkung gegenüber den an der Selbstverwaltung Beteiligten, die Richtlinien gaben lediglich Anhaltspunkte, a. A. lt. Schneider, Fn. 122 der Reichsausschuss selbst (RABl. 1925, 541 Nr. 134 Ziff. 6).
[166] Schneider, Kassenarztrecht, Rn. 68.

Vereinbarungen zwischen Ärzten und Krankenkassen erlassen. Streitigkeiten sollten weiter die Schiedsämter, die auch über die Zulassung entschieden[167], unter Bindung an die Richtlinien schlichten. Verfahren und Organisation richteten sich nach dem zehnten Buch der Zivilprozessordnung.[168] Der Staat behielt sich jedoch die Letztentscheidung durch eine Zustimmung und den Ersatz einer Entscheidung durch den Reichsarbeitsminister für den Fall vor, dass der Reichsausschuss untätig bleiben sollte.[169]

8. Machtübernahme von 1933 und Zweiter Weltkrieg

Mit dem Jahr 1933 war auch das Kassenarztwesen von Zentralisierung und Gleichschaltung beeinflusst.[170] Viele Maßnahmen waren geprägt vom nationalsozialistischen Geist oder standen in Zusammenhang mit dem Krieg und dessen Vorbereitung. Sie sind insofern nur teilweise prägend für die weitere Entwicklung zum heutigen Kassenarzt- und Zulassungswesen. „Die Veränderungen des Kassenarztrechts während der Zeit der nationalsozialistischen Herrschaft und die Bewältigung der unmittelbaren Nachkriegszeit sind heute nur noch von historischen [!] Interesse, weil sie keine institutionellem [!] Spuren hinterlassen haben."[171]

Mit der Verordnung vom 01.03.1933[172] wurde die staatliche Aufsicht über die Krankenkassen ausgedehnt und mit VO vom 17.03.1933[173] die Krankenkassenverbände staatlicher Aufsicht unterstellt.[174] Jegliche Zusammenschlüsse wurden zentralisiert. So wurden die Hauptverbände der Ortskrankenkassen und die Verbände der Land-, Betriebs- und Innungskrankenkassen zu Reichsverbänden.[175] Mit Verordnung vom 02.08.1933[176] wurde vom Reichsarbeitsminister Rettig auf der Grundlage der sogenannten Gleichschaltungsgesetze die Kassenärztliche Vereinigung Deutschlands (KVD, heute: KBV) gegründet. Sie löste die einzelnen bezirklichen KVen ab.[177]

Einschneidend war, dass in dieser Zeit durch Verordnung vom 17.05.1934[178] allein die Ärzte über die Zulassung entschieden. Die Zulassung stellte einen öffentlich-rechtlichen Akt dar, der den Arzt gegenüber der KVD zur Teilnahme an der kassen-

---

[167] RGBl. I, 19, 22 § 386n; *Schnapp*, in: Schnapp/Wigge, Hdb. Vertragsarztrecht, § 1 Rn. 27.
[168] *Schnapp*, in: Schnapp/Wigge, Hdb. Vertragsarztrecht, § 1 Rn. 27.
[169] Schneider, Kassenarztrecht, Rn. 68.
[170] Vgl. weiterführend Tennstedt, Sozialgeschichte, 385 (406 ff.).
[171] Wenner, Vertragsarztrecht nach der Gesundheitsreform, § 2 Rn. 4.
[172] RGBl. I, 83.
[173] RGBl. I, 131.
[174] *Schnapp*, in: Schnapp/Wigge, Hdb. Vertragsarztrecht, § 1 Rn. 28.
[175] Wie vor, § 1 Rn. 29..
[176] RGBl. I, 567
[177] Wie vor.
[178] RGBl. I, 399.

ärztlichen Versorgung verpflichtete[179] und trug dem Wegfall des Einzelarztvertrages Rechnung[180]. Erstmals löste hiermit die Zulassung selbst unmittelbar das Teilnahmerecht aus[181]. Noch zwei Jahre zuvor, mit der Neubekannt-machung der RVO vom 14.11.1932, stellte die Zulassung nur das Recht dar, in einem bestimmten Bezirk Gesamtverträgen beizutreten, und löste nur mittelbar ein Teilnahmerecht aus. Nun stellte sie also selbst das Recht dar und löste sich somit von jeglichen einzelvertragsähnlichen Zwischenschritten wie dem 1931 noch zu unterschreibenden Verpflichtungsschein.

Mit dieser Zuordnung zum öffentlichen Recht sind auch die Kollektivverträge als Verträge des öffentlichen Rechts zu qualifizieren. Ihre ursprüngliche Funktion als rein zivilrechtlicher Vertrag die ehemals privatärztlichen Dienstverträge zwischen Arzt und Krankenkasse zu strukturieren, ist mit der Ablösung des privaten Dienstverhältnisses durch den Kollektivvertrag entbehrlich. Allerdings enthalten die Kollektivverträge dennoch neben abstrakt-generellen Vorschriften (normativer Teil) nach wie vor Regelungen, die wie Einzelverträge nur Rechte und Pflichten der Vertragsparteien betreffen (schuldrechtlicher Teil). Da die Bedeutung des normativen Teils überwiegt, wird insgesamt ein Normenvertrag angenommen, auch wenn nicht jede Regelung Rechtswirkung entfaltet.[182]

Voraussetzung für eine Zulassung war eine Eintragung des Arztes in ein Arztregister der KVD.[183] Über die Zulassung entschieden die Instanzen Zulassungsausschuss, Reichszulassungsausschuss und das Reichsschiedsamt.[184] Vertreter der Krankenkassen waren an diesen Organen nicht beteiligt. Zu den weiteren Neuregelungen bis zum Beginn des Zweiten Weltkrieges gehörte ferner das Aufbaugesetz vom 05.07.1934[185], das Regelungen zu den bisherigen Organen der Krankenversicherungsträger enthielt, und die Reichsärzteordnung vom 13.12.1935[186], mit welcher die Verbände der Ärzteschaft aufgelöst und an ihrer Stelle eine Reichsärztekammer mit Ärztekammern und Bezirksvereinigungen gebildet wurden. Die KVD gehörte als selbständiger Teil zu der Reichsärztekammer.[187] Auch die Krankenkassen wurden zentralisiert und unter die Aufsicht des Reichsarbeitsministers unterstellt.[188]

---

[179] *Schnapp*, in: Schnapp/Wigge, Hdb. Vertragsarztrecht, § 1 Rn. 30.
[180] Jörg, Kassenarztrecht, Rn. 12.
[181] Schneider, Kassenarztrecht, Rn. 104.
[182] Wigge/Harney, MedR 2008, 139 (142).
[183] *Schnapp*, in: Schnapp/Wigge, Hdb. Vertragsarztrecht, § 1 Rn. 30.
[184] Wie vor.
[185] RGBl. I, 577.
[186] RGBl. I 1433.
[187] *Schnapp*, in: Schnapp/Wigge, Hdb. Vertragsarztrecht, § 1 Rn. 28.
[188] Vgl. weiterführend Schnapp/Wigge, Hdb. Vertragsarztrecht, § 1 Rn. 31.

Zu den für diesen Krieg typischen Folgen des Antisemitismus gehörte der Entzug der Zulassung für jüdische Ärzte ab 1933. Auf Grund des so genannten Gesetzes zur Wiederherstellung des Berufsbeamtentums vom 07.04.1933[189] erließ das Reichsarbeitsministerium am 22.04.1933 eine Verordnung[190], durch die die jüdischen Ärzte ihre Kassenzulassung verloren, wenngleich es sich nicht um Beamte handelte. Ab 1938 wurde auch die Approbation entzogen. Das erfolgte durch eine weitere VO vom 25.07.1938[191], mit der die jüdischen Ärzte unter anderem ihres Titels beraubt wurden[192]. Sie durften fortan nur noch mit der Bezeichnung "Krankenbehandler"[193] jüdische Patienten medizinisch versorgen.

Durch die zwölfte Verordnung zur Neuordnung der Krankenversicherung vom 06.09.1937[194] wurden die Reichsverbände der Krankenkassen zu Körperschaften des öffentlichen Rechts mit verschiedenen Befugnissen, die durch eine Änderung der §§ 414 ff. RVO statuiert wurden. Wegen ihres Rechts zum Abschluss von Verträgen mit Ärztevereinigungen, wurde ein Reichsvertrag zur Überleitung der Mantel- und Gesamtverträge geplant.[195] Dieser kam aufgrund des Kriegsbeginns nicht mehr zustande.[196] Vereinbart wurde aber von Reichsverbänden und KVD mit dem 18.03.1938 noch ein Reichsvertrag über arztgruppenspezifische Regelbeträge.[197]

In den Kriegsjahren war das Zulassungswesen sehr wechselhaft geregelt und von dem jeweiligen Bedarf gesteuert. Die Wechselhaftigkeit zeigt sich beispielsweise daran, dass der Reichsarbeitsminister zunächst anordnete, bei Bedarf auch den nicht zugelassenen Ärzten die Teilnahme an der kassenärztlichen Versorgung zu gestatten.[198] Hiermit reagierte das Ministerium auf die erhöhten Patientenzahlen und die verringerte Anzahl an zur Verfügung stehenden Ärzten, da ein Großteil eingezogen worden war. Weil aber andererseits die zum Wehrdienst einberufenen Zulassungsbewerber nicht benachteiligt werden sollten, wurde kurz danach durch ministerielle Anordnung die Zulassung zur Kassenpraxis bis auf weiteres gesperrt.[199] Die Honorarverteilung wurde

[189] RGBl. I, 175.

[190] RGBl. I, 222.

[191] RGBl. I, 969.

[192] Hilberg, Die Vernichtung der europäischen Juden Bd. 1, 130 f..

[193] KV Berlin, o. J., http://www.kvberlin.de/10kvberlin/40geschichte/20projekt/index.html, o. S. (02.12.2011).

[194] RGBl. I, 964.

[195] Schnapp, in: Schnapp/Wigge, Hdb. Vertragsarztrecht, § 1 Rn. 31.

[196] Wie vor.

[197] Wie vor.

[198] Anordnung v. 04.09.1939, RABl. 1939 IV, 461.

[199] Anordnung v. 12.09.1939, RABl. 1939 IV, 454.

nach der Anzahl der Behandlungsfälle (Krankenscheinpauschale) vorgenommen.[200] Einzelleistungen konnten nicht berechnet werden. „Das ambulante Behandlungsmonopol der niedergelassenen Kassenärzte [wurde, Anm. d. Verf.] immer mehr ausgehöhlt durch die so genannte revierärztliche Tätigkeit."[201] Revierärzte waren Ärzte, die durch VO des Reichsarbeitsministers vom 06.06.1940 mit der kassenärztlichen Behandlung erkrankter Gefolgschaftsmitglieder innerhalb des Betriebs beauftragt wurden.[202] Damit wurde für diesen Versichertenkreis die freie Arztwahl eingeschränkt. Haupt- oder nebenamtliche Betriebsärzte übernahmen die Funktion.[203] Das ausgebaute System betriebsärztlicher Versorgung kam jedoch in den westlichen Besatzungszonen nach Kriegsende zum Erliegen.[204]

9. Nachkriegszeit

Die fehlende Infrastruktur in den Nachkriegsjahren erforderte neue Regelungen.[205] Zunächst waren flexible, auf den örtlichen Bedarf abgestimmte Übergangslösungen erforderlich, weil eine organisierte Sicherstellung der Versorgung auf Ebene der KVD oder der Reichsverbände nicht mehr gegeben war.[206] Da der gemeinsam von Ärzten und Kassen besetzte Reichsausschuss als gesetzlich legitimierte zentrale Instanz zur Regelung der Vertragsbeziehungen ebenso nicht mehr existierte wie das Reichsschiedsamt[207], waren die KVen bei Honorarvereinbarungen auf freiwillige Zugeständnisse der Krankenkassen angewiesen. Mit den Jahren entwickelten sich wieder Zusammenschlüsse der Ärzte und Krankenkassen auf Landesebene und wurden nach und nach als Körperschaften des öffentlichen Rechts anerkannt.[208] Regelungen auf überörtlicher Ebene erfolgten erstmals wieder im Jahr 1947. Das Zulassungswesen wurde erneut paritätisch geregelt.[209] Für Ärzte, die zuvor - seit 1945 - zugelassen worden waren oder denen die Teilnahme gestattet worden war, sah der Gesetzgeber Übergangsregelungen vor.[210] Besondere Regelungen traf er für Kriegsheimkehrer, Vertriebene, Flüchtlinge und Verfolgte des Nationalsozialismus.[211]

---

[200] *Schnapp*, in: Schnapp/Wigge, Hdb. Vertragsarztrecht, § 1 Rn. 33.
[201] Gerst, MedGG-Beiheft, 219.
[202] Vgl. wie vor.
[203] Vgl. wie vor.
[204] Gerst, MedGG-Beiheft, 219.
[205] Vgl. im Einzelnen zur Entwicklung, Gerst, DÄBl. 2005, 300.
[206] *Schnapp*, in: Schnapp/Wigge, Hdb. Vertragsarztrecht, § 1 Rn. 34.
[207] Gerst, DÄBl. 2000; 97: A-826-828.
[208] *Schnapp*, in: Schnapp/Wigge, Hdb. Vertragsarztrecht, § 1 Rn. 34.
[209] Wie vor.
[210] Wie vor.
[211] Wie vor.

Aufgrund der Währungsumstellung von 1948 und weiterer Aspekte, die auch für die Zulassung von Relevanz sind, wie etwa die Krankheitshäufigkeit, war über die Krankenscheinpauschale, die zunächst weiter die Vergütung bestimmte[212], kein angemessenes Honorar mehr zu erzielen, so dass bis zum Jahr 1953 die Honorarfrage und Honorarverhandlungen im Vordergrund standen.[213] Das Anliegen einer freien Arztwahl wurde durch die Befassung mit Honorarfragen auch wieder aktuell. Die erhebliche Anzahl arbeitslos gewordener Ärzte nach Auflösung der NSDAP und Wehrmacht sowie die Approbation der „Kriegsmedizinstudenten" verlangten nach einer Änderung des Zulassungswesens.[214] Die Frage der Herabsetzung der Verhältniszahl stellte sich wieder. Eine bundeseinheitliche Regelung war gefordert.

Als sich 1949 die wieder errichteten ärztlichen Standesorganisationen im Westen Deutschlands für eine dem Vorbild von 1931 entsprechende Lösung einsetzten, sah es zunächst nach einer raschen Lösung aus.[215] Dies verzögerte sich aber bis ins Jahr 1955.[216] „Zu der Verzögerung trug nicht zuletzt ein heftiger Streit bei, der unter den ärztlichen Berufsorganisationen gerade über die Frage des Streikrechts für Ärzte entbrannte."[217] Dessen „Hauptkontrahenten waren die 1948 errichtete KBV und der 1949 neu gegründete Hartmannbund, der an die Tradition der ehemals freien ärztlichen Berufsorganisation anknüpfen wollte".[218] Zentraler Diskussionspunkt war deswegen das im Gesetzentwurf zum Kassenarztrecht vorgesehene Zugeständnis der Ärzte, sich im Falle einer Nicht-einigung mit den Krankenkassen einem gesetzlich geregelten Schiedsverfahren zu unterwerfen, um somit - wie schon in der 1931 erzielten Vereinbarung - einen vertragslosen Zustand künftig auszuschließen; wenn die Vertragsärzte im Gegenzug auch das Monopol bei der ambulanten Versorgung erhalten sollten.[219] Der Hartmannbund lehnte dies als „Zwangsschlichtung" ab, unterlag jedoch letztlich bei der Abstimmung auf einem außerordentlichen Ärztetag in Bonn nach langer Diskussion mit seinem Beschlussantrag, der sich gegen die verbindliche Schlichtung bei Nichteinigung zwischen Ärzten und Krankenkassen wandte.[220] Der Bundesarbeitsminister Anton Storch (CDU) erklärte dem KBV-Vorsitzenden Ludwig Sievers nach dem Ärztetag, dass er bei einem anderen Abstimmungsergebnis den Bundeskanzler gebeten hätte, den Gesetzentwurf zurückzuziehen, sodass Ärzte und Krankenkassen ihre Be-

---

[212] *Schnapp*, in: Schnapp/Wigge, Hdb. Vertragsarztrecht, § 1 Rn. 35.
[213] Wie vor.
[214] *Schnapp*, in: Schnapp/Wigge, Hdb. Vertragsarztrecht, § 1 Rn. 37.
[215] Gerst, DÄBl. 2000; 97: A-826-828.
[216] Wie vor.
[217] Wie vor.
[218] Wie vor.
[219] Wie vor.
[220] Wie vor.

ziehungen auf dem Wege völliger Vertragsfreiheit hätten regeln müssen.[221] Diese schwierige und verzögerte Entwicklung erforderlicher Strukturen verdeutlicht die Probleme, die sich bei Bestehen mehrerer Interessenverbände (hier nur von zweien) für eine Interessengruppe ergeben können. Sie wäre Folge des Aufbrechens eines Monopols, wie es in den letzten Jahren verstärkt für die KVen gefordert wird.

10. Gesetz über das Kassenarztrecht 1955

Das Gesetz über das Kassenarztrecht (GKAR) vom 17.08.1955[222] brachte die erforderliche bundeseinheitliche Regelung.[223] Dabei führte das GKAR keine wesentlichen Neuerungen ein, sondern entsprach im Wesentlichen den Grundgedanken der gesetzlichen Regelungen von 1931/32 und kodifizierte daher „historisch Gewachsenes" einheitlich.[224] Die Änderung der §§ 368 bis 369 RVO stellte einen Rahmen her, der durch vertragliche Regelungen der Beteiligten sowie Rechtsverordnungen und Beschlüsse der eingerichteten Bundes- und Landessausschüsse auszufüllen war.[225] Vertrags-, Schlichtungs- und Zulassungsorgane mit Mitwirkungsrechten von Ärzten und Krankenkassen bestanden wieder.[226] Das Gesetz knüpfte an das System der Jahre der Weltwirtschaftskrise an.[227] Die Spitzenverbände der Ärzte und Krankenkassen organisierten sich.[228] Die Zentralisierung unter der nationalsozialistischen Herrschaft wurde zugunsten eines föderalistischen Systems von KVen abgeschafft.[229] Die Gesamtvergütung ging nach wie vor an die KV, welche sie im Einvernehmen mit den Krankenkassen nach einem Verteilungsschlüssel an die Ärzte verteilte.[230] Die Verteilung alleine nach Krankenscheinpauschalen (nach Krankenscheinen und damit nicht nach Einzelleistung, sondern nach Behandlungsfällen) war im Gegensatz zu Kriegs- und Nachkriegsjahren untersagt, in der Regel bestimmte sich die Gesamtvergütung nach der Kopfpauschale.[231] Diese bemaß sich nach der Zahl der Versicherten der Kasse und dem durchschnittlichen Jahresbedarf eines Versicherten an kassenärztlichen Leistun-

---

[221] Wie vor.

[222] BGBl. I, 513.

[223] O. V., der Vorstandsvorsitzende der KBV, Köhler, spricht zusammenfassend davon, dass der Gesetzgeber damit den Kompromiss eines ungeteilten Sicherstellungsauftrags und Monopols zur Organisation der ambulanten ärztlichen Versorgung der KVen gegen Verzicht auf das Streikrecht der Vertragsärzte geregelt habe, A+S aktuell, 10/2009, 4 (5).

[224] *Schnapp*, in: Schnapp/Wigge, Hdb. Vertragsarztrecht, § 1 Rn. 38.

[225] Wie vor.

[226] Wie vor.

[227] Hänlein, VSSR 1993, 169 (171).

[228] *Schnapp*, in: Schnapp/Wigge, Hdb. Vertragsarztrecht, § 1 Rn. 38.

[229] *Schnapp*, in: Schnapp/Wigge, Hdb. Vertragsarztrecht, § 1 Rn. 39; *Hartmannsgruber*, in: Ratzel/Luxenburger, Hdb. Medizinrecht, § 7 Rn. 8.

[230] *Schnapp*, in: Schnapp/Wigge, Hdb. Vertragsarztrecht, § 1 Rn. 39.

[231] *Schnapp*, in: Schnapp/Wigge, Hdb. Vertragsarztrecht, § 1 Rn. 39.

gen. Der Charakter der Kopfpauschale hatte sich aber entscheidend verändert. Er war nicht mehr maßgeblich von der Grundlohnentwicklung abhängig, sondern bei Festsetzung der Gesamtvergütung waren in erster Linie die in einem zu vereinbarenden Zeitraum von Ärzten zu erbringenden Leistungen zu Grunde zu legen, so dass das Leistungsvolumen der Ärzte mittelbar die Höhe des Gesamthonorars beeinflusste.[232] Zudem wurde auch eine Berechnung der Gesamtvergütung nach Einzelleistungen zur Wahl gestellt[233] oder Fallpauschalen oder eine Kombination dieser Elemente[234]. Das hatte in den Jahren 1965 bis 1976 den Übergang des Morbiditätsrisikos auf die Krankenkassen zur Folge.[235] Neu war die Einbeziehung der Zahnärzte und Dentisten[236] sowie leitender Krankenhausärzte in die vertrags(zahn)ärztliche Versorgung.[237] Auch die freie Arztwahl wurde in der RVO verankert. Damit konnte die organisierte Ärzteschaft eine Forderung durchsetzen, die sie schon zu Beginn des Jahrhunderts gestellt hatte.

Das Zulassungswesen sollte nach dem GKAR durch eine Zulassungsordnung geregelt werden. Die Inhalte einer solchen Zulassungsordnung waren durch § 368c RVO maßgeblich vorgegeben.[238] So war die Verhältniszahl von Kassenärzten und Patienten auf 1 : 500, für Kassenzahnärzte auf 1 : 900 festgesetzt.[239] Damit wurde ein wesentliches Element für die Steuerung der vertragsärztlichen Versorgung in einem korporatistisch organisierten Kollektivvertragssystem wieder eingeführt.[240] Das Bundesverfassungsgericht erklärte die Verhältniszahlen jedoch mit Urteil vom 23.03.1960 wegen einer objektiven Berufszulassungsbeschränkung für verfassungswidrig.[241] Mit der Abschaffung dieser Zulassungsbeschränkung war ein „Eckpfeiler aus dem überkommenen Kassenarztsystem herausgebrochen".[242] Das Gericht sah eine existenzgefährdende Mehrbelastung der Kassen durch eine freie Kassenzulassung nicht. In den folgenden Jahrzehnten hat sich die Zahl der Kassenärzte allein bis zum Jahr 1993 aber mehr als verdoppelt.[243] Eine Neuregelung war gefordert.

---

[232] Gerst, DÄBl. 2005, 300.

[233] Zur Vergütung vgl. Schnapp/Wigge, Hdb. Vertragsarztrecht, § 1 Rn. 39.

[234] § 368f Abs. 3 RVO-1955.

[235] Hänlein, VSSR 1993, 169 (172).

[236] Bis 1951/52 gab es in Deutschland noch staatlich anerkannte, aber nicht approbierte Zahnbehandler ohne akademische Ausbildung, die so genannten Dentisten.

[237] Jörg, Kassenarztrecht, Rn. 13.

[238] *Schnapp*, in: Schnapp/Wigge, Hdb. Vertragsarztrecht, § 1 Rn. 40.

[239] Wie vor.

[240] *Orlowski*, in: Orlowski et al., GKV-Kommentar § 72 Rn. 22.

[241] So genanntes „Kassenarzturteil" BVerfGE Urt. v. 23.03.1960, 1 BvR 216/51, BVerfGE 11, 30 ff., Leitsatz.

[242] Hänlein, VSSR 1993, 169 (172).

[243] Hänlein, VSSR 1993, 169 (172).

11. Gesetz zur Weiterentwicklung des Kassenarztrechts 1976

Mit dem Gesetz zur Weiterentwicklung des Kassenarztrechts (KVWG) vom 28.12.1976[244] wurde schwerpunktmäßig eine Verbesserung der Versorgung und Stabilisierung der finanziellen Grundlagen der Krankenversicherung der Rentner angestrebt.[245] Aufgrund des Urteils des Bundesverfassungsgerichts zur Unzulässigkeit der Verhältniszahlen wurde ferner zur Sicherstellung der vertragsärztlichen Versorgung erstmals eine Bedarfsplanung eingeführt und Maßnahmen für den Fall drohender oder eingetretener ärztlicher Unterversorgung. Die Bedarfsplanung konnte das Fehlen objektiver Zulassungskriterien wie Verhältniszahlen aber nicht ersetzen.[246] Mit ihr wurde der Versorgungsgrad in den Regionen festgestellt und hiernach die Erteilung von Zulassungen geplant und vorgenommen. Entgegen dem Wortlaut handelt es sich jedoch bei der Bedarfsplanung weniger um eine Bedarfs-, sondern mehr um eine Kapazitäts- und Verteilungsplanung. Nicht der Versorgungsbedarf anhand der Nachfrage der Patienten oder anhand der Morbidität der Bevölkerung wird „gemessen", sondern das Angebot an Leistungserbringern wird in Bezug auf die Bevölkerungszahl festgelegt.[247] Das Gesetz hat ferner die Versorgung der Versicherten der Ersatzkassen an die kassenärztliche Tätigkeit gebunden.[248]

12. Gesetz zur Kostendämpfung und Strukturverbesserung des Kassenarztrechts 1977

Mit dem Gesetz zur Dämpfung der Ausgabenentwicklung und zur Strukturverbesserung des Kassenarztrechts (KVKG) v. 27.06.1977[249] wurde eine Eindämmung der Kostensteigerung angestrebt.[250] Beitragszahler und die Wirtschaft sollten entlastet werden.[251] Die Gesamtverträge mit den KVen wurden fortan nicht mehr von den Krankenkassen, sondern von deren Landesverbänden geschlossen.[252] Erneut gab es damit in den Rechtsbeziehungen einen weiteren Vertragspartner, allerdings wurde hiermit das Viereckverhältnis zwischen Versichertem, Krankenkasse, Leistungserbringer (z. B. Arzt) und KV nicht erweitert. Vielmehr wurde der Vertragspartner

---

[244] BGBl. I, 3871.
[245] Jörg, Kassenarztrecht, Rn. 14.
[246] *Orlowski*, in: Orlowski et al., GKV-Kommentar § 72 Rn.. 22.
[247] Dazu ausführlich unter Kap. 2 A.5.a..
[248] *Schnapp*, in: Schnapp/Wigge, Hdb. Vertragsarztrecht, § 1 Rn. 23; Jörg, Kassenarztrecht, Rn. 19c.
[249] BGBl. I, 1069.
[250] Jörg, Kassenarztrecht, Rn. 15.
[251] Wie vor.
[252] Wie vor.

„Krankenkasse" durch die Landesverbände der Krankenkassen ersetzt.[253] Die Wahl der Vergütungssysteme für die Gesamtvergütung wurde freigestellt.[254] Kriterien für die Anpassung der Gesamtvergütung, Empfehlungsvereinbarungen der Vertragspartner und die Vereinbarung von Bewertungsmaßstäben durch Bewertungsausschüsse gehörten ebenfalls zu den Neuregelungen.[255]

Im Weiteren sollte die mit dem 01.01.1977 eingeführte so genannte Konzertierte Aktion im Gesundheitswesen auf Bundesebene eine freiwillige Steuerung des Verhaltens aller an der gesundheitlichen Versorgung der Bevölkerung Beteiligten bewirken.[256] Dazu waren die Beteiligten aufgerufen, medizinische und wirtschaftliche Orientierungsdaten, gemeinsame Vorschläge zur Rationalisierung sowie Effektivitäts- und Effizienzerhöhung im Gesundheitswesen zu entwickeln und abzustimmen.[257] Hiervon erfasst war auch die Gesamtvergütung, für deren angemessene Veränderung jährlich Empfehlungen abgegeben wurden.[258]

13. Regelungen von 1981 bis 1988

Auch die weiteren Gesetze wie das Kostendämpfungsgesetz (KVEG) v. 22.12.1981[259] stellten den Versuch einer Eindämmung der Ausgaben im Gesundheitswesen dar.

Das Gesetz zur Verbesserung der kassenärztlichen Bedarfsplanung vom 19.12.1986 regelte zeitlich befristete und arztgruppenbezogene Zulassungsbeschränkungen zur Vermeidung einer Überversorgung und demgemäß übermäßigen Zulassung.[260] Insgesamt erfolgten keine wesentlichen Novellierungen der §§ 368 ff. RVO.

Daneben gab es systemimmanente Kostendämpfungsmaßnahmen, wie die am 01.10.1987 in Kraft getretenen neuen Bewertungsmaßstäbe, die u. a. ärztliche Leistungen gegenüber Laborleistungen höher bewerteten. Honorarverteilungsmaßstäbe strebten eine Begrenzung des Leistungsumfangs und der Polypragmasie an.[261]

---

[253] Wie vor.
[254] Wie vor.
[255] Wie vor.
[256] Jörg, Kassenarztrecht, Rn. 16.
[257] Wie vor.
[258] Wie vor.
[259] BGBl. I, 1578.
[260] Jörg, Kassenarztrecht, Rn. 17.
[261] Jörg, Kassenarztrecht, Rn. 17.

14. Gesundheitsreform Stufe 1

Durch das Gesetz zur Strukturreform im Gesundheitswesen (GRG) v. 20.12. 1988[262], die so genannte erste Stufe der Gesundheitsreform[263], erfolgten keine strukturellen Veränderungen des Krankenversicherungsrechts.[264] Vor allem wurden existierende Vorschriften in das SGB V überführt. Insgesamt wurden die Ersatzkassen und damit deren Sachleistungen verstärkt in das System der GKV eingebunden.[265] Maßgeblich war die Verfestigung des Grundsatzes der Beitragssatzstabilität für die Ausgaben (§ 71).[266]

Bedeutsam war die Erweiterung der Teilnahmeformen um das Institut der Ermächtigung (§§ 116 ff.) für nicht niedergelassene Ärzte.[267] Ferner wurde mit § 98 Abs. 2 Nr. 12 die Zulassung beschränkt, indem Ärzte, die das 55. Lebensjahr vollendet haben, von der Zulassung ausgeschlossen wurden.

Das GRG regelte die Rechtsbeziehungen aller Beteiligten an der Versorgung der gesetzlich Krankenversicherten ausnahmslos und ordnete sie damit umfassend dem öffentlichen Recht zu.[268] Beteiligte an der Versorgung sind zu diesem Zeitpunkt fünf Parteien: die Versicherten, die Vertragsärzte, die KVen und die Krankenkassen sowie deren Verbände. Die Beziehung zwischen den Leistungserbringern und den Kostenträgern regeln die schriftlich zu schließenden Gesamtverträge nach dem eingeführten § 72 Abs. 2, der weitgehend geltendes Recht übernahm.[269] Die Verträge enthalten u. a. Regelungen zur Vergütung und zur ärztlichen Versorgung.[270]

15. Die Wiedervereinigung

Die Wiedervereinigung hatte die Rechtsangleichung der unterschiedlichen Sozialversicherungssysteme der Krankenversicherung und der gesundheitlichen Vorsorge in der ehemaligen DDR und in der BRD zur Folge.[271] Das im SGB V geregelte System der GKV wurde durch den Einigungsvertrag auf die neuen Bundesländer ausgeweitet.[272]

---

[262] Gesundheitsreformgesetz, BGBl. I, 2477.
[263] *Schnapp*, in: Schnapp/Wigge, Hdb. Vertragsarztrecht, § 1 Rn. 44.
[264] Jörg, Kassenarztrecht, Rn. 18 m. w. N.
[265] Jörg, Kassenarztrecht, Rn. 18 m. w. N..
[266] *Schnapp*, in: Schnapp/Wigge, Hdb. Vertragsarztrecht, § 1 Rn. 45.
[267] Jörg, Kassenarztrecht, Rn. 18.
[268] *Schnapp*, in: Schnapp/Wigge, Hdb. Vertragsarztrecht, § 1 Rn. 47.
[269] *Orlowski*, in: Orlowski et al., GKV-Kommentar § 72 SGB V, Rn. 1. Vorläufervorschrift: § 368 Abs. 1 S. 1, § 368g Abs. 1 RVO.
[270] *Schnapp*, in: Schnapp/Wigge, Hdb. Vertragsarztrecht, § 1 Rn. 47.
[271] *Schnapp*, in: Schnapp/Wigge, Hdb. Vertragsarztrecht, § 1 Rn. 48.
[272] *Schnapp*, in: Schnapp/Wigge, Hdb. Vertragsarztrecht, § 1 Rn. 48.

Neben der Problematik der Trennung der Finanzierung der Krankenversicherungseinnahmen und -ausgaben der ehemals getrennten Gebiete hatte eine weitere Besonderheit Einfluss auf die Zulassung zur vertragsärztlichen Versorgung: In der ehemaligen DDR existierte keine angemessene ambulante Versorgung, da kurzfristig nicht ausreichend niedergelassene Kassenärzte vorhanden waren.[273] Das führte zu einer Sonderregelung, die den Kreis der zur Teilnahme an der vertragsärztlichen Versorgung Berechtigten, „zeitlich befristet", erneut „erweitert[e]".[274] Zu den an der vertragsärztlichen Versorgung zugelassenen Teilnehmern gehörten danach, befristet bis zum 31.12.1995, die im Beitrittsgebiet am 01.01.1991 bestehenden ärztlich geleiteten kommunalen, staatlichen und freigemeinnützigen Gesundheitseinrichtungen einschließlich der Einrichtungen des Betriebsgesundheitswesens nach § 311 Abs. 2.[275] Die Rechtsstellung der in diesen Einrichtungen tätigen Ärzte wurde an die Rechtsstellung der Einrichtung angeknüpft (§ 311 Abs. 4). Die aus dieser Regelung erwachsende Erfahrung diente als Vorbild für die spätere Zulassung neuer Teilnehmer an der vertragsärztlichen Versorgung wie dem MVZ.[276]

16. Gesundheitsreform Stufe 2

Das GSG vom 21.12.1992[277] als zweite Stufe der Gesundheitsreform nach dem GRG trat am 01.01.1993 in Kraft. Es bezog u. a. die Versicherten der Ersatzkassen vollständig in das System des Kassenarztwesens ein und vereinheitlichte die Begrifflichkeiten, so dass fortan der Begriff des Vertragsarztes für die bisherige Bezeichnung des Kassenarztes festgelegt wurde.[278] Da der andauernde und durch die Wiedervereinigung noch geförderte Kostenanstieg demografisch nicht zu erklären war, sah der Gesetzgeber Änderungsbedarf in den Versorgungsstrukturen und der Organisation der GKV.[279]

Im Hinblick auf die Organisation sollte von der so genannten Klientelzuweisung, der gesetzlich vorgeschriebenen Zugehörigkeit von Versicherten zu bestimmten Krankenkassen, Abstand genommen werden.[280] Die veraltete Ungleichbehandlung von Arbeitnehmern und Angestellten sowie die überkommenen berufs- und betriebsbezogenen Gliederungsprinzipien der Krankenversicherung führten zu unterschiedlichen Risikostrukturen, Risikoselektionen und Wettbewerbsverzerrungen mit der Folge sehr unter-

---

[273] *Schnapp*, in: Schnapp/Wigge, Hdb. Vertragsarztrecht, § 1 Rn. 49.
[274] *Schnapp*, in: Schnapp/Wigge, Hdb. Vertragsarztrecht, § 1 Rn. 49.
[275] *Schnapp*, in: Schnapp/Wigge, Hdb. Vertragsarztrecht, § 1 Rn. 49.
[276] Schirmer, Vertragsarztrecht kompakt, Kap. A 1.4.2., 5.
[277] Siehe dieses Kap. Fn. 40.
[278] *Schnapp*, in: Schnapp/Wigge, Hdb. Vertragsarztrecht, § 1 Rn. 51.
[279] *Schnapp*, in: Schnapp/Wigge, Hdb. Vertragsarztrecht, § 1 Rn. 52.
[280] *Schnapp*, in: Schnapp/Wigge, Hdb. Vertragsarztrecht, § 1 Rn. 53.

schiedlicher Beitragssätze.[281] Das war im Hinblick auf das Sozialstaatsprinzip und das Willkürverbot bedenklich[282], da das gesetzlich vorgegebene Leistungsspektrum der Krankenversicherung grundsätzlich gleich war. Eingeführt wurde hierfür ein freies Kassenwahlrecht.[283] In Vorbereitung dieses freien Kassenwahlrechts wurden zunächst Wettbewerbsverzerrungen durch einheitliche Regelungen des Kassenarztrechts abgebaut und ein bundesweiter Risikostrukturausgleich geregelt.[284] Der Risikostrukturausgleich wurde kassenübergreifend mit dem 01.01.1994 eingeführt. Unmittelbare Auswirkungen auf die zugelassenen Teilnehmer an der vertragsärztlichen Versorgung hatten die Organisationsänderungen nicht, allerdings geriet die Wirtschaftlichkeit der Sachleistungen der zugelassenen Teilnehmer mit dem steigenden Wettbewerbsdruck und der zwingend anzupassenden Ausgabenpolitik der Krankenkassen mehr in das Blickfeld.

Eine weitere Maßnahme war die Modifizierung der Versorgungsstrukturen. Wesentlich waren vor allem die Änderung der Krankenhausfinanzierung und Neuregelungen im ambulanten Bereich.[285] Eine erhebliche Neuerung in diesem Bereich war der gesetzgeberische Eingriff in das Zulassungswesen mit der Regelung von Zulassungsbeschränkung für die Niederlassung von Ärzten durch eine Neuregelung und Verschärfung der Bedarfsplanung, die ursprünglich im Jahr 1977 eingeführt worden war. Als Konsequenz der Bedarfsplanung waren Zulassungsanträge, die zu einer Überschreitung der Verhältniszahl geführt hätten (Überversorgung), abzulehnen (§ 102 i. d. F. d. Art. 1 GSG).[286] Über die Vorgaben für die Zulassung und die Besetzung zusätzlicher Arztsitze beschlossen ab dem 01.01.1993 die Bundesausschüsse der Ärzte und Krankenkassen in Richtlinien, den so genannten Bedarfsplanungsrichtlinien (BedarfsplRL-Ä).[287] Hierin wurden z. B. ausnahmsweise Zulassungen vorgesehen, soweit sie zur Wahrung der Qualität der ärztlichen Versorgung auf regionaler Ebene unerlässlich waren (Sonderbedarfszulassung, auch vinkulierte Zulassung[288]). Planmäßig sollte ab dem 01.01.1999 die Zulassung aufgrund von durch Gesetz festgelegten arztgruppenbezogenen Verhältniszahlen (Bedarfszulassung) erfolgen.[289]

---

[281] Jörg, Kassenarztrecht, Rn. 19c (d).
[282] Jörg, Kassenarztrecht, Rn. 19c.
[283] *Schnapp*, in: Schnapp/Wigge, Hdb. Vertragsarztrecht, § 1 Rn. 53.
[284] Jörg, Kassenarztrecht, Rn. 19c (d).
[285] Jörg, Kassenarztrecht, Rn. 19c.
[286] Jörg, Kassenarztrecht, Rn. 19c (b).
[287] Jörg, Kassenarztrecht, Rn. 19c (b); aktuell in der Neufassung vom 15.02.2007, BAnz 2007, 3491, letzte Änderung v. 18.08.2011 BAnz. Nr. 164 (S. 3810) v. 28.10.2011 (vgl. www.g-ba.de/informationen/richtlinien) (12.12.2011).
[288] Vgl. Wigge/Harney, MedR 2008, 145.
[289] Jörg, Kassenarztrecht, Rn. 19c.

Im Zusammenhang mit der Bedarfsplanung wurden durch das GSG in § 103 die Absätze 4 und 6 und damit die so genannte Nachfolgezulassung für überversorgte Gebiete eingeführt.[290] Sie sollte für Praxis- und Anteilsveräußerungen in den Folgejahren bis heute erhebliche Bedeutung bekommen. Das BSG hat die Anforderungen für eine Nachfolgezulassung verschärft, indem es festgestellt hat, dass eine erfolgreiche Nachfolgezulassung voraussetzt, dass eine Arztpraxis betrieben werden muss, andernfalls der Vertragsarztsitz ersatzlos wegfällt.[291] Eine Überbrückung bei Lücken in der Fortführung einer Praxis ist danach nur im engen zeitlichen und gesetzlich geregelten Rahmen durch einen Praxisverweser oder eine Vertretung möglich. Weitere Ausnahmeregelungen für die Zulassung, die mit dem 2. GKV-Neuordnungsgesetz folgten, sind die belegärztliche Tätigkeit oder die Regelung zum Job-Sharing (ebenfalls als vinkulierte Zulassung bezeichnet[292])[293].

Mit dem GRG wurde ferner ab dem 01.01.1999 für Ärzte und Zahnärzte erneut eine Altersgrenze eingeführt. Nach Vollendung des 68. Lebensjahres endet die Zulassung grundsätzlich. Diese gesetzliche Beschränkung der Zulassung war immer umstritten, ist jedoch höchstrichterlich für zulässig befunden worden.[294] Ab dem 01.01.1994 entfiel für Ärzte die Ableistung einer Vorbereitungszeit.[295] Hierfür wurde der erfolgreiche Abschluss einer Weiterbildung nach dem Weiterbildungsrecht der Ärztekammern oder alternativ der Nachweis einer besonderen Qualifikation gefordert.[296]

Neben diesen Strukturveränderungen wurde eine sofortige Kostenentlastung durch die Budgetierung der Ausgaben für die Jahre 1993 bis 1995 angestrebt.[297] Die Ausgaben durften danach lediglich noch bis zur Obergrenze der Einnahmen verhandelt werden.[298]

---

[290] Stellpflug, Vertragsarztrecht/Vertragszahnarztrecht, Rn. 184.
[291] BSG, Urt. v. 28.11.2007, B 6 KA 26/07 R - juris Rn. 25.
[292] Schallen, Zulassungsverordnung, Kommentar, Rn. 321.
[293] BSG, Urt. v. 23.02.2005, B 6 KA 81/03 R - juris Rn. 23.
[294] BSG, Urt. v. 25.11.1998, B 6 KA 4/98 R, SozR 3-2500 § 95 Nr. 18 - juris, Leitsatz; BVerfG. v. 31.03.1998, SozR 3-2500 § 95 Nr. 17- juris, Orientierungssatz; BSG, Urt. v. 06.02.2008, B 6 KA 41/06 R, GesR 2008, 300, Leitsatz, wonach die Altersgrenze auch mit EU-Recht vereinbar ist. Der Bundesrat forderte wegen der demografischen Entwicklung die Aufhebung, BR-Drs. 342/08, Entwurf eines Gesetzes zur Weiterentwicklung der Organisationsstrukturen in der GKV (GKV-OrgWG).
[295] Schallen, Zulassungsverordnung, Vorbemerkungen Rn. 8.
[296] Wie vor.
[297] Jörg, Kassenarztrecht, Rn. 19c (b) aa).
[298] Vgl. Rüfner, NJW 1993, 753 (753).

17. Gesundheitsreform Stufe 3

Die Finanzierungsprobleme wurden auch mit dem weiteren Beitragsentlastungsgesetz vom 25.04.1996[299] sowie dem ersten und zweiten GKV-Neuordnungsgesetz (GKV-NOG) bzw. Ersten / Zweiten Gesetz zur Neuordnung von Selbstverwaltung und Eigenverantwortung in der gesetzlichen Krankenversicherung), beide vom 23.06.1997[300], als dritte Stufe der Gesundheitsreform (nach dem GRG und dem GSG), zu lösen versucht. Mit dem zweiten GKV-NOG wurde die neue Möglichkeit geschaffen, Ärzte in gesperrten Planungsbereichen zu beschäftigen bzw. eine beschränkte Zulassung zu erhalten, wenn die vertragsärztliche Tätigkeit gemeinsam mit einem bereits zugelassenen Arzt ausgeübt wird[301] (Job-sharing). Da diese Gesetze im Gegensatz zu dem GRG und GSG nicht im Einvernehmen mit der Opposition verabschiedet worden waren, wurden wesentliche Regelungen nach dem Regierungswechsel im Jahr 1998[302] wieder revidiert.[303] Unter der Regierung von SPD und Grünen erging das GKV-Solidaritätsstärkungsgesetz vom 19.12.1998[304].

Von Interesse für die Entwicklung der vertragsärztlichen Zulassung ist der Ansatz des Gesetzgebers, den Kontrahierungszwang der Krankenkassen im Sinne einer besseren Bedarfsdeckung und Wirtschaftlichkeit zu lockern.[305] Hierzu wurde diskutiert, den Krankenkassen das Recht einzuräumen, Vertragspartner nach Bedarf und Wirtschaftlichkeit auszuwählen (so genanntes „Einkaufsmodell"[306]). Auch der Wettbewerbsdruck durch die Einführung des Krankenkassenwahlrechts förderte solche Überlegungen.[307] Das Vorhaben wurde mit der Einführung der Strukturverträge durch das GKV-NOG verwirklicht. Diese gestatten besondere und spezifische Versorgungsverträge mit Gruppen von Ärzten, allerdings vereinbart durch die KVen. Sie stellen eine dauerhafte vertragliche Alternative zur Regelversorgung dar, brachten jedoch bisher nicht die erwarteten Innovationen.[308]

Aufgrund des Psychotherapeutengesetzes vom 23.06.1998 (PsychThG)[309] wurden die Psychologischen Psychotherapeuten in die vertragsärztliche Versorgung, beschränkt

---

[299] BGBl. I, 1631.
[300] BGBl. I, 1518 und 1520.
[301] Schallen, Zulassungsverordnung, Kommentar, Rn. 9.
[302] CDU-Regierung Helmut Kohl zur SPD-Regierung unter Gerhard Schröder.
[303] Schnapp, in: Schnapp/Wigge, Hdb. Vertragsarztrecht, § 1 Rn. 55.
[304] BGBl. I, 3853; zuletzt geändert durch Artikel 2a des Gesetzes vom 26.03.2007 BGBl. I, 378; Geltung ab 01.01.1999.
[305] Vgl. Schirmer, Vertragsarztrecht kompakt, Kap. C.4.3, 67.
[306] Wie vor.
[307] Wie vor.
[308] Wie vor.
[309] BGBl. I, 1311.

auf die psychotherapeutische Behandlung, einbezogen. Das stellte erneut eine Erweiterung der Anzahl der an der Versorgung der gesetzlich Versicherten beteiligten Gruppen dar.[310]

18. GKV-GesundheitsreformG 2000

Das Gesetz zur Reform der gesetzlichen Krankenversicherung ab dem Jahr 2000 (GKV-Gesundheitsreformgesetz 2000)[311] vom 22.12.1999 zielte eine Verbesserung von Qualität und Wirtschaftlichkeit im Gesundheitswesen an und schaffte nach langer Zeit wieder stärker greifende Strukturreformen.[312] Zur Vermeidung von aufwendigen und die Polypragmasie fördernden Mehrfachkonsultationen wurde die Stellung des Hausarztes verstärkt, der seither wie ein Filter vor dem Besuch des Facharztes wirken soll (so genanntes gate keeper-Modell).[313] Die hausärztliche Versorgung wurde von der fachärztlichen getrennt[314] und eine Bedarfsplanungsgruppe „Hausärzte" geschaffen.[315] Fachärzte für Allgemeinmedizin mussten fortan eine fünfjährige Weiterbildung als Zulassungsvoraussetzung nachweisen.[316] Bedeutsam für die Entwicklung des Rechtsverhältnisses zwischen Ärzten und Krankenkassen sind die Maßnahmen zur Verbesserung der Versorgungsstrukturen wie das Modell der IV (§§ 140a ff.), mit dem eine bessere Verzahnung von ambulanter und stationärer Versorgung erreicht werden sollte (so genanntes managed care-Modell[317]). Hierzu wurde ein Vertragsschluss außerhalb der KV-Vertragspartnerschaft - allerdings eingebettet in einen Rahmenvertrag - zugelassen. Das Erfordernis eines Rahmenvertrags ist allerdings inzwischen entfallen.[318] Das heißt, Vertragspartner der Krankenkassen ist der Arzt unmittelbar. Mit dem Rahmenvertrag sollte das Nebeneinander von vertragsärztlicher und integrierter Versorgung gewährleistet werden.[319] Die Grundlage der Zulassung bleibt bei einer solchen Vereinbarung bestehen, es werden aber darüber hinaus durch vertragliche Vereinbarung weitergehende Verpflichtungen vereinbart. Das können z. B. organisatorische oder medizinisch-technische Voraussetzungen sein.[320] Durch den Vertrag entsteht eine direkte Verpflichtung gegenüber der Krankenkasse, die damit auch ein Sanktionsrecht neben dem nach § 81 nur für KVen vorgesehenen Sanktionsrecht erhält. Die Komple-

---

[310] Wenner, Vertragsarztrecht nach der Gesundheitsreform, § 2 Rn. 15.

[311] BGBl. I, 2626.

[312] *Schnapp*, in: Schnapp/Wigge, Hdb. Vertragsarztrecht, § 3 Rn. 56.

[313] Wie vor.

[314] Vgl. *Hartmannsgruber*, in: Ratzel/Luxenburger, Hdb. Medizinrecht, § 7 Rn. 14.

[315] Schallen, Zulassungsverordnung, Kommentar, Rn. 11.

[316] *Pawlita*, in: jurisPK-SGB V, § 95a SGB V Rn. 2.

[317] *Schnapp*, in: Schnapp/Wigge, Hdb. Vertragsarztrecht, § 3 Rn. 56.

[318] Vgl. im Einzelnen Kap. 3 B.VI.1.a..

[319] Schirmer, Vertragsarztrecht kompakt, Kap. C.4.3, 67.

[320] *Schmidbauer*, in: Schnapp/Wigge, Hdb. Vertragsarztrecht, § 3 Rn. 70.

xität der Versorgungsform beschied ihr allerdings nur geringen Erfolg.[321] Auch die Verschränkung von Sicherstellungsauftrag und einzelvertraglicher Absprache machten das Instrument der integrativen Versorgung unübersichtlich und unberechenbar. Das Gesetz kündigte die Bedarfszulassung nunmehr ab dem 01.01.2003 an.[322]

19. Einleitung eines Wandels für die vertragsärztliche Zulassung - Gesetz zur Modernisierung der gesetzlichen Krankenversicherung 2003

Nach einigen weiteren gesetzlichen Anpassungen (z. B. Reform des Risikostrukturausgleichs[323], Gesetz zur Einführung des Wohnortprinzips im Einzugsbereich der GKV[324], u. a.[325]) zielte auch das GMG vom 14.11.2003[326] weiter auf eine Verbesserung der Versorgungsstrukturen ab. Neben Einführung der Praxisgebühr und Änderungen des Leistungskatalogs sah der Gesetzgeber es als wesentliches Ziel an, die Überwindung sektoraler Grenzen[327] zu erreichen und nahm eine weitere Verzahnung ambulanter und stationärer Leistungen vor. Als bedeutende Entwicklung wurde ein neuer Teilnehmer an der vertragsärztlichen Versorgung eingeführt, das MVZ[328]. Mit diesem wurde neben der Zulassung des niedergelassenen Arztes und der Ermächtigung eine bisher im System der GKV der BRD unbekannte Zulassungsform eingeführt. Das MVZ kann auch als juristische Person an der Versorgung teilnehmen. Es soll mit der Integration verschiedener Fachgebiete sowie ambulanter und stationärer Leistungen und Vernetzung die Versorgung verbessern. Damit entstand eine Vermengung der zuvor getrennten Zahlungen der Krankenkassen an Vertragsärzte und Krankenhäuser, da z. B. auch Krankenhäuser ein MVZ betreiben und so an der vertragsärztlichen Versorgung teilnehmen können. Ungleichgewichte entstanden im Hinblick auf die Vergütungen. So wurden für ein und dieselben Leistungen unterschiedliche Vergütungen geleistet, was sich beispielsweise an einer ambulanten Operation zeigte. Ein neues Kniegelenk etwa wurde ambulant anders vergütet als in der Belegarztklinik und in der Hauptabteilung eines Krankenhauses.[329] Mit dem MVZ wurde eine weitere Ausnahmerege-

---

[321] Schirmer, Vertragsarztrecht kompakt, Kap. C.4.3, 67.

[322] Schallen, Zulassungsverordnung, Kommentar, Rn. 12.

[323] BGBl. I, 3465.

[324] BGBl. I, 3526.

[325] Vgl. *Hartmannsgruber*, in: Ratzel/Luxenburger, Hdb. Medizinrecht, § 7 Rn. 15.

[326] BGBl. I, 2190.

[327] BT-Drs 15/1525, 74.

[328] Siehe schon unter Kap. 1 B.II.15.a.E..

[329] Laut Bericht des Geschäftsführers eines Klinikums wird für die ärztliche Leistung bei einem neuen Kniegelenk von den Krankenkassen in der Hauptabteilung eines Krankenhauses 1.255 € (hier aus dem „Topf" für die stationäre Versorgung), im Belegkrankenhaus 672 € und in einer Praxisklinik 686 € vergütet, Schnack, Schleswig-Holsteinisches Ärzteblatt 11/2007, 28, auch: zu finden unter: http://www.aeksh.de/start/aerzteblatt/archiv_ aerzteblatt_2007/aerzteblatt_11_2007.html (30.11.2011).

lung eingeführt, nach der ein angestellter Arzt nach einer fünfjährigen Tätigkeit im MVZ das Recht auf eine Zulassung auch im gesperrten Gebiet erhielt. Der neu einge-führte Teilnehmer an der vertragsärztlichen Versorgung, das MVZ, verfügte damit über Möglichkeiten, die niedergelassenen Ärzten durch ihre Berufsordnungen vor-enthalten waren, so dass Handlungsdruck zur Aufhebung des Wettbewerbsnachteils und zur Anpassung der Berufsordnungen entstand. Auf diese und andere Bevorzugun-gen von MVZ gegenüber Vertragsärzten wird im Detail in Kapitel 3[330] näher einge-gangen werden.

Weitere Gesetze ergingen zur Stabilisierung der Beiträge und Begrenzung der Ausga-ben.[331] Der ursprüngliche radikale Vorschlag der Regierungsfraktionen von SPD und Grünen, von dem herrschenden Kollektivvertragssystem zu einzelvertraglichen Ver-einbarungen zwischen Krankenkassen und Leistungserbringern überzugehen und einen weitergehenden Übergang des Sicherstellungsauftrags von der KV auf die Kranken-kassen zu regeln, setzte sich nicht durch.[332]

20. Reform der vertragsärztlichen Zulassung durch das Vertragsarztrechtsänderungsgesetz

Auch die Regelungen des VÄndG zielten auf eine Anpassung des Gesundheitswesens an die Markterfordernisse. Durch sie wurde das bislang geltende Vertragsarztrecht we-sentlich reformiert und die Bedingungen der Ausübung der vertragsärztlichen Tätig-keit stärker verändert als durch alle Gesetze seit dem GKAR von 1955.[333] Insbesonde-re die Zulassungsverordnung und das SGB V wurden dabei weitreichend geändert. Das Vertragsarztrecht folgte den Liberalisierungen, die schon die Änderungen der Musterberufsordnungen der Ärzte und Zahnärzte im Jahr 2004 in Gang gesetzt hatten. Die Liberalisierung der Musterberufsordnungen selbst war ihrerseits Folge der Ände-rungen durch das GMG 2003. Dem mit diesem Gesetz neu eingeführte Teilnehmer an der vertragsärztlichen Versorgung, dem MVZ, sind mehr Rechte zugeteilt worden als den anderen Teilnehmern an der vertragsärztlichen Versorgung, insbesondere den Ärz-ten. Die Ärzte sollten daher nun, mit dem neuen Gesetz, auch im Vertragsarztrecht die Änderungen der Musterberufsordnungen vollziehen können und damit Chancen-

---

[330] A I.2..

[331] Gesetz zur Begrenzung der Ausgaben der gesetzlichen Krankenversicherung für das Jahr 2003 (GKVBegrG 2003) vom 23.12.2002, BGBl. I S. 4637, 4640, geändert durch Art. 1c des Gesetzes vom 12.06.2003, BGBl. I S. 844, dass die Veränderungsrate zur Vereinba-rung der Gesamtvergütung teilweise für das Jahr 2003 festlegte; Gesetz zur Stabilisierung der Beitragssätze in der gesetzlichen Krankenversicherung im Jahre 2003 vom 23.12.2002, BGBl. I, 4637.

[332] Wenner, Vertragsarztrecht nach der Gesundheitsreform, § 2 Rn. 17.

[333] Wenner, Vertragsarztrecht nach der Gesundheitsreform, § 2 Rn. 21.

gleichheit mit dem neuen Teilnehmer MVZ gewinnen. Weitere Details und Einzelheiten dieses Gesetzes werden nachfolgend in Kapitel 2 behandelt, da sie mit den ersten Ansätzen durch das GMG richtungsweisend für einen wesentlichen Wandel der vertragsärztlichen Zulassung und ihrer Rahmenbedingungen sind und insofern als Scheideweg bezeichnet werden können.

21. Fortführung eines Wandels durch nachfolgende Reformgesetze - Abriss

Das parallel zum VändG entwickelte Gesetz zur Stärkung des Wettbewerbs in der gesetzlichen Krankenversicherung[334] (GKV-WSG) v. 26.03.2007 sowie die nachfolgenden Gesetze und Reformen bleiben in der eingeführten Tradition eines Wandels der vertragsärztlichen Zulassung und ihres gesetzlichen Umfelds. Namentlich sind das die in Kapitel 3 der Arbeit ausführlich behandelten Gesetze des GKV-OrgWG, die AMG-Novelle[335], das Gesetz zur Neuordnung des Arzneimittelmarktes in der gesetzlichen Krankenversicherung, AMNOG mit Wirkung vom 01.01.2011[336] und das GKV-VStG.

C. Fazit und Untersuchungsziel Kapitel 2 und 3

Die Versorgung gesetzlich Versicherter wird stets von ihren Gewährträgern gesteuert. Seit den 1930er und insbesondere seit Beginn der 1990er Jahre ist die vertragsärztliche Zulassung in Umsetzung der Bedarfsplanung für die ambulante Versorgung das entscheidende Kontroll- und Steuerungselement. Dieses Steuerungsmodell hat sich in langer geschichtlicher Entwicklung in Auseinandersetzung aller an der Versorgung Beteiligten als gangbarer Weg herausgebildet und hat sich dabei gesundheitspolitisch bewährt.

Ihre rechtliche Einordnung und Betrachtung wird in den nachfolgenden Kapiteln untersucht und damit die Frage, ob sich die Zulassung auch (verfassungs-)rechtlich bewährt hat. Wie grundsätzlich jeder status quo ist ferner das Steuerungsmodell Änderungen unterworfen, die vieler Art sein können. In Bezug auf die ambulante Versorgung sind es vor allem gesellschaftliche Umstände etwa die demografische, wissenschaftliche und medizinische Entwicklung sowie in gewisser Weise hieraus resultierend, auch kulturelle Entwicklungen, z. B. die Erwartungshaltung der Patienten an die medizinische Versorgung. Das Instrument der vertragsärztlichen Zulassung bedarf daher in gesundheitspolitischer und ggf. auch verfassungsrechtlicher Hinsicht der Entwicklung und Anpassung, gegebenenfalls der Infragestellung.

---

[334] Siehe dieses Kap. Fn. 3.
[335] 15. Novelle zur Änderung arzneimittelrechtlicher und anderer Vorschriften v. 17.07.2009, BGBl. I, 1990.
[336] V. 22.12.2010, BGBl. I, 2262.

So ist die vertragsärztliche Zulassung, eingeleitet mit dem GMG, stetiger und wachsender Änderung unterworfen. Ob der eingeschlagene Weg von Beginn an in die richtige Richtung ging und nach wie vor geht, muss allerdings in Frage gestellt werden, denn Versorgungsprobleme haben trotz der eingeleiteten Änderungen nicht abgenommen, dafür sind neue Probleme in der ambulanten Versorgung hinzugekommen, die auf dem geschichtlichen Weg ausgeräumt schienen, so z. B. Versorgungsdefizite durch Streiks (Kollektivverzicht). Es stellt sich auch die Frage, ob aufgrund der Einführung von Einzelvertragselementen eine Rückwendung und Ablösung der Zulassung erfolgt und welche Funktion und Bedeutung das Steuerungsinstrument der Zulassung künftig haben soll, um dem Ziel der Sicherstellung der Versorgung der Kassenpatienten weiter gerecht zu werden, denn die Sicherstellung der Versorgung ist das vornehmste Ziel aller Regelungen. die sich unter dem Begriff "Vertragsarztrecht", unter welches das Zulassungsrecht fällt, zusammenfinden.

Kapitel 2

Vertragsärztliche Zulassung - Beschreibung
eines etablierten Steuerungsinstruments in der ambulanten Versorgung

A. Charakterisierung der vertragsärztlichen Zulassung

I. Der Vertragsarzt als Schlüsselfigur[1] für die Steuerung
in der ambulanten ärztlichen Versorgung

1. Vertragsarzt und andere Leistungserbringer

Etwa 80 bis 90 %[2] aller Patienten in der BRD sind Mitglieder in der GKV.[3] Die ambulante ärztliche Versorgung dieser großen Gruppe gesetzlich versicherter Patienten zu Lasten der GKV steht nicht jedem Arzt frei. Vielmehr dürfen schon seit Beginn des 20. Jahrhunderts nahezu ausschließlich solche Ärzte die ambulante ärztliche Versorgung zu Lasten der GKV erbringen, die hierfür eine besondere Erlaubnis haben. Diese Erlaubnis wird als vertragsärztliche Zulassung bezeichnet, ihr (ärztlicher) Inhaber als Vertragsarzt.

Neben Ärzten gibt es weitere Berufsgruppen bzw. Einrichtungen, die zur Behandlung gesetzlich Versicherter zugelassen werden können. Sie alle fallen unter den Oberbegriff der im SGB V genannten Leistungserbringer. Der Begriff des Leistungserbringers ist im Recht der GKV nur einzelfallbezogen genannt und nicht legal definiert.[4] Als solche sind all jene (nicht notwendig natürlichen) Personen zu betrachten, die in den Prozess der Realisierung der Leistungen, die die Krankenkasse dem Versicherten ge-

---

[1] Vgl. Rixen, Sozialrecht als öffentliches Wirtschaftsrecht, 377; BT-Drs. 11/6380, 52 Enquete Kommission zur Strukturreform der GKV.

[2] Vgl. LSG Niedersachsen-Bremen, Urt. v. 09.04.2008, L 3 KA 145/06, NZS 2008, 556 (557) mit Bezug auf die weitere Senatsentscheidung L 3 KA 139/06; BVerfG, v. 23.03.1960, 1 BvR 216/51, BVerfGE 11, 30, (42) ff., ebenso BSG, Urt. v. 24.11.1993, 6 RKa 26/91 BSGE 73, 223 - juris, Rn. 19; Wigge/Harney, MedR 2008, 139 (144) sprechen von 90 %; BVerfG, Beschl. v. 09.05.1972, 1 BvR 518/62, 1 BvR 308/64, BVerfGE 33, 125, juris - Rn. 82 spricht von 87 %, ebenso BSG, Urt. v. 30.01.2002, B 6 KA 20/01 R - juris, Rn. 40; laut GKV-Spitzenverband Bund, 2010, 70,0 Mio. Versicherte im Jahr 2010 http://www.gkv-spitzenverband.de/upload/GKV_Kennzahlen_Booklet_Q3_2010_15301. pdf, 21 (11.11.2011).

[3] Vgl. EuGH, Urt. v. 12.01.2010, Rs. C-341/08 - Petersen, EuZW 2010, 137; http://curia.europa.eu/jurisp/cgi-bin/gettext.pl?where=&lang=de&num=79899887 C19080341&doc=T&ouvert=T&seance=ARRET (04.11.2011), Rn. 26, NJW 2010, 5874.

[4] Rixen, Sozialrecht als öffentliches Wirtschaftsrecht, 280.

genüber schuldet, eingebunden sind.[5] Es kann sich neben den Ärzten z. B. auch um Teilnehmer mit einer Zulassung als Heilmittelerbringer, etwa der Sprach- oder Ergotherapie, handeln (§ 124). Diese dürfen aber nicht ärztlich tätig werden.

Leistungserbringer können ebenfalls o. g. Einrichtungen, speziell das mit dem GMG im Jahr 2004 gesetzlich neu geregelte, vom Gesetzgeber so bezeichnete MVZ (§ 95 Abs. 1 S. 1) sein. Zwar kann man bei differenzierter Betrachtung die Frage stellen, ob MVZ selbst Leistungserbringer sind oder ob sie nicht nur von solchen gegründet (§ 95 Abs. 1 S. 3 2. HS) bzw. solche in ihnen tätig werden (oder beides). Dafür, dass MVZ selbst keine Leistungserbringer sind, spricht auch, dass MVZ nicht Mitglieder der KVen werden, sondern nur die sie gründenden freiberuflichen oder in ihnen tätigen angestellten Ärzte.[6] Unabhängig von der Beantwortung dieser Frage gehören MVZ aber nach der Definition des Begriffs des Leistungserbringers zu diesen, da sie in die Realisierung der Leistungen, die die Krankenkassen dem Versicherten schulden, eingebunden sind.[7] Erst mit dem Status als zugelassener Leistungserbringer ist eine Teilnahme an der Versorgung gesetzlich Versicherter zu Lasten der GKV möglich. § 95[8] ist die Rechtsgrundlage für die Teilnahme an der vertragsärztlichen Versorgung als Leistungserbringer und gestattet die ambulante ärztliche Behandlung von gesetzlich Versicherten zu Lasten der GKV. „Ohne dass dies ausdrücklich normiert wird", ist mit der Vorschrift „nur der ambulante Versorgungsbereich" gemeint.[9] Die Teilnahmeformen nach § 95 Abs. 1 bedeuteten daher einerseits eine Begrenzung, vor allem aber ein Exklusiv-Recht für den Bereich der vertragsärztlichen Versorgung der gesetzlich Versicherten. Damit ist auch eine erhebliche Einflussnahmemöglichkeit auf die ambulante Versorgung hierüber gegeben. Die KV Rheinland-Pfalz formuliert prägnant auf ihrer Homepage: „Die Zulassungsregelung ist eines der wichtigsten Steuerungselemente in

---

[5] Ebenda, 283. Hierzu gehören beispielsweise nicht Berufsausübungsgemeinschaften. Sie können daher auch nicht Mitglied einer anderen Berufsausübungsgemeinschaft sein, da dies nur zugelassene Leistungserbringer sein können.

[6] Für die Mitgliedschaft der angestellten MVZ-Ärzte in der KV auch Schallen, vor § 18 Rn. 451 unter Bezug auf § 95 Abs. 3 S. 2.

[7] Rixen, Sozialrecht als öffentliches Wirtschaftsrecht, 283.

[8] Nach § 95 Abs. 1 Satz 1 nehmen an der vertragsärztlichen Versorgung zugelassene Ärzte und zugelassene MVZ sowie ermächtigte Ärzte und ermächtigte ärztlich geleitete Einrichtungen teil. Über § 72 Abs. 1 Satz 2 gilt das entsprechend für Zahnärzte und Psychotherapeuten, sofern nichts Abweichendes bestimmt ist. Die Berufe des Psychologischen Psychotherapeuten und des Kinder- und Jugendlichenpsychotherapeuten wurden ab dem 01.01.1999 aufgrund Art. 1 PsychThG v. 16.06.1998 eingeführt (BGBl. I, 1311) und damit Ärzten in berufs- und sozialrechtlicher Hinsicht gleichgestellt (BVerfG, Beschl. v. 28.07.1999, 1 BvR 1056/99, NJW 1999, 2730). Die Teilnehmer sind abschließend und ausschließlich Teilnahmeberechtigte (§ 95 Abs. 1). So sind z. B. Heilpraktiker ausgeschlossen *Kanter*, in: Orlowski et al. GKV-Kommentar, § 27 Rn. 56 m. w. N..

[9] *Pawlita*, in: juris-PK SGB V § 95 Rn. 18.

der ambulanten medizinischen Versorgung der Patienten."[10] Die Bestimmungen des Leistungserbringungsrechts über die Erfüllung bestimmter formaler oder inhaltlicher Voraussetzungen der Leistungserbringung erfüllen ihre Steuerungsfunktion über die vertragsärztliche Zulassung.[11] Da der weitaus größte Teil der ärztlichen Leistungserbringer in der ambulanten gesetzlichen Versorgung Inhaber einer Zulassung ist, kann darüber somit eine zielgerichtete, umfassende Steuerungsfunktion erfolgen. Diesen Zustand gilt es auch künftig zu erhalten.

2. Vertragsarzt und andere Inhaber einer vertragsärztlichen Zulassung

Handelt es sich bei dem zugelassenen Leistungserbringer um einen approbierten Arzt, wird die Gestattung bzw. Erlaubnis als Zulassung zum Vertragsarzt bezeichnet (§ 95 Abs. 2 S. 1). Andere Leistungserbringer dürfen nicht zur vertragsärztlichen Behandlung zugelassen werde. Sie dürfen generell keine vertragsärztliche Behandlung durchführen (vgl. §§ 15 Abs. 1, 28 Abs. 1). Sie können nicht, auch soweit sie die Heilkundeerlaubnis als Heilpraktiker haben, zur vertragsärztlichen Versorgung zugelassen werden.[12] Nach § 95 Abs. 2 S. 1, ist für die Zulassung die Eintragung in das Arztregister und somit auch eine Approbation Voraussetzung.[13]

Der Begriff der vertragsärztlichen Zulassung setzt aber, wie eingangs schon erwähnt, nicht zwingend als Rechtssubjekt einen niedergelassenen Arzt voraus. Historisch gesehen und auch heute noch handelt es sich bei zugelassenen Leistungserbringern für die ambulante ärztliche Versorgung jedoch in der Mehrzahl der Fälle um niedergelassene freiberufliche[14] Ärzte.[15] Das BSG spricht daher auch deutlich vom Vorrang der

---

[10] KV Rheinland-Pfalz, o. J., http://www.kv-rlp.de/mitglieder/zulassung-praxis/zulassung. html (04.11.2011).

[11] Vgl. zuletzt BSG, Urt. v. 08.09.2004, B 6 KA 14/03 R - juris Rn. 23, m. w. N. Das spricht das BSG im Zusammenhang mit so genannten Scheingemeinschaftspraxen aus, die nicht die vertragsarztrechtlichen Anforderungen erfüllen, aber über die Scheinkonstruktion an der ambulanten Versorgung teilnehmen. Das BSG formuliert, dass die Bestimmungen des Leistungserbringungsrechts über die Erfüllung bestimmter formaler oder inhaltlicher Voraussetzungen der Leistungserbringung ihre Steuerungsfunktion nicht erfüllen könnten, wenn der Vertragsarzt rechtswidrig bewirkte Leistungen im Ergebnis dennoch vergütet bekäme. Damit bestätigt das BSG die Steuerungsfunktion der vorschriftsmäßig ausgeübten vertragsärztlichen Tätigkeit.

[12] Vgl. BSG, Urt. v. 12.05.1993, 6 RKa 21/91 - juris, Rn. 23, BSGE 72, 227. *Kanter*, in: Orlowski et al. GKV-Kommentar, § 27 Rn. 56 m. w. N..

[13] *Pawlita*, in: juris-PK SGB V § 95 Rn. 47.

[14] Vgl. zu Freien Berufen unter den Leistungserbringern Tettinger, MedR 2001, 287 ff.; Quaas, MedR 2001, 34 ff.; Sodan, Freie Berufe als Leistungserbringer im Recht der gesetzlichen Krankenversicherung, 344; Schulin VSSR 194, 357 ff.. Zusammenfassung kritischer Meinungen zur tatsächlichen Freiberuflichkeit der Ärzte, insbesondere Vertragsärzte bei der gegebenen Regelungsdichte der ihre Tätigkeit betreffenden Normen, Steinhilper,

Sicherstellung der vertragsärztlichen Versorgung durch die niedergelassenen Vertragsärzte.[16] Die Freiberuflichkeit der vertragsärztlichen Leistungserbringung wird auch als berufsgrundrechtliches Systemelement bezeichnet.[17] Erst nach den jüngeren Gesundheitsreformen - insbesondere dem GKV-WSG - können auch Institutionen (§ 95 Abs. 1 S. 2 konkretisiert sie als „ärztlich geleitete Einrichtungen") Rechtssubjekt für die Zulassung zur vertragsärztlichen Versorgung als Leistungserbringer sein[18] und die ambulanten Leistungen bei ihnen angestellter (in dieser Funktion nicht freiberuflicher) Ärzte zu Lasten der GKV abrechnen. Ihre Stellung geht über den Sonderfall der zuvor schon existierenden Möglichkeit einer bloßen Ermächtigung von Einrichtungen entscheidend hinaus.

Die Ermächtigung ist eine gegenüber der Zulassung grundsätzlich[19] nachrangige Form der Teilnahme an der vertragsärztlichen Versorgung und wird nur erteilt, soweit und solange eine ausreichende ärztliche Versorgung der Versicherten ohne die besonderen Untersuchungs- und Behandlungsmethoden oder die Kenntnisse dieser Krankenhausärzte nicht sichergestellt ist.[20]

Trotz Zulassung zur vertragsärztlichen Versorgung sind MVZ keine „Vertragsärzte". Es ist daraus ersichtlich, dass die Institution als Rechtssubjekt nicht selbst ärztlich behandeln kann. Vielmehr findet das durch in diesen tätige angestellte Ärzte oder Vertragsärzte (§ 95 Abs. 1 S. 2) statt. Auch angestellte Ärzte sind keine Vertragsärzte, sondern vielmehr deren Angestellte (§ 95 Abs. 9 und 9a) oder des MVZ (vgl. § 95 Abs. 1 S. 2 u. Abs. 2 S. 7). Auch wenn die ambulante Behandlungsleistung (u. a.) die in den Institutionen angestellten Ärzte erbringen, sind sie in diesem Fall nicht mehr der

---

GesR 2009, 337, (338); das Berufsrecht erwähnt die Freiberuflichkeit in verschiedenen Regelungen, teilweise nur in Gliederungsüberschriften, definiert diese aber allenfalls durch die Abgrenzung von der Gewerblichkeit (vgl. § 1 Abs. 2 HS. 2 BÄO; § 1 Abs. 1 Sätze 2 und 3 MBO-Ä, § 1 Abs. 4 ZHG, Präambel der MBO-Zahnärzte und in der Überschrift des § 17 MBO-Zahnärzte, § 16 Abs. 1 S. 1 MBO-Zahnärzte, § 1 Abs. 3 MBO-Psychotherapeuten). Das BVerfG geht von Freiberuflichkeit bei Ärzten aus, vgl. BVerfGE 11, 30 - juris Rn. 20 und BSG 81, 73, (83). Das BSG, Urt. v. 23.06.2010, B 6 KA 7/09 R, GesR 2010, 615, (618), spricht von einem soziologischen und uneindeutigen Rechtsbegriff.

[15] Dieser Vorrang hat jedoch keinen Verfassungsrang, Quaas, GesR 2010, 455 (456).
[16] BSG, Urt. v. 19.07.2006, B 6 KA 14/05 R - juris Rn. 16.
[17] Pitschas, GesR 2010, 513 (518).
[18] So auch BSG wie vor in Bezug auf die seit dem 01.01.2004 hinzugekommen MVZ.
[19] Eine Ausnahme gilt für die Ermächtigung für Dialyseleistungen nach § 10 Abs. 1 der Anlage 9.1 BMV-Ä, die nach BSG, Urt. v. 17.08.2011, B 6 KA 27/10 R, einen der Zulassung ähnlich gesicherten Status vermittelt, Terminbericht des BSG Nr. 39/11.
[20] BVerfG, Beschluss v. 17.08.2004, 1 BvR 378/00, SozR 4-1500 § 54 Nr. 4. Sie ist i. d. R. für einen vorübergehenden Bedarf, denn insoweit grenzt sie sich ab von Sonderbedarfszulassungen, die voraussetzen, dass der Versorgungsbedarf dauerhaft erscheint (§§ 101 Abs. 1 Nr. 3 i. V. m. 24 Sätze 2 und 3 = Nr. 24 Sätze 2 und 3 a. F. BedarfsplRL-Ä).

Leistungserbringer und damit nicht mehr Rechtssubjekt für eine vertragsärztliche Zulassung (gleichwohl Mitglieder der zuständigen KV, § 95 Abs. 3 S. 2). Somit ist weder der angestellte Arzt Vertragsarzt, noch das MVZ. Das MVZ wird ihm als institutioneller[21] Leistungserbringer aber gleichgestellt, weil es - wie dieser - selbst zulassungsfähiger Leistungserbringer ist[22]. Als Vertragsarzt wird damit nur der vertragsärztlich zugelassene ärztliche, höchstpersönliche und freiberufliche Leistungserbringer bezeichnet. Inhaber einer vertragsärztlichen Zulassung können hingegen seit 2004 auch gesetzlich geregelte Institutionen (MVZ) sein. Diese Vorrangstellung des freiberuflichen, ärztlichen Leistungserbringers hat sich bisher bewährt, und zwar gesundheitspolitisch unter bisherigen Anforderungen des Gesundheitsmarkts und unter verfassungsrechtlichen Anforderungen. Seine Auflösung durch Gesundheitsreformen muss in seinen Folgen umfänglich erfasst werden.

3. Der Vertragsarzt als Garant im Sachleistungssystem

Das Recht der Regelung der Verhältnisse der Krankenkassen zu den vertragsärztlichen Leistungserbringern wird als Vertragsarztrecht bezeichnet. Der Begriff resultiert daraus, dass zugelassene Ärzte - neben anderen Leistungserbringern - ihre Behandlungsleistung im Rahmen von Verträgen mit den Krankenkassen erbringen. Sie verpflichten sich gegenüber Krankenkassen, Behandlungsleistungen in der vereinbarten Art und Weise zu erbringen. Die Krankenkassen erfüllen als öffentlich-rechtliche Körperschaften[23] mit diesen vertraglichen Vereinbarungen wiederum ihre gesetzliche Pflicht gegenüber den gesetzlich Versicherten. Dabei handelt es sich um die Pflicht der Krankenkassen zur Bereitstellung einer medizinischen Versorgung, die den Anforderungen des SGB V (§ 70) entspricht. Diese Bereitstellung wird als Sach- bzw. Dienstleistung bezeichnet (§ 2 Abs. 2)[24]. Der Versicherte soll damit von der Sorge finanzieller Liquidität im Krankheitsfall entlastet werden.[25] Die Dienstleistung der Krankenbehandlung wird ihm, unabhängig von einer unmittelbaren Pflicht zur Vergütung, zur Verfügung gestellt. Die Verpflichtung zur Erbringung einer Sachleistung stellt zugleich ein spezi-

---

[21] Schirmer, Vertragsarztrecht kompakt, Kap. G.7., 239, wobei das MVZ nicht Mitglied der KV wird, §§ 95 Abs. 1, 77 Abs. 3. Mitglieder werden die in ihm angestellten (§ 95 Abs. 3 Satz 2) Leistungserbringer oder sind ein MVZ gründenden selbständigen Vertragsärzte.

[22] *Hess*, in: KassKomm § 95 Rn. 9a; dabei gibt es dennoch Unterschiede z. B. in Bezug auf die Übertragung eines Angestelltensitzes nach § 103 Abs. 4a S. 1, vgl. Hessisches LSG, Urt. v. 10.02.2010, L 4 KA 33/09, GesR 2010, 257.

[23] § 4 Abs. 1.

[24] Mit der Besonderheit der Inanspruchnahme in Form eines trägerübergreifenden Persönlichen Budgets nach § 2 Abs. 2 S. 2 auf Antrag.

[25] BSG, Urt. v. 28.03.2000, B 1 KR 21/99 R, BSGE 86, 66 - juris Rn. 30.

fisches Merkmal des Systems der deutschen GKV dar und wird als Sachleistungsprinzip[26] (§ 2 Abs. 2) bezeichnet.

Das Sachleistungsprinzip ist Ursache der typischen Rechtsverhältnisse mit mindestens drei Beteiligten in der GKV. Die Beteiligten dieses Rechtsverhältnisses sind der Versicherte, die GKV und die Leistungserbringer. Die ärztliche Leistung stellt sich für die Versicherten als eine Sachleistung ihrer Krankenkasse dar. Die Versicherten zahlen hierfür - aber nicht in unmittelbarem Zusammenhang mit einer Behandlung - regelmäßig Versichertenbeiträge an die gewählte Krankenkasse. Der Leistungserbringer steht wiederum in einer Rechtsbeziehung zur Krankenkasse.[27] Er ist beliehen mit der Rechtsmacht, die der Krankenkasse obliegende Pflicht der Leistung von Krankenbehandlung zu konkretisieren, ohne zugleich Vertreter der Krankenkasse zu sein.[28] Im Gegenzug dazu erhält er von der Krankenkasse eine Vergütung für seine Behandlung, nicht aber vom Patienten unmittelbar. Krankenkassen bzw. deren Bedienstete dürfen keine Leistungen erbringen (Verbot von Eigeneinrichtungen nach § 140 Abs. 2), sondern müssen sich der dazu im Gesetz vorgesehenen Leistungserbringer bedienen (§ 2 Abs. 2 S. 3). Die Sachleistung wird also durch Dritte erbracht. Der Vertragsarzt ist daher zwingend Beteiligter bei der Erfüllung der den Krankenkassen obliegende Pflichten, er ist Garant für die Erbringung der Sachleistung und Schlüsselfigur für die ambulante ärztliche Versorgung.[29] Er kann auch als zentrale Figur der Leistungsgewährung in der GKV bezeichnet werden.[30]

Außerhalb des vertragsärztlichen Systems und der Mitgliedschaft durch Zulassung gab es seit der Einrichtung der KVen mit Beginn des letzten Jahrhunderts keine systematische Möglichkeit der Teilnahme an der Versorgung der gesetzlich Versicherten. Die vertragsärztliche Zulassung ist daher im Regelfall zwingende Voraussetzung zur Behandlung gesetzlich versicherter Patienten und verkörpert somit herkömmlich das wesentliche Recht der Teilnahme an der vertragsärztlichen ambulanten Versorgung. Eine künftige wesentliche Änderung, etwa durch die vom GKV-VStG eingeführte spezialfachärztliche Versorgung, gefährdet den umfassenden Teilnahmeanspruch und muss - insbesondere im Zusammenhang mit weiteren Entwicklungen - in ihren Folgen für die Steuerbarkeit über die Zulassung vom Gesetzgeber sorgfältig abgewogen werden.

---

[26] Zum Sachleistungsprinzip siehe Kap. 1 B.II.2..
[27] Neben den öffentlich-rechtlichen Rechtsbeziehungen bestehen im Rahmen einer Behandlung weitere vertragliche Beziehungen öffentlich-rechtlicher und privatrechtlicher Natur, als letztere etwa jene zwischen dem Leistungserbringer und dem Patienten.
[28] Ausführlich *Kanter*, in: Orlowski et al. GKV-Kommentar, § 27 Rn. 64.
[29] Vgl. Rixen, Sozialrecht als öffentliches Wirtschaftsrecht, 389, der auch seine Steuerungsfunktion durch sein Verordnungsverhalten und sein Überweisungsrecht darstellt.
[30] LSG Nordrhein-Westfalen, Beschl. v. 09.02.2011, L 11 KA 91/10 B ER, MedR 2011, 317, Orientierungssatz.

4. Fazit zur Schlüsselfunktion des Vertragsarztes als Zulassungsinhaber

Die freiberuflichen zugelassenen Vertragsärzte stellen die weitaus größte Einheit der ärztlichen Leistungserbringer in der ambulante Versorgung gesetzlich Versicherter dar und dienen dem Sachleistungssystem. Diese Schlüsselrolle der vertragsärztlichen Zulassung ermöglicht damit eine erhebliche Einflussnahme auf Qualität und Quantität der ambulanten ärztlichen Versorgung durch Ärzte und ist für das Funktionieren des Systems[31] entscheidend.

Der Status quo der vertragsärztlichen Zulassung und sein Fortbestand sind Gegenstand dieser Arbeit. Besonderheiten anderer zulassungsfähiger Berufsgruppen oder zulassungsfähiger Institutionen werden nur im Falle der Relevanz für die vertragsärztliche Zulassung behandelt. Die gewonnenen Ergebnisse für die freiberuflichen Ärzte werden - je nach Vergleichbarkeit und unter Berücksichtigung besonderer gesetzlicher Regelungen - in Grundzügen mit verschiedenen Schwerpunkten auch für die anderen zulassungsfähigen Leistungserbringer Erkenntnisse bringen, deren Berücksichtigung in den zukünftigen Entwicklungen des Gesundheitssystems angezeigt ist. Insbesondere der institutionelle Leistungserbringer „MVZ" konstituiert sich regelmäßig auch (neben angestellten Ärzten oder weiteren Berufsgruppen unter Beachtung des Approbationsmonopols[32]) aus freiberuflichen Vertragsärzten. In der Funktion als (Mit)Gründer eines MVZ greifen jedoch relevante Steuerungsfunktionen der Vertragsarztzulassung nicht in der Weise, wie sie es für in einer Praxis (selbständig) niedergelassene Vertragsärzte entfalten. Für eine Qualitätssteuerung etwa ist das zu bejahen, weniger aber für eine Verteilungssteuerung.

---

[31] In ständiger Rechtsprechung betonen BSG und BVerfG, dass die finanzielle Stabilität des Systems der GKV ein besonders wichtiges Gemeinschaftsgut ist (BVerfG, Beschl. v. 27.04.2001, 1 BvR 1282/99, MedR 2001, 639 Orientierungssatz, betr. Zulassungsbeschränkungen gem. § 99 ff.; BVerfG; Beschl. v. 16.07.2004, 1 BvR 1127/01, MedR 2004, 608, Orientierungssatz, zur Beurteilung von MRT-Leistungen für Orthopäden als fachfremd i. S. d. Systems. Weiter zu Zulassungsbeschränkungen: BSG, Urt. v. 02.10.1996, 6 RKa 52/95 - juris Rn. 19; BSG, Urt. v. 18.03.1998, B 6 KA 37/96 R, BSGE 82,41 - juris Rn. 19; BVerfG, Beschl. v. 08.10.1996, 1 BvL 3/95, NJW 1997, 792 - juris Rn. 6).

[32] Vgl. *Pawlita,* in: jurisPK-SGB V, § 95 Rn. 46 ff..

II. Die Zulassung als Vertragsarzt im Kollektivvertragssystem der GKV

1. Genese vom Einzelvertrag zum Kollektivvertrag

Der Begriff des Vertragsarztes kann irreführend sein, da er eine individualvertragliche Teilnahme suggerieren kann[33], die - wie nachfolgend ausgeführt wird - das System seit Beginn des letzten Jahrhunderts bis zur Einführung der so genannten Modellverträge grundsätzlich nicht vorsah. Der Teilnahme der Vertragsärzte liegen aber gleichwohl vertragliche Ansprüche zugrunde, allerdings kollektivvertragliche zwischen öffentlich-rechtlichen Körperschaften.

In den Anfängen eines Systems der staatlichen sozialen Absicherung gegen Krankheit durch die GKV haben einzelne Leistungserbringer unmittelbar Dienstverträge mit einzelnen Krankenkassen geschlossen (man spricht von Einzelverträgen). Die erste Form der (noch nicht technischen) „Vertragsarztzulassung" stellte noch einen Anspruch von Ärzten auf Abschluss eines Einzelvertrages mit den Kassen nach der Zulassungsordnung vom 14.11.1928[34] dar.

Schon zu Beginn des letzten Jahrhunderts änderte sich dies jedoch, und Verträge wurden nicht mehr zwischen einzelnen Leistungserbringern und Krankenkassen geschlossen, sondern in Vertretung durch jeweils zuständige Körperschaften im Rahmen öffentlich-rechtlicher und sozialrechtlicher Rechtsverhältnisse. Die Einzelverträge wurden zu Kollektivverträgen zwischen den beteiligten Körperschaften. Die Körperschaften, welche die Ärzte vertreten, wurden durch die Verordnung des Reichspräsidenten vom 08.12.1931[35] errichtet und als KV bezeichnet. Eine KV ist öffentlich-rechtliche Körperschaft und organisiert als genossenschaftliche Vereinigung[36]. Mit Neubekanntmachung der §§ 368 bis 373 RVO vom 14.01.1932[37] fanden das neue Kollektivsystem und die KVen Eingang in die RVO. Mit der gesetzlichen Anerkennung der KVen durch diese Neuerungen des Kassenarztrechts von 1931 und 1932 wurde zugleich bestimmt, dass alle zur Kassenpraxis zugelassenen Ärzte den KVen angehörten[38], also eine Zwangsmitgliedschaft (vgl. § 95 Abs. 3 Sätze 1 und 2) begründet[39]. Mit Einfüh-

---

[33] Vgl. zur irreführenden Terminologie „Vertragsarztzulassung" auch *Hess*, in: KassKomm § 95 Rn. 12.

[34] RABl. IV, 401 und 409, Schneider, 27, Kassenarztrecht, 2. Teil B. Rn. 51.

[35] RGBl. I, 699, 718, Vierte Verordnung des Reichspräsidenten zur Sicherung von Wirtschaft und Finanzen und zum Schutze des inneren Friedens.

[36] Vgl. BVerfG, Urt. v. 23.03.1960, 1 BvR 216/51, BVerfGE 11, 30 - juris Rn. 28.

[37] RGBl. I, 19.

[38] Vgl. ausführlich, Schneider, Kassenarztrecht, 37, 2. Teil, C. Rn. 77 und Fn. 195 u. a. mit Verweis auf JW 1932, 3297 (3299).

[39] Einzelne Vertreter der KVen bezeichnen die Mitgliedschaft in Ärztekammern als Zwangsmitgliedschaft und grenzen die Mitgliedschaft in einer KV von dem Begriff der Zwangs-

rung der KVen wurde also eine einheitliche Vertretung grundsätzlich aller ärztlichen Leistungserbringer durch eine öffentlich-rechtliche Körperschaft (§ 77 Abs. 5) in der ambulanten ärztlichen Versorgung geregelt mit der Besonderheit, dass die Mitgliedschaft hierin auf dem Statusakt der Zulassung zum Vertragsarzt beruht. Die Leistungserbringer der Vertragsärzte sind in KVen auf Landes- und Bundesebene organisiert.[40] So wie die KV ihre Mitglieder bei dem Abschluss von Verträgen vertritt, werden die Krankenkassen durch die Landes- und Bundesverbände vertreten (§§ 207 ff.).

Rechtsgrundlage für die kollektiv geschlossenen Vertragsbeziehungen zwischen den Vertragsärzten und den Krankenkassen ist § 82, wobei die Krankenkassen für den allgemeinen Inhalt der Kollektivvereinbarungen (Bundesmantelverträge[41]) nach Abs. 1 durch den Spitzenverband Bund vertreten werden und für die Gesamtverträge, die insbesondere die Vergütung regeln, durch die Landesverbände. Das System der Kollektivverträge ist darüber hinaus durch eine Normenhierarchie gekennzeichnet, wonach den auf regionaler Ebene geschlossenen Gesamtverträgen (§ 82 Abs. 2) die auf Bundesebene geschlossenen Bundesmantelverträge gegenüber stehen (§ 82 Abs. 2 S. 1). § 82 regelt in Absatz 1 das Verhältnis dieser Verträge zueinander. Das BSG hat diese Form der Rechtssetzung - die Rechtssetzung durch Kollektivverträge (Normsetzungsverträge) oder anders: Schaffung materiellen Rechts durch Normenverträge - für zulässig erklärt. Danach sieht es im Grundgesetz keinen numerus clausus zulässiger Rechtssetzungsformen in dem Sinne, dass neben den ausdrücklich genannten Instrumenten des formellen Gesetzes und der Rechtsverordnung sowie den vom Bundesverfassungsgericht (BVerfG) anerkannten Regelungstypen der autonomen Satzung und der Tarifvertragsnormen weitere Formen der Rechtssetzung schlechthin ausgeschlossen wären. Es hat daher „die gesetzliche Ermächtigung zu gemeinsamer Rechtssetzung

---

mitgliedschaft ab. Schon aufgrund der Ausschließlichkeit der Möglichkeit der Teilnahme als niedergelassener Arzt an der Versorgung der gesetzlich Versicherten ("ob" der Versorgung) über eine Mitgliedschaft in der zuständigen KV ist es jedoch richtig, von einer Zwangsmitgliedschaft zu sprechen. Das dürfte bereits angesichts der tatsächlichen Relevanz wegen der über 90%igen von gesetzlich Versicherten geprägten Versorgungslandschaft (erheblicher Einfluss auf das "wie" der Berufsausübung") richtig sein.

[40] Bis zur Änderung mit dem 01.10.1993 durch das GSG wurden Vertragsärzte gesetzlich als Kassenärzte bezeichnet. Die Vereinigungen der Vertragsärzte, die KVen, führen die alte Bezeichnung der Kassenärzte teilweise fort.

[41] Vgl. zum jeweiligen aktuellen BMV-Ä v. 19.12.1994, DÄBl. 1995, A-625, zuletzt geändert durch Vertrag mit Wirkung v. 01.01.2011; Arzt-/Ersatzkassen-Vertrag (Bundesmantelvertrag-Ärzte/Ersatzkassen) (EKV-Ä) v. 01.07.1994, DÄBl. 1994, A-1967, mit der letzten Änderung durch Vertrag mit Wirkung v. 01.11.2011, jeweils: http://www.kbv.de/rechtsquellen/2310.html (04.11.2011); Bundesmantelvertrag - Zahnärzte (BMV-Z) v. 13.11.1985, Stand: 01.07.2010; Ersatzkassenvertrag Zahnärzte (EKV-Z), Stand: 01.07.2010, jeweils http://www.kzbv.de/m113.htm (04.11.2011).

durch die Körperschaften der Krankenkassen und Ärzte bzw. von diesen gebildeten Ausschüssen" [...] für verfassungsgemäß erklärt".[42]

Mit der Errichtung der KVen entstand daher die heute noch existierende Form der Vertragsarztzulassung. Mit der Zulassung als Vertragsarzt wurde und wird der Arzt seither (Zwangs)Mitglied der zuständigen KV und erwirbt die satzungsmäßigen Pflichten des Vertragsarztes. Er erwirbt zugleich satzungsmäßige Rechte wie das aktive und passive Wahlrecht zu den Organen der KV (vgl. § 80). Das Korporationsrecht beschäftigt sich mit diesen Rechten und Pflichten.

Über die Zulassung als Leistungserbringer und damit die Einbeziehung in die Gesamt- oder Kollektivverträge entscheidet die KV gemeinsam mit den Krankenkassen. Die Entscheidung über die Zulassung erfolgt durch den Zulassungsausschuss der für einen Arzt nach regionaler Zuständigkeit verantwortlichen KV (§ 19 Zulassungsverordnung für Vertragsärzte, Ärzte-ZV).[43] Der Zulassungsausschuss ist paritätisch von Ärzten und Krankenkassen besetzt (§§ 96 Abs. 1, 34 Ärzte-ZV). Die Zulassungsausschüsse nehmen mit unmittelbarer Wirkung für die entsendenden Körperschaften Selbstverwaltungsaufgaben[44] wahr. Sie sind „Einrichtungen der gemeinsamen Selbstverwaltung von Vertragsärzten [...] und Krankenkassen".[45] Die KV führt gemäß § 96 Abs. 3 S. 1 die Geschäfte des Zulassungsausschusses.

Nicht gemeinsame Aufgabe mit den Krankenkassen, sondern alleinige Aufgabe der KVen ist im Bereich der ambulanten ärztlichen Versorgung seit den 30er Jahren des letzten Jahrhunderts[46] die Pflicht zur Gewährleistung einer ausreichenden, zweckmäßigen und wirtschaftlichen Versorgung (§ 75 Abs. 1 S. 1 2. HS, 2 Abs. 1, 12 Abs. 1). Diese Pflicht wird als Sicherstellungsauftrag[47] bezeichnet (§ 75 Abs. 1 S. 1 1. HS) und geht nur in der Ausnahmesituation eines drohenden Versorgungsnotstandes zeitlich und entsprechend dem notwendigen Bedarf (regional) befristet nach § 72a auf die Krankenkassen über. Die KVen haben daher die Folgen einer jeden Zulassung für das Sachleistungssystem (d. h. für ihre Mitglieder und deren Tätigwerden) im Hinblick auf Zweckmäßigkeit, Wirtschaftlichkeit und ausreichender Zurverfügungstellung von Ge-

---

[42] BSG, Urt. v. 16.09.1997, 1 RK 28/95, BSGE 81, 54 - juris Rn. 33.

[43] Es existieren 17 KVen, entsprechend der Bundesländer, wobei Nordrhein-Westfalen in zwei KVen aufgeteilt ist.

[44] Zum Begriff der Selbstverwaltungskörperschaften für Ärzteorganisationen vgl. etwa BT-Drs. 11/6380, 56 f., Enquete Kommission zur Strukturreform der GKV.

[45] BSG, Beschl. v. 12.04.2006, III ZR 35/05 - juris Rn. 5 mit Bezug auf BSG, Urt. v. 27.01.1993, 6 RKa 40/91, SozR 3-2500 § 96 Nr. 1 Rz. 17.

[46] Notverordnung v. 08.12.1931 in der Neubekanntmachung mit dem 14.01.1932, RGBl. I, 19.

[47] Vgl. hierzu auch BVerfG, Urt. v. 23.03.1960, 1 BvR 216/51, BVerfGE 11, 30.

sundheitsdienstleistungen in der unmittelbaren Umsetzung zu kontrollieren, zu verwalten und zu verantworten. Diese Position (der Sicherstellungsauftrag) der KVen wird mit den Gesundheitsreformen zunehmend geschwächt, insbesondere durch wettbewerbliche Elemente[48]. Widersprüchlich dazu wird sein Umfang noch weiter ausgebaut, so durch den Gesetzgeber des GKV-VStG, der KVen verpflichtet, für eine „angemessene und zeitnahe Zurverfügungstellung der fachärztlichen Versorgung" zu sorgen.[49]

Auch die Übertragung dieser Aufgabe der Sicherstellung auf die KVen erfolgte im Gesamtzusammenhang mit der kollektivrechtlichen Lösung der Vertragsverhältnisse, die ganz typisch nur für den ambulanten vertragsärztlichen Bereich ist. Weitere Regelungen von Rechtsverhältnissen der Leistungserbringer des SGB V werden separat geregelt. Das SGB V lässt in bestimmten Bereichen grundsätzlich Verträge der Krankenkassen bzw. ihrer Verbände unmittelbar mit den Leistungserbringern zu (z. B. für Krankenhäuser in § 109, für Vorsorge- und Rehabilitationseinrichtungen in § 111). Verträge der Krankenkassen bzw. ihrer Verbände mit Verbänden von Leistungserbringern sind hingegen z. B. noch in § 125 Abs. 2 für Heilmittelerbringer oder in § 127 Abs. 1 für Hilfsmittelerbringer geregelt, schließen aber Verträge mit einzelnen Leistungserbringern nicht aus. In der sozialen Pflegeversicherung (SGB XI) sieht § 72 SGB XI ein System von Einzelverträgen zwischen den Pflegekassen und den Leistungserbringern vor, zu denen nach § 75 XI lediglich Rahmenverträge und Bundesempfehlungen existieren. Man muss also bei der kollektivvertraglichen Regelung der Rechtsbeziehungen der ärztlichen Leistungserbringer in der ambulanten Versorgung der GKV von einem ganz spezifischen Recht sprechen, welches auf einer besonderen historischen Entwicklung beruht. Es darf bei zukünftigen Reformen nicht, wie aber schon geschehen, leichtfertig zur Disposition gestellt und in seiner Funktionsfähigkeit geschwächt werden.

2. Parallelen und Unterschiede zum Kollektivarbeitsrecht

Die kollektivvertraglichen Regelungen, insbesondere die Bundesmantelverträge nach § 82, sind Normsetzungsverträge und als solche vergleichbar mit Tarifverträgen des Arbeitsrechts.[50] Man könnte sie als vertragsärztliche Flächentarifverträge bezeichnen.[51] Ansprüche des einzelnen Vertragsarztes erwachsen allerdings nicht primär und unmittelbar aus den Kollektivverträgen, wie es etwa für Arbeitnehmer aus allgemeinverbindlichen Kollektivverträgen gegeben sein kann. Sie erfordern stets in einer ersten

---

[48] Vgl. Huster, GesR 2010, 337 (338).
[49] BR-Drs. 785/11, 5.
[50] Vgl. *Freudenberg,* in: juris-PK § 82 Rn. 29 Fn. 23 m. w. N..
[51] Vgl. Kingreen, 2009, http://www.igmr.uni-bremen.de/deutsch/veranst/Workshop09-Kingreen.pdf, Folie 6, (30.12.2011).

Stufe die Zulassung öffentlich-rechtlicher Natur des Arztes zur Teilnahme an der Versorgung gesetzlich Versicherter, ähnlich einer Gewerkschaftszugehörigkeit.

Dabei entscheidet über das Recht zur Anspruchsberechtigung aus Kollektivverträgen - die voraus gehende Stufe, der Zulassung zur vertragsärztlichen Versorgung - nicht etwa nur die Vertretungskörperschaft der Leistungserbringer, sondern der Vertragspartner auf der „Gegenseite" (im Krankenversicherungsrecht die Krankenkasse) mit. Im Vertragsarztrecht sind es im Gegensatz zum Arbeitsrecht nicht die Arbeitgeber, sondern die Krankenkassen, welche „finanzielle Mittel" zu verteilen haben. Grundsätzlich besteht aber ein gesetzlicher Anspruch auf Teilhabe durch Zulassung, dem beide Vertragspartner bei Vorliegen der gesetzlichen Voraussetzungen stattgeben müssen. Historisch haben die Leistungserbringer hierfür auf ihr Streikrecht verzichtet, was einen ganz entscheidenden Unterschied zum Arbeitsrecht darstellt. Ein solcher Ausschluss eines Streikrechts findet sich nur noch im besonderen kirchlichen Arbeitsrecht, etwa in der Diakonie.[52] Schirmer spricht davon, dass der historische Gesetzgeber von 1955 in bewusster politischer Entscheidung das Regelungskonzept dem Tarifvertragsmodell nachgebildet hat - allerdings mit zwei entscheidenden Unterschieden: obligatorische Friedenspflicht und obligatorische Schlichtung.[53]

Ansprüche der „Vertragsärzte" aus den Kollektivverträgen stehen dem Vertragsarzt daher ausschließlich akzessorisch aus seinem Zulassungsstatus zu. Eine unmittelbare Herleitung von Ansprüchen aus Kollektivverträgen unabhängig von einer vertragsärztlichen Zulassung ist ausgeschlossen. Eine Erstreckung durch Individualvereinbarung wie im Arbeitsrecht, eine bloße Geltung in einem Unternehmen (Firmentarifvertrag) oder die bereits genannte Allgemeinverbindlichkeit für im Einzelnen unbekannte, nicht auf die Erfüllung von Teilnahmevoraussetzungen geprüfte Arbeitnehmer einer Branche existiert nicht. Das gilt auch für das Recht auf Teilnahme an der Honorarverteilung, welche für einen Vertragsarzt durch Vereinbarungen gemäß §§ 87a ff. zwischen der für ihn zuständigen KV und Verbänden der Krankenkassen und Ersatzkassen festgelegt wird.[54] Die Ansprüche aus der vertragsärztlichen Zulassung ähneln daher eher solchen, die im Arbeitsrecht aus einer Gewerkschaftszugehörigkeit oder Firmenangehörigkeit erwachsen. Auch hier gilt, dass es angezeigt ist, dass Reformversuche die Besonderheit des kollektivrechtlichen Systems nicht zur Disposition stellen oder schwächen.

---

[52] O. V., 2011a = ArbRB 2011, 358, Aktuelle Kurzinformationen, EKD PM v. 09.11.2011.
[53] Schirmer DÄBl. 1997, 94 A-1790-1793.
[54] Für Vertragszahnärzte beruht der Anspruch auf Teilnahme an der Honorarverteilung auf § 85 Abs. 4, die Ablösung durch die Regelungen nach § 87 mit dem 01.10.2009 gilt nur für Vertragsärzte.

3. Fazit zum kollektivvertraglichen Rahmen
der vertragsärztlichen Leistungserbringung

So wie die hiervor unter I. dargestellte Teilnahme an der Versorgung gesetzlich Versicherter Patienten zu Lasten der Versicherung von der Zulassung eines Leistungserbringers abhängig ist, ist somit auch die Mitgliedschaft eines Arztes in der Körperschaft KV - und damit die Berechtigung aus von dieser geschlossenen Kollektivverträgen - von seiner Zulassung als Leistungserbringer abhängig. Die vertragsärztliche Zulassung ist damit nicht nur Voraussetzung zur Teilnahme am System, sondern zugleich untrennbar mit der Mitgliedschaft in der Vertretungskörperschaft der jeweiligen Leistungserbringer und Vertragspartner der Kollektivverträge verbunden.

Man kann die vertragsärztliche Zulassung daher auch als individuelles Teilnahmerecht an spezifischen Zwangs-Korporationen verbunden mit einem exklusiven Teilnahmerecht an der ambulanten Versorgung gesetzlich Versicherter bezeichnen.

Ein solches, der vertragsärztlichen Zulassung vergleichbares Rechtsinstitut existierte im System der GKV vor Errichtung der KVen noch nicht, sondern die Aufgabenübertragung erfolgte, wie eingangs geschildert, im Rahmen von Dienstverträgen einzelner Leistungserbringer und Gruppen von Leistungserbringern mit Krankenkassen durch individualvertragliche Vereinbarung. Historisches Ziel war die Herstellung eines Machtgleichgewichts gegenüber den Krankenkassen als Verhandlungspartnern. Das schloss grundsätzlich die Verfolgung von Einzelinteressen etwa im Rahmen von Einzelverträgen oder Oligopolen aus. Dies lag in beiderseitigem Interesse, da Machtungleichgewichte Streiks der Leistungserbringer zur Folge hatten und die Versorgung gefährdeten. Betroffene Leistungserbringer konnten nichts erwirtschaften, die Krankenkassen konnten ihre gesetzliche Pflicht zur Sachleistung nicht erfüllen. Vor Etablierung der KVen war der Streik vorrangiges Mittel der Verteidigung gegen unfaire Bedingungen von Seiten der Krankenkassen gegenüber einzelnen Leistungserbringern im Rahmen von Einzelverträgen. Die Selbstverpflichtung der Vertragsärzte, auf die Handlungsoption „Streik" zu verzichten, hängt also von dem Anspruch auf eine Teilnahme durch Zulassung und Anspruch im Rahmen von Kollektivverträgen ab mit der Folge, dass Einzelinteressen von Leistungserbringern oder Kassen, welche diese Basis von Gesamtlösungen unterlaufen, das Modell schwächen. Das Erfordernis der vertragsärztlichen Zulassung, verbunden mit einer Zwangsmitgliedschaft, hat die Gefährdung der Versorgung durch streikähnliche Zustände jahrzehntelang verhindert.

Die vertragsärztliche Zulassung kann ihren Schleusencharakter oder ihre Schlüsselfunktion für die Teilnahme am System der ambulanten Versorgung gesetzlich Versicherter nur bei konsequenter Einsetzung erfüllen, wozu seit Jahrzehnten erfolgreich die Einbindung in ein Kollektivvertragssystem gehört. Es stellt sich die Frage, ob aufgetretene bzw. erkannte Defizite des Krankenversicherungs-Systems, wie Unterversorgung und fehlende Flexibilität, unter dem Aspekt veränderter Rahmenbedingungen im Gesundheitswesen eine wesentliche Einschränkung des Steuerungsinstruments der Zulassung oder gar ihre Infragestellung rechtfertigen. Solche geänderten Rahmenbedingungen stellen die Schwächung des kollektivrechtlichen Rahmens und die Verschiebung von Machtverhältnissen dar, was, wie zu zeigen sein wird, mit den Gesundheitsreformen bewirkt wurde.

III. Funktionen der Zulassung - Steuerung und Kontrolle

1. Teilnahmerecht - Teilnahmepflicht - Pflichtmitgliedschaft

Öffentlich-rechtlich bewirkt die Zulassung des Arztes seine Einbindung in die vertragsärztliche Versorgung (§ 95 Abs. 1) und die Verpflichtung zur Mitwirkung an der vertragsärztlichen Versorgung (§ 72 Abs. 1).[55] Eine wesentliche Funktion ist der mit ihr verliehene Status der Berechtigung des ärztlichen Leistungserbringers, an der Versorgung der gesetzlich Krankenversicherten (§ 95 Abs. 3 S. 1) und sonstigen Anspruchsberechtigten (vgl. § 75 Abs. 3 bis 6) im Rahmen des Sachleistungssystems teilzunehmen. Teilnahme bedeutet das Recht, die Leistung zu erbringen und abzurechnen, soweit eventuell bestehende weitergehende qualitative Voraussetzungen vorliegen. Dabei ist dieses Recht grundsätzlich höchst persönlich, denn der zugelassene Leistungserbringer ist zur persönlichen Leistungserbringung verpflichtet (§ 32 Abs. 1 S. 1 Ärzte-ZV). Ausnahmen für die Beschäftigung Dritter oder Vertreter sind gesetzlich geregelt (in § 32 Ärzte-ZV, § 98 Abs. 2 Nr. 13).[56] Bestimmungen wie die Vertretungsregelungen mögen auf den ersten Blick untergeordnete Relevanz haben, sie bedeuten teilweise aber Abweichungen von den Anforderungen anderer Rechtsgebiete, die sich für Vertragsärzte erheblich auswirken können, da diese der besonderen Pflicht unter-

---

[55] Vgl. LSG Nordrhein-Westfalen, Beschl. v. 23.12.2010, L 11 KA 95/10 B ER - juris Rn. 51. Das BVerfG erläutert in seinem Urt. v. 23.03.1960, 1 BvR 216/51, BVerfGE 11, 30, dass der Vertragsarzt „die Verpflichtung, sich zur Versorgung der Kassenmitglieder bereitzuhalten und ihre Behandlung im Rahmen der gesetzlichen Bestimmungen und der Richtlinien durchzuführen" der KV gegenüber mit der Zulassung übernimmt.
[56] Zur ärztlichen Behandlung gehören auch die Hilfeleistungen nichtärztlicher Personen, die von dem Arzt angeordnet und von ihm zu verantworten sind (vgl. die §§ 15 Abs. 1 S. 2, 28 Abs. 1 S. 2, 73 Abs. 2 Nr. 6; § 15 Abs. 1 S. 3 BMV-Ä / § 14 Abs. 1 S. 3 EKV-Ä). Weitere Ausnahmen sind durch die Bundesmantelverträge für gerätebezogene Untersuchungsleistungen gestattet, in diesem Fall werden Untersuchungsleistungen, z. B. Laborleistungen eines Arztes, unter dessen Anweisung sie erfolgen, diesem wie ein eigene / persönliche Leistung zugerechnet (§ 15 Abs. 3 BMV-Ä / §14 Abs. 2 EKV-Ä).

liegen, ihre Tätigkeit in freier Praxis zu erbringen (§ 32 Abs. 1 S. 1 Ärzte-ZV).[57] Teilnehmer der vertragsärztlichen Versorgung waren über Jahrzehnte hinweg (schon nach § 368a Abs. 1 RVO mit der Besonderheit des Abs. 8 für Krankenhausärzte) ausschließlich niedergelassene Ärzte, ermächtigte Institute[58] sowie ermächtigte Ärzte.

Von diesem System existieren nur wenige Ausnahmen. Eine davon bildet die Versorgung gesetzlich Versicherter von Nichtvertragsärzten und Krankenhäusern in Notfällen. Sie werden durch die Rechtsprechung des BSG als Leistung im Rahmen der vertragsärztlichen Versorgung gesehen, die aus der Gesamtvergütung (vgl. § 85 Abs. 1) zu honorieren ist. Das leitet das BSG in diesem Ausnahmefall aus dem Zusammenhang der Vorschriften über die Sicherstellung der vertragsärztlichen Versorgung auch außerhalb der Sprechstundenzeiten (vgl. § 75 Abs. 1 S. 2) und des erweiterten Wahlrechts des Versicherten (vgl. § 76 Abs. 1 S. 2) her. Die pragmatische Zuordnung zur vertragsärztlichen Versorgung belässt diese meist von Krankenhäusern erbrachten Leistungen aber innerhalb des Sicherstellungsauftrags der KVen und der Gesamtvergütung und damit auch des Sachleistungsprinzips. Gleichermaßen wird hierdurch die Tätigkeit von Privatärzten im organisierten Notdienst erfasst. Die Relevanz des Notdienstes zeigt sich darin, dass hier den niedergelassenen Ärzten kaum ein Vorrang vor Privatärzten eingeräumt wird mit der Begründung, dass die „Einbeziehung externer Ärzte […] nur dann funktionieren" könne, wenn eine „nicht zu geringe Zahl interessierter externer Ärzte auf Dauer und in gewissem Umfang mit einer Teilnahme rechnen könne"[59]. Würde dieser Fall nicht von vornherein ausnahmsweise in die Sicherstellung und Gesamtvergütung einbezogen, dürfte ohnehin in der Regel ein Kostenerstattungsanspruch nach § 13 Abs. 1 S. 1 Alt. 1 gegeben sein, der zu zusätzlichen Kosten „bei den Krankenkassen führen würde, was allerdings bei Aushandlung der Gesamtvergütung (vgl. § 85) berücksichtigt werden könnte".[60] Systematisch handelt es sich bei Notfallleistungen für gesetzlich Versicherte also „um eine Durchbrechung des vertragsärztlichen Zulassungssystems, da vertragsärztliche Leistungen [hier, d. Verf.] auch ohne einen Zulassungsstatus erbracht werden können".[61] Eine ähnliche Ausnahme stellt § 95b Abs. 3 dar, der den durch kollektiven Zulassungsverzicht ausgeschiedenen Arzt in die vertragsärztliche Versorgung einbezieht. „Es handelt sich dabei um

---

[57] Vgl. im Detail unter D. sowie nur beispielsweise das Urteil zur Problematik von „Scheinangestellten" oder „Schein-Rechtsstatus", BSG, Urt. v.23.06.2010, B 6 KA 7/09 R, die durch die Änderungen und Flexibilisierungen der Anstellungsmöglichkeiten durch das VÄndG etwas entschärft wurde, GesR 2010, 615 ff..

[58] Vgl. Platzer/Matschiner, NZS 2008, 244 (245).

[59] *Pawlita*, in: jurisPK-SGB V § 95 Rn. 311, RID 01-03-57 (Angabe im Entscheidungsverzeichnis deutscher Gesellschaft für Kassenarztrecht).

[60] *Pawlita*, in: jurisPK-SGB V, § 95 Rn. 19 m. w. N..

[61] *Pawlita*, in: jurisPK-SGB V, § 95 Rn. 19.

eine gesetzliche Ausnahme zum Zulassungsprinzip."[62] Ebenfalls von einer systematischen Ausnahme, nämlich einer ambulanten Versorgung ohne eine vertragsärztliche Zulassung nach § 95, kann man bei der ambulanten Krankenhausbehandlung (§§ 115b, 116b i. d. F. bis zum GKV-VStG) sprechen.[63]

Auch bei der gesetzlichen Zulassung der Inanspruchnahme einer Behandlung im europäischen Ausland wird das Zulassungsprinzip insofern aufgenommen, als nur solche Leistungserbringer in Anspruch genommen werden dürfen, bei denen die Bedingungen des Zugangs und der Ausübung des Berufes Gegenstand einer Richtlinie der Europäischen Gemeinschaft sind oder die im jeweiligen nationalen System der Krankenversicherung des Aufenthaltsstaates zur Versorgung der Versicherten berechtigt sind (vgl. § 13 Abs. 4 S. 2). „Soweit § 140e die vertragliche Einbeziehung ermöglicht, gilt dies nur im Verhältnis zu den Krankenkassen, aber außerhalb des Sicherstellungsauftrags der KV und des Zulassungsrechts".[64]

Erst mit der Einführung des neuen Teilnehmers MVZ wurde der Kreis dieser danach mit einer Exklusivstellung versehenen Anspruchsberechtigten auf eine Zulassung auch eines institutionellen Teilnehmers[65] erweitert. Ferner wurde auch mit dem Vertragsinstitut der IV der Teilnehmerkreis an der ambulanten Versorgung und der Vergütung um Leistungserbringer außerhalb des Systems der Zulassungsinhaber für eine ambulante Behandlung erweitert. Man kann die Einführung des MVZ als gravierendste Änderung des Zulassungsrechts seit dem GKAR 1955 bezeichnen.[66] Für den neuen Teilnehmer MVZ bzw. dort angestellte Ärzte gelten dieselben Anforderungen wie für die niedergelassenen Vertragsärzte.[67] Darüber hinaus gehen die Rechte des Instituts MVZ aber auch über die der vertragsärztlichen Leistungserbringer hinaus.[68] Die Teilnehmer im Rahmen der IV hingegen sind zwar nicht etwa durch die Bundesmantelverträge in die Pflichten eingebunden und unterliegen daher nicht unmittelbar der Ausgestaltung des Teilnahmerechts des zugelassenen Vertragsarztes. Nach § 140 Abs. 3 S. 1, müssen sich die Vertragspartner der IV aber auf die Grundsätze einer qualitätsgesicherten,

---

[62] *Pawlita,* in: jurisPK-SGB V, § 95b Rn. 29.

[63] *Pawlita,* in: jurisPK-SGB V, § 95 Rn. 28, kritisiert zu Recht, dass die ambulante Versorgung häufig begrifflich mit der vertragsärztlichen gleichgesetzt wird, Rn. 18.

[64] *Pawlita,* in: jurisPK-SGB V, § 95 Rn. 26.

[65] Diese institutionelle Teilnahme bedeutet einerseits eine Abweichung vom Vorrang der Versorgung durch freiberuflich tätige Ärzte aufgrund einer personalen Zulassung und ist insbesondere beim MVZ gegenüber sonstigen Sonderformen der Teilnahme an der ambulanten vertragsärztlichen Versorgung - auch mit Mitgliedschaftsrechten hinsichtlich der KVen verbunden, vgl. Schirmer, Vertragsarztrecht kompakt, Kap. G.7., 239, wenngleich das MVZ selbst nicht Mitglied wird, §§ 95 Abs. 1, 77 Abs. 3.

[66] Wenner, Vertragsarztrecht nach der Gesundheitsreform, 111.

[67] Im Einzelnen Schallen, vor § 18 Rn. 447, 448.

[68] Vgl. E.I.2..

wirksamen, ausreichenden, zweckmäßigen und wirtschaftlichen Versorgung verpflichten.

Die formal-rechtliche Funktion der Zulassung wirkt sich daher - auch nach den systematischen Einbrüchen wie der IV und des neuen zulassungsberechtigten MVZ - vor allem dadurch steuernd auf die Versorgung der Patienten aus, dass alle Leistungserbringer für die ambulante Versorgung gesetzlich versicherter Patienten ausschließlich über sie bereitgestellt werden. Sie gewährleistet dem Grunde nach die Alleinstellung eines Teilnahmerechts (Vorrecht der Behandlung) an der Versorgung der gesetzlich Versicherten, also von bis zu 90 % der Bevölkerung.[69] Aus dem Teilnahmerecht folgt ferner das Recht, an der Selbstverwaltung mitzuwirken, insbesondere das aktive und passive Wahlrecht zur Vertreterversammlung der KV (vgl. § 80).

Die Pflichten des Vertragsarztes dienen vor allem dazu, die vertragsärztliche Versorgung gemäß den Anforderungen des SGB V zu regeln und zu sichern. Zu den Pflichten gehören solche gegenüber Patienten, gegenüber der zuständigen KV, den sonstigen Leistungserbringern und den Krankenkassen. Der Pflichtenkatalog ist insoweit sehr umfassend und in zahlreichen Einzelregelungen des Gesetzgebers oder der so genannten gemeinsamen Selbstverwaltung festgehalten. Die Gesamtheit der vertragsärztlichen Regelungen kann als fein abgestimmtes Gefüge bezeichnet werden, das über Jahrzehnte gewachsen ist.

Wesentliche Pflicht eines Arztes aus seiner Zulassung ist es, an der vertragsärzt-lichen Versorgung teilzunehmen (§ 95 Abs. 3 S. 1), d. h., dass er grundsätzlich jeden gesetzlich Versicherten behandeln muss. Das ergibt sich auch aus dem aufgrund der gesetzlichen Ermächtigungsgrundlage des § 82 Abs. 1 von der KBV mit den Spitzenverband Bund zu vereinbarenden BMV-Ä. Nur unter bestimmten, detaillierten Voraussetzungen kann ein Vertragsarzt die Behandlung eines Kassenpatienten ablehnen[70] oder zusätzliche Zahlungen verlangen[71]. Das kann sich aus Gesetz[72] oder Rechtsprechung er-

---

[69] Vgl. Kap. 1 Fn. 44.

[70] Nur beispielsweise genannt seien hier die Rechte des Vertragsarztes bei Nichtvorliegen der Versichertenkarte Versicherter bei vollendetem 18. Lebensjahr (§ 13 Abs. 7 BMV-Ä) oder die Nichtbefolgung ärztlicher Anordnungen oder Einhaltung von Fachgebietsgrenzen des Vertragsarztes.

[71] Vgl. § 18 Abs. 10 BMV-Ä / § 21 Abs. 10 EKV-Ä.

[72] Z. B. Praxisgebühr, Wahl der Kostenerstattung nach § 13, auf Wunsch des Patienten unter geregelten Voraussetzungen (§ 18 Abs. 8 Nr. 2 BMV-Ä) oder bei Fehlen der Versichertenkarte (vgl. § 15 Abs. 2 und 3, § 13 Abs. 1 und 7 BMV-Ä, § 7 Abs. 1 EKV-Ä, § 8 Abs. 1 Satz 1, Abs. 2 BMV-Z, § 12 Abs. 1 Satz 2, Abs. 2 EKV-Z mit der Rechtsfolge des § 18 Abs. 8 Nr. 1 BMV-Ä).

geben. Allein wirtschaftliche Erwägungen des Arztes sind kein anerkannter Grund.[73] Neu ist ein Recht zur Ablehnung einer Behandlung aufgrund eines Selektivvertrags. So darf ein von einem Versicherten trotz Teilnahme an einer HzV ohne Überweisung aufgesuchter Facharzt, abgesehen von Notfällen, eine Behandlung zu Lasten der GKV ablehnen, wenn ihm die Teilnahme des Versicherten am Selektivvertrag bekannt ist.[74]

Nach dem BMV-Ä ist der niedergelassene und zugelassene Arzt dazu angehalten, Leistungen persönlich und wirtschaftlich zu erbringen, Aufzeichnungen ordnungsgemäß vorzunehmen, Sprechstunden abzuhalten und anzukündigen und am Notfalldienst teilzunehmen. Etwas anderes gilt etwa für den Arzt, der zwar selbständig, aber nicht niedergelassen und nicht angestellt ist.[75]

Zur bestimmungsgemäßen Wahrnehmung der Rechtsposition aus der vertragsärztlichen Zulassung gehören darüber hinaus eine Vielzahl weiterer Vorgaben aus Kollektivverträgen, Satzungs- oder Gesetzesrecht. Über die Satzung der KV ordnet der Gesetzgeber die Verbindlichkeit vor allem der Kollektivverträge, der Bundesmantelverträge, aber auch der Richtlinien des Gemeinsamen Bundesausschusses an (G-BA) (vgl. § 81 Abs. 3, was § 95 Abs. 3 S. 3 nochmals allgemein wiederholt). Satzungsrecht sind beispielsweise die Notdienstordnungen der KVen.[76] Zu den in diesen Rechtsgrundlagen genannten Pflichten gehören z. B. die Abhaltung von Sprechstundenzeiten am Vertragsarztsitz nach § 24 Abs. 2 S. 1 Ärzte-ZV, die so genannte Präsenzpflicht[77]. Dazu gehörte auch die Residenzpflicht, die Pflicht, am Ort des Vertragsarztsitzes für die Versorgung zur Verfügung zu stehen (§ 24 Abs. 2 S. 2 Ärzte-ZV), was bedeutete, dass Wohnort und Wohnung entsprechend gewählt werden müssen. Eine Ausnahme galt seit Einfügung durch das GMG nach § 24 Abs. 2 S. 3 Ärzte-ZV nur für den Fall, dass der Vertragsarztsitz in einem unterversorgten Gebiet lag (vgl. § 100, §§ 15 f. Ärzte-ZV). Die Pflichten werden weitergehend durch Rechtsprechung konkretisiert. Für die o. g. Pflichten folgten hieraus beispielsweise Vorgaben in Form von Mindest-

---

[73] Vgl. BSG, Urt. v. 14.03.2001, B 6 KA 54/00 R, BSGE 88, 20 - juris, insbes. Rn. 38; BSG, Urt. v. 14.03.2001, B 6 KA 67/00 R, MedR 2002, 47; BSG, Urt. v. 14.03.2001, B 6 KA 36/00 R - juris, insbes. Rn. 25; BSG, Beschl. v. 14.03.2001, B 6 KA 76/00 B - juris Rn. 6.
[74] *Hess,* in: KassKomm, § 73b Rn. 14.
[75] *Pawlita,* in: jurisPK-SGB V, § 95 Rn. 576.
[76] SG Marburg, Urt. v. 05.07.2006, S 12 KA 712/05 - juris Rn. 22.
[77] Nach § 17 Abs. 1a BMV-Ä erfüllt der zugelassene Vertragsarzt den Versorgungsauftrag dadurch, dass er an seinem Vertragsarztsitz persönlich mindestens 20 Stunden wöchentlich in Form von Sprechstunden zur Verfügung steht. Zum Verhältnis zur Residenzpflicht und der Zulässigkeit von zwei Vertragsarztsitzen vgl. Hessisches LSG, Urt. v. 07.07.2010, L 4 KA 83/08 - juris.

Sprechstundenzeiten[78], maximalen Fahrzeiten zum ebenfalls pflichtgemäß anzugebenden Praxissitz[79], sowie zur Teilnahme an der Sicherstellung der vertragsärztlichen Versorgung auch außerhalb der Sprechstundenzeiten (vgl. § 75 Abs. 1 S. 2). Diese Rechtsprechung ist nach der Aufhebung der Residenzpflicht durch das GKV-VStG[80], die dazu führt, dass die Pflicht des Vertragsarztes entfällt, seinen Vertragsarztsitz auch außerhalb der üblichen Sprechstundenzeiten in angemessener Zeit erreichen zu können, zu erneuern[81]. Zu den Pflichten gehören die regelmäßige Fortbildung (§ 95d), die höchst korrekte Abrechnung[82], Beachtung des Wirtschaftlichkeitsgebots (vgl. §§ 2 Abs. 1 S. 1, 12 Abs. 1, 70 Abs. 1 S. 2, 72 Abs. 2, 106) sowie die grundsätzliche[83] Einhaltung der Fachgebietsgrenzen[84] und des - zum Teil bereits hieraus erwachsenden - im Übrigen vertragsarztrechtlich geregelten Überweisungsvorbehalts.[85] Ganz entscheidend für die Sicherstellung der Anforderung des Sozialversicherungszweigs der Krankenversicherung ist die Sicherstellung der Einhaltung von Sorgfaltspflichten und Qualitätsstandards durch den Vertragsarzt als Erbringer der Leistungen, die nachfolgend unter 4. detailliert dargestellt wird.

---

[78] Der Vertragsarzt darf nach der Rechtsprechung bisher höchsten 13 Stunden einer Nebentätigkeit nachgehen. Im Falle der Zweigpraxis sieht die Rechtsprechung für die ordnungsgemäße Versorgung der Versicherten am Ort des Vertragsarztsitzes in der Regel dann keine Beeinträchtigung, wenn die Dauer der Tätigkeit des Vertragsarztes in der Zweigpraxis ein Drittel seiner Tätigkeit am Vertragsarztsitz nicht übersteigt. Unter der Dauer der Tätigkeit des Vertragsarztes am Vertragsarztsitz wird dabei nur die tatsächliche Tätigkeit des Vertragsarztes verstanden werden und nicht eine (fiktive) 40-Stunden-Woche (Hessisches LSG, Beschl. v. 29.11.2007, L 4 KA 56/07 ER, MedR 2008, 172). Nach Änderung des § 20 Abs. 1 S. 1 Ärzte-ZV mit dem GKV-VStG wird davon ausgegangen, dass die stundenmäßig fixen Grenzen der bisherigen Rechtsprechung nicht mehr gelten werden. Maßstab ist nach der neuen Regelung nur die Möglichkeit der Einhaltung der Sprechstundenzeiten. Im Einzelnen zur Rechtsprechung zur Zweigpraxis, siehe Kap. 3 A.I.5..

[79] § 24 Abs. 1 Ärzte-ZV; Nach BSG, Urt. v. 05.11.2003, B 6 KA 2/03 sind jedenfalls 30 Minuten vom Wohnort zur Praxis zu gestatten (Leitsatz), das BSG legt sich jedoch in Bezug auf Kilometer- und Minutenangaben nicht schematisch fest.

[80] BR-Drs. 785/11, 54.

[81] BT-Drs. 17/6906, 105.

[82] Vgl. BSG, Urt. v. 24.11.1993, 6 RKa 70/91, BSGE 73, 234; BVerfG, Beschl. v. 28.03.1985, 1 BvR 1245/84, BVerfGE 69, 233 jeweils Leitsätze.

[83] Insoweit darf die Einschränkung aber nicht zu weit gehen, vgl. BVerfG, Beschl. v. 01.02.2011, 1 BvR 2383/10 - juris, das sich ausdrücklich auch auf den Bereich der vertragsärztlichen Versorgung bezieht. Eine fachfremde Tätigkeit ist danach hinzunehmen, solange der Anteil unter 5 % liegt und sich damit noch im geringfügigen Bereich bewegt. Für Vertragsärzte bedeutet dass, dass sie auch einen Anteil von 5 % fachfremder Leistungen zu Lasten der GKV abrechnen dürfen. Eine entsprechende Regelung existierte in früheren HVV und müsste hiernach wieder eingeführt werden.

[84] Hierzu im Einzelnen *Pawlita*, in: jurisPK-SGB V, § 95 Rn. 357.

[85] Wie vor Rn. 381.

Die Zulassung steuert damit über zentrale Anforderungen in Form von Rechten und Pflichten für alle Inhaber einer vertragsärztlichen Zulassung den geordneten Zugang ärztlicher Leistungserbringer zur Versorgung der gesetzlich versicherten Patienten unter gleichberechtigten Voraussetzungen. Dieses ausgewogene und zentrale Steuerungsmodell funktioniert auch weiterhin nur dann, wenn seine Vorrangstellung erhalten bleibt, bzw. Alternativmodelle gleiche Anforderungen erfüllen müssen und mit dem Zulassungssystem abgestimmt werden oder das System grundlegend geändert wird.

2. Vergütungsanspruch als kollektivrechtlicher Anspruch

Das System eines Teilnahmeanspruchs an der vertragsärztlichen Versorgung über die vertragsärztliche Zulassung ermöglicht die Vereinbarung kollektiver Regelungen, mit welchen eine Steuerung der Vergütung erreicht werden kann. So schulden in dem in der GKV geltenden Sachleistungssystem die Versicherten den Vertragsärzten über gesetzlich vorgesehene Zuzahlungen hinaus keine Gegenleistung für in Anspruch genommene Behandlungen (vertragsärztliche Leistungen). Die ärztliche Leistung stellt für sie eine Sachleistung ihrer Krankenkasse dar, für welche sie Versicherungsbeiträge an die Krankenkasse zahlen. Die Gegenleistung in Form der Vergütung der Vertragsärzte übernehmen die Krankenkassen für die Versicherten. Aus Sicht der Leistungserbringer handelt es sich um eine Vorleistung an den Patienten, für welche sie einen Anspruch gegen die Krankenkasse des Patienten erwerben. Die Vergütung der Vertragsärzte durch die Krankenkassen erfolgt aus den Versichertenbeiträgen, die sie von ihren Mitgliedern, wie die Versicherten bezeichnet werden (§ 3 S. 2), erhalten. Wie die Vergütung der Krankenkassen an die Vertragsärzte ausgestaltet ist, wird in Form einer Kollektivvereinbarung, der so genannten gesamtvertraglichen Vereinbarung (vgl. etwa § 83), geregelt und nennt sich hiernach Gesamtvergütung. Die Kollektivvertragspartner sind allein anspruchsberechtigte aus den Vereinbarungen, nicht die Leistungserbringer.[86] Die kollektivrechtlich vereinbarte Gesamtvergütung gehört daher zu den wesentlichen Säulen des Sachleistungssystems der GKV.

Die einzelnen Mechanismen der Vereinbarung wurden für den Bereich der Vertragsärzte mit dem GKV-WSG zum 01.10.2009 erheblich reformiert. Bis zu diesem Zeitpunkt und künftig unverändert für den Bereich der Vertragszahnärzte, regelte sich die Vergütung nach § 85. Danach entrichten die Krankenkassen die insgesamt geschuldete Vergütung[87] für die gesamte vertragsärztliche Versorgung der Mitglieder[88] mit Wohn-

---

[86] Hoffmann, GesR 2009, 135 (136).
[87] Die Gesamtvergütung ist das Ausgabenvolumen für die Gesamtheit der zu vergütenden vertragsärztlichen Leistungen (§ 85 Abs. 2 S. 2).

ort im Bezirk einer KV an die KV[89] (§ 85 Abs. 1). Daher rührt die Bezeichnung Gesamtvergütung, die nach Art und Höhe[90] in entsprechend bezeichneten Gesamtverträgen auf regionaler Ebene vereinbart wird (§ 85 Abs. 2). Vertragspartner sind dabei
KVen und die zuständigen Landesverbände der Krankenkassen sowie die Ersatzkassen[91]. Diese regionalen Verhandlungen über die Gesamtverträge können von allen
Kassenarten gemeinsam, also kassenartenübergreifend, geführt werden oder getrennt
nach Primär- und Ersatzkassen (§§ 82 Abs. 2 S. 2, 83 S. 3, 85). Aufgrund des beschriebenen Sachleistungsprinzips entledigen sich die Krankenkassen mit der Zahlung
der Gesamtvergütung an die KVen des direkten Zahlungsanspruchs der Leistungserbringer gegen sie.[92] Dem Gesetz liegt dabei die Prämisse zu Grunde, dass die Rechte
der Vertragsärzte gegenüber den Krankenkassen bei der Aushandlung von (Veränderungen) der Gesamtvergütungen sachgerecht von der KV wahrgenommen werden.[93]

Die Vereinbarung der Gesamtverträge erfolgt in Umsetzung der hierarchisch über-
geordneten, zwischen dem Spitzenverband Bund der Krankenkassen und der KBV auf
Bundesebene vereinbarten Bundesmantelverträge (§ 82). Für Vergütungsfragen besonders relevante Bestandteile dieser Bundesmantelverträge sind die darin enthaltenen
„Einheitlichen Bewertungsmaßstäbe" für Leistungen von Ärzten und Zahnärzten
(EBM-Ärzte und EBM-Zahnärzte, § 87 Abs. 1 S. 1 i. V. m. § 82). § 87 befasst sich detailliert mit diesen Bewertungsmaßstäben. Es handelt sich um nach Leistungtatbe-
ständen geordnete Regelwerke mitsamt der von Bewertungsausschüssen für die Leistungen bzw. Leistungskomplexe getroffenen Bewertungen (§ 87). Dieser EBM ist
ebenso wie „sein Mantel", die Bundesmantelverträge, höherrangiges Recht und bindet
die Vertragspartner der regionalen Vereinbarungen.[94]

Bis zur Vergütungsreform zum 01.01.2009 individualisierten die KVen, sozusagen in
einem zweiten Schritt, nachdem die Vereinbarungen auf Bundesebene getroffen war-

---

[88] Mit dem GKV-WSG nicht mehr „Mitglieder" sondern „der Versicherten". Damit wird dem
Umstand Rechnung getragen, dass jeder Versicherte ungeachtet seines Versichertenstatus
in die für die Bestimmung mit der Vergütungsreform zum 01.01.2009 relevante Morbiditätsstruktur einfließt.
[89] Nach Vorwegabzügen, z. B. Verwaltungskosten und Rückstellungen.
[90] Das erfolgt entweder betragsmäßig oder durch Festlegung von Kriterien zur Ermittlung der
Gesamtvergütung.
[91] Seit der Organisationsreform mit dem GKV-WSG finden die Verhandlungen mit den Ersatzkassen unmittelbar statt, die ohnehin keine Landesverbände haben, unbeschadet allerdings der Möglichkeit der Übertragung von Vertragsverhandlungen auf den VdAK / AEV,
254 f.
[92] Vgl. Platzer/Matschiner, NZS 2008 244, (245).
[93] BSG, Urt. v. 31.08.2005, B 6 KA 6/04 R, BSGE 95, 86 - juris Rn. 25.
[94] BSG, Urt. v. 08.03.2000, B 6 KA 7/99 R, SozR 3-2500 § 87 Nr. 23 juris Rn. 34.

en, den Vergütungsanspruch des Vertragsarztes und verteilten[95] die Gesamtvergütung.[96] Die Verteilung der Gesamtvergütung hatte dabei von vornherein getrennt für
die hausärztliche und fachärztliche Versorgung zu erfolgen (§§ 85 Abs. 4 S. 1
2. HS, 73)[97] und basierte auf mit den Landesverbänden der Krankenkassen zu vereinbarenden Honorarverteilungsmaßstäben, so genannten HVV (§ 85 Abs. 4 S. 2).[98]

Ab dem 01.01.2009 ist mit der Einführung des so bezeichneten Gesundheitsfonds[99]
zum einen die Finanzierung der Krankenkassen neu geregelt, und zum anderen ein
neues Vergütungssystem installiert worden. Im Hinblick auf die Vergütung verbleibt
es bei der Zweistufigkeit, wie sie auch in § 85 zum Ausdruck kommt. Die Krankenkassen zahlen weiterhin die von ihnen geschuldete Vergütung mit befreiender Wirkung an die KVen (§ 87a Abs. 3 S. 1). Wie diese Vergütung zu berechnen ist, wurde
allerdings ab dem 01.01.2009 für die vertragsärztliche[100] Versorgung nicht mehr in
§ 85 Abs. 1 bis 3, sondern in § 87a geregelt und als regionale Euro-Gebührenordnung
bezeichnet. Die entscheidende Änderung war, dass sie unter Berücksichtigung bundes-

---

[95] Die Verwaltungskosten der Körperschaft „KV" für solche und andere Tätigkeiten finanzieren die Vertragsärzte selbst aus ihrem Honorar. In der Region Rheinland-Pfalz betrugen
diese im Jahr 2009 beispielsweise 2,7 % des ärztlichen Honoraranspruchs. Der ärztliche
Honoraranspruch erwächst wiederum letztlich aus den Beiträgen der Versicherten und wird
daher auch von den Versicherten finanziert. Das wurde in einem Interview der Aktuellen
Stunde (WDR) am 13.05.2009 mit dem Vorsitzenden des Vorstands der KV Nordrhein,
Leonhard Hansen, von diesem dementiert. Auf die Kritik von Versicherten im Zusammenhang mit von der KV verkündeten neuen Praxisgebühren für besondere Erkrankungen, die
Institution KV stelle einen unnötigen Kostenapparat dar, deren Aufgaben ihnen nicht bekannt seien, betonte der Vorsitzende, dass nicht die Versicherten die Abrechnung über die
KV finanzierten, sondern die Ärzte aus ihrem Honorar, WDR „aktuelle Stunde" „Wut auf
kassenärztliche Vereinigung bei AKS-Zuschauern", Beitrag vom 13.05.2009 (auf Datenträger beim Sender zu beziehen). Ob diese Verwässerung von Tatsachen der Reputation
dienlich ist, ist fraglich, denn das Honorar bezahlen letztlich die Versicherten.
[96] Da sie also letztlich den Anspruch des einzelnen Leistungserbringers gegen die Krankenkasse erfüllt, ist auch ihr Anspruch im Falle der Insolvenz einer Krankenkasse bevorzugt
zu befriedigen, wie der des einzelnen Leistungserbringers. Ersteres ist § 155 Abs. 5 S. 1
Nr. 3 unmittelbar zu entnehmen, der für Leistungserbringer gilt, die § 69 erfasst. Die Geltung auch für die Ansprüche der KVen ist dementsprechend durch Auslegung von Sinn
und Zweck der Regelung ebenso anzunehmen [in dem Sinne auch Hoffmann, GesR 2009,
135 (136).].
[97] Nach der Vergütungsreform findet sich dies in § 87 Abs. 2a S. 1 wieder.
[98] Bis zum 30.06.2005 wurde der Honorarverteilungsmaßstab durch Satzungsautonomie der
KVen beschlossenen (HVM). Es bedurfte lediglich des „Benehmens" mit den Verbänden
der Krankenkassen. Seit dem 01.07.2004 müssen die (nun) HVV gemeinsam und einheitlich mit den Landesverbänden der Krankenkassen und den Verbänden der Ersatzkassen geschlossen werden (§ 85 Abs. 4). Sie besitzen nunmehr Normqualität (Normsetzungsverträge). Mit dem GKV-VStG kehrt man wieder zurück zu HVMe der KVen.
[99] Eingeführt durch § 271 GKV-WSG.
[100] Das gilt nicht für Vertragszahnärzte, § 87a Abs. 1 2. HS.

einheitlicher Orientierungswerte (§§ 87a Abs. 2 i. V. m. § 87 Abs. 2e S. 1 Nr. 1 bis 3) und ferner unter ebenfalls bundeseinheitlichen Vorgaben des Bewertungsausschusses (§§ 87a Abs. 2 i. V. m. 87 Abs. 2f) vereinbart wurde. Seit dem GKV-VStG erfolgt dies nur noch unter Berücksichtigung eines Orientierungswerts unter entscheidender Rücknahme des Einflusses des Bewertungsausschusses. Bis dahin, also von 2009 bis 2012, stieg allerdings die Einflussnahme der Bundesebene mit den angeführten Änderungen erheblich, die Entscheidungen fanden damit vermehrt auf der so genannten Makroebene statt. Schon mit Wirkung zum 01.04.2007 waren in Vorbereitung auf die neuen Vergütungsregelungen die Vorschriften über den EBM so weit neu strukturiert und erweitert worden, dass der Bewertungsausschuss seither alle zentralen Vorgaben für das neue Vergütungssystem vorgab, besonders auch für die Rahmenbedingungen der auf regionaler Ebene zu schaffenden Euro-Gebührenordnung (§ 87a Abs. 2). Diese maßgebliche Verlagerung der Entscheidungen Bundesebene hat sich nicht in der Weise, wie vom Gesetzgeber prognostiziert, bewährt und wird im Jahr 2012 durch das GKV-VStG in erheblichem Umfang begrüßenswerter Weise wieder zurück genommen. Das geschieht jedoch nicht in Gänze[101], so bleiben ein bundeseinheitlicher Orientierungswert und einige Vorgaben durch die KBV oder den G-BA. Der Gesetzgeber sieht in der Rücknahme der Verlagerung auf die Makroebene und der Differenzierung der Sonderorientierungswerte kein Abweichen von seinem Plan, das Niederlassungsverhalten vermehrt über Vergütungsanreize zu steuern, sondern eine Verfestigung dieses Plans durch Vereinfachung der Vergütung.[102]

Die eben genannte Erneuerung der Finanzierung der Krankenkassen betrifft das Zustandekommen der Gesamtvergütung, die seither unter Berücksichtigung des mit der Zahl und der Morbiditätsstruktur der Versicherten verbundenen Behandlungsbedarfs (morbiditätsbedingte Gesamtvergütung, § 87a Abs. 3 S. 1) zustande kommt. Vor der Vergütungsreform, bei Geltung des § 85, spielte „die Morbiditätsstruktur der jeweiligen Krankenkasse keine Rolle".[103] Die Gesamtvergütung war schlicht an die Entwicklung der Grundlohnsumme[104] (§ 85 Abs. 3a S. 1) gebunden. Das Risiko vieler kranker oder mehrfach kranker Patienten trugen die Leistungserbringer, die für jede Behandlung grundsätzlich gleiche Pauschalen erhielten (gleich wie „krank" die Versicherten der Krankenkassen waren, die ihre Behandlung über die KVen vergüteten), dabei aber

---

[101] So soll nur noch ein Orientierungswert vorgegeben werden, auf die Anwendung von Sonderpreisen bei Über- und Unterversorgung soll endgültig verzichtet werden, Vgl. BT-Drs. 17/6906, 61. Die Vorgaben des Bewertungsausschusses für die Indikatoren zur Bemessung der regionalen Besonderheiten werden zurück genommen und zur Stärkung der regionalen Kompetenzen den regionalen Verhandlungspartnern überlassen, BT-Drs. 17/6906, 63.
[102] BT-Drs. 17/6906, 61.
[103] *Freudenberg,* in: juris-PK SGB V, § 85 Rn. 49.
[104] BT-Drs. 16/3100, 119; *Freudenberg,* in: juris-PK SGB V, § 87a Rn. 31.

grundsätzlich keinen Einfluss auf den Morbiditätsgrad ihrer Patienten ausüben können. Durch die mit der Reform erfolgende Berücksichtigung des Morbiditätsrisikos bereits bei der Vereinbarung der Gesamtvergütung, tragen die Krankenkassen das Risiko einer hohen Anzahl multimorbider Patienten (Morbiditätsrisiko). Vorgesehen ist, dass sie dafür finanzielle Zuweisungen aus einem Topf aller Zahlungen der gesetzlich Versicherten (dem Gesundheitsfonds)[105] unter Berücksichtigung der Morbiditätsstruktur ihrer Versicherten erhalten. Bei den Zahlungen der Krankenkassen an die KVen, die bis zum 01.01.2009 ohne Beachtung der Morbidität von Versicherten erfolgten, waren es die Leistungserbringer, bei denen sich die Morbidität auf die Vergütung negativ auswirkte. § 87a gibt ferner kassenartenübergreifende Verhandlungen vor. Damit weicht er von der bisherigen, für Zahnärzte weiter geltenden Regelung des § 85 Abs. 2 ab, wonach die Höhe der Gesamtvergütung grundsätzlich mit Wirkung für die Krankenkassen der jeweiligen Kassenart vereinbart wird, aber eine kassenartenübergreifende Vereinbarung auch möglich ist. Die zwingende Vorgabe der Neuregelung soll die Gleichbehandlung der Krankenkassen fördern.

Der Vergütungsanspruch der Vertragsärzte ist danach nicht mehr beschränkt auf die Teilnahme an der Honorarverteilung (vgl. § 85 Abs. 4), sondern mit der Reform auf eine Vergütung mit festen Euro-Preisen gerichtet. Ziel des Gesetzgebers war es, damit Transparenz und Gerechtigkeit zu fördern.[106]

Auch auf der zweiten Stufe erfolgte mit der Vergütungsreform 2009 eine entscheidende Änderung. Basierend auf den festen Preisen der regionalen Euro-Gebührenordnung hatte die Verteilung der Vergütung nach arzt- und praxisbezogenen Regelleistungsvolumina (RLV) zu erfolgen. Das regelte § 87b, der insoweit an die Stelle des bis zum 31.12.2008 maßgebenden § 85 Abs. 4 und 4a trat (vgl. § 87b Abs. 1 S. 1), welcher die Verteilung nach Honorarverteilungsvereinbarungen der Vertragspartner regelte. Für den Leistungserbringer folgte aus der Zuweisung eines RLV die Nachricht über die Obergrenze für eine Vergütung auf Basis der festen Preise der Euro-Gebührenordnung. Bis zur Vergütungsreform stand nach § 85 die Berechnung der Gesamtvergütung im Ermessen der Vertragspartner. Es durfte - ungeachtet der Befugnis, Leistungen mit unterschiedlichen Punktwerten (neu: nach Preisen in Euro) zu vergüten - nur nicht von den Bewertungsrelationen des EBM als höherrangigen Rechts abgewichen werden. Ein vergleichbares Modell wie seit dem 01.01.2009 gab es nur kurzzeitig mit § 85 Abs. 2 i. d. F. von Art. 1 Nr. 28 Buchstabe a) 2. GKV-NOG, der für die Zeit vom 01.01.1998 bis zum 31.12.1998 die verbindliche Berechnung nach RLV vorsah. Die ferner bereits mit dem GKV-Modernisierungsgesetz vorgesehenen

---

[105] § 266.
[106] FraktE-GKV-WSG, BT-Drs. 16/3100, 119.

Regelungen der vertragsärztlichen Gesamtvergütungen durch (morbiditätsbezogene) RLV zum 01.01.2007 nach den §§ 85a und b (alt) konnten nicht greifen, da der Bewertungsausschuss die von ihm bis Mitte des Jahres 2005 zu vereinbarenden zentralen Grundsatzbeschlüsse nicht gefasst hatte.[107] Die neuen Vergütungsregelungen hatten dies also mit § 87b, „in veränderter Form, wieder einführt"[108] und haben damit die regionalen Vertragsparteien stärker an bundeseinheitliche Vorgaben gebunden.

Die Bindung der regionalen Verhandlungspartner durch bundeseinheitliche Vorgaben betraf auch weitere Punkte. So war bis dahin z. B. eine Differenzierung nach Versorgungsgraden, mit der Möglichkeit der Vorsehung von Zuschlägen an Vertragsärzte in von (drohender) Unterversorgung betroffenen Gebieten (§ 85 Abs. 4 S. 11) ein zulässiges Verteilungskriterium des HVM. Im Rahmen der RLV seit dem 01.01.2009 wurde diese Differenzierung nach Versorgungsgraden zur Pflicht (§ 87b Abs. 3 S. 1). Da die letztlich erfolgende Zuteilung der Honorare erhebliche Relevanz für die Leistungserbringer hat, führten und führen HVMe und die hierin erfolgten Vergütungsbeschränkungen immer wieder zu rechtlichen Auseinandersetzungen.[109]

„Außerhalb" des RLV wurden die Leistungen vergütet, die das zugewiesene RLV überschritten (Mehrleistungen). Sie unterlagen einer Abstaffelung. Ferner lagen außerhalb des RLV die ursprünglich so genannten freien Leistungen. Die freien Leistungen waren zunächst mengen- und honorarmäßig unbegrenzt. Die Folge war, dass Leistungserbringer zur Kompensation von Verlusten durch die Honorarreform umfangreich auf diese auswichen.[110] Die Folge hiervon wiederrum war eine weitere Honorarreform, mit der die meisten freien Leistungen ebenfalls begrenzt wurden und nunmehr als qualitätsgebundenes Zusatzvolumen (QZV[111]) bezeichnet wurden. Unter den freien Leistungen wurden aber nicht nur die Leistungen verstanden, die innerhalb des Rah-

---

[107] BT-Drs. 16/3100, 118.

[108] *Freudenberg,* in: juris-PK SGB V, § 85 Rn. 50.

[109] Beispielsweise sind Wachstumsregelungen in HVM, die so genannten Kleinpraxen auf unterdurchschnittliche Honorarvolumina begrenzen, unzulässig (BSG, Urt. v. 28.01.2009, B 6 KA 5/08 R, SozR 4-2500 § 85 Nr. 45) - juris u. a. Rn. 25, 30; Dasselbe gilt für die Honorarverteilung auch nach Änderung und Neuordnung der vertragsärztlichen Vergütung. Auch hier gilt für kleine Praxen, die mit ihrem Umsatz unter dem Durchschnitt der Fachgruppe liegen die Maßgabe, dass sie die Möglichkeit haben müssen, zumindest den durchschnittlichen Umsatz der Arztgruppe zu erreichen SG Marburg, Beschl. v. 06.08.2009; S 11 KA 430/09 ER, MedR 2009, 629 - Leitsatz; Hessisches LSG, Beschl. v. 21.12.2009, L 4 KA 77/09 B ER - juris, Leitsatz; Zur Rechtsnatur der HVMe als Normsetzungsverträge vgl. *Freudenberg,* in: jurisPK-SGB V, § 85 Rn. 114. Vgl. nur beispielsweise LSG Rheinland-Pfalz, Urt. v. 05.05.2011, L 5 KA 4/10 - juris, Leitsatz, wonach Verlegung keine Neuniederlassung i. S. d. streitigen HVM war.

[110] Friebe, PFB 2011, 112 (115); O. V., A+S aktuell 12-13/2010, 2.

[111] Welche mit Einführung der spezialärztlichen Versorgung im GKV-VStG wieder aufgehoben werden, Nies, PFB 2011, 211 (212).

mens der morbiditätsbedingten Gesamtvergütung (zusätzlich zum RLV) geleistet werden (z. B. vor Einführung des QZV die Akupunktur[112] oder bis 2011 dringende Hausbesuche), sondern ferner noch Leistungen, die außerhalb dieser - daher auch so genannte extra budgetäre - erbracht werden können und nicht mengenbegrenzt sind[113], z. B. Leistungen der Prävention, Hautkrebsscreening, Leistungen des ambulanten Operierens nach Kap. 31 EBM oder belegärztliche Leistungen[114] (auch Einzelleistungen genannt). Auch sie wurden bundeseinheitlich durch den Bewertungsausschuss festgelegt. Der feste Punktwert der einem Arzt zugewiesenen RLV oder freien Leistungen entsprach einem Eurowert. Damit sollte das vor der Vergütungsreform bestehende Problem der floatenden Punktwerte behoben werden, nach welchen dem Leistungserbringer für eine Leistung zwar ebenfalls ein (Punkt)wert zustand, dessen Gegenwert in DM / Euro jedoch nicht feststand, also fließend bzw. floatend war. Fließende Punktwerte sollte es seit 2009 nur noch bei Leistungen geben, die über das RLV hinausgehen.[115] Allerdings hatte der Gesetzgeber bereits mit dem GKV-FinG nachgebessert und eine (wenig konkretisierte) Mengenbegrenzung auch von freien (extra budgetären) Leistungen mit § 87d Abs. 4 für die Jahre 2011 und 2012 geregelt. Nur noch einige der vorherigen Leistungen waren seither durch das Gesetz von der Ausgabenbegrenzung ausgenommen. Dazu gehörten z. B. Präventionsleistungen und alle ab dem Jahr 2009 eingeführten ärztlichen Leistungen, soweit diese Leistungen auf einer Veränderung des gesetzlichen Leistungsumfangs der Krankenkassen oder auf Beschlüssen des G-BA nach § 135 Abs. 1 beruhten.[116] Das hat das GKV-VStG rückgängig gemacht.[117]

Zudem hatte der Bewertungsausschuss ab dem 01.04.2011 auch bei der Regelung der freien Leistungen innerhalb der morbiditätsbedingten Gesamtvergütung nochmals differenziert. Eine erhebliche Anzahl von EBM-Nummern, die dringende Hausbesuche betreffen, hatte er danach ganz aus den RLV und QZV gelöst und in einen Vorwegabzug überführt. Für die im QZV verbleibenden - nicht im Vorwegabzug zu vergütenden - dringenden Besuche hatte der Bewertungsausschuss Zuschlagsmöglichkeiten im Sinne von Praxisbesonderheiten vorgesehen. Mit dem GKV-VStG sind diese sämtli-

---

[112] Vgl. nur beispielsweise für Akupunktur: Beschluss durch den Bewertungsausschuss in seiner 119. Sitzung Teil C Abs. 3 (alle Beschlüsse unter Bewertungsausschuss 2011, http:// www.kbv.de/8157.html, (04.11.2011).

[113] Das Fehlen einer Mengenbegrenzung für freie Leistungen bedeutet, dass es keine Abstaffelung ab einer bestimmten Anzahl von Leistungen gibt.

[114] Bzgl. freier Leistungen, *Freudenberg*, in: juris-PK SGB V, § 87b, Rn. 39.

[115] O. V., A+S aktuell 04/2009, 3 (4).

[116] Schnellinformation KV Nordrhein, 17.01.2001, 2011,
http://www.kvno.de/downloads/schnellinfo/schnellinformation_ausgabenbegrenzung2011.
pdf (11.11.2011); Vgl. auch o. V., 2011, http://www.radiologen-foren.de/rwf/node/775
(11.11.2011).

[117] BR-Drs. 785/11, 15.

chen, für den Stand des Instruments der vertragsärztlichen Zulassung schädlichen Neuregelungen seit dem 01.01.2009 und ihre schwierige Entwicklung in den Folgejahren
mehr oder weniger erledigt. Die Vergütungsentscheidungen wurden in entscheiden-
dem Umfang wieder den KVen zugeordnet. Die für die KVen obligatorischen RLV
nach § 87b a. F. (bis zum GKV-VStG) sind durch eine neue Fassung des § 87b erledigt. Sie gelten nur noch bis zur Entscheidung über einen Verteilungsmaßstab vorläufig weiter (§ 87b Abs. 1 S. 3). Nach dem GKV-VStG sind die KVen nach § 87b Abs. 1
wieder selbst zur Honorarverteilung berechtigt, die sie auch nur im Benehmen mit den
Spitzenverbänden (S. 2), nicht mehr in Honorarvereinbarungen (HVV), sondern nach
eigenem Satzungsrecht in HVMe regeln können. Die umfangreichen Vorgaben des
Bewertungsausschusses nach § 85 Abs. 4a, insbesondere also zur Festlegung der Vergütungsanteile für die haus- und fachärztliche Versorgung, sind aufgehoben (Aufhebung Abs. 4a in der neuen Fassung des § 85). Die Entscheidungskompetenzen der
KVen haben gleichwohl nicht den Umfang wie vor der Vergütungsreform vom
01.01.2009. So macht der Bewertungsausschuss etwa nach § 87a auch künftig die
Vorgaben für Zuschläge auf den Orientierungswert für besonders förderungsbedürftige
Leistungen[118], wofür eine Entscheidungskompetenz der regionalen Partner näherläge.
Die KBV hat ferner das Recht zu Vorgaben an die KVen nach § 87 Abs. 4 in entscheidenden Punkten. Damit werden nach wie vor Entscheidungen auf der Makroebene getroffen, allerdings handelt es sich dabei wenigstens um eine Institution der Vertragsärzte, nicht mehr um den Bewertungsausschuss, der diese Entscheidungen trifft.

Die herkömmliche Honorierung der die ambulante Versorgung hauptsächlich erbringenden Vertragsärzte erfolgt danach grundsätzlich bis auf wenige Ausnahmen aufgrund von kollektivrechtlich vereinbarten Verträgen, deren Vertragsparteien Krankenkassen und KVen sind. Die Kollektivvertragspartner sind allein Anspruchsberechtigte
aus den Vereinbarungen, nicht die Leistungserbringer.[119]

Da die KVen nach dem derzeitigen System grundsätzlich allein den Sicherstellungsauftrag tragen (§ 75), müssen allerdings letztlich sie aufgrund der getroffenen gesetzlichen sowie vertraglichen Verteilungsgrundsätze das ärztliche Honorar so verteilen,
dass ein ausreichendes, zweckmäßiges und wirtschaftliches Angebot ärztlicher Leistung gewährleistet werden kann (§ 72 Abs. 2). Das gilt auch bei zunehmenden bundeseinheitlichen Vorgaben.

Aufgrund verschiedener gesetzlicher Neuregelungen, beginnend mit der Einführung
von Modellvorhaben durch das GRG, wird zudem die Möglichkeit vertraglicher Son-

---

[118] BR-Drs. 785/11, 11, § 87a Abs.2 S. 4.
[119] Hoffmann, GesR 2009, 135 (136).

derreglungen durch Krankenkassen eröffnet, mit welchen von der Gesamtvergütung abgewichen werden kann (§ 64 Abs. 3). Mit dem GKV-Gesundheitsreformgesetz 2000 können an die Stelle der KVen erstmals auch Gemeinschaften von Leistungserbringern wie ärztliche Genossenschaften oder Verbände treten, beispielsweise bei der IV und bei Modellvorhaben seit dem 01.01.2000 durch Änderung des § 64 Abs. 1[120]. Vertragsärzte können damit dem Einfluss der KVen teilweise entzogen werden. Soweit bei Modellvorhaben allerdings unter Ausschaltung der KVen Vereinbarungen mit Vertragsärzten getroffen werden, sind vereinbarte Rahmenbedingungen der Kollektivvertragspartner einzuhalten (§ 64 Abs. 2). Mehr theoretischer Art ist die Möglichkeit der Krankenkassen, im Einzelfall auch einen einzelnen Leistungserbringer als Vertragspartner zu wählen (§ 140b Abs. 1 Nr. 1, § 64 Abs. 1).

Der Vergütungsanspruch des Vertragsarztes ist auf die Teilnahme an der Honorarverteilung beschränkt (§ 85 Abs. 4, ab dem 01.01.2009 § 87b). Jede Vergütung vertragsärztlicher Leistungen außerhalb der Gesamtvergütung bedarf einer besonderen gesetzlichen Ermächtigung. § 72 Abs. 2, der die Kollektivvertragspartner verpflichtet, eine angemessene Vergütung ärztlicher Leistungen sicherzustellen, oder auch Art. 12 Abs. 1 GG, verschaffen dem Vertragsarzt keinen Anspruch auf ein höheres Honorar. § 72 Abs. 2 vermittelt hauptsächlich kein subjektiv-öffentliches Recht auf eine bestimmte, höhere Vergütung.[121] Ein Anspruch auf ein höheres Honorar aus § 72 Abs. 2 i. V. m. Art. 12 Abs. 1 GG kommt nur dann in Betracht, wenn in einem fachlichen oder auch örtlichen Teilbereich kein ausreichender finanzieller Anreiz mehr besteht, vertragsärztlich tätig zu werden, „und deshalb in diesem Bereich die Funktionsfähigkeit der vertragsärztlichen Versorgung gefährdet ist"[122]. Der Vertragsarzt hat auch keinen Anspruch auf Nachschuss zur Gesamtvergütung.[123] Der Grundsatz der Angemessenheit bezieht sich ausschließlich auf die mit der Vorschrift genannten Vergütungsvereinbarungen in den Gesamtverträgen[124], nicht auf Selektivverträge.

Die Teilnahme am System als vertragsärztlicher Leistungserbringer bedeutet daher, dass mit der vereinbarten Vergütung die ärztliche Leistung grundsätzlich als angemessen entgolten anzusehen ist. Darüber hinaus kommt ein Anspruch der Vertragsärzte auf Teilnahme an der Vergütung für die Behandlung gesetzlich Krankenversicherter

---

[120] Vgl. Art. 1 Nr. 24, Art. 22 Abs. 5 GKV-GesundheitsreformG v. 22.12.1999, BGBl. I 1999, 2626.
[121] BSG, Urt. v. 03.03.1999, B 6 KA 8/98 R, SozR 3-2500 § 85 Nr. 30 - juris Rn. 19.
[122] BSG, Urt. v. 08.12.2010, B 6 KA 42/09 R, m. w. N. - juris Rn. 20.
[123] BSG, Urt. v. 03.03.1999, B 6 KA 8/98 R, SozR 3-2500 § 85 Nr. 30 - juris Rn. 18; BSG, Urt. v. 31.08.2005, B 6 KA 6/04 R, BSGE 95, 86 - juris Rn. 23.
[124] Vgl. BSG, Urt. v. 09.12.2004, B 6 KA 44/03 R, BSGE 94, 50 = SozR 4-2500 § 72 Nr. 2 - Leitsatz.

nur aus einzel- bzw. selektivvertraglichen Regelungen mit Ärzten oder Arztgruppen in Betracht und die gesetzlich ausdrücklich als Ausnahmetatbestände vorgesehenen Ansprüche aus § 95b Abs. 3. Ob die Vergütung aus Sicht des einzelnen Zulassungsinhabers tatsächlich angemessen erscheint, ist unerheblich, da er das Handeln der KV gegen sich gelten lassen muss. Ob die KVen mit gesetzlichen und vertraglichen Vorgaben für das Gesamthonorar ihrer Pflicht zur Sicherstellung der Versorgung gerecht werden können, fällt in ihren Risikobereich.

In der Realität wird dass Honorar oft als nicht angemessen erachtet. Das wurde höchst aktuell bei der Honorarreform im Jahr 2009. In einzelnen KV-Regionen hatten sich massive Protestaktionen bis zu berufsrechtlich relevantem Boykottverhalten, wie der Behandlung von Patienten nur gegen Vorkasse, ergeben, weil die Vertragsärzte sich bei der Honorarverteilung benachteiligt sahen.[125] Solche möglichen Fehlsteuerungen sowie die Unzufriedenheit der zugelassenen Ärzte führen zur Schwächung der Akzeptanz des Instruments der vertragsärztlichen Zulassung.

Die Zulassung bedeutet daher einerseits einen sicheren, geregelten und durch Kollektivvereinbarungen vereinheitlichten Zahlungsanspruch aus der Gesamtvergütung, andererseits die Verpflichtung zur Teilnahme am kollektivrechtlich ausgestalteten Sachleistungssystem (Vorleistungspflicht). Dieses System wird durch Störungen und fehlende Abstimmung, wie durch selektivvertraglich geregelte Vergütungsansprüche, geschwächt.

3. Interessenkonsolidierung

Neben dem Ordnungssystem von Rechten und Pflichten, welches über die vertragsärztliche Zulassung dirigiert wird und neben der einheitlichen Verteilung und Verhandlung der Vergütung, ist die Konsolidierung der Interessen aller Vertragsärzte über die vertragsärztliche Zulassung entscheidend. Sie erfolgt dadurch, dass die KVen als Zusammenschluss der zugelassenen Leistungserbringer[126] (bzw. Zusammenschluss aller Inhaber einer vertragsärztlichen Zulassung) diese in allen Angelegenheiten vertreten. Die Vertragsärzte sind dabei schon seit Entstehen der ersten KVen in den 1932 Jahren Zwangsmitglieder in der KV[127]. Sie koordiniert die in Vertretung für die Vertragsärzte übernommene Pflicht der Leistungserbringer zur Gestaltung und Sicherstellung der flächendeckenden Versorgung (§ 75) durch alle zur vertragsärztlichen Ver-

---

[125] Vgl. für viele J. H. v. Stackelberg im Interview in: O .V., 2009a, KrV 2009, 100 (101).
[126] Hoffmann, GesR 2009, 135 (136).
[127] Vgl. oben unter Kap. 1 B.II.7 und Kap. 2 A.II.1..

sorgung zugelassenen Mitglieder und stellt damit die klassische Form der Selbstverwaltung[128] dar.

Der Vertragsarzt kann nur den Nutzen aus seiner Zulassung ziehen, den die KV für ihn in Gesamt-, Selektiv,- bzw. Einzelverträgen mit Krankenkassen und Krankenkassenverbänden durch Vereinbarung der Vertragsinhalte eröffnet. Er kann herkömmlich ohne die für ihn zuständige KV mit seiner Zulassung den Krankenkassen keine selbständigen Leistungen anbieten. Ausgenommen hiervon sind Selektivverträge, die mit den letzten Gesundheitsreformen eingeführt wurden und ohne Einschaltung der KVen geschlossen werden können. Anstelle der Vertragspartner KVen sind Leistungserbringer und Leistungserbringergemeinschaften zum Abschluss berechtigt. Es kommt aber eine Vielzahl weiterer Bewerber in Betracht.[129] Der Gesetzgeber eröffnet tendenziell zunehmend solche Möglichkeiten.

Die vertragsärztliche Zulassung bedeutet damit aufgrund der aus ihr folgenden Zwangsmitgliedschaft in einer KV eine gesetzlich vorgegebene, nicht wettbewerbliche[130], aber historisch gewachsene Konsolidierung von Interessen und eine Gesamtvertretung aller ärztlichen Teilnehmer an der ambulanten Versorgung gesetzlich Versicherter. Das System der KV als einheitliche Vertretung aller ärztlichen Leistungserbringer in der ambulanten Versorgung wird durch die Reformen, mit Schwerpunkt seit 2004, gefährdet.

4. Qualitätskontrolle - Disziplinarrecht

Die Zulassung als vorherrschender Zugang zum Versorgungssystem der gesetzlich Versicherten wird nur bei Erfüllung gesetzlich festgelegter Voraussetzungen erteilt und aufrechterhalten. Zu den wesentlichen Voraussetzungen der Inhaberschaft einer vertragsärztlichen Zulassung zählen die Erfüllung und Einhaltung von Qualitätsanforderungen. Schon bei Erteilung einer Zulassung werden Anforderungen an die Ausbildung des Vertragsarztes und deren Qualität sowie die persönlichen Voraussetzungen

---

[128] Dieser Ausdruck ist in Rechtsprechung und Schrifttum weit verbreitet, findet sich jedoch nicht im Gesetz, vgl. detailliert, Boerner, 2 und Fn. 1 bis 3 dort. Das Gesetz verleiht der Selbstverwaltung im SGB das Recht zur materiellen Selbstverwaltung und Satzungsautonomie (§§ 78 Abs. 3 Satz 1, 81). Damit besteht das Recht zur eigenverantwortlichen Normsetzung in Gestalt von Satzungsrecht gegenüber denjenigen, die die vertragsärztliche Versorgung erbringen, und im Rahmen der durch Gesetz übertragenen Aufgaben, ohne dass es jeweils einer dem Art. 80 Abs. 1 Satz 2 GG entsprechenden Ermächtigung in den Einzelpunkten bedarf. Nur wesentliche Entscheidungen, insbesondere solche mit erheblicher grundrechtsrelevanter Eingriffsqualität, bedürfen einer Regelung durch den Gesetzgeber selbst, vgl. *Hesral*, in: jurisPK-SGB V, § 75 Rn. 21 m. w. N..
[129] Goodarzi/Schmid, NZS 2008, 518 (519).
[130] Koenig/Schreiber, GesR 2008, 561 (563).

des die Zulassung beantragenden Arztes gestellt. Die Satzungen der KVen müssen qua Gesetz Bestimmungen für die Fortbildung der Ärzte auf dem Gebiet der vertragsärztlichen Tätigkeit, Näheres über die Art und Weise der Fortbildung sowie die Teilnahmepflicht enthalten (§ 81 Abs. 4). Verstöße gegen Vorschriften, die zugelassene Vertragsärzte betreffen, also gegen vertragsarztrechtliche Vorschriften, werden von den KVen durch disziplinarrechtliche (§ 81 Abs. 5 i. V. m. der Disziplinarordnung, vgl. z. B. auch § 60 Abs. 1 BMV-Ä) und außerhalb ihrer Zuständigkeit von den zuständigen Körperschaften oder Behörden durch berufsrechtliche und strafrechtliche Maßnahmen geahndet.

Die Ausübung der Disziplinargewalt[131] wurde den KVen mit der Übertragung des Sicherstellungsauftrags eingeräumt. Sie sollten Mittel und Instrumente zur Durchsetzung des ihnen übertragenen Sicherstellungs- und Gewährleistungsauftrags erhalten und Maßnahmen zur Erfüllung ihrer Pflicht zur Sicherstellung der Versorgung auch durchsetzen können.[132] Zu den Mitteln und Instrumenten gehört das Recht der KVen, ihre Mitglieder zu überwachen und eine nicht oder nicht ordnungsgemäße Erfüllung der mit der Zulassung verbundenen Pflichten mit Ordnungsmaßnahmen zu ahnden (§ 75 Abs. 2, S. 2 i. V. m. § 81 Abs. 5). Sie können auch den Entzug der Zulassung beantragen (§ 95 Abs. 6, § 27 Ärzte-ZV). Disziplinarmaßnahmen sind etwa Verwarnung, Verweis, Geldbuße, Anordnung des Ruhens oder Entzug der Zulassung.[133]

Für ermächtigte ärztlich geleitete Einrichtungen gilt die Disziplinargewalt über § 95 Abs. 4 S. 3. Für angestellte Ärzte, die nicht Mitglied der KV sind, fehlt hingegen eine Rechtsgrundlage für Disziplinarmaßnahmen. Mitglieder sind nur angestellte Ärzte in Versorgungszentren oder bei Vertragsärzten und angestellte Hochschullehrer für Allgemeinmedizin sowie deren wissenschaftliche Mitarbeiter sowie ermächtigte Krankenhausärzte, wenn sie mindestens halbtags beschäftigt sind.[134] Die Einhaltung von Pflichten kann und wird aber deshalb sicher gestellt werden, weil die einen Arzt anstellenden Ärzte oder Einrichtungen (Arbeitgeber) als Mitglieder der KVen deren Disziplinargewalt unterliegen und diese Verantwortung über eine entsprechende Verpflichtung in den Anstellungsverträgen oder der Weisungsbefugnis an die angestellten Ärzte weitergeben und damit wahren werden.

---

[131] BSG, Urt. v. 27.06.2007, B 6 KA 37/06 R - juris Rn. 31.
[132] Vgl. historischer Hintergrund, Kap. 1 B.II.7., und entsprechender rechtlicher Rechtfertigung aus dem Sicherstellungsauftrag: *Steinmann-Munzinger* in juris-pk SGB V, § 81 Rn. 11, 29, 37 ff..
[133] Vgl. Lindenau, PFB 2009, 117 (117).
[134] Schallen, vor § 1 Rn. 20 f..

Nicht geeignete Leistungserbringer sind von der Versorgung auszuschließen. Aus diesem Grunde ist etwa einem Antrag auf Zulassung ausschließlich zur Leistung von Notdiensten nicht stattzugeben. Das gilt auch dann, wenn der Antragsteller lange als Vertragsarzt tätig war und ihm die Zulassung nur „wegen Nichtausübung" mangels eigener Praxis entzogen wurde und diese Entscheidung noch geprüft wird. Diesbezüglich steht sich der ehemalige Vertragsarzt ohne ausgeübte Praxis nicht besser als der Arzt, der nie Vertragsarzt war. Vom Vertragsarzt wird stets verlangt, dass er bestimmten Anforderungen gerecht werden muss, und zwar auch speziell für den Notdienst. Beim Notdienst kann dies die Bereitstellung von Praxisräumen sein[135], unter anderem mit dem Hintergrund, dass nur Ärzte mit einer Praxis den Notfalldienst in der gebotenen Qualität und im Einklang mit den Grundsätzen der Wirtschaftlichkeit und Notwendigkeit (§ 70 Abs. 1 S. 2) gewährleisten können.[136] Das BSG hat im Rahmen der Tätigkeitsanforderungen an den Vertragsarzt konsequent ebenso entschieden, dass Zulassungsbewerber, die erkennbar die bloße "Zulassung auf Vorrat" als reine Option auf eine weitere Erwerbsmöglichkeit anstreben, d. h. eine Zulassung ohne ausreichend vorhandene materielle Praxissubstanz und ohne entsprechend intendierte vollwertige Praxistätigkeit, ausgeschlossen sein müssen.[137]

Auch ist die Zulassung bei einer über zwei Jahre andauernden Nichtausübung der vertragsärztlichen Tätigkeit regelmäßig zu entziehen.[138] Grund hierfür ist ebenfalls das von einem gewissen Zeitpunkt an nicht mehr tolerierbare Fehlen aktiver Praxistätigkeit.

Das manifestiert sich für die Aufnahme einer Tätigkeit nach Zulassung ferner in § 19 Abs. 3 Ärzte-ZV, nach dem die Zulassung in gesperrten Gebieten erlischt, wenn die

---

[135] BSG, Urt. v. 28.09.2005, B 6 KA 73/04 R - juris Rn. 25. Ein Erfordernis, nach welchem KVen beziehungsweise - bei Kooperationsmodellen - KV und Ärztekammer, auch Ärzte ohne eine eigene Praxis am Notdienst beteiligen müssten, sieht das BSG nicht. Die hierfür erforderlichen Vorkehrungen, insbesondere, dass diese Ärzte in anderen Praxen oder speziellen Notfallpraxen tätig werden können, könnten nicht verlangt werden (ungeachtet der Existenz von Notfallpraxen insbesondere in Großstädten). Dies wäre nach dem BSG kaum generell und flächendeckend möglich.

[136] Dagegen wird die Notfallbehandlung gesetzlich Versicherter durch Nicht-Vertragsärzte unter Bezugnahme auf § 75 Abs. 1 S. 2 für rechtmäßig erachtet, mit der Auffassung, dass diese nur dann, wenn sie auch dauerhaft mit einer Inanspruchnahme rechnen könnten, bereitstünden und damit die Sicherstellung des Notdienstes durch die Nicht-Vertragsärzte im Bedarfsfall gewährleistet sei, *Pawlita*, in: jurisPK-SGB V § 95 Rn. 311 m. w. N..

[137] BSG, Urt. v. 30.01.2002, B 6 KA 20/01 R, BSGE 89, 134 - juris Rn. 31; Zum ähnlichen Gesichtspunkt des Unterlaufens der Bedarfsplanung durch so genannte virtuelle Arztpraxen ohne reale Substanz: BSG, Urt. v. 29.09.1999, B 6 KA 1/99 R, BSGE 85, 1 (3 ff.).

[138] Das entnimmt Schallen § 81 Abs. 5 S. 2, § 26 Rn. 747.

Tätigkeit (Praxisbetrieb) nicht innerhalb von drei Monaten ab Zustellung des Zulassungsbeschlusses aufgenommen wird.[139]

Des Weiteren unterliegen Vertragsärzte Wirtschaftlichkeitsprüfungen[140], die eine ordnungsgemäße und wirtschaftliche Abrechnung sicherstellen sollen. Werden Verstöße festgestellt, kann es für den Vertragsarzt Honorarkürzungen, Honorarberichtigung oder einen Regress bedeuten[141]. Der Vertragsarzt muss auch einer wirtschaftlichen Behandlungs- und Verordnungsweise gerecht werden. Verstöße können ausnahmsweise bis zum Entzug der Zulassung führen.[142] Die Wirtschaftlichkeit der Abrechnung gehört zu den grundlegenden Voraussetzungen für das Funktionieren des Sachleistungssystems der GKV. So wie der Vergütungsanspruch des Vertragsarztes im Verhältnis zur KV auf die kollektivrechtlich „angemessene" vereinbarte Vergütung begrenzt ist und darüber hinaus kein Anspruch auf ein höheres Honorar besteht[143], darf der Arzt auch keine privaten Zuzahlungen verlangen.[144]

Verstöße gegen das Zulassungsrecht, die disziplinarrechtlich geahndet werden können, liegen etwa in der Beschäftigung von Assistenten nach § 32 Abs. 2 Ärzte-ZV ohne vorherige Genehmigung. Zusätzlich können Geldbußen verhängt werden. Hintergrund hierfür ist wiederum die Wahrung der Wirtschaftlichkeit und ausreichender Versorgung, also Grundforderungen des SGB V. Folge ist auch, dass nur die von einem genehmigten Assistenten erbrachten Leistungen abgerechnet werden dürfen.[145]

Es existiert eine Vielzahl weiterer Anforderungen zur Wahrung der Qualität der vertragsärztlichen Versorgung, die bis in Bereiche der Meinungsäußerung[146] und administrativer Pflichtversäumnisse[147] gehen.

Neben diesen vielfältigen mittelbaren Auswirkungen der Anforderungen auf die Qualität der Versorgung gesetzlich Versicherter durch die Einbindung der Vertragsärzte in

---

[139] Vgl. auch LSG Berlin-Brandenburg, Urt. v. 20.06.2007, L 7 KA 7/04, MedR 2008, 393 - Orientierungssatz.
[140] Vgl. etwa BSG, Urt. v. 27.06.2007, B 6 KA 37/06 R, GesR 2008, 90 - juris Rn. 31, in Abgrenzung zu Vertragsärzten nach einem Zulassungsverzicht.
[141] Das GKV-VStG hat diese zur Förderung der Niederlassung im Sinne der Beratung vor einem Regress etwas entschärft, BR-Drs. 785/11, 23 f.
[142] BSG, Urt. v. 15.04.1986, 6 RKa 6/85, BSGE 60, 76 - juris Rn. 14 f..
[143] Vgl. hierzu Kap. 2 A.III.2..
[144] Vgl. etwa BSG, Urt. v. 14.03.2001, B 6 KA 36/00 R, MedR 2002, 42 - juris Rn. 23.
[145] SG Stuttgart, Urt. v. 24.04.2006, S 11 KA 6901/04, MedR 2007, 377, Orientierungssatz, und LSG Baden-Württemberg, Beschl. v. 21.08.2006, L 5 KA 2720/05, Der Kassenarzt 2007, Nr. 6, 59 - juris Rn. 26, 28.
[146] BSG, Urt. v. 20.10.2004, B 6 KA 67/03 R, MedR 2005, 311 - juris, Orientierungssatz.
[147] BSG, Urt. v. 06.11.2002, 6 Ka 9/02 R, GesR 2003, 149 - juris, Orientierungssatz.

das krankenversicherungsrechtliche Regelungswerk über ihre Zulassung gelten für die Vertragsärzte eine Vielzahl konkreter Qualitätsvorschriften, die einerseits von ihrer Vertretungskörperschaft, den KVen, und andererseits durch das SGB V (§ 135 ff.) geregelt werden. Das SGB V regelt in einem ganzen Abschnitt, beginnend mit dem § 135, Anforderungen zur Verbesserung der Struktur-, Ergebnis- und Prozessqualität, der mit mehreren Normen (auch) Vertragsärzte betrifft. So dürfen Vertragsärzte z. B. gemäß § 135 Behandlungen grundsätzlich nur den verbindlich in Richtlinien nach § 135 Abs. 1 festgelegten Vorgaben des G-BA folgend durchführen. §§ 91 Abs. 6, 92 Abs. 1 S. 2 Nr. 5 ordnen diese Verbindlichkeit der Richtlinien für Leistungserbringer an. Zu den wenigen Ausnahmen hiervon gehören vor allem die so bezeichneten Systemmängel oder lebensgefährliche Erkrankungen[148].

Nach § 135 Abs. 2 können die Vertragspartner der Bundesmantelverträge (§ 82 Abs. 1) für ärztliche und zahnärztliche Leistungen, welche wegen der Anforderungen an ihre Ausführung oder wegen der Neuheit des Verfahrens besonderer Kenntnisse und durch Fachkundenachweis belegter Erfahrungen sowie einer besonderen Praxisausstattung oder weiterer Anforderungen an die Strukturqualität bedürfen, einheitlich entsprechende Voraussetzungen vereinbaren. Dazu zählen die Qualitätssicherungsvereinbarungen nach § 135 Abs. 2.[149] Hierzu rechnet z. B. ferner die Genehmigung „nach § 121a zur Durchführung künstlicher Befruchtungen"[150]. Ein separater Abschnitt des BMV-Ä befasst sich mit Qualitätsanforderungen: 5. Abschnitt - Qualität der vertragsärztlichen Versorgung. Rechtsgrundlage hierfür sind die §§ 87, 135 Abs. 2. Die KVen setzen die gesetzlich und vertraglich übertragenen Verwaltungsaufgaben, wie die vorgenannten Genehmigungserteilungen nach § 135 Abs. 2[151], aber auch z. B. Zweigpraxisgenehmigungen etwa durch Erlass von Satzungsrecht oder nur die ordnungsgemäße Wahrnehmung der ihnen gesetzlich und vertraglich übertragenen Verwaltungsaufgaben um.[152]

§ 87, der die Vereinbarung von Bewertungsmaßstäben für die vertragsärztliche Vergütung regelt, gestattet den Bewertungsausschüssen, die Abrechenbarkeit von Leistungen an die Einhaltung der vom G-BA und in den Bundesmantelverträgen beschlossenen Qualifikations- und Qualitätssicherungsanforderungen anzuknüpfen (§ 87 Abs. 2d 2.

---

[148] *Kanter*, in: Orlowski et al. GKV-Kommentar, § 27 Rn. 65.
[149] Vgl. beispielsweise die Qualitätssicherungsvereinbarung zu den Blutreinigungsverfahren und die der KV zu erbringenden Nachweise nach § 7 Abs. 1 und 2 für die nephrologische Versorgung: http://www.kbv.de/rechtsquellen/131.html (04.11.2011).
[150] Vgl. hierzu etwa LSG Nordrhein-Westfalen, Beschl. v. 19.01.2011, L 11 KA 106/10 B ER, L 11 KA 119/10 B ER - juris Rn. 46.
[151] So in § 11 Abs. 2 und 2a.BMV-Ä geregelt.
[152] *Hesral*, in: jurisPK-SGB V, § 75 Rn. 30.

Hs.). Das sind einerseits die Richtlinien des G-BA auf der Grundlage von §§ 136, 136a und die Vereinbarungen nach § 135 Abs. 2, die als Anlage 3 zum BMV-Ä bzw. zum EKV-Ä Bestandteil der Bundesmantelverträge sind.[153] § 87 meinte andererseits aber auch die Kodierrichtlinien nach § 295 Abs. 3 S. 2 („ambulante Kodierrichtlinien"), die mit dem GKV-VStG aufgehoben wurden[154]. Die KVen erteilen die Genehmigung, welche die Einhaltung der besonderen persönlichen Qualifikation nach den Richtlinien zu § 135 Abs. 2 für bestimmte Leistungen bestätigt. Die Relevanz auch solcher Rahmenbedingungen der vertragsärztlichen Zulassung zeigt sich, wenn man betrachtet, dass es schon im Falle einer Vertretung zu unterschiedlichen Meinungen kommt, wie die Qualifikationsanforderung in diesem Fall wirkt. In der Praxis umstritten ist für diesen Fall, ob nur die Qualifikationsvoraussetzung erfüllt sein muss oder darüber hinaus die schriftliche Genehmigung der KV zur Erbringung der besonderen Leistungen erforderlich ist.

Weitere Qualitätsanforderungen an die vertragsärztliche Leistung stellen beispielsweise Richtlinien der KBV für Verfahren zur Qualitätssicherung (Qualitätssicherungs-Richtlinien) gemäß § 75 Abs. 7 (Stand 01.04.2011) dar oder Vereinbarungen von Qualitätssicherungsmaßnahmen bei ambulanten Operationen und stationsersetzenden Eingriffen einschließlich der notwendigen Anästhesien gemäß § 115b Abs. 1 S. 1 Nr. 3 (Vereinbarung ambulantes Operieren). Im Rahmen von Qualitätssicherungsrichtlinien nach § 75 Abs. 7 werden unter bestimmten Voraussetzungen etwa auch Praxisbegehungen zugelassen, für die es im Übrigen keine unmittelbare gesetzliche Ermächtigungsgrundlage gibt. Dennoch werden auch von KVen im Rahmen von verschiedenen Qualitätssicherungsmaßnahmen Praxisbegehungen vorgesehen, die jedoch regelmäßig nur bei Einverständnis des betroffenen Mitglieds durchgeführt werden dürfen.[155] Nur im Rahmen des § 137 hat der Gesetzgeber Begehungen als mögliches Instrument des G-BA vorgesehen.[156]

Eine ganz erhebliche Anzahl von Aufgaben der Umsetzung im Rahmen von Qualitätsanforderungen haben die Vertragspartner den KVen und damit der Selbstverwaltungskörperschaft der Vertragsärzte übertragen (vgl. § 11 BMV-Ä).

---

[153] Vgl. beispielsweise die Qualitätssicherungsvereinbarung zu den Blutreinigungsverfahren, diese und weitere auch zu Ausführung und Abrechnung von Leistungen, z. B. für Ultraschallbehandlungen, Radiologie, schmerztherapeutische Versorgung chronisch schmerzkranker Patienten etc., zu finden unter http://www.kbv.de/rechtsquellen/131.html (04.11.2011).

[154] BR-Drs. 785/11, 43.

[155] Vgl. u. a. mit Auszügen aus konkreten Vereinbarungen, Informationsbroschüre der KBV zur Überwachungen und Begehungen von Arztpraxen durch Behörden, 25 bis 29, KBV, 2005, http://www.kbv.de/publikationen/7160.html (11.11.2011).

[156] BT-Drs. 16/3100, 146.

Die Rechtsprechung entwickelt weitere Anforderungen an Vertragsärzte, um die Qualität der ambulanten Versorgung zu gestalten. So hat das BSG aus der Teilnahmeverpflichtung gefolgert, der Vertragsarzt müsse in dem Fachgebiet, für das er zugelassen ist, „die wesentlichen Leistungen seines Fachgebietes im Rahmen der vertragsärztlichen Versorgung auch tatsächlich anbieten und erbringen [...]".[157] Hierzu gehört auch die Vorhaltung von apparativen Leistungen. Andererseits begrenzt das Fachgebiet den Vertragsarzt, der die Fachgebietsgrenzen nicht überschreiten darf[158], jedenfalls dem Grunde nach[159]. Die Fachgebietsgrenzen ergeben sich aus Bundes- und Landesrecht.[160] Sie setzen sich im Vergütungsrecht fort. Das ergibt sich aus dem ausdrücklichen Auftrag an den Bewertungsausschuss zur Gliederung der in der fachärztlichen Versorgung abrechenbaren Leistungen nach den einzelnen Facharztgruppen (jetzt § 87 Abs. 2a S. 1 letzter Satzteil und S. 2).[161] Neben den Facharztgrenzen ist die grundsätzliche bundesrechtlich vorgegebene Unterscheidung von haus- und fachärztlichem Versorgungsbe-

---

[157] BSG, Urt. v. 14.03.2001, B 6 KA 54/00 R, BSGE 88, 20 - juris Rn. 30.

[158] Vgl. BSG, Urt. v. 20.10.2004, B 6 KA 67/03 R, BSGE 93, 269 juris Rn. 18; BSG, Urt. v. 08.09.2004, B 6 KA 27/03 R, m. w. N., - juris, Orientierungssatz; mit Ausnahme für Notfallbehandlungen, vgl. BSG, Urt. v. 18.10.1995, 6 RKa 66/94, USK 95124 - juris Rn. 15; BSG, Urt. v. 06.09.2006, B 6 KA 43/05 R, SozR 4-2500 § 75 Nr. 5, Leitsatz.

[159] Siehe zu Facharztgrenzen ausführlich so genannter Facharztbeschluss des BVerfG, Beschl. v. 09.05.1972, 1 BvR 518/62, 1 BvR 308/64, BVerfGE 33, 125 = NJW 1972, 1504, nach dem die Verhältnismäßigkeit der die Berufsfreiheit nach Art. 12 Art. 1 GG begrenzenden Fachgebietsgrenzen die Zulassung von einzelnen Ausnahmefällen erfordert und BVerfG, Beschl. v. 01.02.2011, 1 BvR 2383/10 - juris, vgl. schon dieses Kap. Fn. 82.

[160] So sind Fachgebiete auf der Grundlage von Ermächtigungen in den Heilberufs- beziehungsweise Kammergesetzen der Länder in den von der Ärztekammer der Länder erlassenen Weiterbildungsordnungen geregelt. Nach der Rechtsprechung des BSG geht der Bundesgesetzgeber in einer Vielzahl von Regelungen des Vertragsarztrechts zur Zulassung von einer nach einzelnen ärztlichen Fachgebieten gegliederten ambulanten vertragsärztlichen Tätigkeit aus (vgl. § 18 Abs. 1 S. 2 Ärzte-ZV, § 24 Abs. 6 Ärzte-ZV, zur Bedarfsplanung § 101 Abs. 1 S. 4 und § 12 Abs. 3 Ärzte-ZV, zu Zulassungsbeschränkungen § 103 Abs. 2 S. 3), vgl. BSG v. 22.03.2006, B 6 KA 75/04 R, USK 2006-92 - juris Rn. 12, m. w. N..

[161] Soweit eine Praxis der KVen besteht, fachfremde Tätigkeiten in geringen Umfang, d. h. bis zu 5 % der Gesamtfallzahl, in die Abrechnung einzubeziehen, z. B. durch eine entsprechende Regelung in einem Honorarverteilungsmaßstab beziehungsweise -vertrag, kollidiert dies mit dem Berufsrecht. Sachlich handelt es sich um einen Verzicht auf die Durchführung einer sachlich-rechnerischen Berichtigung, welcher der Verwaltungsvereinfachung dient und dessentwegen oftmals Einzelnachweise oder Begründungen nicht abgegeben werden müssen. Im Ergebnis wird damit eine fachfremde Tätigkeit bis zu dem genannten Umfang toleriert. Das kann in einem Honorarverteilungsmaßstab nach § 85 Abs. 2 Satz 2 geregelt werden. Vgl. auch BVerfG, Beschl. v. 01.02.2011, 1 BvR 2383/10 - juris Rn. 30, das sich ausdrücklich auch auf den Bereich der vertragsärztlichen Versorgung bezieht. Auch berufsrechtlich wird eine geringfügige Fachgebietsüberschreitung bei herausragender Expertise akzeptiert, Berufsgericht für Heilberufe, Urt. v. 09.12.2009, 30 LB 5/09 BG II, Arzt- und Medizinrecht kompakt, 2010, 13.

reich zu berücksichtigen (§ 73 Abs. 1 und Abs. 1a S. 2; wiederholend für den EBM: § 87 Abs. 2a S. 1 u. 2, alt: § 87 Abs. 2a S. 5 u. 6[162]).

Damit wird eine grundsätzliche umfassende Qualitätskontrolle der Leistungserbringer, die als Vertragsärzte zugelassen sind, gewährleistet und hierüber ein Kontrollsystem eingerichtet. Dieses System findet trotz Veränderungen durch den Gesetzgeber, die den Sicherstellungsauftrag der KVen destabilisieren, nach wie vor grundsätzliche Bestätigung. So wurde beispielsweise unmittelbar vom BMG (Bundesgesundheitsministerin Ursula - genannt Ulla - Schmidt) selbst im Jahr 2009 die Disziplinierung und auch die Konsequenz des Zulassungsentzugs mahnend in Erinnerung gebracht und eingefordert[163], als die Unzufriedenheit von Vertragsärzten mit der neuen Vergütung (Honorarreform[164]) zu öffentlich geäußerten Protesten führte und im Zusammenhang damit eine Behandlung gesetzlich Versicherter nur gegen Vorleistung bekannt wurde. Der Gesetzgeber des GKV-VStG hat den Umfang des Sicherstellungsauftrags sogar noch ausgebaut und KVen verpflichtet, für eine „angemessene und zeitnahe Zurverfügungstellung der fachärztlichen Versorgung" zu sorgen, was letztlich vor allem dem in der jüngeren Vergangenheit in der Öffentlichkeit präsenten Vorwurf von zu langen Wartezeiten für „Kassenpatienten" abhelfen soll.[165] Auch das dient der Qualität der Versorgung.[166]

Neben der Kontrolle und Maßregelung dient mittelbar auch die Interessenwahrnehmung und Vertretung der Rechte der Mitglieder - der zugelassenen Vertragsärzte (§ 75 Abs. 2 S. 1) - durch jeweils zuständige KV gegenüber den Krankenkassen der Qualität. Das ist besonders im Rahmen der Verträge mit Krankenkassen augenscheinlich. Durch den einheitlichen Auftritt der Vertragsärzte bei Vertragsverhandlungen und die damit gegebene Marktmacht wird vermieden, dass in Vereinbarungen ein die Qualitätsanforderungen gefährdender Druck auf die Leistungserbringer ausgeübt werden kann. Durch die einheitlich gesteuerte Qualitätskontrolle werden ferner qualitätsgefährdende Verstöße auch von Seiten der Leistungserbringer verhindert. Solche wurden ebenfalls

---

[162] Vor der Reform des Vergütungsrechts zum 01.10.2009 durch das GKV-WSG: § 87 Abs. 2a S. 5 u. 6. Mit der Reform wurden sie zur besseren Lesbarkeit an den Anfang des Absatzes gezogen, vgl. BT-Drs. 16/3100, 127 zu Abs. 2a (§ 87).
[163] Rieser, DÄBl., 2009, 106(8); A-316, 12.02.2009, o. S., http://www.aerzteblatt.de/v4/archiv/artikel.asp?src=heft&id=63455, (11.11.2011). Weitere Maßnahme war beispielsweise die Ablehnung bestimmter ·Behandlungen (über eine „Basisversorgung" hinaus), was vielfach öffentlich in den Medien berichtet wurde; auch skeptisch zu einer Abschaffung der KVen äußerte sich Schmidt in A+S aktuell 06/2009, 3, 4, o. V.
[164] Zum 01.01.2009 mit GKV-WSG.
[165] BR-Drs. 785/11, 5.
[166] BR-Drs. 17/8005, 135.

im Zusammenhang mit den Reformen im Jahr 2009 bekannt, konkret im Zusammenhang mit dem Gesundheitsfonds[167]. Mit seiner Einführung wurden die Beiträge für alle Krankenkassen mit dem Ziel vereinheitlicht, den Wettbewerb von der Beitragserhebung auf die Ebene der Leistungen zu verlagern und eine bessere Vergleichbarkeit zwischen den Kassen zu erreichen. Abweichungen von den grundsätzlich gleichen Zuweisungen aus dem Fonds wurden für eine ausgewählte Reihe von Erkrankungen in Form von Zuweisungen höher Mittel geregelt. Damit erhielten die Versicherten mit diesen ausgewählten besonderen Erkrankungen für die Krankenkassen finanzielle Relevanz, denn wenn solche Patienten ihre Mitglieder werden, erhalten die Krankenkassen höhere finanzielle Zuweisungen. Im Zusammenhang damit wurden sodann Vereinbarungen bekannt, mit welchen sich Vertragsärzte zu einer entsprechenden Codierung (nach „Feststellung" entsprechender Diagnosen) gegenüber den Krankenkassen mehr oder minder deutlich verpflichteten. Auch ein solches kollusives Zusammenwirken kann die zuständige KV gegenüber dem Mitglied ahnden. Auf der Basis von Selektivverträgen mit den Krankenkassen etwa würde dieses Verhalten aufgrund des Vertragspartners Krankenkasse, der selbst betroffen ist, sicherlich nicht geahndet.

Die vertragsärztliche Zulassung gewährleistet daher die Einhaltung eines engmaschigen Netzes von Vorgaben, die man als krankenversicherungsrechtliches Regelwerk mit unterschiedlichen Zielrichtungen bei Beachtung der Gleichbehandlung aller Vertragsärzte bezeichnen kann, mit welchen eine homogene Qualität der ambulanten Versorgung sichergestellt, umgesetzt und überprüft wird. Insbesondere kann die KV über die Zulassung und die damit einhergehenden Pflichten und Möglichkeiten die Qualität der gesetzlichen Versorgung gewährleisten und damit dem ihr gesetzlich übertragenen Sicherstellungsauftrag nachkommen. Die Vertragspartner haben den KVen zu diesem Zwecke in großem Umfang die Umsetzung von gesetzlichen und vertraglichen Qualitätsvorgaben übertragen. Die Zulassung ist also ein bedeutendes Qualitätssicherungsinstrument.

5. Instrument für die Bedarfsplanung - Steuerung der Verteilung und Quantität

Eine weitere wichtige Funktion der vertragsärztlichen Zulassung ist, die Versorgung durch die Leistungserbringer so zu steuern, dass flächendeckend eine qualitativ ausreichende und zweckmäßige Versorgung gewährleistet ist (Verteilungssteuerung).[168] D. h., dass die Versorgung in der gesamten Bundesrepublik (flächendeckend) unter Beachtung und Erfüllung des medizinischen Standards (ausreichend) und unter Beachtung eines sozialstaatlich vertretbaren Verhältnisses von Qualität und Kosten (zweck-

---

[167] Eingeführt durch § 271 mit dem GKV-WSG v. 26.03.2007, BGBl. I 2007, 378.
[168] Zu den gesetzlichen Grundlagen, die dies bewirken, unter "1. Bedarfsplanung".

mäßig) erfolgen muss. Als das bei unbegrenzter Zulassung von Leistungserbringern bei der ambulanten Versorgung durch die Vertragsärzte aufgrund einer Überversorgungssituation Anfang der 90er Jahre nicht mehr gewährleistet war, wurde die Zulassung wirksam einer einschneidenden Änderung in Form einer Rationierung unterworfen.

a. Bedarfsplanung

Schon seit Jahrzehnten wird die Zulassung daher nur entsprechend einem ermittelten Bedarf erteilt (§ 99[169]), der durch die so bezeichnete Bedarfsplanung festgestellt und regelmäßig wiederkehrend geprüft wird. Die Bedarfsplanung ist ein „Instrument der Sicherstellung"[170]. Die schon 1977 erstmals, damals als Reaktion auf einen Ärztemangel, eingeführte Bedarfsplanung[171] blieb auch nach dem Gesetz zur Verbesserung der kassenärztlichen Bedarfsplanung vom 19.12.1986[172] weitgehend wirkungslos[173] und wurde erst mit dem Jahr 1993[174] in ihrer für die Rationierung der Zulassung entscheidenden Form etabliert, um in den nunmehr infolge einer Ärzteschwemme[175] überversorgten Gebieten Neuzulassungen zu verhindern. Der Gesetzgeber hat dies als unverzichtbar angesehen, um die Finanzierbarkeit der GKV zu gewährleisten.[176] Da die Situation nun von Überversorgung geprägt war, wurde auch nur für den Fall der Überversorgung eine verbindliche Regelung getroffen.[177] Mit dieser nahm der Gesetzgeber eine Einschränkung der ärztlichen Niederlassungsfreiheit vor, wodurch das Instrument der vertragsärztlichen Zulassung entscheidende Relevanz für das Grundrecht der Berufsausübungsregelung erhielt.

Dabei hatte der Gesetzgeber schon vor 1992 vorgesehen, dass eine Überversorgung in der ambulanten ärztlichen Versorgung durch Versagung weiterer Zulassungen gesteuert werden könne. Es fehlte aber die gesetzliche Festlegung, dass dies zwingend zu erfolgen hat, wenn eine bestimmte Prozentzahl der Versorgungsdichte überschritten

---

[169] Eingeführt durch das GRG mit Geltung ab 01.01.1989

[170] Bayerisches LSG, Urt. v. 23.07.2008, L 12 KA 3/08, MedR 2009, 56 - juris Rn. 51.

[171] BGBl. I, 1332, Erste Verordnung zur Änderung der Zulassungsverordnung für Kassenärzte vom 20.07.1977. Die Neuerung wurde ausführlich in mehreren Paragrafen geregelt (§§ 12 - 16).

[172] BGBl. I, 2593.

[173] Noweski, 2004, Der unvollendete Korporatismus, 41, http://bibliothek.wzb.eu/pdf/2004/i04-304.pdf (08.12.2011).

[174] GSG, BGBl. I 1993, 2266.

[175] Die Arztzahl stieg im Jahr 1993 aufgrund des Übergangsrechts (Art. 33 GSG) und eines Vorzieheffektes um 10,2%, vgl. BT-Drs. 14/1245, 77 (zu Nr. 53).

[176] BT-Drs 12/3608, 96 (noch bezogen auf den später wieder aufgehobenen § 102, der eine gesetzlich festgelegte Bedarfszulassung vorsah.).

[177] Zur Gesetzesänderung, *Pawlita*, in: jurisPK-SGB V, § 103 Rn. 2.

wird. Im Jahr 1993 wurde das mit dem GSG nachgeholt und damit eine strengere Regelung der Bedarfsplanung eingeführt. Seither ist gesetzlich definiert, wann eine Überversorgung vorliegt, und arztgruppenbezogen eine Sperrung von Planungsbereichen (Zulassungssperren) für den Fall der Überversorgung geregelt.

§ 101 regelt die Grundlagen für die Annahme einer Unter- oder Überversorgung. Die wesentlichen Kriterien für die Beschränkung der Berufsausübung hat der Gesetzgeber somit durch Gesetz in § 101, dieses ergänzt durch die Ärzte-ZV (§ 98), festgelegt. Im Übrigen hat er dem G-BA die Befugnis zur Normkonkretisierung im Bereich der Bedarfsplanung durch Erlass von Richtlinien nach dem BSG in nicht zu beanstandender Weise übertragen.[178]

Mit § 101 Abs. 1 gibt der Gesetzgeber vor, dass Zulassungsbeschränkungen für die Niederlassung von Ärzten zu erlassen sind, wenn der bedarfsgerechte Versorgungsgrad (vgl. § 101 Abs. 1 S. 1) überschritten wird. Dieser Fall ist nach gesetzlicher Definition dann gegeben, wenn die allgemeine Verhältniszahl um 10 % größer als die konkrete örtliche Arzt / Einwohner-Relation ist (Überschreitung der "110%-Grenze") (§ 101 Abs. 1 S. 3). Eine weitere Folge einer Zulassungssperre ist grundsätzlich das Erlöschen frei werdender Vertragsarztsitze.

Nicht erst, wenn der Versorgungsgrad in einem gesperrten Planungsbereich unter die „100%-Grenze", sondern schon, wenn er wieder unter die "110%-Grenze" sinkt, werden die Zulassungsbeschränkungen teilweise wieder aufgehoben. Eine (nur) teilweise Aufhebung liegt deswegen vor, weil Neuzulassungen nur mit Einschränkungen vorgenommen werden. Hierzu gehören eine Festlegung der maximal möglichen Zulassungen vom Landesausschuss und eine Erteilung der Neuzulassungen nach der Reihenfolge des Eingangs der Anträge (was ursprünglich zu dem Begriff Windhundprinzip[179] führte). Durch die Art der Verfahrensgestaltung muss seither gewährleistet werden, dass nicht eine lediglich von zufälligen Umständen abhängige und für Manipulationen anfällige Zuteilung der Vertragsarztzulassung stattfindet, was etwa durch ein mehrere

---

[178] Vgl. BSG, Urt. v. 23.02.2005, B 6 KA 81/03 R, GesR 2005, 450 - juris, Orientierungssatz.

[179] Vgl. beispielsweise BSG, Urt. v. 23.02.2005, B 6 KA 81/03 R, in dem bei den Antragsunterlagen ein polizeiliches Führungszeugnis fehlte. Da die Klägerin auf die Erstellung keinen Einfluss nehmen konnte, musste sie sich dies nicht zurechnen lassen. In diesem Urteil wurde auch die Zulässigkeit der teilweisen Aufhebung von Zulassungsbeschränkungen festgestellt. Vom „Windhundprinzip" wandte man sich mit den Bedarfsplanungsrichtlinien (Nr. 23 S. 3 Nr. 2) wieder ab, indem nun nur noch vollständige Anträge nach und innerhalb einer bestimmten Frist nach Veröffentlichung der Aufhebung von Zulassungsbeschränkungen berücksichtigt werden, dagegen keine Anträge auf Vorrat. Aktuell etwa LSG Nordrhein-Westfalen, Urt. v. 10.12.2008, L 11 KA 47/08, MedR 2009, 361, in diesem Punkt bestätigt durch das BSG (anders zum Rangverhältnis Zweigpraxis, Sonderbedarf), Urt. v. 08.12.2010, B 6 KA 36/09 R, GesR 2011, 362 (365).

Wochen dauerndes Zuwarten nach Bekanntgabe der Aufhebung von Zulassungsbeschränkungen erreicht werden soll.

Ein Teil der Konkretisierung der Vorgaben des Gesetzgebers für die Bedarfsplanung findet in der Festlegung von allgemeinen und konkreten örtliche Verhältniszahlen statt. Zunächst werden die allgemeinen Verhältniszahlen vom G-BA in BedarfsplRL-Ä festgelegt. Sie differenzieren zwischen den einzelnen Arztgruppen[180] und ordnen Planungsbereiche bestimmten Regionstypen (z. B. „ländliche Region") zu.[181] Aus diesen Werten ergibt sich in einem ersten Schritt eine arztgruppenspezifische Verhältniszahl (Einwohner je Arzt), die in einem zweiten Schritt mit der in den BedarfsplRL-Ä des G-BA festgelegten historischen Verhältniszahl verglichen wird.[182] Die konkreten örtlichen Verhältniszahlen für den jeweiligen Planungsbereich zur Durchführung des zweiten Schrittes der Festlegung werden dabei vom Landesausschuss ermittelt, also durch Ärzte und Krankenkassen gemeinsam (so genannter Bedarfsplan). Denn es ist ihre Aufgabe, auf Grundlage der Richtlinien Unter- (§ 100, § 16 Abs. 1 S. 2 HS. 2 Ärzte-ZV) oder Überversorgung (§ 103, § 16b Abs. 1 S. 3 Ärzte-ZV) festzustellen. Hieran sind wiederum die Zulassungsausschüsse bei ihrer Entscheidung über einen Zulassungsantrag gebunden (§ 100 Abs. 2 bzw. § 16b Abs. 2 Ärzte-ZV). Die konkreten Verhältniszahlen, welche danach in einem zweiten Schritt die Landesausschüsse festlegen, werden auf der Grundlage des Verhältnisses der Vertragsärzte zur Einwohnerzahl zum Zeitpunkt der Feststellung (dem historischen Wert, den der G-BA zugrunde legt[183]) und dem aktuellen Versorgungsgrad in Prozenten ermittelt. Um regionale Un-

---

[180] Die Verhältniszahlen werden nur für Arztgruppen ermittelt, in denen mehr als 1.000 Vertragsärzte bundesweit tätig sind, § 4 Abs. 5 BedarfsplRL-Ä. Die Arztgruppe im Sinne des Bedarfsplanungsrechts muss allerdings nicht notwendig mit den Fach- beziehungsweise Teilgebiet im Sinne des landesrechtlich geregelten Weiterbildungsrechts identisch sein, BSG, Urt. v. 09.02.2011, B 6 KA 1/10 R, juris Rn. 20.

[181] Die KVen stellen für die Bedarfsplanung eine Liste auf, in der nach derzeit 395 Planungsregionen und nach 14 Arztgruppen gegliedert die Zahl der aktuell im ambulanten Bereich praktizierenden Vertragsärzte und die jeweilige Einwohnerzahl erfasst sind, WIdo, 2011, http://www.wido.de/fileadmin/wido/downloads/pdf_pressemitteilungen/wido_amb_pm_ar zteatlas2011_0511.pdf, 81 (11.11.2011). Zur Kompetenz des G-BA zur Festlegung von Verhältniszahlen und Planungsbereichen, basierend auf dem Gesetz zur Verbesserung der kassenärztlichen Bedarfsplanung v. 19.12.1986, BGBl. I 1986, 2593 und heute §§ 101 und 102, vgl. BSG, Urt. v. 28.06.2000, B 6 KA 35/99 R - juris Rn. 18 ff.

[182] Vgl. ausführlich Sachverständigenrat zur Begutachtung der Entwicklung im Gesundheitswesen, Koordination und Integration - Gesundheitsversorgung in einer Gesellschaft des längeren Lebens, Sondergutachten 2009, 80 f., Sachverständigenrat, 2009, http://www.svrgesundheit.de/Gutachten/Uebersicht/GA2009-LF.pdf (11.11.2011).

[183] Sachverständigenrat zur Begutachtung der Entwicklung im Gesundheitswesen, Koordination und Integration - Gesundheitsversorgung in einer Gesellschaft des längeren Lebens, Sondergutachten 2009, 98, Sachverständigenrat, 2009, http://www.svr-gesundheit.de/ Gutachten/Uebersicht/GA2009-LF.pdf (11.11.2011).

terschiede zu berücksichtigen, werden ähnlich strukturierte Planungsregionen zu insgesamt zehn siedlungsstrukturellen Regionstypen zusammengefasst und die arztgruppenspezifischen Verhältniszahlen für jeden Regionstyp ausgewiesen.

Der Gesetzgeber hat die Regionstypen schon im Jahr 2006 beanstandet und festgestellt, das gerade in den wegen ihrer Anknüpfung an die Stadt- und Landkreise oft sehr großen Planungsbereichen die Gefahr besteht, dass auch bei rechnerisch ausreichender Versorgung erhebliche Versorgungslücken existieren[184], die z. B. auf schlechter infrastruktureller Anbindung beruhen können[185]. Die örtlichen Verhältniszahlen bilden daher die Versorgungssituation vor Ort nicht immer sachgerecht ab.[186] Erst mit dem GKV-VStG wird mit § 101 Abs. 1 S. 6 n. F., mit einer weiteren Verzögerung bis zum 01.10.2013, eine Flexibilisierung der Planungsbereiche dahingehend ermöglicht, dass sie nicht mehr Stadt- und Landkreisen entsprechen müssen. Schon 1997 hat der Gesetzgeber ferner die Anpassungsbedürftigkeit aufgrund Morbiditätsveränderungen gesehen.[187] Eine gesetzgeberische Pflicht zur Anpassung der Verhältniszahlen oder Festlegung neuer Verhältniszahlen bestand gleichwohl nur, „wenn dies wegen der `Änderung der fachlichen Ordnung der Arztgruppen` erforderlich ist".[188] Der Morbiditätsfaktor wird erst durch § 99 Abs. 1 S. 3 n. F. mit dem GKV-VStG ab 2012 bei der Bedarfsplanung auf Ebene der Regionalpartner berücksichtigt. Eine Anpassung der bundeseinheitlichen Vorgaben erfolgte zudem durch die verbindliche Vorgabe der Berücksichtigung demografischer Veränderungen mit § 101 Abs. 2 Nr. 3.

Zudem handelt es sich bei dem allgemeinen bedarfsgerechten Versorgungsgrad mithin um eine „rein rechnerische Ermittlung des arztgruppenspezifischen Versorgungsstandes durch Ermittlung der zum Stichtag bestehenden bevölkerungs- und arztgruppenspezifischen Zulassungszahlen".[189] Der Anspruch, den der Begriff der Bedarfsplanung vermittelt - dass im Rahmen der Bedarfsplanung der Bedarf ermittelt wird - löst damit falsche Assoziationen aus. Die tatsächlichen Bedarfe werden über die Verhältniszahlen bisher überhaupt nicht ermittelt. Diese basieren hauptsächlich auf Zahlen aus den 1990er Jahren[190] (§ 101 Abs. 1 S. 4, § 5 Abs. 1 BedarfsplRL-Ä). Nur für Hausärzte wird dies mit dem geringfügig aktuelleren Stand zum 31.12.1995 und für Anästhesis-

---

[184] BT-Drs. 16/2474, 23. BR-Drs. 353/06, 52.

[185] Wie vor, 24.

[186] Wie vor, 24.

[187] BT-Drs. 13/7264, 66.

[188] BSG, Urt. v. 09.02.2011, B 6 KA 1/10 R - juris Rn. 29.

[189] *Pawlita,* in: jurisPK-SGB V, § 101 Rn. 27.

[190] Vgl. auch Sachverständigenrat zur Begutachtung der Entwicklung im Gesundheitswesen, Koordination und Integration - Gesundheitsversorgung in einer Gesellschaft des längeren Lebens, Sondergutachten 2009, 81, Sachverständigenrat, 2009, http://www.svr-gesundheit. de/Gutachten/Uebersicht/GA2009-LF.pdf (11.11.2011); BT-Drs. 12/3608, 96.

ten mit Stand zum 31.12.1997 nach § 5 Abs. 4 und 3 BedarfsplRL-Ä ermittelt. § 101 wurde in Bezug auf die Grundlage des Versorgungsstandes des Jahres 1990 bis heute nicht geändert[191] und auch weitere Kriterien der Bedarfsermittlung bis zum GKV-VStG nicht. Demzufolge wird bisher keine Versorgung erreicht, die dem aktuellen Bedarf entspricht. Eine Entwicklung verspricht das GKV-VStG aufgrund der eben angegebenen Anpassungen. Die Verhältniszahlen basieren jedoch nach wie vor auf historischen Werten. Die Bedarfsplanung in ihrer Form bis zum GKV-VStG wird daher auch als reine Umverteilung kritisiert, als Verwaltung eines Mangels, der trotz des Anspruchs einer Bedarfsplanung, dem Bedarf gerecht zu werden, nicht behoben wird.[192] Schon länger wird ferner kritisiert, dass nicht der tatsächliche Bedarf, sondern überwiegend die regionale Verteilung der Ärzte gesteuert wird.[193] Ferner wird kritisiert, dass die Bedarfsplanung lediglich der Beschreibung der Versorgungssituation diene, nicht aber dem Abbau von Versorgungsdefiziten.[194] Diese Aussage ist kurz, sie trägt dem jahrzehntelang eingesetzten Umsetzungsinstrument zur Reaktion auf Versorgungsdefizite - der Zulassung - keine Rechnung[195]. Das bestätigt das GKV-VStG, welches durch Berücksichtigung von Demografie und Morbidität sowie weiterer Anpassungen, die Bedarfsplanung in längst überfälliger Weise erheblich modernisiert.

Bis zum 01.01.2009[196] blieb die Bedarfsplanung jedoch im Wesentlichen in dieser Form für Vertragsärzte und Vertragszahnärzte bestehen. Dem Grunde nach liegt mit ihr ein seit 1977 gewachsenes System vor, was sich zur Steuerung in der ambulanten Versorgung geeignet gezeigt hat, aber bis zum GKV-VStG erheblich überarbeitungsbedürftig war und nach wie vor ist. Das Steuerungsinstrument ist seit 1993 ganz besonders eng mit dem Instrument der vertragsärztlichen Zulassung verbunden. Ihr Fortbestehen hat daher auch für die Rechtfertigung der vertragsärztlichen Zulassung entscheidende Bedeutung. Die Folgen der Bedarfsplanung für die ärztliche Berufsausübung werden später zu Art. 12 GG behandelt.

---

[191] *Pawlita*, in: jurisPK-SGB V, § 101 Rn. 2; Der Bevölkerungsstand im Verhältnis zu den Arztzahlen (= Verhältniszahlen) wurde vom Gesetzgeber auf der Basis des Versorgungsstandes mit Vertragsärzten zum 31.12.1990 und bezogen auf die Psychotherapeuten zum 01.01.1999 festgelegt (§ 101 Abs. 1 S. 3). Wie viele Menschen in einer Region leben, bestimmt, wie viele Mediziner der einzelnen Spezialgebiete sich dort niederlassen dürfen.

[192] Schaffmann, 2011, Interview mit Eva Schweitzer-Köhn, o. S., http://www.report-psychologie.de/aktuell/2011/03-01.html (11.11.2011).

[193] Kopetsch, 2005, DÄBl., www.aerzteblatt.de/aufsaetze/0505, o. S. (04.11.2011).

[194] Orlowski/Wasem, Gesundheitsreform 2007, 69.

[195] Dazu nachfolgend unter 2.

[196] Geändert mit dem GKV-WSG.

b. Zulassung als Umsetzungsinstrument

Die Regulierung der flächendeckenden, ausreichenden und wirtschaftlichen Versorgung wird zwar durch die Bedarfsplanung vorgegeben. Die mit ihr bezweckte Steuerung erfolgt jedoch erst durch das Ob und Wie der Erteilung der Zulassung. Die Zulassung ist somit ein Instrument zur Regulierung und Kontingentierung der Teilnahme an der vertragsärztlichen Versorgung. Die Bedarfsplanung wiederum ist das Kernelement des Leistungserbringungssystems des SGB V, das auf die Herbeiführung und Aufrechterhaltung einer bedarfsgerechten Versorgung der Versicherten ausgerichtet ist. Bedarfsgerecht ist eine Versorgung, in der Über- oder Unterkapazitäten möglichst ausgeschlossen werden.

Der Gesetzgeber bezeichnet die vertragsärztliche Bedarfsplanung als regionale Umverteilungsplanung mit Zulassungssperren.[197] Damit charakterisiert er die vertragsärztliche Zulassung zutreffend als Mittel der Bedarfsplanung. Zwar dient daher die Zulassung nur als Instrument zur Umsetzung der Maßgaben, die durch die Bedarfsplanung vorgegeben sind, und könnte damit auch als bloßes Werkzeug der Bedarfsplanung bezeichnet werden. Das aber wird ihrer Bedeutung nicht gerecht. Am Anfang stand nämlich allein das System der Zulassung, die Bedarfsplanung ist ein - allerdings entscheidender - Schritt der Entwicklung und des Wandels des Steuerungsinstruments der vertragsärztlichen Zulassung, indem sie mit einem Rationierungselement versehen wurde. Man könnte auch formulieren „ohne Zulassung, keine Umsetzung der Bedarfsplanung". Die AOK beispielsweise bezeichnet die Bedarfsplanung vereinfachend als „Regeln, nach denen Ärzte eine Kassenzulassung erhalten"[198], und charakterisiert die Bedarfsplanung damit mehr als Hintergrund, als Hilfsmittel zur Regelung der Zuweisung der vertragsärztlichen Zulassung. Damit steht die Zulassung stärker im Vordergrund, über die auch der Bedarf gesteuert wird. Letztlich kann man es also formulieren wie man will, die Bedarfsplanung greift jedenfalls ohne das Instrument der Zulassung nicht.

Der Gesetzgeber gibt, dieser Tatsache folgend, auch vor, dass Näheres zur Sicherstellung der erforderlichen Bedarfsplanung und zum Verfahren bei Zulassungsbeschränkungen (§ 104 Abs. 1) in den Zulassungsverordnungen zu regeln (§ 98 Abs. 1 S. 1, Abs. 2 Nr. 8) ist. Die §§ 12 bis 14 Ärzte-ZV treffen demgemäß Bestimmungen zum Inhalt und zum Verfahren der Erstellung der Bedarfspläne. § 16 Ärzte-ZV regelt das Verfahren zur Feststellung von Unterversorgung und Zulassungsbeschränkungen. Die Zulassungsausschüsse sind bei ihrer Entscheidung über einen Zulassungsantrag an die

---

[197] BT-Drs. 16/3100, 112.

[198] Ferner erklärt der AOK-Bundesverband, 2010b, diese reformieren zu wollen, http://www.aok-bv.de/presse/medienservice/politik/index_04965.html, o. S. (04.11.2011).

Feststellung einer Unter- und Überversorgung durch die Landesausschüsse gebunden (§ 100 Abs. 2 bzw. § 16b Abs. 2 Ärzte-ZV). „§ 15 Ärzte-ZV ermöglicht der KV die Ausschreibung von Vertragsarztsitzen zur Vermeidung von Unterversorgung".[199]

Für die Zahnärzte sind Zulassungssperren mit dem GKV-WSG zum 01.04.2007 entfallen[200]. Nicht entfallen ist die Feststellung einer Unterversorgung für den Bereich der vertragszahnärztlichen Versorgung, die etwa zur Möglichkeit der Leistung von Sicherstellungszuschlägen aufrechterhalten wird.[201] Es erfolgen jedoch keine Maßnahmen mehr zur Beseitigung einer Überversorgung durch Sperrung von Gebieten für eine Zulassung. Der Gesetzgeber hat anlässlich des Wegfalls der Zulassungssperren ausdrücklich davon gesprochen, dass ein Verzicht auf die Steuerungswirkung durch die Zulassungsbeschränkungen möglich sei.[202] Verliert die Zulassung diese Funktion der Steuerung, verliert auch die Bedarfsplanung ihre Steuerungsfunktion, weil es kein Instrument zu ihrer Umsetzung gibt. Damit hat der Gesetzgeber in diesem Zusammenhang exakt beschrieben, was eine wesentliche Funktion der Zulassung ist, die sie seit Einführung der Bedarfszulassung mit dem GSG zum 01.01.1993 hat: ihre Steuerungswirkung. Für den Bereich der Ärzte bestanden Zulassungsbeschränkungen zunächst fort, wurden jedoch durch den Gesetzgeber des GKV-WSG einem dauernden Prüfstand unterworfen (vgl. § 87 Abs. 7 Sätze 1 und 2). Verzichtet werden sollte nach dem Gesetzestext auf sie, wenn das Ergebnis der Steuerungswirkung auf der Grundlage der Orientierungswerte (d. h. über die Vergütung) planungsgemäß ausfällt. Hierzu wollte sich der Gesetzgeber umfassend informieren lassen, was für die Quartale I - IV/2009 erfolgt ist, und worüber seit November 2010 ein 224-seitiger Bericht vorliegt.[203]

Dieses ganz einschneidende Vorhaben der Ersetzung der Bedarfsplanung durch eine Steuerung über die vertragsärztliche Vergütung wird fast beiläufig mit dem geplanten

---

[199] *Pawlita*, in: jurisPK-SGB V, § 99 Rn. 3.

[200] § 103 Abs. 8.

[201] BT-Drs. 16/3100, 135, zu § 100 Buchst. a. Für den Bereich der Vertragsärzte hatte der Gesetzgeber aufgrund der Einführung der Orientierungswerte und insbesondere der damit verbundenen Zu- und Abschläge eine Steuerung durch Sicherstellungszuschläge bis zur Wiederaufnahme durch das GKV-FinG aufgehoben, BT-Drs. 16/3100, 136.

[202] BT-Drs. 16/3100, 135, zu § 100 Buchst. b. insoweit: „... für den Bereich der vertragszahnärztlichen Versorgung auf die Steuerung durch zwingende Zulassungsbeschränkungen verzichtet werden kann. In diesem Leistungsbereich stellt sich zum einen das Problem der Überversorgung nicht in der gleichen Weise wie im Bereich der vertragsärztlichen Versorgung, insbesondere der fachärztlichen Versorgung, zum anderen ist auch die Gefahr von Leistungsausweitungen und angebotsinduzierter Versorgung nicht in der Weise gegeben wie im Bereich der vertragsärztlichen Versorgung."

[203] BT-Drs. 17/4000. Zugrunde lag ein rund 180-seitiger Bericht des Bewertungsausschusses in Form tabellarischer Ergebnisse, die der Bewertungsausschuss selbst nicht kommentiert hat, sondern welche vom BMG aufbereitet wurden (so BT-Drs. 17/4000, 2).

GKV-VStG aufgehoben.[204] Eine Auswertung des eben genannten Berichts des Bewertungsausschusses zu einer Steuerungswirkung liegt dem offensichtlich nicht zu Grunde, Folgen hieraus wurden nie veröffentlicht. Zukünftig soll nach einem neuen § 87c S. 1 nur noch ein Bericht über die Verteilung der Vergütung erfolgen, was allerdings mit Transparenz und nicht mit dem möglichen Wegfall der Bedarfsplanung begründet wird. Die Bedarfsplanung hingegen steht wieder im Mittelpunkt, als sei sie nie in Frage gestellt worden[205], und wird erheblich weiter entwickelt.[206] Die Idee einer Steuerung über Vergütungsanreize wird allerdings auch fortentwickelt, sie wird nunmehr aber - und das ist zunächst eine entscheidende Änderung - nicht mehr als Alternative zur Bedarfsplanung gehandelt.[207]

Die Bedarfsplanung ist also ein Steuerungsinstrument für die Sicherstellung der Versorgung.[208] Die Erfüllung der nach der Bedarfsplanung ermittelten Vorgaben für die Versorgungssituation obliegt der KV als Vertretungskörperschaft der Vertragsärzte, die mit dieser Ausgestaltung der Zulassung ihre Aufgabe einer flächendeckenden Versorgung sicherstellen und gewährleisten kann und muss. Die KVen haben den Sicherstellungsauftrag in den 30er Jahren des 20. Jahrhunderts beansprucht, durch intensive Kämpfe von den Krankenkassen übernommen und sich damit gegenüber den Krankenkassen verpflichtet, die Sicherstellung der Versorgung auch zu gewährleisten. Die Zulassung ist das entscheidende Instrument zur Bewerkstelligung dieser Aufgabe. Es gibt sie nicht nur um der Bedarfsplanung willen, aber diese wäre ohne jene nicht denkbar. Wie festgestellt, könnte man auch formulieren: „ohne Zulassung, keine Umsetzung der Bedarfsplanung und der Sicherstellung der Versorgung".

B. (Ausgewählte) geschichtliche und rechtsgeschichtliche Schlaglichter und der Wirtschaftsfaktor Zulassung

I. Apotheken-Urteil, Kassenarzturteile

Die vertragsärztliche Zulassung wird nur unter gesetzlich geregelten Voraussetzungen erteilt, ferner ist sie stark durch die Bedarfsplanung rationiert worden. Zugleich ist sie der einzige Zugang zu einem Markt, der die Behandlung und Vergütung von rund 80 bis 90 % der Versicherten in der BRD beherrscht. Die vertragsärztliche Zulassung hat daher erkennbar eine große Relevanz für den ärztlichen Beruf und muss sich am Grundrecht des Art. 12 GG messen lassen, der den Zugang zu einem Beruf bzw. die

---

[204] Vgl. Kabinettsentwurf v. 27.07.2011, 16 (99).
[205] Vgl. Kabinettsentwurf v. 27.07.2011, 66.
[206] BR-Drs. 785/11, 19 f.
[207] Vgl. Kabinettsentwurf v. 27.07.2011, 68 f..
[208] Bayerisches LSG, Urt. v. 23.07.2008, L 12 KA 3/08, MedR 2009, 56 - juris Rn. 51.

freie Wahl (Art. 12 GG Abs. 1 S. 1 GG) und die Ausübung eines Berufs (Art. 12 GG Abs. 1 S. 2 GG) regelt. Das BVerfG hat sich in einem parallelen Bereich, bei der Berufsgruppe der Apotheker, auch Freiberufler und zwar im Gesundheitswesen, grundlegend mit der Frage der zulässigen Beschränkung des Grundrechts durch die Erforderlichkeit des Erwerbs einer Zulassung im Gesundheitsbereich als objektive Zulassungsbeschränkung (Apothekenzulassung) befasst und mit dem so genannten Apothekenurteil grundsätzliche Aussagen zur Rechtsqualität einer bedarfsabhängigen Zulassung von Apothekern und deren Rechtmäßigkeit gemacht.[209] Diese Rechtsprechung ist als wichtige Grundlage für die rechtliche Bewertung und den Bestand der vertragsärztlichen Zulassung und als Vorläufer-Rechtsprechung für die vertragsärztliche Zulassung zu beurteilen[210], wiewohl die vertragsärztliche Zulassung nicht die Ausübung des Berufs des Arztes insgesamt erfasst, wie es bei der Apothekerzulassung der Fall ist, sondern nach Auffassung der Rechtsprechung nur in der Form der Ausübung des Arztberufs als Vertragsarzt (eine privatärztliche Behandlung bleibt unberührt). Ferner zeigt die Rechtsprechung, dass das Instrument der Zulassung nicht einzigartig ist, sondern in abgewandelter Form in anderen Bereichen ebenfalls vorkommt und in seiner jeweiligen Funktion etabliert ist.[211] Das Ergebnis der Überprüfung der Vertragsarztzulassung am Maßstab des Art. 12 GG, insbesondere nach den Grundlagen der genannten Rechtsprechung im Apothekenurteil und anhand weiterer Grundrechte, wird im nachfolgenden Kapitel C.II.3. detailliert erörtert.

II. Besondere Formen - Bedarfszulassung - vinkulierte Zulassung - Sonderbedarfszulassung - Nachfolgezulassung

Mit dem Ziel der Sicherstellung einer bedarfsgerechten Versorgung wurden Vertragsärzte aufgrund der Ergebnisse der Bedarfsplanung nach der bis zur Vergütungsreform zum 01.01.2009 maßgeblichen Fassung des GSG von 1993 nur nach Bedarf zugelassen.[212] Die Bedarfsplanung fand somit in Form der Regulierung und Kontingentierung

---

[209] BVerfG, Entscheidung v. 11.06.1958, 1 BvR 596/56, BVerfGE 7, 377 ff.; vgl. auch *Scholz*, in: Maunz-Dürig, Art. 12 GG Rn. 335.

[210] So auch *Scholz*, in: Maunz-Dürig, Art. 12 GG Rn. 340, der die Behandlung der Frage der Geltendmachung einer drohenden Gefahr als Grundlage von Zulassungsbeschränkungen ähnlich im Kassenarzturteil vom 04.03.1964, 1 BvR 216/51, BVerfGE 11, 30 (45 ff.), behandelt sieht.

[211] So etwa auch in der Rechtsanwaltschaft, vgl. zur Entwicklung Römermann, BRAK Mitteilungen 2009, 208 (210 ff.); Bei Rechtsanwälten etwa ist Rechtfertigungsgrund der Zulassung die Funktionsfähigkeit der Rechtspflege, vgl. *Scholz*, in: Maunz-Dürig, Art. 12 GG Rn. 352, neben subjektiven Kriterien wie Wartezeiten oder Mindesttätigkeitsdauern, Art. 12 GG Rn. 358.

[212] Siehe hierzu detailliert Kap. 2 A.III.5..

der vertragsärztlichen Zulassung ihre Umsetzung. Die Zulassung wurde damit einschneidend reglementiert.

Zur Abmilderung wurde parallel dazu eine Reihe von Ausnahmetatbeständen geschaffen. Hierzu gehören die Fälle von Sonderbedarfszulassungen. Eine Sonderbedarfsteilzulassung hingegen war zunächst streitig[213], ist aber nach nunmehriger Auffassung des BSG zulässig.[214] Eine besondere wirtschaftliche Bedeutung hat die Ausnahme nach § 101 Abs. 1 S. 1 Nr. 3 (i. d. F. bis zum GKV-VStG, die hiermit noch erweitert wurde) i. V. m § 72 Abs. 2 und § 24 der BedarfsplRL-Ä[215] erhalten, ferner die Ausnahme nach § 101 Abs. 1 Nr. 5, nach der die Zulassung eines so genannten Jobsharing-Angestellten möglich ist und die Zulassung für eine Jobsharing-Gemeinschaftspraxis (vinkulierte Zulassung) nach § 101 Abs. 1 Nr. 4[216]. An dieser Stelle sei angemerkt, dass der Begriff der Gemeinschaftspraxis vom Gesetzgeber mit dem 31.12.2006 aufgehoben und durch den neuen Begriff der „Berufsausübungsgemeinschaft" (BAG[217]) ersetzt wurde. Zu den Ausnahmen gehört des Weiteren die Zulassung wegen Aufnahme einer belegärztlichen Tätigkeit trotz Bestehens von Zulassungsbeschränkungen nach § 103 Abs. 7.[218] Die genannten Ausnahmen bezogen sich alle auf das Instrument der vertragsärztlichen Zulassung an sich, da es sich tatsächlich um Sonderformen oder Sondertatbestände der Zulassung handelt.

Ergänzend wurden Sondertatbestände geschaffen für Zulassungen in gesperrten Gebieten. Das ist zum einen die Nachfolgezulassung bei eigentlich gesperrtem Gebiet nach

---

[213] Vgl. LSG Nordrhein-Westfalen, Urt. v. 10.12.2008, L 11 KA 47/08, MedR 2009, 361 - juris Rn. 52. Die Zulässigkeit einer Sonderbedarfsteilzulassung ist höchstrichterlich nicht geklärt, vgl. Frehse/Lauber, GesR 2011, 278 (281) m. w. N..

[214] BSG, Urt. 08.12.2010, B 6 KA 36/09 R, GesR 2011, 362 (365), nach den Urteilsgründen besteht kein Rechtssatz, dass Sonderbedarfszulassungen nur als Vollzulassungen erteilt werden könnten.

[215] I. V. m. §§ 24 bis 26 BedarfsplRL-Ä.

[216] Nrn. 4 u. 5 jew. i. V. m. §§ 23a bis 23h BedarfsplRL-Ä.

[217] Eingeführt durch das VÄndG, BT-Drs. 16/2474, 24. Vgl. auch *Schroeder-Printzen*, in: Ratzel/Luxenburger, Hdb. Medizinrecht § 7 Rn. 466. Die KBV hat insoweit noch die Auffassung auf Ihrer Internet-Seite, dass der Begriff der Gemeinschaftspraxis weiterhin zulässig sei und als Unterform der BAG geführt werden könne, http://www.kbv.de/themen/ 10307.html#30.%20Kann/soll%20der%20Begriff%20der%20Gemeinschaftspraxis%20noc h%20benutzt%20werden%20%28Praxisschild,%20Stempel,%20Rezepte,%20ZA-Beschl%C3%BCsse,%20%C3%84rzteverzeichnisse,%20Vertr%C3%A4ge%29,%20 wenn%20dieser%20Begriff%20in%20der%20%C3%84rzte-ZV%20nicht%20mehr% 20besteht? o. S. (04.11.2011).

[218] Vgl. zusammenfassend etwa BSG, Urt. v. 23.06.2010, B 6 KA 22/09 R, GesR 2010, 623 (624).

§ 103 Abs. 4[219] (das GKV-VStG baut diese Regelung noch aus), die ebenfalls erhebliches wirtschaftliches Gewicht bekommen hat und die Sonderregelung nach Abs. 4a S. 5 für MVZ. Sie nimmt aufgrund der gesetzlich eingeführten zeitlichen Begrenzung ab.

Nicht erwähnt ist damit eine Reihe von weiteren Maßnahmen, mit denen die massive Beschneidung des Anspruchs auf eine vertragsärztliche Zulassung durch die Bedarfsplanung abgemildert wurde. Diese Maßnahmen waren allerdings nicht Art. 12 GG geschuldet, sondern eher eine Folge der Anforderungen der Versorgungssituation, konkret Unterversorgungssituationen. Hierzu gehört etwa die schon seit dem GMG bestehende Möglichkeit der Zahlung von Sicherstellungszuschlägen (§ 105 Abs. 1 S. 1 Hs. 2), die zwischenzeitlich für Vertragsärzte nicht mehr galt (wohl allerdings für Vertragszahnärzte)[220] und durch das GKV-FinG wieder eingeführt wurde[221], mit dem VÄndG noch differenziert für die Fälle so genannten zusätzlichen lokalen Sonderbedarfs (§ 101 Abs. 1 Nr. 3a)[222], für dessen Feststellungen der Gesetzgeber die Voraussetzungen vorgegeben hat[223] und die vom G-BA mit § 34a[224] BedarfsplRL-Ä umgesetzt wurden[225]. Auch dazu gehören erweiterte Möglichkeiten der Ermächtigung, wie z. B. von ärztlichen Einrichtungen (insbesondere der beruflichen Rehabilitation) und von Krankenhausärzten nach § 31 Abs. 1 lit. a Ärzte-ZV, § 116a (bei Unterversorgung). Sie haben auch den Hintergrund einer Abmilderung der Kontingentierung der Zulassung, führen aber nicht zu Sonder(aus)formungen des Instruments der vertragsärztlichen Zulassung.

Der Wunsch nach einer Zulassung zieht seither eine Vielzahl von Rechtsstreitigkeiten um die konkrete Zulässigkeit der Rationierung sowie deren Ausgestaltung und um Ausnahmeregelungen nach sich und verdeutlicht deren Relevanz insbesondere seit Rationierung durch die Bedarfszulassung.

---

[219] Zu § 103 Abs. 4, der dem Eigentumsschutz des Praxisveräußerers nach Art. 14 GG dient, ausführlich in Kap. 2 C.II.3.b..

[220] Durch Einfügung von Abs. 5.

[221] BT-Drs. 17/3040, 23 u. 25 f..

[222] Dieser ist abzugrenzen von der schon länger existierenden Regelung zum lokalen Sonderbedarf nach § 23a BedarfsplRL-Ä.

[223] Vgl. Entwurfsbegründung, BT-Drs. 16/2474, S. 23 (zu Nr. 8). Als Ergänzung des Instruments der Sonderbedarfszulassung zur Deckung eines lokalen Versorgungsbedarfs nach Nr. 24 Abs. 1 lit. a der BedarfsplRL-Ä.

[224] Beschl. des G-BA v. 13.03.2008, veröffentlicht im Bundesanzeiger Nr. 80, 1950, v. 03.06.2008, in Kraft seit dem 04.06.2008.

[225] Vgl. hierzu BSG, Urt. v. 23.06.2010, B 6 KA 22/09 R, GesR 2010, 623 (628).

III. Die Zulassung als Wirtschaftsgut

Für einen ärztlichen Leistungserbringer ist nach derzeitiger Rechtslage trotz vermehrter Lockerungen und Änderungen des Zulassungswesens unverändert von entscheidender Bedeutung, ob er eine vertragsärztliche Zulassung für ein bestimmtes regionales und fachärztliches Gebiet erhalten kann. Nur als deren Inhaber kann er bei formalrechtlich gegebenen Zulassungsvoraussetzungen, welche die Zulassungsverordnungen regeln, wie etwa der Approbation und einer gewissen Berufserfahrung, auch tatsächlich an der Versorgung der gesetzlich Versicherten teilnehmen und Vergütung dafür beanspruchen. Diese Situation verschärfte sich mit der 1993 durch das GSG vorgegebenen Bedarfsplanung, da diese zum Zwecke der Erfüllung einer flächendeckenden, ausreichenden und wirtschaftlichen Versorgung eine Rationierung des Teilnahmerechts herbeigeführt hat. Ein anderer Zugang zum Markt als über die vertragsärztliche Zulassung ist nur sehr eingeschränkt gegeben. In der Möglichkeit zur Behandlung der gesetzlich Versicherten liegt ein erhebliches wirtschaftliches Potential der ärzt-lichen Praxis.

Das wirtschaftliche Potential der Zulassung liegt auch darin, dass sie nahezu unabdingbare Voraussetzung zur Verwirklichung eines weiteren wichtigen Wirtschaftsfaktors einer ärztlichen Praxis ist, der persönlichen Patientenbindung, die für den Freiberufler typisch ist[226]. Zwar besteht die Patientenbindung völlig unabhängig von der Zulassung, die Möglichkeit ihres Aufbaus aber steht und fällt in Bezug auf „Kassenpatienten" mit der Inhaberschaft einer vertragsärztlichen Zulassung, da diese Patienten ohne sie nicht behandelt werden dürfen. Eine Patientenbindung zu gesetzlich Versicherten kann daher ohne Zulassung nicht aufgebaut oder erhalten werden. Zivilrechtlich besteht der Wert der Zulassung daher aus der Chance, an der ambulanten Versorgung der gesetzlich Versicherten teilzunehmen und damit der Möglichkeit der Verwirklichung des wirtschaftlichen Potentials der Patientenbindung zu gesetzlich Versicherten. Hieraus erklärt sich auch der bedeutsame wirtschaftliche, wenn auch nicht selbständige (Vermögens-)Wert[227], welcher einer vertragsärztlichen Zulassung im rechtsgeschäftlichen Verkehr beigemessen wird.[228] Jahrzehntelang schon hat die Zu-

---

[226] Vgl. BGH, Beschl. v. 31.05.2010, II ZR 29/09 - juris Rn. 8, der BGH geht selbstverständlich von einer starken Bindung der Patienten/Mandanten an den Berater aus, Leitsatz und Gründe. Daher wird die Mitnahme von Patienten/Mandanten auch als „angemessene" Form der Abfindung anerkannt, vgl. etwa BGH wie vor und Urt. v. 06.03.1995, II ZR 97/94, ZIP 1995, 833 - juris Rn. 6; Urt. v. 06.12.1993, II ZR 242/92, ZIP 1994, 378 - juris Rn. 10.

[227] LSG Nordrhein-Westfalen, Beschl. v. 12.03.1997, L 11 SKa 85/96, NJW 1997, 2477.

[228] Dies gilt nicht für Ärzte, die grundsätzlich nur privatärztlich behandeln wollen ebenso wie für Ärzte, die vor allem Leistungen erbringen, die nicht von der gesetzlichen Versicherung umfasst sind.

lassung bei dem Verkauf einer ärztlichen Praxis eine erhebliche Bedeutung. Die Chance, einen erheblichen Anteil des wirtschaftlichen Potentials einer vertragsärztlichen Praxis - versicherte Patienten zu Lasten der GKV zu behandeln - überhaupt zu realisieren und fortzuführen, kann ein Praxiserwerber nur bei erfolgreicher Übertragung der Zulassung auf sich verwirklichen.

Kein mit rechtlich kundiger Beratung verhandelter Kaufvertrag über eine vertragsärztliche Praxis wird ohne die Bedingung der erfolgreichen Übertragung der Zulassung zustande kommen. Wenn sich die Bedeutung einer Zulassung nur in der Erfüllung der formal-rechtlichen Kriterien erschöpfen würde, wäre sie weit weniger wichtig, denn die seit langem bestehenden Kriterien erfüllt eine Vielzahl an Leistungserbringern - jedenfalls mit deutscher Staatsbürgerschaft. Insoweit gab es bis zur Einführung der zwingenden Bedarfsplanung bei Vorliegen der Voraussetzungen „einen Anspruch auf Zulassung".[229] Der eigentliche Wert der Zulassung im Rechtsgeschäftsverkehr liegt in der Berechtigung, an einem regulierten Markt teilzunehmen. Diese Bedeutung erhielt die Zulassung insbesondere als Folge der zwingenden Bedarfsplanung. Im Hinblick auf den Wert der Zulassung kann etwa auch ein Rechtsanwalt Schadensersatzforderungen ausgesetzt sein, der „unvorsichtig" zur Rückgabe der Zulassung rät.[230] Auch im Steuerrecht[231] zeigt sich in den Rechtsstreitigkeiten über den Wert einer Zulassung ihre Relevanz als steuerlicher bzw. betriebswirtschaftlicher Faktor. Finanzgerichtlich wird der Wert einer Zulassung ähnlich einer Konzession im Güterfernverkehr beurteilt.[232]

Ferner befasst sich auch eine umfangreiche bundessozialgerichtliche Rechtsprechung mit Streitigkeiten, in denen es um die Zulassung eines Leistungserbringers geht. Dabei handelt es sich stets in irgendeiner Form um das Recht, die Zulassung zur Behandlung der gesetzlich Versicherten zu erhalten, worum die Aspiranten bis in die höchsten Instanzen kämpfen. So hatte das BSG beispielsweise über den Anspruch einer Fachärztin für Psychiatrie und Psychotherapie auf Zulassung als ausschließlich psychotherapeutisch tätige Ärztin zulasten des den Ärzten nach § 101 Abs. 4 S. 5 vorbehaltenen Versorgungsanteils der Psychotherapeuten (ehem. 40 %-Quote) zu entscheiden.[233] Die Problematik dieses Falls spiegelt eine von vielen Besonderheiten bei der Erteilung der Zulassung und der Auseinandersetzungen darum wider. Bei der psychotherapeutischen Behandlung ist der Markt besonders umkämpft, weil sich hier Ärzte (psychiatrische

---

[229] BSG, Urt. v. 09.06.1982, 6 RKa 26/80, BSGE 53, 291 - juris Rn. 11.
[230] BGH, Urt. v. 23.11.2006, IX ZR 21/03, WM 2007, 419, BRAK-Mitt. 2/2007, 57, Leitsatz.
[231] Siehe hierzu Kap. 2 C.II.4..
[232] Vgl. Teil 2 D.II.4. Steuerrecht. Die Zulassung als Konzession zu werten, wird von anderen Stimmen abgelehnt, im Einzelnen hierzu zur Rechtsnatur der Zulassung, vgl. Kap. 2 C.I..
[233] BSG, Urt. v. 05.11.2008, B 6 KA 13/07 R, GesR 2009, 202 ff..

Psychotherapeuten bzw. Fachärzte für Psychotherapeutische Medizin) sowie psychotherapeutisch ausgebildete, nicht-ärztliche Leistungserbringer als psychologische Psychotherapeuten bewerben. Nach der Ablehnung des Anspruchs auf Erteilung einer Zulassung in den Vorinstanzen, war der Ärztin aufgrund der Revision die Zulassung zu erteilen. Der Zulassungsausschuss musste seine Entscheidung korrigieren. Streitigkeiten vor dem BSG in Zusammenhang mit der Zulassung behandeln unzählige Sachverhalte, wie etwa den Anspruch auf Leistung von Notdiensten ohne Zulassung[234], die Erteilung von Sonderbedarfszulassungen und deren Voraussetzungen[235] sowie defensiven Konkurrentenklagen[236] hiergegen, von Ermächtigungen, deren Voraussetzungen[237] und defensiven Konkurrentenklagen diesbezüglich[238] oder auch schon die Verlegung einer Praxis[239]. Weitere Sachverhalte betreffen das Zulassungsverfahren bei der Aufhebung von Gebietssperren[240] und Zuständigkeitsfragen bei der Entscheidung über die Zuordnung der Arztgruppe und die entsprechende Folge der Zuordnung eines Antragstellers zu gesperrten Gebieten oder nicht[241], und das im Verhältnis von KV und Zulassungsgremien. Sogar die Anwendung von Vergaberecht beim „Verkauf" einer vertragsärztlichen Zulassung wurde erwogen.[242] Die Verschiedenheit der behandelten Sachverhalte und Rechtsstreitigkeiten über scheinbar nicht konfliktträchtige Konstellationen lassen den Wert der Zulassung ermessen.

Im Rahmen solcher rechtlichen Auseinandersetzungen spielt die Frage des Werts, der einer vertragsärztlichen Zulassung beizumessen ist, mit ganz eigenem Gewicht auch bei der Streitwertfestsetzung eine Rolle. Auch dabei zeigt sich, dass ihr ein nicht uner-

---

[234] Vgl. beispielsweise BSG, Urt. v. 28.09.2005, B 6 KA 73/04 R, SozR 4-2500 § 75 Nr. 3, Leitsatz.

[235] Vgl. beispielsweise BSG, Urt. v. 23.06.2010, B 6 KA 22/09 R, GesR 2010, 623 zu den unterschiedlichen Anforderungen der Versorgung und dem Beurteilungsspielraum der Zulassungsgremien; BSG, Urt. v. 05.11.2008, B 6 KA 56/07 R - juris Rn. 25 und B 6 KA 10/08 R - juris Rn. 22 zum Recht der KV u. a. eine wirtschaftlich tragfähige Praxis zu verlangen.

[236] BSG, Urt. v. 17.06.2009, B 6 KA 25/08 R und B 6 KA 38/08 R - juris.

[237] Vgl. beispielsweise BSG, Urt. v. 23.06.2010, B 6 KA 22/09 R, GesR 2010, 623 m. w. N. zu differenzierter Rechtsprechung zu der Frage, auf wie viel Entfernungskilometer bei Versorgungsangeboten verwiesen werden darf, die von 25 über 30 bis „unter" 35 - 40 km reicht.

[238] BSG, Urt. v. 28.10.2009, B 6 KA 42/08 R, GesR 2010, 211 (211 f.) m. w. N.. Nach dem BSG ist die so genannte defensive Konkurrentenklage möglich, wenn Voraussetzungen vorliegen, nach denen Vertragsärzte berechtigt sind, zugunsten anderer Ärzte ergangene Entscheidungen anzufechten (regelmäßig dann, wenn der Norm zugunsten des „Konkurrenten" so genannter Drittschutz beizumessen ist).

[239] LSG Nordrhein-Westfalen, Beschl. v. 23.12.2010, L 11 KA 95/10 B ER - juris Rn 26.

[240] Vgl. beispielsweise BSG, Urt. v. 23.02.2005, B 6 KA 81/03 R. Zum darin behandelten „Windhundprinzip" siehe auch Kap. 2 A.III.5.a. „Bedarfsplanung".

[241] BSG, Urt. v. 02.09.2009, B6 KA 35/08 R, GesR 2010, 88 ff.

[242] OLG Düsseldorf, Beschl. v. 22.12.2010, VII-Verg 41/10, ZMGR 2011, 50.

heblicher Wert zugeschrieben wird. Sie wird grundsätzlich mit dem konkreten Umsatz des betreffenden Arztes in einem Zeitraum von drei Jahren abzüglich eines Praxiskostenanteils bewertet.[243] Im Einzelfall wird diese Bewertung abgewandelt, weil stets auf die konkreten Verhältnisse abgestellt wird.[244]

Auch im Zusammenhang mit den Flexibilisierungen der Zulassung durch das VÄndG[245] offenbarte sich wieder der Wert, den die Zulassung für die Leistungserbringer hat, vor allem aufgrund ihrer Rationierung durch die Bedarfsplanung. So war bei der Frage der Genehmigung von Zweigpraxen speziell dann die Auslegung des Tatbestandsmerkmals der "Verbesserung der Versorgung der Versicherten" in § 24 Abs. 3 S. 1 Nr. 1 Ärzte-ZV umstritten, wenn die Eröffnung einer Zweigpraxis in einem Planungsbereich begehrt wird, in dem Zulassungsbeschränkungen wegen festgestellter Überversorgung bestehen.[246] Das ist darin begründet, dass die Rechte konkurrierender Leistungserbringer am Ort der begehrten Zweigpraxisniederlassung in diesem Fall ganz besonders tangiert werden, denn sie müssen befürchten, sich aufgrund von Zulassungsbeschränkungen nicht mit einer eigenen Praxis niederlassen zu können, wenn ihnen ein ortsfremder Teilnehmer an der Versorgung mit der Genehmigung einer Zweigpraxis zuvorkommt.

Der dargestellte wirtschaftliche Wert, welcher dem mit der Zulassung verbundenen Teilnahmerecht beigemessen wird, zeigt daher ihre Relevanz für die Ausübung des ärztlichen Berufs und das tatsächliche Wirtschaftsleben. Das mit ihr für einen Leistungserbringer verbundene Teilnahmerecht an der Vergütung der Mehrzahl der gesetzlich Krankenversicherten wird zwar durch die zuständige KV mittels kollektivvertraglicher Vereinbarungen über die Gesamtvergütung und Honorarverteilung ausgestaltet, es besteht jedoch dem Grunde nach bereits mit der Erteilung der Zulassung.

IV. Kollektiver Zulassungsverzicht - Achillesferse

Eine einschneidende Ablehnung des Steuerungsmodells der vertragsärztlichen Zulassung von Seiten der Ärzteschaft hat sich im Jahr 1993 - anlässlich der damaligen Gesundheitsreform - erstmals mit einem kollektiven Zulassungsverzicht offenbart. Das bedeutete einen breit angelegten, gemeinschaftlichen Zulassungsverzicht von Vertragsärzten. Der Gesetzgeber hat daraufhin eine neue Vorschrift eingeführt, die vorsieht, dass Folge eines solchen kollektiven Verzichts der Rückfall des Sicherstellungs-

---

[243] BSG, Beschl. v. 12.10.2005, B 6 KA 47/04 B, ZMGR 2005, 324 - juris Rn1.
[244] LSG Nordrhein-Westfalen, Beschl. v.10.12.2007, L 10 B 39/06 KA, GesR 2009, 26, Leitsatz.
[245] BGBl. I, 3439.
[246] Schleswig-Holsteinisches LSG, Beschl. v. 13.02.2008, L 4 B 663/07 KA ER - juris Rn 23.

auftrags von den KVen an die Krankenkassen ist. Damit wurden praktisch die „historischen" Verhältnisse (vor Errichtung der KVen und der Übertragung des Sicherstellungsauftrags an diese Anfang der 1930er Jahre) wieder hergestellt (§ 72a Abs. 1). Zugleich wurde mit dem GSG am 01.01.1993 § 95b Abs. 1 eingeführt, der es als Pflichtenverstoß des Vertragsarztes qualifiziert, sich an einem kollektiven Verzicht auf die Zulassung zu beteiligen. Auch kollektiv ausgeübt bleibt der Verzicht wirksam. Folge ist eine Sperre für eine Wiederzulassung für mindestens sechs Jahre, wenn es zur Feststellung der Aufsichtsbehörde nach § 72a kommt (§ 95b Abs. 2). Dabei kommt es nicht darauf an, ob die Feststellung der Aufsichtsbehörde nach § 72a Abs. 1 rechtmäßig war.[247] Die Schärfe dieser Maßnahme korreliert nicht ganz damit, dass der Verzicht auf die Zulassung auch beim Kollektivverzicht erst mit dem Ende des auf den Zugang der Erklärung des Vertragsarztes beim Zulassungsausschuss folgenden Kalendervierteljahres in Wirksamkeit erwächst, was zwar eine gewisse Planungsstabilität gewährleistet, aber dem mit strengen Folgen belegten Arzt zunächst eine weitere Tätigkeitsmöglichkeit belässt. So lange ist der Arzt auch in den Fällen des § 95b Abs. 2 berechtigt, aber auch noch verpflichtet, an der Versorgung teilzunehmen. Systematisch handelt es sich zwar nicht um eine Strafe. „Funktional hat die Zulassungssperre aber Strafcharakter mit der vor allem präventiven Wirkung, Vertragsärzte von einem kollektiven Verzicht abzuhalten".[248] Sie ist auch keine Disziplinarmaßnahme, sondern mit dem Zulassungsentzug nach § 95 Abs. 6 vergleichbar.[249] In der Literatur wird sie unter dem Gesichtspunkt der Abwendung drohender Unterversorgung als „zweckwidrig" erachtet, da sie (auch noch) die allgemein angenommene fünfjährige Bewährungszeit bei einer Zulassungsentziehung wegen gröblicher Pflichtverletzung[250] nach § 95 Abs. 6 übersteigt. Die Rechtsprechung sieht hierin keinen Wiederspruch. [251] Liegen die Voraussetzungen nach § 95b Abs. 2 nicht vor, ist § 95b Abs. 1 gegeben, der den kollektiven Verzicht als Pflichtenverstoß qualifiziert. In diesen Fällen wird die Wiederzulassung früher als nach den nach Abs. 2 geregelten sechs Jahren erfolgen können. Für Disziplinarmaßnahmen (zusätzlich zum Zulassungsentzug) bliebe allenfalls im Zeitraum bis zum Wirksamwerden des Verzichts Raum (§ 28 Abs. 1 S. 1 Ärzte-ZV). Angesichts der gesetzlichen Spezialregelung dürfte aber davon auszugehen sein, dass die Wiederzulassungssperre und die Vergütungsregelungen des § 95 lex specialis zur Ärzte-ZV sind. Auch der Rechtsprechung ist zu entnehmen, dass Disziplinarmaßnahmen

---

[247] LSG Niedersachsen-Bremen, Urt. v. 09.04.2008, L 3 KA 139/08 R, GesR 2008, 432, bestätigt durch BSG, Urt. v. 17.06.2009, B 6 KA 16/08 R - juris Rn. 40.

[248] *Pawlita*, in: jurisPK-SGB V, § 95b SGB V Rn. 18.

[249] BSG, Urt. v. 17.06.2009, B 6 KA 16/08 R, BSGE 103, 243 - juris Rn. 36.

[250] *Pawlita*, in: jurisPK-SGB V, § 95b Rn. 18.

[251] Die Kritik in der Literatur an der Dauer von sechs Jahren ablehnend, unter Verweis darauf, dass die in der Rechtsprechung behandelten fünf Jahre lediglich einen Orientierungswert darstellen: Urt. v. 17.06.2009, B 6 KA 16/08 R, BSGE 103, 243 Rn. 77.

ein milderes Mittel als der Zulassungsentzug sind und daher (nur) entweder die Entscheidung zu einem Zulassungsentzug bzw. der Feststellung des Vorliegens der entsprechenden gesetzlichen Voraussetzungen hierzu erfolgt oder alternativ Disziplinarmaßnahmen (als milderes Mittel) ausgesprochen werden.[252]

Das BSG sieht zwar offenbar eine grundsätzliche Möglichkeit von Disziplinarregelungen und formuliert, dass diese „allenfalls" in der kurzen Zeitspanne zwischen dem Zugang des Verzichtsschreibens und dem Eintritt der Wirksamkeit der Verzichtserklärung denkbar wären, lässt diese Frage aber offen.[253]

Der kollektive Zulassungsverzicht ist bis heute eine Maßnahme zur Verweigerung der Teilnahme am System aus der Ärzteschaft heraus. Das Deutsche Ärzteblatt titelte, dass Ärzteverbände im kollektiven Zulassungsverzicht ein „geeignetes Druckmittel" gegen Politik und Krankenkassen sehen.[254] Disziplinierungsmaßnahmen werden von Ärzten in der Öffentlichkeit aggressiv verurteilt. So bezeichnete der Hausärzteverband den Hinweis des bayerischen Justizministeriums an die Notare des Landes, dass sie Austrittserklärungen von Ärzten wegen Verstoßes gegen geltendes Sozialrecht nicht annehmen dürften als verzweifelten Versuch, den Ausbruch der Hausärzte aus einem „perversen Unterdrückungssystem" zu unterbinden.[255] Der kollektive Zulassungsverzicht wird als adäquates Mittel für eine starke Verhandlungsposition mit anderen ärzt-

---

[252] LSG für das Saarland, Urt. v. 11.02.2005, L 3 KA 5/01, in dieser Hinsicht bestätigt durch BSG, Urt. v. 19.07.2006, B 6 KA 1/06 R, Rn. 15 (in anderen Punkten hatte die Berufung gegen das Urteil des LSG Erfolg).

[253] Bei der Abgrenzung zur Charakterisierung von Wiederzulassungssperre und Disziplinargewalt stellt das BSG auf das Ziel der Regelung ab und stellt fest, „Während disziplinarische Maßnahmen bezwecken, den Vertragsarzt zur ordnungsgemäßen Erfüllung seiner vertragsärztlichen Pflichten zu veranlassen, zielt die Zulassungsentziehung darauf ab, Ärzte aus der vertrags(zahn)ärztlichen Versorgung auszuschließen, die wegen gröblicher Pflichtverletzung zur Ausübung der vertrags(zahn)ärztlichen Tätigkeit ungeeignet sind". BSG, Urt. v. 17.06.2009, B 6 KA 16/08 R, BSGE 103, 243, m. w. N.. Daher wird bei der Entscheidung zu einem Zulassungsentzug für eine disziplinarrechtliche Maßnahme auch nach der insoweit offen gelassenen Frage (BSG wie vor - juris Rn. 73) des BSG kein Raum sein. Auf die Frage des Verbots der Doppelbestrafung (vgl. beispielsweise VG Hannover, Urt. v. 24.11.2010, 5 A 1975/09 bei Ruhen der Zulassung - juris) kommt es hier nicht an, weil man schon bei Beachtung der Zielrichtung der Rechtsfolgen einer Disziplinarmaßnahme oder eines Entzuges nur zu dem Ergebnis kommen kann, dass das eine oder andere zu wählen ist. Wohl für die Möglichkeit der Ahndung vertragsärztlicher Pflichten neben strafrechtlicher Verurteilung, LSG für das Saarland, Urt. v. 11.02.2005, L 3 KA 5/01 - juris Rn. 26, in dieser Hinsicht bestätigt durch BSG, Urt. v. 19.07.2006, B 6 KA 1/06 R, Rn. 15 (in anderen Punkten hatte die Berufung gegen das Urteil des LSG Erfolg).

[254] Samir, in: DÄBl. 2007, C-1851.

[255] Mittler, 2008, http://www.sueddeutsche.de/bayern/nuernberg-staatsregierung-will-aerzteprotest-vereiteln-1.266097 „Staatsregierung will Ärzteprotest vereiteln" o. S. (10.11.2011).

lichen Standesvertretern, den Krankenkassen und der Politik gesehen. Er wirkt sich aber deswegen anders als der arbeitsrechtliche Streik aus, weil den Vertragsärzten ein Streik untersagt ist. Wie dargestellt wurde, haben sie historisch auf ihr Streikrecht verzichtet und dafür den Auftrag der Sicherstellung der Versorgung übertragen erhalten und einen Anspruch auf Zulassung. Aus diesem Grunde handelt es sich bei einem Kollektivverzicht auch um einen Systemausstieg bzw. führt ein Kollektivverzicht zum Verbot der weiteren Teilnahme am System und ist nicht bloßes Aufbegehren innerhalb des Systems.

Zum Kollektivverzicht werden regelrechte Handlungsanleitungen gegeben. So wird den „Aussteigewilligen" empfohlen, sich zunächst in einer ausreichenden Anzahl zu formatieren und ein so bezeichnetes „Korbmodell[256]" zu organisieren, d. h., Zulassungsverzichtserklärungen bei einem Treuhänder zu hinterlegen, die solange anonym bleiben, bis eine hohe Quote von etwa 70 bis 80 % der niedergelassenen Ärzte einer Region erreicht ist. Bei niedrigeren Quoten kommt es nicht zur Gefährdung der Versorgung. Soweit dann die Zahl die Erklärungen die ausreichende Quote erlangt haben, könne der Ausstieg aus dem System durch die kollektive Verzichtserklärung erfolgen. Die tatsächlichen Folgen solchen Handelns wären laut Publikationen, die noch im Jahr 2007 erfolgten, bei keinem denkbaren Folgegeschehen riskant, denn entweder erfolge die Vergütung nach § 95b Abs. 3 in Höhe des einfachen Gebührensatzes nach der Gebührenordnung für Ärzte (GOÄ) oder der Gebührenordnung für Zahnärzte (GOZ) oder es entstehe eine gute Verhandlungsposition für frei erzielbare Direktverträge.[257]

Solche Darstellungen stellen aber die Folgen in erheblichem Umfang falsch dar. Schon die Behandlung gesetzlich Versicherter nach der Beteiligung an einem „Systemausstieg" ist keineswegs unproblematisch. Denn Ärzte ohne Zulassung dürfen Versicherte auf Kosten der Krankenkassen nur in Ausnahmefällen behandeln. Das BSG hat entschieden, dass Ärzten, die in einem aufeinander abgestimmten Verfahren auf ihre Zulassungen verzichtet haben (als kollektiver Systemausstieg oder Zulassungsverzicht bezeichnet), Versicherte der Krankenkassen nach dem Wirksamwerden des Verzichts grundsätzlich nicht mehr behandeln dürfen. „Mit Leistungserbringern, die kollektiv auf ihre Zulassung verzichtet haben [dürfen Krankenkassen überdies auch, Anm. d. Verf.] keine Verträge über die Sicherstellung schließen".[258] Regelmäßig besteht auch ein Vergütungsanspruch nur noch im Falle einer Notfallbehandlung oder wenn die

---

[256] Vgl. mit Nachweisen zum Begriff etwa BSG, Urt. v. 17.06.2009, B 6 KA 16/08 R, BSGE 103, 243 - juris Rn. 24.

[257] Vgl. Meurers, ZKN Mitteilungen, 2007, 609 (612).

[258] § 72 Abs. 3 und Platzer/Matschiner, NZS 2008, 244 (246); Schiller, MedR 2008, 389 (390).

Krankenkassen ihre Leistungsverpflichtung nicht in angemessener Weise anders erfüllen.[259]

Eine von mehreren Entscheidungen des BSG zum Kollektivverzicht erging im Jahr 2007.[260] Ihr lag der Verzicht von circa 70 Kieferorthopäden auf ihre Zulassungen im Jahr 2004 im Bundesland Niedersachsen in einem aufeinander abgestimmten Verfahren zugrunde. Die Kieferorthopäden behandelten weiterhin GKV-Patienten und forderten hierfür von den Krankenkassen Honorar. Sie beriefen sich darauf, dass ihnen § 95b Abs. 3 ohne zusätzliche Erfordernisse einen Anspruch auf Vergütung dieser Behandlungen durch die Krankenkassen nach dem einfachen Gebührensatz der GOÄ bzw. GOZ zugestehe. Da die Krankenkassen die Erfüllung der Zahlungsforderung ablehnten, erhoben die Kieferorthopäden Zahlungsklagen beim Sozialgericht. Das Sozialgericht Hannover[261] wies die Klagen mit der Begründung ab, dass kollektiv aus dem GKV-System ausgestiegene (Zahn)Ärzte nur in Notfällen zur Behandlung von Versicherten befugt seien und solche Notfälle nicht vorgelegen hätten.

Demgegenüber ging das Landessozialgericht Niedersachsen-Bremen in seinem Berufungsurteil gegen eines der Urteile des Sozialgerichts Hannover[262] davon aus, dass die kollektiv aus dem System ausgestiegenen Kieferorthopäden so lange zur Behandlung von GKV-Versicherten berechtigt und verpflichtet seien, bis ihr Kassenarztsitz mit einem anderen Vertragszahnarzt wiederbesetzt sei. In den entschiedenen Einzelfällen sei den Klägern der Vergütungsanspruch aus § 95b Abs. 3 nur wegen nicht vorgenommener Einbehalte von Eigenanteilen der Versicherten zu versagen.

Das BSG hat dann mit seinen Entscheidungen im Jahre 2009[263] zwar dem Landessozialgericht Niedersachsen-Bremen in zwei Fällen Recht gegeben. Es hat allerdings in eindeutiger Abgrenzung zu der Entscheidung des Landessozialgerichts klargestellt, dass die Auffassung einer grundsätzlich fortbestehenden Behandlungsbefugnis von (Zahn)Ärzten nach einem kollektiven Zulassungsverzicht mit dem Gesetz nicht vereinbar ist. Die Regelung in § 95b Abs. 3 gewähre keine solche Behandlungsbefugnis,

---

[259] BSG, Urt. v. 27.06.2007, B 6 KA 37/06 R, SGb 2008, 235 - juris Rn. 15 und 26; Die Verfassungsbeschwerde gegen das Urteil wurde nicht zur Entscheidung angenommen (BVerfG, Beschl. v. 26.02.2008, 1 BvR 3067/07).

[260] BSG, wie vor.

[261] SG Hannover, Urt. v. 13.09.2006, S 35 KA 535/05 - juris.

[262] SG Hannover, Urt. v. 21.06.2006, S 43 KA 19/05 - juris.

[263] BSG; Urt. v. 17.06.2009, B 6 KA 18/08 R - juris, insbes. Rn. 33 ff. (zur Drittbindungswirkung der Entscheidung nach § 72a - juris Rn. 30 ff.); BSG; Urt. v. 17.06.2009, B 6 KA 16/08 R - juris, insbes. Rn. 24 ff. (zur Drittbindungswirkung der Entscheidung nach § 72a - juris Rn. 42 ff.), BSGE 103, 243 und Parallelentscheidung B 6 KA 14/08 R unter Bezugnahme auf die Senatsurteile v. 27.06.2007, B 6 KA 37/06 R, BSGE 98, 294 sowie B 6 KA 38/06 R, USK 2007-68 und B 6 KA 39/06 R.

sondern setze diese vielmehr voraus. Die gesetzlichen Vorschriften zeigten deutlich den Willen des Gesetzgebers, (Zahn)Ärzte nach einem kollektiven Zulassungsverzicht grundsätzlich nicht mehr an der Versorgung der Versicherten mitwirken zu lassen. Das diene der Erhaltung des Systems der GKV. Nur wenn die Krankenkassen die Versorgung mit unaufschiebbaren (zahn)ärztlichen Leistungen anderweitig nicht rechtzeitig sicherstellen können (so genanntes "Systemversagen"), müssten sie die Kosten auch für außerhalb des Systems erbrachte Leistungen übernehmen. Beschränkt auf solche Konstellationen enthalte § 95b Abs. 3 für (Zahn)Ärzte nach einem Kollektivverzicht eine spezielle Regelung über den Zahlungsweg und die Vergütungshöhe. Zudem seien abweichende Vereinbarungen nichtig (§ 95b Abs. 3 S. 4). Das BSG stellte mit den Entscheidungen im Jahr 2009 ausdrücklich nochmals die Verfassungsmäßigkeit der Regelungen des Sozialgesetzbuchs V zur Reduzierung des Versorgungsrechts der aus dem System ausgestiegenen Leistungserbringer auf das unvermeidbare Minimum fest.[264] Auch für Direktverträge disqualifiziert sich danach jeder aus dem System ausgestiegene Arzt unter den heutigen Bedingungen.

Mit der Einführung des Gesundheitsfonds zum 01.01.2009 war der Zulassungsverzicht als Protestmaßnahme wieder ganz aktuell. Von den drei Milliarden Euro Zuwachs seit 2007 mit der Honorarreform 2009, die zusätzlich für Honorare der Leistungserbringer zur Verfügung stehen sollten, erhielt ein erheblicher Anteil der Leistungserbringer faktisch nichts. Im Gegenteil sanken die Honorare bei vielen Fachärzten erheblich. Hintergrund war aber keineswegs, dass nicht tatsächlich mehr Honorar zur Verfügung stand, sondern andere Aspekte. Eine Ursache war beispielsweise die Anpassung der Honorare in den neuen Bundesländern[265], eine andere, dass Einzelleistungen außerhalb des RLV, über die manche Leistungserbringer erhebliche Vergütungsanteile ihrer Gesamtvergütung bezogen, nicht besser honoriert wurden und werden. Dabei hat sich de facto für die weit überwiegende Anzahl der Fachärzte, aber auch für die Hausärzte eine Verbesserung in der Vergütung ergeben.[266] Gleichwohl generiert der Bayerische

---

[264] Vgl. Entscheidungen aus 2009 wie vor.

[265] V. Stackelberg im Interview, in: o. V., 2009a, KrV 2009, 100 (101).

[266] So vermeldet die in der Branche langjährig etablierte Unternehmensberatung Frielingsdorf per Newsletter 07/2009, dass nach den KV-Bescheiden für das Quartal I/2009 auf breiter Front die befürchteten erheblichen Honorareinbußen ausgeblieben seien. Bundesweit seien die Honorare im Vergleich zum Quartal I/2008 um durchschnittlich 7,8 % angestiegen. Wie sich die zusätzlichen Mittel auf die Fachgruppen (unterschiedlich) verteilt haben, wird prozentual auf Basis von bei der KBV vorliegenden Daten dargelegt. Auch wird erwähnt, dass die neue Vergütungssystematik eine hohe Fallzahl und einen starken Leistungsanteil im extrabudgetären Bereich nahe legt. Weiter wird konstatiert, dass die RLV im Folgequartal in den meisten KVen gesunken sind und unter Berücksichtigung der Mitteilung der KV Nordrhein, dass knapp 5 % der im Quartal I/2009 ausgeschütteten Honorare nicht durch Zahlungen der Krankenkassen gedeckt seien und daher die Nachhaltigkeit der Hono-

Hausärzteverband (BHÄV) parallel zur Vergütungsreform intensiv Honorare „an anderer Front", nämlich durch Vereinbarung von Selektivverträgen, mit welchen zu Lasten anderer Leistungserbringer Vorteile[267] in Form besserer Vergütung ausgehandelt werden. Im Bundesland Bayern hat sich in diesem Rahmen auch wieder die Diskussion über den Zulassungsausstieg als Druckmittel entwickelt. Die Zurückhaltung im „Ernstfall" und die Schwierigkeit, einen solchen Systemausstieg jedoch tatsächlich durchzuführen, hat sich trotz aller Kritik an der Vergütungsreform mit dem GKV-WSG allerdings auch Ende des Jahres 2010 wieder gezeigt, als der (bis dato) etablierte Ärzte-Funktionär Hoppenthaller nach einer gescheiterten von ihm initiierten kollektiven Verzichtsaktion zunächst jedenfalls vordergründig zurücktrat.[268] Diese Aktion hatte ein solches Ausmaß, dass das BVA einschritt und in einem Rundschreiben an die bundesunmittelbaren Krankenkassen vom 20.05.2011 bekannt gab, dass es das Vorgehen des BHÄV als Boykottaufruf i. S. d. § 21 Abs. 1 GWB beurteilt und von Maßnahmen nur deswegen absehe, weil der BHÄV die Bestrebungen zum Systemumstieg noch vor Ende 2010 beendet und erklärt habe, Lösungen auf der Grundlage des SGB V zu suchen.[269]

Im Ergebnis stellt die Aktualität des Druckmittels von kollektiven Verzichtsmaßnahmen einen Maßstab für die aktuelle Akzeptanz und Stabilität des Systems dar. Das tatsächliche Scheitern bzw. die Zurückhaltung bei der Wahrmachung der Drohung könnte bei günstiger Auslegung dieses Verhaltens die weiterhin vorhandene überwiegende Akzeptanz der vertragsärztlichen Zulassung als Steuerungssystem unter den ärztlichen Leistungserbringern verdeutlichen. Eher aber zeigt sie den nach wie vor verbreiteten großen Respekt der Leistungserbringer davor, sich dieses sicheren und herkömmlichen Teilnahmerechts an der Versorgung der gesetzlich Versicherten zu begeben. Die tatsächlichen Angriffe auf das Instrument der vertragsärztlichen Zulassung und die diesen zu Grunde liegende Angreifbarkeit gerade in den letzten Jahren verdeutlichen aber insgesamt seine Schwächung.

---

rarzuwächse in Frage gestellt ist, o. V http://frielingsdorf.de/newsletterarchiv/?issue/2009/07, o. S. (21.06.2011).

[267] U. a. aufgrund von Honorarbereinigung und Förderung des Abgangs von Patienten.

[268] O. V., A+S aktuell, 1+2/2011, 3, zum Rücktritt des 1. stv. Bundesvorsitzenden des deutschen Hausärzteverbandes und Vorsitzenden des bayerischen Hausärzteverbandes Hoppenthaller.

[269] O. V., A+S 22/2011, 3 f..

C. Die vertragsärztliche Zulassung im Rechtssystem

I. Dualismus Zivilrecht, Öffentliches Recht - Rechtsnatur der Zulassung

Die Zulassung ist eine öffentlich-rechtliche Berechtigung.[270] Ihre Erteilung stellt einen konstitutiven Verwaltungsakt dar[271] und steht damit unter Erlaubnisvorbehalt.[272] Der Träger der Zulassung ist Inhaber einer Erlaubnis zur Behandlung der gesetzlich versicherten Patienten. Die Zulassung wird in Abgrenzung zu einem (öffentlichen) Auftrag als Dienstleistungskonzession eigener Art beurteilt.[273] Typisch für die Konzession im Gegensatz zum Auftrag ist, dass der Unternehmer im Rahmen seiner Vertragsbeziehung das ausschließliche oder überwiegende wirtschaftliche Risiko seiner Tätigkeit trägt.[274] Das entspricht der Definition der Zulassung durch das BVerfG, nach der ihr Inhaber „das ganze wirtschaftliche Risiko seines Berufs selbst" trägt und „die Kassenzulassung […] ihm nur eine besondere Chance" bietet.[275] Die Zulassung ist […] untrennbar mit der Person des Berechtigten verbunden"[276] und erfolgt für den Ort der Niederlassung (§ 24 Ärzte-ZV). „Die Niederlassung stellt die öffentlich erkennbare Bereitstellung zur Ausübung des ärztlichen Berufs in selbständiger Praxis dar und zeigt sich insbesondere (bei patientenbezogener Tätigkeit) durch die Ankündigung und Abhaltung von Sprechstunden".[277] Den konkreten Ort der Niederlassung bezeichnet die Zulassungsverordnung in Abs. 1 a. E. als „Vertragsarztsitz" (siehe auch § 1a Nr. 16 BMV-Ä für den „Ort der Zulassung")[278], er ist gekennzeichnet durch die Praxisanschrift.[279]

---

[270] BSG, Urt. v. 10.05.2000, B 6 KA 67/98 R, MedR 2001, 159 - juris Rn. 20.

[271] BSG, Urt. v. 30.10.1963, 6 RKa 18/62, BSGE 20, 86 - juris Rn. 20. Schallen, § 18 Rn. 514. Klöck, NZS 2008, 178 (183).

[272] Butzer, NZS 2005, 344 (345).

[273] LSG Nordrhein-Westfalen, Beschl. v. 12.03.1997, L 11 SKa 85/96 , NJW 1997, 2477 im Vergleich mit Güternahverkehr-, Taxi- und anderen Konzessionen, http://www.justiz. nrw.de/nrwe/sgs/lsg_nrw/j1997/L_11_SKa_85_96beschluss19970312.html, Rn. 40; ebenso LSG Nordrhein-Westfalen, Urt. v. 07.10.1998, L 11 KA 62/98, MedR 1999, 333 - juris Rn. 48; Offen gelassen: OLG Düsseldorf, Beschl. v. 22.12.2010, VII-Verg 41/10, ZMGR 2011, 50 - juris Rn. 22; vgl. auch BFH, Gerichtsbescheid v. 09.08.2011, VIII R 13/08 - juris Rn. 22, nochmals zur Abgrenzung zur Güterverkehrsgenehmigung.

[274] Kaltenborn, GesR 2011, 1, (3) m. w. N. Fn. 28. vgl. ausführlich bei der Frage zur Anwendung des Vergaberechts unter Kap. 3 B.VI.2.e.e.b..

[275] Vgl. BVerfG, Urt. v. 23.03.1960, 1 BvR 216/51, BVerfGE 11, 30 - juris Rn. 28.

[276] BSG, Urt. v. 10.05.2000, B 6 KA 67/98 R, MedR 2001, 159 - juris Rn. 20.

[277] Taupitz, MedR 1993, 367 (371) m. w. N..

[278] Zur grundsätzlichen Unteilbarkeit des Vertragsarztsitzes (gesetzl. Ausnahme ÜBAG) und seinem Bestandteil des Status der Zulassung, SG Marburg, Urt. v. 10.09.2008, S 12 KA 207/08 - juris Rn. 26.

[279] BSG, Urt. v. 31.05.2006, B 6 KA 7/05 R, NZS 2007, 389 - juris Rn. 13.

„[Der Vertragsarztsitz, Anm. d. Verf.] ist unabdingbare Voraussetzung für die Ausübung der Zulassung zur vertragsärztlichen Versorgung".[280] Auch bei der Verlegung des Vertragsarztsitzeses handelt sich um einen statusrelevanten Verwaltungsakt.[281] „Zulassung und Vertragsarztsitz sind rechtlich so eng miteinander verknüpft, dass der Vertragsarztsitz in seiner rechtlichen Wirkung an dem Statuscharakter der Zulassung teilnimmt.[282] Bei Verlegung des Sitzes erfolgt eine Änderung des Ortes der Niederlassung, die Verlegung hat daher ebenfalls statusrelevanten Charakter und ist nur mit Wirkung für die Zukunft genehmigungsfähig[283]. Die Begriffe „Zulassung" und „Vertragsarztsitz" werden daher häufig umgangssprachlich auch gleichbedeutend verwandt. Das ist auch nach den Flexibilisierungen der Niederlassung durch das VÄndG wie etwa erleichterte Zweigstellengründungen unverändert so geblieben.

Die Zulassung ist ferner untrennbar mit der Mitgliedschaft in der KV verbunden. Sie begründet ein Verwaltungsrechtsverhältnis zwischen Mitglied und KV, das allerdings durch zahlreiche Regelungen derart ausgestaltet ist, dass nur wenig Raum für den Rückgriff auf allgemeine Verwaltungsgrundsätze verbleibt. Vereinzelt ist aus der Mitgliedschaft ein gesetzliches Schuldverhältnis zwischen Mitglied und KV angenommen worden, das Ansprüche gegen die KV auf Schadenersatz begründen kann.[284]

Aufgrund der Schlüsselfunktion der Zulassung als Zugang zum „Markt"[285] der großen Anzahl der gesetzlich Versicherten, ist die Zulassung ein höchst relevanter Gegenstand zivilrechtlicher Rechtsgeschäfte, die die ärztliche Praxis betreffen[286]. Diese Bedeutung hat sie daher allein aufgrund ihrer sozialversicherungsrechtlichen Bestimmung, so dass sich ein veränderter sozialversicherungsrechtlicher Status quo in zivilrechtlichen Rechtsgeschäften gut wiederspiegelt. Schon immer hatte die Zulassung mal mehr, mal weniger die Qualität eines Handelsguts, wenngleich sie dies rechtlich gerade nicht sein darf.[287] Der Vertragsarzt kann über die öffentlich-rechtliche Zulassung nicht wirksam

---

[280] BSG, Urt. v. 10.05.2000, B 6 KA 67/98 R, MedR 2001, 159; BSG, Urt. v. 29.09.1999, B 6 KA 1/99 R, BSGE 85, 1 (4 ff.).

[281] BSG, Urt. v.31.05.2006, B 6 KA 7/05 R, NZS 2007, 389 - juris Rn. 13.

[282] BSG, Urt. v. 28.11.2007, B 6 KA 26/07 R - juris Rn. 25.

[283] BSG, Urt. v.31.05.2006, B 6 KA 7/05 R, NZS 2007, 389 - juris Rn. 13, 14, 15, 17. Die Anforderungen für eine Verlegung wurden mit dem GKV-VStG verschärft.

[284] LSG Nordrhein-Westfalen, Urt. v. 25.06.2003, L 11 KA 99/01 - juris Rn. 30.

[285] Siehe Wirtschaftsfaktor Zulassung unter Kap. 2 B.III..

[286] Vgl. Teil 2 B.III..

[287] Vgl. BSG, Urt. v. 29.09.1999, B 6 KA 1/99 R, BSGE 85, 1 juris Rn. 38; Großbölting/Jaklin, NZS 2002, 130 (136); Fiedler, NZS 2003, 574 (575); FG Rheinland-Pfalz, Urt. v. 09.04.2008, 2 K 2649/07, insoweit nicht geändert durch BFH, Gerichtsbescheid v. 09.08.2011, VIII R 13/08, DStR 2011, 1799; *Hess*, in: KassKomm § 103 Rn. 28. Irreführend publiziert der GKV-Spitzenverband in einer Stellungnahme zur Über- und Unterversorgung im Jahr 2011 auf seinen Internetseiten, dass „jeder niedergelassene Arzt die Li-

zivilrechtlich verfügen. Es ist streng zwischen dem öffentlich-rechtlichen Zulassungsrecht und dem Privatrecht zu trennen.[288] Die Zulassung ist einer Veräußerung im Rechtsverkehr nicht zugänglich.[289] Andererseits kann der Vertragsarzt nur über die Zulassung ein von ihr eigentlich völlig unabhängiges, nicht öffentlich-rechtliches Rechtsgut (durch Aufbau oder Rechtsgeschäft) wirtschaftlich für sich nutzbar machen, nämlich die für den Freiberufler typische persönliche Patientenbindung.[290] Dadurch entsteht herkömmlich eine Divergenz zwischen zivilrechtlichen Erfordernissen und öffentlich-rechtlichen Rahmenbedingungen mit in Praxis und Rechtsprechung erheblichen Folgen.

Ein klassischer Problemfall, der typisch ist für den Dualismus der Zulassung im Zivilrecht und Sozialrecht bzw. Öffentlichen Recht, tritt häufig im Falle der Verwertung der ärztlichen Praxis durch Verkauf auf. Mangels Abstimmung des zivilrechtlichen Vertrags über den Verkauf einer ärztlichen Praxis - dem Praxiskaufvertrag - mit dem Vertragsarztrecht entstehen häufig Rechtsstreitigkeiten. Die Nichtbeachtung des besonderen Rechtscharakters der vertragsärztlichen Zulassung kann etwa die gravierende Folge haben, dass die Vertragsparteien (oder eine der Parteien) eines Praxisverkaufs mangels Berücksichtigung des Vertragsarztrechts vor überraschenden Rechtshindernissen stehen, die ihre gesamte Planung mit erheblichen wirtschaftlichen Folgen scheitern lassen können. Das geschieht typischerweise dann, wenn der zivilrechtliche Kauf- und sachenrechtliche Übertragungsvertrag nicht mit der Bedingung versehen werden, dass der Erwerber auch in die vertragsarztrechtliche Rechtsposition eintritt, also die Zulassung auf ihn übergeht. Der Käufer einer vertragsärztlichen Praxis plant aber nahezu ausnahmslos den umfassenden Erwerb der Praxis, der Verkäufer die vollständige Veräußerung, d. h., dass beide Parteien die Vorstellung haben, dass neben materiellem und immateriellem Wert auch die Zulassung des Inhabers auf den Erwerber mit übertragen wird. In Fällen von bedarfsplanerisch gesperrten Gebieten hat gerade der vertragsärztliche Teil der Praxis meist den entscheidenden Wert für den Kaufvertrag. So wird etwa im Insolvenzrecht die Abtretung der gegen die KV gerichteten Vergütungsansprüche (somit des wirtschaftlichen Ergebnisses, das aus der Inhaberposition einer Zulassung gezogen werden kann) als Verfügung bezeichnet, die aufgrund ihrer Bedeu-

zenz, mit Krankenkassen abzurechnen, am Ende seines Berufslebens verkaufen.." könne, GKV-Spitzenverband, 2011a, http://www.gkv-spitzenverband.de/PM_110406_ueber_ unterversorgung.gkvnet (05.11.2011). Die mit dem GKV-VStG eingeführte Rückumwandlungsmöglichkeit der Anstellung in eine vertragsärztliche Zulassung hat zum Vorwurf der Ermöglichung eines Konzessionshandels geführt.

[288] Vgl. in Bezug auf Konkursfragen LSG Nordrhein-Westfalen, Beschl. v. 12.03.1997, L 11 SKa 85/96, NJW 1997, 2477.

[289] OLG München, Beschl. v. 07.05.2008, 34 Sch 008/07, GesR 2008, 368 - juris Rn. 49.

[290] Vgl. BGH, Beschl. v. 31.05.2010, II ZR 29/09 - juris Rn. 7 und 8.

tung für den Vertragsarzt mit einer Globalzession unmittelbar vergleichbar ist.[291] Wird der Vertrag daher nicht, wie angezeigt, unter den Vorbehalt der erfolgreichen Übertragung der Zulassung gestellt, und erfolgt diese dann nicht, ist die Übertragung eines ganz erheblichen Teils des Praxiswertes gescheitert. Das hat in den Fällen, in denen dies nicht erkannt wurde, solch weitreichende Folgen, dass an das Instrument des Wegfalls der Geschäftsgrundlage gedacht werden kann[292]. Das Fehlen des vertraglichen Vorbehalts für die erfolgreiche Erteilung der Zulassung an den Nachfolger bedeutet auch für die anwaltliche Beratungspraxis die Gefahr, einen Beratungsfehler bei der Veräußerung einer vertragsärztlichen Praxis zu verantworten. Der Leitsatz des Landessozialgerichts Berlin-Brandenburg formuliert die rechtliche Typizität in treffender Deutlichkeit: „Die rechtliche Überprüfung der Zulassungsentscheidung erfordert eine „strikte Trennung zwischen dem Verkauf der Arztpraxis an den Nachfolger einerseits und der diesem öffentlich-rechtlich zu erteilenden Zulassung andererseits."[293] Mit Einführung der Einziehungsmöglichkeit der Zulassung durch das GKV-VStG entsteht ein weiterer Grund dafür, dass die erfolgreiche Übertragung der Zulassung als Bedingung im Kaufvertrag vorgesehen werden muss.

Auch wenn Vertragsparteien die geschilderten vertragsarztrechtlichen Besonderheiten beachten, können sie weitergehend mit Umständen konfrontiert werden, auf die sie nicht einmal Einfluss nehmen können. So werden Vertragspartner den Kaufpreis entsprechend dem Grundsatz der Vertragsfreiheit im Zivilrecht vermeintlich frei von öffentlich-rechtlichen Einflüssen vereinbaren. Der Berufungsausschuss für Ärzte darf aber im Nachbesetzungsverfahren ein Gut-achten zum Praxiswert einholen und die Zulassung von der Beschränkung des Kaufpreises auf den Verkehrswert abhängig machen, auch wenn sich der Bewerber für den Vertragsarztsitz und der Veräußerer einer Praxis über den Preis anders geeinigt haben. Dies kann zu einem erheblichen Eingriff in die zivil-rechtlichen Vereinbarungen führen, wie sich in einem Fall des Landessozialgerichts Stuttgart gezeigt hat.[294] Ein abgebender Psychotherapeut hatte in dem entschiedenen Fall mit zwei Bewerbern einen Kaufpreis von 45.000,00 € vereinbart. Der vom Zulassungsausschuss präferierte dritte Bewerber lehnte diese Summe als zu hoch ab. Im Widerspruchsverfahren erklärten sich alle Bewerber mit der Zahlung eines Preises in Höhe von 40.000,00 € einverstanden. Schon damit wurde also die zivilrechtliche Vertragsfreiheit bezüglich des Preises in einem Umfang von über einem Fünftel beschränkt. Der nunmehr zuständige Berufungsausschuss bestand aber darauf, den von

---

[291] Cranshaw, jurisPR-InsR 25/2008 Anm. 4.
[292] I. E. jedoch abzulehnen, wenn es eben nicht ausdrücklich als Geschäftsgrundlage (oder Bedingung) vereinbart wird, vgl. etwa LSG Berlin-Brandenburg, Urt. v. 03.12.2008, L 7 KA 65/08, GesR 2009, 365 (366).
[293] Wie vor, Rn. 26.
[294] LSG Stuttgart, Beschluss v. 23.11.07, L 5 KA 4107/07 ER-B, GesR 2008, 154.

ihm auf 20.000,00 € geschätzten Praxiswert durch ein Gutachten ermitteln zu lassen. Das Landessozialgericht billigte dies. Es war fraglich, ob der Gesetzgeber einen solch weitreichenden Eingriff in die zivilrechtlichen Befugnisse beabsichtigte. Eher war die Auslegung zu bejahen, dass der Gesetzgeber im Rahmen der Bewerberauswahl im Ausschreibungsverfahren nur bei streitigem Kaufpreis das Verkäuferinteresse auf den Verkehrswert begrenzen wollte.[295] Der Gesetzgeber selbst hat nur formuliert, dass verhindert werden solle, dass sich durch die erhöhte Nachfrage nach Kassenpraxen der Kaufpreis für die Praxis ungerechtfertigt erhöht.[296] § 103 Abs. 4 S. 7 (§ 103 Abs. 4 S. 6 a. F.) hat aber die Zielrichtung, einen gleich oder einen besser qualifizierten Bewerber zu schützen, der nur deshalb übergangen werden soll, weil ein Mitbewerber einen über dem Verkehrswert liegenden Kaufpreis anbietet. In diesem Fall darf der Zulassungsausschuss den Bewerber, der eine von anderen geeigneten Bewerbern als überhöht angesehene Kaufpreisforderung akzeptiert, nicht ohne Prüfung auswählen. Er muss vielmehr von Amts wegen ermitteln, ob der geforderte Kaufpreis die Höhe des Verkehrswertes der Praxis überschreitet.[297] Bieten jedoch alle Bewerber denselben Kaufpreis, wie es im geschilderten Fall des Landessozialgerichts Stuttgart war, besteht diese Gefahr nicht. Dann stellt sich umgekehrt die Frage eines unzulässigen Eingriffs des Zulassungsausschusses in zivilrechtlich frei verhandelbare Rechtsgeschäfte. Dafür spricht auch, dass bei zivilrechtlichen Streitigkeiten keine Rechte aus der Vorschrift hergeleitet werden können, hier vielmehr betont wird, dass Adressat der Norm nur der Zulassungsausschuss sei.[298] Ungeachtet der rechtlichen Zulässigkeit muss die zivilrechtliche Vertragspraxis mit zulässigen wie unzulässigen Auswirkungen des öffentlich-rechtlichen Charakters rechnen. Dieses Problem wird mit dem neuen Modell der Einziehungsmöglichkeit der Zulassung bei Ersatz des Verkehrswerts[299] nach dem GKV-VStG erneute an Relevanz gewinnen, wobei hier von vornherein ein quasi öffentlich-rechtlicher Erwerbsvorgang vorliegt. Fragen können sich aber z. B. im Verhältnis zu alternativ möglichen zivilrechtlich erreichbaren Werten ergeben (Schadensersatz).

Ist das Vertragsarztrecht mit einer Bedingung im Kaufvertrag berücksichtigt und der Kaufpreis nicht im Visier des Zulassungsausschusses, ist ein erfolgreiches zivilrechtliches Rechtsgeschäft immer noch nicht sichergestellt. Es hängt von vielen weiteren Implikationen des Sozialrechts ab. So können nach erfolgreicher Übertragung der Zulas-

---

[295] Das BSG hat die Rechtsfrage nun entsprechend der hier vertretenen Auffassung mit Urt. v. 14.12.2011, B 6 KA 39/10 R, entschieden (noch nicht veröffentlicht), Vorinstanz: LSG Stuttgart, L 5 KA 1323/09.
[296] Vgl. BT-Drs. 12/3608, 99.
[297] *Hess*, in: KassKomm § 103 Rn. 29.
[298] OLG München, Urt. v. 22.07.2010, 8 U 5650/09, GesR 2011, 159 (162).
[299] BR-Drs. 785/11, 21.

sung auf den gewünschten Erwerber andere, an der Übernahme der vertragsärztlichen Praxis Interessierte und Konkurrenten dagegen vorgehen und die Durchführung, zumindest aber die zeitnahe Durchführung des Verkaufs, damit erheblich beschränken oder verhindern. Hierüber kann der Wert, der einer Zulassung beigemessen wird, massiv verlieren.[300] Um dies zu verhindern, bietet das Zulassungsrecht nach der Rechtsprechung zumindest einige Mittel, die dies letztlich aber nicht ganz ausschließen können.

Beispielhaft seien als Mittel zur Überbrückung die Beauftragung eines Praxisverwesers genannt, dessen Einsetzungsmöglichkeit allerdings auf zwei Quartale beschränkt ist (§ 4 Abs. 3 BMV-Ä / § 8 Abs. 5 EKV-Ä)[301], sowie die Durchsetzung der Übertragung der Zulassung im Wege des einstweiligen Rechtsschutzes.[302] Das unterliegt strengen Anforderungen, da die ärztliche Tätigkeit eines vorläufigen Übernehmers endgültige Fakten schaffen kann.

Ein weiterer typischer Fall, in dem das Vertragsarztrecht das Zivilrecht massiv beeinflusst, ist die gemeinsame Berufsausübung von Vertragsärzten. Wegen des Statuscharakters der Genehmigung einer BAG kommen weder eine rückwirkende Entziehung der Zulassung noch die Rücknahme der Genehmigung einer BAG in Betracht.[303] Sie darf nach außen und abrechnungstechnisch erst erfolgen, wenn die Bildung der BAG vom Zulassungsausschuss formal genehmigt wurde. Das geht so weit, dass die Rechtsprechung die unzulässige Abrechnung als BAG aufgrund ihrer formellen Genehmigung - auch bei tatsächlich anderer Rechtslage aufgrund von so bezeichneten „Schubladenverträgen" - als Grund anerkannte, Rückforderungsansprüche der KV zurückzu-

---

[300] Etwa LSG Berlin-Brandenburg, Urt. v. 03.12.2008, L 7 KA 65/08, GesR 2009, 365 (366), m. w. N..

[301] Vgl. beispielsweise SG Düsseldorf, Urt. v. 15.06.2007, S 2 KA 65/07 ER - juris Rn. 29. Zum Begriff und Details, Fiedler, GesR 2011, 326 ff..

[302] Zur Problematik der Möglichkeit einstweiligen Rechtsschutzes gegen Entscheidungen des Zulassungsausschusses, vgl. BGH, Urt. v. 10.02.2011, III ZR 37/10, VersR 2011, 796 - juris Rn. 33, der offen lässt, ob der Auffassung der Vorinstanz zu folgen sei, dass ein Antrag nach § 86b Abs. 1 Nr. 1 SGG deshalb kein mögliches Rechtsmittel im Sinne des § 839 Abs. 3 BGB gewesen sei, weil schadensstiftende Amtspflichtverletzung (nur) die Ablehnung des Zulassungsantrags gewesen sei und als unmittelbar dagegen gerichteter Rechtsbehelf allein der Widerspruch zur Verfügung gestanden habe (scil. und nicht der einstweilige Rechtsschutz im Klagewege). Nach § 86a Abs. 2 Nr. 5 SGG bedarf es für ein den Sofortvollzug tragenden öffentlichen oder individuellen Interesses ("besonderes Interesse") mehr als für das den Erlass des Verwaltungsaktes rechtfertigende Interesse, denn die gesetzlichen Voraussetzungen für den Erlass des Verwaltungsaktes reichen für die Begründung des Sofortvollzugs nicht aus, LSG Nordrhein-Westfalen, Beschl. v. 23.12.2010, L 11 KA 95/10 B ER - juris Rn. 49.

[303] LSG Nordrhein-Westfalen, Urt. v. 13.09.2006, L 11 KA 30/06, - juris, Orientierungssatz.

weisen.[304] D. h., der Status geht materiellem Recht vor. Allein diese Rechtsauffassung zur Rückforderung hat das BSG im Jahr 2010 nun durch ein Urteil revidiert.[305] Im Übrigen aber können selbst bei formgültigen gesellschaftsrechtlichen Vereinbarungen Kassenpatienten z. B. nicht rechtmäßig gemeinsam behandelt werden. Auch hier ist ein vertraglicher Vorbehalt der sozialrechtlichen Genehmigung angezeigt, um die Folgen aus sozialrechtlichen Risiken für Gesellschafter zivilrecht-lich zu begrenzen.

Durch die vertragsarztrechtlichen Anforderungen zur Übertragung einer Zulassung kann der Wert einer ärztlichen Praxis ferner erheblich gefährdet werden, wenn er durch eine vorläufige Regelung auf den „falschen Nachfolger" übergeht oder sich durch eine zu lange Unterbrechung verflüchtigt und damit nicht mehr übertragen werden kann. Die aufgebaute Patientenbindung geht in diesem Fall durch die öffentlich-rechtlichen Besonderheiten der Zulassung verloren oder verbleibt bei einem möglicherweise endgültig „falschen" vorläufigen Leistungserbringer. Streitigkeiten über die vertragsrechtlichen und sozialrechtlichen Folgen müssen überdies in getrennten Rechtszweigen, im Beispielsfalle der Sozial- und Zivilgerichtsbarkeit geführt werden. Die genannten Exempel zeigen die Relevanz, die das Vertragsarztrecht über die rechtlich zwingenden Vorgaben hinaus schon aufgrund der daraus resultierenden tatsächlichen Eingriffe hat.

In einiger Hinsicht hat der Gesetzgeber explizit Schnittstellen vorgesehen, über welche die qua Gesetz nur öffentlich-rechtlich erfolgende Erteilung der Zulassung in Grenzen zivilrechtlich regelbar ist. Dies war vor allem zum Schutze des grundrechtlich geschützten Eigentums geboten. Die entsprechenden Regelungen finden sich im SGB V und in den Zulassungsverordnungen. So sind z. B. § 103 Abs. 4 und 6[306], die im Zusammenhang mit den Regelungen über die versorgungsgradabhängige Bedarfsplanung mit örtlichen Zulassungssperren erlassen wurden, Rechtsgrundlagen für einen Anspruch der BAG auf Ausschreibung eines in der Gemeinschaftspraxis BAG frei gewordenen Vertragsarztsitzes zur Nachbesetzung. Gesellschafter einer ärztlichen Praxis können hiernach Einfluss nehmen auf den Nachfolger eines Partners auch im Hinblick auf die Zulassung, die er gegebenenfalls zurücklässt, und können die Nachbesetzung wie der ehemalige Inhaber selbst beanspruchen. Damit wird gesetzlich eine Ausnahme

---

[304] So etwa vorgehend zu BSG; Urt. v. 23.06.2010, B 6 KA 7/09 R, GesR 2010, 615 ff.: SG Hannover, Urt. v. 13.10.2004, S 16 KA 262/02, RID 09-02-19, aufgehoben durch LSG Niedersachsen-Bremen, Urt. v. 17.12.2008, L 3 KA 316/04 - juris Rn. 48 ff. (dieses bestätigt durch das BSG wie vor).

[305] Seit BSG; Urt. v. 23.06.2010, B 6 KA 7/09 R ist ein Regress trotz des Status - jedenfalls soweit es die Abrechnungsprüfung betrifft - möglich, GesR 2010, 615. In der Literatur nahm man eine Honorarrückforderungsmöglichkeit schon zuvor an, vgl. Urt. des BSG, 621 m. w. N. - juris Rn. 52.

[306] Im Wesentlichen i. d. F. des GSG v. 21.12.1992, BGBl. I, 2266.

zu der im Übrigen personenbezogenen Zulassung geschaffen, mit der die Zulassung in Kernbereichen zivilrechtlicher Interessen moderat flexibler geregelt wird, wodurch eine Anpassung öffentlich-rechtlicher und zivilrechtlicher Regelungen erzielt wird. Gerade in den Fällen der Nachbesetzung kann das öffentlich-rechtliche Recht mit dem zivilrechtlichen auch korrelieren. So verlangt die Nachbesetzung, wie bereits dargestellt, eine fortführungsfähige Praxis, d. h., dass eine solche auch noch existieren muss, wenn es zur Nachbesetzung kommt.[307] Eine „`Zulassung auf Vorrat` als reine Option auf eine weitere Erwerbsmöglichkeit"[308] ist damit auch ausgeschlossen. Ist eine fortführungsfähige Praxis nicht mehr gegeben, ist nach Auffassung des Landessozialgerichts Berlin-Brandenburg nicht nur dem Verfahren nach § 103 Abs. 4 die Grundlage entzogen, sondern zugleich auch einer Kaufpreisforderung gegen einen möglichen Interessenten für die Praxis, da eine Praxis bei fehlender Fortführungsfähigkeit auch keinen Vermögenswert mehr darstellt.[309] Ob dem gefolgt werden kann, ist zu bezweifeln, zeigt allerdings, dass die Rechtsgebiete auch gleichlaufen können oder sogar müssen. Dass es auch einen Gleichlauf der Rechtsgebiete gibt, musste allerdings auch schon durch die Rechtsprechung in Erinnerung gebracht werden. So war eine KV der Auffassung, dass sie berechtigt sei, Forderungen gegen einen Vertragsarzt aus seiner Einzelpraxistätigkeit mit Forderungen der Gemeinschaftspraxis, in der er später praktizierte, zu verrechnen. Das BSG stellte fest, dass die Forderungen nicht anders als zivilrechtliche Forderungen behandelt werden und es daher für eine Aufrechnung an einem Gegenseitigkeitsverhältnis fehlt[310].

In Bezug auf die Nachbesetzungsfähigkeit einer ärztlichen Praxis ist damit in zivilrechtlicher Hinsicht eine gewisse Abmilderung des fehlenden Gleichlaufs in den verschiedenen Rechtsgebieten, welche durch die vertragsärztliche Zulassung berührt werden, gegeben. Der öffentlich-rechtliche Einfluss bleibt jedoch erheblich und gefährdet die Akzeptanz des Instruments der vertragsärztlichen Zulassung als Steuerungsmittel im Wirtschaftsverkehr, weil sie sich, wie dargestellt, als Achillesferse bei dem Praxisverkauf bzw. der Veräußerung des häufig über lange Jahre aufgebauten immateriellen Werts erweist. Zugleich zeigt er aber auch die Schwierigkeit eines Systems des öffent-

---

[307] BSG, Urt. v. 29.09.1999, B 6 KA 1/99 R, BSGE 85, 1 - juris Rn. 37; BSG, Urt. v. 28.11.2007, B 6 KA 26/07 R, GesR 2008, 304 (305 ff.) m. w. N.; aktuell LSG Berlin-Brandenburg, Urt. v. 03.12.2008, L 7 KA 65/08, GesR 2009, 365 (366).

[308] BSG, Urt. v. 30.01.2002, B 6 KA 20/01 R, NJW 2002, 3278, juris Rn. 31. Zulässig ist jedoch der Antrag „auf Vorrat" bei Ausschreibung einer Zulassung, indem nach § 103 Abs. 5 S. 3 im Rahmen des Verfahrens bei Ausschreibung einer Zulassung gemäß § 23 Abs. 3 BedarfsplRL-Ä der Zeitpunkt der Eintragung auf der Warteliste gemäß § 103 Abs. 3 zu berücksichtigen ist, wenn sich ein Bewerber der Warteliste um einen konkreten Vertragsarztsitz bewirbt.

[309] LSG Berlin-Brandenburg, Urt. v. 03.12.2008, L 7 KA 65/08, GesR 2009, 365 (366).

[310] BSG, Urt. v. 07.02.2007, B 6 KA 6/06 R, MedR 2007, 669 - juris Rn. 16.

lich-rechtlich geregelten (Gesundheits-)Marktzugangs, welches aber Grundlage der Teilnahmen im ambulanten und stationären Sektor in der GKV ist. Mit der Zulassung liegt immerhin schon ein umfänglich in praxi erprobtes und nach recht-lichen Überprüfungen vielfach angepasstes Zugangsmodell vor. Jedes neue System müsste sich dem erst unterziehen.

Die Widersprüchlichkeiten der Rechtsgebiete, in denen die Zulassung Relevanz beansprucht, zeigen sich auch deutlich auch in den öffentlich-rechtlichen Pflichten des Zulassungsinhabers als Vertragsarzt und seinen zivilrechtlichen, konkret haftungsrechtlichen Pflichten als Vertragspartner des Patienten. Der Vertragsarzt unterliegt den Vorgaben des Sozialgesetzbuchs, insbesondere den Richtlinien des G-BA nach § 92 und den Arzneimittelrichtlinien (§ 34 Abs. 1) sowie den Rechtsverordnungen, welche weitere Ausschlüsse von der Versorgung festlegen (§ 34 Abs. 3 und 5). Dabei entstehen Diskrepanzen zwischen den im Sozialrecht vorgesehenen Leistungen und dem medizinischen Mindeststandard.[311] Diese Problematik ist allerdings für das Institut der Zulassung nur insoweit charakteristisch, als der Vertragsarzt mit Erteilung der Zulassung dem System unterworfen wird. Dies wäre also gleichfalls die Folge bei jeder anderen Form der Teilnahme, etwa in Form von Selektivverträgen. Die Divergenz zwischen zivilrechtlichen Haftungsanforderungen und sozialrechtlicher Leistungserbringerverpflichtung ist somit systemimmanent und nicht allein charakteristisch für das Teilnahmemodell der Zulassung. Sie stellt sich vielmehr als grundsätzliches Problem zwischen sozialrechtlichen Pflichten im System des SGB V und zivilrechtlichen Anforderungen dar, ebenso wie die zuvor geschilderten Divergenzen zwischen Zivilrecht und öffentlichem Recht.

Als charakteristisch für die vertragsärztliche Zulassung verbleibt die Problematik ihrer erheblichen Wertbildung und den im Grundsatz ausgeschlossenen zivilrechtlichen Gestaltungsmöglichkeiten. Da das Instrument der vertragsärztlichen Zulassung dergestalt zivilrechtliche Hindernisse bei der Übertragung einer Praxis schafft, ist das Ausweichen veräußerungswilliger Leistungserbringer auf die Übertragung der Zulassung ohne Ausschreibung verbunden mit einem „Preisdiktat" nahe liegend. Ursprünglich hatte dies die Rechtsprechung ausdrücklich ausgeschlossen.

Der Gesetzgeber hat mit den Gesundheitsreformen seit dem GMG, mit der Einführung des MVZ, der Abschaffung der Bedarfszulassung für Zahnärzte durch das GKV-WSG und umfänglich mit den Änderungen durch das VÄndG die Zulassung zunehmend gelockert. Sie ist flexibler geworden und bietet nicht nur dem neuen Teilnehmer MVZ, sondern speziell auch den Vertragsärzten mehr Möglichkeiten der Einflussnahme auf

---

[311] Laum, DÄBl. 98 A-3176, B-2690, C-2497; Katzenmeier, 545.

die Übertragung auf einen Nachfolger. So besteht seit dem GMG die Möglichkeit, unter Verzicht auf die Zulassung einen Rechtsanspruch auf Anstellung in einem MVZ gegenüber dem Zulassungsausschuss zu verwirklichen (§ 103 Abs. 4a S. 1). Letztlich kann so die Zulassung wirtschaftlich eingeschränkt verwertet werden. So könnte z. B. ein Vertragsarzt seinen Verzicht einem hoch dotierten Anstellungsvertrag mit sehr langen Kündigungsfristen dienbar machen. Das Gesetz selbst spricht von der Möglichkeit der „Übertragung" einer Zulassung auf diesem Wege.[312] Seit dem VÄndG gilt das auch für die Anstellung bei einem Vertragsarzt. Die Anstellung mit eigenem Budget, auf die der „Erwerber" Anspruch hat, kann durch Anstellung eines geeigneten Nachfolgers fortgeführt werden (Nachbesetzung nach § 103 Abs. 4a S. 5 Abs. 4b S. 2), und zwar ungeachtet von Zulassungsbeschränkungen. Wohl setzt das voraus, dass für den zuvor angestellten Arzt nicht nur eine Genehmigung vorlag, sondern dieser auch tatsächlich seine Tätigkeit aufgenommen hatte. „Scheingeschäfte können nur durch Prüfung, ob tatsächlich eine Praxis vorhanden ist, vermieden werden".[313] Eine gesetzliche Mindestvorgabe wurde nicht eingefügt. Mit dem GKV-VStG kann die Anstellungsstelle sogar in einen Vertragsarztsitz (rück-)umgewandelt werden, was das bis dahin bestehende Hemmnis der Endgültigkeit einer Umwandlung eines Vertragsarztsitzes in eine Anstellungsstelle aufgehoben und die Option noch attraktiver gemacht hat. Das hat in der Praxis schon den Vorwurf eines unzulässigen Konzessionshandels hervorgebracht.

Der Grundsatz der „fehlenden Handelbarkeit" der Zulassung wird durch diese Möglichkeiten des Ausweichens auf Anstellungsverhältnisse, welche Verwertungsmöglichkeiten bieten, in der Tat ausgehöhlt. Da andererseits jedoch nicht die unmittelbare Übertragung der Zulassung ermöglicht wird, sondern lediglich neue, aus einer Zulassung resultierende Rechte erworben werden können, bedeutet deren Wahrnehmung in Form der Begründung von Anstellungsverhältnissen häufig nur eine Umgehung der eigentlich gewünschten Übertragung der Zulassung.

Die Flexibilisierungen bedeuten daher einerseits eine Aufwertung des Steuerungsinstruments „Zulassung", andererseits einen Eingriff in das Verbot der Handelbarkeit einer Zulassung, indem sie deren „Versilberung" über den Weg von Anstellungsverhältnissen zulassen. Die Vertragsarztzulassung wird damit inkonsequent weiterentwickelt. Zu beanstanden ist hieran besonders, dass diese Änderungen nicht vorrangig für die Flexibilisierung der Möglichkeiten von Vertragsärzten erfolgten, sondern zunächst mit dem GMG zur Förderung des neuen Teilnehmers MVZ. Erst als sich ergab, dass die daraus folgende weitere Zurücksetzung des klassischen freiberuflichen Vertragsarztes

---

[312] BT-Drs. 15/1525, 112.
[313] *Pawlita*, in: jurisPK-SGB V, § 103 Rn. 97.

nicht akzeptiert wurde, besserte der Gesetzgeber nach und stellte die Vertragsärzte mit dem VÄndG gleich.

II. Implikationen der vertragsärztlichen Zulassung auf ausgewählten Rechtsgebieten

Aufgrund des Zusammenhangs vieler Besonderheiten des Gesellschaftsrechts und des Insolvenz- sowie Vollstreckungsrechts mit den soeben dargestellten Zivilrechtsgeschäften wird die Behandlung dieser Rechtsgebiete den vom Normenrang höheren Grundrechten vorgezogen.

1. Gesellschaftsrecht

Neben der unter I. dargestellten Relevanz der fehlenden rechtlichen Verfügbarkeit über die Zulassung im Bereich der Praxisveräußerung, also bei Veräußerungsgeschäften, dem klassischen Schuldrecht, spielt der besondere Rechtscharakter der Zulassung aufgrund des mit ihr verbundenen Werts auch im Gesellschaftsrecht eine erhebliche Rolle. Daher wird bei der Aufnahme von Mitgesellschaftern in ärztlichen BAG mit vielfältigen Mitteln versucht, die Zulassung des Eintretenden an die Gesellschaft zu binden für den Fall, dass der Gesellschafter ausscheiden sollte. Möglichkeiten, dies mittelbar zu erreichen, sind nicht nur aufgrund der Höchstpersönlichkeit der Zulassung eng begrenzt, sondern schon aufgrund der fehlenden Verfügbarkeit über die vertragsärztliche Zulassung.[314] Ein sehr gängiges Instrument der Bindung der Zulassung ist die Bindung Ihres Inhabers, also des Mitgesellschafters. Das ist über eine Hinauskündigungsklausel zu erreichen, die jedoch zeitlich begrenzt ist.[315] Daneben existieren weitere Möglichkeiten der Bindung der Zulassung, losgelöst von ihrem Inhaber, aufgrund der gesetzlich vorgesehenen besonderen Berücksichtigung von Mitgesellschaftern im Nachbesetzungsverfahren (§ 103 Abs. 4 S. 5 und Abs. 6 S. 2). Auch diese Bindung kann über gesellschaftsrechtliche Vereinbarungen, wie z. B. Abfindungsregelungen, erreicht werden. Sie hat jedoch unter strenger Abwägung und Herstellung praktischer Konkordanz der betroffenen Grundrechte des Zulassungsinhabers und der gesetzlich besonders zur Beantragung einer Nachbesetzung berechtigten BAG zu erfolgen.[316]

---

[314] Bäune, ZMGR 2008, 54 - 56, Besprechung Urt. des LG Dortmund v. 27.09.2007, 3 O 391/07.

[315] Vgl. Bonvie, GesR 2008, 505, (509); Heller/Kanter, GesR 2009, 346 (347 ff.); BGH, Urt. v. 22.07.2002, II ZR 90/01, NJW 2002, 3536 ff. - juris Rn. 17 ff..

[316] BGH, Urt. v. 22.07.2002, II ZR 90/01, NJW 2002, 3536 ff. - juris Rn. 17. Vgl. ergänzend OLG Frankfurt, Urt. v. 14.01.2010, 22 U 91/08, m. w. N. zur Zulässigkeit der Bindung der Zulassung, i. Ü. aber zur Frage, ob eine vereinbarte Ausgleichszahlung auch dann zu leisten ist, wenn es nicht zur Nachbesetzung kommt. Revision, BGH II ZR 31/10 durch Nichtzulassungsbeschwerde vom 05.07.2011 zurückgewiesen

Hier stellen mangels Existenz fester Regelungen alle Vereinbarungen rechtlich unsicheres Gebiet dar.[317]

Die Frage des Verbleibs der vertragsärztlichen Zulassung ist somit wesentlicher Vertragsbestandteil von BAG. Spätestens im Falle des Ausscheidens von Vertragsärzten aus BAG wird dieser elementare Faktor regelmäßig zum Diskussionspunkt, für den rechtzeitige, vorsorgliche Regelungen wichtig sind.

Das Vertragsarztrecht stellt ferner Anforderungen auf, die über das Gesellschaftsrecht hinausgehen. Der im Vertragsarztrecht erforderlichen Abgrenzung von angestelltem Arzt und selbständigem Vertragsarzt geschuldet, ist über die Anforderungen des Gesellschaftsrechts hinaus zur Begründung eines Gesellschaftsverhältnisses bzw. einer Gesellschafterposition ein unternehmerisches Risiko mit bestimmten, zum Teil richterrechtlich definierten, zum Teil noch offenen Anforderungen erforderlich.[318] Hierzu wird insbesondere eine Beteiligung am Goodwill gefordert.[319] Nur dann ist das Erfordernis beruflicher und persönlicher Selbständigkeit gegeben. Nicht zuletzt gibt es den im Arbeits- und Handels- und Gesellschaftsrecht bekannten „Typus des 'freien Mitarbeiters'" im Vertragsarztrecht nicht[320], was wiederum die Gefahr von Scheinrechtsverhältnissen, welche nachfolgend unter dem strafrechtlichen Aspekt erörtert werden, erhöht.

Die gemeinsame vertragsärztliche Tätigkeit bedarf der vorherigen Genehmigung, § 33 Abs. 2 Ärzte-ZV. Es besteht eine Pflicht zur Vorlage des schriftlichen Gesellschaftsvertrags.[321] Nicht nur die Schriftform geht über die gesellschaftsrechtlichen Anforderungen hinaus, auch die Zulassungspraxis, indem häufig die zivilrechtliche Prüfungskompetenz hinsichtlich der gesellschaftsrechtlichen Binnenstruktur, z. B. Wirksamkeit von Wettbewerbsabreden, überschritten wird.[322] Eine gesellschaftsrechtliche Stellung wird im Vertragsarztrecht nur dann bejaht, wenn eine Beteiligung am Gewinn und Verlust der Gesellschaft und - zumindest mittelfristig - eine Beteiligung am ideellen Praxiswert erreicht wird[323], auch solche Anforderungen stellt das Gesellschaftsrecht nicht. Auf der anderen Seite werden gesellschaftsrechtliche Anforderungen missachtet.

---

[317] Bonvie, GesR 2008, 505 (509).
[318] BSG, Urt. v. 23.06.2010, B 6 KA 7/09 R, GesR 2010, 615 (619).
[319] BSG, Urt. v. 23.06.2010, B 6 KA 7/09 R, GesR 2010, 615 (620). Anders noch LSG Nordrhein-Westfalen, Urt. v. 13.09.2006, L 11 KA 30/06, MedR 2008, 50 - juris Rn. 28 ff..
[320] BSG, Urt. v. 23.06.2010, B 6 KA 7/09 R, GesR 2010, 615 (618).
[321] BSG, Urt. v. 16.07.2003, B 6 KA 34/02 - juris Rn. 34; § 6 Abs. 7 BMV-Z in der ab dem 01.07.2007 geltenden Fassung, vgl. auch LSG Nordrhein-Westfalen, Urt. v. 21.08.2002, L 10 KA 23/02, GesR 2002, 94 - juris Rn. 57.
[322] Schirmer, Vertragsarztrecht kompakt, Kap. H.3.1.7, 273.
[323] BSG, Urt. v. 22.03.2006, B 6 KA 76/04 R, BSGE 96, 99 - juris Rn. 14.

So endet etwa eine vertragsärztliche BAG bereits dann, wenn dem Zulassungsausschuss eine einseitige Willenserklärung zugeht, mit der sich ein Partner von der BAG lossagt[324], und zwar ungeachtet der gesellschaftsrechtlichen Kündigungsfristen.[325] Das Verbot der Zuweisung von Patienten gegen Entgelt nach § 33 Abs. 2 Ärzte-ZV, insbesondere nach dem GKV-VStG, welches dies umfassend für alle BAG anordnet, widerspricht der Vertragsfreiheit nach § 722 Abs. 1 BGB. Die Rechtsform der BAG an sich ist überdies ein eigener Begriff des Vertragsarztrechts, welcher keiner bestimmten Gesellschaftsform des Gesellschaftsrechts entspricht. Zudem ist er im Vertragsarztrecht unzureichend definiert, so dass eine erhebliche Rechtsunsicherheit zu ihren Anforderungen besteht. Es findet sich zwar die Definition in §§ 1a Nr. 12a BMV-Ä, eine Begriffsbestimmung jedoch fehlt, und ihre Mindestvoraussetzungen sind ungeregelt.[326]

Auch für gesellschaftsrechtlich zulässige Formen sieht das Vertragsarztrecht eigene Regelungen vor. So ist die Ärzte- GmbH nicht zulassungsfähig, obwohl das Berufsrecht sie zulässt. Während die Gesellschaft nach gesellschaftsrechtlichen Grundsätzen mit ihrer Auseinandersetzung / Liquidation beendet ist, wird sie im Vertragsarztrecht als fortbestehend angesehen, solange noch Pflichten aus ihrem Status zu erfüllen sind oder der Gesellschaft hieraus noch Rechte zustehen.[327] Berührung zum Arbeitsrecht hat die Unterscheidung, dass ein Gesellschafter einer GbR nicht zugleich deren Arbeitnehmer sein kann.[328] Vertragsarztrechtlich hingegen werden BAG zugelassen, in welchen sich die Gesellschafter gegenseitig anstellen.[329] Immerhin laufen Vertragsarztrecht und Gesellschaftsrecht prozessual insofern gleich, als die BAG auch im Sozialrecht als Gesellschaft klagen und verklagt werden kann.[330]

Es zeigt sich auch hier, dass die Zulassung ein diffizil ausentwickeltes Rechtsinstitut ist, dessen Ersetzung einerseits daher wohl bedacht sein muss und dessen Komplexität andererseits erahnen lässt, welche Entwicklung Alternativmodelle durchlaufen müssen und wie sehr solche das empfindliche System stören können.

---

[324] LSG Nordrhein-Westfalen, Beschl. v. 23.12.2010, L 11 KA 95/10 B ER - juris Rn. 38.
[325] BSG, Urt. v. 19.08.1992, 6 RKa 36/90, SozR 3-2200 § 368c Nr. 1 - juris Rn. 27; Bayerisches LSG, Urt. v. 24.05.2000, L 12 KA 45/98 juris Rn. 29.
[326] Ausführlich zu existierenden Eingrenzungen, Möller, DAI 2010, 11 ff..
[327] BSG, Urt. v. 07.02.2007, B 6 KA 6/06 R, BSGE 98, 89 - juris, Orientierungssatz; BSG, Urt. v. 03.02.2010, B 6 KA 37/08 R m. w. N., MedR 2011, 108 - juris Rn. 16.
[328] *Preis*, in: Erfurter Kommentar, 230 § 611 Rn. 184 m. w. N.
[329] So Bartels, Justitiar der KV Nordrhein auf einer Veranstaltung des Kölner Anwaltverein zum Thema aktuelle Fragestellungen im Vertragsarztrecht, 16.11.2010.
[330] Vgl. nur beispielsweise die Parteien in BSG, Urt. v. 22.06.2005, B 6 KA 19/04 R, SGb 2006, 370.

2. Insolvenzrecht und Vollstreckungsrecht

Die Besonderheit des öffentlich-rechtlichen Charakters und die Unabhängigkeit von zivilrechtlichen Regelungen der Zulassung zeigen sich auch im Insolvenz- und Vollstreckungsrecht. Die Zulassung als Vertragsarzt und der dem zugelassenen Vertragsarzt zugewiesene Vertragsarztsitz als unveräußerliche Rechte, sind weder übertragbar noch pfändbar[331] noch abtretbar, noch kann sonst über sie verfügt werden[332] und sie sind nicht Massegegenstand[333]. Darüber hinaus verliert der Vertragsarzt nach Insolvenzeröffnung über sein Vermögen nicht das Recht, die Genehmigung zur Verlegung seines Vertragsarztsitzes zu beantragen[334], denn die Befugnis, den Vertragsarztsitz zu verlegen, ist untrennbar mit dem Zulassungsstatus als Vertragsarzt verbunden, der allein öffentlich-rechtlich dominiert ist. Der Vertragsarztsitz ist unabdingbare Voraussetzung für die Ausübung der Zulassung zur vertragsärztlichen Versorgung, die ohne einen Vertragsarztsitz nicht möglich ist.[335] Da nur der Vertragsarzt als der Inhaber der Zulassung durch Verzichts- und Antragsrechte über diese verfügen kann, verliert er diese Befugnis auch nicht durch die Eröffnung des Insolvenzverfahrens über sein Vermögen. Viele Vorschriften der Insolvenzordnung werden auf den Vertragsarzt nicht angewendet, so z. B. die Regelung des § 114 InsO nicht auf Vergütungsansprüche eines Vertragsarztes gegen die zuständige KV[336].

Eine solche Sonderstellung ist nur noch mit Zulassungen anderer freier Berufe, wie des Rechtsanwalts[337], Steuerberaters oder etwa des Notars, der einen hoheitlichen Auftrag erfüllt, vergleichbar. All diese „Zulassungen" sind weder verwertbar, noch unterliegen sie der Verfügung des Insolvenzverwalters. Sie werden durch förmliche Akte erteilt und entzogen im nicht technischen Sinne, bzw. wird auf sie verzichtet. Das kann reguläre Gründe haben, wie etwa Altersgrenzen oder Pflichtenverstöße, aber auch andere, wie den hier interessierenden Vermögensverfall.[338] Die vertragsärztliche Zulassung unterliegt also ähnlichen Vorrechten wie die beispielhaft genannten „Zulassungen" von Freiberuflern, die für den Zugang zum Beruf aber weitergehend sind als die

---

[331] BSG, Urt. v. 10.05.2000, B 6 KA 67/98 R, MedR 2001, 159 - juris Rn. 19.

[332] LSG Nordrhein-Westfalen, Urt. v. 07.10.1998, L 11 KA 62/98, MedR 1999, 333.

[333] LSG Nordrhein-Westfalen, Beschl. v. 12.03.1997, L 11 SKa 85/96, NJW 1997, 2477, juris, Leitsatz. Anders die Vergütungsforderungen, vgl. BSG, Urt. v. 03.02.2010, B 6 KA 30/08 R, BSGE 105,224 - juris Rn. 12 und 31 f..

[334] LSG Nordrhein-Westfalen, wie vor, juris, Leitsatz.

[335] BSG, Urt. v. 29.09.1999, B 6 KA 1/99 R, BSGE 85, 1 (4 f.).

[336] SG Stuttgart, Beschl. v. 12.12.2008, S 10 KA 7601/08 ER - juris, Orientierungssatz; BGH v. 11.05.2006, IX ZR 247/03, BGHZ 167, 363 - juris, Leitsatz.

[337] BSG, Urt. v. 10.05.2000, B 6 KA 67/98 R, MedR 2001, 159 - juris Rn. 20.

[338] Vgl. beispielhaft für Widerruf der Rechtsanwaltszulassung und Amtsenthebung bei Notaren: BGH, Beschl. v. 20.11.2006, NotZ 26/06, NJW 2007, 1287.

vertragsärztliche Zulassung. Sie sind eher mit der ärztlichen Approbation vergleichbar, wobei diese bei Fehlverhalten in Vermögensangelegenheiten nicht so schnell in Frage gestellt, sondern die ärztliche Behandlung in den Vordergrund gestellt wird.[339] Die Notarbestellung kommt der vertragsärztlichen Zulassung am nächsten. Soweit der Notar zugleich Rechtsanwalt ist, kann er grundsätzlich die Anwaltstätigkeit ausüben, sollte er - wie ein Arzt bei einer Zulassungssperre - die Aufgabe des Notars nicht mehr erfüllen dürfen.

Die vertragsärztliche Zulassung bedeutet daher für Ärzte eine zusätzliche Sonderbehandlung, welche aber auch der Relevanz der Zulassung für Ärzte geschuldet ist, die, wie das BVerfG in seinen grundlegenden Entscheidungen ausdrücklich ausgesprochen hat, zu der Auffassung führt, dass die Zulassung einer Berufszugangsregelung nahesteht, wenngleich sie das BVerfG letztlich als bloße Ausübungsregelung klassifiziert hat.[340] Bei zunehmender Etablierung von Zugangsmodellen für relevante Marktbereiche der ambulanten Versorgung (wie etwa § 116b) wird diese Rolle der Zulassung ähnlich anderer Freiberufe nicht mehr aufrecht erhalten werden und damit ein traditionelles und überdies in seiner Form mit klassischen anderen Freiberufen konform laufendes Modell nicht mehr aufrechterhalten. Entsprechend würde auch die dargestellte rechtliche Sonderbehandlung neu bewertet werden müssen.

3. Grundrechte

Die Zulassung greift in den Schutzbereich von Grundrechten ein. Sie wurde im Ergebnis aber in ihrer heute existierenden Form regelmäßig für rechtmäßig erkannt bzw. wurde entsprechend vom Gesetzgeber nachgebessert. Sie kann daher als bewährtes Steuerungsinstrument nicht nur in gesundheitspolitischer, sondern in Folge ihrer langen Tradition und Prüfung auch verfassungsrechtlicher Hinsicht bezeichnet werden. Eine Infragestellung gestattet sich daher nur bei grundlegenden Problemen und ausreichenden Alternativen, an welche die begründete Erwartung einer entsprechenden Bewährung ebenfalls gestellt werden kann.

Betroffene Grundrechte, mit welchen sich die Rechtsprechung umfassend zu befassen hatte, sind Art. 14 Abs. 1, 12 Abs. 1, 2 Abs. 1 und 19 IV GG. Die negative Koalitionsfreiheit ist nicht betroffen, da sie nur vor privatrechtlichen Zwangszusammenschlüssen schützt.[341] Die Mitgliedschaft zugelassener Vertragsärzte in KVen ist hingegen Mitgliedschaft in einer öffentlich-rechtlichen Körperschaft. Die Verfassungsmäßigkeit ei-

---

[339] Vgl. OVG Niedersachsen, Beschl. v. 04.12.2009, 8 LA 197/09, GesR 2010, 101.
[340] Vgl. Urt. v. 23.03.1960, 1 BvR 216/51, BVerfGE 11, 30 (41); Beschl. v. 08.02.1961, 1 BvL 10/60, 1 BvR 289/60, BVerfGE 12, 144 (147).
[341] *Jarass*, in: Jarass/Pieroth, GG, Art. 9 Rn. 7.

ner Mitgliedschaft in diesen ist an Art. 2 Abs. 1 GG zu messen. Soweit die KVen den ihnen gesetzlich zugewiesenen Aufgabenbereich einhalten, ist die Verfassungsmäßigkeit im Hinblick auf Art. 2 Abs. 1 GG nicht zu beanstanden.[342]

a. Art. 12 Abs. 1 GG

Unter Beruf ist jede auf Dauer angelegte, der Schaffung und Erhaltung einer Lebensgrundlage dienende Tätigkeit zu verstehen, die nicht schlechthin gemeinschädlich ist. Geschützt sind nicht nur die Ergreifung einer solchen Tätigkeit, sondern auch der Berufswechsel und der Übergang zwischen unterschiedlichen Ausübungsformen desselben Berufs, auch der Übergang von der unselbständigen zur selbständigen Tätigkeit.[343]

Die Zulassung als Vertragsarzt ist nicht frei erhältlich, sondern nur bei Erfüllung bestimmter Tatbestandsvoraussetzungen, die vor allem an die Person und Ausbildung des Antragsstellenden anknüpfen. Grundsätzlich besteht, wenn diese Voraussetzungen gegeben sind, ein Rechtsanspruch auf Zulassung.[344] Dieser Anspruch unterliegt aber Beschränkungen, da die Zulassung einer Rationierung unterliegt, wobei ihre Vergabe an Kriterien anknüpft, auf die der antragstellende Arzt keinen Einfluss nehmen kann. Die Zulassung bedeutet aber zugleich die nahezu ausschließliche Möglichkeit, als Arzt an der Versorgung der gesetzlich Versicherten Patienten teilzunehmen, die in der BRD einen sehr wesentlichen Versichertenanteil darstellen. Die Zulassung tangiert daher belangvolle Aspekte der Wahl und Ausübung des Berufs und damit den Schutzbereich des Art. 12 GG.

Das BVerfG hat dementsprechend eine Eingriffsrelevanz der vertragsärztlichen Zulassung für die Berufsausübung nach Art. 12 Abs. 1 GG festgestellt.[345] Die Grundrechtsrelevanz durchzieht alle Rechtsvorgänge im Zusammenhang mit der Zulassung bis in das einstweilige Rechtsschutzverfahren.[346] Da die Zulassung die Funktion eines Umsetzungsinstruments für die Bedarfsplanung hat, gilt dies mittelbar auch für die Be-

---

[342] Vgl. weiterführend beispielsweise Landessozialgericht Baden-Württemberg, Urt. v. 20.10.2010, L 5 KA 5241/09 m. w. N. - juris.

[343] BVerfG, Entscheidung v. 11.06.1958, 1 BvR 596/56, BVerfGE 7, 377 (398 f.).

[344] Vgl. BVerfG, Urt. v. 23.03.1960, 1 BvR 216/51, BVerfGE 11, 30 (49) und a. E.; BVerfG, Entscheidung v. 23.07.1963, 1 BvL 1/61, 1 BvL 4/61, BVerfGE 16, 286 (293), das insbesondere von einem Rechtsanspruch spricht; ausdrücklich auch BT-Drs. 11/6380, 68, Enquete Kommission zur Strukturreform der GKV.

[345] Wie vor, BVerfGE 11, 30 (41); 12, 144 (147).

[346] Zu Anforderungen und Differenzierungen im einstweiligen Rechtsschutz bei konstitutiven und deklaratorischen Entscheidungen zur Zulassungsentziehung, LSG Hamburg, Beschl. v. 08.03.2011, L 1 KA 22/11 ER, GesR 2011, 345 f..

darfsplanung[347] (§ 99 ff.). Das BVerfG hielt als entscheidenden Grundsatz - auch im Rahmen aktueller Entwicklungen auf dem Gesundheitsmarkt - fest, dass das Grundrecht des Art. 12 GG zwar keinen Schutz vor Konkurrenz bietet und Vertragsärzte auch aufgrund ihres Zulassungsstatus keinen Rechtsanspruch auf die Sicherung einer wirtschaftlich ungefährdeten Tätigkeit haben[348]. Vielmehr unterlägen die Wettbewerbsposition und die Erträge grundsätzlich dem Risiko laufender Veränderung, je nach den Marktverhältnissen. Gesehen wurde aber die Möglichkeit der Beeinträchtigung des Grundrechts der Berufsfreiheit durch eine Wettbewerbsveränderung aufgrund eines Einzelakts, die erhebliche Konkurrenznachteile zur Folge haben kann, wenn sie im Zusammenhang mit staatlicher Planung und der Verteilung staatlicher Mittel steht.

Einen solchen Einzelakt hat das BVerfG im System des Vertragsarztrechts durch Erteilung oder Versagung einer Zulassung aufgrund der Bedarfsplanung und durch die Deckelung der Gesamtvergütung gesehen. Eine Wettbewerbsveränderung und Konkurrenzsituation ergibt sich aus der Tatsache, dass die Zulassung der Ärzte zur Versorgung rund 90 % der gesetzlich Versicherten Patienten betrifft.[349] Die Teilnahme an der Versorgung außerhalb der Zulassung ist beschränkt auf die Versorgung im Rahmen der §§ 95b, 72a Abs. 1 und Notfälle. Die Zulassung bedeutet daher eine für den Beruf des Arztes wettbewerbsrelevante Regelung, die sich als Berufsausübungsregelung[350] darstellt. Als solche bedarf sie einer Rechtfertigung. Sie wird in der finanziellen Stabilität und damit der Funktionsfähigkeit der GKV gesehen, die bei Überversorgung nicht gesichert werden kann.[351]

Insbesondere die Zulassungsbeschränkungen bei Überversorgung standen jedoch immer wieder unter besonderer Beobachtung im Hinblick auf eine Verletzung des Art. 12

---

[347] BSG, Urt. v. 18.03.1998, B 6 KA 37/96 R, BSGE 82, 41, welches die entsprechende Begründung (Prognose) des Gesetzgebers nicht beanstandet, juris, Leitsatz.

[348] BVerfG, Beschl. v. 17.08.2004, 1 BvR 378/00, GesR 2004, 470 m. w. N. juris, Orientierungssatz.

[349] Vgl. Kap. 1 Fn. 44.

[350] Die durch die Rechtsprechung als Berufsausübungsregelung bewerteten Zulassungsbeschränkungen kommen einer Berufswahlregelung sehr nahe, da faktisch die Behandlung von 80 bis 90 % der Versicherten in der BRD nahezu ausschließlich von Inhabern einer vertragsärztlichen Zulassung zu Lasten der GKV erfolgen darf. Da der Eingriff einer Regelung der Berufswahl nahe kommt, kann sie nicht mit jeder vernünftigen Erwägung des Gemeinwohls, sondern nur mit solchen Allgemeininteressen gerechtfertigt werden, die so schwer wiegen, dass sie den Vorrang vor der ungehinderten beruflichen Entfaltung der betroffenen Ärzte verdienen [BSG, Urt. v. 24.11.1993, 6 RKa 26/91, BSGE 73, 223 - juris Rn. 17, unter Bezugnahme auf BVerfGE 61, 291 (311); 77, 84 (106)].

[351] BVerfG, Beschl. v. 27.04.2001, 1 BvR 1282/99, MedR 2001, 639 - juris Rn. 5; vgl. BSG, Urt. v. 24.11.1993, 6 RKa 26/91, BSGE 73, 223 - juris Rn. 19.

Abs. 1 GG. Während Regelungen zur Unterversorgung darauf abzielen, Ärzte zu einer Zulassung in den entsprechenden Gebieten zu bewegen, ist das Ziel von Beschränkungen bei einer Überversorgung, den Zugang zu erschweren. Entsprechende Vorschriften sind detaillierter ausgestaltet.[352] Die zunächst zur Vermeidung einer Überversorgung existierende Verhältniszahlregelung wurde als verfassungswidrig erkannt.[353] Sie legte bundesweit eine Verhältniszahl zwischen Kassenärzten und Versicherten fest (1 : 500)[354], bei deren Überschreitung keine Zulassung mehr erteilt wurde. Dabei stellte auch schon damals der Anteil der gesetzlich Versicherten an der Bevölkerung einen für die ambulante medizinische Versorgung wesentlichen Marktanteil dar. In dieser strikten Form des Ausschlusses von Freiberuflern von einer Wahrnehmung des Berufs als (nach alter Bezeichnung) Kassenarzt durch die Verhältniszahlregelung sah die Rechtsprechung eine unzulässige Beschränkung allerdings nur der Berufsausübung, nicht des Berufszugangs, da immerhin noch die selbständige Tätigkeit im privatärztlichen Bereich verblieb. Angesichts der Tatsache, dass dies nur ein geringer Anteil der Versicherten ist, sprach das BVerfG richtigerweise allerdings von einer Berufsausübungsregelung von der Qualität einer Beschränkung der Berufswahl. Anders werden die Zulassungsbeschränkungen nach der Regelung des mit dem GRG eingeführten § 103 gesehen. Sie schließen die Berufsträger nicht grundsätzlich von einer Zulassung aus, sondern regeln Beschränkungen, die aber z. B. durch örtliche Flexibilität des Arztes umgangen werden können. Sie belegen damit nicht die vertragsärztliche Zulassung als solche mit objektiven Zulassungssperren, sondern schränken lediglich die Wahl des Ortes ein. Selbst wenn alle Orte gesperrt wären, gäbe es noch Ausnahmeregelungen (dazu im nächsten Absatz). Damit wirken sie nicht in der Ausschließlichkeit, wie dies die Folge der Verhältniszahlreglungen war, und greifen damit nicht mit der Qualität einer Beschränkung der Berufswahl in Art. 12 Abs. 1 S. 1 GG ein. Zwar gab es auch im Hinblick auf diese Regelung verfassungsrechtliche Bedenken.[355] Im Ergebnis sind jedoch Zulassungsbeschränkungen als geeignet und verhältnismäßig für eine gleichmäßige und bedarfsgerechte Verteilung anerkannt worden[356] zur Erreichung des Zieles der Erhaltung der Finanzierbarkeit der GKV. Festzuhalten ist, dass dieses Ergebnis allerdings unter den seinerzeit gegebenen Voraussetzungen des Gesundheitswesens in Deutschland gefunden wurde.

---

[352] Schon die Definition der Überversorgung ist im formellen Gesetz des § 101 festgelegt, die Unterversorgungssituation wird lediglich in den BedarfsplRL-Ä definiert.

[353] BVerfGE 11, 30 ff. - „Kassenarzt-Urteil" und BVerfGE 12, 144 ff. - Kassenzahnarzturteil".

[354] *Hess,* in: KassKomm § 103 Rn. 3.

[355] *Hess,* in: KassKomm § 103 Rn. 3a, m. w. N..

[356] Vgl. im Einzelnen *Hess,* in: KassKomm § 103 Rn. 3a.

Dabei gewährleisten eine Reihe von Regelungen die Verhältnismäßigkeit des Eingriffs. Hierzu gehören ausnahmsweise erteilte Zulassungen auch bei der Sperrung eines Gebiets, wie die Sonderbedarfszulassung nach § 101 Abs. 1 S. 1 Nr. 3 i. V. m § 72 Abs. 2 und § 24 der BedarfsplRL-Ä, die Zulassung für eine Jobsharing-Gemeinschaftspraxis oder die vinkulierte Zulassung nach § 101 Abs. 1 S. 1 Nr. 4.[357] „Soweit die Voraussetzungen vorliegen, besteht ein Zulassungsanspruch"[358] hiernach.

Relevante Einschränkungen der Berufsausübung enthalten neben dem SGB V auch die hiernach erlassenen Zulassungsverordnungen. So tangiert § 20 Ärzte-ZV das von der Berufsfreiheit nach Art. 12 Abs. 1 GG umfasste Recht der Freiheit, mehrere Berufe zu wählen und nebeneinander auszuüben.[359] Die Vorschrift der Zulassungsverordnung regelt mögliche Pflichtenkollisionen zwischen vertragsärztlicher und sonstiger ärztlicher oder heilberuflicher Tätigkeit. Sie bestimmt Ausschlusskriterien für eine Zulassung aufgrund von Tätigkeiten, die nach Art oder Wesen als Hindernis der Eignung des freien Berufsträgers für eine Zulassung gesehen werden. Das BSG sieht hierin eine weitere Begrenzung des Rechts auf freie Berufsausübung nach Art. 12 Abs. 1 S. 2 GG. Die Vorschrift gehört laut Feststellung des zuständigen Senats aber zu den gesetzlich und untergesetzlich zulässigen Schranken, die das Recht auf freie Berufsausübung in zulässiger Weise beschränken. Sie ist im Gegensatz zu anderen Handlungsbeschränkungen (wie der Bedarfszulassung) zwar nicht unmittelbar im SGB V geregelt, sondern nur in der Zulassungsverordnung, die dem Wortlaut nach nicht Gesetz ist. Zulassungsverordnungen werden aber insoweit in ihrer Qualität Gesetzen gleichgestellt.[360]

Grundlegende Erwägungen des BSG, die zu der Wertung führen, dass § 20 der Zulassungsverordnung eine zulässige Beschränkung des Grundrechts ist, lassen sich einer Entscheidung des Senats entnehmen, in der er über den Anspruch einer angestellten Krankenhausärztin auf Zulassung zur vertragspsychotherapeutischen Behandlung neben ihrer gleichzeitigen Tätigkeit als Krankenhausärztin entschieden hat. Die gleichzeitige Tätigkeit als Vertragspsychotherapeut neben der Tätigkeit als Krankenhausarzt oder niedergelassener Arzt hielt das Gericht gemäß § 20 Ärzte-ZV für unvereinbar.[361] Nach den Entscheidungsgründen setzen die verschiedenen ärztlichen und psychotherapeutischen Tätigkeiten den Leistungserbringer einer Interessen- und Pflichtenkollision

---

[357] BSG, Urt. v. 28.06.2000, B 6 KA 35/99 R, BSGE 86, 242 ff..

[358] Vgl. auch *Pawlita,* in: jurisPK-SGB V, § 101 Rn. 44.

[359] So BVerfG, Entscheidung v. 15.02.1967, 1 BvR 569/62, BVerfGE 21, 173 (179); BVerfG, Beschlüsse v. 04.11.1992, u. a. 1 BvR 79/85, 1 BvR 643/87, 1 BvR 442/89, 1 BvR 238/90, 1 BvR 1258/987, BVerfGE 287 (316).

[360] Nach BSG, Urt. v. 16.07.2003, B 6 KA 49/02 R, NJW 2004, 1820 - juris, Leitsatz sind Zulassungen Gesetze im formellen Sinne.

[361] BSG, Urt. v. 30.01.2002, B 6 KA 20/01 R, BSGE 89,134 - juris Rn. 33 ff..

aus, wie sie die § 20 Abs. 1 und 2 Ärzte-ZV ausschließen sollten. Die Gefahren einer Pflichtenkollision sieht das BSG in dieser Konstellation darin begründet, dass sich die jeweils anderweitige ärztliche oder psychotherapeutische Tätigkeit und die vertragsärztliche bzw. psychotherapeutische Tätigkeit vermischen können. Psychologische Psychotherapeuten unterliegen bei der Beurteilung ihrer persönlichen Eignung für die Leistungserbringung im System der GKV den gleichen Anforderungen, wie sie für Vertragsärzte gelten. Die Vermischung der Tätigkeiten kann sich zum einen zum Nachteil der Versicherten u. a. wegen einer faktischen Beschränkung des Rechts auf freie Arztwahl bzw. Psychotherapeutenwahl (§ 76 Abs. 1 S. 1) auswirken und zum anderen zum Nachteil der Kostenträger, weil insoweit je nach persönlichem Interesse des Arztes bzw. Psychologischen Psychotherapeuten Leistungen aus nicht sachgerechten Gründen von dem einen in den anderen Arbeitsbereich verlagert werden könnten. Eine Kollision nimmt das BSG auch an, wenn nicht gewährleistet ist, dass der Behandler auf Grund seiner anderweitigen ärztlichen oder psychotherapeutischen Tätigkeit Inhalt und Umfang einer vertragsärztlichen bzw. psychotherapeutischen Tätigkeit sowie den Einsatz der der Praxis zugeordneten sachlichen und persönlichen Mittel selbst bestimmen kann[362], was aber Voraussetzung der freiberuflichen Tätigkeit ist. Bei einer nicht vorrangig patientenbezogenen Tätigkeit nimmt das BSG dementsprechend hingegen diese Gefahr einer Pflichtenkollision nicht an.[363]

In Anwendung dieser Grundsätze hat das BSG eine Pflichtenkollision für die zeitgleiche Zulassung von MKG-Chirurgen als Vertragsarzt und als Vertragszahnarzt generell verneint, weil diese Ärzte auf Grund besonderer berufsrechtlicher Regelungen in beiden ambulanten Versorgungsbereichen zulassungsberechtigt sind.[364] Sie könnten also ohnehin beide Tätigkeiten nebeneinander ausüben, was gesetzlich zugelassen ist. In seiner älteren Rechtsprechung hat das BSG kein Hindernis in der gleichzeitigen Arbeitnehmerstellung als Zahnarzt einer Polizeizahnklinik[365], als städtischer Medizinaldirektor[366] oder als beamteter Arzt einer Strafanstalt[367] gesehen. Anders hat er die be-

---

[362] BSG, Urt. v. 05.11.1997, 6 R Ka 52/97, BSGE 81, 143, 147 = NJW 1998, 3442, 3443 (Senat zu im Krankenhaus angestellten Pathologen); Urt. v. 19.03.1997, 6 RKa 39/96, BSGE 80, 130 ff..

[363] BSG, Urt. v. 05.11.1997, 6 RKa 52/97, NJW 1998, 3442 - juris, Leitsatz, der Senat hat hier zu dem Fall eines vertragsärztlich überwiegend nur auf Überweisung hin tätigen Pathologen entschieden. Das muss aber nach seinem Urt. v. 30.01.2002, B 6 KA 20/01 R - juris Rn. 34 gleichermaßen für Laborärzte und vergleichbare Fälle gelten; Urt. v. 05.02.2003, B 6 Ka 22/02 R, GesR 2003, 173, 176 - juris Rn. 31.

[364] BSG, Urt. v. 17.11.1999, B 6 KA 15/99 R, BSGE 85, 145 (151); vgl. bereits BSG, Urt. v. 04.06.1964, 6 RKa 13/62, BSGE 21, 118 - juris, Leitsatz.

[365] BSG, Urt. v. 07.12.1966, 6 RKa 1/64, BSGE 26, 13 (14 f.).

[366] BSG, Urt. v. 16.03.1973, 6 RKa 23/71, BSGE 35, 247 (249).

[367] BSG, Urt. v. 13.11.1974, 6 RKa 42/73, BSG SozR 5520 § 20 Nr. 1 - juris, Leitsatz.

schriebene Konfliktlage für den Fall gesehen, dass ein Krankenhausarzt, der außerhalb des rein medizinisch-technischen Bereichs in die stationäre Versorgung von Patienten eingebunden war, zugleich deren ambulante Behandlung anstrebte[368] oder bei einer werksärztlich tätigen Internistin, die zugleich auf dem Werksgelände vertragsärztlich tätig sein wollte.[369]

Dabei erkennt das BSG auch eine Selbstverpflichtung des die Zulassung begehrenden Antragsstellers in solchen Kollisionsfällen nicht als hinreichend geeignetes milderes Mittel i. S. v. Art. 12 Abs. 1 GG gegenüber einer präventiven Ausschlussregelung an, um mögliche Pflichten- und Interessenkollisionen zu vermeiden. Es bejaht danach auch die Verhältnismäßigkeit des Grundrechtseingriffs über § 20 Ärzte-ZV (im engeren Sinne), als, wie im oben geschilderten Fall, die positive Bescheidung des Antrags der Klinikärztin auf Zulassung zur vertragspsychotherapeutischen Behandlung von der Bedingung abhängig gemacht wurde, dass diese bei Aufnahme ihrer Tätigkeit als Psychologische Psychotherapeutin im System des SGB V eine arbeitsvertragliche Änderung oder Auflösung ihres Arbeitsverhältnisses mit der Universität herbeiführt (§ 20 Abs. 3 Ärzte-ZV).

Somit sind nach verschiedenen Entscheidungen des BSG Beschränkungen des Rechts auf freie Berufsausübung auch durch weitere gesetzliche und untergesetzliche Normen des Vertragsarztrechts zulässig.

Die erheblichen Flexibilisierungen durch das VÄndG haben die vom BSG beurteilten strengen Anforderungen der Niederlassung von Klinikärzten inzwischen gelockert. § 20 Abs. 2 Ärzte-ZV ist mit Wirkung zum 01.01.2007 durch einen Satz (S. 2) ergänzt worden, nach welchem die Tätigkeit in oder die Zusammenarbeit mit einem zugelassenen Krankenhaus nach § 108 Abs. 5 ausdrücklich mit der Tätigkeit eines Vertragsarztes vereinbar ist.[370] Der Gesetzgeber begründet, dass hiermit klar gestellt würde, dass ein Arzt als Angestellter gleichzeitig in einem Krankenhaus und einem MVZ tätig sein könne.[371] Hierdurch ist die Rechtsprechung des BSG, wonach die Einbindung ei-

---

[368] BSG, Urt. v. 05.11.1997, 6 RKa 52/97, BSGE 81, 143 (147); so auch BSG, Beschl. v. 25.11.1998, B 6 KA 18/98 B - juris, Leitsatz.

[369] BSG, Urt. v. 19.03.1997, 6 RKa 39/96, BSGE 80, 130; anders bei Ausübung der vertragsärztlichen Praxis auf dem Krankenhausgelände in gleichberechtigter Kooperation mit dem Krankenhaus, vgl. BSGE 76, 59 (63 ff.).

[370] Zur Folge daraus, dass private Kliniken nicht genannt sind, Dahm/Ratzel, MedR 2006, 555 (568).

[371] Dahm/Ratzel kritisieren zu Recht, dass dies so „klar" keineswegs war, vielmehr niedergelassene Tätigkeit und Tätigkeit in einem Krankenhaus herkömmlich nicht als vereinbaren gesehen wurden, MedR 2006, 555 (567). Das entspricht tatsächlich eher der Rechtsprechung, die vorliegend unter Titel, Kap. 2 C.II.3.a., dargestellt wurde.

nes Krankenhausarztes in die stationäre Versorgung von Patienten im Einzugsbereich des Krankenhauses einer Zulassung grundsätzlich entgegen steht, hinfällig[372], nicht jedoch die grundlegenden Abwägungen zur Pflichtenkollision, die weiterhin höchst aktuell sind und sich auch im ärztlichen Berufsrecht wiederfinden.[373]

Anhand weiterer Erwägungen, die das BSG in seiner Entscheidung zum Antrag der Krankenhausärztin auf zusätzliche Zulassung als Vertragspsychotherapeutin gemacht hat, lassen sich - wie auch bei weiteren Aspekten zur Zulassung - Parallelen zu Beurteilungskriterien des Arbeitsrechts erkennen, die in den teilweise einander ähnelnden Strukturen im gesetzlichen Krankenversicherungssystem und im Arbeitsrecht begründet sind. In beiden Rechtsgebieten dominieren neben den individuellen kollektivrechtliche Vorgaben. Das äußert sich beispielsweise in ähnlichen Auswirkungen von Änderungen in den Machtverhältnissen der beteiligten Korporationen. Dieser Aspekt ist es jedoch nicht, der bei der Bewertung eines Eingriffs in das Recht zur freien Berufsausübung eine Rolle spielt.[374]

Vorliegend geht es um eine andere Spezifität kollektivrechtlicher Rechtsbeziehungen, nämlich ihre Maßgeblichkeit für die individuelle Rechtsbeziehung. In beiden Rechtsgebieten bestehen im weiteren Sinne Auftragsverhältnisse, in denen die Interessen der Vertragspartner außerhalb der unmittelbaren Auftragserfüllung kollidieren können, wogegen mit Vereinbarungen oder Vorschriften vorgebeugt werden soll. Dieser Aspekt ist es auch, den das BSG im genannten Fall heranzieht, indem in den Entscheidungsgründen ausgeführt wird, dass die Situation der Klägerin sich von ihren Auswirkungen her nicht wesentlich von einem dem tarifvertraglichen Verbot unterliegenden Arbeitnehmer unterscheidet, Nebentätigkeiten der Art auszuüben, wie er sie dem Arbeitgeber gegenüber zu erbringen hat, um wirksam den aus einer Überlastung folgenden Gefahren für Dritte zu begegnen.[375] Auch nach der Rechtsprechung des Bundesarbeitsgerichts besteht Anspruch auf eine Nebentätigkeitsgenehmigung nur, wenn bei

---

[372] Vgl. Schallen § 20 Rn. 558 unter Benennung der entsprechenden Entscheidungen des BSG.
[373] Z. B. SG Marburg, mit Urt. v. 11.10.2006, S 12 KA 20/06 - juris, Leitsatz, für das Vorliegen einer Interessen- und Pflichtenkollision (§ 20 Abs. 2 Ärzte-ZV) bei Antrag eines Facharztes für physikalische und rehabilitative Medizin, der zugleich Facharzt für Allgemeinmedizin und in einem Krankenhaus als Chefarzt angestellt ist, in dem er nach eigenen Angaben eine Abteilung der Diabetologie im Umfang von bis zu 13 Wochenstunden leitet. Zur Vielzahl weiterer Beispiele, *Hess*, in: KassKomm § 95 Rn. 42 ff..
[374] Er begründet aber einen Vergleich in Bezug auf die Auswirkungen von Änderungen im Bereich der Kollektivvertragspartner, die an späterer Stelle unter Kap. 3 B.VI.2.d.d.b. behandelt werden.
[375] Zum Vergleich zum Arbeitsrecht: BSG, Urt. v. 30.01.2002, B 6 KA 20/01 R - juris Rn. 40; Vgl. z. B. BAG, Urt. v. 26.06.2001, 9 AZR 343/00, BAGE 98, 123, „Busfahrer in Bezug auf die Einhaltung von Lenk- und Ruhezeiten", m. w. N..

prognostischer Betrachtung eine Beeinträchtigung der Interessen des Arbeitgebers bzw. sonstiger betrieblicher oder dienstlicher Interessen nicht zu erwarten ist.[376] Verfassungsrechtlich ist es ebenfalls unbedenklich, wenn Erwerbsmöglichkeiten in dem erlernten und ausgeübten Beruf unter bestimmten Voraussetzungen durch vertragliche Sonderregelungen beschränkt werden.[377] Während die daraus entstehenden Nachteile für den Betroffenen in Fällen des arbeitsvertraglichen Konkurrenzverbotes durch eine entsprechend höhere Vergütung bzw. Karenzentschädigung (vgl. §§ 74 ff, § 90a HGB) kompensiert, zumindest aber abgemildert werden, geschieht das im Falle der Zulassung zu der beantragten vertragspsychotherapeutischen Versorgung dadurch, dass der in seiner übrigen beruflichen Betätigung nunmehr beschränkte Antragsteller mit der Zulassung günstige Erwerbsmöglichkeiten vorfindet, indem er Zugang zu dem großen Kreis der circa 90 % der Bevölkerung ausmachenden Versicherten der GKV erhält und ihm kompensatorisch für die eingeschränkte Möglichkeit zu einer zusätzlichen Erwerbstätigkeit die Aussicht auf sichere und insolvenzgeschützte Einnahmen von öffentlich-rechtlichen Einrichtungen als Schuldnern geboten wird.[378]

Es gibt eine weitere große Anzahl von Vorschriften für Vertragsärzte, die unmittelbar oder mittelbar (das ist der Bereich des Konkurrenzschutzes) Relevanz in Bezug auf Art. 12 GG haben. Hierzu gehören z. B. die für lange Jahrzehnte geltenden und erst im Jahr 2008 vollständig aufgehobenen Altersgrenzen und die vielfältigen Pflichten, denen Vertragsärzte unterliegen, oder etwa die Anforderungen für Filialtätigkeitsgenehmigungen nach § 24 Abs. 3 Ärzte-ZV[379]. Eine Filialtätigkeitsgenehmigung vermittelt dem örtlich (bereits) zugelassenen Arzt im Grundsatz keine Berechtigung zur Anfechtung, es gibt also keinen Konkurrenzschutz. Zwar bietet Art. 12 GG auch grundsätzlich keinen Schutz vor Konkurrenz oder verändernden Marktbedingungen mit der Fol-

---

[376] BAG, ebenda; BAG AP Nr. 5 zu § 611 BGB Nebentätigkeit = DB 2000, 1336; BAG, Urt. v. 22.02.2001, 6 AZR 398/99, m. w. N. - juris.

[377] Vgl. BVerfG, Beschl. v. 07.02.1990, 1 BvR 26/84, BVerfGE 81, 242 (258, 261).

[378] Zu diesem Gesichtspunkt bereits BSG, Urt. v. 14.03.2001, B 6 KA 54/00 R, BSGE 88, 20, (24) - juris Rn. 30.

[379] Sie wurde nicht als berufswahlnahe Entscheidung bezüglich einer Erweiterung des Teilnahmerechts gewertet, Bayerisches LSG, Urt. v. 23.07.2008, L 12 KA 3/08, MedR 2009, 56 - juris Rn. 33. Der Schluss hieraus, dass es an einem Drittschutz und damit an einer fehlenden Anfechtungsberechtigung fehlt und der damit abgelehnte „Konkurrenzschutz" wird abgemildert dadurch, dass nach der Rechtsprechung Art. 12 GG insoweit berücksichtigt bleibt, als der Grundrechtsträger willkürliche Beeinträchtigung der Berufsausübung durch staatliche Verwaltungtätigkeit nicht hinnehmen muss (LSG wie vor). Diese Rechtsprechung wurde durch das BSG, Urt. v. 28.10.2009, B 6 KA 42/08 R, GesR 2010, 211, Leitsatz, bestätigt. Das BSG ließ jedoch offen, ob Willkür ein Aspekt sein kann, vgl. detailliert Kap. 3 A.I.5..

ge einer Verschlechterung von Erwerbsmöglichkeiten[380], doch braucht der Grundrechtsträger willkürliche Beeinträchtigung der Berufsausübung durch staatliche Verwaltungstätigkeit nicht hinzunehmen. Die genannten Beispiele und weitere sind insgesamt aber als zulässige Eingriffe in Art. 12 GG gewertet worden.

Im Ergebnis erfolgt durch das Instrument der vertragsärztlichen Zulassung damit kein unzulässiger Eingriff in Art. 12 GG, wobei nur das Recht der Berufsausübung nicht auch der Berufswahl als tangiert gesehen wird. Die Aufrechterhaltung des Systems der GKV wird dabei zumeist zur Begründung und Rechtfertigung von Eingriffen herangezogen.[381] Schirmer formuliert plakativ: „Das Teilhaberecht schlägt Art. 12 GG".[382] Die Zulassung existierte aber auch in Formen, in denen sie einen Grundrechtseingriff begründete[383] und wurde erst in langer Entwicklung und unter Prüfung der Rechtsprechung weiter entwickelt. Soweit künftig ihre Funktionen vornehmlich etwa durch Verträge der Krankenkassen erfüllt werden sollen oder neue Steuerungsinstrument eingesetzt werden sollten, würde nicht nur ein mit der Zulassung über Jahrzehnte hinweg fein austariertes System der Steuerung ohne Grundrechtsverletzung verlassen, sondern auch mit einem neuen System die Gefahr von Grundrechtsverletzungen auf der einen Seite hervorgerufen, während zugleich Mängel eines neuen Instruments Steuerungsdefizite erwarten ließen.

b. Art. 14 GG - Eigentumsgarantie

Ob grundsätzlich voller Raum für eine Anwendung des Art. 14 GG neben Art. 12 GG besteht (Idealkonkurrenz) oder die Schutzbereiche der Grundrechte klar zu differenzieren sind, ist in der Rechtsprechung nicht abschließend geklärt.[384] Die Freiheit der individuellen Erwerbs- und Berufsmöglichkeiten als Schutzgüter des Art. 12 GG sind von dem Schutz vorhandener Vermögensgüter nach Art. 14 GG abzugrenzen.[385] Auch für die Fälle der vertragsärztlichen Zulassung wird ein pauschales Eingreifen in den Eigentumsschutz dementsprechend mit der Begründung verneint, dass Art. 14 Abs. 1 GG das Erworbene als Ergebnis geleisteter Arbeit schützt, Art. 12 Abs. 1 GG hingegen den

---

[380] BVerfG, Entscheidungen v. 01.02.1973, 1 BvR 426/72, 1 BvR 434/72, 1 BvR 451/72 u. a., 34, 252 (256) - juris Rn. 10 f..

[381] So begründet z. B. das BVerfG staatliche Eingriffe zur Kostenregulierung im Gesundheitswesen mit Beschlüssen v. 14.05.1985, 1 BvR 449/82, 1 BvR 523/82, 1 BvR 728/82 u. a. - juris Rn. 58, 73 f., 85 ff..

[382] Schirmer, Vertragsarztrecht kompakt, Kap. A.5, 23.

[383] So in Form der für verfassungswidrig erklärten Verhältniszahlen (BVerfGE 11, 30 ff. - „Kassenarzt-Urteil" und BVerfGE 12, 144 ff. - „Kassenzahnarzt-Urteil").

[384] Umbach, in: Umbach/Clemens, Art. 12 Rn. 26.

[385] BVerfG, Beschl. v. 16.02.2000, 1 BvR 420/97, BVerfGE 102, 26 (40).

Erwerb, somit die Betätigung selbst[386]. Damit gilt Art. 12 Abs. 1 GG vorrangig in den Fällen, in denen die Einschränkung des nach Art. 14 Abs. 1 GG geschützten Eigentums lediglich Folge einer angeordneten Handlungsbeschränkung ist. Die Zulassung als solche ist nicht über Art. 14 GG geschützt.[387]

Auch hier lassen sich wieder Parallelen zur Rechtsprechung im Arbeitsrecht ziehen. So wird im Falle der Befristung von Arbeitsverhältnissen durch Gesetz bei der Grundrechtsprüfung kein Raum für eine Prüfung nach Art. 14 Abs. 1 GG gesehen, mit der Begründung, dass Art. 14 Abs. 1 GG nur die Innehabung und Verwendung vorhandener Vermögensgüter schützt, durch die Befristung aber die Freiheit der individuellen Erwerbsmöglichkeit von einem bestimmten Zeitpunkt an beendet wird.[388] Diese wird allein durch Art. 12 Abs. 1 GG geschützt. Genauso wenig wie also die Befristung einer Tätigkeitsmöglichkeit als bErwerbsgrundlage durch Art. 14 Abst. 1 GG ausgeschlossen ist, ist der Vertragsarzt nach Art. 14 Abs. 1 GG vor einer (Fehl)Investition geschützt, wenn er zur Nutzung seiner Investition nicht die erforderliche Tätigkeitsgenehmigung der KV erhält, jedenfalls solange dies eine Erweiterung seiner Tätigkeit darstellt und es nicht einen bereits erworbenen (Vermögens)Bestand betrifft. Diese für die Zukunft erwarteten Rechtspositionen sind weder im Arbeits- noch im Arztrecht von Art. 14 Abs. 1 GG erfasst. Es handelt sich um von Art. 12 Abs. 1 GG erfasste Chancen und Verdienstmöglichkeiten. Zulassungsbeschränkungen in Form von Rationierung oder Altersgrenzen stellen auch Handlungsbeschränkungen dar. Entsprechend wird auch die Beendigung der Möglichkeit, durch vertrags(zahn)ärztliche Tätigkeiten zusätzliche Erwerbschancen zu realisieren, ausschließlich nach Art. 12 Abs. 1 GG beurteilt.[389] Anders ist die Reglementierung der vertragsärztlichen Zulassung zu beurteilen, wenn sie einem schützenswerten Vermögensgut gleichkommt.

Art. 14 Abs. 1 GG kommt als Prüfungsmaßstab nach alledem nur in Betracht, wenn die angegriffenen Maßnahmen bzw. Vorschriften sich auf das Ergebnis der beruflichen

---

[386] BVerfGE, Beschl. v. 25.05.1993, 1 BvR 345/83, BVerfGE 88, 366 (377); Urt. v. 16.02.2000, 1 BvR 420/97, BVerfGE, 102, 26, (40); BVerfG, Beschl. v. 07.08.2007, 1 BvR 1941/07, NZS 2008, 311 - juris Rn. 10.

[387] Hessisches LSG, Urt. v. 10.02.2010, L 4 KA 33/09, GesR 2010, 257 (259) insoweit unverändert durch (Revision) BSG, Urt. v. 23.03.2011, B 6 KA 8/10 R - juris.

[388] BVerfG, Urt. v. 10.03.1992, 1 BvR 454/91, 470/91 u.a., BVerfGE 85, 360 (383); insoweit überholt die frühere Rechtsprechung des BGH, Urt. v. 04.06.1981, III ZR 31/80, BGHZ 81, 21 (33 f.); differenzierend BGH, Urt. v. 14.03.1996, III ZR 224/94, BGHZ 132, 181 (186 f.).

[389] Für die Altersbegrenzungsregelung BVerfG, Beschl. v. 07.08.2007, 1 BvR 1941/07, NZS 2008, 311 - juris Orientierungssatz; BVerfG, Beschl. v. 31.03.1998, 1 BvR 2167/93 und 1 BvR 2198/93, NJW 1998, 1776.

Betätigung beziehen und nicht auf diese selbst.[390] Ein solcher Anwendungsbereich des Art. 14 Abs. 1 GG ist im Falle der Verwertung einer ärztlichen Praxis, z. B. durch Verkauf der Praxis oder Anteile hiervon und des Stammes der Privatpatienten, gegeben.[391]

Eine Grundrechtsverletzung wird nach Feststellung des BSG in diesen Fällen aber verhindert, weil der Gesetzgeber dem Eigentumsschutz dadurch Rechnung getragen hat, dass er Regelungen geschaffen hat, die den Ärzten auch in Planungsbereichen, in denen Zulassungsbeschränkungen wegen Überversorgung angeordnet werden, eine wirtschaftliche Verwertung der Praxis ermöglichen. Dabei handelt es sich um die so genannte Praxisnachfolgeregelung des § 103 Abs. 4, geschaffen durch das GSG zum 01.01.1993, die bewirkt, dass ein Praxisinhaber bei der Sperrung eines Gebietes wegen Überversorgung immerhin unter gewisser Berücksichtigung seiner Inhaberposition auf die Übertragung der öffentlich-rechtlichen Zulassung bei der Praxisabgabe einwirken kann. Nach Absätzen 4 und 6 kann seine bestehende Zulassung, wenn sie durch die Fälle „Erreichen der Altersgrenze[392], Tod, Verzicht oder Entziehung" endet, auf seinen Antrag oder den seiner Erben oder Partner einer BAG hin, ausgeschrieben und ein Praxisnachfolger ausgewählt werden. Begrenzt wird dieser Schutz durch ein Zeitmoment, nach dem der Schutz, der aus dem Eigentumsrecht folgt, nicht mehr anerkannt wird. So kann nur eine fortführungsfähige Praxis übertragen werden.[393] Da die wirtschaftlichen Folgen der öffentlich-rechtlichen Bindung durch die Zulassung danach berücksichtigt sind, sind die Inhalts- und Schrankenbestimmungen gemäß Art. 14 Abs. 1 S. 2 GG gewahrt, sodass ein Verstoß gegen den Eigentumsschutz unter den derzeitigen Rahmenbedingungen der ärztlichen Zulassung nicht gesehen wird.[394]

c. Subjektiv öffentliches-Recht - Art. 19 Abs. 4 GG

Die Zulassung stellt ein subjektiv-öffentliches Recht ihres Inhabers dar. Sie begründet ein Bestandsinteresse des Inhabers, aus dem grundsätzlich das Recht von Konkurrenz-

---

[390] BVerfG, Beschl. v. 31.03.1998, 1 BvR 2167/93 und 1 BvR 2198/93, NJW 1998, 1776 - juris Orientierungssatz.

[391] Vgl. BSG, Urt. v. 17.06.2009, B 6 KA 16/08 R, BSGE 103, 243 m. w. N. - Rn. 80; vgl. auch Hessisches LSG, Urt. v. 10.02.2010, L 4 KA 33/09, GesR 2010, 257 (258).

[392] Dieser - nach Aufhebung der Altersgrenze - wohl redaktionelle Fehler, wird mit dem GKV-VStG korrigiert, Bt-Drs. 17/6906, 23.

[393] BSG, Urt. v. 29.09.1998, B 6 KA 1/99 R, BSGE 85, 1 - juris Rn. 37; BSG, Urt. v. 28.11.2007, B 6 KA 26/07 R, GesR 2008, 304 (305 ff.) m. w. N.; aktuell LSG Berlin-Brandenburg, Urt. v. 03.12.2008, L 7 KA 65/08, GesR 2009, 365 (366).

[394] BSG, Urt. v. 06.02.2008, B 6 KA 41/06 R, GesR 2008, 300 (301).

schutz erwächst. Der Zulassungsinhaber ist prinzipiell zur Konkurrentenklage berechtigt.[395]

Konkurrenzschutz ist in defensiver und offensiver Form möglich.[396] Defensiv ist er in Fällen von Einwänden gegen die Zulassung von MVZ, die Erteilung von Sonderbedarfszulassungen[397], Genehmigungen oder Ermächtigungen vertragsärztlicher Tätigkeiten an weiteren Orten (Zweigpraxen) oder die Erteilung einer Ermächtigung von Krankenhausärzten oder Instituten.[398] Auch für die vermehrte Zulassung von Krankenhäusern nach § 116b wurde dies obergerichtlich zunächst grundsätzlich bejaht[399], vom BSG allerdings abgelehnt.[400] Offensiver Konkurrenzschutz gebührt dem Vertragsarzt oder Mitbewerber wegen einer nur einmal zu vergebenden Rechtsposition wie der Ermächtigung oder Sonderbedarfszulassung.[401] Mit der Einbindung von Vertragsärzten in das System der GKV, das ihnen einen Vorrang gegenüber anderen Ärz-

---

[395] Ausführlich BVerfG, Beschl. v. 17.08.2004, 1 BvR 378/00, SozR 4-1500 § 54 Nr. 4 unter Aufhebung der Entscheidung des BSG und Zurückweisung. Für die für bestimmte Abrechnungen erforderlichen Genehmigungen hingegen wurde ein Drittschutz der entsprechenden Regelungen und damit auch ein Recht auf eine Konkurrentenklage abgelehnt, Urteil vom 07.02.2007, B 6 KA 8/06 R, SozR 4-1500 § 54 Nr. 10 - juris, Leitsatz; Ablehnend wurde auch die anfänglich streitige Frage entschieden, ob sich ein Vertragsarzt gegen die Genehmigung der Zweigpraxis eines Kollegen im Sinne eines Konkurrenzschutzes wehren kann, BSG, Urt. v. 28.10.2009, B 6 KA 42/08 R, BSGE 105, 10 - juris, Leitsatz; anders nach Auffassung des LSG Nordrhein-Westfalen in Fällen der Willkür, Urt. v. 23.12.2010, L 11 KA 71/10 B ER - Rn. 38.

[396] Während bei der so genannten offensiven Konkurrentenklage, bei der mehrere Bewerber um die Zuteilung einer nur einmal zu vergebenden Berechtigung streiten, die Anfechtungsbefugnis aus der eigenen Grundrechtsbetroffenheit jeden Bewerbers folgt (BVerfG, Beschl. v. 13.06.2006, 1 BvR 1160/03 - juris Rn. 26), kann nach Ansicht des BSG bei der so genannten defensiven Konkurrentenklage zur Abwehr eines zusätzlichen Konkurrenten eine Anfechtungsbefugnis nicht aus materiellen Grundrechten abgeleitet werden, weil diese keinen Anspruch auf Fernhaltung Dritter begründen. Eine Befugnis zur Abwehr des Konkurrenten könne sich nur aus einschlägigen einfach-rechtlichen Regelungen ergeben. Dies sei lediglich der Fall in der besonderen Konstellation, dass den Bestimmungen, auf die sich die Rechtseinräumung stützt, ein Gebot der Rücksichtnahme auf die Interessen derer zu entnehmen sei, die schon eine Position am Markt innehätten, wenn also die einschlägigen Bestimmungen einen Drittschutz vermittelten (BSG, Urt. v. 07.02.2007, B 6 KA 8/06 R, m. w. N. - juris Rn. 16), LSG Nordrhein-Westfalen, Beschl. v. 04.05.2011, L 11 KA 120/10 B ER - juris Rn. 75.

[397] LSG Baden-Württemberg, Beschl. v. 12.03.2010, L 5 KA 3725/09 ER-B m. w. N.- juris Rn. 72 und 75.

[398] Schallen, § 37 Rn. 1307.

[399] Sächsisches LSG, Beschl. v. 03.06.2010, L 1 KR 94/10 B ER, KHR 2010, 91 - juris Rn. 67; ausführlich auch LSG Nordrhein-Westfalen, Beschl. v. 04.05.2011, L 11 KA 120/10 B ER - juris Rn. 77; a. A. SG Saarbrücken, Urt. v. 18.07.2011, S 1 KR 325/10, juris, Leitsatz.

[400] Quaas, GesR 2010, 455 (456); BSG, Urt. v. 15.3.2012, B 3 KR 13/11, BSGE 110, 222.

[401] Schallen, wie vor.

ten garantiert, korreliert danach ein „Anspruch auf Rechtsschutz bei Vernachlässigung der gesetzgeberischen Vorgabe durch die Zulassungsgremien".[402]

Wie wichtig der Rechtsschutz für den Vertragsarzt ist, zeigt sich nicht nur anhand der Vielzahl von Rechtsprechung und Konstellationen, sondern besonders in jenen Fällen, in denen Flexibilisierungen oder Änderungen erfolgen und die Frage eines Rechtsschutzes (noch) nicht einheitlich beurteilt wird, für Vertragsärzte jedoch relevant ist. So führte etwa die mit dem VÄndG erfolgte Flexibilisierung von Zweigpraxisgründungen zu einer Fülle von diesbezüglichen Rechtsstreitigkeiten. Seit dem VÄndG besteht ein Anspruch auf Genehmigung von Zweigpraxen, soweit die Versorgung verbessert und die Versorgung am Sitz der Hauptpraxis nicht beeinträchtigt wird (§ 24 Abs. 3 Ärzte-ZV). Ab 2012, mit dem GKV-VStG, wurde diese Voraussetzung durch einen weiteren Satz konkretisiert und abgemildert, nach dem nunmehr „geringfügige Beeinträchtigungen für die Versorgung am Ort des Vertragsarztsitzes [sind] unbeachtlich [sind, Anm. d. Verf.], wenn sie durch die Verbesserung der Versorgung an dem weiteren Ort aufgewogen werden".[403] Bis dahin kam es aber bereits zu erheblichen Auslegungsfragen, die damit auch nicht geklärt sind. Die vermehrten Zweigpraxisgründungen bedeuteten für bereits vor Ort niedergelassene Vertragsärzte wachsende Konkurrenz. Demzufolge bedienten sie sich häufig gerichtlich zur Abwehr von Zweigpraxen des Arguments, die gesetzlich geforderte Verbesserung der Versorgung sei nicht gegeben. Zunächst war in der Rechtsprechung aber umstritten, ob ein Vertragsarzt überhaupt das Recht hat, gegen die Zulassung einer Zweigpraxis eines Konkurrenten vorzugehen[404]. Das hat für erhebliche Planungsunsicherheit und Streitpotential bei Vertragsärzten gesorgt.

Im Rahmen des Drittrechtsschutzes sind für Beurteilungsspielräume der Zulassungsgremien Verwaltungsrechtsmaßstäbe anzulegen.[405] Die Voraussetzungen für Rechtsschutz im Wege des Widerspruchsverfahrens sind gegenüber dem sonst bekannten Widerspruchsverfahren im Verwaltungsrecht sogar besonders streng geregelt. Es gibt nicht nur eine Frist zur Einlegung des Rechtsbehelfs sondern auch zur Begründung (§ 44 Ärzte-ZV).[406] Drittwidersprüche können unter dem Gesichtspunkt des Art. 19 Abs. 4 GG ausnahmsweise möglich sein.[407]

---

[402] BVerfG, Beschluss v. 17.08.2004, 1 BvR 378/00, SozR 4-1500 § 54 Nr. 4 - juris 4.

[403] BR-Drs. 785/11, 54.

[404] Ablehnend BSG, Urt. v. 28.10.2009, B 6 KA 42/08 R, BSGE 105, 10 - juris, Leitsatz; dazu ausführlich mit Rechtsprechungsnachweisen unter Kap. 3 A.I.5..

[405] Vgl. hierzu BSG, Urt. v. 23.06.2010, B 6 KA 22/09 R, GesR 2010, 615 (623).

[406] Das ist verfassungsgemäß nach BSG, Urt. v. 09.06.1999, B 6 KA 76/97 R, MedR 2000, 369 - juris, Leitsatz. Bedenken unter dem Aspekt der Ermächtigungsgrundlage hat das BVerfG, Urt. v. 25.05.2001, 1 BvR 848/01, im Rahmen einer einstweiligen Anordnung

Ein solch umfassend geregelter und durch die Rechtsprechung weiter entwickelter Rechtsschutz, auch Drittrechtsschutz, ist bei Selektivverträgen nicht gegeben. Selektivverträge oder die diesen zugrunde liegenden Rechtsvorschriften (etwa § 73b) begründen auch keinen Status, der die Frage ihrer drittschützenden Wirkung aufwerfen könnte. Denn allein die Begründung eines Status, der über die Erweiterung von Behandlungsmöglichkeiten hinausgeht, stellt für das BSG ein Kriterium dar, den Drittschutz von Vorschriften in Betracht zu ziehen, nicht aber nur die Erweiterung von Behandlungsmöglichkeiten oder Genehmigungen weiterer Leistungsbereiche.[408] Die Erheblichkeit des mangelnden Drittschutzes hat sich mit Zunahme der Verträge daher auch alsbald so ausgewirkt, dass in der Rechtsprechung auch hier Grenzen gesucht und vergaberechtliche Maßstäbe angelegt wurden.[409]

d. Freie Arztwahl - Art. 2 Abs. 1 GG, § 76

In Bezug auf die Einschränkung der Berufswahl und der wirtschaftlichen Verwertung der vertragsärztlichen Praxis ist das Grundrecht des Art. 12 hinsichtlich der freien Entfaltung der Persönlichkeit[410], das Grundrecht des Art. 14 dagegen die wirtschaftliche Handlungsfreiheit betreffend[411] lex specialis zu Art. 2 Abs. 1 GG. Im Bereich der privaten Krankenversicherung schützt das allgemeine Recht der Handlungsfreiheit aus Art. 2 Abs. 1 GG zusätzlich in seiner Ausprägung als Recht der Vertragsfreiheit die freie Arztwahl des Patienten.[412]

Das Recht der Patienten auf freie Arztwahl wird grundsätzlich durch das Sachleistungsprinzip gewahrt, denn dieses gestattet den Versicherten die freie Wahl unter allen zugelassenen Leistungserbringern, allerdings unter nicht unerheblichen Einschränkungen.[413] Zu Beginn des letzten Jahrhunderts, als die Krankenkassen durch unmittelbare

---

nicht abschließend entschieden, da das Verfahren gegenstandslos geworden ist, Beschl. v. 11.12.2001, 1 BvR 848/01. Nach LSG Schleswig-Holstein, Urt. v. 18.12.2002, L 4 KA 25/01 - Breithaupt 2003, 529, muss auf die Begründungspflicht gesondert hingewiesen werden - juris, Leitsatz.

[407] BSG, Urt. v. 23.02.2005, B 6 KA 69/03, GesR 2005, 411 zum Widerspruch eines Partners einer Gemeinschaftspraxis gegen rückwirkende Zulassungsentziehung.

[408] BSG, Urt. v. 28.10.2009, B 6 KA 42/08 R, GesR 2010, 211 (212) zur Anfechtungsbefugnis bei der Genehmigung einer Zweigpraxis.

[409] Dazu ausführlich unter Kap. 3 B.VI.2.e..

[410] Der stets greift, wenn eine objektiv berufsregelnde Tendenz einer Norm gegeben ist, vgl. etwa BVerfG, Beschl. v. 08.04.1997, 1 BvR 48/94, BVerfGE 95, 267 (302).

[411] Beziehungsweise die allgemeine Handlungsfreiheit in deren Ausprägung als persönliche Entfaltung im vermögensrechtlichen Bereich (vgl. allg. zur Abgrenzung von Art. 2 und 14 beispielsweise BVerfG, Beschl. v. 25.09.1992, 2 BvL 5/91, 2 BvL 8/91, 2 BvL 14/91, BVerfGE 87, 153 zum Grundfreibetrag).

[412] BVerfG, Urt. v. 23.03.1960,1 BvR 216/51, BVerfGE 11, 30.

[413] Vgl. *Hartmannsgruber*, in: Luxemburger/Ratzel, § 7 Rn. 194.

Verträge mit Ärzten selbst die Leistungen für die Versicherten erfüllten, wurde es als Schwäche des Systems kritisiert, dass damit die freie Arztwahl der Patienten nicht gewährleistet war. Die Krankenkasse bestimmte, welcher Arzt den Patienten versorgte und mit welcher Leistung.[414] Die freie Arztwahl wurde von den Ärzten mit erkämpft.[415] Die aus diesen Defiziten des anfänglichen Einzelvertragssystems erwachsene Erkenntnis führte zu einer entsprechenden Systemänderung durch Gründung und Einführung der KVen sowie des Instruments der vertragsärztlichen Zulassung. Damit wurde ein subjektiv öffentliches Wahlrecht für Versicherte, beschränkt auf die zugelassenen und entsprechend fortgebildeten Ärzte[416], geschaffen und dient damit der freien Arztwahl. Dieses historisch gewachsene Grundmodell des Zulassungswesens für Vertragsärzte, Krankenhäuser, Heil- und Hilfsmittelerbringer sowie auch Apotheker lässt daher den Versicherten, wenn eine Leistung erforderlich ist (§ 12 Abs. 1), denjenigen aus dem Kreis der zugelassenen Leistungserbringer bestimmen, der mit der jeweiligen Sachleistung „das Geschäft machen" darf[417], und wird damit dem Recht auf freie Arztwahl gerecht. Eine Einschränkung der Arztwahl erfolgt wiewohl dadurch, dass die Wahl allein unter den für die ambulante Versorgung der Versicherten zugelassenen Leistungserbringern (§ 76 Abs. 1) erfolgen darf[418], welche nach § 95 Abs. 1 begrenzt sind. Unter den Leistungserbringern besteht keine Rangfolge, der Versicherte kann grundsätzlich unmittelbar den Facharzt aufsuchen[419], womit sich der Gesetzgeber gegen das so genannte Primärarztsystem[420], das eine primäre Konsultation des Hausarztes oder Allgemeinarztes verlangt, entschieden hat.

Die Erweiterungen der Zulassung mit den Gesundheitsreformen der letzten Jahre, insbesondere dem VÄndG haben sich dadurch positiv auf die Arztwahlfreiheit ausgewirkt, dass Vertragsärzte umfassender Zweigpraxen gründen dürfen.[421] Die Freiheit der Arztwahl war im Rahmen des Wandels der vertragsärztlichen Zulassung aktuell wieder Gegenstand der Rechtsprechung und Diskussion und wurde weitgehend sogar als Entscheidungskriterium zugunsten der Zulassung einer Zweigpraxisgründung er-

---

[414] Die Krankenkassen schlossen mit den Ärzten zugunsten der Versicherten zivilrechtliche Dienstverträge. Die „Zulassung" (untechnisch) von Ärzten lag einseitig in der Hand der Kassen, vgl. Kap. 1 B.II.2..

[415] Als eine Forderung des gegründeten Interessenverbandes, des Leipziger Verbandes, Vorgänger des Hartmannbundes, vgl. Kap. 1 B.II.2..

[416] Zu systematisch zugelassenen Einschränkungen wie der Beschränkung auf die zur vertragsärztlichen Versorgung zugelassenen Ärzte, Gebietsbezeichnungen und Ermächtigungsbeschränkungen *Hess*, in: KassKomm § 76 Rn. 3.

[417] Ebsen, KrV 2004, 95 (95).

[418] *Hess*, in: KassKomm § 95 Rn. 8.

[419] *Hesral*, in: juris-PK SGB V, § 76 Rn. 11 ff..

[420] *Adolf*, in: jurisPK-SGB V, § 73b Rn. 23; zum Primärarztsystem Bt-Drs. 11/6380, 56.

[421] Vgl. ausführlich dazu Kap. 3.A.I.5..

wogen. Das ist deswegen beachtlich, weil die Zweigpraxisgründung eine Flexibilisierung der Zulassung bedeutet und in dieser Hinsicht das Instrument der vertragsärztlichen Zulassung auch in flexibilisierter Form erneut rechtfertigt und damit bestätigt.

Diese schon gegebenen beschränkten Ausnahmen sind durch die Gesundheitsreformen der letzten Jahre zunehmend ausgedehnt worden, indem die Spielräume der Kassen bzw. ihrer Landesverbände zur Auswahl von Leistungserbringern und zur Vereinbarung von individuellen Konditionen für die Leistungserbringung und -vergütung ausgeweitet und neue eröffnet wurden.

Schon im Vorgriff auf Kapitel 3 B.VI., wo Nachfolgendes im Detail behandelt wird, sei hier zur freien Arztwahl ausgeführt, dass der Umfang der Ausnahmetatbestände erheblich ist. Die Zunahme der Beauftragungen von Leistungser-bringern im Rahmen von Selektivverträgen beschränkt auf der anderen Seite den umfassenden, durch Zulassungsakt langfristig gesicherten Status. Es entstehen Behandlungsberechtigungen, welche stärker individualisiert und zeitlich begrenzt auf Vertrag beruhen. Weder können die Vertragsärzte damit weiterhin grundsätzlich unbeschränkt von Versicherten in Anspruch genommen werden, noch ist ihre Unabhängigkeit, etwa bei Überweisungen, in der bisherigen Form gewährleistet. So hat etwa die Teilnahme an der HzV die Pflicht zur Folge, stets denselben Hausarzt zuerst aufzusuchen (§ 73b Abs. 3), und die Teilnahme an der IV führt ebenfalls regelmäßig zu einer (weiteren) Einschränkung der freien Arztwahl[422]. Auch die Teilnahme an Strukturverträgen (§ 73a) kann die freie Arztwahl zeitlich begrenzt beschränken. Allenfalls kann noch eingewandt werden, dass die Teilnahme an allen Modellen freiwillig ist. Dies ist aber bei Zunahme solcher Möglichkeiten und Nutzung von Vorteilen nur in deren Rahmen mehr theoretischer Natur, sodass zumindest rein praktisch gesehen von einer faktischen Einschränkung der freien Arztwahl gesprochen werden kann.

Die Ärzte stehen dabei wie zu Beginn des letzten Jahrhunderts im Rahmen von Einzelverträgen wieder vermehrt unter dem wirtschaftlichen Druck, Verträge mit Krankenkassen erfüllen bzw. schließen zu können. Schließen sie keinen Vertrag, müssen sie den Verlust von Patienten befürchten, denn der Gesetzgeber fördert Einzelverträge in vielen Fällen mit Boni für Versicherte, z. B. durch Befreiung von der Praxisgebühr oder Vergünstigungen bei Teilnahme an Wahltarifen, welche die Krankenkassen seit dem GKV-WSG verstärkt nutzen können (§ 53).

Die grundrechtliche Zulässigkeit der Beschränkung der Arztwahl durch neue Teilnahmeformen, insbesondere Selektivverträge, ist durch bisherige Regelungen noch nicht

---

[422] *Baumann*, in: jurisPK-SGB V, § 140a Rn. 17.

in unzulässiger Weise tangiert. Bei Erschütterung des Gesamtmodells und Ausweitung der Ausnahmen steht das Recht der freien Arztwahl allerdings in Frage und bedarf schlüssiger, systematischer Regelungen (abgestimmtes Regelungsgefüge), die seine Einschränkung rechtfertigen. Mit der Flexibilität beim Status der Leistungserbringer korreliert damit insgesamt eine Erweiterung der Arztwahlfreiheit (Beispiel Zweigpraxis), aber auch eine Flexibilität und ein Gestaltungs- und Verhandlungsspielraum auf Seiten der Kassen[423] (die beschriebenen Einschränkungen durch Selektivverträge), der wiederum eine zunehmende Einschränkung der freien Arztwahl verursacht.

4. Steuerrecht

Die vertragsärztliche Zulassung war und ist vielfach auch Gegenstand der finanzgerichtlichen Rechtsprechung und in der Verwaltungspraxis der Oberfinanzdirektionen, wobei ihre Rechtsqualität unterschiedlich bewertet wurde. Die steuerliche Beurteilung der Zulassung wurde besonders aktuell nach der Begründung der Rationierung der Zulassung durch die Einführung der Bedarfsplanung, weil hiermit eine wirtschaftliche Wertsteigerung der Zulassung verbunden war. Dennoch hat es auch danach noch einige Zeit gedauert, bis sich die mit der Rationierung der Zulassung gewachsene wirtschaftliche Bedeutung im Steuerrecht bemerkbar machte.

Erst rund ein Jahrzehnt nach Einführung der Zulassungsbeschränkung bei Feststellung einer Überversorgung hat sich die Finanzverwaltung erkennbar intensiver mit der Frage der steuerlichen Abschreibungsfähigkeit des Wertes der vertragsärztlichen Zulassung befasst. Nach verschiedenen Verfügungen von Finanzverwaltungen musste seither der Kaufpreis für eine vertragsärztliche Praxis in materielle und immaterielle Praxiswerte aufgeschlüsselt werden. Der Erwerb der (nach alter Bezeichnung) kassenärztlichen Zulassung mit der Praxis führte nach der Auffassung der Finanzverwaltung zum Erwerb eines selbständigen, immateriellen und nicht abnutzbaren Wirtschaftsgutes des Anlagevermögens, das getrennt vom sonstigen (immateriellen bzw. ideellen) Praxiswert auszuweisen ist.[424] Aufwendungen für den Erwerb einer vertragsärztlichen Zulassung stellten damit Anschaffungskosten eines selbständigen, immateriellen Wirtschaftsguts des Anlagevermögens dar und keinen unselbständigen wertbildenden Faktor des Praxiswerts.[425] Die Beurteilung, dass sich die Zulassung nicht abnutzt, wird damit begründet, dass die Zulassung generell zeitlich unbegrenzt erteilt werde und sich

---

[423] So Ebsen, KrV 2004, 95 (95), weitsichtig bereits im Jahr 2004.
[424] OFD Frankfurt a. M. , Rundverfügung v. 04.12.2007, S 2134 a A - 7 - St 210, BB 2008, 1896; vgl. auch OFD Koblenz v. 12.12.2005, DStR 2006, 610; OFD Magdeburg v. 06.02.2006, S 2134a-15-St 213; OFD Hannover v. 01.10.2008 - S 2134a - 6 -StO 221/StO 222; OFD Münster v. 11.02.2009, DStR 2009, 798 (differenzierte Betrachtungsweise).
[425] Vgl. OFD Frankfurt a. M., Rundverfügung v.04.12.2007 S 2134 a A - 7 - St 210, BB 2008, 1896.

damit nicht verbrauche. Die entscheidende wirtschaftliche Folge der Beurteilung, dass sich eine Zulassung nicht „verbraucht", ist, dass es für den Steuerpflichtigen keine Abschreibungsmöglichkeit von Anschaffungskosten gibt (so genannter abschreibungsrelevanter Wertverzehr), jedenfalls nicht zum Zeitpunkt des Kaufs.[426] Aufgrund der typischen Konstellationen einer Praxisveräußerung und Steuervergünstigungsregelungen für Veräußerungsgewinne kommt es hierdurch zumeist zu einer Gesamtmehrsteuerbelastung.[427] Abschreibungsfähig sind nur Wirtschaftsgüter, die an Wert verlieren, sich also verbrauchen. Die Auffassung der Finanzverwaltungen fußte auf einer Entscheidung der Finanzgerichtsbarkeit, welche die Zulassung als nicht abnutzbares immaterielles Wirtschaftsgut beurteilte.[428] Die Entscheidung bezog sich für ihre Begründung vor allem auf die zu Güterfernverkehrsgenehmigungen ergangene Rechtsprechung.

Bei der Bewertung der Zulassung als nicht abschreibungsfähiges Wirtschaftsgut werden jegliche rechtlichen Beschränkungen der Zulassung wie die Altersgrenze, die zur Zeit der Verfügung der Finanzverwaltung im Jahr 2005 noch galt[429], oder die Gebietssperrung aufgrund der Bedarfsplanung außer Acht gelassen. Das automatische Ende der Zulassung bei Erreichen der Altersgrenze (zeitliche Beschränkung) und die Tatsache, dass sie im Falle einer gewünschten Nachbesetzung zwischenzeitlichen Zulassungsbeschränkungen unterliegen kann (Beschränkung der Nutzung) und damit eine Übergabe eingeschränkter ist, wobei schlicht auf die dann immerhin noch gegebene Möglichkeit der Ausschreibung für einen Praxisnachfolger verwiesen wird, fließt in die steuerliche Beurteilung ebenso nicht angemessen ein wie der Umstand, dass eine Zulassung höchstrichterlich als nicht mehr existent und damit nicht mehr übertragbar beurteilt wird, wenn die Praxis eine gewisse Zeit nicht mehr betrieben wurde (Beschränkung der Nutzung). [430] Damit ist die Zulassung aber eben nicht wertbeständig und hernach dem Grunde nach abschreibungsfähig. Lediglich in Bezug auf die Altersgrenze erwägt die Finanzverwaltung eine Teilwertabschreibungsmöglichkeit in bestimmten Fällen.[431]

---

[426] Die Anschaffungskosten werden als Buchwert erfasst. Eine steuermindernde Auswirkung ist erst im Zeitpunkt der Praxisveräußerung gegeben, was (nur) den i. d. R. steuerbegünstigten Veräußerungsgewinn, anstatt den laufenden Gewinn zum vollen Steuersatz bei Fortführung einer Praxis reduziert.

[427] Michels/Ketteler-Eising, DStR 2008, 314 (315).

[428] Niedersächsisches FG, Urt. v. 28.09.2004, 13 K 412/01, PFB 2005, 213, Das Verfahren wurde nach Rücknahme der Revision eingestellt (BFH, Beschl. v. 19.01.2005, IV R 64/04).

[429] Sie wurde aufgehoben mit dem GKV-OrgWG, BGBl. I 2008, 2426.

[430] Vgl. ausführlich Kanter, PFB 2005, 213 ff..

[431] Vgl. OFD Koblenz, 12.12.2005, S 2134a A - St 31 4, DStR 2006, 610; FG Niedersachsen Urt. v. 28.09.2004, 13 K 412/01, PFB 2005, 213.

Mit dem Jahr 2008 gab es eine weitreichende Entscheidung des Finanzgerichts Rheinland-Pfalz, die erstmals differenzierte.[432] Nach dieser ist der wirtschaftliche Vorteil aus dem bei Erwerb einer Arztpraxis auf den Erwerber im Nachbesetzungsverfahren übertragenen Vertragsarztsitz kein gesondert zu bewertendes Wirtschaftsgut. Der Vertragsarztsitz wird richtigerweise als unselbständiger Faktor des aus vielen Einzelkomponenten (Ertragskraft, Patientenstamm, Ruf, Organisation, Personal) bestehenden Praxiswerts erkannt, als so genannter wertbildender Faktor. Allerdings wurde auch nach dieser Rechtsprechung die Abschreibungsfähigkeit für den Regelfall abgelehnt. Auch ist die Altersgrenze mit dem GKV-OrgWG im Jahr 2008 entfallen, der einzige Grund, den die Finanzverwaltung für die Frage eines Werteverzehrs noch berücksichtigt hatte. Die Finanzverwaltung änderte ihre Auffassung jedoch auch nach dieser Entscheidung und Änderung der Gesetzeslage nicht. Sie hat vielmehr dokumentiert, dass sie sich der Meinung des Finanzgerichts Rheinland-Pfalz nicht anschließt.[433] Auch die Bedarfsplanung wird von der Finanzverwaltung für die Frage der Abschreibungsfähigkeit weiterhin nicht berücksichtigt.

Der BFH hat im Jahr 2011 eine richtungsweisende Entscheidung getroffen, mit der er die Rechtsprechung des FG Rheinland-Pfalz grundsätzlich bestätigt hat. Der BFH hat allerdings im Gegensatz zum FG Rheinland-Pfalz eine Abschreibung bejaht, wenn eine Praxis ausschließlich auf Basis ihres Verkehrswerts erworben wird.[434] Er hat aber nicht über die Fälle entschieden, in denen „nur" die Zulassung erworben wird. Trotz fehlender Qualität der Zulassung als Handelsgut würde hier nach Auffassung der niedersächsischen Finanzgerichtsbarkeit die Zulassung zum selbständigen Wirtschaftsgut, z. B., wenn die Praxis nicht fortgeführt, nur die Zulassung übertragen wird.[435] Der BFH hat zwar hierüber nicht entschieden, diese Rechtsauffassung „für Sonderfälle" aber ausdrücklich angesprochen und eine Entscheidung dazu offen gelassen.[436] Ob allerdings dann eine Abschreibung möglich sein soll, hat er nicht angesprochen. Die Finanzverwaltungen verfolgen gleichwohl nach wie vor ihre Auffassung, mit der eine Abschreibung bei Erwerb verhindert wird. So haben die OFD Münster und Rheinland zu dem Urteil des BFH Stellung genommen und darauf hingewiesen, dass der Vorteil aus der Zulassung als grundsätzlich in den Praxiswert eingeflossener wertbildender Faktor sich aber dann (doch) zu einem eigenständigen Wirtschaftsgut konkretisieren kann, wenn er zum Gegenstand eines Veräußerungsvorgangs (z. B. im Kaufvertrag)

---

[432] FG Rheinland-Pfalz, Urt. v. 09.04.2008, 2 K 2649/07, vgl. auch Kanter, PFB 2008, 167.
[433] OFD Münster v. 11.02.2009, S 2172 - 152 - St 12 - 33.
[434] BFH, Gerichtsbescheid v. 09.08.2011, VIII R 13/08, DB 2011, 2123.
[435] So schon FG Niedersachsen, Urt. v. 28.09.2004, 13 K 412/01, PFB 2005, 213.
[436] BFH wie vor.

gemacht wird[437], was regelmäßig der Fall ist. Die Finanzverwaltung entzieht sich damit letztlich den Vorgaben durch das Urteil des BFH.

Ein Ersatz des Instruments der vertragsärztlichen Zulassung würde danach in steuerlicher Hinsicht möglicherweise Erleichterungen bedeuten, wenn sich andere Instrumente der Bedarfssteuerung als abschreibungsfähig anerkennen lassen sollten oder sich die Frage eines isolierten Wertes einer ärztlichen Praxis wie der Zulassung nicht mehr stellt. Als anderes Instrument ist die Steuerung durch den Vertragsabschluss mit Krankenkassen denkbar (Selektivverträge). Da Verträge regelmäßig kündbar sind und somit keine Sicherheit des Fortbestands geben, würde bei einem Praxisverkauf das Bestehen oder Nichtbestehen von Abrechnungsansprüchen aufgrund vertraglicher Vereinbarungen mit Krankenkassen einen Teil des immateriellen Praxiswerts darstellen. Die ärztliche Praxis mit den besten und meisten Verträgen würde den höchsten immateriellen Wert haben. Dieser dürfte nach richtiger steuerlicher Beurteilung auch unter Zugrundelegung der bekannten finanzbehördlichen Argumentation im Regelfall des kündbaren Vertrags oder alternativ von vornherein befristeten Vertrags[438] als nicht zeitlich unbegrenzt und damit auch als abnutzbar, nämlich für die Dauer des Vertrags, bewertet werden. Die alleinige Möglichkeit außerordentlicher Vertragskündigungen hingegen würde dabei vermutlich als vom Erwerber selbst zu verantwortender und nicht in der Sache, dem Vertrag, liegender Wertverlust für die Begründung einer Abschreibungsfähigkeit abgelehnt. Im Falle der Möglichkeit der ordentlichen Vertragskündigung, die regelmäßig gegeben sein wird, kann die zeitliche Begrenzung des Werts jedenfalls nicht abgelehnt werden. Zur Einschränkung der steuerlichen Belastung des Staatshaushalts würde die Finanzverwaltung erwartungsgemäß die Abschreibung von Aufwendungen für immateriellen Wert frühestens mit dem Beginn der ersten Kündigungsmöglichkeit, gegebenenfalls nur der vertraglich beschränkten, akzeptieren. Gegebenenfalls würde sie auch konkrete Kündigungen, die wegen zeitlicher Befristung des Vertrags vertraglich nicht zwingend und durch einen Erwerber durch vorzeitige Kündigung veranlasst waren, auf Kündigungsgründe hin prüfen, um dann zu beurteilen, ob sie einen solchermaßen selbst „verschuldeten" frühzeitigen Verlust des immateriellen Praxiswerts durch Verlust von Abrechnungsmöglichkeiten als abschreibungsfähig anerkennen würde. Letztlich würde dies die Rechtsprechung entscheiden. Es ist

---

[437] Zu einer solchen Konstellation hat als erstes FG das FG Köln mit Urt. v. 26.01.2012, 6 K 4538/07entschieden, wonach es aber keine Möglichkeit oder Veranlassung sah, einen Teil des Kaufpreises dem wirtschaftlichen Vorteil aus der Vertragsarztzulassung zuordnen; es sah somit im entschiedenen Fall kein eigenständiges Wirtschaftsgut in der Vertragsarztzulassung. OFD Münster, Kurzinfo ESt Nr. 35/2011 vom 14.12.11; OFD Rheinland, Kurzinfo ESt 057/2011 vom 14.12.11 oder PFB, 2012, 29.

[438] Von einer angemessenen Befristung von Verträgen ist nach Greß/Wasem, MedR 2006, 512 (514) auszugehen.

damit zwar fraglich, ob sich die steuerliche Situation in Bezug auf eine Abschreibungsfähigkeit des immateriellen Praxiswerts bei einem Wechsel vom System einer vertragsärztlichen Zulassung zur Steuerung auf Verträge entscheidend verändern würde. Eine Vertragsbefristung müsste allerdings eine Abschreibungsfähigkeit rechtfertigen und dem Grunde nach auch eine ordentliche Kündigungsmöglichkeit.

Bei Betrachtung des Steuerungsinstruments der ärztlichen Vergütung ist ebenfalls eher davon auszugehen, dass eine Abschreibungsfähigkeit gegeben wäre. So würde die Tatsache einer hohen Vergütung schlicht in den aufgrund der Gewinne oder Umsätze, also der Ertragskraft, ermittelten Wert und Kaufpreis einer Praxis eingehen. Der Kaufpreis für eine fortführungsfähige Praxis ist Teil des abschreibungsfähigen Praxiswertes. In Bezug auf die den Praxen zugewiesenen RLV könnte man annehmen, dass sich ebenfalls eine der Bewertung der Zulassung vergleichbare steuerliche Problematik nicht ergeben könnte, da ähnliche Formen der Steuerung schon bei älteren Instrumenten, wie etwa dem Individualbudget, vorkamen. Diese spielten keine Rolle für die Frage der Abschreibungsfähigkeit. Allerdings war Grundlage aller vergleichbaren bisherigen Instrumente für die Teilnahme an der Versorgung gesetzlich Versicherter stets die Berechtigung über die Zulassung. Ein zugewiesenes Budget war daher für den immateriellen Wert einer Praxis nur zweitrangig. Dass ist nach derzeitiger Gesetzeslage auch noch so, könnte sich aber durch eine Aufhebung der Bedarfszulassung ändern. Selbst wenn Zulassungssperren auch im ärztlichen Bereich entfallen wären und die Frage der Existenz und der Wirtschaftskraft einer Praxis allein durch RLV und andere Vergütungskennzeichen (etwa Zahl so genannter freier Leistungen, individueller Gesundheitsleistungen oder BAG-Zuschläge) begründet worden wäre, wäre doch von einer Abschreibungsfähigkeit auszugehen gewesen, da die Vergütungsansprüche, wie Umsätze und Gewinne, eher ein Abbild der Ertragskraft einer Praxis sind und damit abschreibungsfähiger Kaufpreis und nicht eines unveränderlichen, nicht abnutzbaren Status wie der Zulassung oder der Zuteilung eines Budgets.

Bei einer Steuerung über Selektivverträge wie über Vergütungsanreize würden sich damit erhebliche steuerliche Abschreibungsfragen gegebenenfalls erledigen und damit die Planungssicherheit für Vertragsärzte verbessern.

Grundsätzlich müsste das für die Finanzverwaltung auch im Falle von Befristungen von Zulassungen gelten, wie sie das GKV-VStG ermöglicht hat. Auch diese begründen eine Abnutzung der Zulassung ebenso wie befristete Verträge.

Für die Alternativsteuerungsinstrumente der Vergütung und Verträge heißt das, dass in Bezug auf steuerliche Sachverhalte eine Entlastung des Instruments der vertragsärztlichen Zulassung von anderen Aufgaben, hier der Verteilungssteuerung durch die Alternativen, eine Verbesserung darstellen könnte, da der Nachteil einer fehlenden Abschreibung des auf die Zulassung entfallenden Kaufpreises beim Erwerb entfallen könnte. Zu erwähnen bleibt aber, dass ohnehin entgegen der erheblichen rechtsdogmatischen und finanzverwaltungstechnischen Problematisierung der Zulassung die Praxis tatsächlich bisher wenig davon betroffen ist, da diese regelmäßig eine gewisse „Verweigerungshaltung" eingenommen hat, indem die Anforderungen der Finanzverwaltung nicht befolgt, sondern bei Beanstandung Rechtsmittel eingelegt werden und es zu einem Ruhen des Verfahrens kommt, da der gesamte Fragenkomplex höchstrichterlich anhängig war oder nach wie vor noch ungeklärt ist.[439] Ferner bleibt abzuwarten, ob besonders die eben genannten Neuerungen durch das GKV-VStG eine neue Beurteilung der Abnutzbarkeit einer Zulassung auslösen.

5. Berufsrecht der Ärzte

In Bezug auf das ärztliche Berufsrecht hat die Zulassung insofern Bedeutung, als sie viele Handlungsmöglichkeiten, die nach der Berufsordnung erlaubt sind, für die große Anzahl vertragsärztlich tätiger Ärzte einschränkt. So regeln z. B. die BedarfsplRL-Ä die Zugehörigkeit zu Fachgebieten restriktiver als das ärztliche Berufsrecht nach der MBO, in der verwandte Fachgebiete zusammengefasst werden.[440] Teilweise werden solche Beschränkungen aufgehoben und berufsrechtliche Neuerungen in das Vertragsarztrecht übernommen, in einigen Punkten sogar über das Berufsrecht hinausgehend.[441] Wenn das geschieht, wie insbesondere nach den Änderungen der MBO-Ä im Jahr 2004, dann häufig erst mit zeitlicher Verzögerung. So konnten erhebliche Flexibilisierungen des Berufsrechts erst mit einer Verzögerung von mehreren Jahren, nämlich im Jahr 2007 nach den Anpassungen durch das VÄndG, von Vertragsärzten genutzt werden. Zudem ist das Vertragsarztrecht in der Praxis geprägt von der Interpretation durch die Zulassungsausschüsse bzw. KVen, die dabei auch berufsrechtliche Reglungen restriktiv auslegen. So wurde z. B. nach ärztlichem Berufsrecht die Möglichkeit der überörtlichen BAG eröffnet. Die KVen hingegen erachteten dies noch im Jahr 2005 aus vertragsarztrechtlicher Sicht für nicht zulässig. Die Sozialgerichte hatten teilweise schon anders entschieden und einem Zulassungsausschuss vorgegeben, eine

---

[439] BFH, Gerichtsbescheid v. 09.08.2011, VIII R 13/08, DStR 2011, 1799. Der BFH entschied nur für den Fall, dass eine Praxis ausschließlich auf Basis des Verkehrswerts erworben wird, nicht für Fälle, in denen dies nicht der Fall ist, es dem Erwerber insbesondere hauptsächlich auf die Zulassung ankommt, vgl. etwa FG Niedersachsen 28.09.2004, 13 K 412/01, PFB 2005, 213.

[440] Zur Bedarfsplanung allg. Quaas/Zuck, § 18 Rn. 18 f.; Schirmer, Vertragsarztrecht kompakt, Kap. G.11.

[441] Vgl. Dahm/Ratzel, MedR 2006, 563 (564).

überörtliche BAG zu genehmigen.[442] Das VÄndG hat zwar erhebliche Abweichungen in diesem Bereich durch Anpassungen des Vertragsarztrechts aufgehoben. Die Divergenzen zwischen Berufs- und Vertragsarztrecht bleiben aber bestehen und werden immer wieder aktuell. Soweit überdies das Vertragsarztrecht mit dem VÄndG „über das Ziel einer Anpassung an das Berufsrecht hinaus gegangen ist" und nach der Gesetzesintention über das Berufsrecht hinausgehen will, kann das keine Wirkungen entfalten, weil der Vertragsarzt beiden Rechtskreisen unterliegt.[443] Ferner steht die Kompetenz zur Regelung des ärztlichen Berufs- und Weiterbildungsrechts mangels einer entsprechenden Zuweisung an den Bund den Ländern zu. Zur Regelung ärztlicher Berufsausübung im Rahmen der GKV ergibt sich dagegen die Gesetzgebungskompetenz des Bundes aus Art. 74 Abs. 1 Nr. 12 GG, wonach er im Rahmen der konkurrierenden Gesetzgebung für die Sozialversicherung zuständig ist. Zu ihr zählt das Recht der GKV einschließlich des zugehörigen Leistungserbringungsrechts, also auch des Vertragsarztrechts. Sofern also nicht der Bundesgesetzgeber zuständig ist und bundesrechtliche Regelungen ergangen sind, verbleibt es bei der Gesetzgebungskompetenz der Länder für Berufs- und Weiterbildungsregelungen. Einer pauschalen Zulässigkeit der Verdrängung des Berufsrechts durch Vertragsarztrecht ist danach nicht zuzustimmen.

Das Beispiel der mehrere Jahre verzögerten Anpassung des Vertragsarztrechts an flexibilisiertes Berufsrecht und die hieraus erwachsenen rechtlichen Probleme einerseits und fehlenden Möglichkeiten der Nutzung neuer Möglichkeiten andererseits zeigen die besondere Rolle des Vertragsarztrechts und damit des Zulassungsrechts für die Tätigkeit des Arztes. Sie führen dazu, dass für rein privatärztlich tätige Leistungserbringer zum Teil ganz andere gesetzliche Rahmenbedingungen zur Ausübung der ärztlichen Tätigkeit gelten als für Teilnehmer an der vertragsärztlichen Versorgung. Die Unterschiede in den Rahmenbedingungen und damit den Voraussetzungen der ärztlichen Tätigkeit betreffen dabei eine erhebliche Anzahl von Ärzten, da die vertragsärztliche Versorgung einen viel größeren Patientenkreis erfasst als die privatärztliche Versorgung. Nur unzureichend wird daher eine Abstimmung von Regelungen versucht, wie etwa über § 91 Abs. 5, der zu einer Abstimmung des G-BA bei Beschlüssen verpflichtet, deren Gegenstand u. a. die Berufsausübung der Ärzte ist.

Die fehlende Abstimmung von parallel relevanten Rechtsvorschriften, wie hier für das ärztliche Berufs- und Vertragsarztrecht aufgezeigt, findet sich auch in ganz anderen Bereichen des deutschen Rechtssystems und führt stets zu Schwierigkeiten. Beispiel

---

[442] Sozialgericht Nürnberg, Urt. v. 26.01.2006, S 6 KA 14/05.
[443] So auch *Rothfuß*, in: Bäune/Meschke/Rothfuß, § 33 Rn 24, Fn. 53, a. A. Schallen, § 32b Rn. 1050 unter Verweis auf weitere Rnrn..

hierfür ist die Definition des Arbeitnehmerbegriffes im Sozial-, Arbeits- und Steuerrecht.

Es handelt sich damit nicht um eine Besonderheit des Vertragsarztrechts und des Instruments der Zulassung. Sie verursacht allerdings für die ärztliche Tätigkeit und damit in diesem Bereich besonders häufig Beschränkungen der Berufsausübung, wie sie im privatärztlichen Bereich nicht vorkommen. Der Umfang fehlender Abstimmung im Vertragsarztrecht ist erheblich. Insbesondere zahlreiche weit reichende und praxisbedeutsame berufsrechtliche Inhalte des § 95 Abs. 1 sind ungeklärt, weil die Regelungen des Bundesgesetzgebers auf vielfältige rechtliche Hindernisse gestoßen sind.[444] Ersichtlich wird hieran die Schwierigkeit, ein im Rechtssystem ausgewogenes Steuerungsinstrument zu finden und damit die Bedeutung der Tatsache, dass mit der Zulassung gleichwohl grundsätzlich ein geeignetes zentrales Steuerungsinstrument existiert. Überdies ist festzustellen, dass die aufgezeichneten Defizite, die aus existierenden Rechtsunsicherheiten im Zusammenhang mit dem Steuerungsinstrument folgen, durch die Experimente mit diesem in vergangenen, insbesondere jüngeren Reformversuchen vergrößert wurden.

6. Strafrecht

Vertragsarztrechtliche Pflichten sind zunehmend im Blickfeld weiterer Rechtsgebiete. Dies ist häufig dem Zustand des Gesundheitswesens in einer bestimmten Phase geschuldet. So bekam das Wettbewerbs- und Vergaberecht mit Zunahme der Möglichkeit von Vertragsschlüssen mit Leistungserbringern große Relevanz, das Strafrecht hingegen schon früher, nämlich mit wachsender Abnahme der finanziellen Ressourcen der GKV. So spielte die Zulassung als Vertragsarzt lange Zeit in strafrechtlicher Hinsicht weder in der Öffentlichkeit vernehmbar, noch tatsächlich in der Rechtsprechung eine besondere Rolle. Das änderte sich mit der grundlegenden Rechtsprechung des Oberlandesgerichts Koblenz.[445] Verstöße gegen vertragsarztrechtliche Pflichten (hier durch Vorlage eines so genannten Schein-Gesellschaftsvertrags, auch als „verdeckte Anstellung" bezeichnet, zum Antrag auf Genehmigung als BAG) wurden mit diesen Entscheidungen erstmals intensiv im Hinblick auf ihre strafrechtliche Relevanz, nämlich als Abrechnungsbetrug zum Nachteil der KV, bewertet. Was im Gesellschaftsrecht oder Berufsrecht schon lange diskutiert wurde, fand „Eingang in das Strafrecht". Auch war schon lange in der Diskussion, ob der Vertragsarzt als Beliehener oder Ver-

---

[444] Butzer, NZS 2005, 344 (352).
[445] OLG Koblenz, Urt. v. 02.03.2000, 2 Ws 92 - 94/00, 2 Ws 92/00, 2 Ws 93/00, 2 Ws 94/00, MedR 2001, 144 ff..

treter[446], und damit auch als Beauftragter der Krankenkassen i. S. d. § 299 StGB[447] gesehen werden kann. Der Schwerpunkt der Überlegungen lag in früheren Jahren jedoch nicht bei der strafrechtlichen Frage, ob der Vertragsarzt aus seiner Position heraus über finanzielle Mittel der GKV in strafrechtlich relevanter Weise verfügen kann, sondern vielmehr bei Fragen der Verbindlichkeit vertragsärztlicher Handlungen, etwa in Bezug auf die Konkretisierung von Behandlungsmaßnahmen i. S. v. § 27 Abs. 1 durch den Vertragsarzt. Seine strafrechtliche Relevanz mit der Frage, ob die Zulassung eine Stellung als Beauftragter begründet, hat das Instrument der vertragsärztlichen Zulassung erst in jüngerer Zeit erhalten.[448]

Strafrechtliches Gewicht aus dem Status des Vertragsarztes gewinnt beispielsweise auch die Pflicht zur Abgabe von so genannten Sammelerklärungen bei der Einreichung von Abrechnungen gegenüber der KV. Schon hierbei können Täuschungshandlungen vorkommen und damit auch unabhängig von der Frage nach einem disziplinarrechtlichen Verstoß[449], Straftatbestände erfüllt sein[450].

Bei der privatärztlichen Abrechnung treten eine Reihe von Rechtsfragen, insbesondere die Frage, zu wessen Lasten eine falsche Abrechnung erfolgt und ob speziell aufgrund der Rechtsbeziehungen überhaupt strafrechtliche Tatbestände erfüllt sind, gar nicht erst auf. Zwar ist auch eine privatärztliche Falschabrechnung eventuell nach § 263 StGB strafbar. Die besonderen Rechtsbeziehungen im Vertragsarztrecht, welche Anreize für missbräuchliches Verhalten darstellen, existieren bei der Abrechnung im privatärztlichen Bereich jedoch nicht in vergleichbarer Weise.

Neben der Bedeutung für Abrechnungsfragen, welche häufig mit (vertragsarzt)rechtlichen Scheinkonstruktionen verbunden sind, hat die Zulassung auch besondere strafrechtliche Bedeutung, wenn ihr Inhaber über unlautere Kooperationen die mit ihr ver-

---

[446] Vgl. Wannagat, in: *Wannagat* SGB V, § 27 Rn. 14; ausführlich *Kanter*, in: Orlowski et al. GKV-Kommentar, § 27 Rn. 64.

[447] Ablehnend Sobotta, GesR 2010, 471 (474); Geis, GesR 2011, 641, (insbes. 643 ff.); bejahend Dannecker, GesR 2010, 281 (285), m. w. N. für beide Meinungen, insbes. Fn. 44.

[448] OLG Braunschweig, 23.02.2010, Ws 17/10, PFB 2010, 142; LG Stade, Urt. v. 04.08.2010, 12 KLs 170 Js 18207/09 - juris; LG Hamburg, Urt. v. 09.12.2010, 618 KLs 10/09, ZMGR 2011, 153.

[449] Vgl. etwa LSG Baden-Württemberg, Beschl. v. 21.08.2006, L 5 KA 2720/05, Der Kassenarzt 2007, Nr. 6, 59.

[450] Ablehnend zu Abrechnungsbetrug über Sammelerklärung von Scheinselbständigen: Wessing/Dann, GesR 2006, 150 ff.; LG Lübeck, Beschl. v. 25.08.2005, 6 KLs 22/04, GesR 2006, 176. Zu möglichen Straftatbeständen, insbes. Vermögensschaden, OLG Koblenz, Urt. v. 02.03.2000, 2 Ws 92 - 94/00, 2 Ws 92/00, 2 Ws 93/00, 2 Ws 94/00, MedR 2001, 144 ff. - juris Rn. 123; BGH, Urt. v. 05.12.2002, 3 StR 161/02, MedR 2003, 298 (bzgl. Abrechnungserklärungen hier Einstellung nach § 154 Abs. 2 StPO).

bundenen Vorteile oder Einschränkungen in seinem Sinne steuert. Insbesondere stehen hier Fälle von Vorteilsgewährung gegen Lenkung von Patientenströmen sowie Beschaffungsentscheidungen im Blickfeld. Zwar sind auch dies typische berufsrechtliche Verstöße des nur privatärztlich tätigen Arztes. Allerdings unterliegt auch hier der zugelassene Vertragsarzt gegenüber privatärztlich tätigen Ärzten einer Vielzahl besonderer Regelungen des Vertragsarztrechts. Nur beispielsweise sei § 33 Abs. 2 S. 3 Ärzte-ZV genannt, nach welchem schon vor dem GKV-VStG eine Teilberufsausübungsgemeinschaft engeren Verbotstatbeständen als nach § 18 Abs. 1 MBO-Ä unterlag. Dabei geht es im Prinzip um das Verbot der Zuweisung gegen Entgelt. Mit dem GKV-VStG wurde § 33 Abs. 2 S. 3 Ärzte-ZV noch verschärft und der damit geahndete Verstoß mit § 73 Abs. 7 n. F. zudem ausdrücklich auch als Verstoß gegen vertragsarztrechtliche Pflichten aus dem SGB V geregelt. Auch für die Weitergabe von Vorteilen wie Rückvergütungen bei Sachleistungen (Heil- und Hilfsmittel) gab das Vertragsarztrecht spezielle Regelungen vor (§ 44 Abs. 5 BMV-Ä)[451], was seit dem GKV-VStG durch ausdrückliche Bezugnahme des § 73 Abs. 7 n. F. auf § 128 Abs. 2 S. 3 und im Berufsrecht wiederum auf § 73 Abs. 7 n. F. nun auch gesetzlich geregelt wurde.

Die hier dargestellte strafrechtliche Relevanz erwächst aus der besonderen Stellung des zugelassenen Vertragsarztes und ist somit eine unmittelbare Rechtsfolge aus dem Instrument der vertragsärztlichen Zulassung. Nur der zugelassene Vertragsarzt befindet sich mit der Mitgliedschaft in einer KV, über welche die Honorare der Krankenkassen an ihre Mitglieder, die Vertragsärzte, verteilt werden, in dem Regelungsgeflecht des Sachleistungssystems.

Bei Minderung der Rolle des Instruments der vertragsärztlichen Zulassung und Zunahme der Teilnahme an der ambulanten Versorgung über Verträge mit den Krankenkassen könnten einerseits KVen, andererseits Vertragsärzte oder Vertragsarztgruppen Vertragspartner sein. Dann wären im Rahmen der Verträge zur Leistungserbringung mit den Krankenkassen selbständige Tatbestände, wie Vertragsstrafen für Fälle von Abrechnungsbetrug, angezeigt. Auch wären dann bei unmittelbar vertraglicher Verpflichtung die strafrechtlichen Tatbestände mit deren Folgen eindeutiger. Bislang werden solche Regelungen bei dem Abschluss von Selektivverträgen noch nicht getroffen. Das liegt daran, dass Verstöße derzeit aufgrund der Kontrolle und Sanktion durch die Inhaberschaft der Zulassung ausreichend sanktioniert sind. Sollten vertragliche Vereinbarungen zunehmen, die die gesetzlich Versicherten betreffen, muss der Leistungserbringer aber über die Rechtsbeziehung innerhalb des einzelnen Vertrags hinaus sank-

---

[451] Für Rückvergütungsfälle vgl. beispielsweise BGH, Beschl. v. 27.04.2004, 1 StR 165/03, NStZ 2004, 568 (569) zum so genannten „Kickback"; OLG Hamm, Urt. v. 22.12.2004, 3 Ss 431/04, MedR 2005, 236.

tioniert werden können. Andernfalls könnte er sich einfach neue Vertragspartner suchen. Das Fehlen der Einbindung in ein System, wie es durch die vertragsärztliche Zulassung geregelt ist, lässt die Möglichkeit der Erfüllung der sozialstaatlichen Pflicht zur Gewährleistung einer ausreichenden, zweckmäßigen und wirtschaftlichen Versorgung zweifelhaft erscheinen. Abhilfe könnte ein Register bringen, aus dem zentral Verstöße von Leistungserbringern ersichtlich wären. Hieran hängen datenschutzrechtliche und vertragsrechtliche Erfordernisse, die aktuell sämtlich entbehrlich sind, da die vertragsärztliche Zulassung die Kontrolle der Qualität und der zweckmäßigen, ausreichenden Versorgung gewährleistet.

Über die Zwangsmitgliedschaft bei der Teilnahme am System verfügen die KVen über die erforderlichen Instrumente zur Vorsorge gegen strafrechtlich relevantes Verhalten. Bei Zunahme von Alternativmodellen der Steuerung der ambulanten Versorgung ist einerseits fraglich, wie und ob diese Modelle gleichermaßen strafrechtlich relevantes Verhalten unterbinden, insbesondere, wenn sie Wettbewerb fördern sollen. Zugleich besteht für den Fall, dass sich die Aufgaben der vertragsärztlichen Zulassung reduzieren würden, die Gefahr, dass auch die Akzeptanz von Sanktionen durch die KVen gegenüber der jetzigen Situation einer umfassenden Vertretung gemindert wäre. Das wäre beispielsweise, auf den eingangs genannten Fall des Abrechnungsbetruges zurückkommend, zu befürchten, wenn nur noch die Abrechnungswege über die KV bestehen blieben und die KVen nicht mehr die gesamte Vertretung in allen Honorarangelegenheiten über Kollektivverträge innehätten.

7. Gemeinschaftsrecht

Die vertragsärztliche Zulassung berührt verschiedene gemeinschaftsrechtliche Regelungen. So stellt sie ein Hindernis für die Niederlassung dar und berührt damit das gemeinschaftsrechtlich geschützte Gut der Niederlassungsfreiheit. Bei der Frage der Niederlassungsfreiheit geht es - im Gegensatz zu dem sogleich a. E. des Titels kurz anzusprechenden vorübergehenden Aufenthalt - um die dauerhafte Tätigkeit. Die vertragsärztliche Zulassung ist aber ähnlich der Zulassung zu verkammerten Berufen gerechtfertigt, wenn die sogenannte unterschiedslose Behandlung gewährleistet ist. Damit ist die Einhaltung der Niederlassungsfreiheit nach Art. 49 Abs. 2 AEUV (Art. 43 Abs. 2 a. F. EGV) gemeint, nach dem natürliche und juristische Personen das Recht haben, eine selbständige Tätigkeit in einem anderen Mitgliedstaat zu den gleichen Bedingungen wie die Angehörigen dieses Staates auszuüben. Eine Diskriminierung liegt nach ständiger Rechtsprechung des EuGH hingegen vor, „wenn vergleichbare Sachverhalte rechtlich unterschiedlich oder unterschiedliche Sachverhalte rechtlich gleich behandelt" werden[452], oder Beschränkungen der Niederlassungsfreiheit und des freien Dienstleistungsverkehrs nach den Art. 49 AEUV (alt: Art. 43 ff. EGV) und Art. 56 AEUV (alt: Art. 49 EGV) „die Ausübung dieser Freiheiten verbieten, behindern oder weniger attraktiv machen"[453].

Für die Organisation des Gesundheitswesens und die medizinische Versorgung gilt dabei, dass die Mitgliedsstaaten in ihrem Hoheitsgebiet gemäß Art. 168 AEUV (alt: Art. 152 Abs.5 EGV) selbst verantwortlich sind. Der Europäische Gerichtshof erkennt daher die Zuständigkeit der Mitgliedstaaten im sozialrechtlichen Bereich bei der Anwendung des EU-Wettbewerbsrechts und der EU-Grundfreiheiten an[454]. Der deutsche Gesetzgeber hat im Rahmen dieser Freiheit ein kollektivvertragsrechtliches System und das Sachleistungsprinzip gewählt. Durch die vertragsärztliche Zulassung werden die Leistungserbringer einbezogen. Das Instrument der Zulassung zur Teilnahme am ambulanten Versorgungsmarkt und die Einbindung in die Rechte und Pflichten aus den Kollektivverträgen sind ein zulässiger Annex zum Regelungsvorbehalt für die Ausgestaltung der Krankenversicherungssysteme, sie unterliegen daher auch dem Rechtfertigungsvorbehalt des Art. 106 Abs. 2 AEUV (alt: Art. 86 Abs. 2 EGV)[455] und verstoßen nicht gegen die Grundfreiheiten[456].

Über die eben genannten Grundfreiheiten hinaus das Recht, Leistungserbringer europaweit in Anspruch zu nehmen, als eine Grundfreiheit zu erachten[457], wäre ohne rechtswidrige Verdrängung des gerade zitierten mitgliedstaatlichen Rechts zur individuellen Regelung des Gesundheitssystems nur möglich, wenn wie Schirmer vorschlägt, für diese Fälle Kostenerstattung geregelt wird.[458] Dabei würde aber das Recht

---

[452] EuGH, Urt. v. 13.11.1984, Rs. C-283/83 - Racke, Slg. 1984/3791, http://eur-lex.europa.eu/LexUriServ/LexUriServ.do?uri=CELEX:61983J0283:DE:NOT, Leitsatz (08.11.2011).

[453] EuGH, Urt. v. 29.03.2011, Rs. C-565/08 - Kommission / Italien, Rechtsanwaltsgebühren, NJW 2011, 1575, http://curia.europa.eu/jurisp/cgi-bin/gettext.pl?lang=de&num=79889670C19080565&doc=T&ouvert=T&seance=ARRET, Rn. 45, (08.11.2011).

[454] Giesen, GGW 2001, 20, Fn. 33 u. 34. Kritisch zur Gemeinschaftsrechtskonformität des deutschen Leistungserbringerrechts, insbesondere in Bezug auf die Dienstleistungs- und Warenverkehrsfreiheit, Iungareva, 411, 446. Die konkreten Forderungen von Iungareva zur Behebung fehlender Gemeinschaftsrechtskonformität für nicht Vertragspartner der GKV bei Selektivverträgen (sehr weit gehend eine flächendeckende Versorgungsstruktur im EWG-Ausland mit Hilfe eines Netzwerkkonzepts) dürften mit den Inhalten der Rtl. zur Ausübung der Patientenrechte in der grenzüberschreitenden Gesundheitsversorgung (11038/2/2010 - C7-0266/2010 - 2008/0142(COD)) jedenfalls teilweise umgesetzt werden.

[455] Schirmer, Vertragsarztrecht kompakt, Kap. C.7.,83.

[456] Vgl. zu Rechtfertigungsanforderungen für Einschränkungen der Grundfreiheiten im Gesundheitsbereich, Iungareva, 181 bis 183.

[457] Schirmer, Vertragsarztrecht kompakt, Kap. C.7.3.4, 84.

[458] Schirmer, Vertragsarztrecht kompakt, Kap. B. 3.4.1, 50.

der Dienstleistungsfreiheit zu weitgehend, nämlich unabhängig irgendeiner wirtschaftlichen Tätigkeit ausgelegt.

Trotz der derzeit grundsätzlich mitgliedstaatlichen Freiheit zur Gestaltung der Sozialversicherungssysteme werden die nationalen Gesundheitssysteme durch die Liberalisierung der europäischen Märkte spürbar beeinflusst, denn das System ist keineswegs statisch und unterliegt ständiger Anpassung. Das Territorialprinzip wird etwa bereits durch gesetzliche Regelungen eingeschränkt.[459] So sind §§ 17 ff. und § 18 abweichende Regelungen von der Kollisionsnorm nach § 16 Abs. 1 S. 1. „Darüber hinaus reglementiert § 30 II SBG I, dass das über- und zwischenstaatliche Recht unberührt von nationalstaatlichen Rechtsbestimmungen bleibt und verweist damit auf die Vorrangigkeit der zwischenstaatlichen Sozialversicherungsabkommen und des supranationalen Primär- und Sekundärrechts vor dem nationalen Recht."[460] Diese Entwicklung wird gefördert durch Entscheidungen des EuGH und der EG.

So hat der EuGH etwa anlässlich eines Falles einen Verstoß gegen die Maßstäbe der Art. 49 und 56 EGV (a. F.) bei der konkreten Gestaltung von Zulassungsregelungen im österreichischen System gesehen.[461] Er hatte einen Sachverhalt zu behandeln, in dem ein deutscher Großhändler plante, ein Ambulatorium für Zahnheilkunde in Österreich zu errichten, was ihm im Rahmen der geltenden Bedarfsprüfung versagt wurde. Der EuGH stellte fest, das ein Verstoß gegen die Niederlassungsfreiheit vorlag, da eine solche Prüfung nur bei selbständigen Ambulatorien, nicht aber bei Gruppenpraxen angewandt wurde und überdies dem Ermessen der nationalen Behörden keine hinreichenden Grenzen gesetzt worden seien. Die österreichische Zugangsbeschränkung zum Markt wurde damit als Verstoß gegen die Niederlassungsfreiheit gewertet. Im deutschen System besteht diese konkrete Gefahr einer Ungleichbehandlung von (in der ambulanten Behandlung tätigen) Kliniken und niedergelassenen Praxen schon aufgrund der gesetzlich vorgesehenen sektoralen Trennung nicht. Sie erfordert keine sektorenübergreifende Bedarfsprüfung. Die Bedarfsprüfung im Bereich der ambulanten Versorgung erfolgt im Übrigen gleichermaßen für alle zugelassenen Teilnehmer, seien es so genannte Praxiskliniken MVZ oder Gruppenpraxen (BAG). Die Bedarfsprüfung im stationären Bereich erfolgt unabhängig davon durch Landesplanung und Versorgungsverträge (§ 108). Letztere sind nach pflichtgemäßem Ermessen und weiteren Kriterien wie vorliegendem Bedarf zu schließen (§ 109 Abs. 2). Diese Bewertung

---

[459] Vgl. zum Prinzip BSG, Urt. v. 28.08.1970, 3 RK 94/69, BSGE 31, 288 - juris, Orientierungssatz.

[460] Iungareva, 58, 71.

[461] EuGH, Urt. v. 10.03.2009, Rs. C-169/07, Slg. 2009, 1721 - Hartlauer, http://eur-lex.europa. eu/LexUriServ/LexUriServ.do?uri=CELEX:62007J0169:EN:NOT (28.03.2011)

könnte allerdings mit Einführung der spezialfachärztlichen Versorgung mit dem GKV-VStG neu vorgenommen werden müssen, wenn sich die Erforderlichkeit einer sektorenübergreifenden Bedarfsprüfung zunehmend aufdrängt.

Wenn Übergriffe des stationären in den ambulanten Bereich erfolgen, etwa durch Ermächtigung von Krankenhausärzten zur ambulanten Behandlung, unterliegt das Ermessen der Behörden ebenfalls einer strengen Prüfung (§ 98 Nr. 1 i. V. m §§ 31, 31a Ärzte-ZV). In Bezug auf § 116b wird das im Jahr 2011 allerdings in der Rechtsprechung problematisiert, was künftig durch die mit dem GKV-VStG geplante spezialfachärztliche Versorgung voraussichtlich erneut zu diskutieren sein wird[462]. Eine Bestimmung nach § 116b ist ferner nach obergerichtlicher Rechtsprechung auf Antrag niedergelassener Vertragsärzte auf eine Verletzung hin überprüfbar.[463] Das BSG hat darüber indes noch nicht entschieden.[464] Auch diesbezüglich ist für die geplante Einführung einer spezialfachärztlichen Versorgung ungewiss, wie die Rechtslage sein wird, konkret, wie die Rechte niedergelassener Vertragsärzte geschützt sein werden. Die Rechtsprechung hat jedenfalls die drittschützende Wirkung einer Ermächtigung aufgrund restriktiver Bedarfsplanung und limitierter Gesamtvergütungen bejaht.[465]

Auch bei der deutschen vertragsärztlichen Zulassung sind Einzelaspekte im Hinblick auf ihre gemeinschaftsrechtliche Zulässigkeit geprüft worden. Das betraf insbesondere die Altersgrenze für die Zulassung als Vertragsarzt. Das BSG hat über ihre Vereinbarkeit mit dem europäischem Recht, insbesondere der Gleichbehandlungsrichtlinie 2000/78/EG, entschieden.[466] Dabei hat es zunächst festgestellt, dass diese die Mitgliedstaaten verpflichtet, die erforderlichen Rechtsvorschriften zur Bekämpfung der Diskriminierung, u. a. wegen des Alters, zur Verwirklichung der Gleichbehandlung in Beschäftigung und Beruf zu erlassen. Zugleich regele aber Art. 1 Abs. 2 RL der Richtlinie, dass diese "nicht die im einzelstaatlichen Recht vorgesehenen Maßnahmen berührt, die ... zum Schutz der Gesundheit und zum Schutz der Rechte und Freiheiten anderer notwendig sind" Ferner, so das BSG, gestatte Art. 6 Abs. 1 S. 1 RL explizit, dass "die Mitgliedstaaten vorsehen können, dass Ungleichbehandlungen wegen des Alters keine Diskriminierung darstellen, sofern sie objektiv und angemessen sind und

---

[462] BT-Drs. 17/6906, 2 ff. u. 25; zwischenzeitlich wurde aufgrund der Bedeutung und Umstrittenheit der Neureglung erwogen, diesen Bereich in ein separates Gesetzesvorhaben einzubringen, o. V., A+S aktuell, 37/2011, 2 (4), sie blieb aber letztlich im GKV-VStG.

[463] Vgl. schon dieses Kap. Fn. 397 und 398, etwa SG Dresden, Beschl. v. 29.09.2009, S 11 KA 114/09 ER und nachgehend Sächsisches LSG, Beschl. v. 03.06.2010, L 1 KR 94/10 B ER, GesR 2010, 496, vgl. ferner Kap. 3 Fn. 51.

[464] Vgl. dieses Kap. Fn. 397.

[465] BVerfG, Beschl. v. 17.08.2004, 1 BvR 378/00, NJW 2005, 273 - juris, Orientierungssatz; BSG, Urt. v. 28.09.2005, B 6 KA 70/04 R, GesR 2006, 15 - juris, Orientierungssatz.

[466] BSG, Urt. v. 06.02.2008, B 6 KA 41/06 R, BSGE 100, 43, GesR 2008, 300 (301).

im Rahmen des nationalen Rechts durch ein legitimes Ziel, worunter insbesondere rechtmäßige Ziele aus den Bereichen Beschäftigungspolitik, Arbeitsmarkt und berufliche Bildung zu verstehen sind, gerechtfertigt sind und die Mittel zur Erreichung dieses Ziels angemessen und erforderlich sind". Diese Auffassung hat das BSG auch nach Außerkraftsetzung der Altersgrenze durch das GKV-OrgWG nicht geändert.[467] Der EuGH hat im Zusammenhang mit der Frage des Schutzes vor Altersdiskriminierung und des Schutzes von mitgliedsstaatlicher Souveränität entschieden, dass bei der Zielsetzung auch für wirtschaftliche, soziale, demografische und haushaltsbezogene Erwägungen Raum sei.[468] Die Umsetzung dieser Richtlinie in das deutsche Recht sei durch das Allgemeine Gleichbehandlungsgesetz (AGG) vom 14.08.2006[469] erfolgt und nach den dort niedergelegten Maßstäben die Regelung über die Altersgrenze in § 95 Abs. 7 S. 3 nicht zu beanstanden. Die Altersgrenze diene nach der Rechtsprechung des BVerfG und des BSG einerseits dem Schutz der Gesundheit der Versicherten, andererseits der Chancenwahrung für jüngere Ärzte und dem öffentlichen Interesse daran, dass die jüngeren, neueren medizinischen Erkenntnisse in das System der vertragsärztlichen Versorgung eingebracht werden.

Die Berücksichtigung der Art. 49 AEUV und 56 AEUV ist im Übrigen in Bezug auf die Zulassung als Vertragsarzt oder die Eintragung in das Arztregister in der Bundesrepublik durch die Regelung des § 95a Abs. 5, der sich mit dem GKV-VStG ausdrücklich auf die Richtlinie über die Anerkennung von Berufsqualifikationen[470] bezieht, gegeben. Für bloß vorübergehende Aufenthalte regelt ferner die Zulassungsverordnung eine Ausnahme. Nach § 31 Abs. 5 Ärzte-ZV können die Partner der Bundesmantelverträge Regelungen für die Ermächtigung von Ärzten aus anderen EG-Staaten schaffen, die in Deutschland bestimmte ärztliche Leistungen erbringen, aber keine Niederlassung begründen wollen (§§ 8 BMV-Ä / § 12 EKV-Ä). Zuständig sind die Zulassungsausschüsse. Zulassungsbeschränkungen sind zu berücksichtigen. Bei qualifikationsbe-

---

[467] BSG, Beschl. v. 18.08.2010, B 6 KA 18/10 B, SozR 4-2500 § 95 Nr. 17.
[468] EuGH, Urt. v. 16.10.2007, Rs. C-411/05 - Palacios de la Villa, NJW 2007, 3339 (3341). Der EuGH hat in diesem Zusammenhang daran erinnert, dass die Mitgliedstaaten und gegebenenfalls die Sozialpartner auf nationaler Ebene nicht nur bei der Entscheidung, welches konkrete Ziel von mehreren im Bereich der Arbeits- und Sozialpolitik sie verfolgen wollen, sondern auch bei der Festlegung der Maßnahmen zu seiner Erreichung über einen weiten Ermessensspielraum verfügen.
[469] BGBl. I, 1897.
[470] Richtlinie 2005/36/EG des Europäischen Parlaments und des Rates vom 07.09.2005 über die Anerkennung von Berufsqualifikationen vom 07.09.2005 (ABl. Nr. L 255, 22, ber. ABl. Nr. L 271, 18; vgl. instruktiv zur Anerkennung der Ausbildungen Angehöriger von Mitgliedsstaaten bei einem freien Beruf, OLG Düsseldorf, Urt. v. 08.03.2010, I-20 U 177/08, 20 U 177/08 unter Verweis auf EuGH Slg. 2002 I, 6540 - Deutsche Paracelsus Schulen -, GRUR-RR 2011, 10.

dingten Leistungen nach § 135 bedarf es der Nachweise gleichwertiger Kenntnisse. Diese Ermächtigung dient der Umsetzung des Gebots der Berufsausübungsfreiheit innerhalb der EG und ist nicht bedarfsabhängig.[471] § 31 Abs. 5 Ärzte-ZV wurde zuletzt in Umsetzung der Berufsanerkennungsrichtlinie[472] geändert[473]. Von der Dienstleistungsrichtlinie waren Gesundheitsdienstleistungen am Patienten nicht erfasst.[474] Das ist auch nach der diese ablösenden Vergaberichtlinie (Art. 21 VKR) - Richtlinie 2004/18/EGVKR[475] - nicht der Fall. Die Richtlinie zur Ausübung der Patientenrechte in der grenzüberschreitenden Gesundheitsversorgung (11038/2/2010 - C7-0266/2010 - 2008/0142(COD)) erfasst zwar Gesundheitsdienstleistungen, stellt aber keine neuen Forderungen an die rechtliche Gestaltung des vertragsärztlichen Zulassungssystems. Auch die vorgesehene flächendeckende Versorgungsstruktur im EWG-Ausland mit Hilfe eines Netzwerkkonzepts wird ohne Forderung einer Flexibilisierung des Zulassungssystems gestellt.[476] Gefordert wird lediglich die klare Information über den Zulassungsstatus. Die Zulassung ist daher dem Grunde nach ein gemeinschaftsrechtlich anerkanntes Regelungsinstrument.[477]

---

[471] Wenner, Vertragsarztrecht nach der Gesundheitsreform, 156.

[472] Wie vor.

[473] Gesetz zur Umsetzung der Richtlinie 2005/36/EG des Europäischen Parlaments und des Rates über die Anerkennung von Berufsqualifikationen der Heilberufe (HeilbAnerkRUG) v. 02.12.2007 BGBl. I, 2686; Geltung ab 07.12.2007. Vgl. auch Art. 6b und 55 der Richtlinie 2005/36/EG des Europäischen Parlaments und des Rates vom 07.09.2005 über die Anerkennung von Berufsqualifikationen vom 07.09.2005 (ABl. Nr. L 255, 22, ber. ABl. Nr. L 271, 18, ABl. 2008 Nr. L 93, 28, ABl. 2009 Nr. L 33, 49 Abs. 19 ff. und 44).

[474] Richtlinie 2006/123/EG des Europäischen Parlaments und des Rates vom 12. Dezember 2006 über Dienstleistungen im Binnenmarkt, ABl. L376 vom 27.12.2006; Vgl. auch Hdb. zur Umsetzung der Rtl., http://ec.europa.eu/internal_market/services/services-dir/index_de.htm (08.11.2011) - galt das nach Artikel 2 Absatz 2 Buchstabe f). Die neuere Vergabekoordinierungsrichtlinie (VKR) fasst die Dienstleistungsrichtlinie und die Lieferkoordinierungs- und Baukoordinierungsrichtlinien zusammen, vgl. auch Kap. 3 B.VI.2.e.eb..

[475] EG ABl. der EU Nr. L 134, 114, v. 30.4.2004.

[476] http://www.europarl.europa.eu/sides/getDoc.do?pubRef=-//EP//TEXT+TA+P7-TA-2011-0007+0+DOC+XML+V0//DE, etwa Art. 4 2b (06.10.2011).

[477] So im Ergebnis auch Stellungnahme der KBV vom 31.01.2007, 4 bis 9, wonach richtigerweise darauf abgestellt wird, dass es einerseits bei der Frage der Vereinbarkeit mit Gemeinschaftsrecht nicht vornehmlich um die Anwendung der Wettbewerbsregeln, sondern die Anwendung der Grundfreiheiten geht und dabei im Vordergrund stehen sollte, dass die Gemeinschaft keine Regelungskompetenz für die Sozialversicherungen der Mitgliedstaaten hat. Da das Zulassungswesens Teil der deutschen GKV und des spezifischen Sachleistungssystems ist, gibt es daher auch keinen Ansatzpunkt für einen Änderungsbedarf. Bei der dargestellten Arbeitsteilung als Ausdruck des Subsidiaritätsprinzips zwischen der Union und den Mitgliedstaaten sollte es danach weiterhin bleiben. Änderungen könnte allenfalls die Annäherung der Gesundheitssysteme auf EU Ebene herbeiführen. KBV, 2007a, http://ec.europa.eu/health/archive/ph_overview/co_operation/mobility/docs/health_services_co209.pdf (08.11.2011). Zur Frage der Anwendbarkeit des Art. 81 EGV (hier Anwendung

Das Instrument der vertragsärztlichen Zulassung ist nach alledem gemeinschaftsrechtlich in der derzeitigen Form ein rechtmäßiges Steuerungsmittel. Im Rahmen der zunehmenden Teilnahme über Einzelverträge ist die Gemeinschaftsrechtskonformität der Exklusivität deutscher Teilnehmer an der ambulanten Versorgung in der BRD jedoch neu zu beurteilen. Da sie sich nicht in das kollektive Vertragsgefüge einordnen, ist ihre Rechtfertigung allein aufgrund des Rechts der Mitgliedstaaten zur Organisation des Gesundheitswesens und der medizinischen Versorgung in ihrem Hoheitsgebiet gemäß Art. 168 AEUV etwa schon fraglich. Die notwendige andere Beurteilung hat sich inbesondere im Hinblick auf vergaberechtliche und wettbewerbsrechtliche Fragen erheblich ausgewirkt und zu einer starken Bewegung in Rechtsprechung und Gesetzgebung geführt, die bei der Erörterung von Selektivverträgen als Alternative der Teilnahme zur vertragsärztlichen Zulassung an späterer Stelle dargestellt wird.[478] Bei der Zulassung handelt es sich um ein fein austariertes Rechtssystem, das auch in gemeinschaftsrechtlicher Hinsicht den Anforderungen entspricht. Jegliche Eingriffe in dieses Rechtssystem bedürfen der Abwägung der damit verbundenen Rechtsfolgen bis in den gemeinschaftsrechtlichen Bereich hinein.

---

des Wettbewerbsrechts), welche sich auf die Beurteilung der gemeinschaftsrechtlichen Zulässigkeit des Berufsrechts und damit auch auf das Vertragsarztrecht auswirken könnte, vgl. beispielsweise Schirmer, Vertragsarztrecht kompakt, Kap. A.5., 23.
[478] Kap. 3 B.VI.2.e..

Kapitel 3

Steuerungselement im Lichte der jüngeren Gesundheitsreformen -
vom GMG zum GKV-VStG

A. Wandel der vertragsärztlichen Zulassung und ihres Regelungsrahmens
   insbesondere seit dem Jahr 2004

Zur Beurteilung, des status quo der vertragsärztlichen Zulassung und ihrer Funktion
als Steuerungsinstrument zur Erfüllung einer Vielzahl von Anforderungen der GKV an
die ambulante Versorgung im Verhältnis zu neuen - oder geplanten - Instrumenten der
Steuerung, bedarf es zunächst einer Bestandsaufnahme der Zulassung in ihrer aktuellen Funktion. Diese ist besonders gekennzeichnet durch die erheblichen Flexibilisierungen durch die letzten Reformen, insbesondere befördert durch die Liberalisierung
des Berufsrechts im Jahr 2004 und die geplante Gleichstellung der niedergelassenen
Ärzte mit dem neuen Teilnehmer MVZ in berufs- und vertragsarztrechtlicher Hinsicht.
Dabei werden Vorteile und Defizite des status quo der vertragsärztlichen Zulassung
beleuchtet.

I. Entwicklung oder Funktionsverlust? Eine Bestandsaufnahme

1. Einschränkung der Schlüsselrolle für die ambulante Versorgung
   durch Selektivverträge

Mit der Zulassung durch die zuständige KV und dem damit verbundenen grundsätzlichen Anspruch der Ärzte auf Teilnahme an der vertragsärztlichen Versorgung und der
Vergütung aus dem Budget für die gesetzlich Versicherten hatte die Ärzteschaft in den
1930er Jahren[1] die Verhandlungsmacht der Krankenkassen gebrochen und ihren eigenen Einfluss auf die Verteilung der Finanzmittel für die gesetzlich Versicherten im
Sinne einer Kollektivierung gestärkt. Sie bewegte sich damit aus der Abhängigkeit eines ungewissen Kontrahierens der Krankenkasse hin zu einer gesicherten Rechtsposition und angemessenen Verhandlungsparität. Hierfür begab sich die Ärzteschaft ihres
gegen die Krankenkassen und den zur ausreichenden gesundheitlichen Versorgung der
Versicherten verpflichteten (Sozial-)Staat einsetzbaren, besonders machtvollen
Kampfmittels für die eigenen Interessen, des Streiks. Dieses zugrunde liegende Wech-
selverhältnis sollte bei zukünftigen Entwicklungen nicht gestört werden, da es das
Funktionieren des Systems gefährdet.

---

[1] Vgl. BT-Drs. 11/6380, 65.

In den letzten Jahren sind zunehmend wieder Einzelvereinbarungen über die ambulante Versorgung von Krankenkassen mit Ärzten gesetzlich ermöglicht und gefördert worden. Die Zulassung ist grundsätzlich umfassend und erfasst auch die Teilnahme an den wachsenden Teilnahmeformen der Selektivverträge. Mit dem Ende der Zulassung ist nach aktueller Rechtslage auch die Teilnahme an allen diesen Versorgungsformen ausgeschlossen.

Die Bedeutung der Zulassung ist es danach auf den ersten Blick, dass sie weiterhin die Sicherung einer in Grundzügen bestimmten und festgelegten Rechtsposition und der damit verbundenen Ansprüche gewährleistet. Bei genauerer Prüfung zeigt sich aber, dass sich die Selektivvertragsmöglichkeiten erheblich auf die tatsächlich aus der Teilnahme an der ambulanten Versorgung folgenden Ansprüche, also auf die Rechtsposition als Inhaber einer Zulassung auswirken. Hausarztverträge etwa ermöglichen die Generierung zusätzlichen Honorars aus der Gesamtvergütung zulasten von anderen zugelassenen Teilnehmern, die die Kriterien für die Teilnahme an Hausarztverträgen nicht erfüllen. Da die Mittel nicht zusätzlich vorhanden sind, sondern aus der Gesamtvergütung abgezogen werden müssen, wird das aus der Zulassung erwachsende Recht aller Teilnehmer an der Honorarverteilung umverteilt durch die so genannte Honorarbereinigung, für die immerhin ein Schwellenwert festgelegt wurde[2]. Diesen wünschten sich die Krankenkassen in den Verhandlungen erheblich höher, die KVen niedriger als letztlich erfolgt.[3] Daran ist die Fürsprache der Krankenkassen für Selektivverträge ersichtlich, die auf Kosten des Kollektivvertragssystems gehen. Unabhängig von der Höhe des Schwellenwerts stellen die Verträge durch die Honorarbereinigung eine Einschränkung der Gleichbehandlung unter den zugelassenen Teilnehmern dar. Die Schärfe dieser Folge wurde allerdings dadurch abgemildert, dass mit dem GKV-OrgWG ein Anspruch von Leistungserbringergemeinschaften auf Abschluss eines Hausarztvertrages geregelt wurde, dessen Umsetzung in die Realität allerdings keineswegs umfassend erfolgt ist, vielmehr wird in mehreren Schiedsverfahren darum gestritten. Zudem konterkariert ein Anspruch die Wettbewerbsidee, bewegt sich vielmehr wieder zurück in den Kollektivvertragsrahmen.

Faktisch erfolgen solche und andere Verschiebungen bei allen Selektivverträgen, da es bei deren Versorgung nicht mehr nur darum geht, wer aus dem Recht der Zulassung wirtschaftlich das Beste aus den gleichen Marktchancen für seine Praxis macht, indem er erfolgreich Patienten versorgt und damit bindet, sondern es kommt darauf an, in-

---

[2] Der Schwellenwert wurde durch Entscheidungen des Bewertungsausschusses definiert, vgl. hierzu und zur Honorarbereinigung bei §§ 73c, 73b und 140d, Rieser, DÄBl. 2010, 107(1-2): A-16 / B-14 / C-14, o. S., 2010a, http://www.aerzteblatt.de/v4/archiv/artikel. asp?src=&id=67294&p= (14.11.2011).

[3] Wie vor.

wieweit eine Teilnahme an Selektivverträgen erfolgt. Es wird also vor das Ergebnis aus der freiberuflichen niedergelassenen ärztlichen Tätigkeit ein Zwischenschritt geschaltet. Mit diesem Zwischenschritt, der der unmittelbaren Patientenbehandlung aufgrund der vertragsärztlichen Zulassung vorgeschaltet wird, werden wachsende Patientengruppen gesteuert. Eine solche Steuerung durch Selektivverträge erfolgt z. B. durch vertragliche Vereinbarungen der Zusammenarbeit im Rahmen eines Programms der DMP[4], der IV oder in Modellvorhaben, an denen der Vertragsarzt nicht teilnimmt. Für die Steuerung von Patienten reicht es schon, wenn sie die Ansicht gewinnen, Ärzte, die an solchen Programmen teilnehmen, seien qualifizierter als andere Vertragsärzte. Der Vertragsarzt muss also anstreben, auch Teilnehmer von Selektivverträgen zu sein und sich hierfür für die Kassen zu qualifizieren, um nicht zunehmenden Beschränkungen des freien Zugangs zu Patienten zu unterliegen. Im Gegensatz zur vertragsärztlichen Zulassung besteht kein grundsätzlicher Anspruch auf Teilnahme an Selektivverträgen[5]. Die Einführung einer Zwischenstufe zur Teilnahme an der vertragsärztlichen Versorgung durch Selektivverträge schränkt somit den grundsätzlich gleichen Rechtsanspruch auf Versorgung in der GKV, zu der alle Vertragsärzte mit der Zulassung Zugang erhalten, ein. Das hat eine andere Qualität als einzelne besondere Teilnahmeregelungen wie z. B. besondere Abrechnungsrechte, die sich nicht auf das System an sich auswirken, sondern nur Variationen innerhalb des Systems darstellen. Die Teilnahme über Selektivverträge bedeutet weitergehend einen systemrelevanten Rückschritt in der Entwicklung zur Zulassung als gesicherter Rechtsposition eines umfassenden und gleichberechtigten Teilnahmerechtes bezogen auf den haus- und fachärztlichen Bereich.

Die Zulassung verliert daher durch den zunehmenden Vertragswettbewerb an rechtlicher und tatsächlicher Relevanz als Steuerungsinstrument. Zudem wird stets zu beobachten sein, ob sich dieser Zwischenschritt nicht dahin weiterentwickelt, die Zulassung gar nicht mehr vorauszusetzten und diese damit zu ersetzten.[6]

---

[4] So genannte strukturierte Behandlungsprogramme, zu deren Durchführung „grundsätzlich sämtliche im SGB V geregelten Vertragstypen zur Verfügung [stehen], das heißt Bundesmantel- und Gesamtverträge (§§ 82 f.), Strukturverträge (§ 73a), Integrationsverträge (§§ 140a ff.) sowie Modellverträge (§§ 63 f.)", *Wille*, in: jurisPK-SGB V, § 137f. Rn. 14.
[5] Vgl. zu einem Anspruch ausführlich noch unter Kap. 3 B.VI.2.a.aa..
[6] Von einer Entwicklung der ärztlichen Leistungserbringung auf der Grundlage von Einzelverträgen ohne oder mit öffentlich-rechtlicher Zulassung sprach schon Wigge, MedR 1996, 51 (56).

2. Einschränkung der Schlüsselrolle durch neue Teilnehmer des ambulanten und stationären Sektors (u. a. §§ 95 Abs. 1 S. 1, 115b, 116b und die spezialfachärztliche Versorgung)

Neben der zunehmenden Partizipation an der ambulanten vertragsärztlichen Versorgung über Selektivverträge existieren weitere Lösungstendenzen vom vorrangigen Marktzugang über die vertragsärztliche Zulassung durch verschiedene institutionelle Zulassungen wie dem MVZ und die Zulassung von Krankenhäusern zur ambulanten Behandlung. Einbrüche in dieser Form sind schon länger gesetzlich reglementiert und waren zunächst nicht in der Weise durch den Gesetzgeber auf Expansion ausgerichtet wie Selektivverträge. Sie stellen aber eine wachsende konkurrierende Teilnahmeform gegenüber der vertrags-ärztlichen Zulassung durch niedergelassene Ärzte dar[7], was durch die spezialfachärztliche Versorgung nach dem GKV-VStG aktuell forciert wird.

Ein relevanter Aspekt, der eine Unterscheidung zur Versorgung auf Basis der vertrags-ärztlichen Zulassung (also auch zu den Selektivverträgen) darstellt und insoweit auch nicht unmittelbar zu Lasten dieser geht, ist, dass das ambulante Operieren oder die durch das GKV-VStG geplante spezialfachärztliche Versorgung nicht zu Lasten der Gesamtvergütung für die vertragsärztliche Versorgung erfolgt. Das ist aber bei Selektivverträgen der Fall. Bereinigungsdefizite werden sich gleichwohl auch bei den anderen Konkurrenzen negativ auswirken.[8] Die Teilnahme in Form der Universitätspolikliniken (§ 117), psychiatrischen Institutsambulanzen (§ 118), Sozialpädriatrischen Zentren (§ 119) und Einrichtungen der Behindertenhilfe (§ 119a) erfolgt ohnehin durch besondere gesetzliche oder gesetzlich geregelte Ermächtigung.

Neben der Tatsache, dass mit der Einführung des MVZ eine Zäsur in der bis dahin durch den freiberuflich tätigen Arzt geprägten Praxisstruktur erfolgte[9], wurde dieser neue institutionelle Teilnehmer gegenüber freiberuflich niedergelassenen Ärzten bevorrechtigt. Infolge von Kritik wurde das teilweise gesetzlich korrigiert. Anfänglich erhielten Vertragsärzte, die bis einschließlich dem 31.12.2006 in einem Planungsbereich, für den Zulassungsbeschränkungen angeordnet waren, auf ihre Zulassung verzichtet hatten, um in einem MVZ tätig zu werden, die Möglichkeit, nach Ablauf einer Tätigkeit von mindestens fünf Jahren in diesem MVZ eine neue Zulassung im entsprechenden Planungsbereich zu beantragen, und zwar unbeschadet von Zulassungsbeschränkungen. Im Zusammenhang mit der Tätigkeit im MVZ bestand somit eine Möglichkeit der Neuzulassung für Ärzte, die für freiberuflich tätige Ärzte und deren Koo-

---

[7] Vgl. Schirmer, Vertragsarztrecht kompakt, Kap. G.7., 239 ff.. Der Typus eines MVZ existiert schon in § 311 Abs. 2.

[8] Vgl. zu Bereinigungsdefiziten Kap. 3 B.VI.1.c.cb. und B.VI.2.c..

[9] Orlowski/Halbe/Karch, VÄndG, 2.

perationen nicht existierte (§ 103 Abs. 4a S. 4 i. d. F. bis zum GKV-VStG, § 43 BedarfsplRL-Ä). Nicht überraschend, stellte sich diese Regelung schnell als Ursache für eine weitere Überversorgung heraus[10]. Das nur im Rahmen einer Anstellung bei einem MVZ geltende Privileg, was letztlich einen „Anspruch" auf eine Zulassung bedeutete, wurde daher mit S. 5 in der Fassung des VÄndG für alle Ärzte aufgehoben, die seit dem 01.01.2007 als angestellte Ärzte in ein MVZ eintraten.[11]

Zugleich wurden mit dem VÄndG die besseren Handlungsmöglichkeiten des MVZ auch Vertragsärzten zugestanden. So hat seither der Vertragsarzt ebenso wie das MVZ die Möglichkeit, auch bei Zulassungsbeschränkungen die Stelle eines nach § 95 Abs. 9 S. 1 angestellten Arztes nachzubesetzen[12] (§ 103 Abs. 4b S. 2). Der Gesetzgeber hat also den Handlungsbedarf zur Wahrung des Gleichgewichts und des Systems erkannt und gehandelt. Weitere Angleichungen betrafen - durch die Änderung des Absatzes 3 - die Zulassung für einen hälftigen Versorgungsauftrag auch bei Vertragsärzten und in Folge hiervon die Ergänzung der Bestimmungen über das Ruhen durch Einfügen des Satzes 2 in Absatz 5 und die Zulassungsentziehung durch Einfügen des Satzes 2 in Absatz 6. Durch Neufassung des Absatzes 9 wurde ferner die Beschränkung der Anstellung von Ärzten „auf einen ganztags oder höchstens zwei halbtags beschäftigte Ärzte" aufgehoben.[13] Die Entwicklung zur Stärkung von Ärzten ging weiter, so gab es Planungen, nur noch Ärzte und Krankenhäuser als Träger von MVZ zuzulassen[14], um profitorientierte Investoren abzuhalten, denn bis dahin, also vor GKV-VStG, brauchten Gründer nicht zwingend ärztliche Leistungserbringer zu sein. Eine Begrenzung auf Ärzte war zwar schon im Kabinettsentwurf für das GKV-VStG nicht mehr vorgesehen, es erfolgte aber eine Begrenzung auf vier mögliche Rechtssubjekte, auf zugelassene Ärzte, Krankenhäuser und gemeinnützige Träger, die auf Grund von Zulassung oder Ermächtigung an der vertragsärztlichen Versorgung teilnehmen sowie Erbringer nichtärztlicher Dialyseleistungen nach § 126 Abs. 3.[15]

Vorrechte des MVZ bestehen aber nach wie vor. So besteht kein Rechtssatz, dass ein MVZ nicht mehr als zwei Zweigpraxen betreiben darf.[16] Diese Vorgabe gilt dagegen nach dem Berufsrecht für Vertragsärzte (§ 17 Abs. 2 MBO-Ä n. F). Das MVZ ist durch die vertragsarztrechtlich geregelte Rechtsform daher bevorrechtigt. Für MVZ ist

---

[10] BT-Drs. 16/3157, 17. zu § 103.
[11] BT-Drs. 16/3157, 12.
[12] BT-Drs. 16/2474, 25.
[13] Auch zu den weiteren Angleichungen: *Pawlita,* in: jurisPK-SGB V, § 95 Rn. 7.
[14] Schumacher, 2011, http://www.aerztekammer-nordrhein.de/page.asp?pageID= 9036&noredir=True, o. S., (09.11.2011).
[15] BR- Drs. 785/11, 18.
[16] BSG, Urt. v. 09.02.2011, B 6 KA 12/10 R, GesR 2011, 427.

eine ärztliche Tätigkeit an anderen Standorten immerhin dadurch begrenzt, dass die Tätigkeit am Stammsitz insgesamt überwiegen muss (§ 17 Abs. 1a S. 3 i. V. m. S. 5 BMV-Ä und § 13 Abs. 7a S. 3 i. V. m. S. 5 EKV-Ä) und der einzelne Arzt höchstens an drei Standorten des MVZ tätig sein darf.[17] Auch stand MVZ bis zum GKV-VStG jede Rechtsform offen (§ 95 Abs. 1 S. 6 HS. 1 a. F.), nunmehr nur noch die gesetzlich bezeichneten Kapitalgesellschaften nach dem neuen Abs. 1a S. 1 2. Hs. Das Verhältnis der Regelung des SGB V zu den Berufsrechten der Länder hätte eigentlich schon vor der Änderung durch das GKV-VStG auch für MVZ zur Unzulässigkeit der Rechtsform einer Kapitalgesellschaft führen müssen. Soweit aber Vertragsärzte nur Angestellte in MVZ sind, besteht nach der Berufsordnung keine Beschränkung hinsichtlich der Organisationsform des Arbeitgebers.[18] Auch ließ die Verwaltungspraxis Ausnahmegenehmigungen zu.[19] So war die MVZ-GmbH zulässig, die Vertragsärzte-GmbH jedoch nicht. Für niedergelassene Vertragsärzte ist dagegen nach vielen Berufsordnungen, trotz anderer Regelungen durch die MBO-Ä, die Bildung einer Kapitalgesellschaft nicht möglich. Auch war bis zu einer Anpassung durch den G-BA im Frühjahr 2011 eine weitere Benachteiligung von Vertragsärzten dadurch gegeben, dass lediglich bei MVZ die Möglichkeit bestand, eine Sonderbedarfsanstellung vorzusehen.[20]

Dass der Markt hart umkämpft bleibt, zeigen immer wieder neue Entscheidungen, in denen Vertragsärzte und MVZ letztlich um das Recht zur ambulanten Versorgung streiten. So wird die Arztstelle dem Vertragsarzt persönlich zugeordnet. Sie „steht und fällt" dadurch mit seiner Zulassung und Tätigkeit. Allerdings sollte nach Auffassung des Landessozialgerichts Nordrhein-Westfalen das MVZ im Gegensatz zum Vertragsarzt eine Arztstelle grundsätzlich nachbesetzen können, § 103 Abs. 4a S. 5[21], unabhängig davon, ob Zulassungsbeschränkungen bestehen.[22] Das BSG hat die Entscheidung des Landessozialgerichts Nordrhein-Westfalen allerdings insoweit eingeschränkt, als es die Nachbesetzungsmöglichkeit auf sechs Monate begrenzte.[23] Das begründete das BSG mit den „den Strukturprinzipien von Bedarfsplanung, Überversorgung und Zulas-

---

[17] BSG wie vor.

[18] Durch das GKV-VStG wird sich dies auch nicht ändern soweit neben Vertragsärzten, u. a. weiter auch zugelassene Krankenhäuser oder gemeinnützige Einrichtungen - nicht nur Vertragsärzte - Träger von MVZ sein können, BT-Drs. 17/6906, 21; BR- Drs. 785/11, 18.

[19] *Pawlita*, in: jurisPK-SGB V, § 95 Rn. 77.

[20] Tragende Gründe zum Beschluss vom 19.05.2011, G-BA 2011, http://www.g-ba.de/informationen/beschluesse/1324/, (09.11.2011), BAnz. Nr. 116 (S. 2768) vom 04.08.2011.

[21] LSG Nordrhein-Westfalen, Urt. v. 27.10.2010, L 11 KA 31/09, bzgl. der Frage, wie sich dies bei einer Teilzeitstelle verhält - juris.

[22] LSG Nordrhein-Westfalen, Beschl. v. 21.06.2010, L 11 B 26/09 KA ER, GesR 2011, 108 (109).

[23] BSG, Urt. v. 19.10.2011, B 6 KA 23/11 R (Terminbericht Nr. 53/11 zur Terminvorschau Nr. 53/11).

sungssperren", mit welchen eine unbegrenzte Nachbesetzungsmöglichkeit von Arzt-stellen in einem MVZ nicht vereinbar wären.[24] Mit der Begrenzung der Rechte von MVZ bestätigt das BSG insoweit die Bedeutung der ambulanten Steuerungsmecha-nismen und stärkt damit auch die vertragsärztliche Zulassung. Die Endgültigkeit der Umwandlung eines Vertragsarztsitzes und der Ausschluss einer weiteren Übertragung (die Verlegung einer Arztstelle) wurden nach neuerer Rechtsprechung auch für MVZ bestätigt. Der Verzicht eines MVZ auf eine Arztstelle zugunsten eines anderen MVZ (sprich die Übertragung einer Arztstelle) ist danach nicht möglich.[25] Das lässt sich auch nicht unter Heranziehung von § 103 Abs. 4a S. 1 begründen. Der Gesetzgeber hat mit dieser Sonderregelung für den Fall, dass ein Arzt auf seinen Sitz zugunsten einer Anstellung in einem MVZ verzichtet, mit dem GMG eine spezielle Regelung geschaf-fen, um die Möglichkeiten der Neugründung von MVZ auch in überversorgten Pla-nungsbereichen zu verbessern. Es handelt sich dabei um eine von den allgemeinen Vorschriften des Bedarfsplanungsrechts abweichende Sonderregelung, von welcher sich der Gesetzgeber - wie sich bereits aus der Gesetzesbegründung[26] ergibt - eine Weiterentwicklung der Versorgungsstrukturen mit dem Ziel der Überwindung sektora-ler Grenzen bei der medizinischen Versorgung und die Erschließung von Effizienzre-serven verspricht.[27] Eine weitere Bevorzugung der MVZ gegenüber Vertragsärzten ist damit nicht begründet. Dagegen stellte § 103 Abs. 4a S. 2 bis zum GKV-VStG eine weitere Bevorzugung des MVZ gegenüber Vertragsärzten dar. Nach dieser Vorschrift konnte ein MVZ einen zur Nachfolge ausgeschriebenen Vertragsarztsitz übernehmen und die vertragsärztliche Tätigkeit durch einen angestellten Arzt (der nicht - wie nach S. 1 - der ursprüngliche Vertragsarzt selbst ist) weiterführen. Auch dieses Recht gilt - wie das zur Nachbesetzung einer Arztstelle - unabhängig von Zulassungsbeschrän-kungen.[28] Eine solche Nachbesetzungsmöglichkeit ohne Teilnahme an einem Aus-schreibungsverfahren hatten Vertragsärzte nicht. Nun steht es Vertragsärzten nach § 103 Abs. 4b S. 2 auch frei. Mit Bezug auf die vorzunehmende Gleichbehandlung von MVZ mit Vertragsärzten wies das BSG jedoch nicht nur MVZ in ihre Grenzen, sondern auch vice versa die KV, die sich dagegen wandte, dass einem angestellten Arzt des MVZ eine Belegarztanerkennung erteilt wurde.[29] Das Gericht entschied da-hin, dass eine Belegarztanerkennung grundsätzlich zu erfolgen hat. Ein Ausschluss von in einem MVZ angestellten Vertragsärzten von der belegärztlichen Versorgung sei

---

[24] BSG wie vor.
[25] Hessisches LSG, Urt. v. 10.02.2010, L 4 KA 33/09, GesR 2010, 257, Leitsatz; bestätigend BSG, Urt. v. 23.03.2011, B 6 KA 8/10 R, GesR 2011, 616, Leitsatz.
[26] BT-Drucks. 15/1525, 112.
[27] BT-Drucks. 15/1525, 74.
[28] LSG Nordrhein-Westfalen, Beschl. v. 21.06.2010, L 11 B 26/09 KA ER, GesR 2011, 108 (109).
[29] BSG; Urt. v. 23.03.2011, B 6 KA 15/10 R - juris.

vor dem Hintergrund der vom Gesetzgeber gewünschten Gleichstellung von Vertragsärzten und MVZ nicht gerechtfertigt. In Bezug auf die Genehmigungsvoraussetzungen nach dem BMV-Ä, nach welchem die stationäre Tätigkeit des Arztes gegenüber der ambulanten von untergeordneter Bedeutung sein müsse, ist es nach dem BSG aber erforderlich, dass die Anerkennung stets nur für einen bestimmten Arzt erfolgt, der diese Voraussetzungen erfüllt. Es reicht nicht, wenn das MVZ insgesamt in untergeordneter Form stationär tätig ist, nicht aber der Arzt, dem die Belegarztzulassung erteilt wird, auch wenn das MVZ im formellen Sinne selbst die belegärztlichen Leistungen erbringt, die unter der Abrechnungsnummer des MVZ abgerechnet werden. Nach dem BSG hat der Gesetzgeber explizit nicht an der Bindung der belegärztlichen Tätigkeit an den Zulassungsstatus eines Vertragsarztes festhalten wollen, andernfalls hätte er es ausdrücklich geregelt.[30] Alle diese Entscheidungen zeigen, dass der Markt der ambulanten Versorgung „hart umkämpft" ist. Im GKV-VStG ist eine Bevorzugung von Vertragsärzten und vertragsärztlich geleiteten MVZ gegenüber anderen MVZ bei Ausübung des neuen Instituts eines Vorkaufsrechts vorgesehen (mit einer Bestandsschutzregelung bis zum Stichtag 31.12.2011).[31]

Einen weiteren Eingriff stellt die Regelung des ambulanten Operierens im Krankenhaus nach § 115b dar. Durch § 115b (Abs. 2) liegt eine konstitutive „Erweiterung des Rechtskreises der Krankenhäuser" zu Lasten der Vertragsärzte vor.[32] Die Teilnahme der Krankenhäuser erfolgt durch einfache Mitteilung. Krankenhäuser und Vertragsärzte werden in Bezug auf die Durchführung von ambulanten Operationen gleichgestellt. Das ambulante Operieren hat keine Auswirkungen auf die Bedarfsplanung, die Vergütung erfolgt unmittelbar durch die Krankenkassen und nicht aus der Gesamtvergütung. Damit kann man davon sprechen, dass die Leistungserbringung nach § 115b rechtssystematisch nicht als vertragsärztliche Leistung, sondern als „Krankenhausbehandlung eigener Art" zu interpretieren ist.[33] Das ändert aber nichts an dem damit erfolgenden Übergriff des stationären in den ambulanten Gesundheitsmarkt und damit den Markt, der bisher von freiberuflichen Vertragsärzten aufgrund der Zulassung als Vertragsarzt vorherrschend allein bedient wurde.[34]

Die Bedeutung der neuen Regelung für die Vertragsärzte zeigte sich dementsprechend in deutlicher öffentlicher Kritik und Klagen. Das BSG hatte bereits Grenzen der Anwendung der Vorschrift gezogen. Es urteilte, dass ambulante Operationen durch ein

---

[30] BSG wie vor - juris Rn. 20.
[31] BT-Drs. 17/6906, 21.
[32] BSG, Urt. v. 23.03.2011, B 6 KA 11/10 R, m. w. N., GesR 2011, 542 (548).
[33] *Köhler-Hohmann*, in: jurisPK-SGB V, § 115b SGB V Rn. 37.
[34] Dessen Vorrang hat jedoch keinen Verfassungsrang, Quaas, GesR 2010, 455 (456).

Krankenhaus auf (fest angestellte[35]) Operateure des Krankenhauses oder Belegärzte beschränkt sei und eine Ausdehnung auf alle dazu qualifizierten Vertragsärzte nicht in Betracht komme.[36] Diese Beurteilung sei auch bei Berücksichtigung der mit dem VÄndG erfolgten Ergänzung des § 20 Abs. 2 Ärzte-ZV nicht anders zu treffen. Danach ist „...die Tätigkeit in oder die Zusammenarbeit mit einem zugelassenen Krankenhaus ... mit der Tätigkeit des Vertragsarztes vereinbar". Diese Änderung bedeute aber allein schon vom Normenrang her keine Ausweitung der Tätigkeitsmöglichkeiten nach § 115b.[37] Das BSG geht noch weiter und führt aus, dass auch die durch § 121 Abs. 5 geschaffene Möglichkeit für die Krankenhäuser, zur Vergütung der Belegärzte nunmehr Honorarverträge mit ihnen zu schließen, nur Belegärzte betreffe, nicht aber sonstige Vertragsärzte. Die These, mit dieser Regelung sei den Krankenhäusern ermöglicht worden, jeden Vertragsarzt auf der Grundlage eines Honorarvertrages zu Leistungen heranzuziehen, sei weder mit dem klaren Wortlaut der Regelung noch mit der systematischen Verortung des Abs. 5 innerhalb des § 121 SGB V vereinbar".[38] Damit sprach sich das BSG mit seiner Entscheidung zum ambulanten Operieren beiläufig in relevanter Weise auch für die sogenannte honorarärztliche Tätigkeit aus. Danach dürfen niedergelassene Vertragsärzte nämlich nur noch dann für ein Krankenhaus - jedenfalls für ambulante Operationen - tätig werden, wenn sie ohnehin Angestellter oder Belegarzt des Krankenhauses sind. Somit grenzt das BSG im Rahmen seiner Entscheidung[39] zu § 115b die Möglichkeiten von Vertragsärzten zur Tätigkeit am Krankenhaus und damit die sektorenüberschreitende Tätigkeit erheblich ein. Eine solch enge Auslegung des § 20 Abs. 2 S. 2 Ärzte-ZV ist fraglich, das Gesetz selbst untersagt eine freiberufliche Tätigkeit von Vertragsärzten, die nicht zugleich im Krankenhaus angestellt sind, jedenfalls nicht, vielmehr gestattet dies § 20 Abs. 2 S. 2 Ärzte-ZV ausdrücklich. Das BSG bezieht sich lediglich auf den AOP-Vertrag für ambulante Operationen[40], der von Normhierarchie und Auslegung her eine Beschränkung der honorarärztlichen Tätigkeit jedenfalls nicht über den Bereich des ambulanten Operierens hinaus erfordert. Eine solche Beschränkung widerspricht auch dem deutlichen gesetzgeberischen Willen nach Erweiterung der sektorenübergreifenden ärztlichen Tätigkeit. Viel weitergehend könnte sogar erörtert werden, ob es nicht Wille des Gesetzgebers

---

[35] BSG, Urt. v. 23.03.2011, B 6 KA 11/10 R, Vorinstanz SG Dortmund, S 9 KA 105/06, GesR 2011, 542 (549).

[36] BSG, Urt. v. 23.03.2011, B 6 KA 11/10 R, GesR 2011, 542 (549).

[37] BSG, Urt. v. 23.03.2011, B 6 KA 11/10 R, m. w. N., GesR 2011, 542 (550).

[38] BSG, Urt. v. 23.03.2011, B 6 KA 11/10 R, m. w. N., GesR 2011, 542 (551).

[39] Seine restriktive Entscheidung hat das BSG nur im Rahmen seiner Zuständigkeit im Konkurrenzverhältnis zwischen niedergelassenen Ärzten getroffen und nicht im Hinblick auf den stationären Bereich oder den Honorararzt. Insoweit dürfte der Honorararztbegriff wie bisher weiter verstanden werden.

[40] Vgl. BSG wie vor.

war, dass der Honorararzt (Beleg- oder Konsiliararzt) noch umfangreicher freiberuflich am Krankenhaus tägig werden kann als der neben seiner Niederlassung angestellte Arzt, denn die zeitliche Beschränkung für Nebentätigkeiten hat das BSG ausdrücklich nur für sozialversicherungspflichtige Beschäftigungen ausgesprochen, nicht für freiberufliche.[41] Gleichwohl hatte das BSG zunächst mit einschneidender Wirkung für eine honorarärztliche Tätigkeit entschieden, sodass Krankenhäuser und Vertragsärzte hiermit vorerst umgehen mussten. Der Gesetzgeber des GKV-VStG hat für Klarheit gesorgt und mit § 115a Abs. 1 S. 3 n. F. auch die Zulässigkeit der Beauftragung von Vertragsärzten klargestellt (vgl. auch korrelierend § 115b Abs. 1 S. 4 n. F.).

Die Folge der Rechtsauffassung des BSG jedenfalls war, dass es für den Fall eines Verstoßes gegen die unterstellte Anforderung, dass nach § 115b nur qualifizierte Ärzte in Anspruch genommen werden können, einen Schadensersatzanspruch niedergelassener Vertragsärzte für möglich hielt. Die Entscheidung wirkte sich unterschiedlich auf das Instrument der vertragsärztlichen Zulassung aus. Einerseits wirkte sie sich insofern zugunsten des Modells der vertragsärztlichen Zulassung aus, als sie die Tätigkeit niedergelassener Ärzte deutlich der Tätigkeit in einer Praxis zuordnet und für das ambulante Operieren am Krankenhaus nur die Formen des (teilzeitbeschäftigten) sozialversicherungspflichtigen Belegarztes oder beamteten Arztes zulassen will (Vergütungsmäßig ist allerdings der Vertragsarzt bei Operationen in der niedergelassenen Praxis benachteiligt.). Andererseits bedeutete sie naturgemäß für diejenigen Vertragsärzte, welche an den aus Sicht des BSG vorschriftswidrigen Kooperationen teilnahmen, einen Nachteil, denn sie verloren ihre Möglichkeit, am Krankenhaus ambulant zu operieren. Allerdings hatten sie sich hierfür unter Umständen auch in die Abhängigkeit des Krankenhauses, somit des stationären Sektors, gebracht. Tätigten sie hingegen selbst die ambulanten Operationen, die das Krankenhaus (nach Auffassung des BSG) zu Unrecht durch die Kooperation auf sich „übergeleitet" hat, würde das ihre Rolle als

---

[41] BSG, Urt. v. 11.09.2002, B 6 KA 23/01 R - juris, Leitsatz (abhängige Beschäftigung); BSG, Urt. v. 13.10.2010, B 6 KA 40/09 R - juris Rn. 16 „Beschäftigungsverhältnis", unter Bezugnahme auf BSG, Beschluss v. 11.12.2002, B 6 KA 61/02 B, dabei war im Jahr der Entscheidung der gesetzgeberische Wille einer weitergehenden Möglichkeit auch freier, nicht nur angestellter Tätigkeit nach § 20 Abs. 2 S. 2 Ärzte-ZV im Krankenhaus schon getroffen und damit vom BSG zu berücksichtigen. Hätte es sich also auch in Bezug auf freie Tätigkeiten für eine zeitliche Begrenzung aussprechen wollen, hätte dies hier nahe gelegen. Wenn man die Rechtsprechung des BSG allerdings im Lichte der Entscheidung vom 23.03.2011, wie vor, betrachtet, sind nach Auffassung des BSG Honorarverträge ohnehin nur für Belegärzte vorgesehen und deren Tätigkeit ist nach Aussage des Gesetzgebers nicht vertragsärztlicher Natur (BT-Drs. 16/11429, 46), d. h., hier bedürfte es auch nicht der Berücksichtigung der Sicherung der vertragsärztlichen Versorgung durch eine zeitliche Beschränkung von Nebentätigkeiten. Die freie Tätigkeit anderer Vertragsärzte hält das BSG ohnehin für unzulässig. Auch von „Beschäftigungsverhältnis" spricht BSG, Urt. v. 30.01.2002, B 6 KA 20/01 R - juris, Leitsatz.

freiberuflicher niedergelassener Vertragsarzt stärken. Die Entscheidung des BSG spricht daher auch für das Instrument der vertragsärztlichen Zulassung, weil sie ambulante Behandlungen grundsätzlich ihrem Rechtskreis zuordnet.

Folglich flexibilisiert auch das GKV-VStG, mit der die Entscheidung des BSG überholt ist, zwar die vertragsärztliche Tätigkeit, öffnet aber wieder die Grenzen zum stationären Sektor zu Lasten des Vorrangs freiberuflicher Ärzte.

Zum Nachteil des Vertragsarztes hätte sich die Regelung nach der Entscheidung des BSG auch im Hinblick auf Anträge für die befristete Genehmigung einer fachärztlichen Tätigkeit nach § 73 Abs. 1a S. 3 ausgewirkt, denn ambulante Operationsleistungen von Krankenhäusern nach § 115b können eine Ablehnung wegen Bedarfsdeckung begründen, obwohl Vertragsärzte selbst eben nach der Entscheidung des BSG nicht im Krankenhaus operieren dürfen und damit an der dortigen Bedarfsdeckung nicht Teil haben sollten.[42] Dieser Auslegung des SGB V stand nach Auffassung der Rechtsprechung weder entgegen, dass ambulante Operationsleistungen von Krankenhäusern gemäß § 115b keine vertragsärztliche Versorgung sind, noch verstieß sie gegen Prinzipien der vertragsärztlichen Bedarfsplanung, noch führte sie unvermeidbar zu Doppelvergütungen.

Von der Möglichkeit des §115b wird vom stationären Sektor zunehmend Gebrauch gemacht, sodass sie für die Vertragsärzte von erheblicher Bedeutung ist.[43] Die Bedeutung zeigt sich auch hier an der Rechtsprechung, die vor der eingangs genannten Entscheidung zu unterschiedlichen Ergebnissen kam, was nach § 115b rechtlich zulässig ist.[44] Das GKV-VStG hat insoweit zu einer Klärung geführt, aber damit auch zur wei-

---

[42] Sächsisches LSG, Urt. v. 27.06.2007, L 1 KA 25/05 - juris, Orientierungssatz.
[43] So haben sich die GKV-Ausgaben laut Angaben des Bundesministeriums für Gesundheit schon in 2008 erheblich erhöht, Debatin et al., 50.
[44] Nach einer Auffassung sind danach Leistungen des Krankenhauses grundsätzlich nur die Leistungen, die dieses durch eigenes Personal erbringt, nicht aber die Leistungen selbständiger Dritter, denn Aufgabe eines Krankenhauses ist nicht die Beschaffung der einzelnen Leistungen einer Krankenhausbehandlung, sondern deren Erbringung in ihrer eigenen Betriebsorganisation als Komplexleistung (Sächsisches LSG, Urt. v. 30.04.2008, L 1 KR 103/07, MedR 2009, 114, aufgrund Klagerücknahme nicht rechtskräftiges Urteil und somit eigentlich gegenstandslos, aber dennoch in der rechtswissenschaftlichen Diskussion regelmäßig heran gezogen). Dabei handelt es sich auch um die Frage der Zulässigkeit der Tätigkeit als so genannter Honorararzt, die neben dem Sächsischen LSG das SG Kassel, Urt. v. 24.11.2010, S 12 KR 167/10, 166/10, 103/10 - alle juris, abgelehnt hat, dies bestätigend die soeben ausführlich dargestellte Entscheidung des BSG, Urt. v. 23.03.2011, B 6 KA 11/10 R m. w. N., GesR 2011, 542; bejaht hat die Abrechnungsmöglichkeit von Leistungen, die von Kooperations- und Honorarärzten erbracht werden im Zusammenhang mit krankenhausplanungsrechtlichen Fragen hingegen das VerwG Hannover, Urt. v. 22.07.2010, 7 A 3146/08 - juris und VerwG Frankfurt a. M., Urt. v. 09.02.2010, 5 K

teren Verlagerung der Zuordnung ambulanter Operationen vom vertragsärztlichen in den stationären Sektor. Bei alledem ist zu bedenken, dass die Krankenhausfinanzierung eine ganz andere als die der Vertragsärzte ist und andere Strukturen und Ressourcen zu Verfügung stehen.

Auch durch die Zulassung von Krankenhäusern zur ambulanten Behandlung nach 116b Abs. 2 i. d. F. bis zum GKV-VStG wuchs schon die Konkurrenz für die vertragsärztliche Zulassung zur ambulanten Behandlung. Die Krankenhausplanbehörde konnte danach ein geeignetes Krankenhaus zur Behandlung von Katalogkrankheiten nach Abs. 3 in der ambulanten vertragsärztlichen Versorgung bestimmen, und zwar ohne förmlich strenge Bedarfsplanung; die tatsächliche Versorgungssituation im niedergelassenen Bereich war nur zu berücksichtigen (Abs. 2 S. 1). Dabei hatten die KVen keinen Einfluss auf die Voraussetzungen für die Festlegung des konkreten Krankheitsbildes, des Behandlungsablaufs und der Voraussetzungen dieses Bereiches an ambulanten Behandlungen.[45] Das stand allein dem G-BA zu. Es handelte sich um eine Art Zulassungsverfahren, das eingeführt wurde, nachdem die zunächst mit dem GMG in das SGB V integrierte Möglichkeit, Verträge abzuschließen, kaum Bedeutung erlangte, „weil die Krankenkassen die Gefahr der additiven Zahlungsverpflichtung für Leistungen sahen[46], welche zur vertragsärztlichen Versorgung gehören. Die Maßnahme, die Vertragskompetenz durch das Zulassungsverfahren durch die Länder[47] zum 01.04.2007[48] zu ändern, kann als weitere Förderung der Möglichkeit eines Übergriffs in den vertragsärztlichen ambulanten Bereich vom Gesetzgeber verstanden werden. Dabei profitierten Krankenhausärzte davon, dass sie tatsächlich aufgrund der leicht möglichen Vermengung mit Kosten des Krankenhauses häufig Investitionskosten nicht finanzieren müssen, die der Vertragsarzt tragen muss. Die von den Krankenhäusern erbrachten Leistungen wurden zudem unmittelbar von den Krankenkassen vergütet

---

1985/08.F, GesR 2010, 313. Der BGH hatte in einem Fall vor Einführung des § 115b mit Urt. v. 12.11.2009, III ZR 110/09 die Zusammenarbeit eines Krankenhauses ohne radiologische Abteilung mit externen Vertragsärzten für eine Erbringung radiologischer Leistungen für zulässig erachtet. Bei Kooperationen, die letztlich die Vereinbarung von Zuweisungen beinhalten, treten überdies Konflikte mit § 31 MBO-Ä und der Sektorenabgrenzung der Versorgungsbereiche auf. Die Rechtsprechung hat insoweit konstatiert, dass es zu erwarten ist, dass die Ärzte, die sich an dem beanstandeten System beteiligen, geneigt sein werden, Empfehlungen an das Krankenhaus der Vereinbarung nicht rein nach dem Bedürfnis der Patienten auszusprechen [OLG Düsseldorf, Urt. v. 01.09.2009, I-20 U 121/08, 20 U 121/08, GesR 2009, 605 (607)].

[45] Das BSG wies Klagen der KBV ab, die die Anforderungen zur Überweisung durch den G-BA ändern wollte, BSG, Urt. v. 04.02.2010, L 7 KA 30/08 KL, GesR 2009, 546 und L 7 KA 50/08 KL - juris.

[46] *Köhler-Hohmann*, in: jurisPK-SGB V, § 116b Rn. 1.

[47] BT-Drs. 16/3100, 87 f. u. 89.

[48] Durch Art. 1 Nr. 85 GKV-WSG, BGBl. I 2007, 378, 407.

(§ 116b Abs. 5 S. 1). Die Regelung wurde mit der Reform der vertragsärztlichen Vergütung beibehalten und somit in dieser Form bis zum Jahr 2012 bestätigt (§ 116b Abs. 5 S. 8). Hiernach wurde die Regelung durch die spezialfachärztliche Versorgung mit dem GKV-VStG noch ausgebaut, aber auch geändert, indem auch niedergelassene Ärzte mit einbezogen werden.

Noch im Jahr 2009 standen nach h. M. „Drittwiderspruch und defensive Konkurrentenklage [...] wirtschaftlich betroffenen Ärzten (und auch der KV) nicht zu".[49] Zudem war die Landesbehörde zum Sofortvollzug ihrer Entscheidung befugt.[50] In der Rechtsprechung hatte sich dagegen seit dem Jahr 2009 ein Wandel angedeutet.[51] Obwohl der Gesetzgeber keinen Schutz für Vertragsärzte oder Anwärter vorgesehen hatte, war das Erfordernis hierfür offensichtlich so deutlich vorhanden, dass ihre Belange häufig auf freiwilliger Basis geschützt wurden. In der Praxis hatten sich Abstimmungsmodelle entwickelt, sodass auch die Interessen der niedergelassenen Vertragsärzte bei der Bestimmung nach § 116b berücksichtigt werden konnten.[52] Die Privilegierung von Krankenhausärzten gegenüber niedergelassenen Vertragsärzten durch die Unabhängigkeit von der Bedarfsplanung ist für zugelassene Vertragsärzte oder Anwärter auf eine Zulassung schwer nachvollziehbar, zudem die Krankenhausärzte von der ambulanten Tätigkeit ohnehin weit weniger abhängig sind als niedergelassene Ärzte. Zwar bezog sich die Regelung nur auf die Katalogleistungen, etwa hochspezialisierte Leistungen des Abs. 3, die zur Rechtfertigung der Bevorzugung herangezogen werden können. Dennoch griff sie unmittelbar in den Markt der ambulanten vertragsärztlichen Versorgung ein, zu welchem grundsätzlich allein die Zulassung der Zugang sein soll, ohne den betroffenen Ärzten und KVen eine Möglichkeit der Einflussnahme zu gewähren und zu-

---

[49] Vgl. Steinhilper, GesR 2009, 337 (339) m. w. N., Fn. 30; a. A. *Hänlein*, in: LPK-SGB V, § 116b Rz. 23.

[50] SG Hannover, Beschl. v. 04.02.2009, S 16 KA 654/08 ER - juris, Orientierungssatz und SG Schwerin, Beschl. v. 10.02.2009, S 3 ER 367/08 KA - juris Rn. 7.

[51] SG Dresden, Beschl. v. 29.09.2009, S 11 KA 114/09 ER und nachgehend Sächsisches LSG, Beschl. v. 03.06.2010, L 1 KR 94/10 B ER, GesR 2010, 496; SG Hannover, 24.08.2010, S 61 KA 358/10, LSG Niedersachsen-Bremen, Beschl. v. 01.11.2010, L 4 KR 468/10 B ER, GesR 2010, 683; ausführlich auch LSG Nordrhein-Westfalen, Beschl. v. 04.05.2011, L 11 KA 120/10 B ER - juris Rn. 77; die rechtlichen Interessen einer KV können durch einen Bescheid nach § 116b betroffen sein noch LSG Nordrhein-Westfalen, 09.02.2011, L 11 KA 91/10 B ER - juris Rn. 47, zum Drittschutz von § 116b offen gelassen - juris Rn. 107; SG Dresden, Urteil v. 27.10.2010, S 18 KR 312/10 (bejahend zum begrenzt drittschützenden Gehalt von § 116b Abs. 2 S. 1), nachgehend, BSG, Beschl. v. 29.09.2011, B 1 KR 1/11 R, wg. Erledigung der Hauptsache nur Kostenentscheidung; Drittschutz ablehnend: SG Saarbrücken, Urt. v. 18.07.2011, S 1 KR 325/10, juris, Leitsatz; nur bei Verletzung grundrechtlich geschützter Rechtspositionen BSG, Urt. v. 15.3.2012, B 3 KR 13/11, BSGE 110, 222.

[52] Vgl. Hinweise zu Modellen in Bayern und NRW, Steinhilper, GesR 2009, 337 (340), Fn. 33.

dem unter erleichterten Bedingungen, nämlich bedarfsplanungsunabhängig. Das BSG selbst spricht davon, dass durch neue Formen der Leistungserbringung, insbesondere auch die Erweiterung der Aufgaben der Krankhäuser im Bereich der ambulanten Versorgung, eine „Relativierung und bewusste[n] Zurücknahme der klassischen Steuerungsfunktion gerade der Kassen-/Vertragsärzte in niedergelassener Praxis" erfolgt.[53]

Der Eingriff war überdies auch grundrechtsrelevant, was sich in der Diskussion einer Verletzung der Berufsausübungsfreiheit der Vertragsärzte nach Art. 12 GG zeigte. So verwies die KBV[54] auf juristische Gutachten[55], die eine Verletzung von Art. 12 Abs. 1 GG i. d. F. bis zum 31.03.2007 feststellen. Danach wurde das unbeschränkte Markteröffnungsermessen der in dieser Fassung noch zuständigen Krankenkassen und ihrer Verbände als nicht hinreichend bestimmt bewertet. Andere Stimmen in der Literatur verneinten bereits in dieser Fassung eine Grundrechtsverletzung mit der Begründung, dass die Vorschrift nicht auf die Schließung einer Bedarfslücke Bezug nehme, sondern auf eine Ergänzung der vertragsärztlichen Versorgung gerichtet sei, was die spezielle Richtlinien-Regelung des Abs. 4 für hoch spezialisierte Leistungen für den Bereich - im Gegensatz zum andernfalls einschlägigen § 92 - bestätigte. Ferner sei ein Eingriff im Einzelfall vom Grundsatz „ambulant vor stationär" zugelassen, der in Abs. 4 S. 2 seine Absicherung finde.[56] Ähnlich lautet die Begründung, dass der Gesetzgeber lediglich die - von Verfassung wegen nicht vorgegebenen - Grenzen zwischen ambulanter und stationärer Krankenversorgung neu gezogen habe, ohne dass hierdurch unverhältnismäßig in die ärztliche Berufsausübungsfreiheit eingegriffen worden wäre.[57] Die tatsächliche Auswirkung auf die Berufsausübungsfreiheit zeigt die Anzahl der gerichtlichen Entscheidungen der letzten Jahre, bezogen auf diesen Bereich. Dabei ist jedenfalls noch im Jahr 2011 der Mangel wohl nicht in der geltenden gesetzlichen Regelung zu suchen, sondern eher in der im Rahmen des Gesundheitsregulierungsrechts für eine verfassungsmäßige Anwendung besonders wichtigen Anwendung des Verhältnismäßigkeitsgrundsatzes.[58]

Der Grundsatz „ambulant vor stationär" wird jedoch immer weiter ausgehöhlt und dabei der ungleiche Finanzierungs- und Ressourcenhintergrund gar nicht berücksichtigt. Auch rechtlich, etwa in Bezug auf das oben dargestellte Verhältnis von § 73 Abs. 1a

---

[53] BSG, Beschl. v. 10.03.2010, B 3 KR 36/09 B, GesR 2010, 415 (417).

[54] Pressemitteilung vom 19.12.2005, KBV, 2005, http://www.kbv.de/veranstaltungen/7353. html (09.11.2011).

[55] Barth/Hänlein, Gutachten, http://www.arztrechtplus.de/gutachten.pdf (09.11.2011).

[56] Köhler-Hohmann, in: jurisPK-SGB V, § 116b, Rn. 49 f..

[57] Vollmöller, NZS 2006, 572 ff..

[58] Pitschas, GesR 2010, 513 (521).

S. 3 und § 115b fehlt es an erforderlicher Abstimmung der Vermengung der Sektoren bei der ambulanten Behandlung.

Krankenhäuser gewinnen insgesamt zunehmend Möglichkeiten der Teilnahme am ambulanten Markt. Das geht über §§ 118, 95 Abs. 1 S. 1, 115b, 116b Abs. 2, 137, ggf. unter Nutzung des § 120 Abs. 1a, oder über ein eigenes MVZ und bei Nutzung von § 73c.[59] Nicht alle Möglichkeiten davon sind neu, sie nehmen aber mit den letzten Reformen zu und greifen in den Markt der Vertragsärzte ein.

Der Gesetzgeber sieht mit dem GKV-VStG zum Jahr 2012 einen ganz deutlichen weiteren Schritt in der Entwicklung des Eingriffes in den ambulanten Markt der niedergelassenen Ärzte durch sein Konzept eines eigenständigen Versorgungsbereichs vor, der unter der Überschrift „ambulante spezialfachärztliche Versorgung" stufenweise im System verankert werden soll. Inhaltlich betrifft dieser in erster Linie ambulante Operationen (§ 115) und die ambulante Versorgung von Patienten mit besonderen Krankheitsverläufen oder seltenen Erkrankungen (§ 116b). Dabei sollen die gleichen Qualifikationsanforderungen für niedergelassene Vertragsärzte wie für Krankenhausärzte gelten.[60] Bei der Berechnung des Versorgungsgrades nach § 101 sollen allerdings nur die von Ärzten erbrachten spezialfachärztlichen Leistungen des geplanten neuen § 116b (der auch Leistungen nach § 115b erfasst) Berücksichtigung finden.[61] Das verstärkt die nicht gleichberechtigten Bedingungen, da damit niedergelassene Ärzte der zusätzlichen Erschwernis der Bedarfsplanung unterworfen werden sollen. Es mangelt an einer sektorenübergreifenden Abstimmung mit der Bedarfsplanung und die ungleichen Voraussetzungen aufgrund der unterschiedlichen Finanzierung der Sektoren sind massiv zu kritisieren. Folge dessen ist eine Intensivierung der schon mit dem bisherigen § 116b gegebenen Grundrechtsrelevanz der Übergriffe in den ambulanten vertragsärztlichen Bereich. Waren solche noch durch das übergeordnete Konzept eines „Gesundheitsregulierungsrechts" im Umfange des bisherigen § 116b wohl als gerechtfertigt zu sehen[62], dürfte dies bei einer Neuordnung durch eine spezialfachärztliche Versorgung durch die Rechtsprechung neu definiert werden müssen. In Bezug auf einen Eingriff etwa in den Schutz des wirtschaftlichen Werts der vertragsärztlichen Praxis nach Art. 14 GG, dürfte bei Beachtung des Kontrollmaßstabs des Verhältnismäßigkeitsgrundsatzes[63] in einem durch Regulierungsrecht zurückgenommenen Schutzniveau von Grundrechten[64] ein Eingriff noch gerechtfertigt sein. In Bezug auf die Be-

---

[59] Debatin et al., 52.
[60] Referentenentwurf v. 10.06.2011, 2.
[61] § 101 Abs. 1 S. 1 Nr. 2a, BR-Drs. 785/11, 20.
[62] Pitschas, GesR 2010, 513, (520, 522).
[63] Pitschas, GesR 2010, 513 (519, 522).
[64] Pitschas, GesR 2010, 513 (518).

rufsfreiheit ist das schwieriger. Für sie gewinnt die ungleiche Chancenverteilung unter unterschiedlichen Finanzierungswegen und finanziellen Ressourcen des ambulanten und stationären Bereichs eine erhebliche Rolle[65], die zu einer deutlichen Bevorzugung des stationären Bereichs gegenüber Vertragsärzten führt.[66] Zudem wird in das „berufs-grundrechtliche Systemelement freiheitlicher vertragsrechtlicher" Leistungserbringung, d. h. bei Vertragsärzten in deren Freiberuflichkeit, relevant eingegriffen.[67]

Das soll nicht gegen eine Verzahnung von ambulantem und stationärem Sektor mit den sinnvollen Zielen der Vermeidung von Doppeluntersuchungen sprechen. Hier geht es vielmehr um Strukturfragen und die Gefährdung eines funktionierenden Steue-rungsinstruments der ambulanten vertragsärztlichen Versorgung, der Zulassung als vorrangiges Teilnahmerecht. Schon Wenner hat die Vorstellung eines Wettbewerbs von Krankenhäusern und Ärzten um die optimale Versorgung ohne weitere gesetzliche Vorgaben als schlicht „naiv" bezeichnet, vielmehr habe diese Situation aufgrund der bestehenden Gesamtvergütung im vertragsärztlichen Bereich mit Wettbewerb tatsäch-lich nichts zu tun.[68] Immerhin soll letzteres mit dem GKV-VStG durch eine unmittel-bare Zahlung der Krankenkassen kein Problem mehr darstellen.[69] Das ist allerdings durch eine Bereinigung der Gesamtvergütung geplant. Dass sich hieraus erhebliche neue Probleme ergeben können, wird sich nachfolgend bei Behandlung der Selektiv-verträge unter Kapitel 3 B.VI.1.c.cb. und B.VI.2.c. zeigen; wenngleich der Gesetzge-ber des GKV-VStG mit § 116b Abs. 6 S. 13 vorsieht, dass die Bereinigung nicht zu Lasten des hausärztlichen Vergütungsanteils und der fachärztlichen Grundversorgung gehen darf.[70] Nicht ohne Grund haben daher die Bundesländer schon in 2010 eine sek-torenübergreifende (Rahmen-)Planung gefordert.[71] Daneben begleiten die sinnvollen Ziele einer Verzahnung von stationärem und ambulantem Sektor auch Nachteile, wie etwa eine Leistungsverschiebung in Form der Abrechnungsmanipulation[72], die schon mit der ursprünglich gesehenen (vor Einführung des § 20 Abs. 2 S. 2 Ärzte-ZV) Unve-reinbarkeit der vertragsärztlichen Tätigkeit mit angestellter Tätigkeit im stationären Sektor aus eben diesem Risiko heraus die Rechtsprechung umfassend befasst hat. Auch für die Qualität der Versorgung stellen sich neue Herausforderungen. Wie eben zitiert, plant der Gesetzgeber gleiche Qualifikationsanforderungen für niedergelassene

---

[65] Vgl. hierzu schon Dahm/Ratzel im Zusammenhang mit der Öffnung der Tätigkeit an Kran-kenhäusern nach § 22 Abs. 2 S. 2 Ärzte-ZV, MedR 2006, 555 (567).

[66] Dahm/Ratzel, MedR 2006, 555 (567) sprechen von einer „erheblichen Bevorteilung".

[67] Pitschas, GesR 2010, 513 (518).

[68] Dahm/Ratzel, MedR 2006, 555 (567) m. w. N. in Fn. 123.

[69] BT-Drs. 17/6906, 27.

[70] BR-Drs. 785/11, 29.

[71] O. V., A+S aktuell 43/2010, 2 (4).

[72] Dahm/Ratzel, MedR 2006, 555, Fn. 124.

Vertragsärzte wie für Krankenhausärzte. Es stellt sich aber die Frage, ob dies bei der mit der spezialfachärztlichen Versorgung erfolgenden, intensiven Weiterentwicklung der Verzahnung von ambulant und stationär nicht als Insellösung zu kritisieren ist. In Verbindung mit weiteren Verzahnungen wie der IV hat sich schon vor Jahren die Frage des Erfordernisses einer sektorenübergreifenden Qualitätssicherung gestellt[73], was angesichts der Weiterentwicklung in diese Richtung verstärkt angezeigt ist. Die KVen haben sich bereits gegen das Vorhaben der spezialfachärztlichen Versorgung in der derzeitigen Fassung formiert.[74]

Es existieren daher durch die zwei gesetzgeberischen Modelle „Selektivverträge" und „vermehrte Teilnehmer an der ambulanten vertragsärztlichen Versorgung" zudem in erheblichem Umfang Eingriffe in den Markt, der ursprünglich den freiberuflich niedergelassenen, zugelassenen Vertragsärzten vorbehalten war.

Mit Zunahme der Durchbrechungen des Systems der Teilnahme an der ambulanten vertragsärztlichen Versorgung durch zugelassene freiberuflich tätige Ärzte wird das Gesamtgefüge der ambulanten vertragsärztlichen Versorgung, welches durch die vertragsärztliche Zulassung steuerbar ist und gesteuert wird, instabiler, vor allem, wenn die Rahmenbedingungen und gesetzlichen Regelungen nicht frühzeitig angepasst werden; denn die vertragsärztliche Tätigkeit ist - ihrer freiberuflichen Natur widersprechend - weitgehend staatlich reguliert. Aus diesem Grunde kann man Vertragsärzte nicht allein dem freien Spiel des Wettbewerbs überlassen, sondern muss sie vor bestimmten wirtschaftlichen Eingriffen schützen[75]; zugleich muss man ihrer „Konkurrenz" gleiche Rahmenbedingungen setzen. Das ist bei zunehmenden Eingriffen wie der Relativierung der Sektorengrenzen oder Zunahme von Selektivverträgen nicht gewährleistet.

3. Einschränkung der Steuerungsfunktionen und Alternativinstrumente eines Marktzugangs

Eine nach wie vor wesentliche Funktion der Zulassung ist es, eine bedarfsgerechte Verteilung der ambulanten ärztlichen Versorgung herzustellen. Die Vorgaben hierfür werden in der Bedarfsplanung vorgegeben und über die Zulassung realisiert, d. h. sie ist ein Mittel zur Herstellung einer bedarfsgerechten Verteilung der Versorgung. Da

---

[73] O. V., A+S, 25/2008, 4.
[74] O. V., http://www.aerzteblatt.de/v4/news/news.asp?id=46671, o. S., o.V. (2011), http://www.aerzteblatt.de/nachrichten/46671/16_KVen_protestieren_gegen_spezialaerztliche_Versorgung.htm, o. S. (09.09.2011).
[75] Steinhilper, GesR 2009, 337 f..

die Zulassung nur nach den Ergebnissen der Bedarfsplanung erteilt wird (§ 103), wird sie dementsprechend als Bedarfszulassung bezeichnet.

Für einen erheblichen Teil der Ärzteschaft, die Gruppe der Zahnärzte, ist diese jahrzehntelang wirksame Funktion mit dem GKV-WSG im Jahr 2007 aufgehoben worden. Vertragszahnärzte können sich seither unbeschränkt und frei niederlassen, soweit sie die weiteren, an den Vertragszahnarzt gestellten Anforderungen, z. B. im Hinblick auf zeitliche Verfügbarkeit, erfüllen. Die Landesausschüsse der Zahnärzte und Krankenkassen können für sie im Falle einer Überversorgung keine Zulassungsbeschränkungen nach Absatz 1 S. 2 mehr anordnen. An den Fall der Überversorgung sind somit keine Rechtswirkungen mehr gebunden. Als Folgeänderung entfiel auch die Geltung der weiteren sich auf Zulassungsbeschränkungen beziehenden Regelungen der Absätze 2 bis 7[76]. Ferner wurden die Regelungen, die sich auf Zulassungsbeschränkungen beziehen, durch die neuen Vorschriften des § 100 Abs. 4 und § 101 Abs. 6 für den Bereich der vertragszahnärztlichen Versorgung aufgehoben.

Der Gesetzgeber hat das damit begründet, dass ein Verzicht auf die Steuerungswirkung durch die Zulassungsbeschränkungen möglich sei.[77] Das sei einerseits durch die gesellschaftlichen Entwicklungen begründet, nach welchen die Anzahl von Zahnärzten die Fortdauer der Beschränkung entbehrlich mache, aber auch systematisch empirisch damit, dass die bisherige Steuerung durch die Bedarfszulassung nicht erkennbar zu dem beabsichtigten Ziel der Abwendung von Unterversorgung geführt habe. Auch konnte die bisherige Umverteilungsplanung durch Zulassungssperren Überversorgung nicht abbauen, nur ihren weiteren Anstieg verhindern.[78] Weiter wird in der Gesetzesbegründung dazu ausgeführt, dass sich für den Bereich der vertragszahnärztlichen Versorgung zum einen das Problem der Überversorgung nicht in der gleichen Weise wie im Bereich der vertragsärztlichen Versorgung, insbesondere der fachärztlichen Versorgung, stelle, zum anderen sei auch die Gefahr von Leistungsausweitungen und angebotsinduzierter Versorgung nicht in der Weise gegeben wie im Bereich der vertragsärztlichen Versorgung.[79]

An der Feststellung der Unterversorgung wird allerdings auch für den Bereich der vertragszahnärztlichen Versorgung festgehalten, weil insbesondere die Regelung des § 105 auch für den Bereich der vertragszahnärztlichen Versorgung weiterhin gelten soll.[80] Die darin geregelten Möglichkeiten von Anreizen durch Förderung der ver-

---

[76] Vgl. BT-Drs. 16/3100, 136.
[77] BT-Drs. 16/3100, 135.
[78] Vgl. BT-Drs. 16/3100, 128.
[79] Vgl. BT-Drs. 16/3100, 135.
[80] BT-Drs. 16/3100, 135.

trags(zahn)ärztlichen Versorgung knüpfen an die Unterversorgungsfeststellung durch die Landesausschüsse an. In dem vom Bundesrat am 16.02.2007 beschlossenen GKV-WSG heißt es darüber hinaus, dass bis zum 30.06.2012 das BMG dem Deutschen Bundestag berichtet, „ob auch für den Bereich der ärztlichen Versorgung auf die Steuerung des Niederlassungsverhaltens durch Zulassungsbeschränkungen verzichtet werden kann". Diese Absicht wurde mit § 87 Abs. 7 Sätze 1 und 2 im SGB V kodifiziert. In deutlicher Formulierung wurde damit das Instrument der vertragsärztlichen Zulassung durch den Gesetzgeber im Hinblick auf eine wesentliche Funktion auf den Prüfstand gestellt.

Ein Aspekt, welcher der Entbehrlichkeit der Vollziehung von Vorgaben zur Rationierung in der Bedarfsplanung im vertragszahnärztlichen Bereich zugrunde liegt, ist sicherlich, dass es dort keine vergleichbare umfassende Untergliederung wie bei Ärzten in Haus- und Fachärzte sowie verschiedene Facharztgruppen gibt. Die Grundversorgung ist durch jeden fertig ausgebildeten und approbierten Zahnarzt gewährleistet. Für die Krankenkasse macht es keinen wesentlichen Unterschied, ob der einzelne Zahnarzt, dessen Patient ihr Mitglied ist, berufsrechtlich mögliche Schwerpunkte wie etwa in der Implantologie hat, oder Schwerpunkte, die ohne Weiterbildungen nach dem Berufsrecht darstellbar sind, wie beispielsweise im Bereich der Naturheilkunde, oder ob er einen Bereich der Grundausbildung wie die Prothetik als Schwerpunkt bezeichnet. Einerseits würde die Krankenkasse für alle genannten Beispiele von Leistungserbringern annähernd die gleichen Leistungen vergüten. Zum anderen zeigt sich ohnehin schon länger und rascher fortschreitend als im ärztlichen Bereich eine zunehmende Reduzierung der Leistungen der GKV im Bereich der Zahnheilkunde. Regelmäßig sind Privatleistungen bei Behandlungen zu erbringen, die über die bloße zahnärztliche Vorsorgeuntersuchung und Grundversorgung hinausgehen. Diese Tatsache bedeutet, dass die GKV durch die zahnärztliche Versorgung auch weniger belastet ist und lässt auf mehr monetäre Hintergründe seitens der Krankenkassen für den Verzicht auf die Folgerungen aus der Bedarfsplanung schließen als auf strukturelle, systematische Erwägungen in Bezug auf die Gesundheitsversorgung. Anders gesagt; da es die Krankenkassen im zahnärztlichen Bereich nicht wie im ärztlichen Bereich tangiert, wie die Versorgung über eine Basisversorgung hinaus gestaltet ist, weil sie dies vergütungstechnisch weniger betrifft, brauchen sie auf die Bedarfsplanung insoweit keinen Wert zu legen.

Dennoch äußerten selbst die Spitzenverbände der Krankenkassen schon zur geplanten Änderung des § 103, die Zulassungsbeschränkungen von Zahnärzten betreffend, dass Untersuchungen über Steuerungswirkungen von Zulassungsbeschränkungen, die sich insbesondere auf Art und Häufigkeit zahnärztlicher Leistungen in gesperrten und nicht gesperrten Planungsbereichen beziehen, nicht bekannt seien. Die Gefahr einer Überversorgung und daraus erwachsenden Fehlversorgung mit höheren Folgekosten für Krankenkassen und Versicherte wurde nach wie vor gesehen. Auch wurde die Gefahr der Überversorgung in Ballungsgebieten und Unterversorgung in ländlichen Regionen bemängelt. Die danach vonseiten der Krankenkassen vorgeschlagene Streichung der entsprechenden Änderung des § 103 mit Art. 1 Nr. 69 und Beibehaltung der Zulassungsbeschränkung für Zahnärzte[81] hatte keinen Erfolg. Die Zulassungsbeschränkungen für Zahnärzte wurden aufgehoben. Die Bedenken, das Steuerungsinstrument der Bedarfszulassung fallen zu lassen, erstaunen nicht. Erstaunlich ist aber, dass sie sogar vonseiten der Krankenkassen geäußert wurden, die durch das Entfallen von wesentlichen Kontrollmechanismen der KVen einen Zuwachs an Einfluss über Selektivverträge gewinnen könnten. Die Tatsache, dass die Zulassungsbeschränkungen für Zahnärzte dennoch entfallen sind, war im Weiteren auch vor allem von der Sorge der Krankenkassen begleitet, dass dann zusätzliche Kosten für sie entstehen könnten, denn die Krankenkassen waren auf die Situation des vollständigen Entfallens einer Steuerung durch die vertragszahnärztliche Zulassung nicht vorbereitet. Dass die Krankenkassen eine solche Situation nach Schaffung der Fakten durch den Gesetzgeber zu verhindern suchten, ist nachvollziehbar und wurde rechtzeitig ausgesprochen. Wäre jedoch künftig auch die Bedarfszulassung bei Ärzten nach ihrer Überprüfung im Jahr 2012 entfallen, wären die Krankenkassen in diesem Fall aufgrund der sehr viel längeren Vorlaufzeit darauf vorbereitet gewesen. Die Vorbereitungen fanden und finden in der verstärkten Einflussnahme durch Selektivverträge Ausdruck. Die Einschränkung von Aufgaben der Zulassung gibt damit zugleich Konkurrenzmodellen, hier Selektivverträgen, Raum.

Bedenklich ist, wenn bei solch wesentlichen Steuerungsfragen dann etwa die Meinung vertreten wird, die Verteilungssteuerung in der Versorgung sei nicht gefährdet, weil private oder öffentliche Banken im Zweifelsfall eine ausreichende Steuerung übernehmen würden. Die KV Thüringen teilte ihren Mitgliedern auf ihrer Homepage aber in dieser Hinsicht mit, sie erwarte trotz der Öffnung aller Planungsbereiche keinen übermäßigen Anstieg des Versorgungsgrades in bereits überversorgten Gebieten.[82] Die kreditgebenden Banken würden sich vor Abschluss des Darlehnsvertrags sehr genau über die Verhältnisse am geplanten Praxisstandort informieren und dürften bei ungünstigen Verdienstaussichten, wie sie in überversorgten Gebieten regelmäßig zu erwarten

---

[81] Gemeinsame Stellungnahme zum Entwurf eines GKV-WSG der AOK, BKK und IKK-Bundesverbände, der See-Krankenkasse, des Bundesverbandes der landwirtschaftlichen Krankenkassen und des VdAK sowie des AEV-Verbandes, Ausschussdrs. 0129(48), 166, 16. Wahlperiode.

[82] Kiel, Thüringer Zahnärzteblatt 4/2007, 5.

sein werden, gegebenenfalls keine Kreditzusage geben. Im Übrigen würde die KZV im Rahmen der Niederlassungsberatung auf Schwierigkeiten der Versorgungssituation vor Ort hinweisen. Dies ist zwar zutreffend. Allerdings ist es falsch, die Versorgungssituation rein reaktiv, der Unterstützung der Niederlassung durch Banken oder faktischen Verhältnissen folgend, zu steuern. Erforderlich ist eine aktive und präventive Planung, wie etwa die Bedarfsplanung oder vertragliche Verpflichtungen nach unabhängiger Sondierung der regionalen Versorgungssituation. Nur so ist die Steuerung der Verteilung der ärztlichen Versorgung planbar und steuerbar, nicht nur adjustierbar. Ein geeignetes Instrument hierfür existiert mit der vertragszahnärztlichen Zulassung, die mit dem Wandel der Umstände zwar nicht mehr die Anzahl der niederlassungswilligen Zahnärzte reduzieren muss, aber deren Verteilung weiter steuern kann. Allein aufgrund der geringeren Vielfalt der zahnärztlichen Tätigkeit im Vergleich zu den ärztlichen Leistungen, mit der eine ausreichende und zweckmäßige Versorgung der Versicherten gemäß § 12 geleistet werden kann, ist zu hoffen, dass eine grundsätzlich bedarfsgerechte Versorgung in allen Regionen, ob Ballungsgebiete oder ländliche Gebiete[83] erreicht werden kann. Andernfalls wäre auch im zahnärztlichen Bereich zu prüfen, ob das Steuerungsmittel der Bedarfszulassung nicht wieder reaktiviert werden sollte.

Wenngleich der Gesetzgeber vorgesehen hatte, dass die der Zulassungssperre bei Überversorgung zugrunde liegende Aufgabe der zweckmäßigen und ausreichenden Verteilung der Leistungserbringer für die ambulante Versorgung durch das mit dem 01.01.2009 neu eingeführte Instrument der Orientierungswerte (§ 87 Abs. 2e) (mit) übernommen werden[84] und somit eine grundsätzliche Steuerung nicht entfallen sollte, stand der Erfolg dieses Vorhabens völlig in Frage. Das kann auch als Grund dafür angenommen werden, dass der Gesetzgeber des GKV-VStG das Modell der Sonderorientierungswerte wieder aufgibt. Ursprünglich plante der Gesetzgeber aber vor allem mit den Orientierungswerten[85] eine Steuerung der ambulanten Versorgung für von Über- oder Unterversorgung betroffene Gebiete, sprich: des Niederlassungsverhaltens, insbesondere durch finanzielle Anreize[86]. In dieses Vorhaben reihen sich auch andere Maßnahmen ein, die in der Folgezeit ergriffen wurden, insgesamt aber nur Einzelmaßnahmen und keine planmäßige Systemänderung darstellen. So wurde mehrfach erwogen, Studenten Anreize zur Niederlassung in unterversorgten Regionen zu bieten, beispielsweise die von Gesundheitsminister Philipp Rösler im Jahr 2011 vorgeschlagene

---

[83] Die Bedarfsplanung erfolgt in der Zuordnung einer Verhältniszahl von Arzt zu Patient für bestimmte Gruppen. Zu den Gruppen werden ähnlich strukturierte Kreise zusammengefasst (Regionstypen). Vgl. zur Bedarfsplanung ausführlich unter Kap. 2.A.III.5.a..
[84] § 87 Abs. 2e S. 2 formuliert wörtlich, dass der Orientierungswert so gestaltet werden soll, dass er eine steuernde Wirkung auf das ärztliche Niederlassungsverhalten entfaltet.
[85] BT-Drs. 16/3100, etwa 128.
[86] BT-Drs. 16/3100, etwa 88 u. 119.

„Landarztquote".[87] Noch auf dem Weg zu der vom Ministerium angeforderten Mitteilung, ob gegebenenfalls auch im Bereich der Vertragsärzte auf Zulassungsbeschränkungen verzichtet werden kann, schwenkte der Gesetzgeber um. Mit einem neuen Bundesgesundheitsminister wurde das, was an Planung für eine neue Steuerung entworfen wurde, offensichtlich wieder verworfen. Die geplante alleinige Steuerung der Über- und Unterversorgung durch finanzielle Anreize wird wieder aus dem Gesetz gestrichen und die Bedarfszulassung nicht mehr zur Überprüfung gestellt. Die weiteren Maßnahmen wie Selektivverträge und Eingriffe in die alleinige ambulante Versorgung durch Vertragsärzte bleiben. Offenbar schwimmt der Gesetzgeber in seinen Reform-Versuchen, was auch die Aufhebung der zunächst intensiv verfolgten sogenannten ambulanten Kodierrichtlinien mit dem GKV-VStG zeigt, die unter Vertragsärzten wegen des erwarteten Verwaltungs- und Kostenaufwands monatelang ebenfalls zu Unruhen führten.[88] Erfreulich ist allein, dass das Instrument der vertragsärztlichen Zulassung ganz besonders in dem wichtigen Punkt der Bedarfssteuerung wieder reaktiviert wird. Das ist eine entschieden positive Entwicklung hin zum bewährten Steuerungsinstrument. Allerdings bleibt es fraglich, ob dem auch die Erkenntnis der Existenz eines bewährten Instruments zugrunde liegt, weil die Schwächung in anderen Bereichen nicht zurückgenommen wird.

So festigen sich parallel und in einem wachsenden Maß die Steuerungsmöglichkeiten durch Selektivverträge. Den Begründungen des Gesetzgebers zur Aufhebung der Zulassungssperren ist zwar zu entnehmen, dass die Steuerung durch Selektivverträge nicht im Vordergrund steht, dennoch fördert er sie und den Wettbewerb der Krankenkassen unverändert und konsequent. In der Begründung zum GKV-WSG heißt es nämlich auch, dass „diese Maßnahmen" (scil.: mehr Wettbewerb) zusammen mit der Einführung des neuen Vergütungssystems und den im VÄndG vorgesehenen Regelungen

---

[87] O. V.,
http://www.aerzteblatt.de/v4/news/news.asp?id=44285&src=suche&p=studenten+finanziel le+f%F6rderung, o. S.; ebenfalls ergriffen verschiedene Bundesländer Maßnahmen, so etablierten das Niedersächsische Ministerium für Soziales, Frauen, Familie, Gesundheit und Integration und die KV Niedersachsen ein Fördersystem für Medizinstudierende, welches das Studium der Allgemeinmedizin attraktiver machen soll, o. V., 2010, http://www.aerzteblatt.de/v4/news/news.asp?id=42587&src=suche&p=studenten+finanziel le+f%F6rderung, o. S.; das Land Sachsen zahlt nicht rückzahlbare Investitionszuschüsse bis zu 200.000,00 € für eine Niederlassung in unterversorgten Gebieten, KV Sachsen, 2007, http://www.kvs-sachsen.de/mitglieder/kvs-mitteilungen/2007/07-082007/ verschiedenes/; Nordrhein-Westfalen bietet Förderprogramme mit finanziellen Anreizen für Hausärzte, Land Nordrhein-Westfalen, Staatskanzlei, 2010, http://www.nrw.de/presse/ laumann-hausarzt-aktionsprogramm-stoesst-auf-deutliches-interesse-9350/; parallel baut man im Bundesland Sachsen auf Studienbeihilfen, KV Sachsen, o. J., http://www.kvs-sachsen.de/aktuell/foerderungen/programm-studienbeihilfe/ o. S. (alle 11.11.2011).
[88] BR-Drs. 785/11, 43.

zur Flexibilisierung und Liberalisierung des Vertragsarztrechts die Grundlage dafür bilden, die Bedarfszulassung im Sinne von Zulassungssperren zu einem späteren Zeitpunkt abzulösen und künftig auf eine Versorgungsplanung zu konzentrieren, die auch sektorenübergreifend sein sollte.[89] Schon werden Selektivverträge als Erweiterung der Zulassung gesehen. So begründet das Landessozialgericht Nordrhein-Westfalen in einer Entscheidung zu Modellvorhaben, dass diese keine Erweiterung der Zulassung darstellten, für sie auch nicht die einzelne Krankenkasse zuständig ist (§§ 96 ff.), weil sie zum 3. Kapitel des SGB V (Leistungen der Krankenversicherung) gehörten und nicht in das 4. Kapitel (Beziehungen der Krankenkassen zu den Leistungserbringern) aufgenommen worden seien. Danach handele es sich bei Modellvorhaben „lediglich um die vertragliche Erweiterung der abrechnungsfähigen Leistungen in eng begrenzten Sonderfällen".[90] Im Umkehrschluss ist hieraus abzuleiten, dass andere Selektivverträge als Erweiterung der Zulassung interpretiert werden. Erweiterungsoptionen bieten Vorteile, sodass ihnen Einfluss zukommt. Handelt es sich bei Erweiterungen z. B. um Abrechnungserlaubnisse bewegt sich dies im Rahmen des herkömmlichen Kollektivsystems. Handelt es sich jedoch um Erweiterungen durch Verträge, an denen teilweise die KVen nicht mehr beteiligt sind, ist es systemzerstörend oder -ersetzend. So ist auch der Weg von einer Erweiterung zu einer Alternative nicht weit.

Es besteht also die Möglichkeit, dass eine Steuerung nicht durch das vorgesehene Instrument von Orientierungswerten erfolgt, sondern allein oder begleitet durch eine weitere Steuerung über Selektivverträge. Das gilt vor allem, wenn über Verträge möglicherweise Honorar wieder gewonnen werden kann, das über die Steuerung aufgrund von Orientierungswerten oder anderer Wege, wie eine Honorarbereinigung, verloren wird.

Bei einer sehr ungewissen Wirkung neuer Instrumente wird daher das etablierte und funktionierende Zugangsinstrument zum Markt der ambulanten Versorgung, die vertragsärztliche Zulassung, destabilisiert. Weitergehend wird sie vom Gesetzgeber des GKV-WSG in einer ihrer wesentlichen Formen, als Bedarfszulassung, sogar zur Disposition gestellt.

Bei Überprüfung der Zulassung als Steuerungsinstrument zur Verteilung der Versorgung durch andere Instrumente wie z. B. durch Verträge oder Honorar sollte rechtzeitig abgesichert werden, dass an den formellen Voraussetzungen der vertragsärztlichen Zulassung festgehalten wird, was allein durch eine rechtzeitige Anpassung des Regelungsrahmens und ggf. die Neuordnung der Aufgaben von KVen und Krankenkassen

---

[89] BT-Drs. 16/3100, 88.
[90] LSG Nordrhein-Westfalen, Beschl. v. 10.02.2003, L 16 B 121/02 KR ER, GesR 2003, 150
    - juris Rn 5.

erfolgen kann. Im Rahmen der vertragsärzt-lichen Zulassung unterliegt der Leistungs-erbringer nämlich „gesetzlich durchstrukturierten Marktbedingungen", denen er sich unterwerfen muss.[91] Im Bereich der Selektivverträge hat der Gesetzgeber bereits Ansätze hierfür gezeigt, indem er für die Verträge der IV gesetzliche Vorgaben gemacht hat. Für den Regelungsbereich etwa hat er den Sicherstellungsauftrag der KVen eingeschränkt (§ 140a Abs. 1 S. 3). Die KVen sind damit allerdings nur in einem kleinen Teilbereich von ihrer gesetzlichen Aufgabe entlastet. Eine solche Einzel-Regelung ist völlig unzureichend. Die Gesamtverantwortlichkeit bleibt bei den KVen. Es wird im bestehenden Regelungsrahmen experimentiert. Damit werden Unstimmigkeiten hervorgerufen, die das System instabil machen und damit die vertragsärztliche Zulassung in Frage stellen. Wird die Zulassung in der heutigen Form konkret zur Überprüfung gestellt, folgen schon weitere Stimmen, die sie erheblich modifizieren oder ganz abschaffen wollen.

Der Spitzenverband Bund (auch GKV- Spitzenverband) propagierte eine zeitlich befristete vertragsärztliche Zulassung, ebenso der vdek.[92] Die Zulassung soll erlöschen, sobald sich der Arzt zur Ruhe setzt.[93] Auch in der Politik wurde dies schon erwogen.[94] Offen blieb bei den Vorschlägen, wie der Schutz des Vermögenswerts nach Art. 14 GG, den eine etablierte Praxis darstellt, in dieser Form erfolgen soll. Der Gesetzgeber des GKV-VStG sieht nun ab dem Jahr 2013 nicht nur die Möglichkeit einer Befristung der Zulassung vor, sondern auch ein Recht der KV zur Einziehung einer Zulassung und nähert sich damit entsprechenden Vorschlägen. Sie beeinflussen den wirtschaftlichen Wert einer Zulassung erheblich und dürften die aus steuerlicher Sicht bislang verneinte Abnutzung einer Zulassung wieder in Frage stellen. Der Eigentumsschutz soll durch einen Ersatz des Verkehrswerts erfolgen.[95] Damit geht aber die ärztliche Praxis nicht auf die KV über, sondern verbleibt beim Praxisinhaber, ebenso wie alle Arbeits-, Darlehns-, Miet- und Leasingverträge. Der Arzt muss diese abwickeln. Noch folgenschwerer für den Arzt ist, dass seine Planung als Unternehmer unberechenbarer

---

[91] BVerfG, Beschluss v. 17.08.2004, 1 BvR 378/00, GesR 2004, 470 - juris 3d.

[92] Informationsbroschüre des vdek, Ärztliche Versorgung flexibel gestalten, 12, vdek, 2012, http://www.vdek.com/politik/gesundheitspolitik/index.htm, (11.11.2011).

[93] GKV-Spitzenverband, 2011c, http://www.gkv-spitzenverband.de/Statement_Pfeiffer_20110328.gkvnet und http://www.gkv-spitzenverband.de/Statement_Pfeiffer_20110328.gkvnet o. S., (11.11.2011); o. V. 2011b, http://www.aerzteblatt.de/v4/news/news.asp?id=45569; http://www.aerztezeitung.de/politik_gesellschaft/krankenkassen/article/651269/kassen-wollen-zulassung-nur-noch-zeit.html, (11.11.2011); o. V., 2011g, A & W 6/2011, 42; GKV-Spitzenverband, 2011b, http://www.gkv-spitzenverband.de/upload/110505_GKV-SV_Eckpunkte_Versorgungsgesetz_16451.pdf, 3 (11.11.2011).

[94] So die CDU, CSU, Rheinisches Ärzteblatt 2/2011, 12 (13).

[95] BR-Drs. 785/11, 21.

wird, da dauerhafte Verträge, insbesondere Mietverträge im Falle eines Verkaufs einen erheblichen wirtschaftlichen Wert bedeuten. Im Falle der Einziehung jedoch in vielen Fällen das Gegenteil, nämlich einen Nachteil.[96] Vor allem aber bedeutet der Schritt des Gesetzgebers einen weiteren Einschnitt in das Instrument der vertragsärztlichen Zulassung und zeigt überdies, dass vermeintlich abwegige, zur Diskussion gestellte Ideen wie eine Befristung der Zulassung durchaus den Weg in die Gesetzgebung finden können. Auch für weitere Optionen ist das daher nicht ausgeschlossen. Sie existieren umfangreich, vor allem auch in Bezug auf Selektivverträge.

So geht das wissenschaftliche Institut der AOK in einer Publikation aus dem Jahr 2008 noch weiter und schlägt vor, Krankenkassen die Möglichkeit zu geben, Selektivverträge auch mit Leistungsanbietern abzuschließen, die zulassungsfähig sind, aber keine Zulassung im Kollektivsystem haben oder wünschen. Damit hierdurch kein Risiko von Qualitätsmängeln entsteht, solle eine Zertifizierung erfolgen. Diese sollen die Zulassungsausschüsse nach § 96 vornehmen.[97] Ausdrücklich beziehen sich die Verfasser auf die schon bestehende Möglichkeit, im Rahmen von Verträgen der IV schon über den Zulassungsstatus abweichende Leistungen zu erbringen. Dass eine darüber hinausgehende Öffnung nicht möglich sei, bezeichnen die Verfasser als unbefriedigend.[98] Ersichtlich ist daraus, dass auch geringere Eingriff in den Zulassungsstatus, wie durch die IV erfolgt, Wegbereiter für weitergehende Einschnitte sein können.

Der Gesetzgeber selbst bezeichnet im Rahmen der Frage, ob eine Ausschreibung nach Vergaberecht zu erfolgen hat, Verträge, bei denen die Leistungser-bringer einen Anspruch auf Abschluss haben, als einer Zulassung ähnlich.[99] Wigge hatte aufgrund der gesetzgeberischen Maßnahmen schon 1996 die Vision einer Entwicklung „ärztlicher Leistungserbringung auf der Grundlage von Einzelverträgen ohne oder mit öffentlich-rechtlicher Zulassung".[100]

Ein noch weitergehendes Modell sind befristete Selektivverträge, die an die Stelle des bisherigen Zulassungsaktes treten sollen.[101]

Die Frage stellt sich, wie eine ausreichende, planmäßige Versorgung in der Zukunft sichergestellt werden kann, wenn die vertragsärztliche Zulassung mit wesentlichen Aufgaben zur Disposition gestellt wird, und welche Rolle das vorhandene Instrument der

---

[96] Vgl. o. V., 2011f, A & W, http://www.auw.de/2011/12/statt-vorkaufsrecht-fuer-arztsitze-kommt-zulassungsvorbehalt/, (14.12.2011).
[97] Wasem et al., 128.
[98] Wasem et al., 127.
[99] BT-Drs. 16/10609, 52 „Der Vertragsschluss ähnelt damit einer Zulassung".
[100] Wigge, MedR 1996, 1996, 51 (56).
[101] Greß/Wasem, MedR 2006, 512 (514).

vertragsärztlichen Zulassung und neue Instrumente im Verhältnis zueinander haben werden oder sollten. Die vertragsärztliche Zulassung als vorrangiger Zugang zu der ambulanten Versorgung gesetzlich Versicherter droht bei der unsicheren Zukunft und Gesetzeslage an Akzeptanz zu verlieren.

4. Wandel der gesetzlichen Rahmenbedingungen für die KV und sein Einfluss auf das Instrument der Zulassung

Die Darstellung der Entwicklung der die Zulassung beeinflussenden Änderungen unter 3. zeigt zugleich die Unsicherheit für die Zukunft der KVen, zu deren Hauptaufgabe der Sicherstellungsauftrag gehört, d. h., eine ausreichende und zweckmäßige Versorgung zu gewährleisten. Die Möglichkeit, diese Aufgabe zu erfüllen, wird ihnen zunehmend entzogen, wenn Selektivverträge von Krankenkassen die Versorgung beeinflussen[102], Orientierungswerte für die regionale Vergütung vorgegeben werden, d. h. eine Steuerung von der Bundesebene aus erfolgt, Honorarverteilungskompetenzen reduziert werden und eine ambulante Versorgung außerhalb der ambulanten Bedarfsplanung und ihrer Steuerung (z. B. §§ 115b, 116b) ermöglicht wird. Die Interessenvertretung der Rechte der Vertragsärzte gegenüber den Krankenkassen durch die KVen „sehen die Repräsentanten und die Niedergelassenen als elementare Aufgabe" ihrer Standesvertretung an, „was die Bezeichnung Standesvertretung im Grunde auch impliziert".[103] Auch diese wird bei Schwächung des Sicherstellungauftrags der KVen geschwächt. Der Verlust an Einfluss der KVen und die insoweit fehlende Interessenvertretung wird nicht von allen Mitgliedern den Umständen des Gesundheitssystems zugerechnet, sondern als Mangel der Interessenvertretung empfunden.

Durch die Schwächung des Instruments der vertragsärztlichen Zulassung wird daher auch die Funktion der KVen in Frage gestellt. Das gilt auch umgekehrt, denn „die Zulassung zur vertragsärztlichen Versorgung würde es [ohne Körperschaftsstatus der KV, d. Verf.] nicht geben".[104] Nach Bekundungen in den Medien sehen Teile der Versicherten in den KVen nur einen Kostenapparat und befürchten dessen Finanzierung durch die Beiträge zur GKV. Auch die Ärzte als Mitglieder zweifeln die Existenzberechtigung der KVen an. So äußerten sich im Jahr 2009 Mitglieder öffentlich dahingehend, dass die KV für sie verzichtbar sei, insbesondere die Abrechnung, die über die KV stattfinde, könnten sie selbst vornehmen. Solche Äußerungen lassen erkennen, dass ein Teil der Vertragsärzte entweder die Aufgabe der KVen, die Grundvorausset-

---

[102] Beske et al. 2002, 5 ff. sprechen davon, dass der Sicherstellungsauftrag von den KVen nicht mehr übernommen werden kann, wenn letztlich nur noch Einkaufsmodelle existieren.
[103] Schildhauer, 2009, Zahnärzteblatt Baden-Württemberg, Ausgabe 2009/01, o. S., http://www.zahnaerzteblatt.de/page.php?modul=HTMLPages&pid=443 (11.11.2011).
[104] Eulitz, über Schiller in Bayerisches Ärzteblatt, 10/2008, 606.

zungen für ihre Zulassung zu sichern, zu verwalten und zu kontrollieren, nicht mehr erfüllt sehen oder sie der Auffassung sind, dass diese Aufgaben anderweitig erfüllbar sind. Die Frage, wer die Aufgabe erfüllen soll oder wie die Aufgabe erfüllt werden soll, bleibt dabei aber im Raum stehen. Damit wird von den Kritikern der KVen bewusst oder unbewusst auch das Funktionieren und damit die Existenzberechtigung des Instruments der vertragsärztlichen Zulassung in Frage gestellt.

Neben der Infragestellung der Rolle der KVen aufgrund der erheblichen Öffnungen des Marktes der ambulanten vertragsärztlichen Versorgung durch den Gesetzgeber, haben die Krankenkassen ein klar ersichtliches Interesse daran, die Steuerung möglichst weitgehend allein zu übernehmen[105] Erste Steuerungsinstrumente sind mit der Möglichkeit der Vereinbarung von Strukturverträgen mit dem zweiten GKV-NOG eingeführt worden. Diese können als erste Form von „Einkaufsmodellen"[106] bezeichnet werden. Sie zeichnet aus, dass Krankenkassen das Recht erhalten, Vertragspartner nach Bedarf und Wirtschaftlichkeit auszusuchen[107], was seinerzeit schon bei den Betroffenen zu der Vorhersage führte, die KVen könnten ihre Funktion verlieren und entbehrlich werden. Das ging so weit, dass sich für sie die Existenzfrage der KVen stellte.[108] Der Gesetzgeber hat die KVen in der Legislaturperiode 2002 bis 2005 als monopolistische Leistungsanbieter wahrgenommen und mit neuen Versorgungsformen ihre Eingrenzung bzw. Marginalisierung bewirkt.[109] Laut Schirmer etwa zeigen die zunehmenden Formen von Selektivverträgen, dass der Gesetzgeber die Vorstellung immer größer werdender Konglomaterisierungen von Leistungserbringerzusammenschlüssen hat, die ggf. an die Stelle der KVen treten.[110] Diese Vorstellung wurde Wirklichkeit, jedenfalls im Bereich der hausarztzentrierten Verträge. Hier haben sich die Leistungserbringer besonders gut selbst organisiert, unterstützt durch die gesetzliche Reglung des § 73b mit einer Abschlussverpflichtung der Krankenkassen im Jahr 2009. So hat der Deutsche Hausärzteverband seine erhebliche Machtposition mit dem Ziele der Verfestigung dieser Position mit einer Klage bereits erwirkt, dass ein Hausarztvertrag unter Beteiligung der KV rückwirkend für nichtig erklärt wurde. Folge war die

---

[105] Vgl. etwa Sauer, 2009, http://www.pharmazeutische-zeitung.de/index.php?id=31707 (11.11.2011).
[106] Vgl. Schirmer, Vertragsarztrecht kompakt, Kap. E. 4, 6.3.9, 158. Laut AOK Lexikon werden Verträge mit den Anbietern über medizinische Leistungen als Einkaufsmodell bezeichnet, wenn die KVen nicht beteiligt sind, AOK Bundesverband, o. J., http://www.bv-aok.de/lexikon/e/index_00306.html.
[107] Schirmer, Vertragsarztrecht kompakt, Kap. C.4., 66.
[108] Vgl. Korzilius/Maus, DÄBl. 2004, 101(15): A-981/B-815/C-795, 2004, http://www.aerzteblatt.de/v4/archiv/artikel.asp?id=41300.
[109] *Bickmann*, in: Steuerungsinstrumente im Recht des Gesundheitswesens, 132.
[110] So die Vorstellung des Gesetzgebers lt. Schirmer, Vertragsarztrecht kompakt, Kap. E.6.3.1., 148

rückwirkende Abwicklung der Honorare der an diesem mit der KV vereinbarten Vertrag über den Kollektivvertrag, was mit Einkommenseinbußen und einer hohen Unzufriedenheit der Mitglieder der KVen verbunden war.[111]

Im Rahmen der Diskussion darum, ob Hausarztverträge als Zusatzverträge (Add-on[112]) zu gestalten sind oder als Vollverträge die Aufgabe der KV ersetzen sollen, wird öffentlich bekundet, dass die Einbeziehung der KV dem gewünschten Systemwechsel entgegensteht.[113] Die Folge einer zunehmenden Ausdehnung der Übernahme von Aufgaben der ambulanten Versorgung durch Selektivverträge, bei Ablehnung der Beteiligung der KVen und damit Unterwanderung deren Sicherstellungsauftrags, ist den Krankenkassen dabei durchaus bewusst. Bei dem historischen Übergang des Sicherstellungsauftrags auf die KVen nämlich brachten diese vor, durch diesen Übergang an die KVen „selbst zu reinen Zahlstellen degradiert" zu werden.[114] In der Öffentlichkeit wird diese fortschreitende Unterwanderung der KVen dabei längst nicht überall erkannt. So wurden die KVen noch Ende 2007 als „Monopolisten zur ambulanten Behandlung des Millionenheeres der Kassenpatienten"[115] bezeichnet. Ihre Infragestellung geht indessen nicht nur durch den Gesetzgeber weiter - der Macht und Einfluss der ärztlichen Selbstverwaltung schrittweise abbaut[116]-, auch in der Politik und im Journalismus wird dies offen diskutiert.[117] Gleichwohl gibt es auch ihre Befürworter in der Politik, so z. B. Ulla Schmidt, vgl. hierzu schon Kapitel 2 A.III.4. Auch der Gesetzgeber des GKV-VStG revidiert die Einschränkungen des Sicherstellungsauftrags aber nicht und klärt auch nicht das Verhältnis Kollektiv- zum Selektivvertrag. Durch eine erhebliche Re-Regionalisierung in der ärztlichen Vergütung, die eine deutliche Verbesserung des Gestaltungsrechts der KVen für die ambulante Versorgung nach der

---

[111] O. V., A+S aktuell, 33/2011, 3.

[112] Eingehender zu den Begriffen: Kap. 3 B.VI.2.e.eb..

[113] O. V., A+S aktuell, 03/2010, 6, 7 und 4/2010, 8.

[114] Gerst, DÄBL. 2005, 300.

[115] Müller, 2007, FAZ v. 17.10.2007, http://www.faz.net/s/Rub0E9EEF84AC1E4A389A8DC6C23161FE44/Doc~EDC566592C 8C14AFA838FD2493970F0FF~ATpl~Ecommon~Scontent.html; Von „Verbandsfürsten" und „Monopolen" spricht: Hoffritz, 2003, DIE ZEIT, 15/2003, http://www.zeit.de/2003/15/KBV_-_Kassieren_Bestimmen_Verarzten?page=all (beide 11.11.2011).

[116] Vgl. Thelen, Handelsblatt, 20./21.03.2009, 8.

[117] So der bayerische Gesundheitsminister Markus Söder im Rahmen eines Interviews zur Gesundheitsreform am 27.03.2009, Deutschlandfunk, „Wenn wir eine freie Gebührenordnung haben - und nur dann -, dann ist logisch, dass wir dieses Zwangsinstrument der Kassenärztlichen Vereinigung als Mittler - im Moment ist es ja so gedacht - zwischen dem Arzt und der Kasse so nicht brauchen." So auch zitiert: http://www.aerzteblatt.de/studieren/ news/news.asp?id=36011 (11.11.2011); o. V., A+S aktuell 06/2009, 3, 4; Paquet, Vertragswettbewerb, 27, spricht von Kartellen, die mit politischem Zwang aufgebrochen werden müssten.

Entwicklung durch das GKV-WSG bedeutet, und daneben einige geringfügige Elemente wie die Förderung von Eigeneinrichtungen durch den neuen § 105 Abs. 1 S. 3, lässt der Gesetzgeber des GKV-VStG aber immerhin erkennen, dass er die Schwächung der KVen mit der aktuellen Reform nicht gesetzlich weiter forciert oder riskiert.

Ohne einen Regelungsrahmen und ein verwaltendes Organ für die Aufgaben der Zulassung kann das Steuerungsinstrument der vertragsärztlichen Zulassung seine Funktionen jedoch nicht erfüllen. Als alternative Organe oder Körperschaften mit umfassendem Auftrag, also nicht nur für einzelne Arztgruppen, für die Übernahme der Aufgaben der Verwaltung und Kontrolle des Zulassungswesens unter bereits existierenden Körperschaften wären Ärztekammern oder Krankenkassen denkbar. Die Ärztekammern haben allerdings ersichtlich kein Interesse daran, Aufgaben der GKV zu erfüllen. Eine Übernahme durch die Krankenkassen würde das Instrument der vertragsärztlichen Zulassung seiner Funktion entheben, denn die vertragsärztliche Zulassung sollte ein Gegengewicht zu den Krankenkassen gewährleisten, indem sie von der Ärzteschaft und nicht von den Krankenkassen verwaltet wird. Dementsprechend sind die Ärzte auch keine Mitglieder der Krankenkasse, so dass es diesen auch an jeglicher Disziplinargewalt fehlt, ausgenommen eine solche ist vertraglich vorgesehen.

Die Destabilisierung der jahrzehntelangen Korporation der KVen als Vertretungs- und Verwaltungskörperschaft der niedergelassenen Vertragsärzte stellt das Instrument der Zulassung als zentrales Steuerungsinstrument für umfängliche Aufgaben, wie etwa Qualität, Leistungsumfang und -verteilung, zur Disposition.

5. Erweiterung der Zulassung über Tätigkeit an weiteren Orten (Zweigpraxis)

Bei Schwächung der Funktion der vertragsärztlichen Zulassung durch die dargestellten vielfältigen Faktoren wird ihre Rolle durch den Gesetzgeber zugleich durch erhebliche Neuerungen, die konkret die Ausübung des Arztberufs als Vertragsarzt flexibilisieren, gestärkt. Hierzu gehört das mit dem VÄndG zum 01.01.2007 ausgedehnte Recht von in einer Praxis niedergelassenen Vertragsärzten, ihre Tätigkeit durch Gründung von Zweigpraxen zu erweitern. Die Zweigpraxisgenehmigung bewirkt damit zwar keine rechtliche Erweiterung des Kreises der für eine Behandlung in Frage kommenden Versicherten, aber eine faktische Verbesserung des Marktzugangs.[118] Seither können Vertragsärzte ihre nach Berufsrecht zulässige Tätigkeit an zwei weiteren Orten[119] (§ 17

---

[118] BSG, Urt. v. 28.10.2009, B 6 KA 42/08 R, BSGE 105, 10 - juris Rn. 27.
[119] Bis 2011 war rechtlich nicht geklärt, wie sich die in § 24 Abs. 3 S. 1 Nr. 2 (Zahn)ärzte-ZV genannten Voraussetzungen und die zu ihrer Konkretisierung getroffenen bundesmantelvertraglichen Regelungen zu der so genannte Residenzpflicht des Vertragsarztes verhalten. Der statusbegründende Akt der Zulassung als Vertragsarzt erfolgt stets für den Ort der

Abs. 2 MBO-Ä n. F.) durch die Einrichtung von Zweigpraxen unabhängig von den Bezirksgrenzen der KVen erweitern, wenn durch ihre Errichtung die Versorgung der Patienten an den Orten der Zweigpraxen verbessert und die Versorgung am Sitz der Hauptpraxis nicht beeinträchtigt wird (§ 24 Abs. 3 Ärzte-ZV). Diese Voraussetzungen wurden mit einer Änderung des § 24 Abs. 3 Ärzte-ZV durch das GKV-VStG noch erleichtert.[120] Liegen die Voraussetzungen vor, ist die Genehmigung zur Errichtung der Zweigpraxis durch den Zulassungsausschuss derselben KV oder, wenn die Zweigpraxis im Bereich einer anderen KV liegt als die der Hauptniederlassung, durch Ermächtigung jener zu erteilen. Diese Lockerung der Beschränkungen der Tätigkeit als Vertragsarzt soll die Versorgung in Gebieten mit drohender oder bereits bestehender Unterversorgung sicherstellen.[121] Sie dient daher der besseren Verteilungssteuerung und stärkt damit den Inhaber einer Zulassung, mithin auch das Instrument „vertragsärztliche Zulassung".

Der Umfang der Flexibilisierung der Zulassung durch diese Regelung war jedoch bereits bei ihrer Einführung umstritten und damit die Neuregelung in ihrer Nutzung ein-

---

Niederlassung (§ 95 Abs. 1 S. 7), so dass der Vertragsarzt verpflichtet ist, seinen Wohnsitz so zu wählen, dass er für die ärztliche Versorgung an seinem Vertragsarztsitz zur Verfügung steht. Er muss deshalb seinen Vertragsarztsitz in sprechstundenfreien Zeiten in angemessener Zeit erreichen können. Wann das gegeben ist, hängt nach der Rechtsprechung des BSG von mehreren Faktoren ab und wurde in einem Fall bei einer Entfernung von 30 Min. bejaht (vgl. BSG, Urt. v. 05.11.2003, B 6 KA 2/03, SozR 4-5520 § 24 Nr. 1). Weitere Faktoren sind nach der Rechtsprechung jedoch z. B., ob eine BAG eine Zweigpraxis betreibt, dann kann es ausreichen, dass jeweils einer der Partner in jeweils einer Praxis tätig ist (vgl. BSG, wie vor). In einer Einzelpraxis ist die Versorgung theoretisch durch einen qualifizierten angestellten Arzt sicherstellbar. Die alleinige (Zweig-)Praxisführung vor Ort führt aber wiederum zu gewerbesteuerlichen Problemen. Erste Rechtsprechung sah die Erfüllung der Residenzpflicht in Gefahr, soweit eine gewisse Fahrtzeit zur Zweigpraxis überschritten wurde, vgl. etwa, LSG Hessen, Beschl. v. 13.11.2007, L 4 KA 57/07 ER - Rn. 20; SG Schwerin, Urt. v. 17.11.2010, S 3 KA 51/09 oder Entfernung, SG Magdeburg, Urt. v. 01.07.2009, S 13 KA 51/08 - juris Rn. 35. Das LSG Schleswig-Holstein, Beschl. v. 10.07.2008, L 4 B 405/06 KA ER, nahm eine Einschränkung der Residenzpflicht im Bereich der Zweigpraxen an. Das BSG stellt im Jahr 2011 fest, dass die Residenzpflicht für die Zweigpraxis gerade nicht besteht, BSG, Urt. v. 09.02.2011, B 6 KA 3/10 R, GesR 2011, 431, aber mit der Begründung, dass es keiner ausdrücklichen Ausdehnung auf die Zweigpraxis bedurft habe, weil die Residenzpflicht im Hinblick auf den Vertragsarztsitz notwendigerweise nicht ohne Auswirkung auf die Zweigpraxis bleibe. Muss die angemessene Erreichbarkeit des Zahnarztes am Vertragsarztsitz gewährleistet sein, so wird diese Notwendigkeit nicht für Zeiträume aufgehoben, zu denen sich der Zahnarzt am Ort der Zweigpraxis befindet. Letztlich spielt die Residenzpflicht danach mittelbar eine Rolle, die das BSG bei der Versorgungsverbesserung prüft.

[120] BR-Drs. 785/11, 58.
[121] BR-Drs. 353/06, 28.

geschränkt. Auch noch im Jahr 2011 ergehen höchstrichterliche Entscheidungen, die Fragen der Zweigpraxisgründung betreffen.[122]

Besonders die Frage nach der Relevanz der Bedarfsplanung hatte der Gesetzgeber völlig ungeklärt gelassen, was auch mit dem GKV-VStG nicht ausreichend behoben wurde. Höchst umstritten war daher von ihrer Einführung an in der Verwaltungspraxis wie in der Rechtsprechung, wann von der gesetzlich vorausgesetzten "Verbesserung der Versorgung" am Ort der Zweigpraxis auszugehen ist. Während einige KVen die Regelungen sehr restriktiv dahingehend auslegten, dass eine Zweigpraxis nur genehmigt werden kann[123], wenn an dem Ort der Zweigpraxis eine Unterversorgung im Sinne der Bedarfsplanung besteht, war es nach Ansicht der Vertragsärzte bereits ausreichend, dass die Tatsache der Zweigpraxiseröffnung an sich schon für eine Verbesserung der Versorgung im Sinne der Ärzte-ZV durch die erweiterte Arztwahl der Versicherten am Ort der Zweigpraxis führt. Dies hätte zu einer sehr weiten Auslegung der Versorgungsverbesserung geführt, denn die freie Arztwahl ginge so weit, dass die Versicherten das Recht haben, an jedem ihnen genehmen Ort einen Vertragsarzt aufsuchen zu dürfen. Nach der Rechtsprechung ist es jedoch nicht Aufgabe der KVen, eine Versorgung der Versicherten in der Weise zu optimieren, dass sie in jedem Ort bzw. Ortsteil die Auswahl zwischen mindestens zwei am Ort praktizierenden Vertragsärzten haben.[124]

Die Sozialgerichte bestätigen weder die Auffassung, dass allein die Bedarfsplanung für die Beurteilung der Verbesserung der Versorgung entscheidend sei, noch, dass schon die Erweiterung der freien Arztwahl dies begründet. Die Rechtsprechung differenzierte noch anders. Schon kurz nach Einführung der neuen Regelungen zur Zweigpraxis hatte sie sich mit Streitfällen zu befassen, sodass erste Entscheidungen schon im Jahr 2008 vorlagen. Sie betrafen zunächst die Vertragszahnärzte. Beispielsweise lag nach der Rechtsprechung des Hessischen Landessozialgerichts eine Verbesserung der Versorgung der Versicherten i. S. d. Ärzte-ZV dann vor, wenn an dem Ort der Zweigpraxis eine Bedarfslücke bestehe, die durch die Zweigpraxis zwar nicht geschlossen werden müsse, hierdurch aber eine nachhaltig verbesserte Versorgungssituation vor

---

[122] Nur beispielsweise BSG, Urt. v. 08.12.2011, B 6 KA 36/09 R, GesR 2011, 362 (365) zu ihrer Berücksichtigung und ihrem Rang bei Entscheidung über einen Antrag auf Sonderbedarfszulassung.

[123] Wenngleich die Eröffnung einer Zweigpraxis nicht zu einer Erweiterung der Budgets führt und somit auch nicht zu einer seitens der KV möglicherweise befürchteten Ausweitung der auf den Vertragsarzt entfallenden Vergütung.

[124] BSG, Urt. v. 28.10.2009, B 6 KA 42/08 R, BSGE 105, 10 Rn. 50, m. w. N..

Ort, z. B. durch Angebot oder Erreichbarkeit, bewirkt werde.[125] Nach der Entscheidung des Landessozialgerichts Baden-Württemberg sollte eine Verbesserung der Versorgung für die betroffenen Versicherten allein schon in der besseren Erreichbarkeit der Leistungserbringer am Ort der geplanten Zweigpraxis gegeben sein, unabhängig von einer Bedarfslücke in der Versorgung in Form einer lokalen quantitativen oder qualitativen Unterversorgung.[126] Andererseits, so das Sozialgericht Marburg, dürfe nicht nur darauf abgestellt werden, dass jede weitere Eröffnung einer Zweigpraxis unter dem Gesichtspunkt der Freiheit der Arztwahl die Versorgung verbessere. Hätte der Gesetzgeber gewollt, dass allein dieser Aspekt als Genehmigungsvoraussetzung für eine Zweigpraxis genüge, so hätte er die "Verbesserung der Versorgung" in dem Planungsbereich von vornherein nicht als Voraussetzung vorgesehen und die Grundentscheidung für die Bedarfsplanung damit belassen.[127] Auch aus weiteren sozialgerichtlichen Entscheidungen wurde bald deutlich, dass Aspekte der Bedarfsplanung für die Auslegung des Begriffs der Verbesserung der Versorgung eher nicht als maßgebend gesehen werden. So wurde die Genehmigung einer Zweigpraxis auch in einem wegen Überversorgung gesperrten Planungsgebiet, unabhängig von den Voraussetzungen für die Erteilung einer Sonderbedarfszulassung, in Betracht gezogen.[128] Für erforderlich gehalten wurde allerdings auch in einer späteren Entscheidung, dass die Genehmigung dennoch nicht unabhängig von dem am vorgesehenen Ort der Zweigpraxis bestehenden Versorgungsangebot beantwortet werden kann.[129] Nach einer Entscheidung des

---

[125] Das Hessische LSG, Beschl. v. 29.11.2007, L 4 KA 56/07 ER - juris Rn. 17 hat dies unter Abwägung qualitativer und quantitativer Aspekte im konkreten Fall für den Tätigkeitsschwerpunkt "Kinderzahnheilkunde" bejaht. Insofern aber auch dadurch beeinflusst und begründet, dass hier keine Zulassungsbeschränkungen mehr gelten (m. krit. Anm. Dahm, MedR 2008, 172 ff., der am Leistungsrecht nach §§ 2, 12 anknüpft, um zunächst festzustellen, ob eine ausreichende, notwendige und wirtschaftliche Versorgung gegeben ist und nur im verneinenden Falle eine Verbesserungsmöglichkeit sieht (176). Diese Rechtsprechung hat das BSG verschärft und auf förmliche Nachweise einer behaupteten Qualifizierung (Qualitätsverbesserung) gefordert, vgl. BSG, Urt. v. 09.02.2011, B 6 KA 49/09 R - juris, Leitsatz.

[126] LSG Baden-Württemberg, Urt. v. 23.09.2009, L 5 KA 2245/08 - juris, Leitsatz.

[127] SG Marburg, Urt. v. 27.08.2007, S 12 KA 374/07 ER - Rn. 26, Vorinstanz zum Hessischen LSG wie vor, L 4 KA 56/07 ER Fn. 125. So hat das SG Marburg für den überversorgten, großstädtischen Bereich einen Bedarf für die Filiale einer hausärztlichen Praxis grundsätzlich abgelehnt. Vgl. auch Harney/Müller, NZS 2008, 286 (288), die von einer indiziellen Wirkung bedarfsplanerischer Gesichtspunkte in überversorgten Gebieten sprechen und SG Marburg, Urt. v. 07.03.2007, S 12 KA 701/06 - juris Rn. 54; vgl. zu weiteren Entscheidungen ausführlich, BSG Urt. v. 28.10.2009, B 6 KA 42/08 R, GesR 2010, 211 (217).

[128] LSG Schleswig-Holstein, Beschl. v. 13.02.2008, L 4 B 663/07 KA ER - juris Rn. 24.

[129] Das LSG sah überdies eine Sonderbedarfszulassung gegenüber einer nicht bestandskräftigen Zweigpraxisgenehmigung als vorrangig an, LSG Nordrhein-Westfalen, Urt. v. 11.12.2008, L 11 KA 47/08 - juris Rn. 52, dem ist das BSG, Urt. v. 08.12.2010, B 6 KA

Landessozialgerichts München[130] muss die vom Gesetzgeber geforderte "Verbesserung" auch für das gesamte Spektrum, nicht nur für einen Teil zu bejahen sein. Umgekehrt müssen die in der Filialpraxis angebotenen Leistungen auch in der Hauptpraxis erbracht werden, da es sich andernfalls nur um ausgelagerte Praxisräume handelt. Diesen Punkt hat das GKV-VStG mit Abs. 3 S. 2 und 3 n. F. mit in die gesetzliche Regelung aufgenommen und geklärt, aber mit gegensätzlichem Inhalt zu der Entscheidung des Landessozialgerichts. Nach der neuen Fassung müssen in der Zweigpraxis vertretene Fachgebiete oder Leistungen nicht in gleicher oder ähnlicher Weise am Hauptsitz vorhanden sein. Dass Landessozialgericht München hat hingegen eine Verbesserung i. S. d. Gesetzes allein deswegen verneint, weil sie nur für einen Teil des Spektrums der Hauptpraxis bejaht werden konnte, nicht für die gesamte Spektrumsbreite. Darüber hinaus spielen Kriterien der Bedarfsprüfung auch nach Auffassung des Landessozialgerichts München keine vorrangige Rolle. Die Bestimmung von Reichweite und Inhalt des Merkmals der Verbesserung darf sich gleichwohl nicht zur Bedarfsplanung als Instrument der Sicherstellung in Widerspruch setzen. Deswegen müsse davon ausgegangen werden, dass eine Überversorgung der Anerkennung einer Verbesserung entgegenstehe. Bei fehlendem Bedarf sei eine Verbesserung der Versorgung (im Sinne einer ausreichenden, zweckmäßigen Versorgung nach dem SGB V, keiner Luxusversorgung) nicht denkbar, sofern nicht in einem „seltenen Ausnahmefall ein höherer Qualitätsstandard eine Verbesserung" begründe.[131]

Eine Vielzahl weiterer Entscheidungen befasste sich mit der Thematik, die das BSG umfassend in seiner richtungweisenden Entscheidung zur Anfechtungsberechtigung[132] anführt und seine Auffassung darlegt, dass eine Versorgungsverbesserung in erster Linie bei einer qualitativen Veränderung des Leistungsangebotes gegeben sein dürfte, was etwa dann der Fall ist, wenn der in der Zweigpraxis tätige Vertragsarzt im Vergleich zu den bereits vor Ort tätigen Ärzten über andere Abrechnungsgenehmigungen nach § 135 Abs. 2 verfügt oder ein differenzierteres Leistungsspektrum anbietet. Ebenso kommt dies in Betracht, wenn er besondere Untersuchung- oder Behandlungsmethoden anbietet, die etwa besonders schonend sind oder bessere Diagnoseergebnisse liefern. Unter gewissen Umständen kann sich auch eine lediglich quantitative Erweiterung des bestehenden Versorgungsangebotes als Verbesserung im Sinne der Vorschrift darstellen, was insbesondere dann in Frage kommt, wenn durch das erhöhte

---

36/09 R, GesR 2011, 362 (366), nicht gefolgt und hat vielmehr festgestellt, dass es einen Vorrang der Zweigpraxis gegenüber einer Sonderbedarfszulassung gibt.
[130] Bayerisches LSG, Urt. v. 23.07.2008, L 12 KA 3/08 - juris Rn. 47 (Vorinstanz und bestätigt durch BSG, Urt. v. 28.10.2009, B 6 KA 42/08 R, GesR 2010, 211 ff. m. w. N.).
[131] Bayerisches LSG, Urt. v. 23.07.2008, L 12 KA 3/08 - juris Rn. 52.
[132] Dazu sogleich zu diesem Titel.

Leistungsangebot Wartezeiten verringert werden.[133] Dieses Argument dürfte nach der mit dem GKV-VStG erweiterten Verpflichtung der KVen in § 75 Abs. 1 S. 2 Verstärkung erhalten. Hiernach sollen diese mit dem Hintergrund u. a. langer Wartezeiten[134] die angemessene und zeitnahe Zurverfügungstellung der fachärztlichen Versorgung sicherstellen. Nicht ausreichend ist aber nach dem BSG die bloße Erweiterung der Arztwahl. Der Begriff der Verbesserung ist danach jedenfalls nicht in dem Sinne auszulegen, dass er eine - den Anforderungen an Ermächtigungen und Sonderbedarfszulassungen vergleichbare - Bedarfsprüfung erfordert. Die Prüfung der Versorgungsverbesserung bezieht sich auch anders als bei der Bedarfsplanung nicht auf den Planungsbereich, sondern auf den „weiteren Ort", an dem die Zweigpraxis betrieben werden soll. Gleichwohl stellt das BSG fest, dass jedenfalls im Falle von Unterversorgung eine Zweigpraxis stets als eine Verbesserung der Versorgung anzusehen ist.[135] Anders als das BSG hat nun der Gesetzgeber des GKV-VStG den Schwerpunkt gesetzt, der in § 24 Ärzte-ZV Abs. 3 n. F. explizit die Frage der Versorgungsverbesserung auch auf den Planungsbereich, nicht nur den „weiteren Ort", bezogen hat. Auch diese Entscheidung des BSG klärt danach längst nicht alle Fragen, wie sich aus bereits hiernach ergangener weiterer Rechtsprechung und der Neuregelung durch das GKV-VStG ersehen lässt.[136] Das BSG hatte aber selbst schon festgestellt, dass Gewicht und Ausmaß von Verbesserungen nur im Einzelfall beurteilt werden können und die KVen diesbezüglich einen Beurteilungsspielraum haben. Demgemäß gab es in der Folge weiterhin eine Vielzahl von Einzelentscheidungen, die die Prognose der Genehmigung einer Zweigpraxis sehr erschweren. Auch weitere Entscheidungen des BSG vom 09.02.2011 zur Anwendung des § 24 Abs. 3 Ärzte- bzw. Zahnärzte-ZV liefern nur begrenzt Eckpunkte, wobei ein Beurteilungsspielraum der KVen zugrunde gelegt wurde.[137] In den Entscheidungsgründen findet sich eine umfassende Darstellung weiterer Rechtsprechung zu diesem Themenkreis.

In der Literatur war die Auslegung des Tatbestandsmerkmals „Verbesserung der Versorgung der Versicherten" der mit dem VÄndG neu eingeführten Regelung nicht minder umstritten, insbesondere, wenn eine Zweigpraxis in einem Planungsbereich be-

---

[133] BSG, Urt. v. 28.10.2009, B 6 KA 42/08 R, GesR 2010, 211 (217). So im Übrigen auch für die Sonderbedarfszulassung, BSG, Urt. v. 02.09.2009, B 6 KA 21/08 R, GesR 2010, 218 (220).

[134] BT-Drs. 17/8005, 135.

[135] Vgl. auch Anm. Steinbrück hierzu, MedR 2010, 518 ff..

[136] Beispielsweise SG Marburg, Urt. v. 17.03.2010, S 12 KA 282/09, MedR 2010, 493 zu speziellen gynäkologischen Leistungen; SG Düsseldorf, Urt. v. 24.02.2010, S 33 (14) KA 254/07, RID 10-02-20, bei Schwerpunkt Allergologie.

[137] BSG, Urteile v. 09.02.2011, B 6 KA 7/10 R, GesR 2011, 429 ff.; B 6 KA 3/10 R, GesR 2011, 431 ff.; B 6 KA 12/10 R, GesR 2011, 427 ff. und B 6 KA 49/09 R, GesR 2011, 484 ff. (zum Beurteilungsspielraum 485).

gehrt wurde, in dem Zulassungsbeschränkungen aufgrund festgestellter Überversorgung bestanden. Nach aktueller Auffassung von Schallen besteht zwar keine unmittelbare Koppelung an die Bedarfsplanung[138], er legt aber Kriterien der Bedarfsplanung für die Ermächtigung an. Überdies berücksichtigt er inzidenter, explizit in Abgrenzung zur Sonderbedarfszulassung Wirtschaftlichkeitsaspekte nach § 70. Nach Dahm/Ratzel[139] ist es zwar völlig offen, inwieweit Aspekte der Bedarfsplanung im vorliegenden Zusammenhang zu beachten sind. Bei einer Auslegung der Vorschrift dahingehend, dass Aspekte der Bedarfsplanung unbeachtet blieben, werde allerdings Vertragsärzten die materielle Grundlage entzogen, wenn einzelne unter wirtschaftlichen Gesichtspunkten besonders attraktive Leistungen durch andere Ärzte an verschiedenen Standorten angeboten würden. Dahm hält eine strenge Prüfung auch aufgrund des Wirtschaftlichkeitsgebots gemäß §§ 12, 72 für erforderlich. In gesperrten Planungsbereichen sind seiner Auffassung nach bedarfsplanerische Gesichtspunkte zu berücksichtigen.[140] Orlowski/Halbe/Karch[141] gehen dagegen davon aus, dass die Tätigkeit in einer Zweigpraxis auch dann genehmigungsfähig sein kann, wenn an diesem Ort bedarfsplanungsrechtlich kein freier Sitz vorhanden ist und auch die Voraussetzungen einer Sonderbedarfszulassung nicht vorliegen. Auch sie berücksichtigten jedoch den Aspekt des Bedarfs mittelbar, indem sie darauf abstellen wollen, ob in der Zweigpraxis Leistungen (Methoden) angeboten werden sollen, die nicht von bereits niedergelassenen ärztlichen Leistungserbringern angeboten werden. Eine unmittelbare Bezugnahme auf die Grundlagen der Bedarfsplanung im Sinne der § 99 ff. halten sie dagegen ebenso wenig für zulässig wie eine allgemeine Abwägung zwischen den Interessen des Arztes, der die Zweigpraxis eröffnen will, und den Interessen der bereits zugelassenen ärztlichen Leistungserbringer. Eine ähnliche Tendenz haben die Anmerkungen der KBV zum VÄndG.[142] Für die Prüfung, ob durch die Zweigpraxis eine Verbesserung der Versorgung erreicht wird, soll es danach nicht auf das Bestehen von Zulassungsbeschränkungen ankommen. Ausschlaggebend seien die Versorgungsbedürfnisse der Versicherten unter Zugrundelegung einer kleinräumigen („lokalen") Bewertung. Ein Indiz dafür, dass ärztliche Leistungen nicht in ausreichendem Maße angeboten würden, könnten lange Wartezeiten sein. Damit folgt die KBV der eben genannten Auffassung des BSG. Abzustellen sei nach der KBV konkret auf die Leistungen, die in der Zweigpraxis angeboten werden sollten. Nach Wollersheim sind Versorgungslücken, wie sie für eine Ermächtigung oder Sonderbedarfszulassung vorausgesetzt werden,

---

[138] Schallen, § 24 Rz. 644 ff..
[139] Dahm/Ratzel, MedR 2006, 555 (563).
[140] Dahm, MedR 2008, 175 (177), krit. Anm. zu LSG Hessen, Beschl. v. 29.11.2007, L 4 KA ER, GesR 2008, 265.
[141] VÄndG, 2. Aufl. 2008, 34 f..
[142] Rundschreiben vom 10.01.2007, S. 26 f., auch VÄndG FAQ`s und Antworten vom 10.04.2007 zu Ziff. 21, http://www.kbv.de/themen/10308.html (05.04.2010).

hingegen nicht Voraussetzung.[143] Grohn[144] geht - ohne nähere Begründung - davon aus, dass mit der Änderung des § 24 Ärzte-ZV durch das VÄndG eine „Art Zulassungsgarantie" für Zweigpraxen begründet werde, die „im Extremfall" auch für Bereiche gelten müsse, in denen eine Überversorgung bestehe. Zu weiteren Literaturstimmen in dieser Frage und weiteren im Zusammenhang mit der Zweigpraxis findet sich in den Entscheidungsgründen des BSG vom 28.10.2009[145] eine umfassende Darstellung.

Neben der Frage, wie die gesetzliche Voraussetzung einer „Verbesserung" der Versorgung zu verstehen ist, trat bald die Frage der Möglichkeit kollidierender Rechte anderer Vertragsärzte bei der Genehmigung oder Ermächtigung einer Zweigpraxis auf. Das Landessozialgericht München sah eine Anfechtungsbefugnis eines Vertragsarztes gegen die Filialtätigkeitsgenehmigungen als nicht gegeben. Den Vorschriften des § 24 Abs. 1 und Abs. 3 S. 1 Ärzte-ZV (a. F.), nach welchen die Filialtätigkeitsgenehmigungen geregelt sind und erteilt werden, kommt danach kein Drittschutz zu, auf den sich ein Konkurrent berufen könnte. Die Filialtätigkeitsgenehmigung stelle ferner keine berufswahlnahe Entscheidung bezüglich einer Erweiterung des Teilnahmerechts dar. Daher vermittle § 24 Abs. 3 (a. F.) der Ärzte-ZV dem örtlich Zugelassenen keine Berechtigung, die Genehmigung eines Konkurrenten anzufechten, ausgenommen Fälle von willkürlicher Erteilung.[146] Das Sozialgericht Marburg erwähnt aber wenigstens, dass die Interessen anderer, bereits niedergelassener Vertragszahnärzte zwar nicht im Rahmen des Genehmigungsverfahrens zu berücksichtigen, aber mittelbar über die Prüfung der „Bedarfslücke" von Bedeutung seien.[147] Das bedeutet, dass etwaige Konkurrenten bei Vertragsärzten und -zahnärzten jedenfalls im Antrags- bzw. Genehmigungsverfah-

---

[143] Wollersheim, GesR 2008, 281 (282).
[144] BKK 2007, 8.
[145] BSG, Urt. v. 28.10.2009, B 6 KA 42/08 R, BSGE 105, 10 - juris Rn. 50.
[146] Bayerisches LSG, Urt. v. 23.07.2008, L 12 KA 3/08, MedR 2009, 56 - 59, nachgehend BSG, Urt. v. 28.10.2009, s. u., welches bzgl. des Willküraspekts nicht entschieden hat und LSG Nordrhein-Westfalen, Beschl. v. 23.12.2010, L 11 KA 71/10 B ER - juris.
[147] SG Marburg, Beschluss vom 27.08.2007, S 12 KA 374/07 ER und nachgehend LSG Hessen, Beschl. v. 29.11.2007, L 4 KA 56/07 ER, so über den Weg einer Willkürprüfung i. E. auch Bayerisches LSG, Urt. v. 23.07.2008, L 12 KA, ähnlich Orlowski/Halbe/Karch, VÄndG, 34, schon bei Publikation Ende 2007/Anfang 2008, die zwar auch feststellen, dass dem Zulassungsausschuss oder der KV als Genehmigungsbehörde kein Recht zur allgemeinen Interessenabwägung zusteht. Eine Tätigkeit eines Vertragsarztes an einem anderen Ort sei aber nur zuzulassen, wenn er am weiteren Ort ärztliche Leistungen (Methoden) erbringt, die der bereits niedergelassene ärztliche Leistungserbringer nicht anbietet beziehungsweise nicht anbieten kann. In diesem Fall und nur in diesem Fall des Nachweises einer Verbesserung,... müssen die Interessen des bereits zugelassenen ärztlichen Leistungserbringers im Interesse der Qualität der Versorgung der Versicherten zurückstehen.

ren versuchen können, ihre Interessen geltend zu machen.[148] Das BSG hat die streitige Frage dahingehend entschieden, dass keine Anfechtungsbefugnis gegen eine Zweig- praxisgenehmigung für andere niedergelassene Vertragsärzte besteht.[149] Dennoch ha- ben auch nachfolgende Entscheidungen bereits wieder ergeben, dass das Recht zur Drittanfechtung differenziert zu beurteilen ist.[150]

Grundsätzlich gestaltet sich die erweiterte Möglichkeit von Zweigpraxen daher zwar als Flexibilisierung der vertragsärztlichen Zulassung. Die uneinheitliche Rechtspre- chung zur Genehmigung von Zweigpraxen bedeutet aber, dass schwer vorhergesagt werden kann, ob ein Antrag auf Genehmigung einer Tätigkeit an weiteren Orten er- folgreich sein wird. Das bedeutet, dass von der gesetzgeberisch bezweckten Erweite- rung der Nutzungsmöglichkeit der Zulassung letztlich nicht ohne erhebliches unter- nehmerisches Risiko Gebrauch gemacht werden kann. Zudem bedeutet ein fehlendes Anfechtungsrecht von Konkurrenten eine Verschärfung von Wettbewerb und eine schlechtere Prognosemöglichkeit der Umstände einer geplanten bzw. die weitere Ein- schränkung bereits erfolgter Niederlassungen. Das schwächt die neue Regelung zur Flexibilisierung der vertragsärztlichen Tätigkeit erheblich.

Für den Aspekt der Verteilungssteuerung bedeutet die einzelfallbezogene, bedarfsbe- zogene Handlungsmöglichkeit einerseits eine Verbesserung der Versorgung, anderer- seits ist diese aber inkonsistent in Bezug auf die Bedarfsplanung geregelt. Das führt zu Unsicherheit in der Anwendung, die sich in der Rechtsprechung widerspiegelt, wenn ein Meinungsstreit darüber besteht, ob und inwieweit Gesichtspunkte der Bedarfspla- nung zu berücksichtigen sind. Das GKV-VStG hat nur in Einzelpunkten zur Klärung der umfangreichen Rechtsunsicherheiten beigetragen. Unverändert zeigt sich, dass die gesetzliche Änderung, mit der die Zulassung weiter entwickelt und gefördert werden soll, mit den Regelungen der Verteilungssteuerung nicht ausreichend in Einklang ge-

---

[148] So hat das SG Dortmund aufgrund der obergerichtlich nicht geklärten Rechtslage die auf- schiebende Wirkung der Klage eines Dritten gewährt, Beschl. v. 22.01.2008 S 16 KA 171/07 ER, MedR 2008, 242 - 244.

[149] BSG, Urt. v. 28.10.2009, B 6 KA 42/08 R, GesR 2010, 211, Leitsatz (ohne Entscheidung, ob Willkür ein Aspekt sein kann).

[150] SG Düsseldorf, Urt. v. 11.08.2010, S 2 KA 188/09 - juris Rn. 34 (zur „Dialysezweigpra- xis", wonach die für den Regelfall geltende, fehlende Drittanfechtungsberechtigung bei der Versorgung chronisch nierenkranker Patienten wegen der bundesmantelvertraglichen Re- gelungen nicht uneingeschränkt gilt); LSG Baden-Württemberg, Urt. v. 09.12.2009, L 5 KA 2164/08 - juris, Orientierungssatz, auch für eine Drittanfechtungsberechtigung bei Dia- lysezweigpraxis mit Begründung zur Abweichung von BSG, Urt. v. 07.02.2007, B 6 KA 8/06 R, BSGE 98, 98, (welches eine Anfechtungsberechtigung gegen eine Dialysegeneh- migung ablehnt - juris, Leitsatz). Das LSG Nordrhein-Westfalen, Beschl. v. 03.02.2010, L 11 KA 80/09 ER - juris, Rn.19, ließ seine Entscheidung in Bezug auf Willkür-Aspekte noch offen, weil die Entscheidung des BSG vom 28.10.2009 noch nicht vollständig vorlag.

bracht wurde, womit die Förderung des Instruments nur begrenzt die beabsichtigte Flexibilisierung erreicht. Damit scheitert der Gesetzgeber mit seinem Ziel einer Flexibilisierung und Förderung der vertragsärztlichen Zulassung durch die Neuregelung. Vielmehr konterkariert er durch solche gesetzgebungstechnischen Fehler das Ziel einer Flexibilisierung des Instruments der Zulassung als Steuerungsinstrument der Verteilung der Versorgung, weil die mit den neuen Regelungen aufkommenden Unwägbarkeiten das Instrument der vertragsärztlichen Zulassung schwächen. Die fehlende Abstimmung der Regelung mit dem bestehenden System verkörpert den Systemmangel, der auch eine Vielzahl weiterer Vorschriften der letzten Gesundheitsreformen kennzeichnet und demzufolge der Gesetzgeber das Ziel der Förderung der vertragsärztlichen Zulassung häufig nicht plangemäß erreicht. Mit dem GKV-VStG erfolgen zwar mit Änderung des § 24 einige gesetzgeberische Differenzierungen,[151] es wird aber immer noch nicht für Klärung der umfangreichen Rechtsfragen gesorgt, obwohl die Niederlassung mit einer Zweigpraxis offenbar weiter forciert werden soll, wie sich an dem neu eingefügten Abs. 1a zu § 105 ersehen lässt. Nach diesem sollen Neugründungen von Zweigpraxen durch Zuschüsse zu Investitionskosten aus dem einzurichtenden Strukturfonds gefördert werden.[152] Zudem lässt der Gesetzgeber mit Abs. 3 S. 3 wieder Einschränkungen seiner mit selbem Gesetz eingeführten Flexibilisierung in S. 2 durch die Bundesmantelvertragspartner zu. Es bleibt damit bei einer für die Akzeptanz und Funktion des Instruments nachteiligen Rechtsunsicherheit und fehlenden Reglungsklarheit.

6. Flexibilisierte Anstellung

Im Hinblick auf die Anstellung ist die Zulassung in zweierlei Hinsicht, beginnend mit der Einführung des MVZ, durch das GMG erheblich flexibilisiert worden. Zum einen ist die Möglichkeit der Begründung von Anstellungsverhältnissen für Vertragsärzte und von Vertragsärzten erweitert worden. Zum anderen ist die Übertragung der Zulassung in Verbindung mit der Begründung eines Anstellungsverhältnisses möglich gemacht und schrittweise erweitert worden.

Das Recht, angestellte Ärzte zu beschäftigen, resultiert aus dem Zulassungsstatus.[153] Die erweiterte Möglichkeit der Anstellung bedeutet daher auch eine Erweiterung der Möglichkeiten als zugelasser Vertragsarzt.

Vor der Flexibilisierung durch das VÄndG war niedergelassenen Vertragsärzten lange Zeit nur die Anstellung eines ganztags oder zweier halbtags beschäftigter Ärzte glei-

---

[151] BR-Drs. 785/11, 54.
[152] BR-Drs. 785/11, 23.
[153] Schallen, § 32b Rn. 1033d.

cher Fachrichtung möglich (§ 95 Abs. 9 SGB a. F., § 32b Ärzte-ZV) sowie in Form der besonderen Fälle der Aus-, Weiterbildungs- und Entlastungsassistenten. Begründet wurde diese Einschränkung durch die Anforderung nach § 32 Ärzte-ZV, dass der Arzt „persönlich in freier Praxis" tätig wird. Diese gesetzliche Formulierung wird als Beschränkung einer zu weitgehenden Delegierung von Tätigkeiten auf angestellte Ärzte verstanden. Eine weitere Beschränkung ergibt sich aus § 20 Ärzte-ZV. Danach darf ein in freier Praxis tätiger Vertragsarzt nur für eine beschränkte Stundenanzahl in einem Beschäftigungsverhältnis stehen, andernfalls steht er für die Versorgung der Versicherten persönlich nicht in erforderlichem Maße zur Verfügung. Diese Grenze hatte die Rechtsprechung für einen vollzeitig tätigen Vertragsarzt auf 13 Stunden wöchentlich konkretisiert.[154] Hierdurch war auch eine Anstellung von Ärzten in Ausübung einer Nebenbeschäftigung nur sehr begrenzt möglich. Entsprechend war dies für konsiliarärztliche Tätigkeiten am Krankenhaus zu beurteilen.[155] Das GKV-VStG hat hier zu einer Lockerung geführt und stellt nur noch auf die Einhaltung der Sprechstundenzeiten ab. Es wird abzuwarten sein, ob die Rechtsprechung oder die Bundesmantelvertragspartner diese Lockerung nicht erneut begrenzen.

Darüber hinaus gab es vor der Flexibilisierung durch das VÄndG neben dem selbständig tätigen Arzt und den engen Möglichkeiten einer Anstellung in freier Praxis oder

---

[154] Vgl. BSG, Urt. v. 30.01.2002, B 6 KA 20/01 R, GesR 2002, 15 - juris, Leitsatz; BSG, Urt. v. 11.09.2002, B 6 KA 23/01 R, GesR 2003, 149 - juris, Leitsatz; BSG, Urt. v. 05.02.2003, B 6 KA 22/02 R, GesR 2003, 173 - juris, Orientierungssatz. Das wird nicht entsprechend für die Beurteilung einer zulässigen Tätigkeit in Zweigpraxen gesehen (vgl. Hessisches LSG, Beschl. v. 29.11.2007, L 4 KA 56/07 ER, GesR 2008, 265, - juris, Orientierungssatz und Rn. 21). Die Rechtsprechung, nach der ein Vertragsarzt oder Vertragspsychotherapeut nicht mehr als 13 Stunden wöchentlich in einem Beschäftigungsverhältnis außerhalb seiner vertragsärztlichen beziehungsweise vertragspsychotherapeutischen Tätigkeit stehen kann und nach der das BSG von einer 40-Stunden-Woche ausgeht, wird vom LSG Hessen als nicht übertragbar auf die Genehmigung einer Zweigpraxis gesehen. Das ergebe sich bereits aus dem Wortlaut der bundesmantelvertraglichen Regelungen, die in § 6 Abs. 6 S. 7 des BMV-Z beziehungsweise § 8a Abs. 1 S. 7 EKV-Z in Bezug auf die Drittelregelung nicht an einer 40-Stunden-Woche anknüpfen, sondern ausdrücklich an die Dauer der Tätigkeit des Vertragszahnarztes am Vertragszahnarztsitz. Darunter könne wiederum nur die tatsächliche Tätigkeit des Vertragszahnarztes verstanden werden und nicht eine (fiktive) 40-Stunden-Woche. Damit knüpfen die Bundesmantelvertragspartner eindeutig gerade nicht an einer 40-Stunden-Woche an. Dass die Bundesmantelvertragspartner sich insoweit ausschließlich bezüglich des prozentualen Anteils an der Rechtsprechung des BSG orientiert haben, zeigten auch § 6 Abs. 6 S. 10 BMV-Z beziehungsweise § 8a Abs. 1 S. 10 EKV-Z, die ebenfalls nicht auf eine fiktive Arbeitszeit, sondern auf tatsächliche Tätigkeitszeiten abstellten. Zur Kritik an dieser zeitlichen Begrenzung, *Bäune*, in: Bäune/Meschke/Rothfuß, § 20 Rn. 10 f.

[155] Vgl. zur Definition konsiliarärztlicher Tätigkeit SG Gelsenkirchen, Urt. v. 29.09.2005, S 16 KA 15/04, MedR 2007, 569. § 36 Abs. 2 KHG NRW spricht von Einzelfallbezug der konsiliarärztlichen Tätigkeit.

einer teilweisen Anstellung neben der selbständigen Tätigkeit nur noch das Rechtsinstitut des Vertreters. Eine Vertretung war und ist zulässig für die festgelegten Fälle des Urlaubs, der Krankheit oder Mutterschaft. Sie ist zulässig für die Dauer von bis zu drei, nur bei Mutterschaft bislang bis zu sechs Monaten mit dem GKV-VStG bis zu zwölf Monaten[156] und bedarf bei der Überschreitung von einer Woche der Mitteilung an die zuständige KV. Eine Ausnahme gilt nach § 4 Abs. 3 BMV-Ä für den Praxisverweser als besonderem Vertreter zur Überbrückung der Zeit bis zur Neubesetzung der Praxis eines verstorbenen Arztes[157], denn eigentlich endet die Zulassung mit dem Tod ihres Inhabers[158]. Der Verweser kann bis zu zwei Quartale[159] tätig werden und steht damit dem selbständigen Leistungserbringer für einen besonders geregelten, kurzfristigen Zeitraum näher als einem Vertreter und besitzt eine eigene Abrechnungsberechtigung.[160] Weitergehende Vertretungen bedürften der Genehmigung der KV.[161]

Mit dem VÄndG sind die Tätigkeitsmöglichkeiten stark erweitert worden. Neben der seither grundsätzlich unbegrenzten Anstellungsmöglichkeit von Ärzten wurde überdies auch erstmals die Anstellung fachfremder Ärzte ermöglicht (§ 95 Abs. 9 SGB n. F.). Eine Einschränkung, nach der für die Erlaubnis einer fachfremden Anstellung ein gemeinsamer Behandlungsauftrag vorliegen muss[162], gilt nach dem Plan des Gesetzgebers für Vertragsärzte nicht.[163] Leistungserbringer ist wie bei dem institutionellen Erbringer (MVZ) nicht der angestellte Arzt, sondern sein Arbeitgeber, somit der Vertragsarzt. Angestellte Ärzte von Vertragsärzten (§ 95 Abs. 9 und 9a) sind selbst keine „Vertragsärzte" und im vertragsarztrechtlichen Sinn keine Leistungserbringer. Daher war sicherzustellen, dass für den Fall, dass ein anstellender Facharzt eine fachärztliche Tätigkeit nicht erbringen darf, er die für ihn fachgebietsfremde ärztliche Leistung aber durch den angestellten Arzt ausüben darf. Der Gesetzgeber wollte hiermit gewährleisten, dass eine einschränkungslose Anstellung auch fachfremder Ärzte möglich ist.[164] Über die Zulässigkeit dieser bewusst und gewollt über das Berufsrecht hinausgehen-

---

[156] BR-Drs. 785/11, 55.

[157] Zum Praxisverweser vgl. Kamps, NJW 1995, 2384 - 2389.

[158] Das regelt § 95 Abs. 7 S. 1, der insoweit enger als § 20 Abs. 3 MBO-Ä ist.

[159] Das geht wiederum über § 20 Abs. 3 MBO-Ä hinaus.

[160] *Schroeder-Printzen*, in: Ratzel/Luxenburger, Hdb. Medizinrecht § 7 Rn. 395 ff.; a. A. Schallen, § 32 Rn. 938a, nach dem der Praxisverweser Vertreter der Erben ist.

[161] § 32 Abs. 2 S. 2 HS. 2 Ärzte-ZV. Als Obergrenze für die Dauer einer Vertretung nimmt Schallen einen Zeitraum von zwei Jahren an, weil dies der im Disziplinarverfahren gegebenen Möglichkeit entspricht, die vertragsärztliche Tätigkeit nicht auszuüben, ohne dass die Zulassung entzogen werden muss, Schallen, § 32 Rn. 964.

[162] § 19 Abs. 2 MBO-Ä.

[163] BR Drs 353/06, 30.

[164] Wie vor.

den Regelung im Vertragsarztrecht besteht Streit.[165] Aufgrund der Kompetenzzuweisungen für die Gesetzgebung im Bereich des Berufsrechts an die Länder und des Vertragsarztrechts an den Bund ist eine Regelung, wie hier erfolgt, abzulehnen.[166] Wiederum führen also auch im Bereich der Anstellung gesetzgeberische Mängel zu einer eingeschränkten Nutzungsmöglichkeit von Neuregelungen und damit nicht zu der gewünschten Flexibilisierung.

Abgesehen von den genannten, nicht unerheblichen Rechtsunsicherheiten, bedeutet das VÄndG eine deutliche Verbesserung der Anstellungsmöglichkeiten, die seit dem 2. GKV-NOG durch Einfügen der Nr. 5 in § 101 Abs. 1 S. 1 noch mit einer Begrenzung des Leistungsvolumens auch für nicht gesperrte Planungsbereiche verbunden wurde. Das VÄndG geht zurück auf die ursprünglich mit dem GSG bestehende Einbeziehung der angestellten Ärzte in die Bedarfsplanung, die durch das 2. GKV-NOG abgelöst wurde.[167] Mit dem VÄndG werden angestellte Ärzte nun wieder auf die Bedarfsplanung angerechnet. In ungesperrten Planungsbereichen ist ihre Anstellung mit dem VÄndG ohne eine Leistungsbegrenzung möglich, nur in gesperrten Planungsbereichen gilt noch der Grundsatz der Fachgebietsidentität und ist der Leistungsumfang begrenzt (§ 95 Abs. 9 S. 2 i. V. m. § 101 Abs. 1 S. 1 Nr. 5).[168]

Der Vertragsarzt kann seit dem VÄndG auch regelmäßig mit Krankenhäusern kooperieren (§ 20 Abs. 2 S. 2 Ärzte-ZV) und dort z. B. in Anstellung die stationäre Behandlung der eigenen Praxispatienten durchführen. Im Übrigen ist nach Quaas „damit der Honorararzt im und für das Krankenhaus vertragsarztrechtlich zulässig."[169] Das BSG hatte das mit seiner Entscheidung vom 23.03.2011 hingegen verneint[170], so dass Rechtsunsicherheit zur Honorararzttätigkeit herrschte, die durch die Einfügung von § 115a Abs. 1 S. 3 und korrelierend § 115b Abs. 1 S. 4 durch das GKV-VStG aufgehoben sein dürfte. Danach ist ein Krankenhaus ausdrücklich berechtigt, niedergelassene Vertragsärzte zu beauftragen. Zudem begründet der Gesetzgeber des VÄndG, dass er mit der Änderung klarstelle, dass ein Arzt als Angestellter gleichzeitig in einem

---

[165] Vgl. Pestalozza, (2006), Gutachten, 6 f.; *Bäune*, in: Bäune/Meschke/Rothfuß, § 32b Rn. 33.
[166] Das gilt insbesondere, weil der Gesetzgeber ausweislich von Stellungnahmen zum Gesetzesentwurf den Eingriff bewusst vorgenommen, aber seinen Willen dennoch nicht in der für eine Wirksamkeit erforderlichen Weise der hier allein denkbaren Kompetenz kraft Sachzusammenhang entsprechend deutlich im Gesetz zum Ausdruck gebracht hat (vgl. mit dieser Begründung auch Bäune/Meschke/Rothfuß, wie vor).
[167] *Pawlita*, in: juris-PK SGB V, § 95 Rn. 540.
[168] Das gilt nicht für Zahnärzte, weil für sie mit dem GKV-WSG die Regelungen zur Zulassungssperre aufgehoben wurden.
[169] Quaas, GesR 2009, 459 (460).
[170] BSG, Urt. v. 23.03.2011, B 6 KA 11/10 R, GesR 2011, 542.

Krankenhaus und einem MVZ tätig sein könne.[171] Eine Benachteiligung der Vertragsärzte gegenüber MVZ besteht allerdings nach wie vor dadurch, das nur MVZ die Möglichkeit der Aufteilung einer Arztstelle auf bis zu vier Teilzeitstellen haben[172], was
auch in dieser Frage das Instrument der vertragsärztlichen Zulassung immer noch
schwächer dastehen lässt als MVZ.

a. Anstellung als Instrument der Zulassungsverwertung und ihrer Flexibilisierung

Eine Besonderheit der mit dem VÄndG erfolgten Neuregelungen ist, dass nicht nur die
Möglichkeiten zur Anstellung von Ärzten erweitert wurden, sondern die Anstellung
zum Instrument der Verwertung der Zulassung geworden ist, allerdings ausschließlich
unter Wandlung in eine Anstellungsstelle. Das bedeutet die Einführung eines ganz
neuen Tatbestands. Die Entwicklung zu dieser erweiterten Gestaltungsmöglichkeit der
Zulassung hat ihren Anfang mit der Möglichkeit der Anstellung eines Vertragsarztes
unter Verzicht auf seine Zulassung zugunsten des ebenfalls neu geregelten MVZ durch
das GMG genommen. Mit diesem wurde § 103 Abs. 4a eingeführt, nach dem ein Vertragsarzt zugunsten einer Anstellung in einem MVZ auf seine Zulassung verzichten
kann. Der Zulassungsausschuss muss eine solche Anstellung genehmigen. D. h., dass
ein Rechtsanspruch hierauf eingeführt wurde. Die ursprüngliche, noch weitergehende
Regelung, dass eine Anstellung im MVZ nach fünfjähriger Tätigkeit auch in einem gesperrtem Gebiet in eine Zulassung erwächst, womit nahezu eine Handelbarkeit der Zulassung eröffnet war, wurde für alle Anstellungen mit dem 01.01.2007 aufgehoben.[173]
Geblieben war die Möglichkeit der Anstellung, verbunden mit der Möglichkeit der
„Versilberung" der Vertragsarztzulassung in Verhandlung mit dem anstellenden MVZ
oder Vertragsarzt. Mit diesen regelt der künftig angestellte Arzt „die finanziellen und
sonstigen Bedingungen für die Aufgabe seiner Kassenpraxis".[174]

Durch das GKV-WSG erfolgte dann eine erneute Flexibilisierung, indem bei Verzicht
auf die Zulassung auch ein Rechtsanspruch auf Anstellung bei einem Vertragsarzt eingeführt wurde (§ 95 Abs. 9 i. V. m § 103 Abs. 4b) sowie insgesamt die Anstellungsmöglichkeiten von Ärzten erheblich erweitert wurden. Damit fand eine weitergehende
Gleichstellung der freiberuflichen ärztlichen Kooperationen mit den MVZ statt.[175] Die

---

[171] Dahm/Ratzel kritisieren zu Recht, dass dies so „klar" keineswegs war, vielmehr niedergelassene Tätigkeit und Tätigkeit in einem Krankenhaus herkömmlich nicht als vereinbar gesehen wurden, MedR 2006, 555 (567).

[172] *Möller*, in :Dahm/Möller/Ratzel, Rechtshdb. MVZ, Kap. IX Rn. 26.

[173] BT-Drs. 16/3157, 17.

[174] *Hess*, in: KassKomm, § 103 Rn. 29a.

[175] Eine vollständige Gleichstellung ist nach wie vor nicht gegeben. Das liegt teilweise noch
im Vertragsarztrecht begründet, teilweise auch in anderen Vorschriften. So ist z. B. die Zulassung von Zweigpraxen vertragsarztrechtlich gleichgestellt. Da MVZ aber nicht an den

Gleichstellung vollzog sich in zwei Schritten. Zunächst wurde das Berufsrecht nach den entsprechenden Beschlüssen auf dem 107. Ärztetag im Mai 2004 liberalisiert. Ziel war es, dieses im Hinblick auf das GMG so zu liberalisieren, „dass Ärzte hinsichtlich der neuen Versorgungsformen ihre Wettbewerbsfähigkeit wahren können".[176] Dem folgend wurden die korrespondierenden Änderungen im Vertragsarztrecht durch das GKV-WSG nachvollzogen. Die Zulassung kann mit der seither bestehenden Option der Umwandlung in eine Anstellung in einer Praxis oder einem MVZ umfassender genutzt werden, was die Akzeptanz des Steuerungsinstruments erhöht. Die Anstellung stellt eine echte Alternative der Ausgestaltung und der Übertragung der Zulassung dar.

Die echte Alternative, in Form der Anstellung vertragsärztlich tätig zu sein, eröffnet darüber hinaus alle Möglichkeiten von Angestellten, welche selbständig Tätige nicht nutzen können. Dazu gehören steuerliche Gestaltungsmöglichkeiten, die nur der Einkunftsart „Einkünfte aus nichtselbständiger Arbeit" (§ 19 EStG) vorbehalten sind, Altersversorgungsregelungen und nicht zuletzt der Kündigungsschutz.

Diese rechtlichen Möglichkeiten der vereinfachten eigenen Anstellung von Ärzten und flexibleren ambulanten ärztlichen Tätigkeit in Form von unselbständiger Tätigkeit in Teilzeit- oder Vollzeit, haupt- oder nebenberuflich, waren bis zu der Flexibilisierung mangels wirklicher Alternative zur vertragsärztlichen Zulassung als selbständiger Unternehmer- oder Mitunternehmer nicht gegeben.

b. Anstellung zur Praxiserweiterung

Mit dem VÄndG werden angestellte Ärzte in ungesperrten Planungsbereichen auf die Bedarfsplanung angerechnet[177], ihre Anstellung ist daher ohne Leistungsbegrenzung möglich. Nur in gesperrten Planungsbereichen gilt weiterhin eine Leistungsbeschränkung (§ 95 Abs. 9 S. 2 i. V. m § 101 Abs. 1 S. 1 Nr. 5), weshalb in diesem Falle Fachgebietsidentität der angestellten mit den anstellenden Ärzten erforderlich ist. Bei den Vertragszahnärzten wurde die nach altem Recht geregelte Begrenzung der Punktmengen für einen angestellten Zahnarzt aus dem Gesetz gestrichen. Punktmengen sind neben dem so genannten Punktwert Vergütungsparameter in der vertragsärztlichen Vergütung. Die Kollektivvertragsparteien bewerten mit ihnen Behandlungsleistungen. Sie

---

strengen Vorgaben der ärztlichen Berufsordnung gemessen werden, sind sie nicht auf die dort in § 17 Abs. 2 MBO-Ä erfolgte Begrenzung auf zwei Zweigstellen / Nebenbetriebsstätten gebunden (Sächsisches LSG, Urt. v. 24.06.2009, L 1 KA 8/09, GesR 2010, 130, Leitsatz).

[176] Ratzel/Möller/Michels, MedR 2006, 377 (377).
[177] Das erfolgt nach § 101 Abs. 1 S. 6 entsprechend ihrer Arbeitszeit. Für MVZ hat der G-BA Anrechnungswerte für unterschiedliche Arbeitszeiten festgelegt, § 38, für angestellte Ärzte in § 23 i Abs. 2 BedarfsplRL-Ä.

bilden damit die Leistung des Vertragsarztes ab. Der § 85 Abs. 4b S. 7 a. F. regelte insoweit: "Die Punktmengen erhöhen sich um 70 vom Hundert je ganztägig angestelltem Zahnarzt im Sinne des § 32b Abs. 1 der Zulassungsverordnung für Vertragszahnärzte und um 25 vom Hundert für Entlastungs-, Weiterbildungs- und Vorbereitungsassistenten. Bei Teilzeit- oder nicht ganzjähriger Beschäftigung verringert sich die zusätzlich zu berücksichtigende Punktmenge entsprechend der Beschäftigungsdauer. Die Punktmengen umfassen alle vertragszahnärztlichen Leistungen im Sinne des § 73 Abs. 2 Nr. 2. In die Ermittlung der Punktmengen sind die Kostenerstattungen nach § 13 Abs. 2 einzubeziehen. Diese werden den KVen von den Krankenkassen mitgeteilt." Nach der Änderung durch das VÄndG ist eine Begrenzung der Punktmengen nur noch für Aus-, Weiterbildungs- und Entlastungsassistenten geregelt.[178] Damit ist eine Gleichstellung mit dem MVZ bei der Anstellung von Ärzten und Zahnärzten auch bedarfsplanerisch erfolgt. Dabei unterliegen MVZ allerdings nicht der weiteren berufsrechtlichen Einschränkung der Vertragsärzte, die ihre Leistung persönlich erbringen müssen und darüber in der Ausübung der Tätigkeit durch Angestellte beschränkt sind.

Mit diesen Änderungen durch das VÄndG wurde konsequenterweise auch eine weitere besondere Einschränkung bei Vertragszahnärzten aufgehoben, nämlich das gesetzliche Erfordernis der so genannten Gleichberechtigung der Gesellschafter einer BAG. Nur der gleichberechtigte Partner der seinerzeitigen BAG galt als Gesellschafter mit der Möglichkeit der vollen Inanspruchnahme der bis zu 3 % erhöhten Punktmengen für BAG in gesperrten Bereichen[179], die für diese Zusammenarbeit vorgesehen waren. Für Anstellungsverhältnisse war eine viel weitergehende Punktmengenbegrenzung geregelt (§ 85 Abs. 4 a. F.) in der Form, dass nur 70 % der für einen gleichberechtigten Partner geltenden Punkte degressionsfrei waren. Für den nicht gleichberechtigten Partner einer Gesellschaft (in diesem Sinne Scheinpartner oder gescheiterte Partnerschaft) galt diese begrenzende Regelung für angestellte Zahnärzte entsprechend. Eine Gleichberechtigung der zahnärztlichen Mitglieder lag vor, wenn vertraglich gleiche Rechte und Pflichten der Teilhaber in Berufsausübung und Praxisführung vereinbart waren. Die gleichberechtigte Teilhaberschaft musste gegenüber dem Zulassungsausschuss durch Vorlage des notariell beglaubigten Vertrages nachgewiesen werden, um sicherzustellen, dass nicht aus rein abrechnungstechnischen Gründen so genannte verkappte Anstellungsverhältnisse unter dem Deckmantel der BAG geführt wurden. Es kommt seither für die Ermittlung der Punkmengen bei zahnärztlichen BAG (§ 33 Abs. 2 Zahnärzte-ZV) auf die Zahl der zahnärztlichen Mitglieder an (§ 85 Abs. 4b S. 3), der Gesetzgeber hat die Unterscheidung zwischen gleichberechtigten und nicht gleichbe-

---

[178] Das wurde geändert durch Artikel 1 G. v. 22.12.2006, BGBl. I, 3439 mit Wirkung vom 01.01.2007.
[179] § 23c BedarfsplRL-Ä.

rechtigten Partnern aufgegeben, weil schon angestellte und somit erst recht nicht gleichberechtigte Partner in der Bedarfsplanung mitgerechnet werden.[180]

Die neuen Regelungen zur Anstellung von Ärzten und Zahnärzten eröffnen völlig neue Möglichkeiten der Gestaltung der vertragsärztlichen Praxis. Die vor dem VÄndG bestehenden Beschränkungen bei der Anstellung von Ärzten führten zu einem hohen Kriminalitätspotential, weil verbreitet versucht wurde, die wirtschaftlichen Vorteile von Anstellungsverhältnissen dennoch zu nutzen und zu diesem Zwecke abhängige Beschäftigungsverhältnisse nach außen als Kooperationen dargestellt wurden. Im Jahr 2000 erhielten solche Konstellationen durch Bekanntwerden von Strafverfahren im Bereich der ärztlichen Abrechnung in einem bis dahin nicht gekannten Umfang eine starke öffentliche Aufmerksamkeit. Da angestellte Ärzte in nicht gesperrten Gebieten aber nunmehr bedarfsplanerisch grundsätzlich voll berücksichtigt werden können, bestehen nicht mehr so erhebliche Anreize, in Form von Abrechnungsvorteilen eine Scheinsozietät zu konstruieren oder einen so genannten verkappten Angestellten zu beschäftigen. In gesperrten Gebieten, in denen der Angestellte nicht bedarfsplanerisch voll berücksichtigt werden kann, wird hingegen (ohnehin) auch kein weiterer Mitunternehmer (Gesellschafter) uneingeschränkt zugelassen, so dass für diesen Fall auch eine Scheinsozietät nicht möglich wäre. Nach wie vor besitzt die geschilderte Problematik nicht nur hohe Relevanz aufgrund sehr lange nachwirkender Altfälle[181], sondern es bleiben auch aktuelle Gründe, Scheingesellschaftsverhältnisse zu begründen, wie etwa Zuschläge für Gemeinschaftspraxen oder größere Flexibilität bei der Anstellung, aufgrund derer das Thema ebenso aktuell wie brisant bleibt.[182] So ist nach § 23j BedarfsplRL-Ä für eine Anstellung Fachgebietsidentität erforderlich. Das ist gegeben, wenn der anzustellende Arzt mit dem anstellenden Arzt in der Facharztkompetenz und, sofern eine entsprechende Bezeichnung geführt wird, in der Schwerpunktkompetenz übereinstimmt. In einer Gemeinschaftspraxis genügt dabei die Übereinstimmung mit der Facharztkompetenz nur einer der Vertragsärzte.

Das VÄndG hat daher eine Stärkung des Steuerungsinstruments der vertragsärztlichen Zulassung dadurch bewirkt, dass diese durch neue Tatbestände von ihrem Inhaber einfacher übertragen und ihr wirtschaftlicher Wert damit besser nutzbar gemacht werden kann, wie auch die Handlungsspielräume durch die Anstellung von anderen

---

[180] RegE-VÄndG, BT-Drs. 16/2474, 20.

[181] Vgl. etwa LSG Niedersachsen-Bremen, Urt. v. 17.12.2008, L 3 KA 316/04, GesR 2009, 206 (209).

[182] Vgl. etwa BSG, Urt. v. 23.06.2010, B 6 KA 7/09 R, wonach das BSG unter detaillierter Stellungnahme zu Scheinrechtsverhältnissen entschieden hat, dass die KVen berechtigt sind, zu viel gezahltes Honorar für Leistungen, die im Rahmen einer "unechten" Gemeinschaftspraxis erbracht werden, zurückzufordern..

Ärzten erheblich erweitert worden sind. Ergänzend wurden finanzielle Beschränkungen beseitigt, indem die Geltung der Bedarfsplanung wie für die Zulassung vorgesehen wurde und die Punktwerte für Anstellungsverhältnisse neu geregelt wurden. Die Gleichstellung von Anstellung und Zulassung im Hinblick auf die bedarfsplanerischen Regelungen[183] können als Anreiz des Gesetzgebers für die Nutzung der neuen Mechanismen im Instrument der vertragsärztlichen Zulassung interpretiert werden. Sie eröffnen ein viel breiteres Spektrum an ärztlicher Tätigkeit in Bezug auf Arbeitszeit und wirtschaftliches Risiko. Berufliche Kooperationen können bessere Alternativmodelle zu MVZ oder der stationären Versorgung bieten, wenn sie bei der Anstellung von Ärzten weitestgehend frei sind, und dienen daher dem zugelassenen Vertragsarzt, im Wettbewerb zu bestehen. Ferner kann die Versorgung hierdurch verbessert werden, nicht zuletzt auch die sektorenübergreifende, da sich Vereinbarungen zur IV durch die größere Gestaltungsfreiheit der Vertragsärzte leichter schaffen lassen.

c. Grenzen und Rücknahme der Anstellungsmöglichkeiten

c. a. Kollektivvertragliche Einschränkung

Die gesetzlich vorgesehenen Freiheiten der Anstellung von Ärzten wurden allerdings von den Kollektivvertragspartnern eingeschränkt.[184] Diese haben die Zulässigkeit von Anstellungsmöglichkeiten zahlenmäßig beschränkt und damit die gesetzliche Flexibilisierung der freien Anstellungsmöglichkeit erheblich begrenzt.

Die sehr weitgehende Selbstbeschränkung durch die Kollektivvertragspartner ist bedenklich, da sie die mit dem VÄndG eröffneten gesetzlichen Möglichkeiten für die niedergelassenen Ärzte wieder einengt. Die so neuerlich begrenzten Handlungsmöglichkeiten für den zugelassenen Vertragsarzt wirken sich wiederum nachteilig auf die Akzeptanz des Systems „Steuerung über die vertragsärztliche Zulassung" aus. Das stärkt automatisch das Interesse an der Entwicklung alternativer Teilnahmemöglichkeiten wie dem System der Selektivverträge.

Allerdings relativiert sich die zahlenmäßige Beschränkung durch die Kollektivvertragspartner nach Betrachtung weiterer Aspekte, wie etwa der steuerlichen Grenzsetzungen für eine Anstellung. Danach wären die Anstellungsmöglichkeiten, selbst wenn die kollektivvertraglichen Einschränkungen nicht erfolgt wären, schon durch andere Aspekte stark beschränkt. Das bedeutet aber zugleich, dass der Gesetzgeber des VÄndG seiner Vorstellung nach die Zulassung viel weiter flexibilisieren wollte, als er

---

[183] Schallen spricht von einer statusrechtlichen Annäherung des Angestellten zum Vertragsarzt, Schallen, § 32b Rn. 1094.
[184] Für Ärzte § 14a BMV-Ä. Die Einschränkungen wurden kritisiert, vgl. etwa Orlowski/Halbe/Karch, VÄndG, 17.

es tatsächlich erreicht hat. Daran ist er nicht nur aufgrund von Einflüssen anderer Rechtsgebiete, die er nicht bedacht hat, gescheitert, sondern durch die Selbstbeschränkung der Kollektivvertragspartner. Dem hat der Gesetzgeber nicht durch gesetzliche Regelungen vorgebeugt. Einflüsse in anderen Rechtsgebieten zeigen sich etwa in steuerlichen Restriktionen[185]. Diesen entsprechen die Bundesmantelvertragspartner im Übrigen, wenn sie etwa die Forderung einer persönlichen Leitung aufstellen, § 14a BMV-Ä.

Wenn der Überlegung des Gesetzgebers des GKV-WSG entsprechend die Zulassungsbeschränkungen aufgrund der Bedarfsplanung auch für Ärzte entfallen wären, hätte man annehmen können, dass eine Beschränkung der Anstellungsmöglichkeiten nicht mehr begründet ist. Die Bedarfsplanung, auf die sich die Kollektivvertragspartner zur Begrenzung der Zahl zulässiger Anstellungsverhältnisse bezogen, würde als Argument dann nicht mehr greifen. Mit Blick auf das Verhalten der Kollektivvertragspartner bei den Zahnärzten lässt sich jedoch eine ganz andere Reaktion absehen. Bei den Zahnärzten sind die Zulassungsbeschränkungen bereits gefallen. Das Instrument der Zulassung wird hierdurch aber keineswegs automatisch noch weiter flexibilisiert, denn an anderer Stelle ist in diesem Zusammenhang unmittelbar mit neuerlichen Einschränkungen zu rechnen. So haben die Kollektivvertragspartner noch strengere Beschränkungen der Möglichkeit zur Anstellung von Zahnärzten aufgestellt, als sie dies für die Gruppe der bei Ärzten angestellten Ärzte vorgenommen haben. Die Begründung hierfür war[186], dass angestellte Ärzte nicht zur selbständigen Teilnahme an der vertragsärztlichen Versorgung zugelassen sind, sondern lediglich Leistungen für den anstellenden Vertragsarzt erbringen. Man kann das als Annexleistung bezeichnen.[187] Das wirkt sich nach Begründung der Kollektivvertragspartner darin aus, dass auch nur niedergelassene Ärzte für die Leistungserbringung - auch ihrer angestellten Ärzte - haften. Diese größere Verantwortung der niedergelassenen als der angestellten Ärzte habe sich mit der durch den Gesetzgeber vorgenommenen Erweiterung der Anstellungsmöglichkeiten durch das VÄndG nicht geändert, sodass die Tätigkeit von angestellten Ärzten in der Versorgung begrenzt bleiben müsse.

---

[185] Bei Anstellung von Ärzten droht Gewerbesteuer, wenn hierdurch das für die Freiberuflichkeit unumgängliche Kriterium der Eigenverantwortlichkeit nicht mehr erfüllt ist, vgl. Finanzgericht Sachsen-Anhalt, Urt. v. 24.08.2006, 1 K 982/03 (Freiberuflichkeit abgelehnt), EFG 2006, 1916 und 1 K 30035/02 (Freiberuflichkeit noch gegeben), PFB 2007, 137 (137).

[186] Gemeinsame Erklärung der Bundesmantelvertragspartner Zahnärzte vom 25.01.2007, Zahnärztliche Mitteilungen Heft 4, 2007, 148 bis 149, vom 16.02.2007 (unter Bekanntmachungen), auch zu finden unter http://www.zm-online.de/m5.htm (12.11.2011).

[187] Das spricht gegen eine weite statusrechtliche Annäherung des angestellten zum niedergelassenen Vertragsarzt, wie sie Schallen tendenziell sieht, § 32b Rn. 1094.

Selbst wenn daher die Bedarfszulassung bei Ärzten aufgehoben worden wäre, wären damit auch Einschränkungen der gesetzlichen Regelungen zur Flexibilisierung der vertragsärztlichen Zulassung durch die Kollektivvertragspartner zu erwarten und damit auch in diesem Falle keine volle Nutzung der gesetzlichen Flexibilisierungen gewesen.

Eine weitere Einschränkung haben die Kollektivvertragsparteien für die Anstellung von Ärzten bestimmter Fachgruppen geregelt. Der BMV-Ä regelt die Unzulässigkeit der Anstellung gewisser Fachgruppen (§ 14a Abs. 2 BMV-Ä). Hintergrund für diese Einschränkung ist, dass in diesen Konstellationen die Gefahr der unerlaubten Zuweisung gegen Entgelt[188] gesehen wird. Es handelt sich um Fachärzte aus typischen Überweisungsfächern. So ist eine Anstellung nach § 14a Abs. 2 BMV-Ä unzulässig, wenn Ärzte nach § 13 Abs. 4 BMV-Ä nur auf Überweisung in Anspruch genommen werden dürfen. Die Berufsordnungen sehen dies hingegen explizit nur für Teilberufsausübungsgemeinschaften vor. Die Ausweitung auf Anstellungsverhältnisse durch die Kollektivvertragsparteien über die Berufsordnung hinaus ist daher mangels Ermächtigungsgrundlage als unzulässig zu bewerten.[189] Obwohl de iure unzulässig, muss de facto jedoch mit entsprechenden Regelungen in der Praxis umgegangen werden.

Insbesondere wenn man berücksichtigt, dass die Zahl von angestellten Ärzten in MVZ seit Einführung des Leistungserbringers stetig und stark anwächst[190], sind die Beschränkungen der seit dem VÄndG grundsätzlich auch für Vertragsärzte vorgesehenen Möglichkeiten, die Vorteile der Anstellung wie die MVZ zu nutzen, bedenklich, denn die Nutzungsmöglichkeiten für MVZ sind weit weniger beschränkt und stärken damit weiterhin diese Leistungsform.

Der Arzt, der im MVZ in der ambulanten Versorgung tätig wird, verliert die typisch freiberufliche, unabhängige Stellung des zugelassenen Leistungserbringers. Er ist Angestellter eines Unternehmens, zudem nicht einer typischen Freiberuflergesellschaft. Das Unternehmen MVZ wird ferner nicht zwingend von einem Arzt sondern beispielsweise einem Apotheker oder sogar einem Leistungserbringer der stationären Versorgung, einem Krankenhaus, betrieben.[191] Die von Krankenhäusern betriebenen MVZ betrugen im IV. Quartal 2010 36,7 %[192] (im II. Quartal 2008[193] 36,9 %, im II.

---

[188] § 31 MBO-Ä.
[189] Orlowski/Halbe/Karch, VÄndG, 69.
[190] KBV, http://daris.kbv.de/daris.asp unter „KBV Veröffentlichungen", „Grunddaten", „2010", „I. Ärzte" I.24 (12.11.2011).
[191] Das GKV-VStG beschränkt den Kreis möglicher Träger, BR- Drs. 785/11, 18.
[192] Zu finden unter dem „Titel / Thema": Medizinische Versorgungszentren aktuell (II. Quartal 2010) vom 05.04.2010 und (IV. Quartal 2010) vom 30.06.2010, „Dokumente zum Download", KBV, 2012c, http://www.kbv.de/koop/8791.html (12.11.2011).

Quartal 2010 38,5 %) und hatte die sinkende Anzahl von der Ärzten betriebenen MVZ von 43,4 % im IV. Quartal 2010 (im Jahr 2008 55,8 %, im II. Quartal 2010, 47,3 %) damit fast erreicht. Ersichtlich sind danach bei einer erheblichen Anzahl der MVZ Krankenhäuser als Träger beteiligt.[194] Die ambulante ärztliche Versorgung verschiebt sich danach auf diesem Wege in die Steuerungsmacht anderer Leistungserbringer als der niedergelassenen Ärzte, und zwar sowohl unmittelbar als auch mittelbar sogar in den Lenkungsbereich des stationären Sektors. Der Gesetzgeber des GKV-VStG plante daher schon, die Trägerschaft ganz auf Ärzte zu beschränken, was aber letztlich nicht erfolgte.[195]

Die vermeintliche Flexibilisierung der Anstellung zur Praxiserweiterung ist daher erheblich beschränkt und stärkt die Akzeptanz und Nutzbarkeit des Steuerungsinstruments „Zulassung" nicht in der Bedeutung, wie eigentlich vom Gesetzgeber des VÄndG beabsichtigt. Das wurde in allen nachfolgenden Reformen einschließlich des GKV-VStG nicht geändert.

c. b. Übertragbarkeit der Anstellungsgenehmigung

Neben der Einschränkung der Zahl der Angestellten wurde auch die Möglichkeit der Nutzbarmachung der Zulassung durch Verzicht zum Zwecke einer Anstellung bei einem Vertragsarzt mit Einschränkungen belegt. So kann der unter Verzicht auf seine Zulassung in eine Anstellung wechselnde Arzt seine Vertragsarztpraxis nicht fortführen (§ 103 Abs. 4a S. 1, 2. HS.), sie ist damit zunächst endgültig beendet. Was mit der in eine Anstellung umgewandelten Zulassung bei Veränderungen geschieht, hatte der Gesetzgeber nicht geregelt. Veränderungen ergeben sich, wenn der anstellende Arzt in Einzelpraxis aus einer BAG ausscheiden oder seine Praxis übertragen will. Da das Recht, angestellte Ärzte zu beschäftigen, aus dem Zulassungsstatus resultiert[196] wurde daraus gefolgert, dass die Anstellung von der Zulassung des Vertragsarztes abhängt, das Schicksal der Anstellung ihr nach Auffassung von Zulassungsausschüssen folgt und die Anstellung daher mit Aufgabe des Vertragsarztstatus endet.[197] Dieser Nachteil existierte für das MVZ nicht, weil hier die Zulassung nicht an einem Vertragsarzt

---

[193] Für die Zahlen aus 2008, KBV, http://www.kbv.de/themen/7178.html (20.12.2008, nicht mehr zugreifbar, aus den nachfolgenden Fn. bestätigt sich die Fortsetzung des Trends einer Zunahme insgesamt und von MVZ in Krankenhausträgerschaft).

[194] Zu finden unter „Titel / Thema": Entwicklung der Medizinischen Versorgungszentren 2006 bis 2010 „Dokumente zum Download" vom 05.04.2010, KBV, 2012c, http://www.kbv.de/koop/8791.html (12.11.2011).

[195] Vgl. dazu schon unter Kap. 3 A.I.2.; zum Kreis möglicher Träger, BR-Drs. 785/11, 18.

[196] Schallen, § 32b Rn. 1033d.

[197] Vgl. KBV unter Themen A - Z, Vertragsarztrecht VÄndG FaQs zu 3.c, http://www.kbv.de/themen/10309.html, (12.11.2011).

hängt. Weder konnte der angestellte Arzt also bis zum GKV-VStG eine Anstellung nach Verzicht wieder in eine Zulassung rückumwandeln[198], denn eine analoge Anwendung von § 103 Abs. 4a a. F. wurde wegen der damit weitgehenden Abweichung von § 103 Abs. 4b in der Literatur abgelehnt[199], noch sahen die Nachbesetzungsregelungen eine Berücksichtigung vor. In der Literatur wird hierin sogar ein Grund gesehen, dementsprechend den Bestand von Anstellungsverträgen von der Zulassung abhängig zu machen, um dann für den Fall des Erlöschens der Zulassung eine Beendigung des Arbeitsverhältnisses zu gewährleisten.[200]

Die Rechtsprechung hatte hingegen durch ein Fachgericht zugunsten der Vertragsärzte entschieden, dass auch eine Anstellung zu dem von Art. 14 GG geschützten Umfang der Praxis gehöre und festgestellt, dass die Praxis eines Vertragsarztes mit ihren angestellten Ärzten in den Schutzbereich des § 103 Abs. 4 fällt. Ein Praxisnachfolger hat demzufolge einen Anspruch auch auf Übertragung der Genehmigung der Anstellung eines Arztes entsprechend dem Anspruch auf Nachbesetzung nach § 103 Abs. 4b S. 2.[201] Das entspricht den Anforderungen der Praxis, da eine Anstellung die den Praxiswert bildenden Umsätze wesentlich beeinflussen kann. Dass die erhebliche wirtschaftliche Bedeutung dem Gesetzgeber eigentlich hätte bekannt sein müssen, zeigt seine ausdrücklich geforderte Verpflichtung zur Leistungsbeschränkung beim Job-Sharing. Für das Schicksal der Anstellung bei Veränderungen auf Ebene des Vertragsarztes, dem die Anstellung zugeordnet ist, hat er jedoch keine Regelungen vorgesehen. Die genannte Entscheidung blieb bisher die Ausnahme. Erst das GKV-VStG hat durch die Neuregelung des § 103 Abs. 4 S. 2 die Rechtsprechung bestätigt und Ärzten die Rechte wie MVZ eingeräumt, die allein bis dahin eine Anstellungsstelle nachbesetzen konnten.[202]

Dagegen wurde die Endgültigkeit der Umwandlung eines Vertragsarztsitzes und der Ausschluss einer weiteren Übertragung, also die Verlegung einer Arztstelle, nach neuerer Rechtsprechung auch für MVZ bestätigt. Der Verzicht eines MVZ auf eine Arztstelle zugunsten eines anderen MVZ (sprich die Übertragung einer Arztstelle) ist danach nicht möglich.[203] Da nach § 95 Abs. 9b n. F. i. V. m. § 103 Abs. 4a S. 4 seit

---

[198] Das wird mit dem GKV-VStG geändert, BT-Drs. 17/6906, 22, § 95 Abs. 9b n. F..
[199] Schallen, § 32b Rn. 1033e.
[200] Schallen, § 32b Rn. 1033g.
[201] SG Marburg, Urt. v. 14.01.2009, S 12 KA 507/08, MedR 2009, 304 - juris, Leitsatz.
[202] LSG Nordrhein-Westfalen, Urt. v. 27.10.2010, L 11 KA 31/09 - juris, bestätigt durch BSG, Urt. v. 19.10.2011, B 6 KA 23/11, Terminbericht des BSG Nr. 53/11 (zur Terminvorschau Nr. 53/11).
[203] Hessisches LSG, Urt. v. 10.02.2010, L 4 KA 33/09, GesR 2010, 257 (258), bestätigt durch BSG, Urt. v. 23.03.2011, B 6 KA 8/10 R, GesR 2011, 616. Im Einzelnen vgl. schon oben Kap. 3 A.I.2..

dem GKV-VStG für Vertragsärzte wie MVZ eine Rückumwandlung der Anstellung möglich ist, wird diese Rechtsprechung, jedenfalls im Hinblick auf eine Rückumwandlung, zu erneuern sein.

Auch dieser Fall zeigt, dass die vom Gesetzgeber eingeräumten Möglichkeiten übermäßig restriktiv interpretiert werden. Haben dies im Falle der Zahl der Anstellungen die Kollektivpartner zu verantworten, sind es vorliegend die Zulassungsausschüsse, die die gesetzlichen Flexibilisierungen zum Nachteil der Vertragsärzte zurückdrängen. Verantwortlich hierfür sind also Krankenkassen ebenso wie die Vertretungskörperschaften der Vertragsärzte. Das Vorgehen verhindert die Förderung und Entwicklung der Zulassung als Steuerungsinstrument.

c. c. Grenzsetzung durch andere Rechtsgebiete - Steuerrecht und Berufsrecht

Das Steuerrecht setzt einer Nutzung der neuen Möglichkeiten ebenfalls Grenzen, da die Finanzverwaltung bei Anstellung mehrerer Ärzte verstärkt prüft, ob der anstellende Arzt noch leitend und eigenverantwortlich tätig ist. Entscheidet der angestellte Arzt weitgehend alleine, und nimmt der anstellende Arzt nicht ausreichend persönlich an der Arbeit des angestellten Arztes teil, erzielt der anstellende Vertragsarzt nach Auffassung der Finanzverwaltung Einkünfte aus Gewerbebetrieb (§ 15 Abs. 1 S. 1 EStG). Bei Anstellung fachfremder oder mehrerer Ärzte ist das Risiko fehlender ausreichender persönlicher Teilnahme des arbeitgebenden Arztes erhöht.[204] Bei einer Anstellung in Filialen wird das Risiko potenziert. Mit der Gewerbesteuerpflicht sind überdies in derartigen Fällen die gesamten ärztlichen Einnahmen einer Praxis bedroht, vorausgesetzt, die Grenze zur Gewerbesteuerpflicht wird erreicht. Der Gesetzgeber des VÄndG, der die erheblichen Flexibilisierungen des SGB V eingeführt hat, hat nicht den erforderlichen Blick auf andere fortbestehende Grenzen geworfen. Wegen der Möglichkeit der Berücksichtigung der Gewerbe- bei der Einkommensteuer ist der wirtschaftliche Nachteil nicht von vornherein Kriterium gegen die Anstellung. Allerdings wird nur in den Fällen, in welchen bei wirtschaftlicher Betrachtung eine bewusste Einkalkulierung dieses steuerlichen Risikos gleichwohl im Ergebnis zu einem posi-

---

[204] Etwa OFD Frankfurt/M., Vfg. v. 16.06.2008, Az.: S 2246 A - 33 - St 210, Ziff. 4. Vgl. zu medizinischen Hilfskräften schon BFH, Urt. v. III R 118/85, Finanzgericht Sachsen-Anhalt, Urt. v. 24.08.2006, 1 K 982/03, EFG 2006, 1916 - juris, Leitsatz (Freiberuflichkeit bei mehreren Ärzten unter anderem unter Bezugnahme auf die „Stempeltheorie" des BFH, Urt. v. 01.02.90, IV R 140/88, BStBl. 1990 II, 507 abgelehnt - juris Rn. 17), die Nichtzulassungsbeschwerde beim BFH, XI B 155/06, wurde nach Rücknahme der Beschwerde mit Beschl. des BFH v. 17.01.2007 eingestellt. Finanzgericht Sachsen-Anhalt, Urt. v. 24.08.2006, 1 K 30035/02 (Freiberuflichkeit bei einem einzigen Arzt noch möglich), PFB 2007, 137 (137).

tiven Saldo führt, die Option von Anstellungsverhältnissen dennoch eine Flexibilisierung bedeuten.

Die Möglichkeit, die Zulassung im Wege der Anstellung zu „versilbern", bedeutet in steuerlicher Hinsicht aber auch einen Vorteil, nämlich dann, wenn der Arzt, der zugunsten einer Anstellung verzichtet, weiter tätig sein will. Im Fall der Praxisveräußerung war, neben weiteren Kriterien, eine steuerliche Begünstigung nur möglich, wenn der Veräußerer seine selbständige Tätigkeit vollständig aufgab. Aufgrund der Anstellungsmöglichkeit besteht nun die Möglichkeit einer nennenswerten weiteren beruflichen Tätigkeit, ohne die Steuervorteile bei einer Praxisveräußerung zu verlieren. Die Überlegung eines Vertragsarztes, seinen vertragsärztlichen Teil einer privat- und vertragsärztlichen Praxis in Form einer Anstellung unter Fortsetzung der privatärztlich selbständigen Tätigkeit zu „verwerten", wird allerdings wie bisher den Ausschluss der Steuervorteile des Freibetrags nach § 16 Abs. 4 EStG und der Steuerermäßigung nach § 34 EStG zur Folge haben. Die Übertragung des vertragsärztlichen Praxisteils an ein MVZ oder einen Arzt gegen Entgelt bedeutet, wie auch immer im Einzelnen ausgestaltet, die Realisierung eines Gewinns aus einer Praxisveräußerung, der damit bei weiterer privatärztlicher Tätigkeit ohne Begünstigung versteuert werden muss. Die Verwertung der vertragsärztlichen (Teil)praxis über den Weg einer Anstellung, erfordert zur Nutzung von Steuervorteilen wie bei der herkömmlichen, bis zum VÄndG allein möglichen Praxis(teil)veräußerung auch, die Aufgabe der selbständigen Tätigkeit. Eine erleichterte Verwertung der Vertragsarztpraxis ist aber auch nicht Hintergrund der gesetzgeberischen Änderungen gewesen, sondern vielmehr die erweiterten Nutzungsmöglichkeiten der vertragsärztlichen Zulassung. Insgesamt sind die steuerlichen Beschränkungen danach vor allem durch Gewerbesteuerrisiken beschränkt, die aber durch andere wirtschaftliche Vorteile nach eigener Entscheidung in Kauf genommen werden können.

In berufsrechtlicher Hinsicht zeigen sich Wertungswidersprüche zu den liberalisierten Regelungen des Vertragsarztrechts. Die Möglichkeit der Anstellung fachfremder Ärzte soll nach dem Willen des Gesetzgebers des VÄndG auch die Tätigkeit fachgebietsfremder ärztlicher Tätigkeiten umfassen. Der anstellende Arzt darf über die Anstellung also nach dem VÄndG fachgebietsfremde fachärztliche Tätigkeiten erbringen. Der Gesetzgeber wollte hiermit gewährleisten, dass eine einschränkungslose Anstellung möglich ist.[205] Viele berufsrechtliche Regelungen lassen das jedoch nicht zu. Das Berufsrecht ist grundsätzlich Ländersache, während das Vertragsarztrecht in die Kompetenz

---

[205] BT-Drs. 353/06, 30 und 48 (der Gesetzgeber spricht von „ohne Begrenzung", soweit keine Zulassungsbeschränkungen bestehen).

des Bundesgesetzgebers fällt.[206] Im Rahmen des Gesetzgebungsverfahrens gab es demgemäß Diskussionen über Kompetenzfragen. Der Bundesgesetzgeber verwies jedoch darauf, dass er lediglich die vertragsarztrechtlichen Möglichkeiten neu regele, damit aber das Berufsrecht unberührt lasse, und lehnte explizite kompetenzrechtliche Vorbehalte zugunsten des Ländergesetzgebers ab.[207] Die Lösung der danach verbliebenen oder erst entstehenden Wertungswidersprüche muss im Einzelfall erfolgen.[208]

Wie oben bereits erwähnt, stellt sich bei Anstellung mehrere Ärzte, gleich ob fachgleich oder fachfremd, die Frage, wann das Erfordernis der persönlichen Leistungserbringung nach § 19 Abs. 1 MBO-Ä nicht mehr gegeben ist. Die Frage stellt sich verstärkt, wenn keine Fachgebietsidentität von anstellendem und angestelltem Arzt vorliegt, weil in diesem Fall Leitung und Kontrolle noch schwieriger werden. Es verbleiben damit viele Rechtsunsicherheiten, die die Nutzung der Flexibilisierung begrenzen.

c. d. Fazit zur Anstellung als Förderung des Steuerungsinstruments der Zulassung

Die Möglichkeiten zur Nutzung der Flexibilisierungen des Steuerungsinstruments der vertragsärztlichen Zulassung im Bereich der Anstellung, die der Gesetzgeber eröffnen wollte, werden durch Vereinbarungen der Kollektivvertragspartner und eine enge Auslegung der Zulassungsausschüsse weitreichend unterbunden. Die volle Ausschöpfung der neuen Anstellungsmöglichkeiten erfordert häufig die Beschreitung des Rechtsweges. Auf der einen Seite kritisieren die Kollektivpartner die Förderung des Wettbewerbs der Krankenkassen zur Gestaltung der ambulanten Versorgung durch den Gesetzgeber von Seiten der Leistungserbringer, andererseits werden aber die Chancen, die der Gesetzgeber für die Zulassung als zukunftsfähiges Steuerungsinstrument eröffnet, von den Vertretungskörperschaften der Vertragsärzte - den KVen - nicht optimal genutzt, sondern z. B. erhebliche kollektivrechtliche Beschränkungen zugelassen.

Die Einschränkungen stimmen insbesondere angesichts der Tatsache bedenklich, dass der Gesetzgeber bei früheren Änderungen schon erkannt hatte, dass die Anstellung nicht nur eine Erweiterung, sondern auch eine Beschränkung der Zulassung bedeuten kann. Mit dem 2. GKV-NOG und der Einführung einer Steuerung über die Begrenzung des Praxisumfangs auch für nicht gesperrte Planungsbereiche (mittels einer Deckelung des Budgets) hatte der Gesetzgeber sich dafür entschieden, noch offene Planungsbereiche nicht mit angestellten und - seinerzeit auch schon einmal - in die Be-

---

[206] Vgl. ausführlich schon Kap. 2 C.II.5., "Berufsrecht".
[207] BT-Drs. 16/3157, 11.
[208] Vgl. zur konkurrierenden Gesetzgebung im Bereich des ärztlichen Berufsrechts, BSG, Urt. v. 28.05.1965, 6 RKA 1/65, BSGE 23, 97 (99); Orlowski/Halbe/Karch, VÄndG, 68 f.

darfsplanung einbezogenen Ärzten zu besetzen, „um niederlassungswilligen Ärzten nicht die Chance auf die eigene Zulassung zu nehmen".[209] Hieraus kann man einen Umkehrschluss (argumentum e contrario bzw. argumentum e silenti[210]) ziehen. Werden danach durch das VÄndG wieder grundsätzlich unbegrenzt angestellte Ärzte in offenen Planungsbereichen bedarfsplanerisch berücksichtigt, würde dieser Umkehrschluss heißen, dass sich die erweiterte Anstellungsmöglichkeit zu Lasten niederlassungswilliger Ärzte und damit von Neuzulassungen auswirkt.[211] Eine solche Folge darf nur gerechtfertigt sein, um die Zulassung entscheidend zu flexibilisieren, andernfalls muss von einer versteckten Entwertung des Instruments der Zulassung ausgegangen werden, da bekannt ist, dass vermehrte Anstellungen zu Lasten niederlassungswilliger Ärzte gehen. Eine entscheidende Flexibilisierung hat der Gesetzgeber jedoch nicht gesichert, da er den angeführten Beschränkungen nicht vorgebeugt hat.

Zudem gibt es viele rechtliche Unklarheiten, wie die dargestellten steuerlichen Unwägbarkeiten von Anstellungsmodalitäten, welche die Nutzung der Möglichkeiten einschränken. Durch die Flexibilisierung der Anstellung mit der Änderung des § 20 Abs. 2 S. 2 Ärzte-ZV im Rahmen des VÄndG ist ferner nicht nur die Behandlung der eigenen Praxispatienten am Krankenhaus in Anstellung eröffnet, sondern auch die freie Mitarbeit. Daraus folgt die für Vertragsärzte sehr relevante Frage der Tätigkeit als Honorararzt. Da die Tätigkeit als Honorararzt keine Form der Anstellung ist, wurde sie hier nicht erörtert. Das erfolgte überdies bereits zu Kapitel 3 A.I.2 zu § 115b. Über alle gesetzlichen Änderungen, insbesondere Flexibilisierungen, die die Tätigkeitsmöglichkeiten des Vertragsarztes erweitern sollen, muss bei Unklarheiten aufgeklärt werden und ggf. eine rechtliche Klärung vorangetrieben werden. Andernfalls kann von der Weiterentwicklung des Instruments der vertragsärztlichen Zulassung nicht profitiert werden. Zur Aufklärung sind die Leistungserbringer, aber vor allem auch ihre Vertretungskörperschaften, die KVen aufgefordert.

---

[209] *Pawlita*, in: juris-PK SGB V, § 95 Rn. 540.

[210] Vgl. LSG Nordrhein-Westfalen, Urt. v. 27.10.2010, L 11 KA 31/09 - juris Rn. 46; zur Gesetzesauslegung allgemein ferner Hessisches LSG, Urt. v. 10.02.2010, L 4 KA 33/09, GesR 2010, 257 (258).

[211] Diese mögliche Folge der Neuregelung wurde im Rahmen des Gesetzgebungsverfahrens auch von den Linken kritisiert (allerdings mit anderem Resultat als d. Verf.). Die Linke stellte dann einen Änderungsantrag zum geplanten § 101 Abs. 1 Nr. 5, die Forderung auf, dass die Flexibilisierung der Anstellung von Ärzten ausschließlich für den Fall von Unterversorgung oder drohender Unterversorgung erfolgen sollte. Bei der Öffnung von Möglichkeiten der Anstellung von Ärzten auch in „nicht zulassungsbeschränkten" Planungsbereichen hätten es nach ihrer Begründung Vertragsärzte leichter als bisher, in vollversorgten oder sogar fast überversorgten Planungsbereichen Fuß zu fassen und würden in unterversorgten Planungsbereichen erst recht fehlen. Das Resultat, dass die Linken zogen war, dass eine Flexibilisierung der Anstellung von Ärzten in „nicht zulassungsbeschränkten" Planungsbereichen contraproduktiv sei (BT-Drs. 16/3157, 14).

Der Kollektivpartner, die KVen, sollten daher den für die von Ihnen vertretene Gruppe der niedergelassenen Ärzte produzierten Wettbewerbsnachteil mit der Einschränkung von Anstellungsmöglichkeiten überprüfen, den sie gemeinsam mit dem Konkurrenten, den Krankenkassenverbänden, im Bereich der Kollektivverträge vereinbart haben.

7. Flexibilisierung durch Teilzulassung

Mit dem VÄndG wurde im Zuge der vom Gesetzgeber gewünschten Liberalisierung und Flexibilisierung des Vertragsarztrechts zum 01.01.2007 die Teilzulassung mit § 95 Abs. 3 S. 1 ermöglicht und mit § 19a Ärzte-ZV zulassungsrechtlich umgesetzt. Seither kann ein Arzt nach § 19a Abs. 2 Ärzte-ZV seinen Versorgungsauftrag durch schriftliche Erklärung gegenüber dem Zulassungsausschuss auf die Hälfte beschränken. Die entstehende halbe Zulassung zieht die Halbierung des Abrechnungsbudgets nach sich. Die solchermaßen reduzierte Zulassung wird mit dem Faktor 0,5 auf die Bedarfsplanung angerechnet (§ 101 Abs. 1 S. 7). Eine Teilzulassung mit einem anderen Umfang als einem hälftigen Versorgungsauftrag ist - anders als bei der Anstellung von Ärzten - aus Vereinfachungsgründen nicht vorgesehen. Die reduzierte Zulassung kann im gesperrten Planungsbereich grundsätzlich nicht mehr zu einer vollen Zulassung aufgestockt werden. Es bedarf dazu vielmehr der Erfüllung der üblichen Zulassungsvoraussetzungen. Zunächst kann festgestellt werden, dass es bis zu der Einführung der Teilzulassung neben der vollen Zulassung als Formen der Zulassung mit zeitlich beschränktem Umfang nur die Ausnahme der Sonderbedarfszulassung nach § 101 S. 1 Nr. 3 i. V. m. § 72 Abs. 2 und § 24 der BedarfsplRL-Ä sowie der Zulassung für eine Jobsharing-BAG, auch vinkulierte Zulassung genannt, nach § 103 Abs. 1 Nr. 4 (hier allerdings zeitlich beschränkt im Sinne einer Befristung, nicht einer arbeitszeitlichen Reduzierung, wie bei der Teilzulassung) gab. Die Neuerung bedeutet daher eine Erweiterung der Zulassungsformen.

a. Chancen durch die Teilzulassung

a. a. Selbständige und nichtselbständige Tätigkeit

Die Teilzulassung erlaubt es dem zugelassenen Vertragsarzt, seine selbständige Tätigkeit als niedergelassener Inhaber einer vertragsärztlichen Zulassung mit einer gleichberechtigten unselbständigen Tätigkeit zu verbinden. So kann er etwa neben seiner Niederlassung im Krankenhaus oder MVZ als angestellter Arzt arbeiten.

Vor Einführung der Teilzulassung war eine andere Tätigkeit, neben der vollzeitigen Zulassung stark beschränkt, vor allem eine zulässige Anstellung war durch die Rechtsprechung im Wege der Begrenzung auf eine bestimmte Stundenanzahl stark reglementiert. Die Rechtsprechung zur zeitlichen Begrenzung einer zulässigen Nebentätig-

keit i. S. d. § 20 Abs. 1 S. 1 Ärzte-ZV neben der Tätigkeit als zugelassener Vertragsarzt galt jedenfalls bis zum GKV-VStG zwar auch neben einer Teilzulassung grundsätzlich fort. Aber auch nach bisheriger Rechtsprechung ist eine solche Begrenzung
nur auf abhängige Beschäftigungsverhältnisse[212] und damit versicherungspflichtige
Nebentätigkeiten i. S. d. § 7 Abs. 1 SGB IV zu beziehen bzw. auf öffentlich-rechtliche
Dienstverhältnisse[213], so dass die Möglichkeit einer nicht sozialversicherungspflichtigen Tätigkeit neben der selbständigen, teilzugelassenen Tätigkeit erheblichen Handlungsspielraum eröffnen könnte. Daraus, dass dies nicht explizit geurteilt wurde, zu
schließen, dass andere als sozialversicherungspflichtige Tätigkeiten, etwa Vortragstä-
tigkeiten, honorarärztliche Tätigkeit, Gutachtenaufträge oder gar eine (fachlich) andere
selbständige Tätigkeit in unbegrenzter Stundenzahl toleriert würden, wäre jedoch nicht
richtig. Allerdings wird hier eine Kontrolle durch die KVen weniger möglich sein, da
keine Antragstellung erforderlich ist und somit auch keine entsprechenden Verwaltungsakte mit Nebenbestimmungen zur zulässigen Arbeitszeit oder nachgehenden
Kontrollen in relevantem Umfang erwartet werden müssen. Mit dem GKV-VStG ist
künftig ohnehin nur noch eine Einschränkung auf die erforderlichen Mindestsprech-
stundenzeiten vorgesehen, die allerdings durch die Vertragspartner noch strenger geregelt werden könnten. Im Ergebnis ist aber auch für versicherungspflichtige Nebentätigkeiten durch die Teilzulassung der Freiraum entschieden größer.

Erste Unsicherheiten in der Anwendung der neuen Freiräume nach dem VÄndG
brachte die Frage, ob und in welchem Umfang auch bei der Teilzulassung zeitliche
Beschränkungen für andere Tätigkeiten gelten. Für die Ermittlung zulässiger Zeiten
einer Nebentätigkeit wurde im Sinne der bisherigen Rechtsprechung bei der Frage an-
gesetzt, bis zu welchem zeitlichen Umfang die Versorgung der gesetzlich Versicherten
noch im erforderlichen Umfang gewährleistet ist. Bei einer hälftigen Zulassung wird
die Grenze dabei unterschiedlich gesehen. Jedenfalls führt die Anwendung der bisherigen Rechtsprechung zum zulässigen zeitlichen Umfang einer Nebentätigkeit auf die
Konstellation der Teilzulassung nicht schematisch zu einer Verdoppelung der bis zum
GKV-VStG anerkannten Nebentätigkeitszeiten.

Die Auffassungen reichten von zulässigen 20 Stunden bis zu 26 Stunden. Eine Begrenzung auf 20 Stunden wurde damit begründet, dass auch Zeiten der Vorbereitung
und Nachbereitung sowie Fahrtzeiten Rechnung getragen werden müsse. Bei einer 20-
stündigen Nebentätigkeit müsse danach von einem tatsächlichen Zeitbudget von bis zu

---

[212] Wenner, GesR 2004, 353 (356 f.).
[213] BSG, Urt. v. 13.10.2010, B 6 KA 40/09 R - juris, Orientierungssatz, unter Bezugnahme
auf BSG, Beschluss v. 11.12.2002, B 6 KA 61/02 B - juris, Orientierungssatz; auch BSG,
Urteil vom 30.01.2002, B 6 KA 20/01 R spricht von Beschäftigungsverhältnis -juris, u. a.
Leitsatz und Rn. 23.

30 Stunden ausgegangen werden, was neben weiteren 20 Stunden in der Niederlassung schon zu einer 50-Stunden-Woche führen würde.[214] Die KBV und, ihr folgend, regionale KVen gingen von der Verdoppelung der richterrechtlich festgesetzten Nebentätigkeitszeiten von 13 Stunden aus und hielten daher eine Nebentätigkeit von 26 Stunden für zulässig.[215] Die Beurteilungsgrundsätze gelten gleichermaßen für eine privatärztliche Tätigkeit neben der vertragsärztlichen. Das BSG hielt 26 Stunden für zulässig.[216] In der Literatur wurde allein auf die Einhaltung der Sprechstunden nach § 17 BMV-Ä abgestellt.[217] Letzeres dürfte nach dem GKV-VStG Relevanz erhalten.

Die Zulassungsverordnung berücksichtigt bei der Frage, ob ein Vertragsarzt seinen Patienten in ausreichender Weise zur Verfügung steht, in auffallender Weise ausdrücklich keine Zeiten, die im Rahmen von Verträgen nach §§ 73b, 73c oder 140b anfallen (§ 20 Abs. 1 S. 2 Ärzte-ZV), was zu einer Förderung entsprechender Verträge führt. Eine Rechtfertigung dieser zu den Anforderungen an die Tätigkeit eines Vertragsarztes im Rahmen seiner Niederlassung im Übrigen völlig gegensätzlichen Behandlung ist nicht ersichtlich. Die Begründung für die zeitliche Begrenzung von Nebentätigkeiten, die Versorgung der Patienten im Rahmen der niedergelassenen Tätigkeiten dürfe nicht leiden, kann für Tätigkeiten im Rahmen bestimmter Selektivverträge nicht pauschal anders beurteilt werden. In Kombination mit der Teilnahme z. B. an Verträgen der IV kann daher die Teilzulassung noch weitergehende Auswirkungen haben und die herkömmliche Tätigkeit eines Vertragsarztes in ungekannter Weise liberalisieren. Das führt für den Fall der Teilnahme an Selektivverträgen zu einer besonders hervorgehobenen Flexibilisierung.

Unabhängig von der Frage des zulässigen zeitlichen Umfangs einer Nebentätigkeit ist eine hälftige Sprechstundenpflicht zu beachten, also eine Pflicht, mindestens zehn Wochenstunden für Sprechstundenzeiten zur Verfügung zu stehen (§ 17 Abs. 1a S. 2 BMV-Ä).

Die erweiterten Betätigungsmöglichkeiten über eine Teilzulassung flexibilisieren die Tätigkeit niedergelassener Vertragsärzte in zielsetzendem Maße. Erst mit der Teilzulassung ist eine entscheidende Ergänzung einer niedergelassenen selbständigen Tätigkeit mit einer unselbständigen Tätigkeit möglich. Die Option einer Teilnahme an Selektivverträgen wird erheblich gefördert. Auch die sektorenübergreifende Tätigkeit

[214] Schallen, § 20 Rn. 552a.
[215] KBV, 2007bb, http://www.kbv.de/themen/200.html, Themen, Vertragsarztrecht, FAQs, Frage 50, (12.11.2011).
[216] BSG, Urt. v. 13.10.2010, B 6 KA 40/09 R - juris, Leitsatz.
[217] Lindenau, PFB 2008, 206 (208).

wird vereinfacht. Diese Ergebnisse zeigen, dass die Teilzulassung das Steuerungsinstrument der Zulassung zeitgemäß und anpassungsfähig macht.

a. b. Teilgemeinschaftspraxis (Teil-BAG)

Für die Zusammenarbeit von Ärzten wurde außerhalb des Vertragsarztrechts, für den Bereich des Berufsrechts, bereits im Mai 2004 auf dem 107. Deutschen Ärztetag eine wesentliche Änderung und Flexibilisierung in der MBO-Ä beschlossen. Die Beschlüsse wurden in den das Berufsrecht kodifizierenden Berufsordnungen der Länder weitestgehend umgesetzt. Die berufsrechtlichen Änderungen erweiterten die Möglichkeiten zur Kooperation, indem sie solche zuließen, u. a. beschränkt auf Teilbereiche, „im Extremfall auf eine einzelne Leistung beschränkt" [218] (§ 18 Abs. 1 MBO-Ä). Damit konnten Ärzte auch in Form der Sternsozietät (Beteiligung an mehreren Gesellschaften) tätig werden (§ 18 Abs. 3 MBO-Ä), was für den freien Beruf der Rechtsanwälte noch nicht möglich war.[219] Damit sollten „Ärzte hinsichtlich der neuen Versorgungsformen ihre Wettbewerbsfähigkeit wahren können".[220]

Schon aus berufsrechtlicher Hinsicht gibt es jedoch fortbestehende Grenzen der zulässigen Gestaltung der Teil-BAG. So ist zwar eine weite Fachgebietskompatibilität anzunehmen, die keine Schnittmenge gemeinsamer ärztlicher Tätigkeit fordert. Die Teil-BAG muss aber zumindest Leistungen anbieten, welche ihre Gesellschafter fördern wollen und generell auch fördern können.[221] Das spricht z. B. gegen die Zusammenarbeit eines Geriaters mit einem Kinderarzt, da hier eine einheitlich angebotene Leistung, die beide Fachärzte fördern könnten, nicht erkennbar ist. Anders, wenn es eine gemeinsame „Klammer" für die Zusammenarbeit dieser Fachrichtungen gibt, etwa die Mitwirkung eines Orthopäden für die orthopädische Versorgung junger und alter Menschen. Es darf nicht das Ziel oder der Effekt einer unerlaubten Zuweisung gegen Entgelt hinter einem Zusammenschluss stehen (§ 18 Abs. 1 S. 2 MBO-Ä). Im Sinne der durch die MBO-Novellierung gewollten Erleichterung der Bildung von Kooperationen, wird die Zusammenarbeit jedoch weit interpretiert. So erschöpften sich die Grenzen für Privatärzte, während sie für Vertragsärzte durch das unverändert geltende Vertragsarztrecht viel gravierender waren. Neben den daher ohnehin gegebenen Grenzen des Berufsrechts konnten Vertragsärzte die neuen Möglichkeiten aufgrund der für sie geltenden Regelungen des Vertragsarztrechts zunächst kaum nutzen.

---

[218] Ratzel/Möller/Michels, MedR 2006, 377 (377).

[219] Ratzel/Möller/Michels, MedR 2006, 377 (377); Kanter, PFB 2006, 90, (95 f.); BGH, Senat für Anwaltssachen, Beschl. v. 14.11.2005, AnwZ (B) 83/04, BB 2006, 238 - 240. Das Verbot gilt seit der Änderung des § 59e BRAO aufgrund Art. 4 des Gesetztes v. 12.12.2007, BGBl. I, S. 2840 auch für Rechtsanwälte nicht mehr.

[220] Ratzel/Möller/Michels, MedR 2006, 377 (377).

[221] Vgl. Ratzel/Möller/Michels, MedR 2006, 377 (380).

Mit dem VÄndG wurden die Flexibilisierungen daher auch im Vertragsarztrecht nachvollzogen. Mit der neu eingeführten Teilzulassung kann das Ziel einer erleichterten Bildung von Kooperationen durch die Möglichkeit von Teil-BAG auch im Vertragsarztrecht verwirklicht werden (§ 1a Nr. 13 BMV-Ä definiert sie, § 33 Abs. 2 S. 3 Ärzte-ZV i. V. m. § 15a Abs. 5 regeln Einzelheiten hierzu. § 33 Abs. 2 S. 3 Ärzte-ZV ist allerdings durch das GKV-VStG verschärft worden[222]). Die Teil-BAG ist auch als überörtliche Teil-BAG möglich (vgl. § 1a Nr. 15.3 BMV-Ä / EKV-Ä). Damit werden sinnvolle, nach quantitativem und inhaltlichem Bedarf besser zu steuernde Leistungsangebote gefördert. So könnte beispielsweise der einzelne niedergelassene Vertragsarzt, der nach vielen Jahren der Berufstätigkeit nur noch im Rahmen privatärztlicher Leistungen tätig sein will, aber bestehenden besonderen Bedarf im Rahmen der vertragsärztlichen Versorgung im Bereich gerade seiner Qualifizierung erkennt, mit einer Teilzulassung tätig bleiben und sich privatärztlich umfangreich in einer anderen BAG betätigen. Zudem erlaubt die Teilzulassung die Zusammenarbeit zum Zwecke auf bestimmte Leistungen bezogener Behandlungsaufträge, z. B. die eines Neurologen und Kinderarztes für kinderneurologische Erkrankungen.[223] Sie darf aber nicht zur Erbringung überweisungsgebundener medizinisch-technischer Leistungen mit überweisungsberechtigten Leistungserbringern gebildet werden (§ 33 Abs. 2 S. 3 Ärzte-ZV), womit die Unzulässigkeit von Fällen des nach Berufsrecht allgemein geltenden Verbots der unerlaubten Zuweisung gegen Entgelt (§ 18 Abs. 1 S. 2 MBO-Ä) für Vertragsärzte mit Verbindlichkeit festgelegt wird.[224] Hierüber und über das Berufsrecht hinausgehend hat das GKV-VStG ab dem Jahr 2012 jede Art von Gewinnverteilung, die ohne Grund nicht dem Anteil der persönlich erbrachten Leistungen entspricht, untersagt und dies durch § 73 Abs. 7 auch vertragsarztrechtlich kodifiziert. Zudem wird mit der neuen Regelung ausdrücklich § 128 Abs. 2 S. 3 genannt und damit auch die Tätigkeit von Vertragsärzten im Bereich der Versorgung mit Hilfsmitteln einbezogen. Die besonders bei Teil-BAG gesehene Gefahr unzulässiger Zusammenarbeit zeigt sich auch in der Regelung des § 18 Abs. 1 S. 4 MBO-Ä, wonach explizit nur Verträge über die Gründung von Teil-BAG der Ärztekammer vorzulegen sind. Weitere Beschränkungen erhalten die Bundesmantelverträge.[225] So ist etwa Bedingung, dass das zeitlich begrenzte Zusammenwirken der Ärzte erforderlich ist, um Patienten zu versorgen, die einer gemeinschaftlichen Versorgung der der Teil-BAG angehörenden Ärzte bedürfen, und dass die Ärzte gemeinschaftlich im Rahmen des § 17 Abs. 1a zur Verfügung stehen

---

[222] BR-Drs. 785/11, 56.
[223] BT-Drs. 353/06, 70.
[224] Vgl. Schilderung der Missbrauchskonstruktionen, Ratzel/Möller, MedR 2006, 377 (381 f.).
[225] § 15a Abs. 5 BMV-Ä / § 13 Abs. 7a EKV-Ä.

(§ 15a Abs. 5 S. 2 BMV-Ä). Die ältere Rechtsprechung des BSG[226] zur notwendigen Fachverwandtheit[227] einer (Teil)-BAG ist durch die ausdrücklich durch den Gesetzgeber zugelassene Anstellung fachfremder Ärzte als überholt anzusehen. Dafür spricht gerade auch die Möglichkeit der Teil-BAG, bei welcher die Leistungserbringer ausdrücklich die gemeinsame Erbringung auf einzelne Leistungen beschränken können (§ 15a Abs. 1 S. 5 BMV-Ä, § 15a Abs. 5 S. 1 BMV-Ä) mit der einzigen Einschränkung, dass es sich nicht um die fachgebietsüberschreitende Erbringung überweisungsgebundener medizinisch-technischer Leistungen handeln darf (z. B. Labor, Nuklearmedizin, Radiologie). Die vom Gesetzgeber ebenfalls nicht geforderte Voraussetzung eines gemeinsamen Behandlungsauftrags[228] kann allenfalls noch als Indiz zur Beurteilung unzulässiger Gemeinschaften zwecks Umgehung des berufsrechtlichen Verbots der Zuweisung gegen Entgelt herangezogen werden. Es gelten daher zwar konkretere Beschränkungen im Vertragsarztrecht, dennoch fördert die Teilzulassung auch im Rahmen von Kooperationen die zeitgemäße und zukunftsweisende Arbeit als Inhaber einer vertragsärztlichen Zulassung. Das GKV-VStG hat mit seiner Verschärfung in § 33 Abs. 2 S. 3 Ärzte-ZV und § 73 Abs. 7 letztlich nur bereits bestehende Verbote kodifiziert. Daher hat die Teilzulassung die Gründung von Teil-BAG auch für Vertragsärzte erleichtert, bei der allerdings im Gegensatz zum rein privatärztlichen Bereich zusätzlich zu den für diesen Bereich geltenden Einschränkungen eine Vielzahl von vertragsarztrechtlich spezifischen Vorschriften streng zu beachten ist, was die Nutzung der neuen Optionen in der Praxis schwierig gestaltet.

a. c. Alternative zum Job-sharing

Die Teilzulassung eröffnet neue Alternativen, konkret zum Job-Sharing. Dieses wurde mit dem 2. GKV-NOG durch Einfügung der Nr. 4 des § 101 Abs. 1 geregelt[229] und machte auch im gesperrten Gebiet die Tätigkeit eines Partners in einer BAG mit einer beschränkten Budgetwirksamkeit möglich. Mit der zugleich erfolgten Einfügung der Nr. 5 konnte diese Möglichkeit auch mit einem angestellten Arzt wahrgenommen werden. Job-Sharing Ärzte werden bei der Ermittlung des Versorgungsgrades nicht angerechnet.[230] Für gesperrte Gebiete wurden damit zwei Möglichkeiten zur begrenzten Praxiserweiterung eröffnet. Seitdem es Möglichkeiten der erweiterten Anstellung gibt, werden angestellte Job-Sharer im Falle der Aufhebung einer Zulassungsbeschränkung

---

[226] BSG, Urt. v. 16.07.2003, B 6 KA 49/02 R, BSGE 91, 164 - juris Rn. 31; BSG, Urt. v. 22.04.1983, 6 RKa 7/81, BSGE 55, 97 (104).

[227] Vgl. auch *Pawlita*, in: jurisPK-SGB V, § 95 Rn. 137.

[228] § 19 Abs. 2 MBO-Ä.

[229] Art. 1 Nr. 35 des 2. GKV-NOG v. 23.06.1997, mit Wirkung zum 01.07.1997, BGBl. I, 1520.

[230] Vgl. § 101 Abs. 1 Nr. 4 a. E. und Nr. 5 a. E. i. V. m. § 23i Abs. 5 BedarfsplRL-Ä.

bei der Ermittlung des Versorgungsgrades entsprechend ihrer Arbeitszeit angerechnet[231].

Vor der Einführung des so genannten Job-Sharing war der Vertragsarzt auf die Anstellung eines ganztags beschäftigten Arztes oder zwei halbtags beschäftigter Ärzte desselben Fachgebiets ohne Anrechnung auf die Bedarfsplanung und ohne Budgetwirksamkeit begrenzt[232]. Das eröffnete daher nicht viel Gestaltungsspielraum.

Handelt es sich bei dem hinzukommenden Partner in einem gesperrten Gebiet um einen Mitgesellschafter für eine BAG, ist häufig die so genannten Senior-Junior-Partner Konstellation gegeben. Der aufnehmende Vertragsarzt muss sich gegenüber dem Zulassungsausschuss zu einer Leistungsbegrenzung verpflichten, die den bisherigen Praxisumfang nicht wesentlich überschreitet. Die Leistungsbegrenzung endet spätestens mit dem Ende der Zulassungsbegrenzung (§ 103 Abs. 3) oder nach zehnjähriger Tätigkeit (§ 101 Abs. 3 S. 2).[233] Dann wandelt sich die Job-Sharing Zulassung in eine vollwertige Zulassung um. Der Bundesausschuss der Ärzte und Krankenkassen[234] hatte hierfür in den BedarfsplRL-Ä nach dem Auftrag des Gesetzgebers[235] die Voraussetzungen geschaffen und zu diesem Zwecke den Begriff der wesentlichen Überschreitung auf 3 % der Überschreitung des vom Zulassungsausschuss zu ermittelnden durchschnittlichen Quartalspunktzahlvolumens einer Praxis festgelegt (§ 23a S. 1 Nr. 4 i. V. m. § 23c S. 2 BedarfsplRL-Ä[236]).[237] Dieser Prozentsatz gilt auch aktuell noch. Nur in Fällen lokaler Versorgungsdefizite kann er seit dem VÄndG auf die Zeit des Bedarfs begrenzt und nur für den angestellten Job-Sharer nach Nr. 5 erhöht werden.[238] Eine gesetzliche Höchstgrenze für die Umfangserweiterung ist in diesem Fall nicht vorgesehen.[239] Im Übrigen werden für die Berechnung des Leistungszuwachses im Rahmen der 103 %-Regel die vier Quartale vor Beginn des Job-Sharing zugrunde gelegt. Damit ist für die nächsten zehn Jahre das Wachstum der Praxis begrenzt (gedeckelt). Dabei spielt es weder eine Rolle, ob es sich um eine „Anfängerpraxis" mit

---

[231] Zum 01.01.2007 wurde aufgrund des VÄndG Abs. 3a eingefügt.

[232] Insoweit hatte das 2. GKV-NOG die schon einmal existierende Anrechnung auf die Bedarfsplanung aufgehoben und eine Steuerung nur über den Praxisumfang - die Leistungsbegrenzung - eingeführt.

[233] § 101 Abs. 2 S. 3 wird in Bezug auf den § 101 Abs. 1 Nr. 4, d. h., den Job-Sharing Partner, bei der Praxisnachfolge nach fünf Jahren berücksichtigt.

[234] Mit dem GMG „Gemeinsamer Bundesausschuss (G-BA)".

[235] BT-Drs. 13/7264, 65.

[236] I. d. F. v. 15.07.2010, veröffentlicht im Bundesanzeiger 2010, 3954, in Kraft getreten am 27.11.2010, so schon § 23a vom 01.10.1997, Bundesanzeiger Nr. 9 vom 15.01.1998, 371, in Kraft getreten am 16.01.1998.

[237] Vgl. auch Sächsisches LSG, Urt. v. 22.09.2010, L 1 KA 7/09 - juris Rn. 52.

[238] BR-Drs. 353/06, 52. Vgl. auch BT-Drs. 16/2474, 24.

[239] BT-Drs. 16/2474, 24

Wachstumspotenzial handelt, noch wird dem Bedeutung beigemessen, dass sich die Versorgungssituation vor Ort ändern kann. Für Angestellte wie Gesellschafter ist im Rahmen des Job-Sharings überdies Fachgebietsidentität Voraussetzung.[240] Für Härtefälle hat der Gesetzgeber keine Regelung vorgesehen. Damit ist die Job-Sharing-Alternative, die den individuellen Bedürfnissen der Ärzte nach flexiblen Arbeitszeiten zur Vermeidung von Unterversorgung nachkommen sollte[241], keine gute Alternative und eignet sich vor allem für die Praxisabgabe, die nicht auf Wachstum ausgerichtet sein muss.

Der Verzicht auf die hälftige Zulassung eröffnete, allerdings zunächst nur nach der sozialgerichtlichen Rechtsauffassung, eine Gestaltungsalternative zu der leistungsbegrenzten Job-Sharing Gemeinschaftspraxis, weil hiernach von einer der vollen Zulassung entsprechenden wirtschaftlichen Verwertbarkeit des hälftigen Versorgungsauftrags ausgegangen wurde.[242] Die Leistungen aufgrund einer halben Zulassung, ausgehend vom entsprechend zugeteilten halben Budget und im Rahmen der allgemeinen Grenzen der Honorarverteilung, waren nach dieser Rechtsprechung nicht (leistungs)begrenzt und konnten wachsen. Dass hieß, dass sich einem Vertragsarzt, der Entlastung suchte, aber einen Gemeinschaftspraxispartner aufgrund einer Sperrung für neue Zulassungen nicht aufnehmen konnte und dem bisher nur die (leistungsbegrenzte) Job-Sharing Alternative offen stand, eine wirkliche Alternative eröffnete. Nach Einführung der Teilzulassung war es danach möglich, dass er alternativ auf die Hälfte seiner Zulassung verzichtet, verbunden mit der Beantragung der Übertragung auf den gewünschten Partner. Die Partner können nach dieser Rechtsprechung sodann mit zwei halben Zulassungen mehr erwirtschaften bzw. vor allem mehr wachsen als mit einer vollen Zulassung und einem von vornherein leistungsbegrenzten Partner.

Wie auch schon bei anderen Flexibilisierungen war auch in Bezug auf die Teilzulassung und die damit vom Gesetzgeber eröffneten Möglichkeiten erneut umfangreich die Beschreitung des Rechtsweges erforderlich, um den Umfang der neuen Alternativen zu klären und zu nutzen. Das verdeutlicht noch einmal, dass gesetzgeberische Vorgaben unklar sind, aber auch Widerstände in der Praxis bei der Umsetzung fortschrittlicher Neuregelungen des Instruments der vertragsärztlichen Zulassung existieren.

---

[240] BT-Drs. 13/7264, 65 mit Erl..
[241] BT-Drs. 13/7264, 65.
[242] SG München, Beschl. v. 15.01.2008, S 38 KA 17/08 ER, GesR 2008, 267 - 269 - juris, insbesondere Rn. 33.

b. Probleme der Teilzulassung

b. a. Kickback, Abrechnungs- und Datenschutzprobleme, zwei Teilzulassungen, Sonderbedarfsteilzulassung und andere Rechtsprobleme

Die mit der neuen Form der Teilzulassung erhofften Vorteile waren danach zum Teil noch ungewiss, während schon neue zusätzliche Probleme auftraten. Sie betrafen Missbrauchsanfälligkeiten, die u. a. in der fehlenden Abstimmung von gesetzlichen Regelungen wurzelten.

Die Teilzulassung ermöglicht die eben unter Kapitel 3 A.7.a.b. erörterte Tätigkeit in Teil-BAG. Die Möglichkeit, dabei auch einzelne Leistungen gemeinsam zu vereinbaren und zu erbringen, gerät in Konflikt mit dem Verbot der Zuweisung gegen Entgelt (§ 31 MBO-Ä). Vereinbarungen, die gegen dieses Verbot verstoßen, werden als Kickback Konstellationen bezeichnet.[243]

Zugleich mit der Flexibilisierung wurden daher Beschränkungen und Verbote eingeführt. So gilt das Verbot der Gründung von Teil-BAG zwischen therapeutisch tätigen und überweisungsabhängigen Fachgebieten. Mit dem Inkrafttreten des VÄndG wurde hierzu in § 33 Abs. 2 Ärzte-ZV geregelt, dass eine gemeinsame Berufsausübung, bezogen auf einzelne Leistungen, nur soweit zulässig ist, als sie nicht zur Erbringung überweisungsgebundener medizinisch-technischer Leistungen, z. B. des Laborarztes als Arzt eines so genannten Methodenfaches, mit überweisungsberechtigten Leistungserbringern, z. B. des Gynäkologen, als Arzt eines so genannten therapieorientierten Fachgebietes, gebildet wird. Hiermit soll die Gefahr einer Einflussnahme auf die medizinische Unabhängigkeit von Entscheidungen in überweisungsabhängigen Fächern ausgeschaltet werden. In der vertragsärztlichen Versorgung sind daher Teil-BAG durch das VÄndG nur zwischen gleichartigen und / oder mit anderen methodendefinierten Fachgruppen gestattet und somit weiter eingeschränkt. Die Voraussetzungen hat der Gesetzgeber des GKV-VStG noch erheblich verschärft. § 33 Abs. 2 S. 3 untersagt danach jede Gewinnverteilung, die nicht dem Anteil der persönlich erbrachten Leistungen entspricht, § 73 Abs. 7 kodifiziert das auch vertragsarztrechtlich und nimmt zudem ausdrücklich auf § 128 Abs. 2 S. 3 Bezug. Außerdem fordert § 15a Abs. 5 BMV-Ä, dass das zeitlich begrenzte Zusammenwirken der Ärzte erforderlich ist, um Patienten zu versorgen, die einer gemeinschaftlichen Versorgung der der Teil-BAG angehörenden Ärzte bedürfen. Ferner müssen die Ärzte gemeinschaftlich im

---

[243] Erläuterung des Kickback und zum Begriff, etwa Schallen, § 33 Rn. 1190 oder BR-Drs. 353/06, 70; beispielsweise zu einer Konstellation des Kickback: BGH, Beschl. v. 27.04.2004, 1 StR 165/03, GesR 2004, 371.

Rahmen des § 17 Abs. 1a BMV-Ä (Dauer der Sprechstundenzeiten) zur Verfügung stehen.

Von dem Verbot des § 33 Abs. 2 Ärzte-ZV[244] auch nicht ausgeschlossen wird die nach wie vor besondere, nur im Vertragsarztrecht existierende Kooperationsform der „Leistungserbringergemeinschaft", vielfach eine so genannte Apparategemeinschaft. Es handelt sich um die Bildung von Teil-BAG bei gerätebezogenen Fachrichtungen. Gerätebezogen sind solche Leistungen, bei denen nicht die individuell-ärztliche Leistung bei einer Gesamtbetrachtung im Vordergrund steht, sondern der technische Vorgang als solcher, beispielsweise Röntgenaufnahmen, Kernspintomographien, Computertomographien. In der Praxis hatte sich gezeigt, dass sich die Anschaffung bestimmter medizinischer Geräte zur Erbringung technischer Leistungen immer öfter nicht mehr amortisierte. Die Bundesmantelvertragspartner ließen daher ausdrücklich im BMV-Ä (1994 / 95) zu, dass sich mehrere Vertragsärzte zur Erbringung nur gerätebezogener Untersuchungsleistungen zusammenschließen konnten. Die Besonderheit solcher Zusammenschlüsse ist somit die Ausnahme von den im Übrigen strengen Anforderungen der persönlichen Leistungserbringung in der Kooperation, denn der Vertragsarzt ist grundsätzlich verpflichtet, seine Leistung persönlich zu erbringen (§ 15 BMV-Ä, §§ 32, 32b und § 33 Ärzte-ZV und ergänzend § 28 BMV-Ä).

Die Leistungserbringergemeinschaft wurde kurzzeitig sehr weit interpretiert und in Folge der Laborreform[245] auch als mögliche Gemeinschaftsform für Laborgemeinschaften gesehen. Die Laborreform zielte eine bessere wirtschaftliche Kontrolle der in Deutschland besonders gestiegenen Laborleistungen an. Laborleistungen sollten danach nicht mehr über den in Auftrag gebenden Arzt abgerechnet werden können, sondern nur noch mit dem Labor direkt. Hierdurch sollten die Laborleistungen gebündelt und damit kontrollierbarer werden. Einige Labore bildeten danach Leistungserbringergemeinschaften, was als Ausweichmöglichkeit für so genannte Basislaborleistungen zunächst auch gestattet wurde.[246] Mit einer Änderung des BMV-Ä unter Einfügung des § 15 Abs. 4 BMV-Ä mit Wirkung zum 01.01.2009 wurde dieser Umweg gesperrt.[247] Zusammenschlüsse zur gemeinschaftlichen Leistungserbringung von Labora-

---

[244] Verbot der Bildung von Teilgemeinschaftspraxen zur Erbringung überweisungsgebundener medizinisch-technischer Leistungen (z. B. des Laborarztes) mit überweisungsberechtigten Leistungserbringern.

[245] Die Laborreform erfolgte durch Änderung der bundesmantelvertraglichen Regelungen zum 01.10.2008: § 25 Abs. 3 BMV-Ä / § 28 Abs. 3 EKV-Ä.

[246] Die KBV ließ Laborgemeinschaften als Leistungserbringergemeinschaften zu, Schreiben der KBV an alle KVen vom 31.10.2008, KBV, 2008b, http://www.kvsh.de/medien/news/2583_dez3_159..pdf (12.11.2011).

[247] O. V., 2008a, DÄBl. 2008, 105 (51 - 52), A 2780, A 2781; Steinhilper, GesR 2010, 398 (400).

toriumsleistungen des Abschnitts 32.2 des EBM bei gerätebezogenen Untersuchungs-leistungen sind seither ausgeschlossen. Bestehende Leistungserbringergemeinschaften, die vor dem 01.01.2009 gegründet worden waren, hatten Bestandsschutz bis zum 31.12.2009 (§ 15 Abs. 4 S. 2 BMV-Ä). Möglich ist aber weiterhin die noch zulässige Form der Leistungserbringergemeinschaft für gerätebezogene Untersuchungsleistun-gen.

Bei dieser besonderen Kooperationsform der Leistungserbringergemeinschaft verbleibt im Ergebnis eine berufs- und vertragsarztrechtliche sowie tatsächliche Nähe der zuläs-sigen Form nach § 15 Abs. 3 BMV-Ä (gerätebezogene Untersuchungsleistungen), zu der nach § 33 Abs. 2 S. 3 Ärzte-ZV untersagten Teil-BAG mit überweisungsabhängi-gen Arztgruppen (überweisungsgebundene medizinisch-technische Leistungen mit überweisungsberechtigten Leistungserbringern). Das hat zur Folge, dass „zukünftig ei-ne intensive rechtliche Prüfung derartiger Vertragskonstruktionen erforderlich [...] [wird, Anm. d. Verf.], wobei abzusehen ist, dass rechtsmissbräuchliche kaum von rechtskonformen Gestaltungsformen unterschieden werden können"[248].

Insgesamt gibt es daher auch noch unter den flexibilisierten Möglichkeiten der Teilzu-lassung nach wie vor eine Reihe von Beschränkungen[249], die für privatärztlich tätige Ärzte nicht greifen. Sie dienen zwar wie im Falle der Laborgemeinschaften der Wirt-schaftlichkeit und in Bezug auf die Anforderungen der persönlichen Leistungserbrin-gung der Qualität. Es existiert allerdings ein Normengeflecht, was einerseits redundant (§ 32 Abs. 1 S. 1 Ärzte-ZV und § 15 Abs. 1 S. 1 BMV-Ä zur persönlichen Leistungs-erbringung, aber an anderer Stelle der Regelungszusammenhänge „Anstellung" und „gemeinsame Berufsausübung"), andererseits für den Vertragsarzt schwer zu durch-schauen ist. So besteht das Risiko, Anforderungen zu übersehen. Eine einfache Bezug-nahme des BMV-Ä auf die Ärzte-ZV als höherrangiges Regelungswerk wäre ange-zeigt gewesen, etwa mit der Formulierung: "...nach § 32 Abs. 1 S. 1 Ärzte-ZV ist die persönliche Leistungserbringung erforderlich. Sie ist gewährt, wenn...". In der erfolg-ten Form ist unklar, ob eine einleitende Wiederholung der Voraussetzungen der Ärzte-ZV gemeint ist oder andere, möglicherweise weitergehende Anforderungen. Auch für privatärztlich tätige Ärzte gilt etwa das Prinzip der persönlichen Leistungserbringung (§ 4 Abs. 2 GOÄ). Es ist jedoch nur an einer einzigen Stelle sowie eindeutiger gere-gelt.

Der Gesetzgeber hat zudem die Auswirkung einer Teilzulassung auf den Abrech-nungsumfang und die Wirtschaftlichkeitsprüfung nicht ausreichend abgestimmt. Fra-

---

[248] Wigge, NZS 2007, 393 (400).
[249] Wigge, NZS 2007, 393 (401).

gen hierzu stellen sich aber mit den über die Teilzulassung zulässigen Konstellationen, wenn etwa eine Einzelpraxis und eine BAG betrieben werden, für die beide abgerechnet wird.[250] Konkret zeigt sich z. B. ein Problem bei der Abrechnung der Versicherten- oder Grundpauschale. Diese ist nur einmal pro Behandlungsfall abrechenbar. Ein Behandlungsfall ist eine Behandlung des Versicherten durch dieselbe Arztpraxis, bezieht sich also auf die Praxiseinheit, auch wenn dort mehrere Behandler tätig wurden (§ 21 Abs. 1 BMV-Ä, Ziff. 3.1 Allg. Bestimmungen EBM). Bei arztpraxisübergreifender Tätigkeit hingegen beziehen sich sämtliche auf den Behandlungsfall bezogenen Abrechnungsbestimmungen auf den Arztfall (Ziff. 4.3.4 Allg. Bestimmungen EBM). Der Arztfall erfasst alle Leistungen bei einem Versicherten, welche durch denselben Arzt erbracht werden. Abgestellt wird also nicht auf die Praxis, sondern den einzelnen Leistungserbringer (§ 21 Abs. 1b BMV-Ä, Ziff. 3.4 Allg. Bestimmungen EBM). Der Abrechnung muss dann eine unterzeichnete Erklärung beigefügt werden, die bestätigt, dass neben der abrechnenden Praxis keine weitere abrechnet (Ziff. 2.1 Allg. Bestimmungen EBM), da es andernfalls bei diesem Verfahren zu einer mehrfachen Abrechnung durch verschiedene Praxen, in welchen der Arzt tätig ist, kommen könnte. Bei doppelter Abrechnung ist § 263 StGB berührt. Wenn mindestens drei Ärzte beteiligt sind, kommt bandenmäßiger, gewerbsmäßiger Betrug in Betracht.[251] So bewegt sich der Vertragsarzt, der Fehler durch eine oberflächliche Bearbeitung von möglicherweise vermeintlich nur bürokratischen Anforderungen riskiert, möglicherweise schnell im strafrechtlichen Raum.

Auch die Frage, ob Honorarbegrenzungen bei Teilzulassungen gelten, hatte der Gesetzgeber bei ihrer Einführung nicht geregelt. Schon nach § 85 Abs. 4 war der Versorgungsauftrag zu berücksichtigen und sicherzustellen, dass Vertragsärzte, die nur über einen hälftigen Versorgungsauftrag verfügen, nicht über diesen Versorgungsauftrag hinaus tätig werden und entsprechend abrechnen.[252] Damit war eine weitergehende Begrenzung (nach unten) auf Basis der Rechtsgrundlage des § 85 Abs. 4 aber nicht ausgeschlossen und somit gesetzlich nicht ausgeschlossen.[253] Mit der Vergütungsreform im Jahr 2009 werden die Grundlagen zur Verteilung nunmehr bundeseinheitlich durch die Selbstverwaltung, den Erweiterten Bewertungsausschuss, geregelt. Dieser hat auch entschieden und in seiner Sitzung vom 27./28.08.2008 für die arzt- und praxisbezogenen RLV der Vertragsärzte nach § 87b Abs. 4 beschlossen, dass die Über-

---

[250] Schallen, § 33 Rn. 1192 u. 1205.

[251] LG Bad Kreuznach, Strafkammer, Urt. 07.01.2008, 1043 Js 11880/01 KLs, ZMGR 2008, 219 - juris, Orientierungssatz, Tenor.

[252] BT-Drs. 16/2474, 20 mit Einführung des S. 6 zu Abs. 4.

[253] Vgl. zu weitergehenden Honorarbegrenzungen der KVen im HVM etwa Bayerischer Verfassungsgerichtshof, Entscheidung vom 27.05.1998, Vf. 2-VII-97, BayVBl 1999, 461 - juris, Leitsatz.

nahme eines halben Versorgungsauftrages zu berücksichtigen ist.[254] Über das Honorar können KVen damit eine Begrenzung der Teilzulassung nicht vornehmen. Sie können allerdings eine rechtmäßige Nebenbestimmung vorsehen.[255]

Ferner fehlt es an einer gesetzlichen Regelung zu der Frage, ob ein Vertragsarzt zwei Teilzulassungen auf sich vereinen kann. Über die Frage, ob dies KV-intern, insbesondere aber bereichsübergreifend möglich ist oder nicht, besteht daher nach wie vor Streit[256] und damit Rechtsunsicherheit. Die lange streitige Frage der Zulässigkeit einer Sonderbedarfsteilzulassung wurde durch das BSG positiv entschieden.[257] Dennoch bestehen erhebliche Rechtsunsicherheiten und offene Fragen in der Anwendung, etwa der Ermittlung des Versorgungsbedarfs.[258]

Nicht charakteristisch für Nachteile, die sich spezifisch aus dem Vertragsarztrecht ergeben, aber auch zu beachten und damit Hemmnis für eine Nutzung der Teilzulassung, sind weitere Rechtsrisiken von Teil-BAG. So wächst bei jeder Variation der ärztlichen Tätigkeit die Gefahr der Intransparenz gegenüber Patienten. Wissen diese nicht genau, wem sie ihre Daten überlassen und wer sie einsehen kann oder kommt mit ihnen nicht der Behandlungsvertrag zustande, droht Strafbarkeit nach § 203 Abs. 1 Nr. 1 StGB. Ferner drohen steuerrechtliche Risiken, denn bei vielen Teil-BAG wird das für freiberufliche Einkünfte steuerlich erforderliche Merkmal der Mitunternehmerschaft kritisch sein, etwa wenn Einkünfte sich mehr als Provision denn als Gewinn aus freiberuflicher Tätigkeit werten lassen müssen. Der Gewinn an Gestaltungsfreiheit für Vertragsärzte bedeutet damit auch eine zunehmende Verkomplizierung des organisatorischen Bereichs der ärztlichen Tätigkeit.

---

[254] Beschluss des Erweiterten Bewertungsausschusses in seiner 7. Sitzung am 27. und 28.08.2008, mit Wirkung zum 01.09.2008, Teil F 1.2.3., Bewertungsausschuss 2011, http://www.kbv.de/8157.html (12.11.2011).

[255] SG Magdeburg, Urt. v. 26.08.2009, S 1 KA 168/07 - juris, bestätigt durch BSG, Urt. v. 13.10.2010, B 6 KA 40/09 R - juris.

[256] Gegen zwei Teilzulassungen in unterschiedlichen Planungsbereichen: LSG Hamburg, Beschl. v. 05.11.2007, L 2 B 396/07 ER KA, MedR 2008, 170 ff., mit Hinweisen zur Zulassungspraxis; dafür im gleichen Planungsbereich: *Bäune*, in: Bäune/Meschke/Rothfuß, § 19a Rn. 18; für zwei Teilzulassungen im gleichen wie in unterschiedlichen Planungsbereichen: Frehse/Lauber, GesR 2011, 278 (280), mit Hinweis zur Zulassungspraxis, Lindenau, PFB 2008, 206 (208) m. w. N.; für den Fall zweier Teilzulassungen in einer BAG, SG Hamburg, Urt. v. 231.04.2010, S 27 KA 197/07 (entgegen LSG Hamburg wie vor.).

[257] BSG, Urt. 08.12.2010, B 6 KA 36/09 R - GesR 2011, 362 (365), nach den Urteilsgründen besteht kein Rechtssatz, dass Sonderbedarfszulassungen nur als Vollzulassungen erteilt werden könnten.

[258] Mit umfassenden Nachweisen Frehse/Lauber, GesR 2011, 278 (281), welche allerdings die Entscheidung des BSG, Urt. 08.12.2010, B 6 KA 36/09 R offenbar übersehen haben.

Auch fällt bei den Gestaltungsmöglichkeiten über das Modell der Teilzulassung wie schon an anderer Stelle erneut auf, dass für die Gestaltungsmöglichkeiten der Vertragsärzte Einschränkungen gelten, denen Krankenkassen an anderer Stelle nicht unterworfen sind. Wenn man beispielsweise die IV betrachtet, ist festzustellen, dass diese eine Flexibilität bei der ärztlichen Vergütung ermöglicht, die zur Steuerung der Versorgung genutzt werden kann, die aber bei der Tätigkeit in Form der Teilzulassung ausdrücklich unterbunden wird. So fordert das Vertragsarztrecht, wie oben bereits ausgeführt, nach § 15a Abs. 5 BMV-Ä, dass das zeitlich begrenzte Zusammenwirken der Ärzte erforderlich ist, um Patienten zu versorgen, die einer gemeinschaftlichen Versorgung durch die der Teil-BAG angehörenden Ärzte bedürfen. Zuweisermodelle sind ausdrücklich, nämlich durch geregelte Verbote der Zusammenarbeit und allgemein schon durch die Berufsordnung verboten. Für die Krankenkassen gelten jedoch Ausnahmen. Zugleich verbieten weitere Regelungen wie die Berufsordnungen oder das Wettbewerbsrecht die Annahme von unzulässigen Vorteilen für die Behandlung (beispielsweise § 31 MBO-Ä i. V. m. §§ 3, 4 Nr. 11 UWG).

Im Rahmen der IV nach §§ 140a ff. hingegen sind Abweichungen von den gel-tenden Vergütungsregelungen möglich. Den Beteiligten können nach dem Willen des Gesetzgebers Anreize[259] geboten werden[260], sich an solchen Angeboten zu beteiligen und sich den entsprechenden vertraglichen Verpflichtungen zu unterwerfen. Das kann z. B. durch höhere Vergütungen oder Vergütungspauschalen für Überweisungen unter den vertraglich beteiligten Leistungserbringern geschehen.[261] Das gilt jedenfalls, soweit dabei eine Erfüllung der Aufgaben der GKV vorliegt, was bei einer bevölkerungsbezogenen flächendeckenden Versorgung, die mit dem Ziel der Förderung einer integrierten, interdisziplinären Versorgung vereinbart ist, bejaht wird.[262] Die Erfüllung der gesetzlichen Zwecke des SGB V zur Förderung der IV wird dabei als vorrangig gegenüber den Regelungen der Berufsordnung gesehen.

Eine darüber hinausgehende Überprüfung am Wettbewerbsrecht - und damit auch des Verhältnisses des SGB V hierzu - hat die Sozialgerichtsbarkeit unter Verweis auf die

---

[259] *Baumann*, in: jurisPK-SGB V, § 140b Rn. 20.
[260] OLG München, Beschl. v. 03.04.2008, 29 W 1081/08, GesR 2008, 314 f., im Rahmen einer Rechtsbeschwerde um den Rechtsweg bestätigt durch BGH, Beschl. v. 04.12.2008, I ZB 31/08, GesR 2009, 370.
[261] Das SG Hamburg verlangt sogar ein eigenständiges Vergütungssystem, damit überhaupt ein Vertrag i. S. v: § 140a ff. anerkannt wird, Beschl. v. 31.03.2009, S 34 KR 289/09 ER - juris Rn. 23.
[262] Getroffene Vereinbarungen mussten sich jedoch schon häufig einer Überprüfung unterziehen lassen, vgl. OLG München, Beschl. v. 03.04.2008, wie vor.

vorrangige Sachkompetenz der Sozialgerichte, die sich regelmäßig nicht auf das Wettbewerbsrecht erstreckt, nicht vorgenommen.[263]

Grundvoraussetzung ist allerdings die Beteiligung der Krankenkassen an solchen Vereinbarungen. Nur diese können über § 140a unter weit reichender Abweichung von gesetzlichen Vorschriften Vereinbarungen treffen und damit die Steuerung der Leistungserbringung gestalten. Ohne die Beteiligung von Krankenkassen ist eine solche Abweichung nicht möglich. Ein Arztnetz oder Teil-BAG etwa untereinander dürften zur Förderung von Überweisungen ohne Beteiligung von Krankenkassen keine Vergütungspauschalen vorsehen. Sie würden an Grenzen von Berufs- und Wettbewerbsrecht (§ 31 MBO-Ä i. V. m. §§ 3, 4 Nr. 11 UWG) sowie der Ärzte-ZV (§§ 20 Abs. 1 S. 1, 33 Abs. 3 S. 3) stoßen.

Sicherlich gelten auch andere Maßstäbe für Krankenkassen als für Leistungserbringer. Nur bei den zuletzt genannten ist die Gewährleistung der finanziellen Unabhängigkeit durch Verbote von Zuweisermodellen wichtig. Ferner gelten für die IV aufgrund der Sektorenüberschreitung andere Anforderungen. Dennoch hat der Gesetzgeber den Verhandlungspartnern bei Beteiligung von Krankenkassen weniger als den Leistungserbringern untereinander untersagt, denn auch im Rahmen einer IV müssen selbstverständlich finanzielle Abhängigkeiten ausgeschlossen sein. Obwohl daher durch die Möglichkeit der Teilzulassung schon die Hürde herabgesetzt ist, bei weiteren Tätigkeiten das Erfordernis zu erfüllen, persönlich im erforderlichen Maße zur Verfügung zu stehen (§ 20 Abs. 1 S. 1), das bezeichnenderweise auch nur für Verträge der Krankenkassen nach S. 2 schon herabgesetzt ist, scheitern Versorgungsmodelle unter Vertragsärzten häufig an einer der vielen Regelungen, von denen Krankenkassen abweichen können.

Das Spektrum der grundsätzlich gegebenen Möglichkeit der Gestaltung und Steuerung durch Leistungserbringer über die Teilzulassung im Rahmen von integrativen Vereinbarungen oder Vereinbarungen in der Art von DMP wird daher von der Beteiligung der Krankenkassen abhängig gemacht und dadurch weitgehend einschränkt. Zudem sind Flexibilisierungen durch die Teilzulassung durch vertragsarztrechtliche Verbote bestimmter Konstellationen einerseits und weitergehendere Anforderungen als die rein berufsrechtlichen andererseits wiederum zurückgenommen worden. Das Ziel einer Flexibilisierung der vertragsärztlichen Zulassung ist damit in nicht unerheblichem Maße eingeschränkt.

---

[263] OLG München wie vor.

Es zeigt sich ein sich wiederholendes, schon charakteristisch erscheinendes Vorgehen: Flexibilisierungen werden zur Wettbewerbsfähigkeit und damit Zukunftsfähigkeit der vertragsärztlichen Zulassung als Steuerungsinstrument für die Versorgung durch den Gesetzgeber eingeführt. Sodann treten schon bei den gesetzlichen Regelungen vermeidbare Unklarheiten auf, spätestens auf untergesetzlicher Ebene oder durch die Praxis in der Anwendung der Zulassungsausschüsse. Letztere nehmen Restriktionen vor, sodass faktisch und jedenfalls zunächst vorbehalten der Entscheidung der Rechtsprechung Liberalisierungen wieder beseitigt werden. Ob das gezielt durch einen der Beteiligten der untergesetzlichen Regelungspartner oder in den Zulassungsausschüssen geschieht oder in Verkennung der Erfordernisse deutlicher, nicht zaghafter Entwicklungsschritte seitens des Gesetzgebers, kann allenfalls gemutmaßt werden.

b. b. Übertragbarkeit / Nachbesetzung des halben Vertragsarztsitzes

Die neue Möglichkeit, auf einen halben Vertragsarztsitz zu verzichten, zog in nachvollziehbarer Weise die Erwartung nach sich, die Teilzulassung, auf die der Leistungserbringer verzichtet, könne ausgeschrieben werden.

Zunächst gab es jedoch zu dieser Frage umfangreiche rechtliche Auseinandersetzungen. Die KVen vertraten noch bis in das Jahr 2008 die Ansicht, dass zwar eine aufgrund Verzichts frei werdende, von vornherein nur bestehende Teilzulassung ausgeschrieben werden könne. Anders bewerteten sie aber mangels ausdrücklicher gesetzlicher Anordnung den Fall, dass die hälftige Zulassung durch nachträgliche Beschränkung einer ganzen Zulassung entsteht. In einem solchen Fall gingen sie vom ersatzlosen Verfall der aufgegebenen Teilzulassung aus. Auch eine Nachbesetzungsmöglichkeit nach § 103 Abs. 4 S. 1 wurde nach einem Teilverzicht nicht gesehen.[264] Das erfolgte mit dem Verweis auf den Wortlaut, nach welchem es nur einen vollen Verzicht gibt und eine Beschränkung oder Reduzierung, welche ein teilweiser Verzicht darstellt, nicht erfasst ist. Eine Teilzulassung durch nachträgliche Beschränkung sollte vielmehr verfallen.

Wieder einmal bedurfte es zur Klärung der neuen Möglichkeiten der Beschreitung des Rechtsweges durch einen Vertragsarzt. Gegen eine ablehnende Entscheidung des Zulassungsausschusses der KV Bayern auf seinen Antrag zu einer Teilausschreibung nach Verzicht klagte der betroffene Leistungserbringer. Das Sozialgericht München gab dem Vertragsarzt im Eilverfahren vorläufig Recht und ordnete die Teilausschrei-

---

[264] So hatte das SG München mit Beschl. v. 15.01.2008, S 38 KA 17/08 ER eine Regelungsanordnung zur Ausschreibung eines halben Vertragsarztsitzes zu treffen; vgl. auch zur Ansicht der KVen, Lindenau, PFB 2008, 206 (207). Nach Angabe der KBV war die Frage umstritten, KBV, 2007ba, http://www.kbv.de/themen/10306.html, Frage 46 (10.11.2011).

bung an.[265] Das Gericht bestätigte zwar, dass die gesetzliche Regelung des § 103 Abs. 4 zur Ausschreibung des Vertragsarztsitzes im Nachbesetzungsverfahren, die auch für das Ende der Zulassung durch Verzicht gilt, ihrem Wortlaut nach die Beschränkung des Versorgungsauftrags auf die Hälfte nicht erfasst; den Sinn und Zweck der Regelung sah das Gericht jedoch in der Sicherung der wirtschaftlichen Verwertungsfähigkeit einer Praxis im gesperrten Gebiet als Folge der verfassungsrechtlich verbürgten Eigentumsgarantie und entschied daher entgegen dem Wortlaut. Das Gericht konstatierte dabei, dass der Vertragsarzt, der seinen Versorgungsauftrag auf die Hälfte beschränke, erhebliche Rechtsnachteile erleide, wenn die freiwerdende Hälfte seines Vertragsarztsitzes nicht ausgeschrieben werden könne. Das könne der Gesetzgeber nicht gewollt haben. Es handele sich vielmehr um ein redaktionelles Versehen, wenn er den hälftigen Verzicht auf eine Zulassung als Voraussetzung einer Ausschreibung nicht vorgesehen habe. Ein Arzt, der freiwillig seinen Versorgungsauftrag auf die Hälfte beschränkt, könne nicht schlechter behandelt werden als ein Arzt, dem die Zulassung zur Hälfte entzogen wurde.

Auch der Bundesrat hat in einer Stellungnahme vom 04.07.2008 klargestellt, dass es Sinn und Zweck der Teilzulassung darstelle, dass auch der halbe Vertragsarztsitz, auf den verzichtet wurde, ausgeschrieben werden könne. Die Änderung solle einen Beitrag zur Flexibilisierung der beruflichen Betätigungsmöglichkeiten sowie zur Bewältigung von Unterversorgungssituationen leisten.[266] Daraufhin erging mit dem 17.10.2008 ein klarstellender entsprechender Beschluss zur Ergänzung des § 103 Abs. 4.[267] Mit dem GKV-OrgWG[268] hat der Gesetzgeber das Problem gelöst und eindeutig Stellung genommen. Art. 1 ergänzt § 103 Abs. 4 S. 1 unter Punkt 2a um den Satz „Satz 1 gilt auch bei hälftigem Verzicht oder bei hälftiger Entziehung der Zulassung".

Die konsequente Fortsetzung der hinter diesen Ausführungen zu erkennenden Rechtsauffassung einer Gleichbehandlung der Teilzulassung mit der Zulassung ließ ferner erwarten, dass auch der lediglich hälftige Zulassungsverzicht eines Vertragsarztes zugunsten eines MVZ oder eines anderen Vertragsarztes mit dem Ziel der Anstellung bei diesem in Teilzeit vom Gesetzgeber zugelassen sein soll (§ 103 Abs. 4a und 4b).[269] Die Vorschrift existierte vor Einführung des Instituts der Teilzulassung gemäß § 19a Ärzte-ZV n. F. und der entsprechenden Abänderung des § 95 Abs. 3 S. 1. Sie unter-

---

[265] SG München, Beschl. v. 15.01.2008, wie vor.

[266] BR-Drs. 342/08, 9 f., [siehe auch: https://www.gkv-spitzenverband.de/upload/342-08-B_Stellungnahme_BR_GKV-OrgWG_1751.pdf (12.11.2011)].

[267] BR-Drs. 733/08, 3.

[268] GKV-OrgWG Nr. 58 v. 15.12.2008, BGBl. I, 2426.

[269] Gegen eine solche Möglichkeit zum Rechtsstand 2007: *Pawlita*, in: jurisPK-SGB V, § 95 Rn. 122 mit Nachweisen von Literaturstimmen dafür.

schied daher nicht zwischen Voll- und Teilzulassung, weil es keine Teilzulassung gab. Das wurde mit der Möglichkeit der Teilzulassung zum 01.01.2007 auch nicht geändert, obwohl § 103 Abs. 4a S. 4 angepasst wurde.[270] Es ist daher davon auszugehen, dass sich der Anwendungsbereich nicht auf Vollzulassungen beschränken sollte - zumal sich die Beschränkung des Versorgungsauftrags auf die Hälfte nicht auf den Status als solchen auswirkt.[271] Auch der Gesetzgeber des GKV-VStG hat trotz differenzierter und erheblicher Änderung der § 103 Abs. 4a und 4b keine entsprechende Ausnahme geregelt, sodass an dieser Rechtsauffassung festzuhalten ist.

Erst nach erheblichen Rechtsunsicherheiten, die an erster Stelle durch die KVen als Vertreter der Vertragsärzte selbst mit verursacht wurden, hat daher nach fast zwei Jahren die Klarstellung durch den Gesetzgeber durch Einfügung von § 103 Abs. 4 S. 2 Defizite des zur Flexibilisierung eingeführten Instruments der Teilzulassung für Vertragsärzte beseitigt und ausdrücklich auch die Ausschreibung einer Teilzulassung für möglich erklärt.[272] Erst damit wurde dieses Instrument voll nutzbar und planbar.

c. Fazit zur Teilzulassung als Förderung des Instruments Zulassung

Die Vollzulassung reglementiert die freiberufliche Tätigkeit des Vertragsarztes, der im gegebenen Rechtsrahmen seine meiste Zeit hierfür zur Verfügung stellen muss. Die Teilzulassung erlaubt bei Beachtung vor allem berufsrechtlicher Vorschriften und der Vorgaben der Bundesmantelvertragspartner eine ganz neue und fortschrittliche Ausübung der vertragsärztlichen Tätigkeit durch Nutzung von Kooperationsmöglichkeiten, die Möglichkeit gleichzeitiger selbständiger und unselbständiger Tätigkeit und die Teilnahme an Selektivverträgen. Viele Folgen der Teilzulassung sind aber noch unklar oder mussten erst durch Nachbesserungen des Gesetzgebers klargestellt werden, wie etwa ihre Übertragbarkeit. Gerade die Frage der Übertragbarkeit stellt keine außergewöhnliche, sondern eigentlich eine praxisnahe Rechtsfrage dar, die sich bei der Absicht zur Flexibilisierung eigentlich hätte ergeben müssen.

Ferner bestehen weiterhin für die ärztliche Berufsausübung in der vertragsärztlichen Versorgung eine Vielzahl von gesetzlichen und untergesetzlichen beschränkenden Normen, insbesondere im SGB V, der Ärzte-ZV, den Bundesmantelverträgen, den BedarfsplRL-Ä und den Vergütungsregelungen, welche die Liberalisierungen konterkarieren, und das System an die Grenze der Steuerungsfähigkeit bringen. Dabei sollen die Vorschriften in erster Linie der Aufrechterhaltung der ärztlichen Bedarfsplanung[273]

---

[270] Vgl. Konerding, 135.
[271] Wie vor.
[272] Art. 1 Nr. 2a GKV-OrgWG, BGBl. I 2008, 2426 mit Wirkung zum 01.01.2009.
[273] Wigge, NZS 2007, 393 (401).

und also der Steuerung dienen. Häufig werden neue Vorschriften von der Selbstverwaltung zudem restriktiv ausgelegt. Eine deutliche Abweichung von den Vorgaben dieses Normengefüges gestattet der Gesetzgeber nur bei Beteiligung der Krankenkassen, etwa im Rahmen der IV. Es ist angezeigt, dass der Gesetzgeber auch die Auswirkungen der Liberalisierung auf die Zulassung im Allgemeinen deutlicher regelt und eine umfassende Anpassung des gesamten Normgefüges gewährleistet. Ferner ist die restriktive Auslegung durch die Selbstverwaltung zu beheben, damit sich die Zulassung auch als zukunftsfähiges Steuerungsinstrument bewährt. Der Gesetzgeber des GKV-VStG hat dies in einigen Punkten erreicht (etwa durch die Rückumwandlungsmöglichkeit der Anstellung, erweiterte Vertretungsmöglichkeiten und in Grenzen der Klärung von Fragen der Zweigpraxisgründung), aber zugleich mit neuen einschneidenden und unbekannten Instrumenten wie der Befristung der Zulassung und ihrer Einziehungsmöglichkeit erwartungsgemäß viel mehr neue Rechtsunsicherheiten produziert.

Scheitern die neuen Modelle und Instrumente oder zeigen sie wiederholt, wie in bisherigen Reformen, Defizite aufgrund von Rechtsunsicherheiten, wird das Instrument der vertragsärztlichen Zulassung erneut massiv geschädigt. Dadurch ist das Vorgehen des Gesetzgebers in jüngeren Gesundheitsreformen gekennzeichnet. Das Experimentieren geht auf Kosten der Akzeptanz und Funktionsfähigkeit der vertragsärztlichen Zulassung. Da eine Weiterentwicklung nur in der Erprobung möglich ist, ist ein Experimentieren nicht auszuschließen, nachteilhaften Folgen muss jedoch besser vorgebeugt werden. Das kann etwa durch Stärkung des Instruments, das dem Wandel unterworfen wird, durch Befristung von Neuregelungen für eine Erprobungszeit und vor allem auch durch deutliche Positionierung zugunsten des grundsätzlichen Fortbestehens eines Instruments und genaue Beobachtung des Gesetzgebers[274] erfolgen.

8. Örtliche und überörtliche Berufsausübungsgemeinschaft (ÜBAG)

Die Zusammenarbeit von Vertragsärzten wurde neben Reformen von Möglichkeiten der Anstellung von Ärzten durch die Liberalisierung und Weiterentwicklung von Kooperationen, vor allem der BAG (früher: Gemeinschaftspraxis), seit dem VÄndG stark gefördert. Die Förderung erfolgt durch rechtliche Flexibilisierung und Anpassung an die berufsrechtlich bereits erfolgte Liberalisierung sowie durch finanzielle Förderung.

Ein wichtiges rechtliches Ziel war dabei die Gleichstellung der BAG mit dem MVZ. Dem MVZ wurden einige Jahre vor dem VÄndG, nämlich im Jahr 2004, mit seiner Einführung als neuem institutionellem Leistungserbringer, weitergehende Möglichkei-

---

[274] Zur Beobachtungspflicht des Gesetzgebers vgl. Huster, ZfRSoz 24 (2003), 3 ff., zur Nachbesserungspflicht insbesondere 7 ff..

ten eingeräumt, als sie Vertragsärzten offenstanden. Dieses Ziel einer Gleichstellung wird auch mit den folgenden Gesundheitsreformen weiter verfolgt, zuletzt mit dem GKV-VStG. Mit dem VÄndG erfolgte das neben der Flexibilisierung der Möglichkeiten der Anstellung im Hinblick auf Anzahl und Fachrichtung zunächst in der grundlegenden Entscheidung, BAG künftig auch in überörtlicher Form zuzulassen, und zwar auch über die Bezirksgrenzen einer KV hinweg[275]. Die Zugehörigkeit zu mehreren BAG, auch BAG mit mehreren Praxissitzen, war berufsrechtlich schon zulässig (§ 18 Abs. 3 S. 1, 3 MBO-Ä). Mit den Änderungen des VÄndG können nun auch Vertragsärzte BAG „nicht nur mit anderen ärztlichen, sondern auch mit anderen heilkundlichen Leistungserbringern"[276] eingehen. Das Vertragsarztrecht geht auch hier, wie schon an anderer Stelle, über berufsrechtliche Vorgaben hinaus[277]. Sehr weitgehend kommen auch MVZ, selbst wenn sie in Form einer Kapitalgesellschaft organisiert sind, als Kooperationspartner in Betracht.[278] Ausgeschlossen sind allerdings ermächtigte Teilnehmer an der Versorgung (§ 33 Abs. 2 S. 1 Ärzte-ZV), es sei denn, sie sind vom Umfang her einer Zulassung gleichwertig.[279] Das bedeutet eine Aufwertung der Zulassung.

Auch fachübergreifende BAG sind möglich. Allerdings gilt die Einschränkung, dass es sich nicht um die fachgebietsüberschreitende Erbringung überweisungsgebundener medizinisch-technischer Leistungen handeln darf (z. B. Labor, Nuklearmedizin, Radiologie). Das regeln sowohl die MBO-Ä (§§ 18 Abs. 1 S. 2, 31 MBO-Ä) als auch die Ärzte-ZV (§ 33 Abs. 2 S. 3 Ärzte-ZV). Seit dem GKV-VStG regelt neben der MBO-Ä nunmehr auch die Ärzte-ZV, dass BAG unzulässig sind, in denen der Gewinn ohne Grund nicht in einer Weise verteilt wird, der dem Anteil der von den Gesellschaftern persönlich erbrachten Leistungen entspricht. § 73 Abs. 7 kodifiziert das auch im SGB V und in Bezug auf § 128 Abs. 2 S. 3. Erforderlich ist zumindest, dass eine gemeinsame Ausübung des Berufs erfolgt und die Kooperation nicht nur mit dem Willen der Nutzung gemeinsamer Ressourcen geschlossen wird.[280] Auch die zum Punkt der

---

[275] Hierzu wurde die KV-übergreifende Berufsausübungs-Richtlinie v. 29.5.2007 erlassen, DÄBl. 2007, 14 (25) A-1868.
[276] *Pawlita*, in: jurisPK-SGB V, § 98 Rn. 74.
[277] BR-Drs. 353/06, 30. So wird z. B. die Tätigkeit eines Vertragsarztes an mehr als zwei weiteren Orten, die Anstellung fachgebietsfremder Ärzte ohne Verknüpfung mit einem nur gemeinsam durchzuführenden Behandlungsauftrag, die Möglichkeit, BAG nicht nur mit anderen ärztlichen, sondern auch anderen heilkundlichen Leistungserbringern einzugehen, zugelassen - unter Fortgeltung der weiterhin bestehenden Pflicht zur ausreichenden Präsenz des Vertragsarztes an seinem Vertragsarztsitz sowie zur Leitung und Überwachung der Tätigkeit seiner angestellten Ärzte. Vgl. zu Kompetenzfragen schon Kap. 2 C.II.5..
[278] Vgl. BR-Drs. 363/06, 70.
[279] Schallen, § 33 Rn. 1164 unter Benennung des § 31 Abs. 1a als Beispiel.
[280] Schallen, § 33 Rn. 1158.

Teilzulassung bereits behandelte Teil-BAG ist als überörtliche (Teil-)BAG möglich (vgl. § 1a Nr. 15.3 BMV-Ä / EKV-Ä).[281]

Unberührt von den danach sehr flexiblen Möglichkeiten der Zusammenarbeit bleiben bei jeder BAG das Erfordernis der Tätigkeit in freier Praxis (§ 32 Abs. 1 S. 1 Ärzte-ZV), der Einhaltung der Präsenzpflicht (§ 24 Abs. 2 S. 1 Ärzte-ZV, § 17 Abs. 1a BMV-Ä), insbesondere bei der überörtlichen Kooperation auch der Versorgungspflicht[282] und schließlich die Vorgaben hinsichtlich des Zeitumfangs der Tätigkeit in anderer Praxis (§ 33 Abs. 2 S. 2 Ärzte-ZV) von entscheidender Wichtigkeit. Der Zulassungsausschuss prüft die Einhaltung dieser Voraussetzungen und kann eine Genehmigung bei Verstoß versagen.[283] Die BAG bedarf nach § 33 Abs. 3 S. 3 Ärzte-ZV der vorherigen Genehmigung.

Zudem werden Kooperationen unter den neuen Bedingungen des Gesundheitsmarkts finanziell gefördert. Damit wurde eine zunächst erfolgte Schlechterstellung von Kooperationen durch Beseitigung von Zuschlägen durch den EBM mit Wirkung vom 01.01.2008 revidiert.[284] Dieser sah für Gemeinschaftspraxen keine Zuschläge mehr vor und hatte damit ihre ursprüngliche Förderung[285] aufgehoben.[286] Die Möglichkeit von Zuschlägen war, jedenfalls durch den Gesetzgeber, aber seinerzeit noch mehr durch den Aspekt zusätzlicher Kosten begründet.[287] Das BSG stellte im Jahr 2010 unter Bezugnahme auf den Gesetzgeber des GMG auf die Vorteile für Patienten in Form eines weiteren Leistungsspektrums oder ggf. längerer Öffnungszeiten ab, was auch den An-

---

[281] Siehe zu den spezifischen Rechtsproblemen der Teil-BAG Kap. 3 A.I.7.a.a.b..

[282] Der Wortlaut indiziert, dass die Versorgungspflicht durch angestellte Ärzte erfüllt werden kann.

[283] Schallen § 33 Rn. 1174a.

[284] KBV, http://daris.kbv.de/daris.asp, Archivnr. 1003756458 (EBM 2008) oder unter KBV 2012b (http://www.kbv.de/8170.html „EBM", „Arztgruppen-EBM", „Archiv" „Titel: EBM, Dokumentenart: Beschluss"), (12.01.2012) i. V. m. Beschluss des Bewertungsausschusses in der 6. Sitzung zum 17.10.2007 mit Wirkung zum 01.08.2008 unter 5.1.. Anders beispielsweise noch der EBM 2007, Archivnr. 1003754531, unter 5.1. mit noch vorgesehenen Zuschlägen.

[285] Die Förderung erklärte das BSG mit Urt. v. 17.03.2010, B 6 KA 41/08, BSGE 106, 49 - juris, Leitsatz, in der ab dem 01.04.2005 geltenden Fassung für rechtmäßig; vgl. auch Parallelentscheidungen vom 17.03.2010, B 6 KA 15/09 R, B 6 KA 18/09 R, B 6 KA 19/09 R.

[286] Die Aufhebung erfolgte allerdings unter Vorbehalt einer Überprüfung: 137. Beschluss des Bewertungsausschusses v. 19.10.2007, zum 01.01.2008, 10, unter Protokollnotizen zu 5.1. des EBM 2008.

[287] So lautete es im GMG BT-Drs. 15/1525, 105, dass i. d. R. der anfallende Behandlungsbedarf pro Patient bei der Behandlung durch eine kooperative Versorgungsform im Vergleich zur Behandlung durch eine Einzelpraxis höher ist, da in der kooperativen Versorgungsform oftmals mehrere Ärzte an der Behandlung beteiligt sind.

forderungen des Gesundheitsmarktes im Jahr der Entscheidung, 2010, und künftig entspricht.

Seit Einführung der RLV im Rahmen des Gesundheitsfonds im Jahr 2009 gab es wieder finanzielle Vorteile bei gemeinsamer Berufsausübung. Von der KBV und dem GKV-Spitzenverband wurden für fachgleiche Gemeinschaftspraxen, zunächst befristet bis Juni 2009, 10%ige RLV-Aufschläge vereinbart, die sodann weiter gewährt wurden. Fachübergreifende Gemeinschaftspraxen, aber ebenso MVZ, erhielten ab dem III. Quartal 2009 einen Aufschlag auf das RLV. Für diese Organisationsformen konnte je nach Anzahl der vertretenen Fachrichtungen eine Ausweitung des RLV in einer Größenordnung zwischen 5 % und 40 % erreicht werden.[288] Wiederum entbrannte Streit in der Anwendung. In diesem Falle bestand Uneinigkeit darüber, ob auch Job-Sharing-Praxen (bezogen auf Angestellte und Partner) Anspruch auf Zuschläge hatten. Einige KVen waren der Auffassung, dass Ärzte, die den Leistungsbeschränkungen nach den Bedarfsplanungs-Richtlinien (Job-Sharing) unterliegen, nicht berücksichtigt werden können.[289] Die KV Bayerns schloss das hingegen z. B. nur bei angestellten Job-Sharing Ärzten aus.[290] Inzwischen haben die KVen in Regelungen festgelegt, dass Job-Sharing Ärzte nach § 101 Nr. 4 und Nr. 5 nicht berücksichtigt werden.[291] An dem Streit darüber, wem die Förderung zusteht und wem nicht, zeigt sich die Bedeutung der Förderung. Sie zeigt sich auch daran, dass die Kriterien inzwischen verschärft wurden. Seit dem 01.07.2011 erhalten BAG (und MVZ) nur noch dann einen Zuschlag auf ihr RLV, wenn sie einen größeren Teil der Patienten gemeinsam behandeln. Ersichtlich war es daher ein Problem, dass Zuschläge auch in Anspruch genommen wurden, wenn die Kooperation nur untergeordnet war. Der Bewertungsausschuss hat die Kriterien in drei Fallkonstellationen festgelegt.[292] Mit Aufhebung der RLV durch das GKV-VStG könnten solche finanziellen Förderungen von Kooperationen z. B. wieder im EBM vorgesehen werden, andernfalls entfielen sie aber nicht erneut, denn das Ge-

---

[288] Beschluss des Bewertungsausschusses vom 20.04.2009. Entscheidend für die Höhe des Zuschlags ist nicht die Zuordnung der Ärzte zu den jeweiligen RLV-Arztgruppen, sondern welcher Arztgruppe im Sinne des EBM die Ärzte zugeordnet werden beziehungsweise welche Versicherten- beziehungsweise Grundpauschale die jeweiligen Ärzte abrechnen können. O. V., A+S aktuell 09/2009, 4.

[289] O. V., 2009b, http://www.radiologen-foren.de/rwf/sites/default/files/RWF-07-09.pdf, o. S., (12.11.2011).

[290] KV Berlin, o. J.a, http://www.kvb.de/praxis/honorar/honorar-ab-010710/erlaeuterungen.html (12.11.2011) mit Hinweis auf Teil 1, Punkt. 3.1 der Honorarbroschüre.

[291] Ergänzungsvertrag zum HVV zur Klarstellung verschiedener Punkte u. a. auch dieser Frage, im Rheinischen Ärzteblatt 7/2011, 62 (amtl. Bekanntmachungen), Teil B II. 1. letzter Satz, vgl. auch: http://www.aekno.de/downloads/archiv/2011.07.062.pdf (12.11.2011).

[292] Beschluss des Bewertungsausschusses am 22.12.2010 mit Wirkung v. 01.04.2011 nach Ziff. 2 für die Zuweisung von RLV mit Wirkung v. 01.07.2011, in der 245. Sitzung, Bewertungsausschuss 2011, http://www.kbv.de/8157.html, (12.11.2011).

setz verpflichtet nach § 87b Abs. 2 S. 1 2. Hs. n. F. die KVen im Verteilungsmaßstab die kooperative Behandlung angemessen zu berücksichtigen.

Der zugelassene Arzt wird durch diese Möglichkeiten einerseits gesteuert, andererseits belohnt, wenn er sich innovativen Formen der Leistungserbringung öffnet und an der Entwicklung des Gesundheitsmarkts teilnimmt. Damit wird die Zulassung grundsätzlich weiter entwickelt und gefördert, was offenbar auch genutzt wird, wie sich an der Verschärfung der Bedingungen zeigt und der Diskussion, wem die Vorteile zustehen. Die Förderung durch den Gesetzgeber an dieser Stelle hat somit gegriffen und zu einer Stärkung der vertragsärztlich niedergelassenen Tätigkeit und folglich der Zulassung geführt. Auch hier gab es jedoch ebenso vermeidbare Rechtsunsicherheiten wie eine vermeidbar zum Nachteil des Instruments der Zulassung erfolgte Auslegung durch die Selbstverwaltung.

9. Aufhebung der Altersgrenze für Vertragsärzte

Eine kleinere, für ihre tatsächliche Bedeutung in Praxis und Rechtsprechung verhältnismäßig unauffällig erfolgte Änderung stellte die völlige Aufhebung der Altersgrenze für bereits tätige Vertragsärzte nach § 95 Abs. 7 S. 3 a. F. (bis 30.09.2008) dar. Die Altersgrenze für eine Erstzulassung von 55 Jahren war bereits zum 01.01.2007 gefallen.[293]

Zunächst wurde in einem ersten Schritt mit dem VÄndG in Anbetracht drohender Unterversorgung die Möglichkeit der Tätigkeit über die grundsätzliche Altersgrenze von 68 Jahren hinaus im Ausnahmefall geregelt (§ 95 Abs. 7 S. 8). Eine solche Ausnahme vom gesetzlichen Zulassungsende bedurfte eines entsprechenden Beschlusses des Landesausschusses. Mit dem GKV-OrgWG, dessen meiste Regelungen zum 01.01.2009 in Kraft getreten sind, entfiel sodann die Altersgrenze für Vertragsärzte von 68 Jahren generell. Für die Aufhebung der Altersgrenze wurde sogar kurzfristig der 01.10.2008 rückwirkend festgelegt[294]. Die Neuerung wurde mit einer Übergangsregelung bis zum 31.03.2009 für Ärzte versehen, die zwischen dem 01.01.2008 und dem 30.09.2008 ihre Praxistätigkeit auf Basis der bisherigen Rechtslage aufgegeben hatten. Sofern diese Ärzte bis zur Änderung der Rechtsvorschrift keinen Nachfolger gefunden hatten, konnte gegenüber dem Zulassungsausschuss die Erklärung abgegeben werden, dass die Tätigkeit als Vertragsarzt wieder aufgenommen wird. Für diese

---

[293] Diese war mit § 106 Nr. 12 gegen Bedenken des Rechtsausschusses zum Entwurf des GRG, mit der Begründung eingeführt worden, dass ihre Erforderlichkeit für das wichtige Gemeinschaftsgut der Leistungsfähigkeit der Krankenkassen überwiege, da die Auffassung vertreten wurde, dass ältere Ärzte eher eine Gefährdung für Patienten darstellen könnten.

[294] BR-Drs. 733/08, 22, Art. 7 Abs. 3 unter Bezugnahme auf Art. 1 Nr. 1i, 3, 4.

Erklärung war eine Frist bis zum 31.03.2009 festgelegt. Die Zügigkeit der Gesetzesänderung und die Übergangsregelung, zeigen ebenso wie die Tatsache, dass sich die Änderung in einem Gesetz befindet, das vor allem für eine Änderung von Organisationsstrukturen der GKV vorgesehen war, in dem aus systematischen Gründen eine Änderung der Regelung der subjektiven Zulassungsbeschränkung der Altersgrenze für Vertragsärzte nicht zu erwarten war, die offensichtliche Dringlichkeit, die der Maßnahme beigemessen wurde. Der Gesetzgeber nutzte hier also erkennbar für eine offensichtlich als dringlich erachtete Änderung die nächst erreichbare Möglichkeit zu ihrer Einführung.

Bis zu dieser Änderung hatten das BVerfG und das BSG die Altersgrenze in ständiger Rechtsprechung gerechtfertigt. Die Urteilsbegründungen sind in einigen Punkten mit der Abschaffung der Altersgrenze durch das GKV-OrgWG nicht in Einklang zu bringen. So rechtfertigten die Gerichte die Altersgrenze mit dem Schutz der Gesundheit der Versicherten. Die Altersgrenze begegne den Gefährdungen, „die von älteren, nicht mehr voll leistungsfähigen Ärzten für ihre Patienten ausgehen könnten".[295] Ein weiterer Grund war die Wahrung der Berufszulassungschance für jüngere Ärzte, also ihre Chance in einen regulierten Markt hineinzukommen. Die erste und damit auch tragende Begründung ist mit einer völligen Aufhebung der Altersgrenze nicht in Übereinstimmung zu bringen, da sich an der Tatsache, dass ältere Ärzte für die Patienten eher eine Gefährdung darstellen könnten als jüngere, nichts geändert hat - sofern man überhaupt diese Auffassung vertritt. Allein das weitere Kriterium, das jüngere Ärzte Zugang zum Markt erhalten sollen, verlor dadurch an Gewicht, dass es bei der aktuellen Situation von Versorgungsdefiziten zu wenige Ärzte gibt und daher junge wie ältere benötigt werden.

Der Gesetzgeber hat mit der Aufhebung der Altersgrenze ganz offensichtlich auf den Druck des Marktes reagiert, der aufgrund des erwarteten Ärztemangels jeden (weiter) arbeitswilligen Vertragsarzt benötigt und hat dabei auch die bisherige Argumentation der Rechtsprechung teilweise übergangen. In ihrer Stellungnahme haben die Länder ihre Begründung offen genannt. Aufgrund der demografischen Entwicklung in Deutschland sei es nicht mehr sachgerecht, das derzeit bestehende Berufshindernis für Vertragsärzte, -zahnärzte und - psychotherapeuten in Form einer Altersgrenze für das Ende der Berufsausübung aufrechtzuerhalten.[296] Zu der bisherigen Begründung für eine Altersgrenze, der „Gefährdung von Patienten", wird nur auf bereits erfolgte Änderungen verwiesen, ohne es weiter zu erläutern. Die Länder führen aus: „Auch das

---

[295] BSG, Urt. v. 06.02.2008, B 6 KA 41/06 R, GesR 2008, 300 (301) - juris Rn. 11. Vgl. auch Kap. 2 C.II.7. hierzu.
[296] BR-Drs. 16/10070, 3.

zweite Argument (scil.: dass „die gesundheitliche Befähigung zur Ausübung der ärztlichen Tätigkeit mit steigendem Alter abnehme") kann angesichts der bereits durch das VÄndG erfolgten Aufhebung der Altersgrenze für unterversorgte Gebiete nicht mehr für die Aufrechterhaltung der generellen Altersgrenze herangezogen werden." Noch im Jahr 2007 hatte das BVerfG trotz der Aufhebung der Zulassungsbeschränkung für Zahnärzte und Aufhebung der Altersgrenze bei Unterversorgung die Altersgrenze noch für gerechtfertigt gehalten.[297] Selbst eine inzwischen auch existierende Unterversorgung in einigen Regionen Deutschlands, besonders in ländlichen Gebieten, stellte bis zum Herbst 2008 keine Rechtfertigung für eine Aufhebung der Altersgrenze dar, jedenfalls, solange es weiterhin noch eine offensichtliche Überversorgung in Ballungsgebieten und besonders attraktiven Gebieten gab.[298] Auch das BSG hielt noch im Februar 2008 die Altersgrenze für mit dem deutschen Verfassungsrecht und den gemeinschaftsrechtlichen Vorgaben der Europäischen Union für vereinbar und hat damit die Zulassungsentscheidung des Zulassungsausschusses der Ärzte Oberbayerns, einem Arzt für Allgemeinmedizin seine Zulassung als Vertragsarzt wegen Erreichens der Altersgrenze zu entziehen, für rechtmäßig erklärt.[299] Die einschneidende Maßnahme, die die Altersgrenze für viele Ärzte wie auch für den in diesem Verfahren klagenden Arzt, der mit seiner Tochter zusammen die Praxis führte, noch im Frühjahr 2008 bedeutete, hat der Gesetzgeber dann entgegen dieser Rechtsprechung aufgrund massiven Protests und offenbar gewordener fehlender Rechtfertigung aufgehoben.

An dieser gesetzgeberischen Maßnahme lässt sich daher sehr gut erkennen, dass die Gesetze im Gesundheitswesen häufig nur den Marktanforderungen folgen. Anstatt aktiv und präventiv die Regulierung des Gesundheitsmarkts zu steuern, wird reagiert und „Flickschusterei betrieben". Die Frage drängt sich daher auch am Beispiel dieses Punktes auf, wie zukünftig die Steuerung der Versorgung umfassend und planbar geregelt werden kann. Sicher muss zwar das Instrument der vertragsärztlichen Zulassung Änderungen erfahren, allerdings sollte die Zulassung als jahrzehntelang funktionierendes Instrument weder ganz aufgegeben werden, noch darf sie mangels ausreichender Planung den Auswirkungen von gesetzlichen Änderungen wie dem Wettbewerb im Gesundheitsmarkt preisgegeben werden.

---

[297] BVerfG, Beschl. v. 07.08.2007, 1 BvR 1941/07, NZS 2008, 311 - juris Rn. 16 und 15.
[298] BSG, Beschl. v. 28.04.2007, B 6 KA 106/03 B - juris Rn. 9.
[299] BSG, Urt. v. 06.02.2008, B 6 KA 41/06 R, GesR 2008, 300, zur Rechtmäßigkeit der Altersgrenze schon im Leitsatz. Das entspricht auch noch im Jahr 2010 der aktuellen Rechtsprechung des EUGH zu der ehemaligen Altersgrenze, die deren Zulässigkeit bestätigt, EuGH, Urteil vom 12.01.2010, Rs. C-341/08 - Domnica Petersen, NJW 2010, 587 ff..

10. Herauslösung des Belegarztes aus der Gesamtvergütung, Scheinbelegarzt, Honorararzt

Mit dem Krankenhausfinanzierungsreformgesetz[300] wurde ab dem 25.03.2009 die Möglichkeit einer Belegarzttätigkeit[301] durch Einfügung des § 121 Abs. 5 (i. V. m. § 18 Abs. 3 KHEntG) erweitert. Nach der bis dahin geltenden Rechtslage war Belegarzt stets ein niedergelassener Arzt, der aufgrund eines Vertrages (nur) berechtigt war, am Krankenhaus unter Inanspruchnahme der dortigen Vorhaltungen Leistungen gegenüber eigenen Patienten zu erbringen. Das Krankenhaus schuldete dem Belegarzt keine Vergütung, sondern nur die Bereitstellung von sachlichen Ressourcen und Personal. Die Vergütung erfolgte aus der Gesamtvergütung für niedergelassene Vertragsärzte. Nach der neuen Regelung kann der Belegarzt im Rahmen eines Honorarvertrags verpflichtet werden und hierfür die Vergütung vom Krankenhaus erhalten (Honorarvertragsmodell[302]). Das Krankenhaus wiederum rechnet die ärztliche Leistung ab, nicht der Vertragsarzt.

Die Rechtsgrundlage für den Anspruch des „klassischen" Belegarztes gegen die KV auf Honorierung seiner belegärztlichen Leistungen ergibt sich aus § 121 Abs. 3 S. 1, Abs. 4 i. V. m. § 87, ehem. 85 Abs. 4 S. 1 bis 3 (unter Beachtung des lex specialis § 121 Abs. 3 S. 2). Danach sind belegärztliche Leistungen trotz ihrer Erbringung im Rahmen einer stationären Krankenhausbehandlung aus den zur Finanzierung der ambulanten vertragsärztlichen Versorgung vereinbarten Gesamtvergütungen zu honorieren. In gesperrten Gebieten muss ein Krankenhaus die Tätigkeit für einen Belegarzt unter den im Planungsbereich niedergelassenen Vertragsärzten ausschreiben (§ 103 Abs. 7 S. 1). Erst wenn sich kein niedergelassener Arzt findet, kann der Krankenhausträger den Belegarztvertrag mit einem anderen Arzt schließen, der eine auf die belegärztliche Tätigkeit beschränkte Zulassung erhält, wobei die Beschränkung nach zehn Jahren entfällt (§ 103 Abs. 7 S. 3 Hs. 2).

In dieser Regelung zeigen sich einmal exemplarisch die konsequente Berücksichtigung der Bedarfsplanung und die Kontrolle über die Zulassung durch den Gesetzgeber.

Eine „klassische" belegärztliche Tätigkeit war (unter Berücksichtigung von § 121 Abs. 3 S. 2) ebenso wie jede andere Tätigkeit des Vertragsarztes budgetär begrenzt und von der Genehmigung der KV abhängig. Nunmehr ist es Vertragsärzten möglich, als Honorarbelegärzte ohne Einflussnahme der KV aufgrund eines Honorarvertrages

---

[300] Krankenhausfinanzierungsreformgesetz (KHRG) v. 17.03.2009, BGBl. I, 534, BT-Drs. 16/10807.
[301] Zur Definition vgl. § 121 Abs. 2. u. § 18 Abs. 1 S. 1 KHEntG.
[302] BT-Drs. 16/11429, 46.

mit einem Krankenhaus das Honorar frei auszuhandeln.[303] Dabei kann die Leistung auch pauschaliert werden. Die Parteien sind nicht an die GOÄ gebunden.[304] Der Vertragsarzt muss in dem neuen Modell nicht mit den üblichen Laufzeiten der Zahlungen der KV auf sein Honorar zuwarten. Der Belegarzt mit Honorarvertrag erbringt laut amtlicher Begründung keine vertragsärztliche Tätigkeit.[305]

Als Folge der Neuregelung der Vergütung wurde die Frage gestellt, warum die Zulassung eines Honorarbelegarztes noch der Genehmigung der Zulassungsgremien bedarf.[306] Bei einer solchen Fragestellung werden ersichtlich die weiteren Aspekte der Zulassung verkannt oder erheblich unterbewertet. Die wesentliche Aufgabe der Prüfung durch die KVen gerät damit erkennbar aus dem Blickfeld. Offenbar ist es erforderlich, dass sich die KVen neu positionieren, um ihre Aufgaben transparenter zu machen. Die Stimmen, welche die eingangs zitierte Frage aufwerfen, kommen aus dem Krankenhaussektor, der die Aufgaben einer KV evident nicht berücksichtigt oder erfasst.[307] Durch die Modifizierung der Belegarzttätigkeit und die Äußerungen von Seiten des stationären Sektors wird somit erneut die Stellung der KVen geschwächt.

Für den zugelassenen Vertragsarzt bedeutet das neue Modell tatsächlich zwar eine Erweiterung von Möglichkeiten, nachteilig ist aber die damit verbundene Schwächung seiner Position. Er muss sich zur Aufrechterhaltung seiner Konkurrenzfähigkeit - ohne Einflussnahmemöglichkeit seiner Vertretungskörperschaft - mit dem neuen Modell befassen. Ob ein betriebswirtschaftlicher Nutzen gegeben ist, ist dabei fraglich.[308] Dafür entsteht eine weitere Missbrauchsanfälligkeit des Systems. So musste das BSG klare Kriterien festlegen, um bei der besonderen Form der Zulassung nach Abs. 7 ein Unterlaufen von Zulassungsbeschränkungen durch pro-forma-Belegarzttätigkeiten zu verhindern und fordert danach bei einer Antragstellung nach Abs. 7 eine gewisse Anzahl von Belegbetten.[309]

---

[303] Zu Berechnungsbeispielen, Makoski, GesR 2009, 225 (227).

[304] BGH, Urt. v. 12.11.2009, III ZR 110/09, GesR 2010, 28, Leitsatz und 29.

[305] Bericht des Gesundheitsausschusses vom 17.12.2008, BT-Drs. 16/11429, 46, wonach die nach dem Honorarvertragsmodell vergüteten ärztlichen Leistungen nicht zugleich nach EBM vergütet werden und außerhalb der morbiditätsbedingten Gesamtvergütung von den Kassen bezahlt werden.

[306] Makoski, GesR 2009, 225 (228) m. w. N. (§ 121 Abs. 2 erfordert die Zulassung eines Arztes, der als herkömmlicher Belegarzt, aber auch in der neuen Form als Honorararzt in Frage kommt).

[307] Wie vor.

[308] *Halbe/Münzel*, in: KHRG, Rn. 425.

[309] BSG, Urt. v. 14.03.2001, B 6 KA 34/00 R, BSGE 88, 6 (15); zuletzt BSG Urt. v. 02.09.2009, B 6 KA 27/08 R, SozR 4-2500 § 103 Nr. 5 - juris, Leitsatz. Dieser Aspekt spielt im Rahmen des Anerkennungsverfahrens nach §§ 39, 40 BMV-Ä beziehungsweise

II. Fazit zur Bestandsaufnahme

Es zeigt sich ein sich wiederholendes, schon charakteristisch erscheinendes Vorgehen: Flexibilisierungen werden zur Wettbewerbsfähigkeit und damit Zukunftsfähigkeit der vertragsärztlichen Zulassung als Steuerungsinstrument für die Versorgung durch den Gesetzgeber eingeführt. Schon bei den gesetzlichen Regelungen treten vermeidbare Unklarheiten auf, spätestens aber durch zugleich erfolgende Restriktionen auf untergesetzlicher Ebene oder durch die Praxis in der Anwendung der Zulassungsausschüsse - jedenfalls zunächst, vor der Entscheidung durch die Rechtsprechung - werden Liberalisierungen wieder beseitigt. Dabei ist dieses Handeln vor allem dem Gesetzgeber zuzuschreiben. Die Rechtsprechung klärt viele Unklarheiten im Sinne der Vertragsärzte (so etwa die vorhergehend ausgeführte Frage des Drittschutzes, der Nachbesetzung von Anstellungsstellen und viele andere Punkte) und betont die Relevanz des Statuscharakters der Zulassung.[310] Zudem ist ein häufig reaktives, dem Marktdruck folgendes und nur kurzfristig geplant wirkendes Handeln des Gesetzgebers zu kritisieren.

Die vertragsärztliche Zulassung erfährt danach einen Wandel, einerseits eine zunehmende Flexibilisierung, insbesondere beginnend mit der Einführung des MVZ als zulassungsfähigem institutionellem Leistungserbringer, andererseits eine Schwächung durch weitergehende Möglichkeiten der vertraglichen Teilnahme an der Leistungserbringung, hier insbesondere beginnend mit Modellvorhaben. Ein ursprüngliches Anliegen der Ärzte, im Wege der von ihnen selbst verwalteten Zulassungen zur Teilnahme an der vertragsärztlichen Versorgung auch ihr Honorar zu sichern und von der Entscheidung der Krankenkassen, ob sie einen Leistungserbringer beauftragt oder nicht, unabhängig zu sein, tritt durch vielfältige Maßnahmen der Gesundheitspolitik und der Krankenkassen, speziell im Rahmen der Selektivverträge, zunehmend in den Hintergrund. Das führt zur Verstärkung von Zweifeln und Kritik am bewährten System, die erst durch die Änderungen verursacht sind und nicht in dem System einer Steuerung über die vertragsärztliche Zulassung wurzeln, gegen die sich die Kritik jedoch richtet.[311]

Das System der vertragsärztlichen Versorgung steht damit auf dem Prüfstand. Einerseits erodiert die Zulassung in ihrer lange geltenden Form, zugleich beanspruchen die

---

§§ 31, 32 EKV-Ä keine Rolle, weil - im Gegensatz zur Belegarztzulassung nach Abs. 7, die eine Ausnahmezulassung im Falle der Zulassungsbeschränkung bedeutet - hier bereits eine Zulassung des Antragstellers für die Belegarzttätigkeit vorliegt, BSG, Urt. v. 23.03.2011, B 6 KA 15/10 R - juris Rn. 24.

[310] BSG, Urt. v. 11.03.2009, B 6 KA 15/08 R - juris Rn. 9, spricht zugelassenen und ermächtigten Ärzten solange Vergütungsansprüche zu, bis sie von einem Widerspruch Kenntnis erhalten.

[311] Vgl. Kap. 2 B.IV. und Teil 3 A.I.4..

Krankenkassen durch ein Vertragssystem in wachsendem Maße die Regelung der Versorgung der gesetzlich Versicherten, was vor dem geschichtlichen Hintergrund schon überholt schien. Der Gesetzgeber fördert das jedoch unter der Devise der Stärkung eines Wettbewerbs[312] ebenso, wie er weitere Instrumente mit dem Ziel einführt, neue oder zusätzliche Steuerungsinstrumente für die ambulante vertragsärztliche Versorgung zu errichten.

Die Steuerung durch neue Instrumente, insbesondere die Selektivverträge, soll daher nachfolgend einer Bewertung zugeführt werden.

B. Ablösung durch neue Steuerungsinstrumente

I. Morbiditätsorientierung - Morbiditätsorientierter Risikostrukturausgleich (Morbi-RSA)

Die Einführung eines Wettbewerbselements in die GKV gehört zu den wesentlichen Änderungen der letzten Reformen im Gesundheitssystem. Zur Ermöglichung von Wettbewerb gehört eine Modifizierung des Finanzausgleichs zwischen den Krankenkassen, hin zu einer risikoadjustierten wirtschaftlichen Belastung der Krankenkassen. Die Verteilung der Finanzen aus den Versichertenbeiträgen soll damit mehr den von den Versicherten verursachten und damit wesentlich durch den Morbiditätsfaktor verursachten Kosten folgen. Werden unter Wettbewerbsbedingungen hohe Kosten nicht ausgeglichen, führt das zu dem Problem der Risikoselektion in Form des Wettbewerbs (nur) um gesunde Versicherte, denn die Kranken und chronisch Kranken belasten mit hohen Kosten. Das würde das Ziel eines Wettbewerbs um Qualität ad absurdum führen. Mit einem risikoadjustierten Finanzausgleich wird daher ein Agieren der Krankenkassen unter wettbewerblichen Voraussetzungen ermöglicht. Der Gesetzgeber hat sich zur Schaffung dieser verbesserten Wettbewerbsbedingungen des Instruments des so genannten Finanzausgleichs bedient, das nachfolgend kurz in seinem Entstehen und seiner Gestalt beschrieben werden soll. Er kann auch als konstitutives Ordnungselement eines Kassenwettbewerbs bezeichnet werden.[313]

Eine erste Form eines Finanzausgleichs wurde mit dem 01.01.1994 stufenweise als so genannter Risikostrukturausgleich[314] eingeführt. Vor Einführung dieses ersten Finanz-

---

[312] Deutlich ist der Name Programm im GKV-WSG, dem Gesetz zur Stärkung des Wettbewerbs in der gesetzlichen Krankenversicherung.

[313] Cassel/Jacobs, G+G, Gesundheit und Gesellschaft, Das AOK-Forum für Politik, Praxis und Wissenschaft 11/2008, 29.

[314] GSG v. 21.12.1992, BGBl. I, 2266. Vgl. zur Einführung und verfassungsrechtlichen Beurteilung BSG, Urt. v. 21.09.2005, B 12 KR 6/04 R, SozR 4-2500 § 266 Nr. 10, *A. Becker*, in: jurisPK-SGB V, § 266 Rn. 31 ff. (zum EG-Recht) 37.

ausgleichs zwischen Krankenkassen, dem Vorgängermodell des derzeit geltenden so genannten Morbi-RSA, waren Versicherte überwiegend fest einer bestimmten Krankenkasse zugewiesen und Krankenkassenwahlrechte sehr begrenzt. Da ähnliche Versichertengruppen bestimmten Krankenkassen zugeordnet waren, bestanden hierdurch erhebliche Unterschiede in den Beitragssätzen und Risiken (besonders die Morbiditätsrisiken), die ganz ungleich verteilt waren. Das für die GKV konstitutive Solidaritätsprinzip war hierdurch geschwächt.[315] Die Situation wurde als verfassungsrechtlich bedenklich bewertet und sollte einerseits durch Erweiterung der Kassenwahlrechte, andererseits durch ein Ausgleichsverfahren behoben werden, dass die bei den verschiedenen Krankenkassen bestehenden Risiken, kranke und damit besonders teure Versicherte als Mitglieder zu haben, ausgleichen sollte. Der RSA sollte schon als Ausgleichsverfahren dienen und daher auch einen solidarischen Wettbewerb zwischen den Krankenkassen ermöglichen.[316] Bereits seit der Einführung des RSA wurde aber darüber diskutiert, dass die Klassifizierung der Morbiditätslast durch die eingeführten Kriterien nicht ausreichend genug differenziere und dass zusätzliche und „feinere" Möglichkeiten der Eingruppierung notwendig seien.[317]

Für die vertragsärztliche Zulassung besonders relevant ist, dass zudem trotz des Finanzausgleichs unter den Krankenkassen das Morbiditätsrisiko beim Leistungserbringer lag; denn dieser erhielt für alle Behandlungsleistungen unabhängig von der Qualität die gleiche Vergütung von der Krankenkasse und somit unabhängig von den ihn belastenden Faktoren einer hohen Anzahl besonders kranker Patienten. Das war im langjährigen Vergütungssystem begründet. So spielte im Rahmen der den Honoraranspruch des Leistungserbringers regelnden Vorschrift, § 85, bis dahin die Morbiditätsstruktur der jeweiligen Krankenkasse keine Rolle. Danach wurde die Gesamtvergütung für jede Kassenart einheitlich, unabhängig von ihrer Morbiditätsstruktur errechnet.

Das Risiko, bei gleichem Honorar besonders viele multimorbide Patienten zu haben, lag demnach beim Leistungserbringer.

„Der darin liegenden Bedrohung für das Gesundheitswesen (vor allem der Unterversorgung, weil Leistungserbringer ihre Leistungen einstellen bzw. von vornherein nicht anbieten, sprich, sich nicht niederlassen) kann man nur dadurch begegnen, dass man das Morbiditätsrisiko auf die Konsumenten von Gesundheitsleistungen verlagert bzw. - in einem solidarisch organisierten System - auf die Krankenkassen. Dieses Ziel er-

---

[315] Zur geschichtlichen Entwicklung der Krankenkassen vgl. BT-Drs. 14/5681, 3 ff.
[316] *A. Becker*, in: jurisPK-SGB V, § 266 Rn. 25.
[317] Glaeske, KrV 2008, 188 ff.

reicht man, wenn man die Berechnung der ärztlichen Vergütung an der Morbiditäts-struktur der Versicherten orientiert."[318]

Der mit dem GKV-WSG mit Wirkung vom 01.04.2007 eingeführte § 87a sollte letzte-re Voraussetzung, die Berechnung der ärztlichen Vergütung nach der Morbiditäts-struktur der Versicherten, für den Bereich der Vertragsärzte erreichen. Dieser regelte das Steuerungsinstrument der Orientierungswerte, zu dem nachfolgend Stellung ge-nommen wird.[319] Die Verlagerung des Morbiditätsrisikos auf die Krankenkassen sollte durch die Orientierungswerte konsequent vollzogen werden, indem ihr Euro-Wert konstant bleibt, gleichviel, wie hoch die Morbidität ist. Dafür sieht § 87 Abs. 2g Nr. 3 das Anpassungskriterium der allgemeinen Kostendegression bei Fallzahlsteigerungen (durch besonders viele Kranke) vor. Das GKV-VStG sieht nur noch einen Orientie-rungswert für den Regelfall, aber keine Sonderorientierungswerte mehr vor. Ehemals die Orientierungswerte und nun der Orientierungswert muss nach § 87 Abs. 2g Nr. 3 für den Fall einer Fallzahlsteigerung nicht abgesenkt werden, so dass die rechnerische Honorarsumme konstant bleibt. „Andernfalls käme es zu `floatenden´ Orientierungs-werten, die mit dem gesetzgeberischen Ziel, das Morbiditätsrisiko auf die Krankenkas-sen zu verlagern, nicht in Einklang stünden."[320] Ferner erreicht man das Ziel einer Be-rücksichtigung der Morbidität bei der ärztlichen Vergütung, indem auch den Kranken-kassen morbiditätsabhängig Beiträge zugeteilt werden, was dadurch gelingen soll, dass sie Versichertenbeiträge entsprechend ihrer Morbiditätslast erhalten, anstatt der bis zum Morbi-RSA geltenden morbiditätsunabhängigen Beiträge. Das ist demgemäß Ziel der Änderung des RSA in den so genannten Morbi-RSA.

Mit der Änderung des RSA wurde dieser zugleich in das neue Finanzierungsmodell des Gesundheitsfonds (§ 271) eingebettet[321], denn aus diesem erhalten die Kranken-kassen die Versichertenbeiträge. Die Mittelzuweisungen aus dem Gesundheitsfonds werden ihnen seither gemäß ihres Risikos zugewiesen. Auf diese Weise wird seither der RSA durchgeführt. Im Übrigen hängt der Gesundheitsfonds mit dem Morbi-RSA als neuem Steuerungsmodell nicht zusammen, sondern wäre auch unabhängig davon nötig gewesen.[322] Statt der bisherigen RSA-Zuweisungen vor allem nach Alter, Ge-schlecht und Erwerbsunfähigkeitsstatus erfolgen die Zuteilungen an die Krankenkas-sen entsprechend der Morbidität eines jeden Versicherten auf der Basis seiner Verord-nungen und Diagnosen (§ 87a Abs. 3). Tatbestände des RSA können und dürfen die

---

[318] *Freudenberg,* in: jurisPK-SGB V, § 87a Rn. 27.
[319] Kap. 3 B.III. und IV..
[320] Zum Ganzen: *Freudenberg,* in: jurisPK-SGB V, § 87 Rn. 150.
[321] Alle Regelungen durch das GKV-WSG vom 26.03.2007, BGBl. I 2007, 378; zu den Mate-rialien vgl. BT-Drs. 16/3100, 91 ff., 167 ff.; BT-Drs. 16/4247.
[322] O. V., so Wasem, A+S aktuell, 09/2009, 2.

Krankenkassen dabei dem gesetzgeberischen Willen nach nicht unmittelbar beeinflussen.

Über die vertragsärztliche Zulassung ist eine unmittelbare Einflussnahme des niedergelassenen Arztes auf das Gesamt-Risiko, besonders viele kranke Patienten für das gleiche Honorar behandeln zu müssen wie Leistungserbringer mit einer gesünderen Patientenstruktur, in ihrer existierenden Form kaum möglich. Er kann sich allenfalls bei Kenntnis solcher Faktoren gegen eine Niederlassung entscheiden. Die vertragsärztliche Zulassung ist somit kein Instrument, über das der Verteilung des gesamten Morbiditätsrisikos Rechnung getragen werden kann, über die Zulassung kann aber eine auf diesen Kriterien basierende gerechtere und bedarfsgerechte Verteilung erreicht werden, nämlich über die Steuerung nach (Morbiditäts-)bedarf. Dazu kann die Bedarfsplanung dienen. Über das Instrument der Zulassung kann ferner mittelbar, im Wege einer dem Morbiditätsrisiko angemessen Vergütung, eine Steuerung erreicht werden. Damit hat sich der Gesetzgeber aber zumindest teilweise ebenfalls befasst und die Vergütungsstruktur zeitgleich mit Einführung des Morbi-RSA, ebenfalls mit dem Ziel der Einführung von Transparenz, Verteilungsgerechtigkeit und Steuerung durch Vergütungsanreize reformiert.[323]

II. Kritik am Steuerungsinstrument Morbiditätsorientierung

Der Morbi-RSA ist von der Prognoseentscheidung des Gesetzgebers gedeckt, unterstellend dass der Gesetzgeber seiner Beobachtungs- und Korrekturpflicht nachkommt; und soweit verfassungsgemäß.[324] Er ist im Hinblick auf Steuerungsmechanismen kein unmittelbares Konkurrenzmodell zur vertragsärztlichen Zulassung. Vielmehr ergänzt er die Steuerungsfunktion des Niederlassungsverhaltens durch die Zulassung um die Entlastung von nicht über die Zulassung steuerbaren Morbiditätsrisiken soweit es um den Ansatz geht, das Morbiditätsrisiko von den Vertragsärzten auf die Ebene der Krankenkassen zu verlagern. Allerdings bilden „Unwirtschaftlichkeiten, jede vorhandene Über-, Unter- und Fehlversorgung immer die Basis des (Daten-, d. Verf.) Ausgleichs".[325] Diese Versorgungssituation ist aber Ergebnis der Bedarfssteuerung, die durch die Zulassung als Instrument der Bedarfsplanung erfolgt. Gleichwohl sind Bedarfsplanung bzw. Zulassung und Morbi-RSA nicht weiter miteinander verknüpft und ist auch die Bedarfsplanung nicht modernisiert worden.

Zudem ist der Morbi-RSA nicht das einzige Mittel, das zur Reaktion auf die Änderung und Zunahme von Morbidität genutzt werden kann, denn auch die vertragsärztliche

---

[323] BT-Drs. 16/3100, 119.
[324] Vgl. ausführlich, Augsberg, GesR 2008, 515 ff. (518).
[325] Gründer, KrV 2009, 192 (196).

Zulassung kann hierauf ausgerichtet werden. Er zeigt ferner Schwächen, die z. B. in der Manipulation[326] von Diagnosen durch die durch den Morbi-RSA potentiell belasteten Krankenkassen liegt. Die für die Versicherten gestellten Diagnosen sind Grundlage für die Zuweisungen. Das geht bis zu dem denkbaren Modell einer vertraglichen Verpflichtung von Leistungserbringern zu einer Steuerung der Codierung. In solchen Verträgen kann in unzulässiger Weise für ein bestimmtes Diagnoseverhalten (Codieren) eine verdeckte Honorierung vereinbart werden. Es soll solche Bestrebungen von Krankenkassen geben.[327] Bereits vor Einführung des Gesundheitsfonds wurde mit einer verstärkten Orientierung der Krankenkassen auf den Abschluss von Selektivverträgen für bestimmte, RSA-fähige Krankheiten gerechnet[328], die zum Ziel hatten, die zu erzielenden finanziellen Zuwendungen in Form von Zuschlägen zu erhalten. Vorteile für Qualität und Versorgung können so nicht erreicht werden, da Erkrankungen, die nicht im RSA berücksichtigt sind, systematisch benachteiligt werden[329], jedenfalls bei einer Saldierung der Vor- und Nachteile. Damit liegt das Problem der Risikoselektion[330] vor, das immer besteht, wenn für die Kassen Anreize bestehen, ihre Geschäftspolitik an unterschiedlichen Risiken zu orientieren.[331]

Der Gesetzgeber hat daher bereits mit der 15. AMG-Novelle[332] reagiert. Es wurde, als die beschriebenen Vorwürfe gegen Krankenkassen bekannt geworden waren, dagegen vorgegangen, dass sie niedergelassene Ärzte für Diagnosemanipulationen gewinnen wollten, um das Ergebnis des Morbi-RSA zu ihren Gunsten zu „optimieren". Durch Ergänzung des § 268 wurde dem Bundesversicherungsamt die Kompetenz zur Überprüfung von Diagnosedaten im Rahmen des Morbi-RSA eingeräumt. Missbrauchsgefahr ruht allerdings in jeder Regelung und ist nicht spezifisch für den Morbi-RSA. Ungeachtet dieser sollte der Gesetzgeber den Gedanken der Verlagerung des Morbiditätsrisikos und damit die Entlastung des Vertragsarztes unbedingt weiterverfolgen.

Der Morbi-RSA ist also keinesfalls an sich zu kritisieren, vielmehr ist zu kritisieren, dass das Mittel der vertragsärztlichen Zulassung zur (parallelen) Steuerung nach Mor-

---

[326] Vgl. Drucksache 16/13770, 400; vgl. auch Gründer, KrV 2009, 192 (194).

[327] Auch als Upcoding bezeichnet, vgl. für viele, Gerst, DÄBl. 2009, 17/A-800. Weitere Bezeichnung hierfür ist „Rightcoding", vgl. auch BT-Drs. 16/3100, 120. Zur Differenzierung der Begriffe „up- oder rightcoding", Göpffarth/Sichert, KrV 2009, 186 (187).

[328] So Köhler, in A+S aktuell, 2008, 25/2008, 2. Wobei aufgrund von Mengenwachstums ein Abstaffelungseffekt eingesetzt hat, der dazu führt, dass es für sehr Kranke immer weniger Mittel gibt, vgl. o. V., A+S aktuell, 46/2010, 8.

[329] Nach Berechnung der KBV sind dies zwei Drittel der GKV-Versicherten, Köhler, in A+S aktuell wie vor.

[330] Knappe et al., 2003, 20.

[331] BVerfG, Beschl. v. 18.07.2005, 2 BvF 2/01, BVerfGE 113, 167 - juris Rn. 29.

[332] V. 17.07.2009, in Kraft getreten am 23.07.2009, BGBl. I, 1990, 3578.

biditätskriterien noch lange nach Einführung des Morbi-RSA ungenutzt blieb. Eine grundsätzliche Morbiditätsorientierung auch im Hinblick auf das Niederlassungsverhalten und damit über die vertragsärztliche Zulassung war von Anfang an vorstellbar, etwa über die Bedarfsplanung. So kann vor einer Zulassung die Patientenstruktur des Ortes der Zulassung - des Vertragsarztsitzes - ermittelt werden.

Tatsächlich hatte der G-BA zwischenzeitlich die Berechnung von Verhältniszahlen zur Niederlassung von Ärzten um einen neuen Faktor, einen Demografiefaktor ergänzt[333], der seit Anfang 2011 in die Bedarfsplanung einfließt.[334] Ein Morbiditätsfaktor ist damit aber noch nicht eingeführt. Das hat erst der Gesetzgeber des GKV-VStG ermöglicht und hierzu gerade auf das bewährte Instrument der Bedarfsplanung zurückgegriffen (§ 99 Abs. 1 S. 3 n. F.), wenngleich sie, wie die Kollektivvereinbarungen auch, von Gegnern als planwirtschaftlich abgelehnt[335] und neben einem ausgebauten Vertragswettbewerb als entbehrlich kritisiert wird.[336]

Eine Schwachstelle zeigt sich bei der bisher erfolgten Steuerung über die Bedarfsplanung aber auch in einem weiteren Aspekt. Der Gesetzgeber gab den Verhandlungspartnern bzw. dem G-BA die Aufgabe zur Konkretisierung von Regelungen der Bedarfsplanung, jedoch ohne einen verbindlichen Zeitplan. Der G-BA hat daher z. B. seine Aufgabe, einen zusätzlichen lokalen Sonderbedarf (mit § 34a BedarfsplRL-Ä) festzulegen, erst erhebliche Zeit nach dem Auftrag des Gesetzgebers erfüllt. Zu kritisieren ist daher, dass die Festlegung durch den G-BA zeitlich erst erheblich später erfolgte als die Änderungen durch den Morbi-RSA. Der Gesetzgeber hatte mit Einführung des Morbi-RSA ersichtlich die Benachteiligung der Vertragsärzte schon erkannt und zu beseitigen beabsichtigt. Zugleich hat er es aber unterlassen, die vertragsärztliche Zulassung durch eine rechtzeitige Anpassung in der Bedarfsplanung mit dem gleichen Ziel wie dem des Morbi-RSA, die Anpassung an die Zunahme der Morbidität, zu vollziehen. Erst mit dem GKV-VStG ist das in ersten Schritten erfolgt. Auch die lange fällige Flexibilisierung der Faktoren der Bedarfsplanung ist mit der im Jahr 2010 schließlich vorgenommen Aufnahme eines Demografiefaktors zwar endlich erfolgt,

[333] G-BA 2010, http://www.g-ba.de/downloads/40-268-1298/2010-07-15-Bedarf-Demografiefaktor_TrG.pdf (12.11.2011), Beschluss des Bewertungsausschusses vom 15.07.2010, veröffentlicht im Bundesanzeiger Nr. 180, 2010; zur Kritik der Krankenkassen zur konkreten Form des Demografiefaktors, Meißner et al., DÄBl. 2010, o. S. 2010, http://www.aerzteblatt.de/v4/archiv/artikel.asp?id=70605 (12.11.2011); zu Rechtsfolgen des Demografiefaktors, insbesondere die Auswirkung auf Zulassungsbeschränkungen, Reiter, GesR 2011, 141 (142).
[334] KBV, 2011, http://www.kbv.de/service/38805.html (13.11.2011).
[335] Herre, in KVintern (Zeitschrift der KV Brandenburg), 3/2011, 8.
[336] *Greß/Ebsen/Jacobs/Wasem,* in: Jacobs/Schulze, Sicherstellung der Gesundheitsversorgung, 117 (129).

aber noch völlig unzureichend. Schon wird der Demografiefaktor in der aktuellen Form kritisiert. Danach hat er nicht zu einer Verbesserung der Versorgungssituation geführt, sondern die Versorgungsdisparitäten noch verschärft, weil bislang für weitere Zulassungen gesperrte Planungsbereiche durch die Anwendung des Demografiefaktors wieder geöffnet wurden, was dazu führt, dass sich niederlassungswillige Ärzte eher dort und nicht in anliegenden, strukturell schwächeren Gebieten niederlassen. [337] Unabhängig von der möglicherweise gegebenen Korrekturbedürftigkeit diesbezüglich bedürfte es einer umfassenden Anpassung der Faktoren.

Der RSA ist insgesamt aber zu begrüßen, als damit erreicht werden kann, das Risiko einer Niederlassung bei ungünstiger, weil kostenintensiver Patientenstruktur von den Leistungserbringern auf die Ebene der Krankenkassen zu verlagern und damit gleiche Verhältnisse bei der Niederlassung sicherzustellen. Dadurch tragen jetzt die Krankenkassen das Morbiditätsrisiko und nicht mehr die Leistungserbringer, wie es aber bis zum 01.01.2009, bis zu dem die Zahlungen der Krankenkassen an die KVen ohne Beachtung der Morbidität von Versicherten erfolgten, war. [338] Das Steuerungsmittel der Zulassung wird damit von dem Defizit ungleicher Vergütung durch ungleiche Patientenstruktur entlastet und damit von Elementen, auf die Einfluss zu nehmen sie nicht geeignet ist. Zugleich werden damit aber auch die Möglichkeiten der Zulassung als Steuerungsinstrument nicht genutzt und modernisiert, ihre Möglichkeiten werden weder in den RSA einbezogen noch parallel genutzt und ebenfalls nicht die Bedarfsplanung, welche durch die Zulassung eine Umsetzung findet. Erst das GKV-VStG macht hier erste Korrekturen, erkennbar aber nicht planmäßig, sondern vielmehr wieder reaktiv, nämlich in Reaktion auf das Scheitern der Orientierungswerte, die vom Gesetzgeber des GKV-WSG noch als Ersatz zur Steuerung über die Bedarfsplanung und damit die vertragsärztliche Zulassung geplant waren.

III. Vergütungsregelungen, (Sonder)Orientierungswert

§ 85 war bislang die zentrale Vorschrift des SGB V für die Honorierung vertragsärztlicher Leistungen. Diese Funktion hat die Vorschrift nach dem GKV-WSG nur noch für den vertragszahnärztlichen Bereich. Für die vertragsärztliche Vergütung wurde mit den §§ 87a bis 87c ein neues System der Vergütung aus einer morbiditätsbedingten Gesamtvergütung sowie mittels arzt- und praxisbezogener RLV eingeführt. [339]

---

[337] Informationsbroschüre des vdek, Ärztliche Versorgung flexibel gestalten, 3 f., vdek, 2012, http://www.vdek.com/politik/gesundheitspolitik/index.html, (13.11.2011).

[338] Vgl. schon Kap. 2 A.III.2..

[339] Vgl. zur reformierten Vergütungsform ausführlich zu Kap. 2 A.III.2..

Hinter der neuen Vergütung stand der Plan des Gesetzgebers des GKV-WSG, im Jahr 2010 das Niederlassungsverhalten der Vertragsärzte durch die Vorgabe von so bezeichneten Orientierungswerten durch Preisanreize zu steuern[340], um bestehende Überversorgung gerade in Ballungsgebieten abzubauen und zugleich einer drohenden Unterversorgung in ländlichen Gebieten entgegenzuwirken. Das gleiche Ziel wird auch über die vertragsärztliche Zulassung als Steuerungsinstrument der Bedarfsplanung angestrebt, so dass die Orientierungswerte in der Form des Gesetzgebers des GKV-WSG ein unmittelbares Konkurrenzmodell zur Zulassung darstellen.

So formuliert der Gesetzgeber des GKV-WSG auch wie folgt: „Mit der neuen Regelung wird nunmehr ein finanzielles Anreizsystem zum Abbau von Über- bzw. von Unterversorgung etabliert, das die Perspektive eröffnet, die Sicherstellung der bedarfsgerechten, flächendeckenden vertragsärztlichen Versorgung künftig gegebenenfalls ohne die gegenwärtige durch Zulassungssperren bewirkte regionale Umverteilungsplanung gewährleisten zu können."[341]

Zum Zwecke der Feinsteuerung konnten auf der regionalen Ebene Zuschläge und Abschläge auf die Orientierungswerte vereinbart werden, um schwerpunktmäßig landesbezogenen Besonderheiten bei der Kosten- und Versorgungsstruktur Rechnung zu tragen. Die Orientierungswerte können dann als Sonderorientierungswert[342] bezeichnet werden. Diese regionale Differenzierung hielt der Gesetzgeber für erforderlich, da sich zwischen den Ländern Unterschiede der für Arztpraxen maßgeblichen Kostenstrukturen, z. B. das Lohn- und Gehaltsniveau der Praxisangestellten oder das Mietniveau betreffend, ebenso wie Unterschiede bei der Versorgungsstruktur, z. B. Zahl der Behandlungsfälle und Vorhaltung von haus- bzw. fachärztlichen Angebotsstrukturen, feststellen lassen.[343] Die Regelung war auf die Versorgungsdichte (Unter- und Überversorgung) ausgerichtet, aber auch der Morbiditätsfaktor konnte hierin Berücksichtigung finden[344]. Die Sonderorientierungswerte wurden jedoch auch nach bundeseinheitlichen

---

[340] Sonderregelungen für die Jahre 2009 und 2010 sind zu § 87 Abs. 2e in § 87c Abs. 1, zu § 87 Abs. 2f in § 87c Abs. 2 enthalten.

[341] BT-Drucksache 16/3100, 128.

[342] Orlowski/Wasem, Gesundheitsreform 2007, 69.

[343] BT-Drs. 16/3100, 119.

[344] § 87 Abs. 2g gab als Anpassungskriterien für Orientierungswerte insbesondere „1. die Entwicklung der für Arztpraxen relevanten Investitions- und Betriebskosten, soweit diese nicht bereits durch die Weiterentwicklung der Bewertungsrelationen nach Absatz 2 Satz 2 erfasst worden sind, 2. Möglichkeiten zur Ausschöpfung von Wirtschaftlichkeitsreserven, soweit diese nicht bereits durch die Weiterentwicklung der Bewertungsrelationen nach Absatz 2 Satz 2 erfasst worden sind, 3. die allgemeine Kostendegression bei Fallzahlsteigerungen, soweit diese nicht durch eine Abstaffelungsregelung nach Absatz 2 Satz 3 berücksichtigt worden ist, sowie 4. aufgetretene Defizite bei der Steuerungswirkung der Orientierungswerte gemäß Absatz 2e Satz 1 Nr. 2 und 3" vor.

Indikatoren, deren Festlegung dem Bewertungsausschuss aufgetragen worden ist, ermittelt.

Da die Orientierungswerte ein Konkurrenzmodell zur Steuerung über die Zulassung verkörperten, stellte der Gesetzgeber folglich mit diesen und den so genannten Sonderorientierungswerten[345] die mit dem 01.10.1993 eingeführte und inzwischen als verfehlt angesehene Bedarfsplanung zur Disposition.[346] So sollte das BMG bis zum 31.03.2012 vom Bewertungsausschuss über die Steuerungswirkung der Punktwerte auf das ärztliche Niederlassungsverhalten informiert werden, um es in die Lage zu versetzen, dem Deutschen Bundestag bis zum 30.06.2012 zu berichten, ob auch für den Bereich der ärztlichen Versorgung auf die Steuerung des Niederlassungsverhaltens durch Zulassungsbeschränkungen verzichtet werden kann (§ 87 Abs. 7 S. 3). Diesen Plan hatte der Gesetzgeber zunächst bestätigt.[347] Im geplanten GKV-VStG ist die Regelung ohne größere Begründung endgültig entfallen.

Weitere Ziele, insoweit nicht in Konkurrenz zum Instrument der vertragsärztlichen Zulassung, waren Transparenz und Kalkulationssicherheit[348] durch feste Preise.

IV. Kritik am Steuerungsinstrument Vergütungsanreize, besonders am Modell der Orientierungswerte

1. Art. 12 GG

Vergütungsregelungen wie die Orientierungswerte kommen nur als Alternative zur vertragsärztlichen Zulassung in Betracht, wenn sie als Steuerungsinstrument auch verfassungsrechtlich gerechtfertigt sind. Soweit eine Grundrechtsberührung vorliegt, sind vorliegend vor allem Geeignetheit und Erforderlichkeit der Orientierungswerte fraglich. Die Zweifel werden durch empirische und historische Erkenntnisse gestützt.

Zunächst ist aber ein Grundrechtseingriff zu untersuchen.

---

[345] Orlowski/Wasem, Gesundheitsreform 2007, 69.

[346] Orlowski/Wasem, Gesundheitsreform 2007, 69, mit der Begründung, dass sie neben der Beschreibung von Versorgungsdefiziten nicht zum Abbau beiträgt. Das trägt der Zulassung als Umsetzungsinstrument keine Rechnung (so schon unter Kap. 2 A.III.5.b.).

[347] So regelt die 15. AMG-Novelle eine geänderte Berichterstattung in Bezug auf die Entwicklung der vertragsärztlichen Vergütungsstrukturen, insbesondere auch eine Beobachtungspflicht auf die Auswirkung von Zuschlägen auf die regionale Versorgung und bestätigt durch seine Formulierung den bis dahin geltenden Plan des Gesetzgebers, BT-Drs. 16/13428, 75.

[348] BT-Drs. 16/3100, 88 (zum gesamten neuen Vergütungssystem, insbesondere der festen Euro-Gebührenordnung).

Das BVerfG hat im Zusammenhang mit der Reglementierung und Kontingentierung des Instruments der vertragsärztlichen Zulassung als Steuerungsmittel geurteilt, dass es kein Recht auf eine wirtschaftlich ungefährdete Tätigkeit gibt[349], die Zulassung somit lediglich eine Chance auf Teilnahme am Markt bedeutet. Eingriffen durch staatlichen Einzelakt aber hat die Rechtsprechung Grenzen gesetzt.[350] In diesen Fällen besteht nach der Rechtsprechung Berufsausübungsrelevanz. Das wird mit der Deckelung der Gesamtvergütung und der erheblichen Marktrelevanz der Zulassungserteilung begründet. Die Bedarfszulassung, als kontingentierte Zulassung, musste sich daher an Art. 12 Abs. 1 GG messen lassen.

Mit einer Steuerung der Teilnahme an der vertragsärztlichen Versorgung über die Vergütung wäre eine ähnliche Situation gegeben. Ein Mehr oder Weniger an Honorar ist zwar keine Entscheidung über einen Markzugang an sich, kann sich aber bei Existenzbedrohung faktisch doch als Marktbeschränkung auswirken. Das gilt u. a. dann, wenn die Vergütung dem gesetzlichen Auftrag nach so entscheidend sein soll, dass sie eine Steuerung des Niederlassungsverhaltens bewirken kann. Das war für die mit dem GKV-VStG aufgehobenen (Sonder)Orientierungswerte z. B. der Fall. Im Extremfall wäre es denkbar, dass zwar eine Zulassung zur Teilnahme an der ambulanten Versorgung erfolgt, die Vergütung aber eine wirtschaftliche Existenz nicht mehr ermöglicht. Das ist darin begründet, dass es unverändert keine unbegrenzte Vergütungsmöglichkeit von ambulanten Leistungen gibt, sondern für einen bedeutsamen Anteil ambulanter ärztlicher Behandlung eine gedeckelte Gesamtvergütung vorgegeben ist. Nicht ohne Grund ist das Modell der vertragsärztlichen Zulassung in der geschichtlichen Entwicklung eingeführt worden, um den Ärzten eine grundsätzliche Existenzsicherung zu gewährleisten und diese nicht mehr weiterhin den Kräften der Krankenkassen auszuliefern, die eine Teilnahme an der ambulanten Versorgung über Verträge und darin vereinbarte Vergütungen beeinflussen konnten - und diese Macht auch ausnutzten. Bei dem stark bundeseinheitlich entworfenen Modell der Orientierungswerte, die daher nicht durch die Krankenkassen vorgegeben werden können, ist ein Machtmissbrauch der Krankenkassen mithilfe des Steuerungsinstruments des Orientierungswerts nicht möglich. Dafür aber würde eine Ermöglichung der Teilnahme am Markt durch staatlichen Einzelakt erfolgen wie bei der vertragsärztlichen Zulassung. Der staatliche Einzelakt liegt in der Zuteilung von Vergütungsansprüchen durch Zuweisung der RLV auf Basis der bundeseinheitlich festgelegten Orientierungswerte oder anderer Vergütungsregelungen. Die Orientierungswerte mussten sich in ihrer Zielrichtung des GKV-WSG

---

[349] BVerfG, Beschl. v. 17.08.2004, 1 BvR 378/00, NJW 2005, 273 - juris, Orientierungssatz, 3c.
[350] Vgl. oben Kap. 2 C.II.3.a..

also gleichermaßen wie befristete Zulassungssperren in Form der Bedarfszulassung an Art. 12 GG messen lassen.

Die Erreichung des vom Gesetzgeber mit den Vorschriften des SGB V gesetzten Ziels einer ausreichenden, zweckmäßigen und wirtschaftlichen Versorgung rechtfertigt grundsätzlich angemessene Vergütungsunterschiede.[351] Eine Variierung der Vergütungshöhe zur Steuerung könnte auch ein milderes Mittel darstellen als Zulassungsbeschränkungen. Sie bedeuten für den Arzt die Entscheidung, „ob" er tätig werden darf. Die Frage der Höhe seiner Vergütung bedeutet gegenüber diesem intensiven Eingriff des „Ob" einer Zulassung nur eine Regelung des „Wie" und stellt damit vordergründig einen erheblich geringeren Eingriff in das Recht der Berufsausübungsfreiheit dar. Die Beurteilung der Zulassungssperre als Regelung des „Ob" einer Zulassung ist allerdings undifferenziert. Tatsächlich stellt auch die Zulassungssperre eine Frage des „Wie" der Zulassung dar, da es nur darum geht, ob eine Niederlassung an einem bestimmten Ort möglich ist. Hingegen stellt sich nicht grundsätzlich die Frage, ob eine Zulassung zu erhalten ist. An irgendeinem Ort wird jeder Arzt eine Zulassung erhalten. Der Antragsteller muss lediglich zu einem Ortswechsel innerhalb der BRD bereit sein zu einem Zuwarten oder zu einer Zwischenlösung, wie sie in Form einer vinkulierten Zulassung existiert. Eine angemessene Vergütungsdifferenzierung, die auf Basis von Vereinbarungen der Kollektivvertragspartner zustande kommt, stellt jedoch voraussichtlich einen geringeren Eingriff dar, da der Arzt an jedem Ort sofort eine Zulassung erhält und lediglich möglicherweise unattraktive Konditionen akzeptieren müsste. Eine Regelung der Vergütung wäre daher im Erst-recht-Schluss verfassungsrechtlich unbedenklich, aber ausschließlich dann, wenn mit der Vergütungshöhe eine wirtschaftliche (Mindest-)Existenzsicherung des Vertragsarztes gewährleistet wäre. Das kann bei einer gedeckelten Gesamtvergütung kaum sichergestellt werden.

Es stellt sich gleichwohl die Frage, ob verschiedene Umstände in den letzten Jahren nicht sogar zur Forderung führen, die Zulassungsbeschränkungen kritisch zu prüfen, sodass sich die Zulassung u. U. heute als verfassungsrechtlich bedenklicherer Eingriff darstellt als Vergütungsregelungen. So sind vielfache Aspekte, die nach der Rechtsprechung die Bedarfszulassung gerechtfertigt haben, nicht mehr aktuell. Die Altersgrenze von 68 Lebensjahren für Vertragsärzte ist durch das GKV-OrgWG zum 01.10.2008 aufgehoben worden. Damit ist das verfassungsrechtlich gebotene „Gegengewicht" zur Einführung objektiver Zulassungssperren für den ärztlichen Nachwuchs nicht mehr vorhanden. Es ist ferner zweifelhaft, ob nach den durch das VÄndG einge-

---

[351] BSG, Urt. v. 20.10.2004, B 6 KA 31/03 R, USK 2004-140 - juris Rn. 19, 29 f., unter Abwägung der Ziele der Gewährung angemessener Vergütungen und dem besonders hochrangigen Ziel der Gewährleistung einer ordnungsgemäßen Versorgung.

führten Flexibilisierungen und der damit ausgelösten reduzierten Bindung das Vertragsarztes an seinen Vertragsarztsitz die in der aktuellen Bedarfsplanung zugrunde gelegte Bewertung der vertragsärztlichen Praxis mit dem Faktor 1 bzw. 0,5 (§ 101 Abs. 1 S. 7) noch eine vertretbare Abbildung der Verhältnisse der medizinischen Versorgung darstellt. Diese Frage stellt sich verstärkt nach Aufhebung der Residenzpflicht durch das GKV-VStG. Die Möglichkeit der Anstellung auch fachgruppenfremder Ärzte „beeinträchtigt den Arztgruppenbezug der Bedarfsplanung", und die Möglichkeit der Praxisnachfolge in eine hälftige Zulassung nach einem Teilverzicht (§ 103 Abs. 4) unterläuft die Begrenzungsregelungen (§ 101 Abs. 1 Nr. 4 u. 5).[352] Die Einfachheit einer an Verhältniszahlen ausgerichteten Zulassungssteuerung ist daher nicht mehr wie zur Zeit ihrer Einführung gegeben, und zwar als Folge davon, dass das Steuerungselement der Vertragsarztzulassung erheblich flexibilisiert wurde.

Weil ferner durch die Abstandnahme von der Einführung einer Regelung zur Bedarfszulassung durch Aufhebung des § 102 mit dem 01.01.2007 das grundsätzlich rechtfertigende Argument für die objektiven Zulassungsbeschränkungen durch das GKV-Gesundheitsreformgesetz 2000 entfiel, nach welchem diese eigentlich (nur) als Übergangsregelung bis zur Einführung der Bedarfszulassung dienen sollten, kann die Frage aufgeworfen werden, ob eine Vergütungssteuerung nicht verfassungsrechtlich unbedenklicher ist. Sie könnte ein zur Ablösung der Bedarfszulassung geeignetes Steuerungsmodell liefern, das nicht an Verhältniszahlen gekoppelt ist, womit sie nicht den dargestellten Verfälschungen unterliegt.

Die Orientierungswerte sind formell-rechtlich vorgegeben und werden im etablierten Kollektivvertragssystem konkretisiert. Ihre Einführung und Gestaltung ist durch den Gesetzgeber im SGB V geregelt und entspricht damit dem Parlamentsvorbehalt und dem Bestimmtheitsgebot. „Gegen die demokratische Legitimation des Bewertungsausschusses wie des Erweiterten Bewertungsausschusses bestehen keine durchgreifenden Bedenken."[353] Dem Bewertungsausschuss und dem erweiterten Bewertungsausschuss werden als Normgeber wegen ihres gesetzlichen Auftrags zur Konkretisierung der Grundlagen der vertragsärztlichen Honorarverteilung, auch weil dieser den Auftrag zu einer sinnvollen Steuerung des Leistungsgeschehens in der vertragsärztlichen Versorgung umfasst, weite Gestaltungsspielräume zugestanden.[354] Die formell-rechtliche Ausgestaltung der Orientierungswerte ist somit unbedenklich.

---

[352] Vgl. *Hess,* in: KassKomm § 101 Rn. 27.
[353] *Freudenberg,* in: jurisPK-SGB V, § 87 Rn. 157.
[354] Vgl. BSG, Urt. v. 17.03.2010, B 6 KA 43/08 R, BSGE 106, 56 - juris Rn. 21 f.; BVerfG, Beschl. v. 23.08.2010, 1 BvR 1141/10, SozR 4-2500 § 87 Nr. 23 - juris Rn. 12 f..

Das Mittel der Steuerung über die Vergütung muss verhältnismäßig sein, d. h. geeignet, erforderlich und zumutbar (d. h. verhältnismäßig im engeren Sinne), um den Eingriff in die Wahl des Berufs in gleicher Weise wie für die vertragsärztliche Zulassung verfassungsrechtlich zu rechtfertigen.

Schon die Eignung von Vergütungsanreizen, vor allem in der Form der Orientierungswerte nach dem GKV-WSG als Steuerungselement ist allerdings sehr fraglich. Dazu ist zunächst abzuwägen, ob ein Vergütungsanreiz überhaupt zur Steuerung geeignet ist und somit Wirkung entfalten kann. Sodann muss die Eignung des Instruments der Orientierungswerte als Vergütungsanreiz, speziell im Zusammenhang mit dem gesetzgeberischen Ziel bei Einführung der Orientierungswerte überprüft werden. Fehlt es danach an einer Eignung, ist ein Grundrechtseingriff nicht gerechtfertigt.

a. Vergütungsanreize als Steuerungsinstrument

Die Reaktion auf die Einführung des Gesundheitsfonds der RLV und der Orientierungswerte war von Protesten geprägt, weil die Vertragsärzte vielfach einen erheblichen Vergütungsverlust beklagten. Da sich de facto für die weit überwiegende Anzahl der Fachärzte, aber auch für die Hausärzte eine Verbesserung in der Vergütung ergeben hat[355], dürfte diese erste Ablehnung einen Erfolg der Vergütungsreform gleichwohl nicht verhindern. Allerdings bedurfte es hierzu der Behebung von Intransparenz der Änderungen zur Verteilung der Vergütung, um wegen auch existierender „Verlierer" jedenfalls nicht die allgemeine Vorstellung zu bestärken, es stünde weniger Honorar zur Verfügung. Zur Transparenz gehörte eine Aufklärung über die Neudefinition des Begriffes des Fallwertes im Rahmen des neuen Systems, was nicht ausreichend erfolgte.[356] „Verlierer" der Reform werden im Falle besserer Aufklärung die Änderungen zwar nicht begrüßen, aber bei Einsicht in die neuen Verteilungsstrukturen wenigstens handlungsfähig sein und den Protesten einfach Änderungen ihres Verhaltens folgen lassen. So hatten sie unter den RLV die Möglichkeit, bisher erbrachte, gut vergütete Einzelleistungen, die schlechter bewertet werden, weniger oft zu erbringen. Denn solche gut vergüteten Einzelleistungen sind und waren mit dem Ersatz der Differenzierung des Punktwertes durch den einheitlichen Orientierungswert entfallen.[357] Eine solche Verhaltensänderung kommt nicht für alle, aber die Mehrheit der Vertragsärzte in

---

[355]Korzilius/Rieser, DÄBl. 2010; 107(9): A-374 / B-334 / C-324, o. S.; Stuppardt, KrV, 2009, 70 (70).

[356] Der (RLV-)Fallwert beinhaltet lediglich Leistungen, die innerhalb der RLV abgerechnet werden, nicht alle Fälle eines Arztes, die etwa unter QZV oder freie Leistungen fallen. Stuppardt spricht aus, dass die KVen hier möglicherweise keine ausreichende Aufklärung betrieben hätten, KrV 2009, 70; ebenso Ballast (Vorsitzender des Vorstandes des vdek), o. V., A+S aktuell, 07/2009, 8 und o. V., von Stackelberg, A+S aktuell, 06/2009, 5.

[357] Vgl. Wasem/Walendzik, KrV 2009, 102 (103).

Betracht. Damit wäre zwar die Akzeptanz einer Steuerung über die Vergütung grundsätzlich zu erreichen, aber noch keine tatsächliche Steuerung erreicht.

Um mit Vergütungsanreizen eine Steuerung zu erzielen, müssen diese auch einen gewissen Umfang haben. „Um den mit der Landpraxis verbundenen Nutzenverlust auszugleichen, müsste das mit ihr verbundene monatliche Nettoeinkommen durchschnittlich um rund 8.802,00 Euro höher liegen", so eine Studie der Universität Leipzig.[358] Der Gesundheitsminister Bahr sprach dagegen in einer Diskussionsrunde von einem Betrag in Höhe von etwa 830,00 Euro monatlich.[359] Selbst wenn dies gelänge und obwohl die etwas freiwilligere Gestaltung einer Steuerung der Versorgung als bislang über Zulassungsbeschränkungen, Vorteile mit sich bringen kann, ist es mehr als fraglich, ob die tatsächlichen Mittel, um die die Anreize ausreichend hoch zu gestalten, beschafft werden können. Vielmehr ist von tatsächlicher Unmöglichkeit dieser Prämisse auszugehen. Der erforderliche Betrag, soll er Wirkung entfalten, ist erheblich und muss anderen Ärzten, die die gleiche Art von Leistungen erbringen, „entzogen werden". Das lässt Widerstand erwarten. Zudem birgt es die oft zitierte Gefahr einer Überversorgung, die durch solche finanziellen Anreize gefördert werden kann.[360] Zulassungsbeschränkungen aufgrund einer an die aktuellen Erfordernisse angepassten Bedarfsplanung können hingegen eine Gewähr für die Verhinderung von Unwirtschaftlichkeit infolge von Überversorgung darstellen, was Vergütungsanreize nicht zu leisten vermögen.

Gegen die Eignung von Vergütungsanreizen als Mittel zur Steuerung spricht auch eine Studie zur Bedarfsplanung[361] deren Ergebnis ist, dass mildere Mittel als Zulassungsbeschränkungen, konkret Vergütungsregelungen für ärztliche Leistungen, wegen der negativen Auswirkungen einer Überversorgung auf die Wirtschaftlichkeit ärztlich veranlasster Leistungen, nicht zur Verfügung stehen.[362] So argumentierte auch der Gesetzgeber.[363] Deutlich dagegen spricht auch der Stellenwert, den ökonomische Gründe für

---

[358] Univ. Leipzig, König u. a., Analyse von Anreizen für die Niederlassung von Ärzten, mit besonderer Berücksichtigung der Versorgung in strukturschwachen Regionen Ostdeutschlands, 23.

[359] Dabei wurde von 30.000 Ärzten ausgegangen, die als Landärzte arbeiten würden, Diskussionssendung zum Thema Ärztemangel auf dem Land http://www.wdr.de/themen/politik/1/ hart_aber_fair/faktencheck_110622/index.jhtml (13.11.2011).

[360] BT-Drs. 12/3608, 98.

[361] Kistemann/Schröer, GesundhWes 2007, 593 (594).

[362] Vgl. *Hess,* in: KassKomm § 103 Rn. 3a.

[363] BT-Drs. 12/3608, 98, die steigende Anzahl von Ärzten bei Honorardeckelung durch eine Gesamtvergütung führt danach zu einer Leistungsausweitung der Ärzte, als Versuch, Einkommenseinbußen auszugleichen, die entstehen, wenn bei weniger Honorar und zunehmenden Ärzten der Punktwert für einen Fall sinkt. Dadurch werden unnötige, somit unwirtschaftliche Leistungen gefördert. Der Versuch einer Steuerung über die Vergütung in

die Niederlassung eines Arztes haben.[364] Relevanter wären andere Ansatzpunkte, so z. B. die Effektivität von Maßnahmen zu erhöhen, indem die äußeren Anforderungen für ihre Wirksamkeit herabgesetzt werden. Beispielsweise hat der Hartmannbund schon vor Jahren geäußert, die Erfahrung habe gezeigt, dass Medizinstudierende, die aus potenziell unterversorgten Regionen stammen eher in vermeintlich unattraktive Regionen zurückgehen als dass es gelingt, Ortsfremde zu einer dortigen Berufsausübung zu bewegen, und es aus diesem Grund Sinn macht, mit einer Förderung besonders hier anzusetzen.[365] Die Bedeutung des vorhandenen Umfelds der Ärzte sieht auch die KBV, nach deren internen Analysen (n. v.) ein Arzt, der sich niederlässt, zunächst 25 bis 30 Jahre seinen Sitz behält, unabhängig von Vergütungsabschlägen. Der Versuch einer Steuerung über Vergütungsabschläge ist daher nicht erfolgsversprechend.[366]

Für eine grundsätzliche Eignung von Vergütungsanreizen spricht eine Zunahme von Vertragsärzten und somit eine bessere Versorgung insgesamt, die sich nach der Stellungnahme der Bundesregierung aufgrund des Berichts des Bewertungsausschusses über die Entwicklung der Vergütungs- und Leistungsstruktur in der vertragsärztlichen Versorgung für das erste bis vierte Quartal 2009 nach § 87 Abs. 7 S. 1 ergeben hat.[367] So zeigen sich nach der Vergütungsreform und Einführung der Orientierungswerte sowohl regionale als auch arztgruppenbezogene Auswirkungen.[368] Für die zukünftige Entwicklung bis 2020, wenn möglicherweise im Gegensatz zum derzeit vorherrschenden Allokationsproblem[369] mit einem Ärztemangel gerechnet werden muss[370], könnten daher Vergütungsanreize wichtiger werden, allerdings nicht als Alternative zur Bedarfsplanung über die Bedarfszulassung sondern als Ergänzung, da, wie soeben festgestellt, allein ökonomische Anreize nicht ausreichend und damit ungeeignet für eine Verteilungssteuerung sind. Das bestätigt eine bisher erstaunlicherweise nicht diskutierte, Ergebnis des Berichts des Bewertungsausschusses, nach dem schon in 2009 die best verdienenden Vertragsärzte „auf dem flachen Lande bzw. im Osten der Republik"[371] leben. Da dennoch unverändert das im Vordergrund stehende Unterversorgungsprob-

---

Form einer Budgetierung führe also - bei Überversorgung - zu Mengenausweitung. Bei heutigen Bedingungen von lokaler Unterversorgung, besteht das Problem der Mengenausweitung in den überversorgten Gebieten fort.

[364] Dazu sogleich detailliert nachfolgend unter b..

[365] Hartmannbund, 2008, http://www.hartmannbund.de/enews/708/115/Konzept-gegen-den-aerztemangel-in-strukturschwachen-Gebieten/, o. S. (08.12.2011).

[366] Rücksprache der Verfasserin am 06.12.2011 mit Kopetsch, Thomas, Leiter des Referats Bedarfsplanung, Bundesarztregister und Datenaustausch der KBV.

[367] BT-Drs. 17/4000, 8.

[368] Wie vor, 8.

[369] Dazu sogleich nachfolgend unter b..

[370] Müller, KrV, 2010, 114 (114).

[371] O. V., A+S aktuell, 46/2011, 3 (4).

lem auf dem Land besteht, beweist das Ergebnis die geringe Eignung eines bloßen Ansatzes über Vergütungsanreize zur Behebung des Problems. Hier werden zusätzlich regional fördernde Maßnahmen zur Behebung häufig infrastruktureller Defizite benötigt, die mit dem GKV-VStG teilweise wieder mehr ermöglicht werden und der Kompetenz der KVen zuzuordnen sind.

Schon im Vorgriff auf die Zielrichtung des Instruments der Orientierungswerte, nämlich eine Steuerung des Niederlassungsverhaltens und Verhinderung explizit von Unter- und Überversorgung, ist daher festzuhalten, dass die begrüßenswerte, im Gesamten verbesserte Versorgung durch Vergütungsanreize dieses Ziel jedenfalls nicht erreicht. Die regionalen Effekte sind eher wirksam im Hinblick auf die Mitgliedszahlen der KVen untereinander. Eine Wirkung auf Unterversorgungsprobleme könnte allenfalls im Osten der Bundesrepublik durch deutliche Vergütungszuwächse gelingen, weil dort die Fallzahlen höher sind und damit die (zwar) höheren Honorare auch mit erhöhtem Arbeitsanfall verbunden sind[372]. Das wurde aber nicht gemessen und somit nicht nachgewiesen.

Auffällig ist, dass sich für die Bundesländer Baden-Württemberg und Bayern die Honorarzuwächse bei einer Berücksichtigung der Bereinigungsvolumina aus Selektivverträgen deutlich günstiger auswirken als ohne diese.[373] Das heißt, dass in diesen Bundesländern die Bereinigung und damit die Selektivverträge einen großen Anteil des Honorarzuwachses ausmachen. Ohne Berücksichtigung dessen gehören diese Bundesländer scheinbar nicht zu den vorrangigen Gewinnern der Honorarsteigerung. Das spiegelt die Entwicklungen der Selektivverträge in diesen Bundesländern wieder, in denen speziell im hausärztlichen Bereich Selektivverträge offensiv verhandelt werden. So wird auch im Deutschen Ärzteblatt festgestellt, dass in Bayern und Baden-Württemberg die Gesamtvergütungen geschrumpft sind, weil sie dort um Leistungen aus den Hausarztverträgen nach § 73b bereinigt wurden.[374] Daher scheinen hier Selektivverträge mehr Steuerung zu erreichen als Vergütungsanreize der Kollektivvertragspartner.

Sinnvolle Anreize waren RLV-Boni für interdisziplinäre oder fachgleiche Kooperationen[375], da mit deren Hilfe die Wirtschaftlichkeit und die medizinische Versorgung in der Region befördert werden konnte. Andererseits wurde in der RLV-Systematik auch wieder die für Kooperationen nachteilige frühere Zählung nach dem Behandlungsfall (§ 21 Abs. 1 BMV-Ä) statt nach dem Arztfall (§ 21 Abs. 1b BMV-Ä) eingeführt. Das

---

[372] BT-Drs. 17/4000, 7.
[373] Wie vor, 7.
[374] Korzilius/Rieser, DÄBl. 2010; 107(9): A-374 / B-334 / C-324 o. S..
[375] Vgl. hierzu Kap. 3 A.I.8..

wirkte sich nachteilig für Kooperationen aus, da beim Behandlungsfall auf die Behandlung durch eine Einheit (BAG, MVZ o. ä.) abgestellt wird. Sie zählt als ein Fall, ganz gleich, wie viele Behandler / Ärzte dabei tätig wurden. Bei Zählung nach dem Arztfall ist mehr aus Sicht des Patienten zu zählen, dann zählt die Behandlung durch denselben Leistungserbringer (hier Arzt), die an ihm vorgenommen wird als ein Fall. Nach der neuen Regelung können also in einer Kooperation mehrere Arztfälle zusammenkommen, es wird aber nur ein Behandlungsfall gezählt. Das führt überdies dazu, dass die Zuschläge aufgrund der wieder eingeführten Zählung (nur) nach Behandlungs- nicht Arztfall gerade in fachübergreifenden Kooperationen durch die nur einfache Zählung aller am Patienten vorgenommen Behandlungen in vielen Fällen wieder aufgezehrt werden dürften. Der gute Ansatz einer gesetzlichen Regelung wurde durch Fehler der Gestaltung und unzureichende Weitsicht erneut beseitigt. Uneingeschränkt sinnvoll war dagegen etwa die umfängliche Aufwertung von Hausbesuchen, die der Bewertungsausschuss ab dem 01.07.2011 eingeführt hatte, da sie auch ländliche Hausärzte fördern kann. Damit wird ein Schwachpunkt der derzeitigen Versorgung aufgegriffen. Allerdings führt die Regelung in Form eines Vorwegabzugs zu einer weiteren „Verästelung" der Honorarermittlung, die wiederum der Transparenz nicht dient. Regelungen wie diese, Begrenzungen durch das RLV und die Tatsache, dass Leistungen über das RLV hinaus teilweise nicht mehr so gut wie zuvor vergütet wurden, haben dazu geführt, dass das Honorar der Vertragsärzte teilweise abgenommen hat. Grundsätzlich ergeben sich jedoch Spielräume für eine Steuerung über die Vergütung. Eine solche ist aber weder als alleiniges Steuerungsinstrument geeignet, noch existierte mit dem System der Orientierungswerte und RLV eine umfassende und ausreichende Steuerungssystematik über die Vergütung.

Kritisch könnte das Modell auch unter Betrachtung des geschichtlichen Ziels der vertragsärztlichen Zulassung zu bewerten sein. Ziel war, den Ärzten eine grundsätzliche Existenzsicherung zu erhalten und sie nicht den Kräften der Krankenkassen ausgeliefert zu lassen. Wenn das bei einer Steuerung über die Vergütung revidiert oder auch nur abgeschwächt wird, könnte es wieder zu einem „ungesunden" Ungleichgewicht und einem Versorgungsmissstand oder -notstand führen. Da konkret das Vergütungsmodell der Orientierungswerte stark bundeseinheitlich geprägt ist und Orientierungswerte nicht durch die Krankenkassen gestaltet werden können, ist das allerdings in dieser Ausgestaltung der Steuerung über die Vergütung nicht akut, weder für den allgemeinen Orientierungswert, wie er auch noch nach dem GKV-VStG gilt, noch für die abgeschafften Sonderorientierungswerte.

Vergütungsanreize stellen also zwar durchaus ein geeignetes Steuerungs-Modell dar, wenn sie den Vertragsärzten transparent gemacht werden. Es ergibt sich aber schon aus der hier erfolgten Überprüfung von Vergütungsanreizen im Allgemeinen im Vorgriff auf die detaillierten Ausführungen unter nachfolgendem Titel b., dass sie nach empirischen Erkenntnissen in den bisherigen Formen für eine alleinige bzw. zentrale Steuerung nicht geeignet sind. Der Gesetzgeber des GKV-WSG hatte sie jedoch mit eben einer solchen zentralen Funktion versehen, denn er sah vor, dass sie die Verteilungssteuerung in der ambulanten Versorgung erreichen und überdies die Bedarfszulassung in dieser Funktion vollständig ersetzen. Der Gesetzgeber des GKV-VStG kommt offenbar zu den gleichen Ergebnissen wie die Verf., denn er baut sowohl das Konzept von Vergütungsanreizen aus, geht aber zugleich von dem Plan ab, die zentrale Funktion der Bedarfszulassung zu ersetzen. Entsprechend formuliert er: „Im Rahmen des Ausbaus der Instrumente zur Sicherstellung der ärztlichen Versorgung werden die Regelungen zur Steuerung des Niederlassungsverhaltens von Vertragsärztinnen und -ärzten über Vergütungsanreize weiter entwickelt. Dabei wird auf die Anwendung von Sonderpreisen bei Über- und Unterversorgung endgültig verzichtet. Der Bewertungsausschuss legt nur noch einen Orientierungswert fest."[376] § 87 Abs. 7 S. 3, der die zur Überprüfung der Bedarfszulassung enthielt, entfällt zugleich ersatzlos.

Vergütungsanreize im Allgemeinen können somit sehr gut für Steuerungszwecke nutzbar gemacht werden, aber nur als zusätzliche Mittel und nicht als zentrales Steuerungselement, insbesondere nicht als Ersatz für das Steuerungsinstrument der Zulassung auf der Basis einer an aktuelle Verhältnisse anzupassenden Bedarfsplanung. Für eine rechtliche Bewertung der Orientierungswerte ist jedoch nachfolgend weiter im Hinblick auf ihre gesetzgeberischen Ziele zu differenzieren.

b. Orientierungswerte als Steuerungsinstrument

Ein wichtiges Ziel der Einführung der Orientierungswerte war die soeben schon als primäre Aufgabe bezeichnete Funktion einer Niederlassungssteuerung[377], also eine Vermeidung von Über- und Unterversorgung. Das ist auch Aufgabe von Zulassungsbeschränkungen.

Die Situation bei Einführung von Zulassungsbeschränkungen war stark von Überversorgung geprägt, weshalb auch nur hierfür eine verbindliche Regelung zur Abwendung der Gefahr einer zweckmäßigen und wirtschaftlichen kassenärztlichen Versorgung erfolgte.[378] Orientierungswerte sollen nicht nur eine Begrenzung bei Überversorgung, sondern auch eine Verteilung bei unter aktuellen Verhältnissen drohender Unterver-

---

[376] BT-Drs. 17/6906, 12, 61.
[377] § 87 Abs. 7 S. 3 formuliert, dass auf die Steuerung des Niederlassungsverhaltens durch Zulassungsbeschränkungen verzichtet werden kann.
[378] BT-Drs. 12/3608, 98 f..

sorgung erreichen. Das ist grundsätzlich ein richtiger Ansatz, da die heutige Situation im Gegensatz zur Zeit des GSG davon geprägt ist, dass in einigen Gebieten, vor allem außerhalb der Ballungsgebiete, zu wenige Ärzte zur Verfügung stehen. Dabei dürfte der Streit[379] darüber, ob das Problem der Versorgungsdefizite jedenfalls aktuell darin wurzelt, dass ins-gesamt zu wenig Ärzte oder zu wenig Ärzte einer bestimmten Gruppierung (Fach- oder Hausärzte) vorhanden sind, oder darin, wie diese sich verteilen (Allokationsproblem), inzwischen als geklärt bezeichnet werden. Diesbezüglich hat eine aktuelle Studie des Wissenschaftlichen Instituts der AOK aus dem Jahr 2011 folgende Erkenntnisse erbracht:

1. Es gibt genügend Ärzte. „Bundesweit [besteht, Anm. d. Verf.] ein Gesamtversorgungsgrad von 108 %. Auf Landesebene gibt es nur in Sachsen-Anhalt mit 93 % eine Unterdeckung. Insgesamt sind 46 % aller Planungskreise bei Hausärzten überversorgt. Es gibt also insgesamt mehr Hausärzte, als im Rahmen der Bedarfsplanung nötig wären. Bei Fachärzten ist die Überversorgung noch ausgeprägter."[380]

2. „Dennoch zeigt sich deutlich, dass die vertragsärztliche Versorgung durch erhebliche Allokationsprobleme gekennzeichnet ist. Eine gleichmäßige Verteilung der Ärzte konnte mit den bisherigen Maßnahmen der Bedarfsplanung nur bedingt erreicht werden. Es gibt in Deutschland nicht zu wenige, sondern eher zu viele Ärzte."[381] „Wir haben es also bei den niedergelassenen Ärzten nicht mit Ärztemangel, sondern mit einem Verteilungsproblem zu tun."[382]

3. „Ohne eine regionale Umsteuerung der Finanzmittel mit Einbußen in überversorgten Gebieten wird das Verteilungsproblem nur schwer zu lösen sein" [so das Institut unter Bezugnahme auf Klose/Uhlemann 2006, Anm. d. Verf.].[383]

---

[379] Ärztevertreter sprachen noch 2009 von einem Ärztemangel, so Hoppe, ehem. Präsident der Bundesärztekammer, zitiert in A+S, 19/2009, 5, o. V. Auch nach einer Statistik der BÄK folgerte man einen Ärztemangel vor allem im vertragsärztlichen Bereich: Kopetsch, Leiter der Abteilung Statistik der KBV und BÄK, in: o: V., A+S aktuell 20/2008, 7, Ärztestatistik/Prognosen. Ebenfalls sah die Politik (Union und FDP) in 2009 einen drohenden Ärztemangel, o. V., A+S aktuell 22/2009, 3.

[380] Klose/Rehbein, 2011, http://www.wido.de/fileadmin/wido/downloads/pdf_ambulaten_versorg/wido_amb_pub-aerzteatlas2011_0511.pdf, 109, (12.11.2011).

[381] Wie vor, 5.

[382] Wie vor, 109.

[383] Wie vor, 109. Klose/Uhlemann sprechen schon 2006 davon, dass es sich nicht um einen Ärztemangel sondern ein Verteilungsproblem handelt, GGW 3/2006 7 ff. (9, 10).

Auch die KBV spricht davon, dass Deutschland ein Ärztemangel „nur" deswegen droht, weil es vor allem in ländlichen Regionen bereits heute zu wenige Ärzte gibt.[384] Auch das bedeutet nur ein Verteilungsproblem. Es liegt also nach wie vor die Situation von Überversorgung vor. Den Erfolg einer Bedarfssteuerung durch Zulassungsbeschränkungen hatte auch der Gesetzgeber des GKV-WSG, der sie allerdings zur Überprüfung stellt, bestätigt.[385] Es gibt nur ein zusätzliches neues Problem, dass der regionalen Unterversorgung. Aber auch für die Lösung dieses Problems kann die Bedarfsplanung und damit die Zulassung instrumentalisiert werden.[386] Die Bedarfsplanung müsste hierfür nur angepasst werden.

Eine bessere Versorgung wie z. B. durch die Beseitigung von Unterversorgung wurde nach Einführung der Orientierungswerte nicht belegt. Nach der angeführten Stellungnahme der Bundesregierung auf das Gutachten des Bewertungsausschusses[387] führten sie bundesweit zu einem Honorarzuwachs, nicht aber einer festgestellten besseren Versorgung unterversorgter Regionen.

Gegen eine Eignung von Orientierungswerten als hauptsächliches Steuerungsinstrument für das Niederlassungsverhalten, vor allem mit dem Ziel, dass auch die Bedarfsplanung verfolgt, also die Verhinderung von Über- und Unterversorgung, spricht unter mehreren Aspekten, dass, wie schon unter vorhergehendem Titel a. ausgeführt, über die reine Höhe der Vergütung dieses Ziel kaum zu erreichen ist. Die Niederlassungssteuerung mit einer Vergütungssteuerung über Orientierungswerte als vollständiger Ersatz für die Bedarfszulassung war aber das erklärte Ziel des Gesetzgebers.[388] Die unter a. zitierte Studie zur Bedarfsplanung hat ergeben, dass räumliche Disparitäten nicht allein durch finanzielle Vorteile beseitigt werden können, da ökonomische Beweggründe für die Wahl des Standortes nicht immer entscheidend sind.[389] Diese Auffassung wird auch heute zutreffend darauf gestützt, dass eine ganze Reihe von Aspekten eine Rolle spielt, zu denen ganz entscheidend auch die Infrastruktur eines Vertragsarztsitzes, bezogen etwa auf soziale und kulturelle Bedingungen gehört. Es geht um Aspekte wie Arbeitsmöglichkeiten für Lebens- oder Ehepartner, Betreuungs-, Freizeit- und Bildungsmöglichkeiten für Kinder, kulturelle Angebote und die Möglichkeit pri-

---

[384] KBV, 2011, http://www.kbv.de/service/38805.html, o. S. (12.11.2011).
[385] Vgl. *Hess,* in: KassKomm § 103 Rn. 3a; BT-Drs. 16/3100, 128.
[386] In diesem Sinne auch Kistemann/Schröer, GesundhWes 2007, 593 (599).
[387] BT-Drs. 17/4000, 1 ff..
[388] § 87 Abs. 7 S. 3 formuliert, dass auf die Steuerung des Niederlassungsverhaltens durch Zulassungsbeschränkungen verzichtet werden kann.
[389] Kistemann/Schröer, GesundhWes 2007, 593 (594).

vatärztlicher Zusatzeinnahmen, die in ländlichen Gebieten geringer sind.[390] Dazu gehört aber sicherlich auch die Möglichkeit, von den Flexibilisierungen der Zulassung zu profitieren, etwa durch die Zusammenarbeit mit Krankenhäusern, die ebenfalls im ländlichen Raum erschwert ist.

Statistische Nachweise belegen positive Auswirkungen einer bedarfsgerechten Versorgung[391] auf deren Wirtschaftlichkeit. Zumindest eine Überversorgung wird also verhindert. Die Ermittlung des Bedarfs ist erklärte Grundlage der Bedarfsplanung, und diese wird seit jeher durch das Instrument der vertragsärztlichen Zulassung gewährleistet. Die Zulassung in Form der Bedarfszulassung dient daher einer wirtschaftlichen Versorgung. Dem Steuerungsmittel von Zulassungsbeschränkungen wird damit selbst durch den Gesetzgeber, der sie zur Überprüfung gestellt hat, jedenfalls teilweise die Wirkung einer bedarfsgerechteren und gleichmäßigen Versorgung bestätigt[392], das allerdings bei heutigen Verhältnissen der Anpassung bedürfte, konkret für den Fall der Unter- und Fehlversorgung.

Das wurde vom Gesetzgeber aber bis zum GKV-VStG überhaupt nicht verfolgt. Insbesondere für eine Steuerung von Unter- und Fehlversorgung ist die Bedarfsplanung noch nicht ausreichend definiert. Sie war aber bei ihrer Konzipierung auch nur auf die Situation der Überversorgung ausgerichtet. Eine Neujustierung ist ohne Weiteres mittels einer Überarbeitung der Bedarfsplanung zur Anpassung an die aktuellen Verhältnisse zu erreichen, denn die Zulassung realisiert die Vorgaben der Bedarfsplanung. Zudem ist die Bedarfsplanung auch disponibel und flexibel, um für die Anforderungen des Gesundheitsmarkts offenbleiben zu können. So hat etwa der Gesetzgeber zur Erhaltung und Fortentwicklung der praktischen hausärztlichen Kompetenz der Hochschullehrer (gemeint sind damit nach § 42 Hochschulrahmengesetz Professoren und Juniorprofessoren) durch Einfügung des § 95 Abs. 9a Hausärzten gestattet, Hochschullehrer für Allgemeinmedizin als angestellte Ärzte außerhalb der Bedarfsplanung und ohne Beschränkung des Praxisumfangs zu beschäftigen.[393]

Einzuräumen ist, dass im Falle der Unterversorgung die Bedarfsplanung zwar auch nur begrenzt wirken kann, weil ein Arzt weniger und vor allem nicht unmittelbar zur Nie-

---

[390] So Thomas Gerlinger in einer Diskussionssendung zum Thema Ärztemangel auf dem Land, http://www.wdr.de/themen/politik/1/hart_aber_fair/faktencheck_110622/index.jhtml (12.11.2011); vgl. ausführlich auch Studie der Univ. Leipzig, König u. a., Analyse von Anreizen für die Niederlassung von Ärzten, mit besonderer Berücksichtigung der Versorgung in strukturschwachen Regionen Ostdeutschlands.
[391] BT-Drs. 12/3608, 97 ff. mit statistischer Darlegung.
[392] Vgl. *Hess,* in: KassKomm § 103 Rn. 3a; BT-Drs. 16/3100, 128; vgl. auch Kistemann/Schröer, GesundhWes 2007, 593 (599).
[393] Vgl. zu entsprechender Forderung: BT-Drs. 16/2474, 23.

derlassung gezwungen werden kann, er kann nur unmittelbar durch Gebietssperren daran gehindert werden. Hier ist die Bedarfsplanung jedoch zur Analyse erforderlich, dazu ist sie folglich selbst nach Aufhebung der Bedarfszulassung bei den Vertragszahnärzten fortgeführt worden. Auf Basis ihrer Ergebnisse sind die unter vorhergehendem Titel und soeben genannten infrastrukturellen Maßnahmen neben Vergütungsanreizen dienbar. Die Kompetenz hierzu haben allerdings die KVen, denn es bedarf der regionalen Einflussnahme, die wiederum nur über das Instrument der vertragsärztlichen Zulassung erfolgen kann. Eine bundeseinheitlich durch Ab- und Zuschläge gesteuerte Vergütung ist nicht geeignet und hat sich demgemäß als gescheitert gezeigt.

Schon bei Einführung von Orientierungswerten als Vergütungsanreize kam daher Kritik auf. Die geringe Bedeutung des neu eingeführten Instruments „Orientierungswert" zeigte sich erwartungsgemäß schon ein Jahr nach seiner Anwendung, als ein wesentlicher Bestandteil der Steuerungssystematik, die Zahlung von Zu- und Abschlägen auf die „Regel-Orientierungswerte", die so genannten Sonderorientierungswerte[394], mit Einführung des § 87d gleich für die zwei Folgejahre „eingefroren"[395] und anstelle dessen das alte Modell von Sicherstellungszuschlägen nach § 105 wieder eingeführt wurde[396], also die so genannte pretiale Lenkung[397]. Mit dem GKV-FinG wurde vorgegeben, dass die regionale Eurogebührenordnung, die nach § 87a Absatz 2 S. 6 Hs. 2 zu erstellen ist, für die Jahre 2011 und 2012 ausschließlich Preise für den Regelfall vorzusehen hat. Damit ist eine Verteilungssteuerungsfunktion der Orientierungswerte praktisch ausgesetzt. Demgemäß kommt es auch wieder zu dem Problem, das den Punktwerten innewohnte, nämlich dass diese nicht konstant waren, sondern floatend. Die Literatur spricht davon, dass der Gesetzgeber seinem Plan gemäß „floatende" Orientierungswerte mit dem Anpassungskriterium der allgemeinen Kostendegression bei Fallzahlsteigerungen (§ 87 Abs. 2g Nr. 3) verhindern wollte.[398] Da aber auch eine Anpassung der Orientierungswerte mit dem GKV-FinG ausgesetzt wurde (§ 87d Abs. 1 S. 1)[399], führen Fallzahlsteigerungen zur Senkung der Vergütung für den einzelnen Vertragsarzt, wenn die rechnerische Honorarsumme insgesamt konstant bleiben soll. Damit verlagert sich das Morbiditätsrisiko wieder vermehrt auf die Leistungserbringer.[400] Es verbleibt ein Vorteil eines Steuerungssystems über die Vergütung, nämlich, dass ein festes Preissystem mit zusätzlichen Anreizen die Steuerbarkeit der Versor-

---

[394] Orlowski/Wasem, Gesundheitsreform 2007, 69.
[395] BT-Drs 17/3040, 9.
[396] BT-Drs 17/3040, 24.
[397] BR-Drs. 581/10, 35.
[398] So zum Stand des GKV-WSG (vor dem GKV-FinG): *Freudenberg*, in: jurisPK-SGB V, § 87 Rn. 150.
[399] BT-Drs 17/3040, 9.
[400] Vgl. Umkehrschluss aus *Freudenberg* zum GKV-WSG, in: jurisPK-SGB V, § 87 Rn. 150.

gung immer noch besser gewährleistet als ein freier Preiswettbewerb in Selektivverträgen.[401]

Auch in der Politik war die Überzeugung der Wirksamkeit von Orientierungswerten bzw. der Vergütung als Steuerungsinstrument nicht einhellig. Schon mit dem seinerzeitigen Nachfolger der Begründerin der Gesundheitsreform, Bundesgesundheitsministerin Ursula (Ulla) Schmidt, gab es Bestrebungen zur „Nachbesserung". So vermeldete die Ärztezeitung, dass der Bundesgesundheitsminister Philipp Rösler die RLV in unterversorgten Gebieten aussetzen wollte. „Damit wolle der FDP-Politiker Ärzten einen Anreiz geben, sich in ländlichen Regionen oder Stadtteilen niederzulassen, in denen es an Ärzten fehlt, sagte ein Rösler-Sprecher der `Ärzte Zeitung´".[402]

Inzwischen hat der Gesetzgeber des GKV-VStG die fehlende Eignung der (Sonder-)Orientierungswerte als alternatives Steuerungsmodell zur Bedarfszulassung erkannt und greift die Bedarfsplanung mit Ihrem Umsetzungsinstrument der Zulassung in völliger Abkehr „seines" letzten Planes, die Entbehrlichkeit der Bedarfsplanung aufgrund von Orientierungswerten zu überprüfen, als Kernanliegen wieder auf.[403] Der Gesetzgeber sieht hierin kein Abweichen von seinem Plan, das Niederlassungsverhalten vermehrt über Vergütungsanreize zu steuern, sondern eine Verfestigung dieses Plans durch Vereinfachung der Vergütung.[404] Richtig ist daran, dass die Steuerung über Vergütungsanreize weiter entwickelt wird[405], insbesondere auch durch Zuschläge für förderungswürdige Leistungen oder Leistungserbringer[406], aber - und dass ist für das Steuerungsinstrument der Zulassung von erheblicher Bedeutung - nicht mehr als Alternativ-Modell zur Zulassungssteuerung bzw. Bedarfsplanung. Vom Vorhaben des Gesetzgebers, die Bedarfsplanung abzuschaffen, ist keine Rede mehr. Vielmehr wird diese in mehreren Punkten gestärkt und wieder genutzt. Zudem plant der Gesetzgeber nun wieder eine Stärkung der regionalen Vertragspartner und Kompetenzen.[407] Durch beide Aspekte erfolgt eine Stärkung und ein Rückgriff auf das Instrument der vertragsärztli-

---

[401] Vgl. zu Selektivverträgen im stationären Sektor, Laufer et al., das Krankenhaus 2010, 921 (922, 926). Die Autoren verfechten auch dort feste Preise mit Zu- und Abschlägen als finanzielle Steuerungsanreize gegenüber einem Preiswettbewerb über Selektivverträge.

[402] O. V., 2011d, Rösler will RLV aussetzen, o. S., http://www.aerztezeitung.de/politik_gesellschaft/krankenkassen/article/642054/roesler-will-rlv-aussetzen.html (14.11.2011).

[403] BT-Drs. 17/6906, 2.

[404] BT-Drs. 17/6906, 61.

[405] BT-Drs. 17/6906, 61.

[406] BT-Drs. 17/6906, 17 zu § 87a Abs. 2 S. 4.

[407] Wie vor, 98.

chen Zulassung[408], allerdings möglicherweise aufgrund des neuen Mitspracherechts der Länder nur bedingt; denn ob letzteres das Zulassungsverfahren verbessert und damit dem Instrument der vertragsärztlichen Zulassung dienlich sein wird, wird erst die Entwicklung zeigen.[409] Zudem ist fraglich, ob die Aufgabe der „Sonderorientierungswerte" und damit Infragestellung der Bedarfsplanung tatsächlich einer Erkenntnis folgt. Das kann man der eben genannten dürftigen Begründung des Gesetzgebers nicht entnehmen. Die Rücksprache der Verfasserin mit dem BMG hat insoweit ergeben, dass die Stimmen, die für einen Erhalt der Bedarfszulassung waren bzw. die Bedenken gegen die Orientierungswerte geäußert haben, bei Einführung der Orientierungswerte auf wenig bis keine Zustimmung trafen. Dass erst jetzt eine Besinnung auf die Bedarfszulassung und Aufhebung der Orientierungswerte erfolgt, ist Folge dessen, dass die Steuerung über die Vergütung offenbar nicht gegriffen hat.[410] Es wird von nur 55 Ärzten gesprochen, die überhaupt von Zuschlägen profitiert haben.[411] Der Bewertungsausschuss hat Zuschläge nicht festgelegt. Damit liegt weniger Erkenntnis vor sondern erneut reaktives Verhalten des Gesetzgebers des aktuellen GKV-VStG. Zusammenfassend waltete damit weder bei Einführung der Orientierungswerte die erforderliche Vorsicht gegenüber der Infragestellung der Zulassung, noch Weitsicht, noch stellt sich die jetzige Revidierung als planvoll dar, sondern vielmehr nur reaktiv. Es zeigt sich also, dass weiterhin zu befürchten ist, dass das Instrument der vertragsärztlichen Zulassung den wechselnden Gesundheitsreformen des Gesetzgebers ausgesetzt werden wird.

Weiteres erklärtes Ziel der Orientierungswerte war es, die Grundlage für Transparenz und Kalkulationssicherheit[412] in der Vergütung zu erreichen. Nach dem GKV-WSG sollten Transparenz und Kalkulationssicherheit dadurch erreicht werden, dass die bundeseinheitlichen Orientierungswerte unterschiedslos für die regional zu vereinbarende so genannte feste Euro-Gebührenordnung gelten[413]. Somit sollte der Arzt kalkulieren können, was er erwirtschaftet. Der Gesetzgeber des GKV-VStG bezweifelt die Vergütungsvereinfachung durch Orientierungswerte seiner Begründung nach zwar nicht[414], dennoch regelt er mit § 87c eine neue Vorschrift zur Erreichung von Transparenz, gibt

---

[408] Wie vor, schon auf Seite 2 wird als entscheidende Änderung die Ausgestaltung der Bedarfsplanung genannt.

[409] O. V., A+S aktuell, 8/2011, 2.

[410] Rücksprache der Verfasserin am 30.09.2011 mit einem Vertreter der BMG.

[411] Windau, 2010, Stenografischer Wortbericht der Bundesärztekammer, vom 11.05.2010, Nachmittagssitzung, http://www.bundesaerztekammer.de/arzt2010/co010042/artikel.htm (06.12.2011); so auch laut Rücksprache der Verfasserin, wie vor.

[412] BT-Drs. 16/3100, 88 (zum gesamten neuen Vergütungssystem, insbesondere der festen Euro-Gebührenordnung).

[413] BT-Drs. 16/3100, 119.

[414] BT-Drs. 17/6906, 61.

diese explizit für die Honorarverteilung in § 87b Abs. 2 S. 1 2 Hs. vor, ändert aber maßgeblich die vom Gesetzgeber des GKV-WSG für das Ziel der Vergütungsvereinfachung eingeführten Orientierungswerte. Es darf daher bezweifelt werden, ob der Gesetzgeber fundiert zu seiner Auffassung gelangt ist, dass Orientierungswerte die Transparenz verbessert haben.

Die Erreichung einer Vergütungsvereinfachung musste auch bezweifelt werden. Es gab keine allgemeine Einzelleistungsvergütung, sondern die Vertragsärzte unterlagen für einen Teil ihrer erbrachten Leistungen einer - ebenfalls bundesweit und zwingend für ärztliche Leistungen durch den Bewertungsausschuss[415] beschlossenen - Mengensteuerung über die RLV und seit dem 01.07.2010 auch QZV.[416] Das GKV-VStG ermöglicht dagegen nunmehr eine Entwicklung zu Einzelleistungsvergütungen (§ 87 Abs. 2b), was einem schon historischen Wunsch[417] der Vertragsärzte entspricht. Eine Kalkulierbarkeit scheiterte daran, dass die KVen die meisten Parameter zur Honorarberechnung vorab schätzen mussten, wie man etwa einer Mitteilung der KV RLP an ihre Mitglieder entnehmen kann. Darin wird dargelegt, dass von der Gesamtsumme, die die Krankenkassen der KV zahlen (gedeckelte Quartalssumme), eine Reihe von Abzügen geschätzt werden müssen, z. B. die Ausgaben für die freien Leistungen, die außerhalb des RLV ohne Mengenbegrenzung mit dem Orientierungswert abgerechnet werden oder auch der KV-interne Finanzausgleich. Aus der ermittelten Restsumme wurde dann aufgrund bundesweiter Vorgaben des Bewertungsausschusses für jede Arztgruppe, getrennt nach Haus- und Fachärzten, ein durchschnittlicher RLV-Fallwert je Patient ermittelt. Wenn sodann aber die Ärzte mehr freie Leistungen erbrachten oder die Kassen weniger Geld als erwartet überwiesen, stand weniger Geld für die RLV zur Verfügung; das RLV je Patient sank. Das zeigt auch, dass der niederlassungswillige Leistungserbringer zwar theoretisch sehen kann, wie die verschiedenen Leistungen an verschiedenen Orten vergütet werden. Tatsächlich gibt es aber dennoch zu wenig Transparenz wegen der nicht bekannten Beträge, die neben den Leistungen nach Orientierungswerten gezahlt werden. Die Änderung der finanziellen Kalkulation u. a. durch freie Leistungen führte regelmäßig zu Nachbesserungen, z. B. durch eine unerwartet niedrigere Vergütung in Folgequartalen, um finanzielle Defizite auszugleichen. Das gilt für eine Übergangszeit bis zur Aufhebung der RLV auch nach dem GKVVStG noch fort (§ 87b Abs. 1 S. 3). Zutreffendes Fazit der KV in ihrer Mitteilung war, dass die vom Gesetzgeber versprochene höhere Kalkulationssicherheit für die Ärzte

---

[415] BT-Drs. 16/3100, 126.
[416] BT-Drs. 17/4000, 2.
[417] Kap. 1 B.II.6..

nicht erreicht wurde.[418] Man könnte davon sprechen, dass das Problem der floatenden Punktwerte (die galten, als es noch keinen festen Wert in Euro für einen Fall gab, sondern nur im Werte wechselnde Punkte) auf die Fallwerte verlagert wurde und somit auch das System der Orientierungswerte schon an diesem Punkt wieder an floatenden Werten leidet.[419] Gerade das gesetzgeberische Ziel der Ablösung einer von Budgets und floatenden Punktwerten geprägte Honorarsystematik durch die Euro-Gebührenordnung[420], wird damit bislang nicht erreicht. Mit der (wieder) stärkeren Regionalisierung der Vergütungsentscheidungen durch das GKV-VStG kann dieses Problem reduziert werden. Trotz Aufhebung der RLV wird es aber auch der Gesetzgeber des GKV-VStG noch nicht mit Sicherheit beheben, da zumindest etwa noch die Anpassung aufgrund von Kostendegression nach § 87 Abs. 2g für das Jahr 2012 „eingefroren" bleibt (§ 87d Abs. 1 S. 1) und damit eine Fallzahlsteigerung zu Lasten des Behandlers geht und nicht gesetzlich ausgeglichen wird.

Mangelnde Transparenz zeigen auch eine Reihe von Streitpunkten zu den neuen Vergütungsregelungen, die seit den Änderungen in 2009 in der Rechtsprechung der Instanzgerichte schon behandelt wurden, beispielsweise der Inhalt der vom Bewertungsausschuss zu treffenden Vorgaben.[421] Auch stand die Richtigkeit der Datengrundlagen zur Ermittlung des Orientierungswerts für die RLV in Frage, weil neue Urteile die Fehlerhaftigkeit von KV-Abrechnungen aus alten Jahren festgestellt hatten.[422] Basis der Ermittlung der Orientierungswerte waren die Abrechnungen der voran gegangenen

---

[418] http://www.kv-rlp.de/thema/startseite-meldungen/thema-rlv-im-vierten-quartal-2009.html (14.07.2011). Die Seite ist nicht mehr vorhanden, die Aussage der fehlenden Kalkulationssicherheit aber als zusammengefasstes Sucherergebnis mit Datum 27.10.2009 unter der google-Suche nach dem Stichwort „rlv" auf der Seite der KV zum 27.12.2009 noch zu ersehen. Ein Ausdruck liegt d. Verf. überdies vor.

[419] Dazu eben schon in diesem Titel bezüglich der Aussetzung des § 87 Abs. 2g Nr. 3 durch das GKV-FinG.

[420] BT-Drs. 31/1600, 88.

[421] Das SG Marburg etwa hielt die fehlende Festlegung regionaler Besonderheiten für unzureichend, ließ aber offen, ob die fehlende Berücksichtigung des Geschlechts, die § 87b Abs. 3 S. 5 vorgibt, rechtswidrig ist oder der Bewertungsausschuss keine Möglichkeit gehabt habe, die gesetzliche Grundlage in vernünftiger Art und Weise umzusetzen, Urt. v. 06.10.2010, S 11 KA 340/09, ZMGR 2010, 362 - juris Rn. 166; das Hessisches LSG beurteilte bestehende Vorgaben als unverbindliche Empfehlung und bezweifelt die Kompetenz zur Festlegung förderungsbedürftiger Leistungen, Urt. v. 09.03.2011, L 4 KA 14/09 KL - juris Rn. 116, in der nachgenden Entscheidung des BSG erkennt dieses keine Überschreitung des Gestaltungsspielraumes des Bewertungsausschusses, Urt. v. 21.03.2012, B 6 KA 21/11 R, SozR 4-2500 § 87a Nr 1 (vorgesehen).

[422] LSG Nordrhein-Westfalen, Urt. v. 08.09.2010, L 11 (10) KA 54/07 - juris Rn. 62, BSG, Urt. v. 14.12.2011, B 6 KA 5/11 R, Terminvorschau Nr. 65/11 http://juris.bundessozialgericht.de/cgi-bin/rechtsprechung/document.py?Gericht=bsg&Art= tm&Datum=2011&nr=12250 (12.12.2011).

Jahre. Weitere Auseinandersetzungen folgten aus den in den KVen unterschiedlichen Regelungen für so genannte „Jungpraxen" und den entsprechenden Regelungen in den HVV.[423] Die Rechtsprechung geht davon aus, dass die diesbezügliche aus Art. 3 Abs. 1 GG abgeleitete Rechtsprechung des BSG auch für die mit dem GKV-WSG geschaffenen RLV gilt und bezieht sich dabei auch auf die Literatur.[424] Vergleichbar könnten sich auch die Forderungen zur Berücksichtigung von Praxisbesonderheiten noch an der alten Rechtsprechung des BSG zu Praxisbudgets messen lassen müssen, was die Rechtmäßigkeit der Entscheidungen des Bewertungsausschusses[425] infragestellen könnte. Schon sind maßgebliche Entscheidungen des Bewertungsausschusses vom 27./28.08.2008, die mit dem Beschluss vom 02.09.2009 fortgeschrieben[426] wurden, gerichtlich teilweise für rechtswidrig erklärt worden.[427] In einem einstweiligen Rechtsschutzverfahren wurde ferner die für die KVen einschneidende Rechtsauffassung vertreten, dass die verspätete Zuweisung von RLV dazu führe, dass vorläufig die Vorquartalszahlen gelten und dass gegebenenfalls zu hohe fortgeltende RLV zudem nicht mehr nachträglich korrigiert werden dürfen[428], was auch noch für die Übergangszeit nach dem GKV-VStG Geltung hat. RLV führten überdies zu Ungleichbehandlungen bei verschiedener Fallzahlstärke[429]. Eine weitere Problematik, die in Rechtsstreitigkeiten mündete, stellt die so genannte asymmetrische Verteilung (d. h., regional un-

---

[423] Vgl. etwa SG Marburg, Beschl. v. 06.08.2009, S 11 KA 430/09 ER - juris Rn. 28 ff., wonach das Fehlen einer Regelung im HV 2009 der betroffenen KV für Jungpraxen (Anm. d. Verf.: für die insoweit durch Beschluss des Bewertungsausschusses von 27. u. 28.08.2008 sowie 17.10.2008 und 23.10.2008 Sonderregelungen wie für neu zugelassene Ärzte getroffen werden können) rechtswidrig sei und einem Berufsverbot gleich komme, MedR 2009, 629 (bestätigt im Hauptverfahren, Urt. v. 06.10.2010, S 11 KA 189/10 - juris), die Rechtsmittelinstanz hat die Beantwortung der Rechtmäßigkeit des HV 2009 offen gelassen: Hessisches LSG, Beschl. v. 21.12.2009, L 4 KA 77/09 B ER - juris Rn. 37.

[424] SG Marburg, Urt. v. 06.10.2010, S 11 KA 189/10 - juris unter Zitierung von *Engelhard,* in: Hauck/Haines, SGB V, § 87b , Rn. 96. Für die Regelungen vor dem GKV-WSG aber auch von der Rechtsprechung zur Vergütung nach dem GKV-WSG zitiert: BSG, Urt. v. 03.02.2010, B 6 KA 1/09 R, MedR 2010, 809.

[425] Bis zum 01.07.2010 hatte der Bewertungsausschuss festgelegt, dass eine Praxisbesonderheit zur Erhöhung des RLV beantragt werden kann, wenn daraus eine Überschreitung des durchschnittlichen Fallwertes der Fachgruppe um mindestens 30 Prozent resultiert. Mit Beschluss vom 26.03.2010 wird auf die Festlegung eines Grenzwerts für die Überschreitung des durchschnittlichen Fallwertes der Arztgruppe verzichtet.

[426] LSG Berlin-Brandenburg, Urt. v. 15.10.2010, L 7 KA 62/09 KL - juris, Rn. 16.

[427] Wie vor, Leitsatz und nachgehend: BSG, Urt. v. 27.6.2012, B 6 KA 28/11 R - juris.

[428] SG Marburg, Beschl. v. 01.09.2010, S 11 KA 604/10 ER - juris Rn. 37, nachgehend Hessisches LSG, L 4 KA 70/10 B ER, durch Vergleich erledigt, lt. tel. Auskunft vom 12.12.2011, somit nicht rechtskräftig. Dem Grunde nach (im entschiedenen Fall jedoch nicht anwendbar, da erstmalige RLV-Zuweisung) auch SG Berlin, Urt. v. 20.04.2011, S 71 KA 632/09 - juris Rn. 40.

[429] Beispielsweise hierzu o. V., 2009, http://extranet.medical-tribune.de/volltext/PDF/2009/ MTD_Paed/02_MTDPaed/MTD_Paed_02_S17.pdf (14.11.2011).

terschiedlich zu verteilend) dar.[430] Auch hier hat das GKV-VStG mit Abschaffung der RLV zur Behebung einer Reihe von Problemen geführt. Offen bleiben allerdings weiterhin das Funktionieren des einheitlichen Orientierungswerts und das Gelingen der Behebung von Intransparenz und der Gewährleistung von Kalkulationssicherheit, wenn nach dem GKV-VStG nun wiederum die regionalen Partner umfassendere Entscheidungskompetenzen haben, was erwartungsgemäß zu regional differenzierteren Regelungen führen wird.

Die Eignung der Orientierungswerte als Dreh- und Angelpunkt der vertragsärztlichen Vergütung zeigte also eine Reihe von neuen Unklarheiten und Defiziten auf, die die Erreichung des gesetzgeberischen Ziels von Transparenz und Kalkulierbarkeit und damit letztlich auch einer Steuerung in Frage stellte. Auch für die Fortgeltung des Orientierungswertes nach dem GKV-VStG sind die dargestellten und weitere Probleme keineswegs sämtlich behoben, aber durch die stark reduzierte Aufgabe des Orientierungswerts insoweit, als etwa das System der RLV abgeschafft wurde, und die Wiederaufnahme alter Steuerungsmechanismen erfolgte, erheblich entschärft.

Durch die vielfältigen Streitigkeiten im Rahmen der Orientierungswerte kam zu den Problemen in der Anwendung die bedeutsame Negativ-Wirkung auf das Instrument der vertragsärztlichen Zulassung hinzu. Sie verlor im Zusammenhang mit der bundeseinheitlichen Regelung über die Orientierungswerte und weiteren Änderungen in der Vergütung weiter an Akzeptanz, wie sich in den bereits mehrfach erwähnten Kollektivverzichtsmaßnahmen widerspiegelte. Dessen ungeachtet beließ der Gesetzgeber des GKV-WSG die Orientierungswerte in den teilweise zur Disposition gestellten kollektiven Verhandlungsstrukturen und baute darauf. So setzen sie die Zulassung nicht nur weiterhin als grundsätzliches Zugangserfordernis zur ambulanten Versorgung voraus, sondern auch das Einvernehmen mit der Vertretungskörperschaft der Ärzte. Diese sollte also weiterhin Verwalterin eines Systems sein, in dem ihre Rechte erheblich beschnitten wurden. Das wird erst mit dem Jahr 2012 und dem GKV-VStG teilweise wieder behoben und hat bis dahin nachhaltigen Schaden anrichten können.

---

[430] Kurz hierzu: SG Marburg, Urt. v. 06.10.2010, S 11 KA 340/09, ZMGR 2010, 362 - juris Rn. 28; Hessisches LSG, Urt. v. 09.03.2011, L 4 KA 14/09 KL - juris Rn. 73, 136 ff., auch ausführlich zu verschiedenen Streitpunkten in Bezug auf die Honorarreform, nachgehend BSG, Urt. v. 21.03.2012, B 6 KA 21/11 R, SozR 4-2500 § 87a Nr 1 (vorgesehen). Die asymmetrische Honorarverteilung war ursprünglich ein Kompromiss der KBV mit den 17 KVen, mit dem die regionalen KVen im Verlauf nicht mehr einverstanden waren und teilweise hiergegen klagten, o. V., A+S aktuell 34 - 10/2010, 4 und o. V., A+S aktuell 35 - 10/2010, 5. Nach Zuck sind die Entscheidungen des Bewertungsausschusses, die der asymmetrischen Verteilung der Vergütung zugrunde liegen rechtswidrig, GesR 2011, 321 (325).

Auf die herkömmlichen Strukturen wird nicht nur gebaut, die KVen wurden sogar explizit in die Verantwortung genommen. Nachdem die Unzufriedenheit über die neuen Vergütungsregelungen unter den Vertragsärzten aufgekommen war, wurde den KVen vorgeworfen, dass sie dabei versagt hätten, ihren Mitgliedern die neuen Regelungen transparent zu machen. Weiter wurden die KVen in die Pflicht genommen, als sich die Ablehnung der vertragsärztlichen Vergütungsreform darin äußerte, dass Vertragsärzte aus Protest zu unzulässigen Maßnahmen griffen. Als bekannt geworden war, dass in erheblichem Umfang Vorauszahlungen von Patienten verlangt wurden (Vorkasse), äußerte sich die ehemalige Bundesgesundheitsministerin dahingehend, dass hier das Mittel des Zulassungsentzugs genutzt werden müsse.[431] Tatsächlich aber war zu erwarten, dass KVen in der Situation abnehmender Ankerkennung aufgrund ihres Akzeptanzverlusts und verbunden mit der Konkurrenz durch Selektivverträge solche Mittel nur zurückhaltend anwenden werden würden, denn das Instrument der vertragsärztlichen Zulassung wurde ebenso wie ihr Verwalter, die KV, durch das System der Orientierungswerte geschwächt. Begründet kamen mit der Ankündigung der Orientierungswerte durch das GKV-WSG Bedenken auf, die KVen als Vertreter der Ärzte würden fortgesetzt ihrer Aufgaben beraubt.

Orientierungswerte sind daher zur zentralen Verteilungssteuerung über die Vergütung an Stelle der Zulassung ungeeignet, sie haben das Ziel der Verbesserung der Transparenz in der Vergütung nur bedingt erreicht und schwächen die Selbstverwaltung.

c. Stärkung der Makro-Ebene als Steuerungsebene der Orientierungswerte

Die Orientierungswerte wurden in das System der neuen Vergütung eingebettet, das in der Form bis zum GKV-VStG eine zunehmende Einflussnahme über bundeseinheitliche Vorgaben beinhaltete. Es fand eine Verlagerung der Steuerung auf die so genannte Makroebene[432] statt. Der Gestaltungsspielraum der KVen wurde damit unmittelbar eingeschränkt. Lediglich soweit sie ausdrücklich vom höherrangigen Normgeber „Bewertungsausschuss" eröffnet wurden, hatten die KVen die Möglichkeit zu Konvergenzregelungen, damit sicher gestellt war, dass die bundeseinheitlichen Vorgaben auch umgesetzt wurden.[433] Die Bindung der regionalen Verhandlungspartner durch bundeseinheitliche Vorgaben betraf nicht nur die Beträge, sondern vor allem auch die grundsätzliche Entscheidung für oder gegen regionale Maßnahmen. So war z. B. bis zum GKV-WSG eine Differenzierung nach Versorgungsgraden zulässiges Verteilungskriterium des HVM, besonders unter Bewilligung von Zuschlägen an Vertrags-

---

[431] Rieser, DÄBl., 2009, 106(8); A-316, o. S.,
http://www.aerzteblatt.de/v4/archiv/artikel.asp?src=heft&id=63455, (14.11.2011).
[432] Vgl. schon Kap. 2 A.III.2.
[433] Vgl. BSG, Urt. v. 18.08.2010, B 6 KA 27/09 R, GesR 2011, 304 (308).

ärzte in von (drohender) Unterversorgung betroffenen Gebieten (§ 85 Abs. 4 S. 11). Im Rahmen der RLV seit dem 01.01.2009 wurde diese Differenzierung nach Versorgungsgraden zur Pflicht gemacht (§ 87b Abs. 3 S. 1). Manche KV wurde im Rahmen von rechtlichen Auseinandersetzungen entsprechend belehrt.[434]

Diese weitgehenden Beschränkungen begrenzten die Handlungsbefugnis und damit die Aufgaben der KVen, die das Honorar an die Ärzte nach bisherigem Recht relativ autonom verteilten (§ 85 Abs. 4). Die neuen Vergütungsregelungen sprachen dementsprechend zurückhaltender nur noch von „Zuweisung" der RLV (§ 87b Abs. 5), nicht etwa Festlegung oder Vereinbarung. Diese Zuweisung an den Arzt oder die Arztpraxis einschließlich der Mitteilung[435] der Leistungen, die laut Gesetz „außerhalb" der RLV vergütet werden sowie der jeweils geltenden regionalen Preise, verblieb damit die vornehmliche Aufgabe der KVen. Dabei war der Gesetzgeber hinsichtlich der Frage, was unter „außerhalb" der RLV zu verstehen ist und in welcher Form die „Zuweisung" erfolgt, ungenau geblieben, so dass in der Praxis unklar war, ob ein Verwaltungsakt anzunehmen ist. Davon war in Bezug auf die Zuweisung von RLV unter Zugrundelegung der Tatbestandsvoraussetzungen des § 35 VwVfG auszugehen. Zwar ist die KV keine „Behörde", sondern Körperschaft des öffentlichen Rechts. Im Rahmen der ihr zugewiesenen Aufgabe besitzt sie aber das Recht zur Selbstverwaltung und Satzungsautonomie. Der Mindestinhalt der Satzungen ist in § 81 geregelt. Aus ihrer Rechtsstellung ergibt sich für die KVen auch ihre Berechtigung, gegenüber den Mitgliedern hoheitlich, d. h. durch Verwaltungsakt zu handeln und die Disziplinargewalt auszuüben.[436]

Zwar beinhaltete das Recht der KVen zur Zuweisung der RLV nicht nur eine formale Kompetenzzuweisung, sondern auch eine materielle Zuständigkeit: „denn die KV hat die Aufgabe, die von ihr und den Verbänden der Krankenkassen entwickelte Berechnungsformel auf den individuellen Vertragsarzt bzw. die Arztpraxis anzuwenden und auf diese Weise das konkret-individuelle RLV zu ermitteln."[437] Tatsächlich aber war der ursprüngliche Handlungs- und Vereinbarungsspielraum der KVen erheblich reduziert. Der Gesetzgeber selber beschrieb es so, dass die KVen und Verbände der Kran-

---

[434] Vgl. schon Kap. 2 A.III.2..

[435] Die Rechtsform dieser „Mitteilung" gegenüber der „Zuweisung" lässt der Gesetzgeber unklar. Die gegenüber dem Begriff „Zuweisung" unterschiedliche Formulierung lässt auf die Absicht schließen, dass es sich hierbei nicht um einen Verwaltungsakt handeln sollte. Auch regelt die Mitteilung keinen Einzelfall sondern ist eine schlichte Nachricht, so dass die Rechtsnatur eines Verwaltungsaktes nicht anzunehmen ist. Im Ergebnis auch *Freudenberg,* in: jurisPK-SGB V, § 87b Rn. 85, der von einem schlichten Verwaltungshandeln ausgeht, das nicht selbständig anfechtbar ist.

[436] Bzgl. der Rechtsnatur von KVen *Steinmann-Munzinger,* in: juris-PK SGB V, § 77b Rn. 14.

[437] *Freudenberg,* in: juris-PK SGB V, § 87b Rn. 77.

kenkassen das ihnen durch den Bewertungsausschuss vorgegebene Berechnungsverfahren mit den jeweiligen regionalen Daten füllen und gemeinsam so die konkrete Berechnungsformel ermitteln, welche die KV schließlich bei der Zuweisung der RLV anzuwenden hat.[438] Das Füllen mit Daten entsprach bei Weitem nicht den gehabten Verhandlungsspielräumen der Selbstverwaltungspartner. Nicht nur die Preise, auch die Verteilung wurde also umfassend bundeseinheitlich vorgeben.[439]

Bei fehlender Einflussnahmemöglichkeit der KV auf die Honorarverteilung kann die KV auch nicht mehr ihrer Pflicht nachkommen, den Grundsatz der Honorarverteilungsgerechtigkeit zu beobachten und zu gewährleisten. Beispielsweise konnten KVen und Krankenkassen vor der Vergütungsreform bei der Beurteilung, ob eine gegen diesen Grundsatz verstoßende flächendeckend unzureichende Vergütung vertragsärztlicher Leistungen einer bestimmten Arztgruppe vorliegt, neben den Einnahmen aus vertragsärztlicher Tätigkeit auch die Einnahmen aus privatärztlicher sowie sonstiger Tätigkeit berücksichtigen.[440] Gerade das spielt für die Entscheidung zur Niederlassung, wie unter b. ausgeführt, auch eine Rolle. Die aus entsprechender Beobachtung folgende Reaktion war den KVen mit der Vergütungsreform hingegen nicht mehr möglich. Dabei sind sie neben den Krankenkassen als regionale Partner diejenigen, die den Markt am Besten beurteilen können.

Zudem wurden die Orientierungswerte mit dem Ziel einer Ablösung der Bedarfszulassung eingeführt. Auch dieses Anliegen griff in die Aufgaben der KVen ein. Die Zulassungsbeschränkungen (Bedarfszulassung) werden zwar in Folge von Entscheidungen der Landesausschüsse von Ärzten und Krankenkassen vollzogen (§ 103 Abs. 1). Allerdings führen alleine die KVen die Geschäfte des Zulassungsausschusses (§ 93 Abs. 3), die bei Abschaffung der Bedarfszulassung folglich erheblich abgenommen hätten, wenn auch die Voraussetzung der Zulassung als Teilnahme an der vertragsärztlichen Versorgung grundsätzlich bestehen blieb. Auch wenn die KVen keinen Grundrechtsstatus haben und somit der Entzug von Aufgaben keine Grundrechtsrelevanz hat, wirkt sich ihre Schwächung auf die Akzeptanz des Steuerungsinstruments der vertragsärztlichen Zulassung aus, die wiederum für das Funktionieren des Krankenversicherungssystems als Teil des Sozialstaatsprinzips von Bedeutung ist.

---

438 BT-Drs. 16/3100, 126.
439 Zu den Möglichkeiten, die der Bewertungsausschuss den KVen belässt (etwa förderungswürdige Leistungen, regionale Besonderheiten neben den ausdrücklich vom Bewertungsausschuss benannten): Hessisches LSG, Urt. v. 09.03.2011, L 4 KA 14/09 KL, nachgehend: BSG, Urt. v. 21.03.2012, B 6 KA 21/11 R, SozR 4-2500 § 87a Nr 1 (vorgesehen).
440 BSG, Urt. v. 08.12.2010, B 6 KA 42/09 R - juris, Leitsatz.

Erst die Konzeption des Gesetzgebers für ein GKV-VStG geht in eine entgegengesetzte Richtung und weist den regionalen Verhandlungspartnern wieder mehr Kompetenzen zu, indem zum einen die bundeseinheitlichen Vorgaben für den Orientierungswert reduziert und zum anderen die Vorgaben von Indikatoren für die Reaktion auf regionale Unterschiede bei der Versorgung zurückgenommen werden.[441] Auch geht sie von den Ablösungstendenzen hinsichtlich der Bedarfszulassung zurück (§ 87 Abs. 7 S. 3 entfällt). Das stärkt die KVen und damit das Instrument der vertragsärztlichen Zulassung, allerdings nicht wie in ihrer ursprünglichen Form vor dem GKV-WSG.

Die Einführung von Orientierungswerten wirkte sich somit auch auf das Gewicht der KVen als regionale Verhandlungspartner negativ aus, wodurch wiederum das Instrument der vertragsärztlichen Zulassung an Bedeutung verlor, denn die KV ist Vertretungskörperschaft aller zugelassenen Vertragsärzte. Das GKV-VStG hat Fehler dieser Entwicklung teilweise korrigiert, aber unzureichend.

Die Neuregelung der Vergütung seit 01.01.2009 ist einer ständigen Weiterentwicklung und Anpassung unterworfen, da viele Folgen der Veränderungen sich erst mit ihrer Anwendung zeigen. Neben zahlreichen Vorschlägen und Überlegungen[442] gab es Forderungen, nach der Vereinheitlichung der Preise nunmehr auch die Leistungsmenge je Versichertem bundesweit zu vereinheitlichen. Für diese zweite Stufe der Honorarreform bedürfte es einer Gesetzesänderung.[443] Sie würde zu einer noch stärkeren Einschränkung des Handlungsspielraums der KVen auf regionaler Ebene führen. Das lässt ersehen, dass weiterhin Ideen zu Lasten des Instruments der vertragsärztlichen Zulassung gedeihen und florieren. Wie schon an anderer Stelle dargestellt, finden solche Ideen durchaus Eingang in die Gesetzgebung, auch wenn der Gesetzgeber des GKV-VStG jedenfalls die Idee der Verlagerung auf die Makro-Ebene begrüßenswerter Weise nicht mehr fortentwickelt, sondern diese Idee eher revidiert und den Regionalpartnern wieder mehr Verantwortlichkeiten zuweist und zugesteht.

2. Fazit zur Eignung von Vergütungsanreizen, besonders am Modell der Orientierungswerte

Die Einführung der Orientierungswerte zur Steuerung der Versorgungsdichte war mit dem Ziel erfolgt, eine der jahrzehntelang wesentlichen Aufgaben der Zulassung, die Verteilungssteuerung auf Basis der Bedarfsplanung, zu ersetzen. So hatte der Gesetzgeber sie mit dem Ziel eingeführt, bis zum März bzw. Juni 2012 zu entscheiden, ob

---

[441] BT-Drs. 17/6906, 63.
[442] Siehe auch zu Orientierungswerten, Kap. 3 B.IV.1..
[443] Broschüre der KBV zur Honorarreform, 1, Beilage zum DÄBl., KBV, 2010, http://www.kbv.de/26443.html (14.11.2011).

auch im Bereich der Ärzte auf Zulassungsbeschränkungen verzichtet werden kann. Dabei wurde der vertragsärztlichen Bedarfszulassung vom Gesetzgeber nicht der Effekt der Vermeidung von Überversorgung abgestritten, sondern nur der Unterversorgung. Dennoch setzte er hier nicht an. Es ist nicht erkennbar, dass (Sonder)Orientierungswerte eine Unterversorgung vermeiden können. In der Anwendung hat sich ergeben, dass sie hierfür nicht geeignet sind. Sie werden derzeit folglich vom Gesetzgeber des GKV-VStG in dieser Funktion nicht weiter verfolgt. Das hätte aber der Gesetzgeber des GKV-WSG schon bei ihrer Einführung aufgrund empirischer Erkenntnisse und bei planvollerem Vorgehen vorhersehen können, denn danach müssen ökonomische Anreize stets eine gewisse Höhe erreichen und können nur zusätzliche Instrumente für eine Steuerung des Niederlassungsverhaltens sein.

Der Gedanke von Vergütungsanreizen zur Niederlassung in unterversorgten Gebieten ist im Grunde genommen richtig. Der Anreiz ist allein jedoch nicht hinreichend. Finanzielle Mittel müssen zur Erzielung einer Steuerung erheblich sein und werden daher bei nach wie vor begrenztem Gesamtvolumen nicht ausreichen. Wenn sie überhaupt ein Steuerungsverhalten bewirken, dann sind sie, wie Untersuchungen ergeben haben und nach richtiger Auffassung, ohnehin nur einer von vielen Gründen für die Entscheidung zur Niederlassung an einem Ort.

Die Orientierungswerte sollen zudem eingebettet in die seit dem 01.10.2009 geltenden Vergütungsregelungen Transparenz und Kalkulationssicherheit bieten. Auch das leisteten sie jedoch nicht.

Nach alledem würde es schon an dem Erfordernis der Eignung für die Rechtfertigung eines Eingriffs in Art. 12 GG durch die (Sonder-)Orientierungswerte fehlen, wenn es sich nach dem ursprünglichen Plan des Gesetzgebers in der Weiterentwicklung um das einzige Steuerungsinstrument - in Ersetzung der Bedarfszulassung - gehandelt hätte.

Die Zulassung hingegen kann in Verfolgung einer angepassten Bedarfsplanung und ergänzt durch finanzielle und andere Anreize eine bedarfsgerechte Versorgung durch die Kombination aus Zwang und Anreiz durchsetzen. Sie kann durch finanzielle Anreize allein nicht ersetzt werden. Deshalb ging der Gesetzgeber mit dem GKV-FinG auch zunächst den Weg zurück zur pretialen Lenkung (Sonderpreise zur Steuerung von Über- und Unterversorgung)[444], begleitend zu der entscheidenden Steuerung des Bedarfs über das Instrument der Zulassung. Mit dem GKV-VStG nimmt er, noch weitergehend, die gesamte Idee eines Ersatzes der Bedarfs- bzw. Verteilungssteuerung der Zulassung, z. B. in Form der Bedarfszulassung, durch bundeseinheitliche Preise zu-

---

[444] BR-Drs. 581/10, 35.

rück. Daran zeigt sich, dass der Gesetzgeber selbst sukzessive erkannt hat, dass eine Steuerung allein über finanzielle Anreize scheitert. Hierin liegt jedoch keine steuernde vorausschauende Gesetzgebung, sondern es zeigt sich, wie bereits häufig in dieser Arbeit dargelegt, der charakteristische Mangel der Gesundheits-Gesetzgebung: ein lediglich reaktives, zuweilen sogar (gesundheits-)marktgesteuertes Verhalten.

Der Gesetzgeber des GKV-VStG belässt die Orientierungswerte lediglich noch mit dem Ziel einer besseren Transparenz und Kalkulierbarkeit der Vergütung, nimmt aber die Aufgabe der Steuerung von Über- und Unterversorgung sowie die erhebliche Verlagerung von Vorgaben auf die Bundesebene (Makroebene) ganz deutlich zurück und stärkt an mehreren Punkten wieder den regionalen Einfluss auf die Vergütung.

Eingangs wurde festgestellt, dass der Vertragsarzt zwar kein Recht auf ungehinderte Teilnahme am Markt hat, dass die Rechtsprechung aber Eingriffen durch staatlichen Einzelakt Grenzen gesetzt hat.[445] Ein solcher Eingriff erfolgt durch die Regelung eines Mehr oder Weniger an Honorar, das sich bis zur Existenzbedrohung auswirken kann. Da die Eignung des Instruments einer Steuerung über die Vergütung nicht gegeben ist, waren auch Erforderlichkeit und Zumutbarkeit der Regelung des Bedarfs und damit der entsprechenden Eingriffe in die Berufsausübung über Orientierungswerte als Alternative für die Bedarfszulassung, wie sie der Gesetzgebers des GKV-WSG vorgesehen hat, nicht gegeben. In ihrer reduzierten Funktion nach dem GKV-VStG, ohne eine der Zulassung vergleichbare Intention zur Steuerung des Niederlassungsverhaltens, berühren sie die Berufsausübung nicht und stellen damit keinen Grundrechtseingriff dar. Ihre Eignung als Modell zur Verbesserung von Transparenz und Kalkulierbarkeit der Vergütung steht gleichwohl in Frage.

V. Wettbewerb

Wettbewerb erhält zunehmend für die Steuerungsfunktion der vertragsärztlichen Zulassung erhebliche Wirkung soweit dieser die Steuerung der ambulanten Versorgung beinflusst.

1. Wettbewerb über den Beitrag und Zusatzbeitrag

Um den Wettbewerb zwischen den Krankenkassen zu intensivieren, hat der Gesetzgeber mit § 175 GSG mit Wirkung ab dem 01.01.1996 ein Wahlrecht des Versicherten für eine Krankenkasse eingeführt. Die Versicherten sollten hiermit zum Wechsel zu den besten Anbietern motiviert werden. Allerdings unterlagen die Versicherten zunächst für Zwecke des RSA einem Kontrahierungszwang zu einer Krankenkasse von

---

[445] Vgl. oben Kap. 2 C.II.3.a..

mindestens einem Jahr, um Kurzzeitmitgliedschaften zu verhindern.[446] Mit dem GMG
hat der Gesetzgeber mit § 175 Abs. 4 S. 5 ein Sonderkündigungsrecht der Versicherten
für den Fall der Anhebung des Beitragssatzes eingeführt. Damit wurden der Anreiz eines Kassenwechsels und die Möglichkeit dazu erhöht, und die Versicherten erhielten
eine bessere Möglichkeit, auf die Veränderung des Beitragssatzes durch die Krankenkasse zu reagieren. Der Wettbewerb über den Beitragssatz war eröffnet. Dieser Wettbewerb wurde auf der Seite der Kostenträger eingeführt, nicht der Leistungserbringer.
Sein Mittel ist der Beitragssatz, nicht die Leistungserbringung.

Mit dem GKV-WSG hat der Gesetzgeber dieses Wettbewerbselement zu großen Teilen wieder zurückgenommen, indem er mit Einführung des Gesundheitsfonds mit dem
01.01.2009 einen einheitlichen Beitragssatz für alle Krankenkassen vorsah (§ 241)[447].
Damit existieren für den Versicherten ersichtliche Unterschiede zwischen Krankenkassen nur noch hinsichtlich der so genannten kassenindividuellen Zusatzbeiträge oder
über das Leistungsangebot. Zum Wettbewerb über das Leistungsangebot gehören
Wahltarife und sonstige besondere Angebote, etwa Chronikerprogramme oder Modellvorhaben, welche die Krankenkassen im Rahmen ihrer Selektivvertragsmöglichkeiten anbieten können[448]. Der Wettbewerb erfolgt mit dem Ziel der Erhöhung von
Mitgliederzahlen und der Generierung von Finanzmitteln auf diesem Wege.

Die kassenindividuellen Zusatzbeiträge seit dem Jahr 2009 gewannen erhebliche Bedeutung für den direkten Wettbewerb der Krankenkassen untereinander. Sie sind äußerst öffentlichkeitswirksam, da sie den einzigen Punkt darstellen, in dem sich Krankenversicherungen für Versicherte in monetärer Hinsicht noch unterscheiden. Sie haben aber allenfalls mittelbare Bedeutung für das Instrument der vertragsärztlichen Zulassung, da sie keine Steuerungsaufgabe in der ambulanten vertragsärztlichen Versorgung erfüllen, die auch Aufgabe der Zulassung ist. Sie führen vielmehr zu einer Selektion unter den gesetzlichen Krankenkassen.

Damit wird aber auch ihre mittelbare Wirkung auf die Steuerung der ambulanten Versorgung erkennbar, dass sie nämlich den Verdrängungswettbewerb von Krankenkassen untereinander, gerade auch für den Bereich der ambulanten Versorgung, verschärfen. Der Gesetzgeber des GKV-WSG hat das vorhergesehen und für die Folgen des
Verdrängungswettbewerbs vorgesorgt. Entsprechend hat er ausgeführt: „Die Krankenkassen werden zur Vermeidung eines Zusatzbeitrages verstärkte Anstrengungen ent-

---

[446] BT-Drs. 12/3608, 113.
[447] Das erfolgt aufgrund des GKV-FinG zum 01.01.2011 nicht mehr durch Rechtsverordnung
    sondern unmittelbar im Gesetz.
[448] Zum Ziel des Wettbewerbs über Wahltarife, Selektivverträge und ärztliches Honorar, BT-
    Drs. 16/3100, 2.

wickeln, wirtschaftlich und effizient zu handeln. Über besondere Vertragsformen und Wahltarife werden sie hierfür mit den erforderlichen Instrumenten ausgestattet."[449] Damit bezeichnet er die Instrumente, die den unmittelbaren Wettbewerb um Versicherte ermöglichen und dabei auch steuernde Wirkung entfalten können und sollen: Selektivverträge und Wahltarife. Ferner bezeichnet er seine Ziele der Qualitäts- und Effizienzsteigerung.[450]

Eine marktwirtschaftliche Entwicklung der kassenindividuellen Zusatzbeiträge hingegen hat der Gesetzgeber des GKV-FinG zu Gunsten mehr solidarischer oder planwirtschaftlicher Grundsätze eher zurückgenommen und sieht vor, dass Zusatzbeiträge unabhängig vom Einkommen des Versicherten in festen Eurobeträgen zu erheben sind. „Eine Berücksichtigung des Einkommens des Versicherten erfolgt nunmehr über die Absenkung der einkommensabhängigen Beiträge im Rahmen des mit dem neuen § 242b eingeführten Sozialausgleichs."[451] In ihrer durch das GKV-FinG eingeführten Form wurden sie schon mit einer (versteckten) Systemänderung in Richtung auf eine Kopfpauschale verglichen.[452] Haben die Zusatzbeiträge schon nach dem GKV-WSG keine erkennbar zielgerichtete Relevanz für Steuerungsaufgaben in der ambulanten Versorgung, welche auch über die vertragsärztliche Zulassung geleistet werden (können), gehabt (wie beschrieben, allenfalls mittelbar), haben sie solche erst Recht in ihrer revidierten Form durch das GKV-FinG nicht.

2. Wettbewerb über das Leistungsangebot

a. Wahltarife

Wie eben unter 1. festgestellt sind für das Instrument der vertragsärztlichen Zulassung die Wahltarife interessant, da sie Leistungsinhalte oder -formen enthalten, damit Aspekte wie Qualität und Versicherte lenken und auf diese Weise in die Steuerung der ambulanten Versorgung in Bereichen eingreifen, welche auch über die Zulassung gesteuert werden. Wie unter 1. zitiert, hat der Gesetzgeber Wahltarife explizit als Instrumente bezeichnet, mit welchen er die Krankenkassen ausstattet, um diesen unter den wettbewerblichen Bedingungen des GKV-WSG ein wirtschaftliches und effizientes Handeln zu ermöglichen.[453] Bei Wahltarifen handelt es sich somit um Steuerungsinstrumente, die die Aufgaben der vertragsärztlichen Zulassung tangieren.

---

[449] BT-Drs. 16/3100, 163.
[450] BT-Drs. 16/3100, 1.
[451] *Hasfeld/Mack*, in: jurisPK-SGB V, § 242 Rn. 1.2.
[452] BT-PlPr. 17/72, 7875 f..
[453] BT-Drs. 16/3100, 163. Zum Wahltarif als Wettbewerbsinstrument auch o. V., A+S aktuell, 08/2009, 7 (8).

Für Wahltarife bestehen nach § 53 mehrere Optionen. Das sind die Vereinbarung eines Selbstbehalts (Abs. 1), die Auszahlung einer Prämie bei Nichtinanspruchnahme von Leistungen der Krankenkasse (Abs. 2), Sondertarife bei Teilnahme an bestimmten Versorgungsmodellen wie beispielsweise der HzV (Abs. 3), Tarife für Kostenerstattung (Abs. 4), Sondertarife für sonst nicht erstattungsfähige Arzneimittel (Abs. 5) und Krankengeld (Abs. 6). Die Wahltarife erhalten den Krankenkassen immerhin eine gewisse Handlungsfreiheit auf der Ebene der Beiträge. Sie bewegen sich dabei aber auf dem „Markt" der PKV und dass zu besseren Bedingungen als sie für die privaten Krankenversicherungsunternehmen gelten. Beispielsweise sei hier angeführt, dass der Versicherungskunde nicht erst geworben werden muss, sondern aufgrund der Pflichtversicherung auf rund 90 % der Krankenversicherten zur Bewerbung von Wahltarifen einfach „zugegriffen" werden kann. Ursprünglich führten die Tarife im Falle von §§ 53 Abs. 8, 175 Abs. 4 zur dreijährigen Bindung an die Krankenkasse[454], auch das hat privatversicherungsrechtlichen Charakter. Solche Folgen erkennen die Versicherten nicht immer bei einer Teilnahme an Wahltarifen, wie sich in der Rechtsprechung wiederspiegelt. So behandelte beispielsweise ein Urteil den Fall, dass ein Versicherter die Teilnahme an einem Wahltarif erklärt hatte und bei dem Wechsel zu einer privaten Versicherung unter Verweis auf seine Bindungserklärung nicht aus der GKV entlassen wurde. Die Wahltarife, insbesondere nach Abs. 4 bis 6, waren daher verfassungsrechtlich problematisch.[455] Mit dem GKV-FinG hat der Gesetzgeber hier korrigierend eingegriffen und die Wahlfreiheit der Versicherten, jedenfalls für die Tarife "Prämienzahlung", "Kostenerstattung" und "Arzneimittel der besonderen Therapierichtungen", auf ein Jahr reduziert.[456] Zudem gilt das Sonderkündigungsrecht bei der Erhebung oder Erhöhung von Zusatzbeiträgen bzw. Verringerung von Prämienzahlungen nach § 175 Abs. 4 S. 5 mit dem 01.01.2011 auch für Teilnehmer an Wahltarifen (ausgenommen Krankengeld nach Abs. 6).

Von Anfang an waren nur Selektivverträge mit einer kurzen Mindestbindungsfrist versehen, seit dem GKV-FinG unterliegen sie gar keiner Mindestbindungsfrist mehr (§ 53 Abs. 8 S. 1 2. Hs.). Es kann vermutet werden, dass auch hiermit die Flexibilität und Bereitschaft zur Teilnahme an Selektivverträgen gefördert werden soll. Der Gesetzgeber begründete bei Einführung der Wahltarife die längeren Kündigungsfristen für andere Wahltarife damit, dass mit der Bindung der missbräuchliche Wechsel zwischen

---

[454] Vgl. LSG Nordrhein-Westfalen, Beschl. v. 23.04.2009, L 5 B 15/09 KR ER, NZA 2009, 774.

[455] Vgl. hierzu Thüsing, NZS 2008, 449.

[456] Mit Wirkung zum 01.01.2011, BGBl. I, 2309, 2310 (3c). Uneinigkeit besteht noch zu der Frage der Bindung bei einem Wechsel in die private Krankenversicherung, vgl. Meyenburg, General-Anzeiger, 27.11.2011, 6.

Tarifen je nach Erwartung der Inanspruchnahme von Leistungen verhindert werden sollen.[457] Zur Abweichung bei Selektivverträgen erklärt er sich an selber Stelle nicht.

An anderer Stelle zeigt sich die Förderung der Selektivvertragsabschlüsse aber ganz deutlich. Nur für diese hat der Gesetzgeber eine Verpflichtung zum Angebot von Wahltarifen vorgesehen, nämlich nach Absatz 3 für Versicherte, die an besonderen Versorgungsformen teilnehmen. Das sind die Selektivvertragsformen nach den §§ 63, 73b, 73c, 137f, 140a. Damit besteht ein erheblicher Unterschied zu den Wahltarifen nach den Absätzen 1, 2 und 4 bis 7, deren satzungs-rechtliche Aufnahme im Ermessen der Krankenkasse steht. Der Wahltarif des Abs. 3 gibt ferner den Krankenkassen die Möglichkeit, sich gegenüber Versicherten und Leistungserbringern zu positionieren und hierüber Mitglieder zu gewinnen. Mit mehr Mitgliedern werden die Krankenkassen „stärkere" Vertragspartner möglicher Leistungserbringer. Damit fördern Wahltarife die Machtverschiebungen in Richtung auf im Wettbewerb starke Krankenkassen. Zudem können Krankenkassen durch das Angebot z. B. der Kostenerstattung dem vertragsärztlichen Leistungserbringer freiere Abrechnungsmöglichkeiten gewährleisten, so dass die Krankenkasse, die einen solchen Tarif häufig erfolgreich anbietet, hierdurch ein attraktiverer Vertragspartner für einen potentiellen Leistungserbringer wird. Sie wird also im Rahmen von Selektivverträgen Einfluss gewinnen können. Wahltarife dienen insofern der Förderung von Selektivverträgen. Die Wahltarife sind daher keine unmittelbaren Steuerungsinstrumente, stützen aber insbesondere über Abs. 3 Selektivvertragsmodelle und können als Instrumente „in zweiter Reihe" bezeichnet werden.

Auch auf die mit dem Instrument der Zulassung zu gewährleistenden Parameter, wie etwa gleichmäßige Qualität und Verteilungsgerechtigkeit, zielen Wahltarife zwar nicht ab, sie beeinflussen diese aber.

So verlangt z. B. das Verbot der Quersubventionierung (§ 53 Abs. 9) von den Krankenkassen, dass die Aufwendungen für jeden Wahltarif „aus Einnahmen, Einsparungen und Effizienzsteigerungen, die durch diese Maßnahmen (scil.: die Wahltarife) erzielt werden, finanziert werden". Damit kommt das Honorar und die effiziente Tätigkeit des niedergelassen Arztes ins Blickfeld. Die Krankenkassen werden also versuchen, Einfluss auf die Kosten und Effizienz bei den niedergelassen Ärzten zu nehmen. Damit greifen sie in einen Bereich ein, der eigentlich den Ärzten in Verpflichtung der Anforderungen aus dem Status als zugelassener Vertragsarzt selbst bzw. ihrer Selbstverwaltung unterliegt.

---

[457] BT-Drs. 16/3100, 109.

Die freiwillig von Krankenkassen einführbaren Wahltarife nach Abs. 1 bei Vereinbarung von Selbstbehalten und Abs. 2 für den Fall der Nichtinanspruchnahme von Leistungen, können mittelbar auf die Qualität der Versorgung wirken, wenn Versicherte dadurch angeregt werden, den niedergelassenen Arzt weniger oder gar nicht aufzusuchen. Dem entsprechend wird der niedergelassene Arzt einer Situation ausgesetzt, die die Qualität der ambulanten Versorgung betrifft, nämlich insofern, als er im genannten Beispiel erst bei weit fortgeschrittenen Erkrankungen konsultiert wird oder von (schon) multimorbiden Patienten, die einzelne Krankheiten nicht mit medizinisch erforderlicher Begleitung auskuriert haben. Das vermindert allerdings nicht die Qualität der ambulanten Behandlung, die der Vertragsarzt unverändert leisten kann und muss. Er findet lediglich eine andere, möglicherweise schlechtere Ausgangssituation für eine Behandlung vor. Die Auswirkungen des Wahltarifs auf die Qualität der ambulanten Versorgung sind damit an dieser Stelle nur mittelbare.

Die Wahltarife schwächen überdies das Sachleistungssystem, in das die vertragsärztliche Zulassung eingebunden ist. So richten sich Qualität oder Leistungsangebot über Wahltarife nach der GKV fremden Kriterien wie Alter und Finanzkraft der Versicherten. Beispielsweise werden voraussichtlich Jugendliche häufiger eine Selbstbeteiligung wählen, da sie aufgrund ihres Gesundheitszustands von einer geringen eigenen Inanspruchnahme von Leistungen ausgehen werden.[458] Chroniker und Behinderte können sich die Wahl des Kostenerstattungstarifs nicht leisten[459]. Solche Gestaltungsansätze entsolidarisieren die GKV.[460] Die Zielsetzung der GKV war es, Versicherten die Notwendigkeit der Vorleistung zu ersparen, sie gänzlich von Ansprüchen der Behandler freizuhalten.[461] "Gesundheitsferne" Schichten sollten an das Gesundheitssystem insbesondere akademisch ausgebildeter Ärzte herangeführt werden.[462] Das Sachleistungsprinzip hatte zum Ziel, diesem Anliegen gerecht zu werden.[463] Die Erfüllung dieser Zielsetzung ist bei zunehmender Einführung von Selbstzahlerleistungen[464] gefährdet, zumal sich auch die Bevölkerungsstruktur ändert. Der Gesundheitszustand in Deutschland entwickelt sich stark schichtabhängig.[465] Es besteht ein Zusammenhang von der Zunahme prekärer Arbeitsverhältnisse mit verschlechterter Gesundheitsversorgung. So werden vor allem vermögende Versicherte Wahltarife wählen, die besondere Verfah-

---

[458] Vgl. hierzu Thüsing, NZS 2008, 449 (452).
[459] BT-PlPr. 17/72, 7875.
[460] Vgl. Thüsing, NZS 2008, 449 (454).
[461] BSG, Urt. v. 16.12.1993, 4 RK 5/92, BSGE 73, 271 ff..
[462] BSG, Urt. v. 16.12.1993, 4 RK 5/92, BSGE 73, 271 ff. - juris Rn. 52, 70.
[463] Heberlein, GesR 2009, 141 (143).
[464] Vgl. zum Abweichen vom Sachleistungssystem z. B. durch den Tarif der Kostenerstattung BR- PlPr. 878, 503.
[465] Heberlein, GesR 2010, 141 (143), m. w. N.; Zur sozialen Ungleichheit und Gesundheit vgl. *Mielck/Helmert*, in: Hurrelmann et al., Hdb. Gesundheit, 603 ff.;

ren oder Arzneien, z. B. der Komplementärmedizin, einbeziehen, da sie sich Zusatz-zahlungen für eine bessere Versorgung leisten können. Das gereicht auch nicht der Versichertengemeinschaft zu einem Vorteil, da die Versicherten, die den Wahltarif wählen, erwartungsgemäß die entsprechenden Leistungen auch in Anspruch nehmen, also entsprechende Behandlungskosten verursachen werden, so dass keine zusätzli-chen Mittel für die Versichertengemeinschaft verbleiben. Bei Selbstzahlerleistungen findet auch kein Ausgleich zwischen Alters- bzw. Risikogruppen statt.

Das Wettbewerbselement des Wahltarifs unterliegt ferner unzureichenden Kontroll-mechanismen. Lediglich ein Verbot der Quersubventionierung (§ 53 Abs. 9) wurde eingeführt. Hieraus kann die Vorgabe geschlossen werden, dass die Wahltarife wirt-schaftlich sein müssen[466]. Das ergibt sich jedoch schon aus § 12 Abs. 1. Darüber hi-naus fordert das Bundesversicherungsamt den Nachweis der Wirtschaftlichkeit durch die Vorlage einer Plausibilitätsrechnung.[467] Ist ein Wahltarif jedoch falsch kalkuliert, geht das zu Lasten der Versichertengemeinschaft und nicht des Versicherten mit dem gewählten Tarif.[468] Die Zulässigkeit solchen Wettbewerbs durch die Krankenkassen ist daher fraglich. Die Krankenkassen gewinnen und steuern hierüber unter unsolidari-schen Aspekten Mitglieder.

Die Wahltarife als gesetzlich eingeräumtes Wettbewerbselement wirken sich damit mittelbar auf den Gesundheitsmarkt in genau den Aspekten aus, die durch die ver-tragsärztliche Zulassung gesteuert werden sollen, nämlich auf die Qualität und Versor-gungsgerechtigkeit, und unterlaufen daher die Wirkung der Steuerung durch die ver-tragsärztliche Zulassung. Sie schwächen also das Instrument der vertragsärztlichen Zu-lassung.

Wahltarife als Wettbewerb über das Leistungsangebot und ihre Steuerungstendenzen stellen sich daher nicht als Konkurrenz zur vertragsärztlichen Zulassung dar. Ihre schwächende Wirkung auf das Sachleistungsprinzip einerseits und Förderung der Se-lektivverträge andererseits wirkt sich jedoch mittelbar hierauf aus und ist besonders in ihren der gesetzlichen Krankenversicherung fremden Auswirkungen zu kritisieren und im Rahmen der Entwicklung des Gesamtsystems vom Gesetzgeber zu beobachten.

---

[466] Vgl. hierzu Thüsing, NZS 2008, 449 ff..
[467] Schreiben des Bundesversicherungsamts vom 13.03.2007 – 111 -4927.6 – 3709/2006, 1 f., vgl. hierzu Thüsing, NZS 2008, 449 (451 Fn. 16).
[468] Vgl. hierzu Thüsing, NZS 2008, 449 (452).

b. Schwerpunkt-Wettbewerb über das Leistungsangebot - Verträge

b. a. Teleologische Bewertung

Beginnend mit dem GSG, wurde der Wettbewerb unter den Krankenkassen um Versicherte eingeführt. Der Gesetzgeber hat den Selektivverträgen die wichtige Rolle einer zweiten Säule neben der Regelversorgung bzw. Alternative zur Regelversorgung zugeteilt.[469] Auf die Strukturen des Kassenarztrechts hat sich die Neuerung jedoch noch nicht ausgewirkt. Nach einer Auffassung wurde sogar gerade das Prinzip der Zulassung noch gestärkt durch die Vereinheitlichung der kassenärztlichen und vertragsärztlichen Zulassung.[470] Mit dem späteren GMG und wesentlich intensiviert durch das GKV-WSG sind in §§ 73b und c, 116b, 140a und b den Krankenkassen eine Vielzahl von Einzelvertragsabschlüssen mit einzelnen Leistungserbringern oder Gruppen von Leistungserbringern für die ambulante Versorgung ermöglicht worden. Ohne Beteiligung der KVen können die Krankenkassen jedoch bisher nur mit bereits zugelassenen ärztlichen Leistungserbringern Verträge schließen (vgl. § 140b Abs. 1 Nr. 1 und die durch das GKV-WSG eingefügten §§ 73b Abs. 4 S. 2, 73c Abs. 3 S. 1, § 73d Abs. 2 Sätze 2 und 5). Die Zulassung zur vertragsärztlichen Versorgung (Zulassungsprinzip) bleibt damit im Bereich des Wettbewerbs grundsätzlich weiterhin bedeutsam, der Sicherstellungsauftrag der KVen hingegen wird erheblich reduziert (so ausdrücklich § 140a Abs. 1 S. 3 und die durch das GKV-WSG eingefügten §§ 73b Abs. 4 S. 5, 73c Abs. 4 S. 4). Die Verträge durchbrechen in ihrer derzeitigen Form die einheitliche Vertretung und Vereinbarung mit den KVen und führen daher zu Kontrollverlust und Zersplitterung. Damit wirken sie sich auf die Strukturen des Vertragsarztrechts aus. Das ist vermeidbar, da „sich Korporativismus und Wettbewerb nicht zwangsläufig ausschließen"[471]. Der Gesetzgeber greift hingegen zugunsten des Einen (Wettbewerb) in das andere (Korporative) mit nachteiligen Folgen ein.

Erste Verträge wurden bereits mit der Möglichkeit von Modellvorhaben (§ 63 alt: Erprobungsregelungen) mit Wirkung v. 01.01.1989 eingeführt (aufgrund Art. 1, 79 Abs. 1 GRG), allerdings ursprünglich nicht mit dem originären Ziel des Wettbewerbs, sondern mit dem Ziel, die GKV mit Hilfe dieses Instruments weiterzuentwickeln. Das hat sich im Laufe der Jahre gewandelt. Das so genannte Kollektivvertragssystem ist zunehmend in die Kritik geraten, u. a. wegen des Mangels an Wettbewerb durch den Abschluss von Einzelverträgen.[472] Der Geschäftsführer des Wissenschaftlichen Instituts der AOK, Klaus Jacobs zitiert die bezeichnende Vorstellung der Union zum Ver-

---

[469] BSG, Urt. v. 06.02.2008, B 6 KA 27/07 B - juris.
[470] *Hess,* in: KassKomm § 72 Rn. 14.
[471] Wille, KrV 2006, 7 (8).
[472] Muckel/Hiddemann, NJW 2004, 7 (7).

tragswettbewerb aus dem Jahr 2004 in einem Aufsatz im Jahr 2005: „Wir wollen durch zielgerichtete Maßnahmen die Defizite bei der Versorgung der gesetzlich Versicherten mit dem Ziel beseitigen, vorhandene Über-, Unter- und Fehlversorgungen im Bereich der GKV abzubauen. Dies kann am ehesten dadurch erreicht werden, dass der Wettbewerb in allen Versorgungsbereichen durch eine weitgehende Liberalisierung des Vertragssystems ausgeweitet wird. (...). Besonders im ambulanten Bereich ist eine flexiblere Vertragsgestaltung dringend zu empfehlen. Dabei sind auch die zukünftige Rolle der KVen, die Ausgestaltung der fachärztlichen Versorgung und die Verantwortlichkeit für den Sicherstellungsauftrag nach zeitgemäßen Erfordernissen präzise zu definieren und festzulegen. (...). Die integrierte Versorgung ist auf einzelvertraglicher Grundlage weiter zu fördern. (...)."[473] Darüber hinaus deutete sich [schon Anfang 2000, Anm. d. Verf.] ein breiter Konsens zwischen den Parteien an (z. B. Bündnis 90 / Die Grünen 2002; CDU 2001; CSU 2001 [...]), das Vertragsrecht zu flexibilisieren und damit das KV-Monopol weiter auszuhöhlen, wenn nicht gar ganz zu beseitigen."[474] Mit Ansteuerung des Ziels eines Abbaus von Über-, Unter- und Fehlversorgungen im Bereich der GKV wird eine originäre Aufgabe der vertragsärztlichen Zulassung erfasst, die nach Vorstellungen der Union durch (Vertrags-)Wettbewerb ersetzt werden könnte.

Wie von der Union geplant oder zumindest in Kauf genommen, ist die Rolle der KVen und des Kollektivvertragssystems damit in Frage gestellt. Der Gesetzgeber ist sich dessen auch bewusst, so erfolgte z. B. für Verträge der IV ausweislich der Gesetzesbegründung der Ausschluss von KVen, weil „die Kassenärztlichen Vereinigungen in das System einer einzelvertraglichen Vereinbarung über die Durchführung der Versorgung ohne Veränderung ihrer eigentlichen Aufgabe, der Erfüllung des Sicherstellungsauftrages, nicht einzupassen [seien]."[475] Die Zurücknahme der ursprünglich vollständig auf die KVen übertragenen Verhandlungsmacht durch die Einführung der Einzelvertragsmöglichkeiten zugunsten wettbewerblicher Elemente in Teilbereichen entwickelt sich konsequent fort. So haben sich auch andere Einzelvertragsmöglichkeiten unter Durchbrechung der Alleinvertretung der KVen entwickelt. „Das GKV-Gesundheitsreformgesetz 2000 und das GMG haben insbesondere für die Vereinbarung besonderer Versorgungsformen nach §§ 73b, 73c [...] die Möglichkeit direkter Vertragsbeziehun-

---

[473] Quelle: CDU/CSU, Reform der gesetzlichen Krankenversicherung - Solidarisches Gesundheitsprämien-Modell (Merkel/Stoiber-Kompromiss), November 2004, zitiert nach Jacobs, in: G + G 2005, 20 (21), Tausendsassa im Wettbewerb?

[474] Gerlinger, Zwischen Korporatismus und Wettbewerb, 24, http://bibliothek.wzb.eu/pdf/2002/p02-204.pdf (08.12.2011).

[475] BT-Drs. 15/1525, 130.

gen zwischen Krankenkassen und einzelnen Vertragsärzten oder Arztgruppen eröffnet."[476]

Im Hinblick auf das Instrument der vertragsärztlichen Zulassung ist der Gesetzgeber des GKV-WSG auch mit der Modifizierung der HzV (§ 73b) und der besonderen ambulanten ärztlichen Versorgung (§ 73c) in der Systematik des Zulassungsprinzips des SGB V verblieben.[477] Die Verzahnung mit § 95 wurde beibehalten, da Verträge der IV nur mit nach den übrigen Vorschriften berechtigten Leistungserbringern (vgl. § 140b Abs. 1), also mit zugelassenen oder ermächtigten Ärzten, möglich sind. Es wäre aber falsch, den Blick allein auf die Zulassung zu lenken, ohne die Bedeutung der Einbindung in das vertragsarztrechtliche Kollektivsystem und das Gewicht der einheitlichen Verhandlungsmacht aller zugelassenen ärztlichen Leistungserbringer durch die KVen zu sehen. Die Bedeutung der Kollektivvertretung durch die KVen hat sich sowohl historisch als auch unter aktuellen Bedingungen als unverzichtbares Grundgerüst erwiesen, in welchem ein funktionierendes Instrument der vertragsärztlichen Zulassung in seinen sämtlichen Funktionen, nämlich Kontrolle, Steuerung, Versorgungssicherstellung und Qualität, gewährleistet werden kann. Dabei beruhen die den verschiedenen Funktionen zugrunde liegenden Regelungen umfänglich auf kollektiven Vereinbarungen wie der Gesamtverträge.

Von einer ursprünglich unmittelbar planmäßigen Durchbrechung des Zulassungsrechts durch die IV und weitere Versorgungsformen, also durch Selektivverträge, kann daher zwar nicht gesprochen werden. Vielmehr bestand „das elementare Ziel […] in der Intensivierung des Wettbewerbs um Qualität und Wirtschaftlichkeit"[478] und nicht als Konkurrenzmodell zum Zulassungssystem. Planmäßig ist allerdings zumindest eine deutliche Einschränkung der Funktionen der Zulassung erfolgt. So heißt es in der Begründung zum GKV-WSG, dass „diese Maßnahmen" (scil.: mehr Wettbewerb) zusammen mit der Einführung des neuen Vergütungssystems und den im VÄndG vorgesehenen Regelungen zur Flexibilisierung und Liberalisierung des Vertragsarztrechts die Grundlage dafür bilden, die Bedarfszulassung im Sinne von Zulassungssperren zu einem späteren Zeitpunkt abzulösen und künftig auf eine Versorgungsplanung zu konzentrieren, die auch sektorenübergreifend sein sollte.[479] Der Gesetzgeber schwächt daher mit Förderung der Selektivverträge nicht nur das System, in das die Zulassung eingebunden ist, sondern stellt mit jüngeren Gesundheitsreformen auch erste wesentliche Funktionen zur Disposition, und zwar im Zusammenhang mit der Benennung der Se-

---

[476] Koenig/Schreiber, GesR 2008, 561.
[477] *Pawlita*, in: juris-PK SGB V, § 95 Rn. 25.
[478] Prüfer-Storcks, RPG 2009, 27; BT-Drs. 16/3100, 85 spricht von Qualitäts- und Effizienzsteigerung.
[479] BT-Drs. 16/3100, 88.

lektivverträge als Zukunftsmodell. Damit tritt die Versorgungsplanung durch Selektivverträge in Konkurrenz zur Zulassung als Steuerungsinstrument. Das BSG spricht von
einer „gesetzlich[e] vorprogrammierte[n, Anm. der Verf.] Zunahme der Leistungserbringervielfalt infolge einer Relativierung und bewussten Zurücknahme der klassischen
Steuerungsfunktion gerade der Kassen-/Vertragsärzte in niedergelassener Praxis [...]",
insbesondere [auch, Anm. d. Verf.] [...] durch neue Formen der Leistungserbringung
und gänzlich neu geschaffene Regelungsmechanismen wie z. B. Selektivverträge".[480]
Kritisch dazu anzumerken ist, dass Selektivverträge im Grunde eine Rückkehr zum
historischen Einzelvertragssystem darstellen und weniger einen gänzlich neuen Regelungsmechanismus. Der Gesetzgeber setzt somit die Akzeptanz der Zulassung mit den
neuen Versorgungsformen dem Spiel des Marktes und damit einer Gefährdung ihres
Fortbestands und ihrer gewachsenen Rolle aus. Tatsächlich kann daher von einem
„Umbau freiberuflicher ärztlicher Tätigkeit zur abhängigen Dienstleistungserbringung
in einem gelenkten Kassen- und Vertragswettbewerb als Steuerungskonzept"[481], gesprochen werden. Die Schwächung wird erheblich intensiviert, durch die vielfältigen
Abweichungsmöglichkeiten vom Zulassungsstatus, wie etwa mit § 116b und erheblich
verschärft mit der spezialfachärztlichen Versorgung ab dem Jahr 2012. Stellt die „vertragsärztliche Zulassung" nur noch eine leere Hülle dar, mehr Relikt als Instrument, ist
auch die Tatsache, dass der Gesetzgeber in der Systematik des Zulassungsprinzips
verbleibt, nicht mehr von Bedeutung.

b. b. Rechtssystematische Bewertung unter Berücksichtigung
der Rechtsnatur der Selektivverträge

Bei Selektivverträgen handelt es sich um öffentlich-rechtliche Rechtsbeziehungen. Das
ist der Neufassung und damit Positionierung des Gesetzgebers zu entnehmen, die mit
einer Erweiterung des § 69 durch Art. 1 Nr. 26 ab dem Jahr 2000 durch das GKV-
Gesundheitsreformgesetz 2000 mit der Anfügung der Sätze 2 bis 4 (a. F.) erfolgte.
„Der Gesetzgeber ordnete im Hinblick auf die rechtswissenschaftliche Diskussion und
die Rechtsstreitigkeiten darüber, ob auf die Versorgungsverträge von Krankenkassen[482] [...] die Vorschriften des Kartell- und Wettbewerbsrechts Anwendung finden,
die Rechtsbeziehungen zwischen Krankenkassen und Leistungserbringern neu" und
wies sie in der Neufassung des Satzes 1 ausdrücklich dem Sozialversicherungsrecht

---

[480] BSG, Beschl. v. 10.03.2010, B 3 KR 36/09 B, GesR 2010, 415 (417).
[481] Pitschas, GesR 2010, 513 (514).
[482] Das wurde auch erwogen für Maßnahmen von Institutionen der vertragsärztlichen Versorgung wie dem (früheren) Bundesausschuss der Ärzte und Krankenkassen.

und damit dem öffentlichen Recht zu.[483] Zugleich bestimmte er, dass es sich um eine abschließende Regelung handelt.

Die weitere Differenzierung dieser dem öffentlichen Recht zuzuordnenden Rechtsbeziehungen, also deren Rechtsnatur, wird uneinheitlich beurteilt. Streitig ist bereits, ob die Regelungen über den öffentlich-rechtlichen Vertrag im Rahmen der Beziehungen zwischen den Krankenkassen und den Leistungserbringern überhaupt anwendbar sind oder ob und inwieweit § 69 als Spezialnorm den Ausschluss der Vorschriften aus dem SGB X bewirkt.[484] Für die Meinung, dass die Vertragsbeziehungen in der GKV als öffentlich-rechtliche Verträge zu qualifizieren sind[485], spricht, dass § 69 keine speziellen, eigenen Modalitäten für Leistungsstörungen vorsieht. Da es sich bei Selektivverträgen aber um Leistungsbeziehungen handelt und daher ersichtlich ein Regelungsbedarf für Störfälle besteht, andernfalls eine Regelungslücke vorläge, ist eine Einordnung als öffentlich-rechtlicher Vertrag zu bejahen[486]; zumal § 53 SGB X gerade eine derartige Rechtsbeziehung im Sozialversicherungsrecht beschreibt, wie sie mit Selektivverträgen vorliegen. „Der Umstand, dass die Erfüllung im sozialrechtlichen Sachleistungs-Dreieck nicht gegenüber dem Auftraggeber, der Krankenkasse, sondern gegenüber einem Dritten, nämlich dem Versicherten" erfolgt, steht dieser Rechtsauffassung nicht entgegen.[487] Bei Anwendung zivilvertragsrechtlicher Vorschriften wird daher auch die Anwendung von AGB-Recht diskutiert.[488]

Ferner werden die Rechtsbeziehungen einerseits als Dienstleistungskonzessionen eingestuft[489], womit sie ähnlich der vertragsärztlichen Zulassung[490] interpretiert werden,

---

[483] Vgl. *Engelmann,* in: jurisPK-SGB V, § 69 i. d: F: v. 22.12.2010; *Hess,* in: Kass. Komm. § 69 Rn. 3.

[484] Vgl. LSG Niedersachsen-Bremen, Urt. v. 24.11.2010, L 1 KR 72/09 m. w. N. - juris Rn. 46; zum Streits stand in der Kommentarliteratur: *Auktor,* in: Kruse/Hänlein, LPK-SGB V, § 69 Rn. 4; *Becker/Kingreen,* in: Becker/Kingreen Kommentar zum SGB V, § 69, Rn. 38 f.

[485] Beispielsweise *Axer,* in Schnapp/Wigge, Hdb. d. Vertragsarztrechts, § 8 Rn. 7, 48, *Adolf,* in: jurisPK-SGB V, § 73b Rn. 38; Bayerisches LSG, Beschl. v. 22.02.2011, L 12 KA 2/11 B ER, NZS 2011, 386 - juris Rn. 50.

[486] Beispielsweise BSG, Urt. v. 28.07.2008, B 1 KR 4/08 R - juris Rn. 34; Urt. v. 12.06.2008, B 3 KR 19/07 R - juris Rn. 18; Urt. v. 10.04.2008, B 3 KR 7/07 R, juris Rn. 18; Urt. v. 24.02.2008, B 3 KR 2/07 R - juris, Leitsatz; in einem Kündigungsfall, LSG Nordrhein-Westfalen, Beschl. v. 10.02.2003, L 16 B 121/02 KR ER - juris, Leitsatz; *Koch,* in: juris-PK SGB V § 64 Rn. 6 bzgl. Modellvorhaben und bzgl. hausarztzentrierter Versorgung, *Adolf,* in: jurisPK-SGB V, § 73b Rn. 38; *Krauskopf,* in: Krauskopf, SozKV, vor § 69 Rn. 18.

[487] Kaltenborn, GesR 2011, 1 (2), m. w. N. in Fn. 10.

[488] Keil-Löw, ZMGR 2009, 269 (276).

[489] Kaltenborn, GesR 2011, 1 (4) u. 5, insbes. Fn. 38 u. 57 differenziert für die IV, sieht aber bei § 73b und c i. d. R. eine Dienstleistungskonzession gegeben, m. w. N. in Fn. 66; a. A.

andererseits als öffentliche Aufträge bzw. Rahmenvereinbarungen[491] in Form des Dienstleistungsauftrags[492]. Trotz Zulässigkeit des Versuchs einer grundsätzlichen Einordnung wird man jedenfalls richtigerweise jeden Selektivvertrag zu bewerten und ggfs. seine konkrete Ausgestaltung zu überprüfen haben.[493] Dabei ist für eine Konzession bezeichnend, dass der Unternehmer im Rahmen seiner Vertragsbeziehung das ausschließliche oder überwiegende wirtschaftliche Risiko seiner Tätigkeit trägt.[494]

Wenngleich die Teilnahme am ambulanten Gesundheitsmarkt über Versorgungsverträge damit in vielen Fällen eine andere Rechtsnatur haben wird als jene über die Zulassung, stellt sie auch eine Form der Zulassung zur Leistungserbringung dar. Mit der Aussage, dass Leistungserbringer auf „ihre Zulassung" zu einem Selektivvertrag keinen Rechtsanspruch haben, bezeichnet Klöck Versorgungsverträge als eine Art Zulassung.[495] Auf diese Form einer Zulassung über Vertrag besteht aber gesetzlich fast ausnahmslos kein einfach gesetzlich geregelter Rechtsanspruch[496], so dass Versorgungsverträge eines diskriminierungsfreien und transparenten Verfahrens bedürfen[497]. Auf die Leistungserbringung im Wege der vertragsärztlichen Zulassung besteht bei Erfüllung der gesetzlichen Voraussetzungen hingegen ein Anspruch.[498] Das unterscheidet sie maßgeblich von den Versorgungsverträgen. Die Frage der rechtmäßigen Vergabe im Sinne des Vergaberechts stellt sich für die Zulassung nicht, allenfalls der Kontrolle

---

zu § 73b und 73c Goodarzi/Schmidt, NZS 2008, 518 (523); Klöck, NZS 2008, 178 (185) aber auch m. w. N. für die Qualifikation als Konzession u. a. in Fn. 66; Weiner, GesR 2010, 237 (244).

[490] Vgl. Kap. 2 C.I. zur Rechtsnatur der Zulassung.

[491] Klöck, NZS 2008, 178 (185). Zwar spricht Klöck dies für Selektivverträge aus, allerdings verweist dieser v. a. auf Rabattverträge nach § 130a und die Auffassung der EU-Kommission, die am 17.10.2007 ein Vertragsverletzungsverfahren gegen die BRD eingeleitet hatte sowie die Tendenz der Rechtsprechung, z. B. des OLG Düsseldorf, Beschl. v. 19.12.2007, VII Verg 48/09 und VII Verg 50/07 (dass eine Konzession für Rabattverträge, allein schon aus dem Grunde ablehnt, weil allein eine Dienstleistungskonzession unter die Vergaberichtlinie fällt und für Rabattverträge allenfalls eine Lieferkonzession in Frage käme); VK Düsseldorf, Beschl. v. 31.10.2007, VK - 31/2007 - L; VK Bund, Beschl.. v. 15.11.2007, VK 2 - 102/07 - juris Rn. 90 ff.; Weiner, GesR 2010, 237 (244).

[492] *Engelmann,* in: jurisPK-SGB V, § 69 Rn. 212.

[493] Vgl. Kaltenborn, GesR 2011, 1 (4 ff.); vgl. auch BT-Drs. 16/10609, 66.

[494] Kaltenborn, GesR 2011, 1 (3 m. w. N. Fn. 28.), vgl. ausführlich bei der Frage zur Anwendung des Vergaberechts unter Kap. 3.B.VI.2.e.e.b..

[495] Vgl. Klöck, NZS 2008, 178 (186).

[496] Eine Ausnahme stellt die hausarztzentrierte Versorgung mit dem § 73b seit dem GKV-OrgWG dar, jedoch auch nur für Oligopole, dazu weiter unten Kap. 3.B.VI.1.c.ca..

[497] Ebd. Klöck; vgl. nachfolgend Kap. 3.B.VI.2.e..

[498] Vgl. BVerfG, Urt. v. 23.03.1960, 1 BvR 216/51, BVerfGE 11, 30 (49) und a. E.; BVerfG Entscheidung v. 23.07.1963, 1 BvL 1/61, 1 BvL 4/61 - juris, u. a. Rn. 30; BVerfGE 16, 286 (293), das insbesondere von einem Rechtsanspruch spricht; ausdrücklich auch BT-Drs. 11/6380, 68 Enquete Kommission zur Strukturreform der GKV.

der Behörde, welche die Zulassung erteilt (und damit z. B. auch Fragen des Drittschutzes[499]).

Selbst bei Beachtung und Herstellung eines diskriminierungsfreien und transparenten Verfahrens zur Erteilung einer Teilnahmeberechtigung über den Weg von Selektivverträgen geschieht dies stets nur über einen individuellen Vertrag, im günstigen Fall in Abstimmung von Krankenkassen oder Krankenkassenverbänden untereinander. Es fehlt aber an einem ausreichenden gesetzlichen Regelungsrahmen, der Verträge als Teilnahmeform an der Versorgung gesetzlich Versicherter in gleicher Weise ordnet, wie dies durch die Teilnahme über die vertragsärztliche Zulassung der Fall ist. Im Rahmen dieser unterliegen die Vertragsärzte gesetzlich durchstrukturierten Marktbedingungen.[500] Neben einem fehlenden systematischen Reglungswerk für den Zugang über Verträge mangelt es auch an einer Abstimmung mit dem herkömmlichen System der Teilnahme ausschließlich über die Zulassung. Dazu gehört ferner, dass Vertragsregelungen Aufgaben und Verantwortlichkeiten der KVen nicht berücksichtigen. So tragen die KVen den vollen Sicherstellungsauftrag, können ihn aufgrund verschiedener Selektivvertragsmodelle aber kaum mehr tatsächlich alleine erfüllen. Nur einzelne Vorschriften berücksichtigen dies, indem sie den Krankenkassen den Sicherstellungsauftrag gesetzlich rückübertragen. Dieser unsystematische Zustand kann allenfalls unter den Bedingungen der Erprobung einer Veränderung des Systems kurzfristig gerechtfertigt werden. Ohne rechtzeitige Festlegung eines geordneten Rahmens und Anpassung der derzeitigen Strukturen, z. B. die Aufgabendefinition von KVen, wird das alte System des Vertragsarzt- und Zulassungsrechts gefährdet, obgleich ein geändertes System erst in der Erprobungsphase ist.

b. c. Steuerung durch Verträge aus Sicht der Krankenkassen

Bald nach Zunahme der gesetzlichen Möglichkeiten zum Wettbewerb über Selektivverträge begannen die Krankenkassen auf eine Verstärkung des Einzelvertragssystems hinzuarbeiten, was durch Verhandlungen und Stellungnahmen aktiv vorangetrieben und beworben wird. Der ehemalige Vorstandsvorsitzende des AOK-Bundesverbandes, Hans Jürgen Ahrens, etwa erklärte, dass in allen Bereichen mehr Wettbewerb und Qualität als Wettbewerbsinstrumente benötigt würden. Auch sein Nachfolger bis zum September 2011, Herbert Reichelt verkündete, dass die AOK verstärkt Verträge abschließen wolle.[501] Der Verwaltungsrat des Spitzenverbands Bund der Krankenkassen

---

[499] Drittschutz ist nach Auffassung von Plagemann/Ziegler bei Selektivverträgen ausgeschlossen, GesR 2008, 617 (622).

[500] BVerfG, Beschluss v. 17.08.2004, 1 BvR 378/00, GesR 2004, 470 - juris, Orientierungssatz 3d.

[501] O. V., A+S aktuell, 23/2009, 4.

forderte die Politik auf, „die Möglichkeiten der Krankenkassen zum Abschluss von Einzelverträgen" auszuweiten.[502] Der Sozialverband VdK Deutschland befürwortet in seiner Stellungnahme an die Mitglieder des Bundestagsausschusses für Gesundheit die Zielsetzung, das Versorgungsgeschehen „verstärkt einzelvertraglich durch Krankenkassen und Leistungserbringer steuern zu lassen".[503] Auch aus den Mitteilungen des Geschäftsführers des Wissenschaftlichen Instituts der AOK, Klaus Jacobs, spricht der Wunsch nach weiteren vertraglichen Wettbewerbsmöglichkeiten. So hatte das BMG im Zusammenhang mit der Frage, ob die Krankenkassen bei Einführung des Gesundheitsfonds Zusatzbeiträge erheben müssten, den Anspruch an die Krankenkassen hervorgebracht, dass das Management der einzelnen Krankenkasse in der Lage sein müsse, dies durch Nutzung der Möglichkeiten des sparsamen Wirtschaftens zu vermeiden. Jacobs erwiderte hierauf, dass mehr als 80 Prozent der Leistungen der GKV auf gesetzlichen Verpflichtungen beruhten und von dem Versprechen der großen Koalition nach mehr Wettbewerb jedenfalls beim Vertragswettbewerb zwischen Krankenkassen und Leistungserbringern nicht viel angekommen sei. Dies entnimmt er den Ergebnissen des Gutachtens seines Instituts zum Vertragswettbewerb aus dem Jahr 2006.[504] Über die Homepage des Wissenschaftlichen Instituts wird dementsprechend publiziert, dass die letzten Jahre nach wie vor großenteils durch ein enges Netz an plan- und kollektivwirtschaftlichen Detailvorschriften geprägt seien und deshalb die „einzelwirtschaftlichen Akteure" kaum Anreize und Handlungsmöglichkeiten hätten, „im Rahmen von wettbewerblichen Such- und Entdeckungsprozessen auf eine Verbesserung von Qualität und Wirtschaftlichkeit der Versorgung hinzuwirken".[505] In einer Aktualisierung der Publikation des Wissenschaftlichen Instituts der AOK aus dem Jahr 2008 wird die vertragswettbewerbliche Steuerung als jeder plan- oder kollektivwirtschaftlichen Steuerung überlegen bezeichnet.[506] Widersprüchlich - und die wahren Interessen verdeutlichend - wird von den Krankenkassen aber eine Instrumentalisierung der Selektivverträge durch Ärzteverbände kritisiert, wenn sie sich damit neben oder anstelle der KVen positionieren wollen.[507] Das lässt durchscheinen, dass die Kritik am Kollektivsystem nur so weit geht, wie es im Sinne eines Wettbewerbs der Krankenkassen ist. Machen nämlich andere als die Krankenkassen selbst dem herkömmlichen Kollektivsystem Konkurrenz - hier die Leistungserbringer - wird Kritik an der Abwendung vom Kollektivsystem geübt. Aus alledem ist die Auffassung zu entnehmen, dass es aus

---

[502] O. V., A+S aktuell 25/2009, 5.
[503] Ausschuss für Gesundheit, Ausschussdrs. 0129(40), 13, 16. Wahlperiode,
[504] O. V., 2008d = gid 31/2008, 2 (4).
[505] WIdo, 2012, http://www.wido.de/vertragswettbewerb0.html, o. S. (14.11.2011).
[506] Wasem et al., 219.
[507] Prüfer-Storcks, RPG 2009, 27.

Sicht der Krankenkassen der Zunahme wettbewerblicher Maßnahmen bedarf[508], und das im Sinne der Krankenkassen. Während der Gesetzgeber in Bezug auf die Förderung von Selektivverträgen seit der Einführung der Abschlussverpflichtung im Bereich der HzV mit dem GKV-OrgWG etwas moderater geworden ist, nachdem er schließlich schon erhebliche Reformen zur Einzelvertragsbildung und Aufweichung des Sicherstellungsauftrags eingeleitet hatte, positionieren sich die Krankenkassen teilweise aggressiv unvermindert für die Ablösung des Kollektiv- durch den Selektivvertrag. So äußerte sich etwa dass Wissenschaftliche Institut der AOK noch im Jahr 2011 durch prominente Vertreter dahingehend, dass die „Bedarfsplanung [ist darum] unter den Bedingungen eines geregelten Vertragswettbewerbs überflüssig" ist, vielmehr sogar „doppelt kontraproduktiv", weil durch sie die Herausbildung u. a. der IV „behindert" würde.[509] „Das bestehende System der zentralen Bedarfsplanung und Zulassung von Ärzten" bezeichnen sie als „überholt".[510] Auch von staatlicher Seite werden die Krankenkassen gestützt. So äußert beispielsweise der ehemalige Staatssekretär im Bundesgesundheitsministerium, Klaus Theo Schröder, im Jahr 2008, dass die Zukunft im Wettbewerb liege, für den er mehr Phantasie forderte.[511] Die Handlungen und Äußerungen der Krankenkassenvertreter erzeugen bei den am System Beteiligten weiteren Handlungsdruck, auf Seiten der Ärzte für eine Beteiligung an Selektivverträgen und auf Seiten der Krankenkassen für den Ausbau derselben. Immerhin wird die Gefahr für das bestehende System nicht völlig ignoriert. So äußern selbst die Krankenkassen die Besorgnis einer Gefährdung der Funktionsfähigkeit kollektiver Steuerungsinstrumente durch Einzelvertragsmöglichkeiten.[512] Folgen für das im eigenen Interesse der Krankenkassen wettbewerbliche Handeln werden jedoch nicht gezogen. Hier ist der Gesetzgeber gefragt.

b. d. Steuerung durch Verträge aus Leistungserbringersicht

Ärzte sehen die Zunahme von Selektivverträgen häufig kritisch. Die unterschiedliche Gestaltung der Hausarztverträge der Kassen wird als Bürokratieaufwand und Belas-

---

[508] Anzumerken ist, dass in den der Publikation vermerkt ist, dass sie keine Meinungsäußerung des AOK-Bundesverbandes darstellt. Gleichwohl wird hierauf ohne eine solche Distanzierung Bezug genommen. So äußert sich z. B. Hans Jürgen Ahrens im Mediendienst des AOK-Bundesverbandes Ausgabe 06 vom 04.09.2006 unter Bezugnahme auf das Gutachten mit der Forderung, die Ergebnisse der Gesundheitsreformen auf zu nehmen, AOK-Bundesverbandes, 2006, http://www.aok-bv.de/imperia/md/aokbv/presse/psg/thema/psg_thema_0606_web.pdf, 2 (14.11.2011).

[509] *Greß/Ebsen/Jacobs/Wasem*, in: Jacobs et al., Sicherstellung der Gesundheitsversorgung, 117 (129).

[510] *Jacobs/Schulze*, in: Jacobs et al., Sicherstellung der Gesundheitsversorgung, 141 (160).

[511] G+G, Gesundheit und Gesellschaft, Das AOK-Forum für Politik, Praxis und Wissenschaft, 11/2008, 28 (29).

[512] Pfeiffer, ZMGR 2007/5+6, 119 (122).

tung empfunden. Hierin wird keine strategisch sinnvolle Regelung gesehen, sondern vielmehr monetäre Interessen an Finanztöpfen. Zwar wird der Gedanke des Gesetzgebers einer Lotsenfunktion des Hausarztes befürwortet, der mit den Folgeregelungen verbundene Bürokratieaufwand stößt jedoch nur noch auf Unmut, Unverständnis und die Vermutung unsachlicher Ziele solchen Aufwands. Das sehen nicht nur die Ärzte als Leistungserbringer so, sondern auch ihre Kooperativen wie die KVen.

Die Kritik, dass die Hausarztverträge der Krankenkassen, wie auch andere Einzel- und Selektivverträge, stärker monetär motiviert sind als qualitätsorientiert, stellt sich als nicht unberechtigt dar, wenn man die Reaktion der Kassen auf die Einschränkung ihrer eigenen Finanzmittel betrachtet. Mit Einführung des Gesundheitsfonds im Jahr 2009 stieg das Risiko der Kassen, mit den fest vorgegebenen Beitragssätzen am Markt nicht bestehen bleiben zu können, weil sie nicht mehr selbständig Beitragssätze festsetzen können. Damit wurde die Generierung von Finanzmitteln unsicherer. Als Reaktion auf die Einführung des Fonds schränkten die Krankenkassen ihre vertraglichen Aktivitäten stark ein. Es wurden weit weniger IV-Verträge geschlossen. Das zeigt die Unterordnung der Selektivverträge unter die finanziellen Ziele. Damit offenbart sich auch die Nachrangigkeit der steuernden und gestaltenden Aspekte von Selektivverträgen hinter den monetären Interessen.[513]

Die Ärzteschaft steht den Selektivverträgen angesichts der Machtzunahme der Krankenkassen auch in anderen Bereichen kritisch gegenüber. Sie ist wegen der zunehmenden Einflussnahme der Krankenkassen alarmiert und befürchtet eine Entwicklung des „freiberuflich tägige(n)" Vertragsarztes „zum vertragsabhängigen AOK-Arzt", dessen Befugnisse ausschließlich von den Krankenkassen bestimmt werden.[514] Auch beanstandeten Ärztevereinigungen unter anderem bei der Änderung des Versicherungsvertragsgesetzes im Jahr 2007[515] mit Wirkung zum 01.10.2008 eine Angleichung von GKV und PKV[516] und die mit Entwicklung in Richtung einer Einheitsversicherung verbundene Machtzunahme der Krankenkassen, weil die Krankheitskostenversicherung um die Einführung eines Wirtschaftlichkeitsgebotes für privatärztliche Leistungen inhaltlich erweitert wurde. § 192 Abs. 2 VVG 2008 entbindet den Versicherer da-

---

[513] Ähnliches hat sich in der ursprünglichen mit dem Jahr 2004 geltenden Fassung des § 116b gezeigt. Hier hatten noch allein die Krankenkassen die Kompetenz zum Vertragsschluss. Diese haben sie aber nicht ausgeübt, weil die Budgets der Vertragsärzte nicht entsprechend gekürzt wurden, so dass der Gesetzgeber den Krankenhausplanungsbehörden die Vertragskompetenz übertrug, Nies, PFB 2011, 211 (211).

[514] Köhler, Vorsitzender des Vorstandes der KBV, in: A+S aktuell 11/2009, 2, o. V..

[515] Gesetz zur Reform des Versicherungsvertragsrechts (VVRG) v. 23.11.2007, BGBl. I, 2631.

[516] Hess, R. in: DÄBl. 101, (33), A-2214 f.; BÄK, http://www.bundesaerztekammer.de/downloads/VVR.pdf, 6 (14.11.2011).

nach von der Leistungspflicht (nach Absatz 1), soweit die Aufwendungen für die Heilbehandlung oder sonstigen Leistungen in einem auffälligen Missverhältnis zu den erbrachten Leistungen stehen. Tatsächlich handelt es sich bei der Neuregelung laut Gesetzgeber aber nur um eine Klarstellung, so formuliert die Gesetzesbegründung auch, dass es nicht zu Verkürzungen der Rechte der Versicherungsnehmer im Sinne der Einführung eines Wirtschaftlichkeitsgebots kommen solle.[517]

Auch im Rahmen der Reform der zahnärztlichen Gebührenordnung wurde der Referentenentwurf vom 24.10.2008, insbesondere die damit in § 2a vorgeschlagene Öffnungsklausel, kritisiert, weil diese mit der Möglichkeit privater Versicherungen Einzel- oder Gruppenverträge mit Zahnärzten zu schließen, die sich außerhalb des GOZ-Kostenrahmens bewegen, Elemente des SGB V und damit der GKV in den privatversicherungsrechtlichen Bereich der privaten Gebührenordnung implementierte. Der Vorsitzende der KZBV, Jürgen Fedderwitz, sah hierin einen weiteren „Schritt mehr in die Einheitsversicherung".[518]

Positive Aspekte von Selektivverträgen sehen niedergelassene Ärzte allerdings in der Möglichkeit der Erprobung neuer Versorgungsformen sowie kooperativen, sektorenübergreifenden Formen der gemeinsamen Berufsausübung und der damit weitergehenden Profitierung von einem liberalisierten Arztrecht. Das wird als zielführender Weg gewertet, „um auch die Wettbewerbsfähigkeit der niedergelassenen Ärzte im Verhältnis zum stationären Sektor zu stärken".[519] Die Ärzte nehmen also am System teil und erarbeiten eigene Vertragskonzepte, um ihre Teilnahme am Honorartopf auch künftig sicherzustellen. Im Bereich der Hausarztverträge hat die Ärzteschaft in Teilbereichen ganz entschieden Initiative gezeigt, so dass schließlich der Gesetzgeber den Krankenkassen sogar eine Abschlusspflicht auferlegt hat. Das allerdings konterkariert den wettbewerblichen Ansatz[520] und stellt damit auch den Gewinn einer Qualitätsverbesserung gegenüber dem Kollektivvertrag und folglich auch seine Einschränkung in Frage.

---

[517] BT-Drs. 16/3945, 110.
[518] Pressemitteilung der BZÄK, 2008, v. 18.07.2008,
http://www.bzaek.de/presse/presseinformationen/presseinformation/bzaek/18/07/2008/oeff
nungsklausel-in-der-goz-waere-verfassungswidrig.html (10.11.2011), o. S.. Reformbestrebungen im Hinblick auf die aus der Ärzteschaft kritisch gesehenen Aspekte der Verstärkung der Krankenversicherung einerseits und der Vereinheitlichung der Versicherungszweige andererseits laufen indes schon seit vielen Jahren. Die Bundesjustizministerin von 1998 bis 2002, Hertha Däubler-Gmelin, setzte eine Kommission zur Reform des Versicherungsvertragsrechtes schon am 07.06.2000 ein, die im April 2004 ihren Abschlussbericht mit den Vorschlägen zu den nun entsprechend umgesetzten Änderungen übergeben hatte.
[519] O. V., AS, 01/2009, 6.
[520] Vgl. dazu Kap. 3 B.VI.1.c..

Das heißt, dass auf diese Weise zustande gekommene Inhalte von Hausarztverträgen auch ohne Ausnahme vom Kollektivsystem erreichbar sein dürften.

VI. Kritik am Steuerungsinstrument Selektivvertragswettbewerb

Nicht alle Selektivverträge sind gleich zu bewerten. Ihre Zielrichtung ist unterschiedlich. Einzelne Formen stellen weniger eine Konkurrenz zur Steuerung der ambulanten Behandlung über die Zulassung und damit der vertragsärztlichen Niederlassung dar, sondern verfolgen andere Ansatzpunkte. Selbst diese Formen tangieren jedoch teilweise den Steuerungscharakter der Zulassung, was bei Betrachtung ihrer anders gerichteten Zielrichtung aber anders zu beurteilen ist. Eine Vielzahl von Selektivverträgen greift jedoch massiv in die Steuerung der Niederlassung und Regulierung der vertragsärztlichen Versorgung über das Instrument der vertragsärztlichen Zulassung ein. Es bedarf daher einer nach der Art der Verträge differenzierten Beurteilung.

1. Modellspezifische Kritik

a. §§ 140a - e - Sonderstellung Integrationsverträge

Mit dem GKV-Gesundheitsreformgesetz 2000 wurde das Modell der IV zum 01.01.2000 eingeführt. Ziele der IV sind eine Verknüpfung von ambulantem und stationärem Sektor und interdisziplinär-fachübergreifende Versorgungsangebote[521], mit denen eine wirtschaftlichere Versorgung[522] erreicht werden soll. Im Rahmen der IV sind Leistungen gestattet, deren Inhalte vom vierten Kapitel des SGB V, dem Krankenhausfinanzierungsgesetz und den dazu getroffenen Regelungen, differieren.[523] Das Wahlrecht der Versicherten wird durch die Freiwilligkeit des Teilnahmerechts an der IV berücksichtigt. Das gilt jedenfalls so lange, wie die Versorgung auch ohne Teilnahme an Verträgen der IV ausreichend und zweckmäßig zur Verfügung steht. Unter dem Gesichtspunkt der Verfassungsmäßigkeit sind die ausführlichen Regelungen der IV nicht zu beanstanden. Verträge der IV wurden in unterschiedlichsten Formen und mit unterschiedlichen Partnern geschlossen. Vertragspartner sind z. B. Krankenkassen und Landesverbände von Facharztgruppen, Krankenkassen und Krankenhäuser oder Krankenkassen und Arztnetze. Unter den ärztlichen Vertragspartnern sind bei dieser Versorgungsform zwar nach wie vor nur zugelassene Ärzte. § 140b Abs. 4 S. 3 i. d. F. des GMG lässt aber zu, dass die Vertragspartner der Krankenkassen Leistungen im Rahmen der IV auf Grundlage des jeweiligen Zulassungsstatus auch von anderen beteiligten Leistungserbringern ausführen lassen, deren eigener Zulassungsstatus diese

---

[521] Zu weiteren Anforderungen BSG, Urt. v. 06.02.2008, B 6 KA 27/07 R - juris Rn. 15 ff.; BSGE 100, 52 und B 6 KA 5/07 R, GesR 2008, 493 - juris Rn. 16.

[522] Keil-Löw, ZMGR 2009, 269 (275).

[523] *Hess*, in: KassKomm vor § 140a Rn. 7.

nicht decken würde (§ 140b Abs. 4 S. 3 i. d. F. des GMG).[524] Dieser so genannte Er-
bringerverbund lässt zu, dass die Leistungserbringer als Vertragspartner, anders als in
der Regelversorgung, auch außerhalb ihres Zulassungs- oder Ermächtigungsstatus tätig
werden, soweit mindestens ein anderer Leistungserbringer teilnimmt, von dessen Zu-
lassungs- oder Ermächtigungsstatus die fragliche Leistung gedeckt ist und dieser andere Leistungserbringer zustimmt. Zudem findet die Versorgung außerhalb der klassischen vertragsärztlichen Versorgung statt, weil einerseits ihre Vergütung nicht über
die mit den KVen vereinbarte Gesamtvergütung für die ambulante Versorgung erfolgt
(§ 140c Abs. 1 i. V. m. § 140d Abs. 1 i. d. F. des GMG) und andererseits (unabhängig
von der Vereinbarung der Vergütung auch grundsätzlich) eine Beteiligung der KVen
als kollektiver Verhandlungspartner in Vertretung der Ärzte an dieser Teilnahmeform
nicht vorgesehen ist (§ 140a Abs. 1 i. V. m. § 140b Abs. 1). In der vorhergehenden
Fassung des GKV-Gesundheitsreformgesetzes 2000 bestand noch für die Kollektivvertragsparteien im ambulanten Sektor die Pflicht, sich auf einen bundeseinheitlichen
Rahmenvertrag zu verständigen. Der seinerzeitige Vertrag „nahm faktisch alle einzelvertraglichen Elemente der gesetzlichen Regelungen zurück".[525] Das Erfordernis ist allerdings inzwischen entfallen.

Nach Auffassung des Gesetzgebers ist angesichts der den KVen obliegenden Sicherstellungsaufgaben schon deren optionale Vertragspartnerschaft in dem mit ihr konkurrierenden Vertragssystem nicht vereinbar[526], weshalb sie keine Vertragspartner sein
können. Offen lässt der Gesetzgeber, ob sich KVen überhaupt an den Regelungen etwa
in Form der Beratungs- oder Dienstleistungsfunktion beteiligen können.[527] Sie können
sich jedenfalls nicht als Dritte beteiligen, mit denen nur bisher nicht beteiligte Erbringer von Leistungen gemeint sind.[528]

Mit dem VÄndG ist die IV mit dem Ziel ihrer Etablierung noch weiter gefördert worden. Die Anschubfinanzierung für die Verträge wurde bis zum 31.12.2008 verlän-
gert.[529] Erst mit dem GKV-OrgWG ist die einprozentige Förderung beseitigt worden.
Verblieben ist die erhebliche Bevorzugung, dass die Vergütung im Rahmen der IV
abweichend vom EBM vereinbart werden kann (§ 140c).

Die bevorzugte Behandlung der IV gegenüber der regulären ambulanten vertragsärztlichen Behandlung, insbesondere der Möglichkeit, die Vergütung außerhalb des Rah-

---

[524] *Hess*, in: KassKomm vor § 140a Rn. 12.
[525] Jasper/Sundmacher, Sozialer Fortschritt 2005, 53 (60).
[526] BT-Drs. 15/1525, 130.
[527] *Hess*, in: KassKomm vor § 140a Rn. 18 unter Bezugnahme auf BT-Drs. 15/1525, 130.
[528] Wie vor.
[529] BT-Drs. 16/3157, 12.

mens für vertragsärztliche Leistungen zu regeln, wird auch nach der ärztlichen Honorarreform mit dem 01.01.2009 durch das GKV-WSG bestätigt. § 140d Abs. 2 S. 2 enthält danach die ausdrückliche Verpflichtung, den Behandlungsbedarf nach der neuen Regelung des § 87a Abs. 3 S. 2 entsprechend der Zahl und der Morbiditätsstruktur der an der IV teilnehmenden Versicherten sowie dem im Vertrag nach § 140a vereinbarten Versorgungsbedarf zu bereinigen.

Nach Aufhebung der Förderung mit dem GKV-OrgWG sollte sich die IV nach Auffassung des Gesetzgebers etabliert haben. Tatsächlich hat nach dem Auslaufen der Anschubfinanzierung ein Einbruch bei den Verträgen stattgefunden. Es wird vermutet, dass die Ursache hierfür in der parallelen Einführung des Gesundheitsfonds zu finden ist. Die Krankenkassen erhalten seither alle die gleiche finanzielle Ausstattung und können bei den Versicherten über den Beitragssatz keine höheren Einnahmen mehr erzielen. Vielmehr müssen sie bei höheren Ausgaben befürchten, Zusatzbeiträge verlangen zu müssen. Das bedeutet eine Gefährdung ihres Bestehens am Markt. Gerade nach Einführung des Gesundheitsfonds existiert bezüglich der Beiträge ein sehr transparentes System, welches schnell offenbart, welche Krankenkasse teurer ist als andere und bringt daher die Gefahr des Mitgliederverlusts und damit auch die Gefahr des Scheiterns der Krankenkasse am Markt mit sich. Wäre das der Grund für eine Abnahme der Verträge, belegte es das stark monetär gesteuerte Verhalten der Krankenkassen bei ihrem selektivvertraglichen Engagement. Der Einbruch in der IV hat sich immerhin nur im Rahmen von etwa 20 % gehalten.[530] Der besonders förderungswürdige Aspekt einer sektorenübergreifenden Versorgungsregelung findet allerdings vermutlich nur in rund 50 % der Verträge statt, die sich als Verträge der IV bezeichnen.[531]

Für die Entwicklung der vertragsärztlichen Zulassung entscheidend ist, dass zwar an diesem für die Versorgung zentralen Versorgungsmodell nur zugelassene oder ermächtigte Ärzte[532] teilnehmen können. Ermächtigte Ärzte lässt jedenfalls der Wortlaut des Abs. 1 Nr. 1 zu, dagegen sprechen allerdings die Befristung der Ermächtigung und die Abhängigkeit ihres Umfanges von einer auf die vertragsärztliche Versorgung zugeschnittenen Bedarfsprüfung.[533] Im Übrigen erfolgt jedoch eine große Anzahl von abweichenden Regelungen der (auch) ambulanten Versorgung von der Versorgung im

---

[530] Osterloh/Rieser, DÄBl. 2010; 107(17), o. S., A-791, 2010,
http://www.aerzteblatt.de/v4/archiv/artikel.asp?id=74546 (14.11.2011).

[531] BT-Drs. 16/13770, 381. Vgl. ausführlich: Sachverständigenrat zur Begutachtung der Entwicklung im Gesundheitswesen, Koordination und Integration - Gesundheitsversorgung in einer Gesellschaft des längeren Lebens, Sondergutachten 2009, 665, Sachverständigenrat , 2009, http://www.svr-gesundheit.de/Gutachten/Uebersicht/GA2009-LF.pdf (11.11.2011).

[532] Hess, in: KassKomm vor § 140b Rn. 3.

[533] Wie vor.

Rahmen der vertragsärztlichen Zulassung. Erheblich ist schon, dass die Beteiligung der KVen an den Vereinbarungen seit dem GMG[534] nicht mehr vorgesehen ist. Ihr Sicherstellungsauftrag ist vielmehr für diesen Bereich ausdrücklich eingeschränkt (§ 140a Abs. 1 S. 3). Die KV kann somit auch ihre grundsätzlich über die vertragsärztliche Zulassung gegebene Einwirkungsmöglichkeit kaum wahrnehmen und bleibt insoweit bei der Organisation und Durchführung der die Leistungssektoren übergreifenden Versorgung außen vor. Der Gesetzgeber hat sie für diesen Bereich als unmittelbare Vertragspartner aus ihrer Funktion heraus gedrängt. Bickmann beschreibt, dass die IV auch als Einrichtung bezeichnet werden kann, die für die in einer IV gebundene gesundheitliche Versorgung den Versorgungsbereich einer KV auflöst und durch Verwaltung und Initiierung ein oder mehrerer Krankenkassen substituiert.[535] Des Weiteren ist die Bindung an die Zulassung des Leistungserbringers durch die Möglichkeit der Erbringung von Leistungen durch Leistungserbringer, deren eigener Zulassungsstatus diese nicht deckt, gelockert. Daraus erwächst ein neuer, aus der Summe der Einzelberechtigungen bestehender Gesamtstatus einer Zulassung[536], womit ein rechtlich zweifelhafter, da nicht weiter geregelter Sonderfall des Zulassungsstatus eingeführt wurde.[537] Zudem wird die Bindung des Umfangs der Leistungsberechtigung eines zugelassenen Leistungserbringers an seinen Zulassungsstatus aufgelöst.[538] Unberührt, weil nicht disponibel, bleiben nur die weiteren, die Zulassung betreffenden Regelungen zur vertragsärztlichen Versorgung (§ 95 Abs. 1 S. 1, Abs. 2 S. 4 und § 98 i. V. m. Ärzte-ZV) und die Bedarfsplanung (§ 92 Abs. 1 S. 2 Nr. 9 i. V. m. der BedarfsplRL-Ä).[539] Schließlich sind die Leistungen im Rahmen der IV frei verhandelbar und müssen nach dem gültigen EBM oder vereinbarten Vertragspreisen (z. B. DMP-Vertrags-Leistungspositionen) abgerechnet werden. Das ist eine Bevorzugung gegenüber anderen Leistungserbringern mit gleichwertiger vertragsärztlicher Zulassung. Nicht geplant, aber gesetzliche Folge der Teilnahme an der IV für den Leistungserbringer ist oft eine umfangreiche Haftungszunahme, da Verträge der IV zumeist als GbR Verträge abgeschlossen werden, in welchen grundsätzlich alle Teilnehmer füreinander haften. Zudem sind Vertragsinhalte und damit auch Pflichten nicht immer für alle Teilnehmer transparent.

Der Gesetzgeber hat bei alledem zwar vorgesehen, dass sich KVen an Verträgen der IV nicht beteiligen, tatsächlich aber tragen sie in erheblichem Maße zu deren Erfolg

---

[534] Nach dem GKV-Gesundheitsreformgesetz 2000 war dieser Ausschluss der KVen noch nicht festgelegt, *Hess*, in: KassKomm § 140a Rn. 18.
[535] *Bickmann*, Steuerungsinstrumente im Recht des Gesundheitswesens, 132 f..
[536] *Hess*, in: KassKomm vor § 140a Rn. 12.
[537] *Hess*, in: KassKomm vor § 140a Rn. 12 und § 140b Rn. 12.
[538] *Hess*, in: KassKomm vor § 140b Rn. 12.
[539] *Baumann*, in: jurisPK-SGB V, § 140b Rn. 59.

bei, da sie auch ohne Zuständigkeit tätig sind. Sie tragen häufig Gewähr dafür, dass das Chaos und die Intransparenz der gesetzlich unzureichend geregelten Verträge gemildert werden.[540]

Das Ziel der IV, eine Verzahnung von Leistungserbringern und Sektoren zu fördern, ist zu befürworten. Auch die Rechtsprechung spricht bei der Verbesserung der Integrationsversorgung von einem „herausgehobenen und durch Art. 2 Abs. 2 GG besonders legitimierten Gemeinwohlbelang [...]".[541] Die Umsetzung leidet jedoch an fehlender Koordination innerhalb der Vereinbarungen der IV und im Verhältnis zum Kollektivsystem sowie an einem erheblichen Kontrolldefizit und findet auch nur teilweise tatsächlich sektorenübergreifend statt. Die Ausgrenzung der KVen, die über das Steuerungselement der vertragsärztlichen Zulassung die ambulante Versorgung organisieren, ordnen und kontrollieren können, ist bedenklich. Es ist auch inkonsequent, weil der Gesetzgeber sich des Instruments der Zulassung an sich als Voraussetzung bedient und daher offenbar die Bedeutung der Zulassung als Garant der Quantitäts- und Qualitätssicherung anerkennt. Durch die erheblichen Abweichungsmöglichkeiten im Rahmen der IV von der Übereinkunft mit dem Kollektivpartner KV, vom Zulassungsstatus und von den Vergütungsregelungen lässt er gleichwohl eine Schwächung der vertragsärztlichen Zulassung als Steuerungsinstrument zu. Mit Blick auf die gesamte Erbringergemeinschaft einer Leistung der IV kann man von der Einführung eines besonderen Zulassungsstatus sprechen, der außerhalb der IV unzulässig ist. Die KVen haben auf diesen Zulassungsstatus keinen Einfluss, ihr Sicherstellungsauftrag ist insofern ausdrücklich, bezogen auf die IV, aufgehoben (§ 140a Abs. 1 S. 3).

Als alleiniges Selektivvertragsmodell würde die IV im Ziel der Sektorenüberschreitung und dem verbesserten Versorgungsangebot ihre Rechtfertigung finden. Dabei wäre die Forderung einer Klärung der Aufgaben der KVen gegeben. Im Rahmen der Gesamtheit der Selektivverträge bedeutet aber die IV die Verstärkung einer derzeit bedenklichen Einschränkung des Steuerungsinstruments der vertragsärztlichen Zulassung.

b. § 73a Strukturverträge

Die Strukturverträge wurden mit dem 2. GKV-NOG eingeführt[542] und sollten den Gesamtvertragsparteien ermöglichen, unabhängig von zeitlich befristeten Modellvorhaben nach §§ 63, 64 langfristig wirksame Verträge abzuschließen, mit denen eine Ver-

---

[540] So der Vorsitzende des Vorstands der KV Nordrhein, Leonhard Hansen auf dem 7. Kölner Sozialrechtstag, vgl. Wolf, in MedR 2009, 335 (335).
[541] Pitschas, GesR 2010, 513 (517).
[542] BGBl. I 1997, 1520.

änderung der Strukturen der vertragsärztlichen Versorgung erreicht werden kann (Strukturverträge). Vorgesehene Wege hierzu sind eine stärkere Koordinierung der Versorgung eines Versicherten durch den Hausarzt oder eine umfassende medizinische Versorgung durch einen vom Versicherten gewählten Praxisverbund aus haus- und fachärztlichen Vertragsärzten. Sie dienen beispielsweise als Umsetzungsinstrument für Programme bei besonderen chronischen Erkrankungen nach § 137f..[543] Auch bei Einführung der Integrationsverträge nach § 140b blieb die Vorschrift bestehen und beschränkt sich seit- her im Wesentlichen auf die vertragsärztliche Versorgung bei Budgetverantwortung. Zwar sind auch Integrationsverträge in der Budgetverantwortung auf den vertragsärztlichen Sektor beschränkt, im Gegensatz zu Strukturverträgen wirken sie allerdings Leistungssektoren übergreifend und sind auch ohne Einbindung der KVen möglich. Die Strukturverträge erlauben im Unterschied zu allen anderen besonderen Versorgungsformen kein selektives Kontrahieren zwischen Krankenkassen und Leistungserbringern.[544]

Die Strukturverträge haben das Ziel einer größeren Gestaltungsfreiheit der Vertragspartner der gemeinsamen Selbstverwaltung.[545] Die Idee der Strukturverträge war daher auf eine Flexibilisierung des bestehenden Systems und nicht auf eine Verstärkung der Wettbewerbsmöglichkeiten fokussiert. Zur reinen Teilnahme an der ambulanten Versorgung über die Zulassung treten sie allein dadurch in Konkurrenz, dass sie außerhalb der Vergütung für vertragsärztliche Leistungen vereinbart werden können, was auch nach der ärztlichen Vergütungsreform mit dem 01.01.2009 mit dem GKV-WSG bestätigt wird, denn § 73c Abs. 6 S. 2 enthält die ausdrückliche Verpflichtung, den Behandlungsbedarf nach § 87a Abs. 3 S. 2 entsprechend der Zahl und der Morbiditätsstruktur der teilnehmenden Versicherten sowie dem in einem Vertrag vereinbarten Versorgungsauftrag zu bereinigen. Dies stellt sich aber aufgrund der Zielrichtung des Verbleibs im Kollektivsystem und aufgrund der Beteiligung der KVen nicht als Konkurrenz zum Modell der Zulassung an sich dar.

Die Strukturverträge greifen von der ursprünglichen Idee her in keiner Weise in das System der vertragsärztlichen Zulassung als Basis der ambulanten vertragsärztlichen Versorgung ein, sondern eröffnen Freiräume zur Verbesserung der Versorgung im bestehenden Kollektivvertragssystem. Sie verzeichnen überdies bei der Behandlung chronisch Kranker Erfolg.[546] Die KVen können für alle ihre Mitglieder, d. h. alle Ver-

---

[543] Vgl. hierzu etwa LSG Nordrhein-Westfalen, Beschl. v. 19.01.2011, L 11 KA 106/10 B ER, L 11 KA 119/10 B ER - juris Rn. 47.

[544] BT-Drs. 16/13770, 511.

[545] *Hess,* in: KassKomm § 72 Rn. 15a.

[546] O. V., A+S aktuell 14/2009, 14.

tragsärzte, die Möglichkeiten des Aushandelns besonderer Versorgungs- und Vergütungsformen wahrnehmen und verwalten.

c. § 73b hausarztzentrierte Versorgung - ein Hybrid

Einen besonderen Fall der eben dargestellten Strukturverträge nach § 73a stellt die hausärztliche Versorgung dar, die als Hausarztmodell als Teil der Gesamtverträge implementiert wird.[547] Davon getrennt gibt es nach § 73b, eingeführt durch das GMG seit dem 01.01.2004, die so genannte HzV. Sie tritt „neben das Grundmodell der hausärztlichen Versorgung nach § 73 Abs. 1 bis 2 und die Option der strukturvertraglichen Hausarztmodelle nach § 73a sowie die Modellvorhaben nach §§ 63 ff. [...]".[548] Während die Entwicklung von Hausarztmodellen in Strukturverträgen für die Gesamtvertragsparteien lediglich eine Option ist, führt § 73b eine Verpflichtung der Krankenkassen zum Aufbau einer HzV ein, ursprünglich aber noch ohne die nachfolgend dargestellte Vertragsabschlusspflicht. Ergänzend dazu mussten die Gesamtvertragsparteien zwingend gesamtvertragliche, d. h. kollektivrechtliche Regelungen über den Inhalt und die Vergütung vereinbaren. Mit dem GKV-WSG wurde das Modell noch weiter flexibilisiert und Verträge der HzV nur noch an die Vorgaben des Gesetzes und an den Rahmen des den Krankenkassen eingeräumten Gestaltungs- und Auswahlermessens durch Selektivverträge gebunden. Eine kollektivvertragliche Einbindung wurde nicht mehr gefordert.

Der Hausarzt soll als Lotse[549] (auch als gatekeeper bezeichnet) die Versorgung der Versicherten steuern, indem er sie stets zuerst behandelt und zu dem von ihm als richtig erkannten Facharzt überweist. Er übernimmt in diesem Umfang die Versorgungsverantwortung für die Patienten. Doppelbehandlungen und Kommunikationsverluste sollen vermindert werden.

Die freie Arztwahl wird mit der Teilnahme in Strukturverträgen ebenso wie in der HzV eingeschränkt.

Ein Unterschied zu Strukturverträgen ist die Möglichkeit, die Teilnahme von Versicherten an der hausarztzentrierten Versorgung durch weitere finanzielle Anreize anzuregen. Solche dürfen in Strukturverträgen nicht gemacht werden.[550] Zu den besonders mit dem 01.01.2004 wesentlich erweiterten Möglichkeiten von Anreizen[551] gehören Beitragsboni nach § 65a Abs. 2, inzwischen verpflichtend nach § 53 Abs. 3. Auch frü-

---

[547] *Adolf,* in: jurisPK-SGB V, § 73b Rn. 5.
[548] *Adolf,* in: jurisPK-SGB V, § 73b Rn. 21.
[549] Vgl. BT-Drs. 14/1245, 56.
[550] *Hess,* in: KassKomm § 73a Rn. 8.
[551] Vgl. zur Gesetzesentwicklung *Roters,* in: KassKomm § 65a Rn. 2.

her gab es finanzielle Anreize, etwa durch die Rückerstattung der Zuzahlung (Praxisgebühr) nach § 28 Abs. 4 S. 1[552], ihr Ausmaß war allerdings nicht vergleichbar mit den eingeführten Boni.

Die Vergütung der HzV kann ohne Bindung an den EBM frei vereinbart werden (§ 73b Abs. 5 S. 4 i. V. m. Abs. 8). Zusätzliche Vergütungen für Leistungen der HzV, die nicht zur hausärztlichen Versorgung nach dem EBM gehören und deshalb nicht bei der Bereinigung der Gesamtvergütung zu berücksichtigen sind, müssen aus Einsparungen und Effizienzsteigerungen durch die HzV finanziert werden. Im Übrigen wird die hausärztliche Versorgung im Rahmen der HzV durch eine Bereinigung der Gesamtvergütung finanziert (§ 73b Abs. 7). § 73b Abs. 4 bestätigt dies ausdrücklich auch nach der Vergütungsreform zum 01.01.2009 mit dem GKV-WSG, da § 73b Abs. 7 S. 2 die Verpflichtung enthält, den Behandlungsbedarf nach § 87a Abs. 3 S. 2 entsprechend der Zahl und der Morbiditätsstruktur der an der HzV teilnehmenden Versicherten sowie nach dem in den Verträgen vereinbarten Inhalt der HzV zu bereinigen. Die Möglichkeit der Abweichung von den Vorschriften des Kap. 4 (§ 73b Abs. 5) ist vergleichbar mit der Regelung des § 140b Abs. 4 S. 1. Mit dem GKV-WSG wurden auch Managementgesellschaften als Vertragspartner zugelassen und die Verträge der HzV damit an die Möglichkeiten der IV angenähert.[553]

Für die Entwicklung der vertragsärztlichen Zulassung entscheidend ist, dass die Vermehrung der Vertragspartner begleitet war von den eingangs erwähnten weiteren Abweichungsmöglichkeiten von der kollektivvertraglichen Versorgung und dass sie zusammen mit anderen Maßnahmen (Liberalisierung des Vertragsarztrechts, Weiterentwicklung der IV und der Erbringung hochspezialisierter Leistungen durch Krankenhäuser) ermöglichen sollte, die Bedarfszulassung im Sinne von Zulassungssperren zu einem späteren Zeitpunkt abzulösen und künftig auf eine Versorgungsplanung zu konzentrieren, die auch sektorenübergreifend sein sollte.[554]

Für die Entwicklung der vertragsärztlichen Zulassung ist ferner entscheidend, dass an diesem für die Versorgung zentralen Bestandteil der hausärztlichen Versorgung zwar nur zur ambulanten Versorgung zugelassene Ärzte teilnehmen können. Die Vereinbarungen zur Teilnahme und deren Ausgestaltung erfolgen jedoch zwischen Leistungserbringern und Krankenkassen unmittelbar, also ohne Vertretung der Leistungserbringer durch ihre Selbstverwaltung, der regional zuständigen KV. Die KV hat somit über die Zulassung keine umfassenden Einwirkungsmöglichkeiten mehr auf die Organisati-

---

[552] Das war gesetzlich durch das negative Tatbestandsmerkmal, dass der Arztbesuch nicht auf Überweisung stattfand, eröffnet, siehe auch § 18 BMV-Ä.
[553] BT-Drs. 16/3100, 112.
[554] BT-Drs. 16/3100, 88.

on der hausärztlichen Versorgung. Der Gesetzgeber hat sie bei dieser Versorgungsform ebenfalls als unmittelbare Vertragspartner aus ihrer Funktion heraus gedrängt. Sie kann nur noch mit Einverständnis der Leistungserbringer als Vertragspartner fungieren (§ 73b Abs. 4 S. 2 Nr. 4). Ihr Sicherstellungsauftrag ist durch den der Krankenkassen substituiert, soweit die hausärztliche Versorgung in Selektivverträgen vereinbart wird (§ 75 Abs. 1). Hiermit wurde auf ein wesentliches Steuerungselement der vertragsärztlichen Zulassung, nämlich die einheitliche Abwicklung über die Körperschaft der Vertragsärzte und damit deren Einfluss auf ihre Mitglieder über die Zulassung in Teilbereichen nahezu verzichtet. Das betrifft hier nicht - wie bei der IV - bestimmte sektorenübergreifenden Angebote, sondern die einfache grundsätzliche vertragsärztliche Versorgung durch einen erheblichen Anteil der zugelassenen Ärzte, die Hausärzte. Die freie Wahl, die KVen in diesen Bereichen weiter als Vertragspartner zu wählen, ist praktisch nicht gegeben.

c. a. Scheitern des „wettbewerbsfreien" Hausarztmodells und Neufassung mit dem GKV-OrgWG

Seit dem Jahr 2007 bis zum 31.12.2008 war die HzV - wie die besondere ambulante ärztliche Versorgung nach § 73c - schon außerhalb des gesamtvertraglichen Systems als Selektivvertrag organisiert. Mit dem GKV-OrgWG[555] wurde sie nochmals entscheidend geändert und nun auch aus dem selektivvertraglichen System praktisch herausgelöst. Das ging dergestalt von statten, dass die Krankenkassen verpflichtet wurden, bis zum 30.06.2009 Verträge mit privatrechtlich organisierten Gemeinschaften der Allgemeinärzte zu schließen, die bestimmte gesetzlich vorgegebene Kriterien erfüllen. Es muss sich um Gemeinschaften handeln, die mindestens die Hälfte der an der hausärztlichen Versorgung teilnehmenden Allgemeinärzte des Bezirks der KVen vertreten. Die bis dahin bestehende sozialrechtliche Ausschreibungspflicht nach § 73b Abs. 4 S. 5 (die nicht einer Ausschreibungspflicht nach GWB entsprach, da schon der Kreis der Berechtigten beschränkt war) war folglich nicht mehr erforderlich. Der neue Absatz 4 S. 1 sieht einen nahezu umfassenden Abschlussanspruch der privatrechtlich organisierten Gemeinschaften (Korporative) vor, der einer Monopolstellung[556] gleichkommt. Selektivverträge sind nur noch für den Bereich der Versorgung von Kindern und Jugendlichen oder subsidiär neben einem Vertrag mit dem stärksten Hausärzteverband zulässig, außerdem in den Fällen, in denen in einem KV-Bezirk kein die Hälfte der Allgemeinärzte vertretender Verband besteht. Diese Korporative erhielten damit einen gesetzlich geregelten Anspruch auf Vertragsabschluss, der allen anderen Haus- und Fachärzten nicht zusteht. Es wird ein selektiver Vertragsabschlussanspruch einge-

---

[555] BGBl. I 2008, 2426.
[556] O. V., A+S aktuell 24/2008, 2.

führt. Dabei steht diesem Anspruch spiegelbildlich eine Verpflichtung der Kranken-kassen zum Vertragsabschluss, ein Kontrahierungszwang, mit dem im Markt praktisch konkurrenzlosen Hausärzteverband[557] - gegenüber. Der Selektivvertrag wird zur Aus-nahme für den Fall, dass im KV-Bezirk keine den gesetzlichen Voraussetzungen ent-sprechende Gemeinschaft vertreten ist oder kein Schiedsverfahren beantragt wird (Abs. 4 S. 4).[558] Das lässt keinen Raum für Wettbewerb zwischen den zugelassenen Leistungserbringern im Hausarztbereich und widerspricht damit dem selektivvertragli-chen System.[559] All dies war dem Gesetzgeber aber bekannt, denn der Hausärztever-band Bayerns hat wesentlich an der Gesetzesänderung mitgewirkt.[560] Der Gesetzgeber hat damit wissentlich für den Hausärzteverband ein (korporatives) Sonderrecht eröff-net. Diese Konstruktion von Vertragsformen für die Versorgung lehnen selbst die Krankenkassen ab. Plakativ aber treffend formulierte der stellvertretende Vorsitzende des Vorstands des GKV-Spitzenverbandes, Johann-Magnus von Stackelberg, im Jahr 2009 seine Bedenken zu der Abschlussverpflichtung der Krankenkassen dahingehend, ob es nicht sinnvoller sei, gleich eine Hausarzt-KV zu gründen, und bemängelte, dass nicht zugleich der Wettbewerb mit Selektivverträgen gewollt und gleichzeitig ein Kontrahierungszwang eingeführt werden könne. Auch sei die Entwicklung unter der Maßgabe, dass Qualitätswettbewerb angestrebt werde, zweifelhaft.[561] Die Verbände der Krankenkassen prangern zudem einen Missbrauch der Marktmacht an.[562]

Zugleich wird mit den privatrechtlich organisierten Gemeinschaften der Allgemeinärz-te nicht nur ein neuer kollektivrechtlicher Vertragspartner eingeführt, der in Konkur-renz zum bisherigen Vertragspartner KV tritt. Es wird auch erstmals ein Anspruch auf Vertragsabschluss durch einen kollektiven privatrechtlich organisierten Vertragspart-ner eingeführt. Bisher gab es zwar schon privatrechtliche kollektive Vertragspartner wie etwa die Managementgesellschaften, diese hatten aber keinen Anspruch auf Ver-tragsschluss.

Mit der Einführung des Anspruchs auf Vertragsabschluss schwindet ein Rechtferti-gungsgrund - der des Wettbewerbs zur Versorgungsverbesserung - zur Abweichung vom historisch gewachsenen Kollektivvertragssystem. Es wird ein „dritter Weg" ein-geführt: neben dem Kollektiv- und Selektivvertragssystem ein selektives Kollektivver-tragssystem mit einseitigem Kontrahierungszwang. Die gesetzliche Regelung hat zu

---

[557] O. V., A+S aktuell 04/2009, 6.
[558] Vgl. Begründung BT-Drs. 16/10609, 67.
[559] *Adolf*, in: jurisPK-SGB V, § 73b Rn. 6.1..
[560] Vgl. etwa A+S aktuell 04/2009, 2; A+S aktuell 03 -10/2010, 4.
[561] O. V., 2008c = gid 30/2008, 11 (13).
[562] O. V., A+S aktuell 04/2009, 6.

einer erheblichen Anzahl von Rechtsstreitigkeiten vor dem, für den Fall einer fehlenden Einigung, vorgesehenen Schiedsgericht geführt (§ 73b Abs. 4 S. 2).[563]

Nach dem Regierungswechsel[564] und dem Wechsel in der Leitung des BMG wurde grundsätzlich an den Regelungen festgehalten. Entsprechend äußerte sich das Ministerium aufgrund von Kritik der interessierten Hausarztverbände öffentlich.[565] Allerdings wurde eine Einschränkung der Verträge durch das GKV-FinG eingeführt.[566] Wegen der wirtschaftlichen Folgen wurde für Verträge über eine HzV, die nach der Beschlussfassung des Gesetzentwurfs durch das Kabinett (22.09.2010) zustande gekommen waren, die Beachtung des Grundsatzes der Beitragssatzstabilität ausdrücklich vorgeschrieben (§ 73b Abs. 5a). Dieser wird u. a. als erfüllt angesehen, wenn sich die vereinbarten Vergütungen an den in der kollektivvertraglichen hausärztlichen Versorgung geltenden Vergütungen orientieren.[567] Das verminderte erheblich die Anreize zur Nutzung des Modells im Sinne der Verbesserung von Versorgungsstrukturen.

Auch an diesem Punkt stellt sich die Frage nach der Rechtfertigung der Abweichung vom historisch gewachsenen Kollektivvertragssystem. Als Wettbewerbs-element verbleibt nur noch die nach § 73b Abs. 8 gegebene Möglichkeit, Anreize zu setzen, wenn die Aufwendungen für eine über die hausärztliche Versorgung nach § 73 hinausgehende Versorgung, die insoweit nicht unter die Bereinigungspflicht nach Absatz 7 fällt, aus Einnahmen, Einsparungen und Effizienzsteigerungen, die hieraus erzielt werden, finanziert werden. Dabei besteht nicht nur nach § 53 Abs. 9 ein Verbot einer Quersubventionierung, sondern nun auch nach § 73b die Verpflichtung zur Beitragssatzstabilität für die Versorgung - jedenfalls im Rahmen der Leistungsinhalte des § 73.

---

[563] Faz online spricht im Januar 2010 von rund 1600 Verfahren, o. V., 2011e, http://www.faz.net/s/Rub0E9EEF84AC1E4A389A8DC6C23161FE44/Doc~EABDDDE66 67A740D39454481EC9B9272E~ATpl~Ecommon~Scontent.html (14.11.2011).

[564] Bundestagswahl vom 27.09.2009 mit "Wechsel von Schwarz-Rot zu Schwarz-Gelb".

[565] BMG 2012, http://www.bmg.bund.de/krankenversicherung/zusatzleistungen-wahltarife/hausarzt.html (14.11.2011). ... „Auch für die Vergütung der hausarztzentrierten Versorgung gilt, dass keine Honorare gekürzt, sondern die Honorarzuwächse wie bei allen anderen Ärzten begrenzt werden... Grundsätzlich gilt: Alle künftig neu abgeschlossenen HzV-Verträge sollen sich grundsätzlich am Vergütungsniveau der hausärztlichen Versorgung im Kollektivvertragssystem "orientieren". .... Höhere Honorare für Hausärzte in HzV-Verträgen sind dann möglich und gegenüber den Beitragszahlern und kollektivvertraglich tätigen Hausärzten zu rechtfertigen, wenn diese durch Effizienzsteigerungen und Einsparungen in anderen Bereichen (zum Beispiel bei der Verordnung von Arzneimitteln) kompensiert werden... Deswegen ist auch die Darstellung des Hausarztverbands falsch, die Koalition beschneide die hausärztliche Versorgung. Der [!] Gegenteil ist der Fall."

[566] GKV-FinG v. 22.12.2010 mit Wirkung zum 01.01.2011, BGBl. I, 2309.

[567] GKV-FinG, BT-Drs 17/3040, 18. Nach Auffassung des BVA hielten dies neue Verträge dennoch nicht ein, so dass hierzu ein Klarstellungsschreiben an die bundesunmittelbaren Krankenkassen erging, o. V., A+S aktuell, 14+15/2011, 8.

c. b. Verfassungsmäßigkeit der aktuellen hausarztzentrierten Versorgung

Der mit dem GKV-OrgWG[568] eingeführte Kontrahierungszwang als Errichtung eines Oligopols[569] für einen Dienstleistungsverband ist in mehrfacher Hinsicht verfassungsrechtlich von Bedeutung[570]. Es kommt eine Verletzung von Art. 2, 3, 9 und 12 GG in Betracht. Die Verpflichtung der Krankenkassen, einen Vertrag mit einer Gemeinschaft zu schließen, die mehr als die Hälfte der zugelassenen Allgemeinärzte eines KV-Bezirks vertritt, lässt die an der hausärztlichen Versorgung teilnehmenden Internisten und Praktischen Ärzte und damit einen ganz erheblichen Teil der Ärzteschaft unberücksichtigt. Das wurde als rechtlich bedenklich eingeordnet[571] und damit erfolgende Etablierung einer Vorrangstellung von Allgemeinärzten in den Beratungen als diskriminierend bezeichnet.[572] Die Bedenken sind jedoch unbegründet.

Die formelle Verfassungsmäßigkeit ist unbedenklich. Der Bundesgesetzgeber ist zuständig, Verfahrensfehler sind nicht ersichtlich.

Im Hinblick auf die materielle Rechtmäßigkeit kann aufgrund der genauen Formulierung kein Verstoß gegen das Bestimmtheitsgebot festgestellt werden. Das Gesetz muss sich ferner als verhältnismäßig erweisen. Hierfür bedarf es eines legitimen Zweckes, der Geeignetheit, Erforderlichkeit und Verhältnismäßigkeit, im engeren Sinne also Zumutbarkeit. Die Ungleichbehandlung der Arztgruppen ist durch einen legitimen Zweck gerechtfertigt. Er liegt in der durch die HzV erzielbaren Leistungsverbesserung und Kostenreduzierung, die der Funktionsfähigkeit der GKV dienen. Die Verhinderung einer finanziellen Überforderung des ca. 90 % der Bevölkerung erfassenden öffentlich-rechtlichen Krankenversicherungssystems und die Funktionsfähigkeit dieses Systems langfristig zu erhalten, ist im Interesse des Gemeinwohls[573].

Das Mittel der Bevorzugung von Allgemeinärzten ist zur Erfüllung geeignet, notwendig und zumutbar. Bei der verfassungsrechtlichen Prüfung sind die Gestaltungsfreiheit und der Einschätzungs- und Prognosevorrang des Gesetzgebers zu beachten. Er ist durch die Gesetzesmaterie einer sozialpolitischen Entscheidung begründet. Mit sozialpolitischen Entscheidungen soll auf komplexe, schwer überschaubare und im Einzel-

---

[568] BGBl. I 2008, 2426.

[569] Kennzeichnend für ein Oligopol ist nach dem Gesetz (GWB), dass ein wesentlicher Wettbewerb (Binnenwettbewerb) zwischen den Mitgliedern für eine bestimmte Art von Waren oder gewerblichen Leistungen nicht besteht (OLG Düsseldorf, Urt. v. 08.05.2002, VI-U (Kart) 46/00 - juris Rn. 35).

[570] Vgl. in diesem Sinne auch der Justitiar der KBV, o. V., 2008c = gid 30/2008, 11 (13).

[571] *Adolf*, in: jurisPK-SGB V, § 73b Rn. 30.2.

[572] BT-Drs. 16/10609, 49.

[573] BSG, Urt. v. 24.11.1993, 6 RKa 26/91, BSGE 73, 223 - juris Rn. 19 ff..

nen unklare Verhältnisse eingewirkt werden. Sie erfordern daher zahlreiche Wertungen und Prognosen, die einzeln und in ihrer Gesamtheit mit einem hohen Maß an Unsicherheit behaftet sind. Die Verfassung billigt dem Gesetzgeber deshalb hinsichtlich der Feststellung und Bewertung etwaiger der Allgemeinheit drohenden Gefahren wie auch der Frage der Geeignetheit und Erforderlichkeit der zu ihrer Behebung eingesetzten Mittel einen Beurteilungsspielraum zu, den er nur dann überschreitet, wenn seine Erwägungen so offensichtlich unvertretbar sind, dass sie vernünftigerweise keine Grundlage für gesetzgeberische Maßnahmen abgeben können.

Wie weit seine Einschätzungsprärogative reicht, hängt zudem „von der Eigenart des in Rede stehenden Sachbereichs, den Möglichkeiten, sich ein hinreichend sicheres Urteil zu verschaffen, und der Bedeutung der auf dem Spiele stehenden Rechtsgüter" ab.[574] Demgemäß hat die Rechtsprechung des BVerfG, wenn auch im Zusammenhang mit anderen Fragestellungen, bei der Beurteilung von Prognosen des Gesetzgebers differenzierte Maßstäbe zugrunde gelegt, für den Fall des Kassenarzt- und Apothekenrechts in Form einer intensivierten inhaltlichen Kontrolle.[575]

Die Bevorzugung der Allgemeinärzte für die Teilnahme an der HzV durch den Gesetzgeber beruht auf der offensichtlich vertretbaren und vernünftigen Entscheidung, dass dies dem Zwecke einer Leistungsverbesserung und damit angestrebten Kostenreduzierung dient, denn über die Verpflichtung, zunächst den Hausarzt aufzusuchen, kann die Wahl des richtigen Facharztes gesteuert und damit die Versorgung verbessert werden. Ferner wird die Bündelung der notwendigen medizinischen Informationen zur Behandlung eines Patienten bei einem Hausarzt erreicht, der damit noch dienlicherer Ansprechpartner für die behandelnden Fachärzte wird.

Aufgrund der möglicherweise vorliegenden Ungleichbehandlung liegt eine Verletzung von Art. 3 Abs. 1 GG am nächsten. Eine Ungleichbehandlung liegt vor, weil die Krankenkassen nur verpflichtet sind, einen Vertrag mit einer Gemeinschaft zu schließen, die mehr als die Hälfte der zugelassenen Allgemeinärzte eines KV-Bezirks vertritt, was die an der hausärztlichen Versorgung teilnehmenden Internisten und Praktischen Ärzte unberücksichtigt lässt. Die Ungleichbehandlung darf nicht zur Verletzung des Gleichheitssatzes führen. Dieser ist verletzt, „wenn sich ein vernünftiger, sich aus der Natur der Sache ergebender oder anderweitig einleuchtender Grund für die vom Ge-

---

[574] BVerfG, Urt. v. 01.03.1979, 1 BvR 532/77, 1 BvR 533/77, 1 BvR 419/78, 1 BvL 21/78, BVerfG 50, 290 - juris Rn. 10.
[575] Etwa BVerfG, Entscheidung v. 11.06.1958, 1 BvR 596/56, BVerfGE 7, 377 (415), Apotheken-Urteil; BVerfG, Urt. v. 23.03.1960, 1 BvR 216/51, BVerfGE 11, 30 (45), Kassenarzt-Urteil; BVerfG, Urt. v. 01.03.1979, 1 BvR 532/77, 1 BvR 533/77, 1 BvR 419/78, 1 BvL 21/78, BVerfGE 50, 290 - Rn. juris 10.

setzgeber vorgenommene Differenzierung oder Gleichbehandlung nicht finden lässt" (sachwidrige Ungleichbehandlung).[576] Eine Verletzung des Gleichheitssatzes ist hier nicht gegeben. Auf die Idee des Gesetzgebers rekurrierend folgt die Differenzierung einer vernünftigen Abwägung. Allgemeinärzte verfügen im Gegensatz zu Internisten und Praktischen Ärzten über eine besonders auf die hausärztliche Versorgung ausgerichtete fünfjährige Weiterbildung. Das dient dem Zweck der HzV, zur Qualitätssteigerung und Kostensenkung zusätzliche, über die reguläre hausärztliche Versorgung hinausgehende qualitative Anforderungen (Absatz 2) zu erfüllen.[577] „Über diese Weiterbildung verfügen weder Praktische Ärzte, die nur aufgrund der Bestandsschutzregelung des § 95 Abs. 4 an der vertragsärztlichen Versorgung teilnehmen dürfen, noch Internisten ohne Schwerpunktbezeichnung, die nur bis zum 01.01.2001 frei in die hausärztliche Versorgung wechseln konnten (§ 101 Abs. 5 S. 6)."[578] Auch die gesetzlich schon vorgegebene Privilegierung der Allgemeinärzte nach § 103 Abs. 4 S. 6 stützt die Bevorzugung durch § 73b.[579] Danach sind seit dem 01.01.2006 für ausgeschriebene Hausarztsitze vorrangig Fachärzte für Allgemeinmedizin zu berücksichtigen.[580] Die HzV muss flächendeckend sein, sodass es angezeigt ist, eine Arztgruppe zu wählen, die auch die erforderlichen Mitgliederzahlen aufbringen kann.[581] Aufgrund der genannten gesetzlichen Regelungen, wie die Bevorzugung von Allgemeinärzten für Hausarztsitze, wird das praktisch nur den Allgemeinärzten möglich sein, sodass ihre Bestimmung zur Erfüllung der Anforderung an eine flächendeckende Regelung auch vernünftig ist.

Die Maßnahme muss auch notwendig und zumutbar sein. In Rede steht das Funktionieren des Sozialversicherungssystems der GKV. Das begründet die Notwendigkeit der Maßnahme. Auch ist die Differenzierung zumutbar, also verhältnismäßig im engeren Sinne, da trotz der Bevorzugung ein ausreichender Tätigkeitsbereich für Internisten und Praktische Ärzte verbleibt. Überdies wurde die nur selektivvertragliche Regelung einer HzV bis zur Aufnahme einer Verpflichtung nur zögerlich genutzt[582], womit das als legitim und erforderlich zu bezeichnende Ziel des Gesetzgebers nicht erreicht

---

[576] BVerfG, Beschl. v. 29.09.2010, 1 BvR 1789/10 - juris 3b.
[577] In diesem Sinne auch die Ausschussbegründung BT-Drs. 16/10609, 54.
[578] Vgl. zum Ganzen *Adolf*, in: jurisPK-SGB V, § 73b Rn. 30.3.
[579] LSG Nordrhein-Westfalen, Beschl. v. 03.11.2010, L 21 SF 208/10 Verg., juris, Orientierungssatz.
[580] LSG Nordrhein-Westfalen wie vor.
[581] Vgl. auch zu Förderungs- und Lenkungszwecken als Grundlage sachlicher Rechtfertigung, BVerfG, Beschl. v. 06.07.2010, 2 BvL 13/09, NJW 2010, 2643 m. w. N. - juris, Orientierungssatz. Das Ziel des Gesetzgebers, der Weiterentwicklung von Versorgungsstrukturen ist danach durch Einführung eines Kontrahierungszwangs mit geeigneten Vertragspartnern, auch unter Lenkungszwecken gerechtfertigt.
[582] BT-Drs. 16/10609, 67.

werden konnte, sodass es einer Änderung erforderlichenfalls auch in Form einer Verschärfung der Voraussetzungen bedurfte. Das Versorgungsziel einer flächendeckenden Versorgung kann daher schon „vor dem Hintergrund der Vertragspolitik der Krankenkassen auch [als, Anm. d. Verf.] notwendig" [583] bezeichnet werden. Art. 3 Abs. 1 GG ist daher nach dem gesetzgeberischen Plan nicht verletzt.

Bei dem gesetzgeberischen Plan kann aber aufgrund der faktischen Entwicklung und der Prüfungspflicht des Gesetzgebers nicht stehen geblieben werden. Das gilt auch für andere möglicherweise betroffene Grundrechte, die zunächst noch angesprochen werden sollen. Insoweit muss der Gesetzgeber z. B. auf geänderte gesellschaftliche Verhältnisse reagieren[584], wie er es exemplarisch mit Aufhebung der Altersgrenze für Vertragsärzte getan hat. Nichts anderes kann gelten, wenn sich der Plan des Gesetzgebers aufgrund der gesellschaftlichen Verhältnisse nicht verwirklichen lässt. Das wird häufig dann festzustellen sein, wenn, wie im Sozialrecht, der Einschätzungs- und Prognosevorrang des Gesetzgebers hoch ist und daher auch eine intensivierte inhaltliche Kontrolle zu erfolgen hat.[585] Denn soweit das gesetzgeberische Konzept steht, ist ein Eingreifen bei Fehlentwicklungen durch die Rechtsprechung nur in den Grenzen der rechtsstaatlich vorgesehenen Gewaltenteilung möglich.[586] Die Anwendung freiheitsbeschränkender Gesetze durch die Gerichte steht nur solange mit Art. 2 Abs. 1 GG in Verbindung mit dem Rechtsstaatsprinzip (Art. 20 Abs. 3 GG) in Einklang, solange sie sich in den Grenzen vertretbarer Auslegung und zulässiger richterlicher Rechtsfortbildung bewegt.[587] Wie nach dem Blick auf weitere betroffene Grundrechte kurz angeführt wird, zeichnen sich bereits jetzt schon Fehlprognosen ab bzw. Entwicklungen, die der Gesetzgeber bei seiner Planung nicht vorhergesehen haben dürfte. Insoweit bedarf es mithin der Reaktion durch gesetzgeberische Nachbesserungen.[588]

Als weitere von § 73b neuerer Fassung betroffene Grundrechte kommen Art. 9, 12 und 14 GG in Betracht. Nach der legitimen Zwecksetzung des Gesetzgebers und in der erfolgten Ausformung sind diese jedoch auch nicht als verletzt anzusehen. Jeder Haus-

---

[583] *Orlowski*, in: Orlowski et al. GKV-Kommentar, § 73b Rn. 35.

[584] Vgl. etwa für das Unterhaltsrecht, BT-Drs. 253/06, 18 f..

[585] Etwa BVerfG, Entscheidung v. 11.06.1958, 1 BvR 596/56, BVerfGE 7, 377 (415), Apotheken-Urteil; BVerfG, Urt. v. 23.03.1960, 1 BvR 216/51, BVerfGE 11, 30 (45), Kassenarzt-Urteil; BVerfG, Urt. v. 01.03.1979, 1 BvR 532/77, 1 BvR 533/77, 1 BvR 419/78, 1 BvL 21/78, BVerfGE 50, 290 - juris Rn. 19 ff..

[586] BVerfG, Beschl. v. 25.01.2011, 1 BvR 918/10 - juris Rn. 52 ff..

[587] BVerfG, wie vor.

[588] Vgl. zur Beobachtungs- und Nachbesserungspflicht, Augsberg, GesR 2008, 515 (516); zur Beobachtungspflicht allgemein Huster, ZfRSoz 24 (2003) 3 ff., zur Nachbesserungspflicht insbesondere 7 ff..

arzt hat es selbst in der Hand, sich für eine Teilnahme zu entscheiden.[589] Zudem verbleiben umfassende andere Tätigkeitsmöglichkeiten. Soweit die Rechtsprechung nicht einmal in Zulassungssperren für die gesamte Vertragsärzteschaft eine Verletzung von Art. 12 Abs. 1 GG gesehen hat, kann diese Wertung für die hier betroffene Sparte der allgemein als für die hausärztliche Versorgung verantwortlich bezeichneten Gruppe der Vertragsärzte nicht strenger ausfallen. So führt die Rechtsprechung auch aus, dass die Ausgrenzung im Hinblick auf Art. 12 Abs. 1 GG gerechtfertigt ist, da dieser lediglich die Teilnahme am Wettbewerb gewährt, jedoch keinen Anspruch auf Erfolg.[590] Die Regelung ist auch zumutbar, zumal ihre Ausschließlichkeit durch die Möglichkeit von Selektivverträgen ohne Abschussverpflichtung nach Abs. 4 S. 1 eingeschränkt ist.

Eine Verletzung von Art. 14 Abs. 1 GG ist umso weniger denkbar, als diese bereits nach Art. 12 Abs.1 GG in der umfassenden Tätigkeitsbeschränkung durch Zulassungssperren nicht gesehen wird. Ein pauschales Eingreifen des Eigentumsschutzes wird schon bei Zulassungssperren verneint, da Art. 14 Abs. 1 GG das Erworbene als Ergebnis geleisteter Arbeit, Art. 12 Abs. 1 GG hingegen den Erwerb, somit die Betätigung als solche schützt[591] und damit vorrangig für Fälle in Betracht kommt, in denen die Einschränkung des nach Art. 14 Abs. 1 GG geschützten Eigentums lediglich Folge einer angeordneten Handlungsbeschränkung ist. Art. 14 Abs. 1 GG kommt als Prüfungsmaßstab nur in Betracht, wenn die angegriffenen Maßnahmen oder Vorschriften sich auf das Ergebnis der beruflichen Betätigung beziehen und nicht auf diese selbst[592], also etwa bei Verwertung der Praxis durch Verkauf oder Anteilsverkauf. So wurde bei Zulassungssperren eine Entwertung des Vermögens gesehen, weil durch diese an dem konkreten Ort, an dem ein veräußerbarer Praxiswert gewachsen war, kein anderer als der Inhaber mehr tätig werden durfte. Die Praxis wurde unveräußerlich und damit entwertet. Durch die bereits dargestellten Ausnahmen für Praxisnachfolgefälle[593] wurde die Grundrechtsverletzung behoben.

Die Teilnahme an Selektivverträgen aber macht eine Veräußerung schon nicht mehr unmöglich. Bereits bei der Prüfung von Art. 12 GG hat sich ergeben, dass ausreichende Möglichkeiten einer Betätigung verbleiben. Die Regelungen zur HzV führen allenfalls zu einer Verschlechterung der Erfolgsaussichten für eine Veräußerung, weil eine

---

[589] LSG Nordrhein-Westfalen, Beschl. v. 03.11.2010, L 21 SF 208/10 Verg. - juris Rn. 37.

[590] Vgl. LSG Nordrhein-Westfalen, Beschl. v. 03.11.2010, L 21 SF 208/10 Verg. - juris Rn. 19 unter Bezugnahme auf BVerfG, Beschl. v. 01.11.2010, 1 BvR 261/10 m .w. N..

[591] BVerfGE, Beschl. v. 25.05.1993, 1 BvR 345/83, BVerfGE 88, 366 (377); Urt. v. 16.02.2000, 1 BvR 420/97, BVerfGE 102, 26 (40); BVerfG, Beschl. v. 07.08.2007, 1 BvR 1941/07, NZS 2008, 311 - juris Rn. 10.

[592] BVerfG, Beschl. v. 31.03.1998, 1 BvR 2167/93 und 1 BvR 2198/93, NJW 1998, 1776 - juris 4a.

[593] Kap. 2 C.II.3.b..

entsprechende Praxis möglicherweise schlechtere Vergütungsaussichten verspricht. In dieser moderaten Form bewegt sie sich in der zulässigen Inhalts- und Schrankenbestimmung des Art. 14 Abs. 1 S. 2 GG[594].

Fraglich könnte ein mittelbar faktischer Eingriff durch die Bevorzugung bestimmter Arztgruppen in Art. 9 Abs. 1 GG (die negative Vereinigungsfreiheit) sein. Die Rechte von Vertragsärzten, die nicht den bevorzugten qualifizierten Gemeinschaften angehören, könnten verletzt sein. Die Bevorzugung von Allgemeinärzten richtet sich nicht unmittelbar an Vereinigungen, da aber kaum eine Ausweichmöglichkeit von Ärzten besteht, außer sich einer entsprechenden Vereinigung von Allgemeinärzten anzuschließen, wenn sie an einem HzV Vertrag teilnehmen wollen, wirkt das Gesetz gegenüber anderen Vereinigungen wie ein unmittelbar an diese gerichteter Gesetzesbefehl und geht in der Wirkung damit über einen bloßen Rechtsreflex hinaus. Die Bedenken sind jedoch nicht begründet. Die grundrechtliche Vereinigungsfreiheit erfordert eine gesetzliche Ausgestaltung, die dann verfassungskonform erfolgt, wenn das Gewicht der Interessen des Gemeinwohls, die der Staat wahrnimmt, der Intensität des Eingriffs in die Vereinigungsfreiheit entspricht[595], der Eingriff also verhältnismäßig ist. Die flächendeckende Einführung der HzV zur Leistungsverbesserung sowie zur Kostenreduzierung in der GKV entspricht dieser Forderung auch in diesem Punkt. Das BSG hat mehrfach entschieden, dass die Funktionsfähigkeit der GKV ein wichtiges Gemeinwohl darstellt.[596] Unter Berücksichtigung des Einschätzungs- und Prognosevorrangs des Gesetzgebers bei der verfassungsrechtlichen Prüfung können auch Eignung und Erforderlichkeit der Bevorzugung der Allgemeinärzte angenommen werden.[597] Auch hier ist auf die nur zögerliche Umsetzung der Regelung[598] vor Einführung der Abschlussverpflichtung hinzuweisen, die zur Zielerreichung eine Änderung erforderlich gemacht hat. Die Regelung ist auch zumutbar, zumal ihre Ausschließlichkeit durch die Möglichkeit von Selektivverträgen ohne die Abschussverpflichtung nach Abs. 4 S. 1 eingeschränkt ist (Abs. 4 S. 4):[599] KVen sind nach der Rechtsprechung nicht grundrechtsfähig und können daher in Grundrechten nicht verletzt sein.[600]

---

[594] I. E. ebenso beispielsweise *Hess,* in KassKomm, § 73b Rn. 21; Mit Zweifeln daran, ob Art. 14 Abs. 1 GG überhaupt tangiert ist, *Sproll,* in: Krauskopf, SozKV, § 73b Rn. 43.

[595] BVerfG, Urt. v. 01.03.1979, 1 BvR 532/77, 1 BvR 533/77, 1 BvR 419/78, 1 BvL 21/78, BVerfGE 50, 290 - juris Rn. 55 ff.; BVerfG, Beschl. v. 09.10.1991, 1 BvR 397/87, BVerfGE 84, 372 (378).

[596] BSG, Urt. v. 24.11.1993, 6 RKa 26/91, BSGE 73, 223 - juris Rn. 19 ff..

[597] *Adolf,* in: jurisPK-SGB V, § 73b Rn. 30.4.

[598] BT-Drs. 16/10609, 67.

[599] *Adolf,* in: jurisPK-SGB V, § 73b Rn. 30.4.

[600] BVerfG, Beschl. v. 08.12.1982, 2 BvL 12/79, BVerfGE 62, 354 - juris Rn. 25.

Im Ergebnis sind auch Rechte von Berufsverbänden nicht verletzt. Falls nicht der einzelne Vertragsarzt, sondern andere, nicht nach dem Gesetz qualifizierte Berufsverbände betroffen sind, kann bereits deren Grundrechtsfähigkeit in Frage gestellt werden, weil sie in erster Linie die berufspolitischen Interessen ihrer Mitglieder vertreten[601]. Im Hinblick auf das Ziel eines flächendeckenden Versorgungsaufbaus ist jedenfalls die Wahl einer großen Einheit ein geeignetes Differenzierungskriterium i. S. v. Art. 3 Abs. 1 GG. Selbst wenn eine Betroffenheit nach Art. 12 Abs. 1 GG gemäß Art. 19 GG Abs. 3 GG für Berufsverbände als juristische Personen nicht von vornherein ausgeschlossen sein sollte, ist die Berufsausübungsfreiheit aber nicht betroffen. „Berufsverbände üben keine Erwerbszwecken dienende Tätigkeit aus, sondern vertreten die Interessen ihrer Mitglieder und finanzieren sich nicht über Gewinne, sondern über Mitgliedsbeiträge."[602]

Soweit hiernach noch Raum für Art. 2 Abs. 1 GG bleibt, ist auch dieses Grundrecht nicht verletzt. Wie das Bundesverfassungsgericht wiederholt ausgesprochen hat, gewährleistet Art. 2 Abs. 1 GG die Handlungsfreiheit auf wirtschaftlichem Gebiet. Ein angemessener Spielraum zur Entfaltung der Unternehmerinitiative ist unantastbar.[603] Allerdings ist auch die Handlungsfreiheit auf wirtschaftlichem Gebiet nur in den Schranken des zweiten Halbsatzes des Art. 2 Abs. 1 GG gewährleistet, vor allem denen der "verfassungsmäßigen Ordnung"[604]. Erweist sich eine beschränkende Rechtsnorm als deren Bestandteil, so hat sie vor dem Grundrecht Bestand. Nach Art. 3, 9, 12 und 14 GG ist die Verfassungsmäßigkeit festgestellt worden, so dass sich die Rechtsnorm als Bestandteil der verfassungsmäßigen Ordnung erweist.

Ursprünglich war die Verfassungsmäßigkeit der HzV allerdings deswegen im Hinblick auf Art. 2 GG bedenklich, weil von einer Verletzung des Rechts auf gesicherte informationelle und medizinische Selbstbestimmung der gesetzlich Krankenversicherten nach Art. 2 Abs. 1 i. V. m. Art. 1 Abs. 1 GG ausgegangen werden musste.[605] Die Datenweitergabe war in der Vorschrift unzureichend geregelt. Während die Gesamtver-

---

[601] LSG Nordrhein-Westfalen, Beschl. v. 03.11.2010, L 21 SF 208/10 Verg. - juris Rn. 44, m. w. N., i. E. aber offen gelassen.
[602] *Adolf,* in: jurisPK-SGB V, § 73b Rn. 30.5.
[603] BVerfG, Entscheidung v. 14.10.1970, 1 BvR 306/68, BVerfGE 29, 260 m. w. N. - juris Rn. 20.
[604] BVerfG, Entscheidung v. 07.05.1969, 2 BvL 15/67, BVerfGE 25, 371, m. w. N. - juris Rn. 119.
[605] Ausführlich hierzu: ULD, 2010, http://www.landtag.ltsh.de/infothek/wahl17/umdrucke/0400/umdruck-17-0498.pdf, 1 und 8, (15.11.2011); vgl. zum Problem der fehlenden gesetzlichen Grundlage für eine Einwilligungserklärung zur Weitergabe von Patientendaten im SGB V schon BSG, Urt. v. 10.12.2008, B 6 KA 37/07 R - juris, Leitsatz.

tragsparteien Körperschaften des Öffentlichen Rechts sind, die der Rechtsaufsicht unterliegen und bei denen die Aufsichtsbehörde ggf. durch eine Ersatzvornahme die Beachtung von Recht und Gesetz kurzfristig gewährleisten kann, sind die Partner der (Selektiv-)Verträge über die HzV eingetragene Vereine, die keiner sozialversicherungsrechtlichen Aufsicht unterliegen, die ggf. ein gesetzmäßiges Verhalten erzwingen könnte.[606] Eine einschlägige Interimsregelung, § 295 Abs. 1b, galt nur bis zum 01.07.2011 und hob das Problem damit nicht auf.[607] Solange eine gesetzliche Implementierung noch nicht erfolgt war[608], lag nach Auffassung von Kingreen/Temizel zudem eine ungerechtfertigte Ungleichbehandlung von Hausärzten gegenüber anderen Leistungserbringern außerhalb des Kollektivvertragsrechts vor, und auch deshalb ein gesetzeswidriger Zustand.[609] Erst mit seit dem 04.08.2011 wurde mit § 295a der Datenschutz gewährleistet.

Der damit gegebene Verstoß gegen Art. 2 Abs. 1 i. V. m. Art. 1 Abs. 1 GG gefährdete zwar nicht unmittelbar das Instrument der vertragsärztlichen Zulassung als Kernelement für das System der ambulanten Versorgung. Das rechtsverstößliche Verhalten der zugelassenen Vertragsärzte im Rahmen der HzV schwächte aber das Instrument entscheidend. Solche defizitären Zustände fallen auf das Ansehen des Instruments als kontrolliertes Qualitätselement und die Akzeptanz der KVen zurück. Zwar tragen die Krankenkassen im Rahmen der HzV den Sicherstellungsauftrag, so dass Rechtsverstöße hierbei zumindest auch ihnen zuzuschreiben gewesen wäre. Das wird der Patient jedoch nicht unterscheiden können, da ihm die Zuständigkeiten für die Sicherstellung nicht bekannt sind, insbesondere nicht die gesetzlichen Ausnahmen vom Sicherstellungsauftrag der KVen. Aus Sicht von Patienten wird die Teilnahme von Vertragsärzten an Verträgen, die unter Verstoß gegen Datenschutzregelungen durchgeführt werden, die Akzeptanz der vertragsärztlichen Zulassung schwächen. Und auch die Mitglieder der KVen werden diese in der Mitverantwortung sehen, sie als Vertretungskörperschaft vor Pflichtverstößen zu schützen.

Europarechtliche Relevanz hat die Regelung nicht. Sie betrifft nur bereits in Deutschland zugelassene Vertragsärzte und ist somit dem Vertragsarztrecht untergeordnet. Sie modifiziert nicht das übergeordnete Vertragsarztrecht, das allein - wenn überhaupt -

---

[606] Vgl. Bayerisches LSG, Beschl. v. 22.02.2011, L 12 KA 2/11 B ER, NZS 2011, 386 - juris Rn. 68.

[607] Oberverwaltungsgericht für das Land Schleswig-Holstein, Beschl. v. 12.01.2011, 4 MB 56/10 - juris Rn. 23.

[608] Vgl. o. V., A+S aktuell, 8/2011, 4 f., mit Änderungsantrag zu BR-Drs. 846/10; was allerdings mit BR-Drs. 239/11 nicht umgesetzt wurde.

[609] Kingreen/Temizel, GesR 2010, 225 (230).

sich am Europarecht messen lassen muss, denn § 73b betrifft weder die Eintragung in das Arztregister noch die Zulassung als Vertragsarzt.[610]

Wie oben aufgezeigt, ist die Neuregelung ganz besonders streng zu beobachten. Sie bewegt sich nicht nur im Rahmen der vom herkömmlichen Kollektivsystem der GKV abweichenden Entwicklung der Selektivverträge, sondern stellt mit dem GKV-OrgWG innerhalb dieser eine weitere Abweichung dar, die[611] als „dritter Weg" beschrieben wurde. Geeignetheit, Erforderlichkeit und Angemessenheit der Grundrechtseingriffe werden daher stets unter Betrachtung der Entwicklung der tatsächlichen Zielerreichung mit der HzV zu überprüfen und gegebenenfalls zu aktualisieren sein.

Tatsächlich erwies sich die geplante Steuerung nach Ergebnissen im zweiten Halbjahr des Jahres 2008 zunächst als gescheitert. Weder wurde die Häufigkeit, mit der ein Facharzt mit Überweisung aufgesucht wurde, verringert, noch konnten - vor allem aufgrund des Scheiterns dieses Ziels - Einsparungseffekte erzielt werden. Es zeigten sich im Gegenteil sogar Kostensteigerungen bei den an einem Hausarztmodell teilnehmenden Versicherten.[612] Das Gutachten des Sachverständigenrates zur Begutachtung der Entwicklung im Gesundheitswesen im Jahr 2009 ergab bei einem Vergleich mit anderen Ländern keine Hinweise auf Unterschiede in den Gesundheitsergebnissen und der gesundheitsbezogenen Lebensqualität von Patienten zwischen Versorgungssystemen mit Gatekeeping und freiem Zugang.[613] Das wird erwartungsgemäß auch bei einer pflichtgemäßen HzV nicht anders ausfallen.

Eine Analyse des Göttinger Instituts für angewandte Qualitätsförderung und Forschung im Gesundheitswesen auf Grundlage von Routinedaten der Ersatzkassen von fast einer Millionen Patienten der Jahre 2005 und 2006[614] hat allerdings ergeben, dass Versicherte, die in einen Hausarztvertrag eingeschrieben sind, zu rund 70 % mit Überweisung zum Facharzt gehen, gegenüber nicht an der HzV teilnehmenden Patienten, die nur mit rund 50 % Überweisungen einen Spezialisten aufsuchen. Darin zeigen sich immerhin positive Steuerungswirkungen. Andererseits spricht die KBV von „mehr Notfällen bei HzV-Ärzten und einem deutlichen Anstieg der Überweisungen" insgesamt.[615] Das wäre eine unwirtschaftliche Entwicklung und Qualitätsverschlechterung.

---

[610] Vgl. ausführlich hierzu unter Kap. 3 B.VI.2.f..
[611] Oben, unter Kap. 3 B.VI.1.c.ca..
[612] Vgl. Böcken et al., Gesundheitsmonitor, 210.
[613] BT-Drs. 16/13770, 511.
[614] G+G, Gesundheit und Gesellschaft, Das AOK-Forum für Politik, Praxis und Wissenschaft, 11/2008, 10.
[615] O. V., A+S aktuell, 6/2010, 5.

Auch noch im Jahr 2011 war dem System der HzV nur ein geringer Erfolg beschieden. So ergab etwa eine telefonische Befragung von Versicherten im Rahmen der HzV der AOK Baden-Württemberg im Jahr 2011, in Auftrag gegeben durch die Hausärztliche Vertragsgemeinschaft e. G., dass der überwiegende Teil der Befragten (61,6 %) keine nennenswerten Unterschiede bei der Versorgung vor und nach der Teilnahme an den Verträgen sah.[616]

Außerdem handelt es sich bei der eingetretenen faktischen Übernahme der Steuerung durch einzelne Berufsverbände sicherlich im Hinblick auf die Verhältnismäßigkeit der Regelung um eine Fehlentwicklung. Die Aufgabe von Berufsverbänden allgemein und vor allem als entscheidender Verhandlungspartner in der aktuellen HzV ist ebenso wenig wie deren erkennbar anderes Anliegen die Wahrung einer flächendeckenden Versorgung in der ganzen Bundesrepublik. Das verdeutlichen Kollektivverzichtsandrohungen gegenüber den Krankenkassen zur Aushandlung guter Honorare, welche zur Gefährdung der Versorgung führen[617], ebenso wie Kämpfe der faktischen Oligopole um die Vorrangstellung untereinander.[618] Die Berufsverbände verfolgen vor allem die Interessen der in ihnen vertretenen Arztgruppen, wie man schon evident an den Auseinandersetzungen der für eine hausärztlich und allgemeinärztliche Versorgung grundsätzlich in Frage kommenden Berufsgruppen erkennen kann. Der Gesetzgeber sieht aber vor, die KVen in ihrem Sicherstellungsauftrag einzuschränken (§ 73b Abs. 4 S. 6). Damit ist eine zweckmäßige, ausreichende, auch flächendeckende und wirtschaftliche Bereitstellung von hausärztlichen Leistungserbringern gefährdet. Das wiederum gefährdet die Gewährleistung der sozialstaatlichen Ziele der GKV. Damit gewinnt die HzV, wie sie durch das GKV-OrgWG intensiviert wurde, im Hinblick auf das Sozialstaatsprinzip zunehmend an praktischer Bedeutung. Ist die Regelung für die Anforderungen des Systems der GKV nicht geeignet, steht auch ihre verfassungsmäßige Rechtfertigung, bezogen auf die widerstreitenden Interessen anderer Arztgruppen und zahlenmäßig kleinerer Korporationen gleicher Arztgruppen, in Frage.

Die Erfüllung sozialstaatlicher Anforderungen ist auch insofern fraglich als der Einschätzung des Gesetzgebers bezüglich der Auswirkung auf die (bereinigte) Gesamtvergütung nicht gefolgt werden kann. Seiner Auffassung nach haben die Vereinbarun-

---

[616] Prognos AG, 2011, http://www.aok-gesundheitspartner.de/imperia/md/gpp/bw/arztundpraxis/hzv/bw_hzv_versichertenbefragung_260511.pdf, 23 (15.11.2011).

[617] Vgl. Bayerisches LSG, Beschl. v. 22.02.2011, L 12 KA 2/11 B ER, NZS 2011, 386 - juris Rn. 59.

[618] Jeweils o. V., A+S aktuell, 29+30/2011, 2 f., 27+28/2011, 4 und 4/2010, 8, beschreiben innerverbandliche Machtkämpfe im Hausärzteverband.

gen zur HzV auf die Gesamtvergütung keine Auswirkung, da die Teilnehmer ohnehin nur zugelassene Ärzte und somit bedarfsgeplant sind[619]. Das entspricht allenfalls der Theorie, tatsächlich aber werden, jedenfalls indirekt, Patientenströme durch die Vorteile der Behandlung bei Ärzten, die an den Modellen teilnehmen, gelenkt.[620] Das gilt für alle Selektivvertragsformen, da sie alle „Anreizstrukturen vorsehen", die eine „mehr oder minder starke Lenkungswirkung" entfalten.[621] Es entsteht eine Verschiebung, welche die Bedarfsplanung instabil macht, denn nicht teilnehmende Ärzte haben die Nachteile der Bereinigung zu tragen. So sind besonders in den Bundesländern, in denen die HzV stark vertreten ist, das sind Bayern und Baden-Württemberg, die Gesamtvergütungen geschrumpft, weil sie dort um Leistungen aus den Hausarztverträgen nach § 73b bereinigt wurden.[622] Tatsächlich können nach den Bereinigungsverträgen die RLV zwischen etwa 2,5 bis 4,25 % gekürzt werden, womit letztlich die Ärzte, die nicht an einer HzV teilnehmen, die Reduzierung mittragen[623]. Man könnte von einer Inhaftungnahme sprechen. Die KBV spricht davon, dass es kein faires Bereinigungsverfahren gibt.[624] Zudem tragen alle KV Mitglieder, gleich ob Teilnehmer an einem Vertrag der HzV oder nicht, den zusätzlichen Verwaltungsaufwand, der u. a. durch eine Vielzahl von Bereinigungsverträgen entsteht.[625] Des Weiteren erfolgt die Bereinigung zumeist mit einer zeitlichen Verzögerung, wenn nicht anders vertraglich vereinbart[626], nämlich erst nach Abschluss einer von den Gesamtverträgen abweichenden Vereinbarung, die sich z. B. durch Schiedsverfahren hinziehen, so dass die Vergütung für den Vertragsarzt erneut schlechter kalkuliert werden kann. Das wirkt sich auf die Steuerungs- und Lenkungsfunktion von RLV aus.[627] Anfang 2010 wurde schon von rund 90 Vereinbarungen gesprochen. Somit haben die Selektivverträge entgegen der eingangs dieses Absatzes zitierten Auffassung des Gesetzgebers unmittelbare und mittelbare Auswirkung auf die Gesamtvergütung.

---

[619] BT-DRS 16/3100, 114.

[620] Kaltenborn, GesR 2011, 1, (2 m. w. N.) spricht von „mehr oder minder starke[r, Anm. d. Verf.] Lenkungswirkung".

[621] Kaltenborn, GesR 2011, 1 (2).

[622] Korzilius/Rieser, DÄBl. 2010; 107(9): A-374 / B-334 / C-324, o S., http://www.aerzteblatt.de/v4/archiv/artikel.asp?id=67948 (14.11.2011).

[623] Zu Ausnahmen, Medical Tribune, 12.02.2010, http://extranet.medical-tribune.de/volltext/PDF/2010/MT_Deutschland/06_mtd/MTD_06_S25.pdf, 25 (15.11.2011).

[624] Broschüre der KBV zur Honorarreform zum Stand 2010, vom 21.05.2010, 15, KBV, 2010, http://www.kbv.de/26443.html (15.11.2011).

[625] Wie vor.

[626] Vgl. o. V., A+S aktuell 6/2010, 2 (4), der einen Vertrag bespricht, in dem eine Vergütungspflicht für HzV-Teilnehmer durch die Krankenkassen erst entsteht, wenn die Vereinbarung über die Bereinigung getroffen ist.

[627] LSG Bayern, Beschl. v. 27.06.2009, L 12 KA 33/09 B ER, GesR 2009, 477 (481).

Für die HzV befördert der Kontrahierungszwang, der mit dem GKV-OrgWG eingeführt wurde, das Risiko einer sektoralen Überversorgung vor allem in Ballungsräumen,
da die Krankenkassen Vertragsangebote nicht mehr ablehnen können. In der Vorgän-
gerfassung des § 73b war das noch anders. Die Krankenkassen mussten zwar durch
den Abschluss von Selektivverträgen die flächendeckende Versorgung aller teilnehmenden Versicherten (anstelle der KV) sicherstellen, hatten aber umgekehrt die Möglichkeit, eine sektorale Überversorgung in der HzV zu verhindern, weil sie nicht mit
allen qualifizierten Interessenten Verträge abschließen mussten. Absatz 4 S. 3 schloss
einen Anspruch auf Abschluss eines Vertrages explizit aus. Nicht ohne Grund hat der
Gesetzgeber die Verpflichtung zur Beitragssatzstabilität mit dem GKV-FinG im Jahr
2010 eingeführt[628], um dem Anspruch auf Wirtschaftlichkeit der Versorgung wieder
nachzukommen[629]. Dadurch werden zumindest die Gesamtkosten der Verträge begrenzt. Es verbleiben aber vernehmliche und vielfältige Verschiebungen in der Versorgung durch die hausarztzentrierten Verträge, welche in der Bedarfsplanung nicht
abgebildet und somit nicht gesteuert werden.

c. c. Fazit zur hausarztzentrierten Versorgung

Die Verträge zur HzV basieren zwar grundsätzlich auf der Zulassung als Vertragsarzt
(§ 20 Abs. 1 S. 2), dennoch ist ihre negative Auswirkung auf das Modell der vertragsärztlichen Zulassung erheblich. Mit der Einschränkung des Sicherstellungsauftrags der
KVen durch die HzV und mit dem nach dem GKV-OrgWG eingeführten neuen ver-
handlungsstarken Akteur „privatrechtliche Korporationen" von Leistungserbringern
erfolgt eine weitere Ablösung der KVen von wesentlichen Sicherstellungsaufgaben.
Die KV verliert hier an Aufgaben. Spartenvertreter und Oligopole wie der Hausärzteverband gewinnen an Einfluss. Dabei wird ein gesetzlicher Anspruch dieser privaten
Oligopole auf Vertragsabschluss etabliert. Das ist ein Novum im System. Einer weiteren Ablösung von der herkömmlichen Sicherstellung der Versorgung bis zur völligen
Aufgabe der Voraussetzung einer Zulassung zur Teilnahme als nächstem Schritt kann
so der Weg bereitet werden. Die verfassungsrechtliche Bedenklichkeit von privaten
Oligopolen legt eine Rückkehr zu dem etablierten und durch den Gesetzgeber für zulässig erklärten Modell der KV als Vertragspartner (§ 77 Abs. 1) nahe. Das gilt verstärkt aufgrund der tatsächlichen Entwicklung, die in eine für das grundsätzlich legiti-
me Ziel des Gesetzgebers unzweckmäßige Richtung geht, nämlich in Richtung auf eine stark interessengesteuerte Verhandlungssituation, die sich von den Zielen einer
Kostensenkung und Effizienz bei Gewährleistung der flächendeckenden Versorgung

---

[628] V. 22.12.2010 mit Wirkung zum 01.01.2011, BGBl. I S. 2309, für Verträge, die seit dem
22.12.2010 geschlossen werden.
[629] Vgl. BT-Drs. 17/3040, 18.

entfernt. Zum letzten Aspekt sei nur an die vermehrten Kollektivverzichtsandrohungen erinnert.[630]

Der bloße Rückgriff auf ein altes, zum Teil nicht mehr zeitgerechtes Systems allein kann allerdings künftige Anforderungen nicht erfüllen. Das System bedarf einer Umgestaltung. Es sprechen auch Gründe dafür, die KV künftig nicht als ausschließlichen Vertragspartner zuzulassen, sondern auch andere Verhandlungspartner für die Ärzte. Bei einer entsprechenden Entwicklung sollte aber der KV gesetzlich die Aufgabe der Steuerung, Kontrolle, Genehmigung und Verwaltung der selbst verhandelten Verträge solcher anderer Vertragspartner übertragen werden, denn die Verträge sind zwar vom Gesetzgeber nicht darauf ausgerichtet, Einfluss auf die Bedarfsplanung (§§ 99 ff.) zu haben, da nur zugelassene - und damit in der Bedarfsplanung berücksichtigte - Leistungserbringer als Vertragspartner in Betracht kommen.[631] Praktisch ergeben sich aber gleichwohl Auswirkungen für die Bedarfsplanung, da durch Anreize im Rahmen der HzV eine mittelbare Steuerung von Patienten stattfindet[632], die in der Bedarfsplanung nicht berücksichtigt wird und damit nicht gesteuert werden kann. So sollte etwa die Wirkung der Verträge sein, dass vor jeder Inanspruchnahme eines Facharztes erst der Hausarzt aufgesucht wird. Das führt, je nach Teilnahme von Versicherten an den Verträgen, zu einer Verschiebung der Häufigkeit von Hausarzt- oder Facharztkonsultationen. Das aber spiegelt sich in einfachen Verhältniszahlen nicht wieder. Zudem können die Krankenkassen eine Überversorgung mangels Möglichkeit der Ablehnung von Verträgen schlechter verhindern. Allein die erst mit dem GKV-FinG für seit Oktober 2010 geschlossene Verträge eingeführte Verpflichtung zur Beitragssatzstabilität[633] sorgt für eine finanzielle Begrenzung der Vertragsinhalte.

---

[630] Vgl. Kap. 1 A.I. und Kap. 2 B.IV..

[631] BT-Drs. 16/3100, 114 führt aus: „... Auf die vertragsärztliche Bedarfsplanung, d. h. die regionale Umverteilungsplanung mit Zulassungssperren, hat der Abschluss von Selektivverträgen keine Auswirkung. Zum einen sind die auf der Basis dieser Verträge tätigen Ärzte zugelassene und damit bedarfsgeplante Ärzte und zum anderen stehen sie auch weiterhin der Versorgung der Versicherten zur Verfügung, lediglich - während der Dauer des Vertrages - auf einer anderen Rechtsgrundlage; der örtliche Versorgungsgrad entsprechend den Bedarfsplanungs-Richtlinien des Gemeinsamen Bundesausschusses ändert sich durch den Abschluss von Selektivverträgen nicht. Folgerichtig wird in § 20 Abs. 1 Ärzte-ZV bestimmt, dass die Pflicht des Vertragsarztes, im erforderlichen Umfang für die Versorgung der Versicherten zur Verfügung zu stehen, durch den Abschluss entsprechender Verträge nicht verletzt wird...“

[632] Vgl. Korzilius/Rieser, DÄBl. 2010; 107(9): A-374 / B-334 / C-324, http://www.aerzteblatt.de/v4/archiv/artikel.asp?id=67948 (14.11.2011).; Kaltenborn, GesR 2011, 1 (2).

[633] V. 22.12.2010, mit Wirkung zum 01.01.2011, BGBl. I, 2309, für Verträge, die seit dem 22.12.2010 geschlossen werden.

Die Zulassung wird für einen Hausarzt künftig, je nach Reichweite der Verträge nach § 73b und der Bereitschaft der Versicherten, an der HzV teilzunehmen, „möglicherweise wirtschaftlich nur noch marginale Bedeutung haben, abgesehen davon, dass sie ihm eben den Zugang zu einer außerhalb des Einflussbereichs der KÄV organisierten Versorgung verschafft."[634] Ihre Bedeutung für den hausärztlichen Bereich könnte also in der Weiterentwicklung nur noch darin liegen, dass sie die Voraussetzung für die Teilnahme an einem Hausarztvertrag darstellt. Ohne diesen weiteren Schritt des Vertragsschlusses wird die Zulassung als Instrument des Zugangs zum Markt der ambulanten Versorgung in dem Bereich der HzV dann aber ebenso an Bedeutung verlieren wie als Instrument, über das die KVen ihre Aufgaben wie Kontrolle, Qualitätssicherung und Interessenkonsolidierung erfüllen können. Sie könnte zur leeren Hülle werden. Bei den derzeitigen Problemen, welche die HzV für die Versorgung aufzeigt, wäre eine solche Einschränkung der Aufgaben des Instruments der vertragsärztlichen Zulassung und ihrer „Verwaltungsbehörde", der KV, unter sozialstaatlichen Gesichtspunkten nicht gerechtfertigt und im Hinblick auf die Grundrechtsbetroffenheit der Vertragsärzte zunehmend bedenklich.

d. § 73c besondere ambulante ärztliche Versorgung

§ 73c dient ebenfalls der Entwicklung neuer Versorgungsstrukturen. Er geht in Bezug auf Regelungsgegenstände noch weiter als § 73b und lässt nicht nur für den hausärztlichen Bereich, sondern für die ganze ambulante ärztliche Versorgung besondere Verträge zu. Er stellt folglich auch i. d. R. das Modell für die fachärztliche Versorgung. Weniger weitgehend als die IV (§§ 140a ff.) können dagegen keine sektorübergreifenden Verträge abgeschlossen werden. Im Gegensatz zu § 73b besteht nach § 73c auch kein Anspruch von Leistungserbringern auf einen Vertragsschluss und keine in der Vorschrift geregelte Ausschreibungspflicht. Ebenfalls abweichend von § 73b, steht den KVen im Rahmen des § 73c ein originäres Recht zum Vertragsabschluss zu.[635] „Durch die Arbeitsgemeinschaft Vertragskoordinierung hat die KBV das Mandat für die KVen, die Mitglied dieser Arbeitsgemeinschaft sind, Verträge zu verhandeln und abzuschließen."[636] Soweit die ambulante Versorgung aufgrund dieser Einzelverträge durchgeführt wird, wird der Sicherstellungsauftrag der KVen (§ 75 Abs. 1) durch den der Krankenkassen substituiert. § 73c Abs. 6 enthält eine § 73b Abs. 7 vergleichbare Verpflichtung der Parteien der Gesamtverträge zu einer Bereinigung der Gesamtvergü-

---

[634] Wenner, GesR 2009, 505 (512).

[635] Das Recht wird von den KVen auch genutzt, so berichtet nur beispielsweise die KV Rheinland-Pfalz im Ärzteblatt des Landes, Ärzteblatt RLP 2009, 62 (1), 17, von einer entsprechenden Vereinbarung für homöopathische Behandlungen, siehe auch KV Rheinland-Pfalz, 2009, http://www.aerzteblatt-rheinlandpfalz.de/pdf/rlp0901_016.pdf, (15.11.2011).

[636] KBV, 2007c, http://www.kbv.de/koop/9104.html, o. S., (15.11.2011).

tungen. Hieraus folgen die bereits zu § 73b beschriebenen Bereinigungsdefizite. Das Selektivvertragsmodell wird überdies wenig genutzt.[637]

„Die gesundheits- und rechtspolitische Bedeutung von § 73c liegt [ebenso wie bei der HzV (dort schon beginnend mit dem GMG), Anm. d. Verf.] insbesondere darin, dass der Gesetzgeber in der Neufassung durch das GKV-WSG vom Prinzip der Kollektivverträge im Vertragsarztrecht (Bundesmantelverträge, Gesamtverträge) abweicht [...]“ und Einzelverträge vorsieht[638], und zwar hier freiwillig, bei § 73b dagegen verpflichtend. Die ambulante Versorgung im Rahmen von § 73c wird nur außerhalb des Kollektivsystems und damit außerhalb der budgetierten Gesamtvergütung durch das Gesetz selbst und den Inhalt der Einzelverträge mit den Krankenkassen - „im Rahmen des ihnen eingeräumten Gestaltungs- und Auswahlermessens“ geregelt.[639] Der Wille des Gesetzgebers, den Vertragswettbewerb zu fördern, und das unter Inkaufnahme der Einschränkung des Einflusses und der Aufgaben der KVen, wurde mit der gesetzgeberischen Entscheidung, § 73c aus dem Kollektivsystem zu lösen, in dessen Rahmen der umfassende Sicherstellungsauftrag der KVen besteht, nochmals deutlich bestätigt.

§ 73c setzt damit die Reihe der Einschränkung der Aufgaben der KV als Vertretungskörperschaft für zugelassene Vertragsärzte neben §§ 140a ff. und § 73b fort. Ohne Aufgabenerfüllung der KVen für die zugelassenen Vertragsärzte, die vielmehr den Vorgaben der Selektivverträge unterworfen werden, wird das Instrument der Zulassung zum bedeutungslosen Eingangstor herabgestuft.

e. §§ 63 und 64 Modellvorhaben

§ 63 ist mit Wirkung vom 01.01.1989 in Kraft getreten.[640] Die Vorschrift enthielt die für alle Erprobungsregelungen geltenden Grundsätze. Mit den §§ 63 bis 68 erhielten die Krankenkassen die Möglichkeit, bisher nicht vorgesehene Leistungen, Maßnahmen und Verfahren zu erproben, um die GKV zu fördern und weiter zu entwickeln. Dem gesetzgeberischen Plan nach sind sie damit vor allem auf eine Weiterentwicklung des gesamten Systems gerichtet und nicht auf Wettbewerb. Nach Änderungen durch das 2. GKV-NOG sind die Möglichkeiten neuer Versorgungsformen über Modellvorhaben durch die ab dem 01.07.1997 geltende Fassung des § 63 wesentlich erweitert worden. Mit Modellvorhaben kann eine ambulante Krankenbehandlung, die im SGB V nicht vorgesehen ist, modellweise bezahlt werden. Gesetzlich vorgesehen ist, dass Modellvorhaben zwei Ziele erfüllen. Zum einen wird eine Qualitätsverbesserung, zum anderen die Verbesserung der Wirtschaftlichkeit der Versorgung (z. B. Vermeidung der

---

[637] Keil-Löw, ZMGR 2009, 269 (275).
[638] *Adolf,* in: jurisPK-SGB V, § 73c Rn. 16.
[639] *Adolf,* in: jurisPK-SGB V, § 73c Rn. 16.
[640] Aufgrund Art. 1, 79 Abs. 1 GRG v. 20.12.1988.

Mehrfachinanspruchnahme von Vertragsärzten nach § 64 Abs. 4 S. 1) angestrebt.[641] Mit dem jeweiligen Modellvorhaben müssen beide Ziele parallel angestrebt werden. Wie teilweise bei anderen Selektivvertragsmodellen auch können die Vertragsparteien von den Vorschriften des 4. Kapitels (Recht der Beziehungen zu den Leistungserbringern) und des 10. Kapitels des SGB V abweichen, ebenso von denen des Krankenhausfinanzierungsgesetzes. Die Abweichungsmöglichkeiten vom 4. Kapitel betreffen insbesondere die Schnittstellen zwischen ambulanter und stationärer Versorgung sowie die Vergütung. Vergütungen für Leistungen innerhalb von Modellvorhaben können danach gemäß § 64 Abs. 3 außerhalb der Gesamtvergütung erfolgen. Es fehlt zwar ein Verweis auf die Regelung des § 87a, die später, nämlich mit dem 01.01.2009 aufgrund des GKV-WSG eingeführt wurde. Dabei kann aber von einem redaktionellen Versehen ausgegangen werden.[642] Modellvorhaben sollen im Ergebnis kostenneutral sein und die Beitragssatzstabilität wahren (§ 63 Abs. 3 S. 1 HS. 2). Wenn Mehraufwendungen entstehen, ist deren Ausgleich durch Einsparungen auf Grund der in dem Modellvorhaben vorgesehenen Maßnahmen nachzuweisen. Durch die Regelungen sind die Vorschriften des Datenschutzes und die Wahlfreiheit der Versicherten gesichert.

Neben den Krankenkassen können bei Vorhaben nach Abs. 1 auch deren Verbände (nicht nach Abs. 2, weil die Verbände selbst gegenüber den Versicherten keine Leistungen erbringen), d. h. die Landes- und die Bundesverbände sowie die Kassenverbände im Sinne von § 218 die Verträge schließen. Das können die KVen, Krankenhäuser, Reha-Kliniken, aber auch andere Anbieter wie Ärztegruppen (Ärztenetze) oder einzelne Arztpraxen sein. Für ausgewählte ärztliche Leistungen können im Rahmen der Modellvorhaben qualifizierte Pflegefachkräfte (nach Kranken- bzw. Altenpflegegesetz) beauftragt werden.

Damit wird ganz neu die Möglichkeit der Delegation und Substitution[643] ärztlicher Tätigkeiten an bzw. durch nichtärztliches Personal eingeführt (§§ 63 Abs. 3b und insbesondere Abs. 3c S. 1).[644] Hiermit findet eine Ausweitung des Kreises der Leistungserbringer der GKV statt.[645]

---

[641] *Koch,* in: juris-PK SGB V, § 64 Rn. 11.

[642] *Freudenberg,* in: juris-PK SGB V, § 87a Rn. 73.

[643] Delegation und Substitution stellen keine Rechtsbegriffe dar, sondern sind rein beschreibende Begriffe. Bei der Delegation bleibt der Arzt in der ärztlichen und juristischen Verantwortung, o. V., A+S aktuell 20 + 21/2010, 8 (9).

[644] Bekannt wurde etwa das Modell AGnES, bei dem nichtärztliche Praxisassistenten delegationsfähige Leistungen von Fachärzten erbringen und das Fall- und Schnittstellenmanagement erbringen. Von ärztlicher Seite werden solche Maßnahmen eher abgelehnt, vgl. Bayerisches Ärzteblatt 11/2009, 560, Bayerische Landesärztekammer 2009, http://www.blaek.de/presse/aerzteblatt/2009/BAB_1109_558_563.pdf (15.11.2011). Die

Soweit die ärztliche Behandlung im Rahmen der vertragsärztlichen Versorgung betroffen ist, können die Krankenkassen und ihre Verbände nur mit einzelnen Vertragsärzten, mit Gemeinschaften dieser oder mit KVen Verträge über die Durchführung von Modellvorhaben nach § 63 Abs. 1 oder 2 abschließen. Die ursprüngliche Beschränkung, Modellvorhaben in der vertragsärztlichen Versorgung nur mit den KVen oder der KBV zu beschließen, wurde mit Wirkung vom 01.01.2000 aufgegeben. Damit wird zwar als Vertragspartner für Modellvorhaben weiterhin auf den zugelassenen Leistungserbringer zurückgegriffen, nicht mehr aber ausschließlich auf die diesen vertretende Körperschaft, die damit in ihrer Funktion geschwächt wird.

Die Modellvorhaben werden weiter gefördert, wie sich durch eine erneute Erweiterung durch das Pflege-Weiterentwicklungsgesetz zeigte.[646] Mit diesen Regelungen wurden mit Wirkung ab dem 01.07.2008[647] die Absätze 3b und 3c in § 63 eingefügt, welche die eben schon genannte Substitution ärztlicher Leistungen im Rahmen von Modellvorhaben erlauben. Die Verträge enthalten mindestens die Leistungsbeschreibung, Qualität und Honorierung. Weitere Regelungen sind möglich. Modellvorhaben liefen beispielsweise im Rahmen der Akupunktur[648] und laufen zur Vakuumversiegelungstherapie.[649] Mit der Übertragung von ärztlichen Tätigkeiten „ist das ärztliche Selbstverständnis berührt"[650] und damit die vertragsärztliche Zulassung geschwächt.

Mittels der gesetzlich festgelegten Höchstfrist der Dauer von Modellvorhaben (§ 63 Abs. 5 S. 2) soll der Zweck einer Auswertung des Modells gesichert werden. Es soll aber auch verhindert werden, dass Modellverfahren wie Wahlleistungen einer Krankenkasse wirken können und die durchführende Krankenkasse damit im Wettbewerb mit anderen Krankenkassen einen Vorsprung gewinnen kann.

Auch daran zeigt sich, dass vorrangiges Ziel der schon vor anderen Formen von Selektivverträgen eingeführten Vorschrift daher nicht Wettbewerb, sondern die Veränderung und Einflussnahme auf Versorgungsstrukturen in der GKV ist. Gleichwohl dienen Modellvorhaben unter geänderten Bedingungen und der Ausrichtung der Kran-

---

Krankenkassen, jedenfalls die AOK hingegen, befürworten dies, AOK-Bundesverband 2010, http://www.aok-bv.de/presse/medienservice/politik/index_02772.html (15.11.2011).
[645] Auch diese Idee ist allerdings nicht neu und wurde etwa 1990 schon von der Enquete Kommission zur Strukturreform der GKV erwogen BT-Drs. 11/6380, 63.
[646] BGBl. I, 874 (899).
[647] Art. 17 Abs. 1 Pflege-Weiterentwicklungsgesetz, BGBl. I 2008, 874 (906).
[648] Vgl. etwa LSG Nordrhein-Westfalen, Beschl. v. 10.02.2003, L 16 B 121/02 KR ER, GesR 2003, 150 - juris Rn. 1.
[649] G-BA, 2008, http://www.g-ba.de/informationen/richtlinien/quellennachweis/510/ (14.11.2011).
[650] Bergmann, MedR 2009, 1 (10).

kenkassen auf Wettbewerb denselben als Rechtsgrundlage.[651] Allerdings begrenzen sie den Wettbewerb deutlich durch ihre zeitliche Befristung für Vorhaben. Zudem sind die Verträge nach § 64 Abs. 1 den zuständigen Aufsichtsbehörden vorzulegen, die sie einer Rechtmäßigkeitsprüfung unterziehen. Nach aufsichtsbehördlicher Beurteilung war etwa „die Satzungsbestimmung einer gesetzlichen Krankenkasse über ein Modellvorhaben, wonach die Versicherten Leistungen der häuslichen Krankenpflege nur durch einen von der Krankenkasse selbst betriebenen Pflegedienst in Anspruch nehmen können, [...] nicht genehmigungsfähig".[652] Hieran zeigt sich, dass wettbewerbliches Handeln der Krankenkassen im Rahmen von Modellvorhaben unterbunden wird. Bezeichnend ist auch die ausdrückliche Regelung des Abs. 6, nach der die Initiative für Modellvorhaben auch von der KV ausgehen kann, so dass die Vertragstätigkeit ausdrücklich auch auf Initiative der Leistungserbringerseite erfolgen kann.

Die ursprüngliche Regelung des § 64 Abs. 2 stützte zusätzlich noch die besondere Einbeziehung der Vertragsärzte und ihrer Organisationen, denn nach dieser sollte im Rahmen von Modellvorhaben im vertragsärztlichen Bereich eine Abstimmung erfolgen, indem die Spitzenverbände der Krankenkassen (neu: Spitzenverband Bund, § 213) mit der KBV in den Bundesmantelverträgen (BMV) Rahmenregelungen für Modellvorhaben in der vertragsärztlichen Versorgung vereinbaren. Gerade von dieser Berücksichtigung wurde allerdings mit dem GKV-WSG wieder Abstand genommen und Abs. 2 zum 01.07.2008 aufgehoben.[653] Die Streichung erfolgte nach der Gesetzesbegründung mit dem Ziel der Vergrößerung der Gestaltungsmöglichkeiten der Krankenkassen. So ist einerseits auch im Rahmen von wettbewerblich zunächst neutral eingeführten Modellvorhaben eine Modifizierung zu wettbewerblichen Elementen zugunsten des Handlungsspielraums der Krankenkassen zu erkennen. Zum anderen hat die Einführung von Modellvorhaben faktisch schon frühzeitig die neue Handlungsform von Verträgen in das System des SGB V eingeführt, womit sich die Krankenkassen in der individuellen Vertragsgestaltung und der Vertragstätigkeit erproben konnten. Absatz 4 S. 1 (Modellvorhaben zur Vermeidung einer unkoordinierten Mehrfachinanspruchnahme) etwa stellt sich schon als frühe Regelung im Sinne der späteren Hausarzt-Modelle nach §§ 73a ff.[654] dar. Diese schufen erstmalig die Möglichkeit, in Gesamtverträgen Hausarztmodelle zu gestalten. Zudem werden die Spielräume der Krankenkassen gegenüber den KVen durch die Ausweitung des Kreises der Leistungserbringer um Pflegefachkräfte erweitert. Eine Ausweitung auf nichtärztliche Leistungserbringer in der ambulanten Versorgung ohne gesetzliche Regelung ist unter dem

---

[651] *Hess,* in: KassKomm § 75 Rn. 6a.
[652] *Koch,* in: juris-PK SGB V, § 63 Rn. 35.
[653] BT-Drs. 16/3100, 13 und 111.
[654] Vgl. *Adolf,* in: juris-PK SGB V, § 73a Rn. 3.

geltenden Zulassungsprinzip nach § 95 bedenklich.[655] Solche Überlegungen dürfen durch die Möglichkeiten im Rahmen von Selektivverträgen nicht gefördert werden. Im Rahmen von Modellvorhaben ist dies allerdings nicht als Konkurrenz zur vertragsärztlichen Zulassung zu sehen, sondern als Entwicklungsinstrument für die ambulante vertragsärztliche Versorgung. Gleichwohl werden durch die gesetzliche Weiterentwicklung der Vorschrift den Krankenkassen auch bei den Modellvorhaben zunehmend Wettbewerbsmöglichkeiten eingeräumt, was im Gesamtzusammenhang mit der Förderung des Wettbewerbs durch Selektivverträge auch zur Stärkung der Position der Krankenkassen gegenüber den ärztlichen Kooperationen bzw. der KV beiträgt und damit zur Verschiebung des Verhandlungsgleichgewichts zwischen den Polen zu Lasten der Vertragsärzte und damit des Zulassungsprinzips.

2. Verfassungsmäßigkeit eines selektivvertraglichen Zugangs

a. Selektivverträge als System eines Marktzugangs zur GKV und steuerrechtliche Implikationen

a. a. Freie Berufsausübung - Art. 12 Abs. 1 S. 2 GG und diskriminierungsfreie Auswahl - Art. 3 GG

Die vertragsärztliche Zulassung ist als Marktzugangsregelung von großer Bedeutung für die Berufsausübung und wird daher am Grundrecht des Art. 12 Abs. 1 S. 2 GG gemessen. Verträge mit den Krankenkassen stellen ebenso wie die vertragsärztliche Zulassung einen Zugang zum System der Versorgung der gesetzlich Versicherten dar und haben daher eine entscheidende Funktion für die Ausübung des Berufs. Die Bedeutung der Frage, ob Krankenkassen Verträge mit Leistungserbringern abschließen oder nicht, kann exemplarisch auch durch einen Vergleich mit dem Bereich der Frührehabilitation aufgezeigt werden. Hier haben Verträge mit den Krankenkassen seit jeher eine größere Bedeutung, als es bislang in der ambulanten Versorgung der Fall war. Die Anerkennung als besondere Einrichtung durch die Krankenkassen spielt eine wichtige Rolle für die Leistungserbringer. Kann ein solcher Vertrag nicht geschlossen werden, muss bei den Kosten der neurologischen Frührehabilitation zwischen krankenhausindividuellen Entgelten oder DRG-Entgelten des Hauptabteilungskatalogs unterschieden werden, was sich allein nach der Verweildauer der Patienten entscheidet. Die dadurch schwer kalkulierbaren Kosten führen zu Schwierigkeiten der Leistungserbringer in der Praxis bei der Budgetplanung und Verrechnung von Minder- und Mehrerlösen. Diese gesamte Problematik entfällt bei der Anerkennung als besondere

---

[655] Zu Recht als bedenklich bezeichnet dies *Pawlita*, in: jurisPK-SGB V, § 95 Rn. 52; Erwägungen zu weiteren Ausnahmen, m. w. N. u. a. LSG Nordrhein-Westfalen, Beschl. v. 20.01.2004, L 10 B 19/03 KA ER - juris Rn. 43.

Einrichtung. Die Krankenkassen schlossen jedoch im Jahr 2008 immer weniger Vereinbarungen.[656] Das Fehlen eines Rechtsanspruchs auf die Anerkennung als besondere Einrichtung, wie er dagegen auf Erteilung einer vertragsärztlichen Zulassung bei Erfüllung der Voraussetzungen besteht, führt somit dazu, dass die Leistungserbringer letztlich ohne Rechtsanspruch gegen die Krankenkassen mit der Finanzierungsproblematik operieren müssen. Das veranschaulicht nur ein moderates Problem eines fehlenden Rechtspruchs auf einen Vertrag zur Teilnahme an der Versorgung, da es nicht das „ob" der Teilnahme in Frage stellt, aber das „wie", verbunden mit erheblichen Planungsunsicherheiten. Schon die diesbezüglichen Folgen von Planungsunsicherheit und Verwaltungsaufwand lassen die Probleme eines Marktzugangs über Verträge der Krankenkassen für die Leistungserbringer und die Qualität der Versorgung prognostizieren. Selektivverträge sind daher ebenso an Art. 12 Abs. 1 S. 2 zu messen, wie die vertragsärztliche Zulassung. Nach der Rechtsprechung des BVerfG bedarf eine Berufsausübungsregelung wie die vertragsärztliche Zulassung zur verfassungsmäßigen Rechtfertigung dringender öffentlicher Interessen[657], die mit der Aufrechthaltung der Funktionsfähigkeit eines staatlichen Systems gegeben sein können.[658]

So weitgehend, dass es um die Funktionsfähigkeit eines staatlichen Systems geht, hat der Gesetzgeber Selektivverträge aber nicht definiert. Zwar sieht er den „gelenkten Kassen- und Vertragswettbewerb als Steuerungskonzept".[659] Ihre vornehmliche Aufgabe ist aber die Verbesserung von Qualität und Wirtschaftlichkeit im Gesundheitswesen, somit Effizienz und Effektivität[660], ohne sie wird nicht die Aufrechthaltung der Funktionsfähigkeit eines staatlichen Systems in Frage gestellt. Jedenfalls hat der Gesetzgeber dies so bisher nicht definiert, sondern sie als Ergänzung zum Kollektivsystem fort entwickelt.

Da auf den Abschluss von Direktverträgen nur ausnahmsweise ein gesetzlicher Anspruch besteht (nach § 73b Abs. 4 S. 1 seit dem GKV-OrgWG unter den gesetzlich geregelten Voraussetzungen), stellen sie eine noch stärkere Beschränkung der Berufsausübung als die Zulassung dar, auf die grundsätzlich ein Anspruch besteht.[661] Sie unterliegen weitgehend der freien Vereinbarung und Auswahl durch die Krankenkassen. Lediglich ihr begrenzter Umfang und ergänzender Charakter zur Kollektivversorgung,

---

[656] O. V., A+S aktuell, o. V., 20/2008, 17 verlautbart
[657] BVerfGE, Urt. v. 23.03.1960, 1 BvR 216/51, BVerfGE 11, 30, NJW 1960, 715 - juris Rn. 34.
[658] So bzgl. Altersgrenze und Zulassungsbeschränkungen zur Stabilisierung der Finanzgrundlagen der GKV, BSG, Urt. v. 24.11.1993, 6 RKa 26/91, BSGE 73, 223 - Rn. 19 ff..
[659] Pitschas, GesR 2010, 513 (514).
[660] Pfeiffer, ZMGR 2007, 119 (119).
[661] Vgl. Kap. 2 Fn. 342, „Rechtsanspruch"

der noch vorherrscht, mindert den tatsächlichen Eingriff in das Grundrecht. Diese begrenzte, vereinzelte Regelung der Selektivverträge macht sie aber andererseits verfassungsrechtlich bedenklich.

Gerade bei zunehmendem (faktischem und rechtlich eröffnetem) Einfluss der Verträge auf die Berufsausübungsfreiheit müssen diese, ebenso wie die vertragsärztliche Zulassung, einem Gesamtsystem genügen und unterworfen werden. Dann muss der Gesetzgeber auch seinen politischen Gestaltungswillen zur Neuregelung des Gesundheitsmarktes erkennen lassen und mit entsprechenden Schutzmaßgaben wie dem „Ordnungsrahmen des Allgemeinen Wettbewerbsrechts flankierend" sichern.[662] Nur wenn das der Fall ist, sind auch die Freiheitsgrundrechte in ihrem Schutzniveau gesenkt, denn im Rahmen eines Regulierungsrechts ist der Grundrechtsschutz zurückgenommen. Die Auswirkungen eines Regulierungsrechts auf das Schutzniveau von Grundrechten sind z. B. in der Legitimation der Eigentümlichkeiten der beruflichen Tätigkeit des Vertragsarztes sowie in deren Planungsunterworfenheit („Bedarfsplanung") ersichtlich. Sie legitimieren „einen breiteren Regelung- und Gestaltungsspielraum des staatlichen Gesetzgebers […]."[663] Der Verhältnismäßigkeitsgrundsatz gewinnt dann für den Grundrechtsschutz an entscheidender Bedeutung.[664] Der Gesetzgeber hat aber für Selektivverträge explizit keinen politischen Gestaltungswillen zur Ersetzung des Kollektivsystems geltend gemacht. Vielmehr ist Plan des Gesetzgebers das Konzept eines regulierten Vertragswettbewerbs und damit gemeinwohlpflichtigen Wettbewerbs. Darin liegt die gestalterische Maßnahme des Gesetzgebers. Da diese Maßnahme, der Vertragswettbewerb, jedoch tatsächlich nicht ausreichend reguliert ist, ist ihre Orientierung am Gemeinwohl nicht gewährleistet. Das Schutzniveau der Grundrechte ist ferner mangels Regulierungs- bzw. Gestaltungsentscheidung der Einführung eines alternativen Marktzugangs mit Etablierung der Selektivverträge nicht gesenkt. Selbst wenn die Selektivverträge nach dem Plan des Gesetzgebers die Wahl der Berufsausübung ebenso wie die Zulassung neu hätten gestaltend modifizieren sollen, fehlte es also an ausreichender Regulierung. Die Grundrechtsprüfung ist somit nicht auf eine Verhältnismäßigkeitsprüfung reduziert.

Der Vertragswettbewerb entwickelt sich damit als Konkurrenzmodell zur Marktteilnahme durch die Zulassung, wozu er rechtlich von vornherein nicht konzipiert ist. Ohne den erforderlichen ordnungspolitischen und ordnungsrecht-lichen Rahmen für ihre zunehmende Steuerung des ambulanten Gesundheitsmarkts wird ein auf kollektivvertraglicher Reglung beruhendes „verlässliches und gerechtes Gesundheitssystem" durch

---

[662] Pitschas, GesR 2010, 513 (522).
[663] Pitschas, GesR 2010, 513 (518).
[664] Pitschas, GesR 2010, 513 (519).

Selektivverträge „systematisch zerstört".[665] Gleichwohl werden sie intensiv durch den Gesetzgeber gefördert und in ihren Möglichkeiten erweitert. Es handelt sich um verschiedene Einzelregelungen, die alle nur ergänzend zum System funktionieren; sei dies in Form der besonderen ambulanten Versorgung (§ 73c) oder, sehr weitreichend, in Form der Regelung der HzV. Bei der sich abzeichnenden Ausweitung und Weiterentwicklung des Einflusses auf die Versorgung durch die Krankenkassen sind jedoch keine ausreichenden Vorkehrungen ersichtlich, die eine Abstimmung mit einer weiterreichenden flächendeckenden Versorgung der gesetzlich Versicherten regeln und gewährleisten würden. Damit ist die Sicherstellung einer entsprechenden Versorgung gefährdet. Ein funktionierendes Konzept als Konkurrenzmodell zur vertragsärztlichen Zulassung ist damit also nicht gegeben, aber auch ein gemeinwohlorientierter Wettbewerb ist bedenklich.

Zwar haben auch die Krankenkassen den Sicherstellungsauftrag zu erfüllen. Ferner geht dieser nach fast durchgängiger Regelung mit den Einzelverträgen von den KVen wieder auf die Krankenkassen über, so z. B. ausdrücklich in der gesetzlichen Regelung des § 140a Abs. 1 S. 2. Die tatsächliche Gewährleistung der nach dem derzeit geltenden System der GKV zu leistenden Sicherstellung einer ausreichenden, zweckmäßigen - aufeinander abgestimmten - flächendeckenden Versorgung ist damit hingegen in keiner Weise mehr gegeben. Allenfalls beschränkt auf den Bereich der HzV nähern sich die gesetzlichen Regelungen den Erfordernissen der Flächendeckung und ausreichenden Versorgung an. Das korreliert aber wiederum mit einer Abkehr vom selektivvertraglichen Modell in Richtung auf eine kollektive Regelung bei der HzV.

Direktverträge bedeuten daher (schon) im gegenwärtigen System eine Einschränkung der Berufsausübungsfreiheit. Deren Ziel ist zwar grundsätzlich legitim und auch erforderlich, bei Abwägung der widerstreitenden Interessen im Rahmen der Verhältnismäßigkeitsprüfung ist ihre Rechtfertigung jedoch zunehmend in Frage zu stellen, schon allein, weil der Zugang im Regelfall (Ausnahme: HzV) allein der Wahl der Krankenkassen unterliegt.

Je größeren Umfang sie erreichen, desto mehr bedeuten sie zudem eine erhebliche Schwächung des Gesamtsystems. Stellen sie dieses in Frage, bedarf es eines fundierten gesetzgeberischen Konzepts in Form einer Regulierungsentscheidung, um nicht schon im Rahmen der Erforderlichkeit und Geeignetheit einen Grundrechtsverstoß zu manifestieren (vielmehr nur im Rahmen der Verhältnismäßigkeit einer Prüfung zu unterliegen). Momentan kann und muss über Direktverträge keine flächendeckende, ausreichende Versorgung sichergestellt werden, allenfalls in begrenzten Vertragsbereichen.

---

[665] Gesundheitspolitische Agenda 2009 des IGFS, o. V., A+S aktuell 11/2009, 13 (14).

Mit einer wachsenden Versorgung über Verträge findet die durch die bisherige Rechtsprechung anerkannte Rechtfertigung aufgrund der Gewährleistung des Gesamtsystems keine Anwendung mehr. Eine Ausnahme bildet die HzV, bei der diese Gewährleistung schon mit ihrer Einführung durch das GMG zum 01.01.2004 erfüllt sein musste[666], sie entwickelt sich aber, wie eben erwähnt, zunehmend zu kollektiven Strukturen zurück. Soweit der Gesetzgeber aber nur in begrenztem Maß zum Kollektivvertrag zurückkehrt, wird der dabei gewonnene Vorteil der Verpflichtung zur Bedarfsdeckung mit dem aktuellen § 73b durch den Nachteil aufgewogen, dass die erfolgte Bevorzugung von Teilen der Vertragsärzte eine massive Ablehnung des Systems („Kollektivausstieg") provoziert. Das bedeutet, dass es fraglich ist, ob hier eine „Selektivform" oder der „dritte Weg"[667] noch eine Rechtfertigung findet.

Zudem bedeuten die Verträge, gerade weil sie eben keine einheitliche Regelung gewährleisten müssen, für jene Ärzte einen Vorteil, die Vertragspartner der Krankenkasse werden. Dieser Vorteil bedeutet auf der Kehrseite einen Nachteil für die Ärzte, die ausschließlich im Rahmen ihrer Zulassung als Vertragsarzt tätig sind, da sie auf zusätzliche Mittel, die die Verträge häufig vermitteln, verzichten müssen und nicht von der Steuerung der Patientenströme, die durch die Verträge erfolgen[668], profitieren können, vielmehr diese Patienten verlieren. Sie müssen nicht nur auf zusätzliche Mittel verzichten, sondern überdies aufgrund von Bereinigungsregelungen eine Kürzung ihres eigenen Budgets hinnehmen.[669] Damit wird es für Ärzte zunehmend unattraktiver, sich ausschließlich an der Kollektivversorgung zu beteiligen.[670]

Durch die Verträge wird auch insoweit die Berufsausübungsfreiheit der zugelassenen Vertragsärzte ohne Direktvertrag mit einer Kasse tangiert. Eine Verletzung ist derzeit nicht zu beanstanden, aufgrund Zunahme der Verträge bedarf die Entwicklung aber strenger Beobachtung durch den Gesetzgeber.[671] Denn bei Zunahme von Marktmacht fordert der berufsgrundrechtliche Schutz auf Kompensation „bei Knappheit der Vertragsschlüsse u. U. auch [auf] angemessene Berücksichtigung der einzelnen Leistungsanbieter."[672]

---

[666] Vgl. Art. 1 Nr. 49 GMG.
[667] Vgl. dazu ausführlich Kap. 3 B.VI.1.c.c.a..
[668] Goodarzi/Schmid, NZS 2008, 518 (522).
[669] Vgl. ausführlich unter Kap. 3 B.VI.1.c.c.b..
[670] WIdo, Vertragswettbewerb, 125, http://www.wido.de/publikation_2008.html (14.11.2011).
[671] Zur Beobachtungpflicht des Gesetzgebers vgl. Huster, ZfRSoz 24 (2003), 3 ff., zur Nachbesserungspflicht insbesondere 7 ff.; für das Erfordernis der verstärkten Beobachtung von Grundrechtseingriffen bei Zunahme der Verträge auch Schuler-Harms, in: Schmehl u. a., Steuerungsinstrumente im Recht des Gesundheitswesens, Bd. 2, 47.
[672] Schuler-Harms, in: Steuerungsinstrumente im Recht des Gesundheitswesens, Bd. 2, 23.

Da kein gesetzlich für alle möglichen Leistungserbringer geregelter Anspruch auf Abschluss eines Selektivvertrags existiert, wird ferner auch die Gleichbehandlung tangiert. Allenfalls aus Art. 12 Abs. 1 GG i. V. m. Art. 3 Abs. 1 GG wird ein Anspruch auf Vertragsabschluss für den einzelnen Leistungserbringer oder Leistungserbringergruppen, soweit diese grundrechtsfähig sind, herzuleiten sein.[673] Insbesondere einer staatlichen Stelle, die einen öffentlichen Auftrag vergibt, ist es aufgrund des Gleichheitssatzes verwehrt, „das Verfahren oder die Kriterien der Vergabe willkürlich zu bestimmen"[674]. Dabei kann rechtsdogmatisch und für die jeweilige Ausgestaltung des Einzelvertrags Uneinigkeit darüber bestehen, ob es sich um Auftrag oder eine Konzession handelt.[675] Die Effektivität eines Rechtsschutzes, der sich unmittelbar aus Art. 3 GG herleiten soll und nicht vom Gesetzgeber konkretisiert wurde, ist stark in Zweifel zu ziehen. Nicht ohne Grund ist daher die Diskussion um die Anwendung des Vergabe- und Wettbewerbsrechts bei dem Abschluss von Selektivverträgen aufgekommen. Auch der Blick auf andere Rechtsgebiete, hier wiederum das Arbeitsrecht, aber auch das allgemeine Vertragsrecht, zeigt, dass es regelmäßig der Konkretisierung der Anforderungen des Art. 3 GG durch den Gesetzgeber bedarf, damit dieses Grundrecht im Rechtsverkehr effektiv wird. Das belegt etwa die Einführung des AGG, welches im Detail Rechtsvorschriften für Fälle der Diskriminierung regelte und damit als ein Konkretisierungsgesetz zu Art. 3 GG im Bereich der Diskriminierung bezeichnet werden kann.

Die verfassungsmäßige Rechtfertigung kann derzeit unter dem Aspekt des Regel-Ausnahmeprinzips der Teilnahme an den finanziellen Ressourcen des Systems über die Zulassung und Direktverträge noch angenommen werden, da die Tätigkeit als Vertragsarzt ohne einen Vertrag mit einer Kasse, allein im Rahmen der vertragsärztlichen Zulassung, vorherrschend ist. Mit Zunahme der Häufigkeit an Verträgen und umfassenderen gesetzlichen Regelungen, wie mit der mit dem GKV-OrgWG weitreichend geregelten HzV und dem Ausschluss der KVen als Vertragspartner, steigen die Anforderungen an die verfassungsmäßige Rechtfertigung der Direktverträge unter dem Aspekt der Wahlfreiheit der Berufsausübung.

Direktverträge müssen unter den Aspekten der Wahlfreiheit der Berufsausübung und der Diskriminierungsfreiheit bei weiterer gesetzlicher Ausdehnung und bei weiterer tatsächlicher Durchsetzung streng geprüft werden.

---

[673] Wigge, MedR 1996, 51 (57); Wigge/Harney, MedR 2008, 139 (140). Fuerst, GesR 2010, 183 (187) für Arzneimittelvereinbarungen; *Stellpflug*, in: Stellpflug et al., Hdb. Medizinrecht, 21, Rn. 66 für Integrationsverträge.

[674] BVerfGE, Beschl. v. 01.11.2010, 1 BvR 261/10, SozR 4-2500 § 130a Nr. 7 - juris, Orientierungssatz.

[675] Vgl. Kap. 3 B.V.2.b.b.b..

Ferner ist auch die Rechtfertigung der vertragsärztlichen Zulassung als Zugangsvoraussetzung mit zunehmenden vertraglichen Teilnahmen zu prüfen. Die Rechtmäßigkeit der Einschränkung der Berufsausübung durch die Zulassung sieht das BVerfG darin, dass das staatliche System der GKV aufrechterhalten werden kann. Die Zunahme von Verträgen schränkt jedoch den mit der Zulassung verbundenen Teilnahmeanspruch ein. Die Gewährleistung eines mehr oder weniger umfassenden Teilnahmeanspruchs ist damit nicht mehr gegeben. Die eingangs des Titels genannte Gesundheitsregulierungsentscheidung des Gesetzgebers mit der Zulassung einen kollektivrechtlich ausgestalteten vorherrschenden Marktzugang zu regeln (kollektivrechtlich ausgestaltetes Zulassungssystem), wäre nicht mehr konsequent vollzogen. Dadurch wäre das Schutzniveau der Grundrechte nicht mehr gesenkt. Wird daher das staatliche System der Versorgung der gesetzlich Versicherten nicht mehr vorwiegend durch die zugelassenen Leistungserbringer aufrechterhalten, ist auch der Rechtfertigungsgrund für die Einschränkung der Berufsausübungsfreiheit durch Beschränkungen der Zulassung wie etwa der Bedarfszulassung („Planungsunterworfenheit") als Regulierungsmaßnahme in Frage gestellt.

Eine Verletzung von Art. 14 Abs. 1 GG würde dann in Rede stehen, wenn die Verwertung der ganzen ärztlichen Praxis von Vertragsschlüssen abhinge, auf die kein Anspruch bestünde. Das ist nach derzeitiger Rechtslage und auch in der Entwicklung aktuell nicht ersichtlich, bedarf aber ebenfalls der Beobachtungspflicht des Gesetzgebers. Eine Verletzung von Art. 9 GG ist bei der gegenwärtigen Regelung von Selektivverträgen nur im Bereich der HzV denkbar und wurde dort besprochen.

a. b. Freie Arztwahl - Art. 2 Abs. 1 GG, § 76 Abs. 1

Das subjektiv öffentliche Recht der Patienten auf grundsätzlich freie Arztwahl wurde eingangs erläutert.[676] Die aus ihm erwachsende „personelle Wahlfreiheit darf in ihrem Kernbereich durch untergesetzliche Normen nicht beschnitten werden, sofern die Einschränkung nicht gesetzlich erlaubt ist".[677]

Die existierenden Selektivverträge gewährleisten dieses Recht nicht mehr uneingeschränkt. Bei einer Beteiligung an der HzV nach § 73b etwa muss der Patient zunächst einen Hausarzt aufsuchen, er ist aber frei in seiner Entscheidung, an der HzV teilzunehmen. Es handelt sich um ein auf Freiwilligkeit („Einschreibemodell") basierendes Primärarztsystem.[678] Zwar ist damit die Teilnahme jedes Patienten grundsätzlich freiwillig. Der Gesetzgeber fördert die Teilnahme aber in der Weise, dass für die nicht

---

[676] Kap. 2 C.II.3.d..
[677] *Hesral*, in: jurisPK-SGB V, § 76 Rn. 11.
[678] Zum Primärarztsystem vgl. Bt-Drs. 11/6380, 56.

freiwillig teilnehmenden Versicherten ein finanzieller Nachteil die Folge ist. Diese mittelbare Sanktion begründet die Kritik, dass die Freiwilligkeit der Teilnahme relativ ist, insbesondere unter den tatsächlichen Rahmenbedingungen der zunehmend zu leistenden Eigenbeteiligung der Versicherten an den Kosten für Krankheit und der gesetzgeberischen Forcierung von Hausarztverträgen durch die Verpflichtung der Krankenkassen zum Vertragsschluss mit dem GKV-OrgWG.

Bei weiteren Verträgen, etwa der IV ist zwar auch die Arztwahl des Versicherten nicht unmittelbar beschränkt, da der Versicherte auch hier freiwillig teilnimmt, er kann aber auch bei diesem Selektivvertragsmodell nur bei Erklärung seiner Teilnahme von den Vorteilen profitieren. Gleichermaßen gilt auch für die IV, dass die Freiwilligkeit der Teilnahme wiederum unter den Aspekten zunehmender Eigenleistung für Kosten einer ausreichenden und in diesem Zusammenhang vor allem auch zweckmäßigen Versorgung sowie der zusätzlichen finanziellen Mittel im Rahmen der Verträge zu relativieren ist. Jeder Patient, der erfährt, welche Vorteile die Teilnahme an einem integrierten Versorgungsprogramm haben kann, wird in seiner Wahl einer besseren und zweckmäßigeren Versorgung gegenüber einer freien Arztwahl nicht mehr wirklich frei entscheiden können. Auch die Teilnahme an Strukturverträgen (§ 73a) kann die freie Arztwahl zeitlich begrenzt beschränken.

Zu Beginn des letzten Jahrhunderts wurde es gerade als Schwäche des Systems von Einzel- und Direktverträgen mit den Krankenkassen kritisiert, dass die freie Arztwahl der Patienten nicht gewährleistet war[679], und als Errungenschaft gesehen, dass sowohl Patienten die freie Arztwahl gewannen als auch die Ärzte von Einzelverträgen mit Krankenkassen unabhängig wurden. Die aktuelle Zunahme von Direktverträgen bedeutet einen Rückschritt, da dieselben Mängel, fehlende freie Arztwahl und Abhängigkeiten der Ärzte von Vertragsschlüssen mit Krankenkassen, wieder zugelassen werden.

Insgesamt ist die Einschränkung der freien Arztwahl in den jetzigen Formen von Selektivverträgen verfassungsrechtlich noch vertretbar, da ein konkreter Eingriff in Form der Beschränkung der Arztwahlfreiheit aufgrund Gesetzes nicht vorzuliegen scheint. Auch dieses herkömmliche Prinzip droht jedoch bei Fortsetzung der Entwicklung der letzten Jahre in rechtlicher Hinsicht und bei Fortbestehen der aktuellen Situation im Gesundheitsmarkt eingeschränkt zu werden. Denn auch wenn in rechtlicher Hinsicht zwar kein Grundrechtseingriff vorzuliegen scheint, so ist eine Tangierung des Grundrechts durch die tatsächlichen Umstände, wie dargelegt, gleichwohl schon gegeben. Teilweise sind Beschränkungen der freien Arztwahl in den Vorschriften selbst bereits

---

[679] Vgl. Kap. 1 B.II.4. u. 5..

angelegt, die weiter ausgeweitet werden könnten. Das grundsätzliche Prinzip der freien Wahl unter den zugelassenen Ärzten wird dabei weiter ausgehöhlt und damit die Gefahr des nicht mehr gerechtfertigten Eingriffes in Art. 2 Abs. 1 GG zu beachten sein. Im Rahmen der Systemsteuerung über die vertragsärztliche Zulassung ist die Freiheit der Arztwahl hingegen gewährleistet.

a. c. Sozialstaatsprinzip und Sachleistungssystem

Die BRD ist ein demokratischer und sozialer Bundesstaat (Art. 20 Abs. 1 GG). Das Sozialstaatsgebot ist somit als Staatsziel im Grundgesetz verankert. In Verbindung mit der Schutzpflicht des Staates für das Leben aus Art. 2 Abs. 2 S. 1 GG[680] und für die körperliche Unversehrtheit hat der Staat die gesundheitliche Versorgung seiner Bürger sicherzustellen[681]. Eine Änderung dieses Grundsatzes ist nach Art. 79 Abs. 3 GG unzulässig. Zentrale Zielsetzung des Sozialstaates ist die Herstellung sozialer Gerechtigkeit, die sich im Gleichheitssatz konkretisiert[682], und die Schaffung sozialer Sicherheit[683]. Wichtiges Instrument hierzu sind die sozialen Sicherungssysteme, in der BRD dominieren die Sozialversicherungssysteme. Für die GKV hat der Gesetzgeber die Zielvorgaben in den §§ 12, 70, 71 und 72 Abs. 2 gemacht. Danach erfüllt der Staat seinen Schutzauftrag nach Art. 20 Abs. 1, 28 Abs. 1 GG mit Sicherstellung und Gewährleistung einer im Hinblick auf die Quantität bedarfsgerechten und gleichmäßigen, im Hinblick auf die Qualität, dem allgemein anerkannten Stand der medizinischen Kenntnisse entsprechenden und darüber hinaus ausreichenden, zweckmäßigen, notwendigen und wirtschaftlichen Versorgung der gesetzlich Versicherten. Der Staat kann das nur gewährleisten, wenn er den am System Beteiligten ein Regelungssystem vorgibt, in dessen Rahmen sie sich halten müssen. Das hat der Staat mit Begründung der GKV als Risikogemeinschaft vollzogen[684], indem er die Beiträge an der - regelmäßig durch das Arbeitsentgelt oder die Rente bestimmten - wirtschaftlichen Leistungsfähigkeit des einzelnen Versicherten und nicht am individuellen Risiko ausrichtet.[685] Allerdings muss sich die Verwirklichung des Sozialstaatsprinzips im Rahmen der Rechtstaatlichkeit abspielen.[686] Die Beachtung rechtsstaatlicher Werte wie Freiheit, Wettbewerb und Privatautonomie verhindert wiederum eine Überexpansion des Sozialstaats hin zum Wohlfahrtsstaat.

---

[680] Vgl. BVerfG, Urt. v. 06.12.3005, 1 BvR 347/98, NJW 2006, 891 (894).

[681] BVerfG wie vor - juris Rn. 53, bezeichnet den Schutz des Einzelnen in Fällen von Krankheit als eine Grundaufgabe des Staates in der sozialstaatlichen Ordnung des Grundgesetzes.

[682] Vgl. BVerfG, Entscheidung v. 18.07.1972, 1 BvL 32/70, 1 BvL 25/71, BVerfGE 33, 303 - juris Rn. 63.

[683] Vgl. BVerfG, Urt. v. 17.08.1956, 1 BvB 2/51, BVerfGE 5, 198 - juris Rn. 80.

[684] Zur Rechtsqualität der GKV als Versicherung, Schnapp, VSSR 1995, 101 (103).

[685] BVerfG, Beschl. v. 06.12.2005, 1 BvR 347/98, BVerfGE 115, 25 - juris Rn. 53.

[686] Waltermann, Sozialrecht, 6.

Ein vollkommen freies Spiel der Kräfte darf es daher in der GKV nicht geben. Wettbewerb ist ein grundsätzlich zulässiges Instrument auch im Gesundheitswesen. Ein Wettbewerb auf der Leistungsseite allerdings verträgt „sich nicht mit dem staatlichen Schutzauftrag nach Art. 2 Abs. 2 GG, der ein Mindestmaß an Gesundheitsleistungen im Versicherungsfall Krankheit garantiert".[687] Dennoch wird mit Selektivverträgen der Wettbewerb auch auf der Leistungsseite eröffnet. Die Krankenkassen werben um die für sie günstigsten Vertragspartner zur Leistungserfüllung (ihrer Sachleistungsverpflichtung). Dieser Wettbewerb auf der Leistungsseite wird durch die Einführung des Gesundheitsfonds gefördert, da danach diejenige Krankenkasse im Markt bestehen bleibt, die mit den grundsätzlich gleich zugeteilten Mitteln am besten kalkuliert. Um Einfluss hierauf zu nehmen, stehen neben Personal- und Verwaltungskosten nur die flexiblen Ausgaben für die Leistungserbringer zur Verfügung.

Erst seitdem der damit zunehmende, bedenkliche Wettbewerbsdruck und die Gefahr von Willkür erkennbar wurden, wurden Selektivverträge der Krankenkassen am Wettbewerbs- und, aufgrund der Sonderstellung der Krankenkassen als Körperschaften öffentlichen Rechts, auch am Vergaberecht gemessen. Bis dahin konnten die Krankenkassen ihre Monopolstellung als Finanzier und die in diesem Rahmen zunehmend eingeräumten Rechte wie sie für andere Teilnehmer an der (Markt-)Wirtschaft galten, über Selektivverträge nahezu ungehindert ausspielen. Dadurch wurde auch die Vertragsdisparität durch Marktmacht gefördert, die weiterhin eine ernstzunehmende Gefahr für die Berufsausübungsfreiheit der Ärzte bildet.[688]

Der Wettbewerb auf der Leistungsseite und damit auch der Leistungserbringerseite bringt insbesondere das Risiko von Qualitätsverlusten mit sich, was diametral zum gesetzgeberischen Willen steht. Danach ist es ausgesprochenes Ziel, die Qualität zu verbessern[689], im Übrigen aber Mindestvoraussetzung für Selektivverträge, die Qualität zu halten. In der Realität wird hiergegen jedoch regelmäßig verstoßen und damit die Einhaltung des staatlichen Schutzauftrags infrage gestellt. Ganz deutlich hat sich das bei den Ausschreibungen zur Vergabe von Aufträgen im Bereich der Hilfsmittelerbringer gezeigt. Die Krankenkassen bekunden offiziell, dass Schwerpunkt der Ausschreibungen Qualitätskriterien seien. Tatsächlich deutet jedoch vieles darauf hin, dass

---

[687] Wolf, GesR 2008, 567 (568). Im Gegensatz zu dem Wettbewerb auf Leistungs(erbringer)seite vertritt dieser die Auffassung, mit dem Schutzauftrag vertrügen sich nur Elemente, die sich nur auf der Finanzierungs- oder Beitragsseite auswirken, z. B. durch unterschiedliche allgemeine Beitragssätze.

[688] *Schuler-Harms*, in: Steuerungsinstrumente im Recht des Gesundheitswesens, Bd. 2, 46.

[689] BT-Drs. 16/3100, 87 spricht davon, dass durch Vertragswettbewerb Qualität und Effizienz der medizinischen Versorgung deutlich verbessert werden.

die Preise ein wesentliches Entscheidungskriterium sind. So ist es einzelnen Verträgen zur Ausschreibung von Hilfsmitteln explizit zu entnehmen[690].

Dass dies regelmäßig so gehandhabt werden wird, kann daraus geschlossen werden, dass die Kassen nach dem Willen des Gesetzgebers untereinander im Wettbewerb stehen und daher nicht auf die Nutzung von Mitteln verzichten werden, die konkurrierende Kassen anwenden. Das bedeutet, wenn bei einer Krankenkasse bei den Auswahlkriterien der Schwerpunkt auf den Preis gelegt wird, werden das andere Krankenkassen zur Aufrechterhaltung ihrer Konkurrenzfähigkeit ebenso tun. Für diese Unterstellung spricht auch, dass die Qualität im Bereich der Hilfsmittel - die Hilfsmittelerbringer sind vergleichbare Leistungserbringer - in vielen, in den Medien bekannt gemachten Beispielen, nicht nur gesunken ist, sondern teilweise ein solch niedriges Niveau erreicht hat, dass die Versicherten die Leistung (das Hilfsmittel) als ungeeignet oder inakzeptabel ablehnen. Auch die Beratung, die Anpassung und die Einweisung in die Nutzung der Hilfsmittel sind erheblich schlechter geworden.[691]

Darin zeigt sich die bereits zum Morbi-RSA geschilderte Gefahr der Risikoselektion[692], die immer entsteht, wenn für die Kassen Anreize bestehen, ihre Geschäftspolitik

---

[690] Frontal 21, Sendung v. 18.11.2008, Beitrag: Schlecht und billig - Sparen bei medizinischen Hilfsmitteln, http://frontal21.zdf.de/ZDFde/inhalt/17/0,1872,7410385,00.html, (25.12.2008), nicht mehr zugreifbar, Ms. liegt d. Verf. vor, ebenso wurde der O-Ton in einer telefonischen Rücksprache d. Verf. am 22.11.2011 mit Jan Wolter, bis 2010 Qualitätsverbund Hilfsmittel, von diesem bestätigt.

[691] Eine auf einen Rollstuhl angewiesene Körperbehinderte erhielt nach einer ersten Beanstandung eines zur Verfügung gestellten Rollstuhls, der für ihre Körpergröße zu klein war, einen Rollstuhl, auf dem sitzend sie mit den Füßen auf dem Boden schleift, anstatt diese auf den vorgesehenen Pedalen absetzen zu können. Aufgrund der schlechten Eignung des Rollstuhls hatte sie bereits einen Unfall durch Umfallen mit dem ungeeigneten Hilfsmittel. Nach einem weiteren Bericht rascheln Windeln für Inkontinenz-Kranke so stark, dass man es dem Kranken nicht zumuten kann, sie zu tragen. Folgen schlechter Qualität der Windeln sind in diesem Beispielsfall unter anderem, dass sich die Patienten schneller einnässen als mit hochwertigeren Produkten. Die Pflegebedürftigen liegen hierdurch nachts in eingenässten Windeln und Betten, was das Risiko von Infektionen und Folgeerkrankungen wie dem Dekubitus erhöht. (Plusminus, Sendung v. 16.12.2008, Krankenversicherung Einsparungen bei Hilfsmitteln auf Kosten der Patienten, http://www.daserste.de/plusminus/beitrag_dyn~uid,2ponnsc6rncozxsl~cm.asp, 25.12.2008), nicht mehr zugreifbar, Ms. liegt d. Verf. vor; nach einem anderen Bericht sind die Windeln so schlecht saugfähig, dass das Bett des Kranken des Nachts durchnässt wird, was bei freier Wahl des Hilfsmittelerbringers nicht der Fall war (Frontal 21, Sendung v. 18.11.2008, Beitrag: Schlecht und billig - Sparen bei medizinischen Hilfsmitteln, http://frontal21.zdf.de/ZDFde/inhalt/17/0,1872,7410385,00.html, 25.12.2008, siehe Fn. zuvor).

[692] Knappe et al., 2003, 20.

an unterschiedlichen Risiken zu orientieren.[693] Auch der Vertragswettbewerb läuft Gefahr zu einer Risikoselektion zu führen.[694]

Die Vergleiche mit den Defiziten eines Wettbewerbs auf Leistungsseite zeigen die Risiken des grundsätzlich zulässigen Wettbewerbs für Versicherte auf. Diese Risiken bestehen gleichermaßen bei einem Wettbewerb auf Seiten der Leistungserbringer. Gerade bei der Hilfsmittelerbringung zeigen sich die Folgen eines Wettbewerbs auch auf die Leistungserbringer, die Hilfsmittelerbringer. Ein freier Wettbewerb auf Leistungserbringerseite ist daher mit dem Sozialstaatsprinzip nicht vereinbar. Für einen geordneten, dem sozialen Schutzauftrag genügenden Wettbewerb über Selektivverträge fehlt ein ausreichender und umfassender Regelungsrahmen. Eine ausreichende, wirtschaftliche und zweckmäßige Versorgung ist damit nicht gesichert. Insbesondere unter Wettbewerbsvoraussetzungen muss mit einer Verdrängung der Sicherstellungsaufgaben und damit einer Gefährdung des sozialstaatlichen Auftrags gerechnet werden, soweit diese nicht ausdrücklich vorgeschrieben sind und planmäßig verfolgt werden. Die Kombination von Wettbewerb und rein vertraglicher, also nicht hinreichend gesetzlich vorgegebener Regelung, lässt eine bedarfsgerechte, flächendeckende Planung grundsätzlich schwierig erscheinen. Selektivverträge verfolgen in großen Teilen wettbewerbliche Ziele, ohne die Auswirkungen auf das Gesamtsystem ausreichend zu regeln oder zumindest negativen Folgen in Form ausreichender Einzelregelungen vorzubeugen. Selbst von Seiten der Krankenkassen wird die Besorgnis einer Gefährdung der Funktionsfähigkeit kollektiver Steuerungsinstrumente durch Einzelvertragsmöglichkeiten geäußert.[695]

Die Teilnahme an der ambulanten Versorgung über die vertragsärztliche Zulassung als Eingangstor gewährleistet die Einhaltung des sozialstaatlichen Schutzauftrags. Sie wird aber durch die verstärkte Förderung des Vertragswettbewerbs - der dies nicht gewährleistet - geschwächt. Die Erschütterung eines funktionierenden Systems zum Zwecke des mit den Selektivverträgen beabsichtigten Ziels eines Wettbewerbs ist unverhältnismäßig. Wettbewerbselemente können und müssen den Vorrang der Steuerung über die vertragsärztliche Zulassung beachten. Die Alternative wäre, dass der Gesetzgeber das System umfassend umstellt (Gesundheitsregulierungsentscheidung) und die Funktionen der vertragsärztlichen Zulassung planmäßig modifiziert. Bisher ist dies

---

[693] BVerfG, Beschl. v. 18.07.2005, 2 BvF 2/01, BVerfGE 113, 167 - juris Rn. 29, so genannte Risikoselektion.

[694] So selbst Platzer, Vorsitzender des Vorstandes der AOK Bayern, in: o. V., A+S aktuell, 25/2009, 6 (7). Keine Steuerung und kein Einkaufsmodell sieht *Krauskopf*, in: Krauskopf, SozKV, § 69 Rn. 7, weil die Krankenkassen nur ein sehr begrenztes Recht haben, bei den vertragsbereiten Leistungserbringenr eine auswahl vorzunehmen.

[695] Pfeiffer, ZMGR 2007/5+6, 119 (122).

allenfalls ansatzweise im Hinblick auf den Sicherstellungsauftrag für die verschiedenen Selektivvertragsformen versucht worden. Zudem verträgt sich der Wettbewerb auf der Leistungsseite an sich nicht mit dem sozialstaatlichen Schutzauftrag.

a. d. Ergebnis zur Verfassungsmäßigkeit

Selektivverträge als Instrument des Wettbewerbs tangieren Grundrechte der Leistungserbringer und Versicherten sowie das Sozialstaatsgebot. Im Rahmen eines Systems der GKV sind eben diese Grundrechte herkömmlich stets tangiert, aber durch das System der Solidargemeinschaft gerechtfertigt, im Rahmen eines Gesundheitsregulierungsrechts ist der Grundrechtseingriff erleichtert durch den „breiteren Regelungs- und Gestaltungsspielraum des staatlichen Gesetzgebers".[696] Bei weiterer Förderung und Zunahme eines Vertragswettbewerbs wird das System jedoch nicht mehr aufrechterhalten, womit die Grundrechtseingriffe herkömmlicher Instrumente, wie der vertragsärztlichen Zulassung nicht mehr gerechtfertigt wären. Bei Einführung neuer Steuerungsmodelle muss der Gesetzgeber zugleich neuen Grundrechtsverletzungen vorbeugen. Schon mit den neuerdings bestehenden Möglichkeiten besteht die Gefahr erheblicher Grundrechtseingriffe, sollten sie durch faktische Ausbreitung zunehmen. Sobald hierdurch eine Destabilisierung des Systems eintritt, sind die Grundrechtseingriffe einer neuen Überprüfung zu unterziehen.

Im System einer ambulanten Versorgung, welche vornehmlich über die vertragsärztliche Zulassung gesteuert wird, besteht ein recht-lich wie gesundheitspolitisch bewährtes, jahrzehntelang austariertes System, in welchem Grundrechtseingriffe umfassend geprüft und ausgeräumt sind. Wie an der Aufhebung der Altersgrenze für Vertragsärzte ersichtlich, wird dieses trotz seiner Bewährung stets anhand der aktuellen gesellschaftlichen Umstände überprüft und angepasst, so dass auch nicht davon gesprochen werden kann, dass das System grundlegend erneuerungsbedürftig wäre.[697] Die das System angreifenden Maßnahmen bedürfen umso mehr einer stetigen genausten Überprüfung darauf, ob sie noch grundrechtkonform sind.

b. Qualität

b. a. Anforderungen und Gewährleistungen bei der vertragsärztlichen Zulassung

Nach § 70 Abs. 1 haben die Krankenkassen und die Leistungserbringer eine bedarfsgerechte und gleichmäßige, dem allgemein anerkannten Stand der medizinischen Erkenntnisse entsprechende Versorgung der Versicherten zu gewährleisten. Nur das

---

[696] Pitschas, GesR 2010, 513 (518).
[697] Nach *Hess*, in: KassKomm § 101 Rn. 27 allerdings zu Recht auch kritisch zu beobachten, insbesondere im Hinblick auf das System der Bedarfsplanung und Zulassungssperren.

zweite Kriterium, die Beachtung des allgemein anerkannten Stands der medizinischen Erkenntnisse, bestimmt die Qualität der Behandlungsleistung. Das erste Kriterium, die bedarfsgerechte und gleichmäßige Versorgung bezeichnet deren Quantität. Gleichwohl stellen quantitative Mängel, insbesondere in der Form einer unzureichenden regionalen Angebotsverteilung, aber ebenso qualitative Mängel dar. Die bedarfsgerechte Versorgungsquantität kann man daher als mittelbare Qualitätsanforderung bezeichnen. Der Leistungserbringer als Inhaber einer vertragsärztlichen Zulassung ist über § 95 in das System dieser Anforderungen eingebunden und gewährleistet daher die Qualität der Versorgung. Das erfolgt durch ein engmaschiges Regelwerk im SGB V, das sich u. a. an die Vertragsärzte als Leistungserbringer richtet.

Der Gesetzgeber hat im Jahr 1989 mit dem GRG eine Verpflichtung zur Qualitätssicherung für die ambulante, stationäre und rehabilitative Versorgung verankert (§§ 137 ff.) und in der Folge weiterentwickelt und ausgebaut. Er hat die Qualitätssicherung zu einer herausgehobenen Aufgabe der gemeinsamen Selbstverwaltung in der GKV gemacht. Im Jahr 2004 wurde das Institut für Qualität und Wirtschaftlichkeit im Gesundheitswesen (IQWiG) (§ 139a) zur Verbesserung der Qualitäts- und Nutzenbewertung von medizinischen Leistungen eingeführt. Im Rahmen der Verzahnung der Sektoren wurden mit dem GKV-WSG für die Qualitätssicherung Änderungen mit dem Ziel beschlossen, die Anforderungen an die Qualitätssicherung in den verschiedenen Sektoren des Gesundheitssystems soweit wie möglich einheitlich und sektorenübergreifend festzulegen. Hierzu hat etwa der G-BA sektorenübergreifend Richtlinien für die vertrags(zahn)ärztliche Versorgung und die Krankenhausversorgung zu erlassen (§ 137). Die Förderung der Qualität der zugelassenen Leistungserbringer wird stetig weiterverfolgt. So wurde etwa die mit dem 01.01.2009 neu geregelte Vergütung der Vertragsärzte bereits mit dem Pflege-Weiterentwicklungsgesetz um eine besondere Regelung zur Qualitätssicherung erweitert. Hiernach können KVen mit einzelnen Krankenkassen oder den für ihren Bezirk zuständigen Krankenkassen- / Ersatzkassenverbänden unbeschadet der Regelungen zur Vereinbarung der Vergütung nach den § 87a bis § 87c gesamtvertragliche Vereinbarungen treffen, in denen für bestimmte Leistungen Qualitätsmerkmale festgelegt und mit besonderen Zuschlägen honoriert werden (§ 136 Abs. 4). Diese Zuschläge waren durch die Regelung eines Abschlages von den nach § 87a Abs. 2 S. 1 regulär zur Vergütung vereinbarten Punktwerten vorzunehmen.[698] Soweit dies aus anderen als Qualitätsgründen durch das GKV-FinG ausgesetzt wurde, wurde die Qualitätswahrung und Förderung durch die Möglichkeit von

---

[698] Pflege-Weiterentwicklungsgesetz vom 28.05.2008, BGBl. I, 874, 901.

Sicherstellungszuschlägen wieder eingeführt.[699] Das GKV-VStG hat § 136 Abs. 4 aktualisiert und damit bestätigt.

b. b. Anforderungen und Gewährleistungen bei Selektivverträgen

In Bezug auf die Selektivverträge sind zwei Qualitätsaspekte zu betrachten. Einerseits die Frage der mittelbaren Auswirkungen auf die Qualität der Versorgung unter dem Aspekt eines fehlenden Ordnungsrahmens bei selektivem Eingreifen in ein bestehendes Gesamtsystem. Hieraus erwachsen erhebliche Qualitätsdefizite, die nachfolgend erläutert werden. Andererseits ist die Qualität der Leistungserbringung im Rahmen von Selektivverträgen zu bewerten. Nur unter letzterem Aspekt kann von erheblichen Qualitätsgewinnen durch die Option von Selektivverträgen gesprochen werden.

Die zuletzt genannten Qualitätsgewinne sollen zunächst kurz benannt werden, da sie als Verbesserung gegenüber der Versorgung allein über die vertragsärztliche Zulassung bezeichnet werden können, die der Gesetzgeber erreicht hat. Problematisch ist hingegen die Auswirkung der Selektivverträge auf das ausdifferenzierte Qualitätssystem der Versorgung über die vertragsärztliche Zulassung. Ihre nachteiligen Auswirkungen auf das Instrument der vertragsärztlichen Zulassung als Qualitätsfaktor betreffen die Fragestellung dieser Arbeit, der Auswirkung der Gesundheitsreformen auf das Steuerungsinstrument der Zulassung.

Das gesetzgeberische Ziel einer Förderung der individuellen Verbesserung der Leistungsangebote durch Selektivverträge und die sektorenübergreifende Leistungserbringung ist zunächst uneingeschränkt positiv in Bezug auf die Qualität zu bewerten. Dieses förderungswerte Ziel hat sich bisher aber nur beschränkt verwirklichen lassen. Durch die Hausarztversorgung hat sich zwar eine Änderung der Inanspruchnahme von Fachärzten ergeben, sodass die Idee des Hausarztes als Lotsen gegriffen hat; offen ist allerdings, ob diese Funktion eines Systemlotsen durch Hausärzte auch ausgefüllt werden kann.[700] Zudem hat die HzV auch den Nachteil einer insgesamt erhöhten Inanspruchnahme von Fachärzten zu verzeichnen, was eine Kostensteigerung bedeutet.[701] Kassen- und KV-Vertreter sprechen davon, dass das Ziel einer Verbesserung der Versorgungsqualität nicht erreicht wird.[702] Eine Verschlechterung der Versorgungsqualität ist der HzV jedenfalls zuzuschreiben, weil sie zu einer massiven Gefährdung des Da-

---

[699] BT-Drs. 17/3040, 24.

[700] Böcken et al., Gesundheitsmonitor, 117.

[701] Böcken et al., Gesundheitsmonitor, 119.

[702] O. V., A+S aktuell 7/2010, 4, aus dem Schiedsspruch Engelmanns ist danach allerdings - jedenfalls in Bezug auf die vertraglichen Pflichten - Gegenteiliges zu entnehmen, da die vertraglichen Pflichten weit über die KV-Anforderungen hinaus gehen.

tenschutzes führt.[703] Das Fehlen spezifischer Datenschutzvorschriften gilt darüber hinaus für alle Selektivverträge und bedeutet daher auch für alle Selektivverträge[704] einen Qualitätsmangel. Ferner wird nicht nur für die HzV, sondern Selektivverträge insgesamt geäußert, dass diese „viel zu ´neu´" seien, um „wissenschaftlich fundiert" Qualitätskriterien anlegen zu können.[705] Ob Arzneimittel-Einsparungen erreicht werden, ist streitig.[706] Die IV zeigt positive Aspekte. Sie stellt aber auch ein besonderes Vertragsmodell dar, da sie das besondere Ziel einer den ambulanten und stationären sektorenübergreifenden oder einer interdisziplinär-fachübergreifenden Versorgung anstrebt, was immerhin neben dem Ziel einer Förderung von Wettbewerb der ambulanten Leistungserbringer untereinander steht. Bezogen auf die Schnittstellen übergreifende Versorgung ist sie zu befürworten. Hinsichtlich der Einwirkung auf die Qualität der Leistung, welche die Vertragsärzte erbringen, und die Flächendeckung einer qualitativ guten Leistung hat es aber auch bei Verträgen der IV nur langsam erste Modelle von Anreizen in Form der Honorarzahlung der Krankenkassen „nach Leistung und Qualität" gegeben.[707] Zudem haben sich inzwischen, mit Einschränkung der Finanzmittel der Kassen aufgrund des Gesundheitsfonds mit dem Jahr 2009, die Kassen ihrer Verantwortung als Vertragspartner, aber ohne Sanktionsmöglichkeit, kurzfristig entzogen und investieren nur noch sehr eingeschränkt.[708] Das zeigt die Bedeutung des Kostenfaktors für die Entscheidungen der Krankenkassen.[709] Der Preiswettbewerb obsiegt über den Qualitätswettbewerb.[710] Der Gesetzgeber hingegen wollte den Wettbewerb zur Steigerung der Qualität fördern[711], eine Vorrangstellung von Kostenaspekten konterkariert das, da die Qualität hier zwingend leidet. Positiv in Bezug auf die Qualität der Versorgung ist wiederum hervorzuheben, dass die Chronikerversorgung und - aufgrund der tatsächlichen Teilnahme an Angeboten der Krankenkassen - auch die Versorgung älte-

---

[703] ULD, 2010, http://www.landtag.ltsh.de/infothek/wahl17/umdrucke/0400/umdruck-17-0498.pdf, 2 (15.11.2011); vgl. auch o. V., A+S aktuell, 46/2010, 2 zur Kritik des Bundesdatenschutzbeauftragten und Klageverfahren in zwei Bundesländern.

[704] Keil-Löw, ZMGR 2009, 269 (277 m. w. N.).

[705] O. V., A+S aktuell, 32+33/2010, 2 (3).

[706] Vgl. O. V., A+S aktuell 45/2010, 3 f..

[707] O. V., A+S aktuell, 24/2008, 3.

[708] Osterloh/Rieser, DÄBl. 2010; 107(17): A-791 / B-691 / C-679, o. S., 2010, http://www.aerzteblatt.de/v4/archiv/artikel.asp?id=74546 (14.11.2011).

[709] Kaltenborn, GesR 2011, 1 (5 m. w. N.).

[710] BT-Drs. 16/13770, 382 (383).

[711] Vgl. die obigen Ausführungen zu den einzelnen Selektivverträgen Kap. 3 B.VI.1.a bis e.. „Hauptanliegen der Reformen der GKV - insbesondere durch das GMG vom 14.11.2003 und das GKV-WSG vom 26.03.2007 - war es, den Wettbewerb […] [mit dem Ziel einer, Anm. d. Verf.] „Qualitäts- und Effizienzsteigerung durch Intensivierung des Wettbewerbs auf Krankenkassenseite insbesondere durch mehr Vertragsfreiheit der Krankenkassen mit Leistungserbringern […]" weiterzuentwickeln, Engelmann, in: jurisPK-SGB V, § 69 Rn. 142.

rer Versicherter durch Selektivverträge gewinnt.[712] Das wurde für DMP etwa im Rahmen der ersten bundesweiten Studie ermittelt.[713] Dabei sei aber anzumerken, dass DMP auch im Rahmen von Gesamtverträgen möglich sind.

Neben den angeführten ersten, wenn auch noch begrenzten, positiven Wirkungen der gesetzgeberischen Maßnahme auf die Leistungsqualität, sind ihre mittelbaren und unmittelbaren negativen Auswirkungen auf das bisherige System vor der Zeit der Selektivverträge doch unverkennbar. Selektivverträge greifen in ein ausbalanciertes Gesamtsystem ein, ohne in ein ausreichendes - eigenes - Ordnungsgefüge[714] eingebunden zu sein. Der Regelungsrahmen des SGB V gilt zwar auch für Selektiverträge, aber nur punktuell. Zwar gibt der Gesetzgeber konkrete gesetzliche Vorgaben zur Vereinbarung von Qualitätskriterien teilweise in den Rechtsgrundlagen vor (beispielsweise § 140b Abs. 3 für die IV, § 73b Abs. 2 für die HzV). Auch ist das erklärte Ziel des Gesetzgebers für die verschiedenen Selektivverträge eine Qualitätsverbesserung.[715] Bei der Verpflichtung zur Einhaltung von Qualitätsvorgaben handelt es sich aber stets nur um modellbezogene Vorgaben, keine übergreifende Regelung oder Bezugnahme für alle Arten von Selektivvertragsformen. Wohl haben ferner die Krankenkassen bei der Vereinbarung mit Leistungserbringern generell bei der Auswahl auf deren Vielfalt (§ 2 Abs. 3 S. 1) und das Wirtschaftlichkeitsgebot (§§ 2 Abs. 1 und 4, 12 Abs. 1, 70 Abs. 1 S. 2) zu achten. Auch hat der Gesetzgeber eine Bindung an die Maßgaben gewollt, die auch für die Kollektivvertragspartner gelten und bestimmt, dass die im Kollektivvertragssystem geltenden Qualitätsanforderungen als gesetzlicher Mindestrahmen vertraglich nicht unterschritten werden können.[716] Auch hier ist die Konkretisierung jedoch der individuellen Regelung des Einzelvertrags überlassen. Im Rahmen der Einzelregelungen gelten teilweise die gesetzlichen Vorgaben wie für die Zulassung auch, so etwa nach § 73b Abs. 2 S. 2 i. V. m. Abs. 1 die Richtlinien des G-BA und des BMV-Ä sowie Vorgaben des vom G-BA beauftragten AQUA-Instituts[717]. Zu befürworten ist, dass Qualitätsanforderungen im Einzelvertrag punktuell auch über die allgemeinen Anforderungen hinausgehen, so beispielsweise die Teilnahmeverpflichtungen an strukturierten Qualitätszirkeln im Rahmen der HzV.[718] Die unterschiedliche Handhabung von Selektivverträgen und besonderen Verträgen der Krankenkassen führt aber zu einem Mangel an Klarheit der Regelungen zu Qualitätsanforderungen (so ist etwa für

---

[712] Böcken et al., Gesundheitsmonitor, 122 u. 129.
[713] Willenborg/Kolpatzik, G+G, Gesundheit und Gesellschaft, Das AOK-Forum für Politik, Praxis und Wissenschaft 9/2008, 14 f.
[714] Kaltenborn, GesR 2011, 8 spricht von einem Gesundheitsregulierungsrecht.
[715] *Engelmann,* in: jurisPK-SGB V, § 69 Rn. 142.
[716] BT-Drs. 16/3100, 113 u. 114.
[717] Vgl. hierzu o. V., A+S aktuell 24/2009, 6.
[718] Vgl. Keil-Löw, ZMGR 2009, 269 (274).

§ 73b Abs. 5 S. 3 nicht eindeutig, ob für sie ebenfalls die Vorgaben wie nach S. 1 auch gelten[719]) und insbesondere zu einem Mangel bei ihrer Festlegung in den Verträgen und der Kontrolle in der Umsetzung, da KVen nicht beteiligt sind. So ist etwa die Datenverwendung im Rahmen von HzV-Verträgen höchst umstritten und es wird kritisiert, dass eine entsprechend unkontrollierte und umfassende arzt- und patientenbezogene Zusammenführung von Daten im KV-System bisher erfolgreich verhindert wurde.[720]

Bei alledem fehlt es in einigen Selektivverträgen daher an der entscheidenden Voraussetzung der Einbindung der KV, womit die Gesamtheit der Prüfungs- und Kontrollrechte der Korporation der Vertragsärzte durchbrochen wird. Die Qualitätsvorschriften wie § 136 Abs. 2 setzen aber eine Gesamtzuständigkeit voraus und laufen daher leer, wenn die KVen nur noch selektiv zuständig sind. Die KVen können ihre Aufgaben nicht mehr uneingeschränkt wahrnehmen. Gleichwohl unterliegen sie als Vertretungskörperschaften der Leistungserbringer aufgrund ihres Sicherstellungsauftrags umfassenden Qualitätspflichten, die sich in den Rechtsgrundlagen der § 72 Abs. 2 (i. V. m. § 81 Abs. 1 S. 1), § 135 Abs. 1 sowie § 135 Abs. 2 finden.[721] So müssen sie einerseits die vom G-BA gesetzten Qualitätsanforderungen an ihre Mitglieder nach § 135 Abs. 1 Nr. 2 i. V. m. § 136 Abs. 2 und § 75 Abs. 1 S. 1 sicherstellen, verlieren aber andererseits Eingriffs- und Einwirkungsmöglichkeiten bei Selektivverträgen. Dabei kann dem Einwand, dass die Zulassung der Leistungserbringer auf Lebenszeit einer „wirkungsvollen und variantenreichen Qualitätskontrolle entgegen" stehe[722], schon aufgrund der bestehenden Disziplinierungsmöglichkeiten bis zur Möglichkeit des Zulassungsentzugs nicht zugestimmt werden. Vielmehr können auf der anderen Seite bei befristeten Verträgen Qualitätsmaßnahmen nicht konstant und dauerhaft greifen. Selektivvertragspartner unterliegen auch keiner Verpflichtung, neue Untersuchungs- und Behandlungsmethoden sowie Forschung und Lehre[723] zu berücksichtigen, wie es im Rahmen der Einbindung der Vertragsärzte in das System des SGB V der Fall ist. Nicht zuletzt greift auch die Wirtschaftlichkeitsprüfung der KVen nicht. Die Prüfung im Rahmen der Selektivverträge hingegen wird bisher mangelhaft umgesetzt und beruht, wie im Rahmen der übrigen selektivvertraglichen Regelungen auch, nicht auf einheitlichen Vorgaben, sondern kleinteiligen, unterschiedlichen Prüfregelungen.[724]

---

[719] Bejahend *Hess,* in: KassKomm, § 73b, Rn. 5.
[720] O. V., A+S aktuell 41+42/2010, 4 (7).
[721] Vgl. Seewald, SGb 2009, 1 (3).
[722] *Spiecker,* in: Schmehl u. a., Steuerungsinstrumente im Recht des Gesundheitswesens, Bd. 1, 5.
[723] Laufer et al., das Krankenhaus 2010, 921 (927).
[724] Vgl. o. V., A+S aktuell 10/2010, 4 (5).

Dem selektiv und nicht durchgängig geregelten Übergang des Sicherstellungsauftrags auf vertragsschließende Krankenkassen fehlt damit ein einheitlicher und umfassender Rahmen, demzufolge auch keine einheitliche Sicherstellung gewährleistet wird. Bei derzeit 145 Krankenkassen[725] könnten im Extremfall entsprechend viele Varianten einer Sicherstellung existieren. Selektivverträge gefährden damit über die fehlende Gewährleistung des Sicherstellungsauftrags die Versorgungsqualität.[726] Im Ergebnis gelten daher eine Vielzahl von Regelungen des Kollektivvertrages, zum Beispiel Maßnahmen zur Qualitätssicherung, zur Förderung der Weiterbildung, zur Organisation des Notdienstes[727] und zur Sicherstellung für die Selektivverträge nicht, zumindest nicht automatisch.[728]

In einem solchen System bleibt lediglich die Sicherheit, dass die Leistungserbringer mit ihrer Zulassung bestimmte Grundvoraussetzungen - zum Zeitpunkt der Erteilung der Zulassung - erfüllen. Ein System, dass nach dem Zugang bzw. der Teilnahme aber keine konsequente Kontrolle und Steuerung mehr zulässt, wird schnell an Funktionsfähigkeit verlieren. Im deutschen Rechtssystem wird jede Genehmigung oder Zulassung[729] strengen Qualitätskriterien unterworfen. Parallel laufende Systeme werden gewissenhaft geprüft.[730] Ein System der Teilnahme über Verträge ohne eine eindeutige Klärung des Verhältnisses zum herkömmlichen Regelungsrahmen gibt es in vergleichbaren Zulassungsberufen[731] nicht.

Festzustellen ist, dass der Gesetzgeber offenbar einen Bedarf zur Stärkung der KVen und damit des Instruments der vertragsärztlichen Zulassung für die Einhaltung der Qualität parallel zu seiner Förderung von Selektivverträgen gesehen hat. Mit Einführung der Möglichkeit von kollektivvertraglich vereinbarten Zuschlägen zur Verbesserung der Qualität durch das Pflege-Weiterentwicklungsgesetz mit dem 01.01.2009 (§ 136 Abs. 4) erweiterte er das Spektrum ihrer Handlungsmöglichkeiten als alleiniger

---

[725] Stand 01.03.2012, GKV-Spitzenverband, 2012, http://www.gkv-spitzenverband.de/ITSGKrankenkassenListe.gkvnet (01.01.2012).

[726] Laufer et al., das Krankenhaus 2010, 921 (928).

[727] Wobei die existierende Regelung auch in der Kritik steht, insoweit, als im Notdienst unterschiedslos alle Ärzte eingesetzt werden, gleich, ob sie aufgrund ihrer beruflichen Tätigkeit überhaupt noch die hierfür erforderliche praktische Erfahrung haben und ob sie die Tätigkeit nach der Weiterbildungsordnung ausüben dürfen. So fehlt es einem langjährigen Arzt für Psychotherapie an notfallmedizinischen Kenntnissen.

[728] Vgl. im Januar 2011 von der Unions-Arbeitsgruppe im Bundestag bekannt gewordenes Arbeitspapier, o. V., A+S aktuell, 3/2011, 2 (7).

[729] Das betrifft (nur beispielsweise) ebenso gewerberechtliche Zulassungen, wie etwa die Zulassung von Versicherungsvermittlern oder Rechtsanwälten.

[730] Das gilt etwa für den Beruf der Rechtsbeistände neben den Rechtsanwälten.

[731] Eine Ausnahme gilt für Apotheker, die im Rahmen der IV ebenfalls an der Versorgung über Verträge teilnehmen.

Vertragspartner und Vertreter der Vertragsärzte. Allerdings ist diese Stärkung deutlich relativiert angesichts dessen, dass die KVen zugleich von der Regelung im Rahmen der Selektivverträge entweder ganz ausgeschlossen bleiben (etwa bei der IV) oder nicht in der Lage sind, die Qualität einheitlich zu gewährleisten, weil ihre Teilnahme an der Versorgung im Rahmen (zunehmender) Selektivverträge nur noch fakultativ ist.

Zudem ist eine Entwicklung dahin gegeben, dass bei einer fortschreitenden Flexibilisierung der Vertragsfreiheit auch Verträge mit nicht zugelassenen Ärzten ermöglicht werden könnten. Damit würden auch noch Teilnehmer in die ambulante Versorgung einbezogen, die keiner vertragsärztlichen oder überhaupt keiner Zulassung zum System bedürfen. Pflegeberufe etwa sind im Rahmen der Modellvorhaben nach § 63 Abs. 3b und noch weitergehend Abs. 3c S. 1 einbezogen, bei der IV ist eine Abweichung vom Zulassungsstatus nach § 140b Abs. 4 S. 3 möglich. In diesem Falle würden die Qualitätsvorschriften, die sich explizit an Vertragsärzte richten, beispielsweise § 135a Abs. 2, nach derzeitiger Rechtslage gar nicht greifen.

Als Maßnahmen der Sanktionierung von Qualitätsverstößen im Rahmen von Selektivverträgen würden sich Vertragsstrafen für Verstöße gegen die Qualitätsvorschriften anbieten. Streitig ist bereits, ob die Regelungen über den öffentlich-rechtlichen Vertrag im Rahmen der Beziehungen zwischen den Krankenkassen und den Leistungserbringern überhaupt anwendbar sind oder ob nicht § 69 als Spezialnorm den Ausschluss der Vorschriften aus dem SGB X bewirkt.[732] Ferner lässt die Uneinheitlichkeit von Vertragsinstrumenten im Rahmen von Selektivverträgen (im Gegensatz zu Kollektivverträgen) und ihre Anwendung von Seiten der Krankenkassen und nicht mehr der Vertragsärzte selbst (durch ihre KV oder andere Korporationen) der Willkür Raum. Selbst die Krankenkassen sehen die Problematik, wenn Modelle entworfen werden, wie dass der G-BA gesetzlich beauftragt werden möge, leistungsbezogene Mindeststandards festzulegen, die eine Krankenkasse einhalten muss, die mehr als zehn Prozent ihrer Versorgung über Selektivverträge organisiert. Die zuständige Aufsichtsbehörde solle dann überprüfen, ob die entsprechenden Krankenkassen in ihren Verträgen dieser Anforderung nachgekommen sind.[733]

Auch das Aufkommen der Forderung nach einer wettbewerblichen und kartellrechtlichen Kontrolle von Selektivverträgen war eine Folge des Auftretens von Mängeln bei

---

[732] Vgl. LSG Niedersachsen-Bremen, Urt. v. 24.11.2010, L 1 KR 72/09 m. w. N. aus der Kommentarliteratur - juris Rn. 145 f.. Für die Qualität als öffentlich-rechtlicher Vertrag in einem Kündigungsfall, LSG Nordrhein-Westfalen, Beschl. v. 10.02.2003, L 16 B 121/02 KR ER, GesR 2003, 150 - juris, Leitsatz. Ausführlich zur Rechtsnatur der Selektivverträge schon unter Kap. 3 B.V.2.b.b..

[733] Wasem et al., 125.

der Qualität, hier in Form der fehlenden Kontrolle und Transparenz der (Ausschreibungs-)Kriterien und der entsprechenden Auswahl der Leistungserbringer im Rahmen von Selektivverträgen durch die Krankenkassen. Ursache ist der Wettbewerbs- und Preisdruck, der durch Selektivverträge entsteht. Nur „ein Festpreissystem garantiert, dass der Wettbewerb über die Qualität und nicht über den Preis stattfindet".[734] Selektivverträge führen zu einer Verschlechterung der Versorgungsqualität.[735] Das läuft konträr zum Ziel der Selektivverträge, das in der Intensivierung des Wettbewerbs gerade um Qualität und Wirtschaftlichkeit bestand.[736] Mit der Einführung erster Vertragsmodelle von Selektivverträgen hat der Gesetzgeber aber keinesfalls planmäßig Kontrollmaßnahmen vorgesehen. Vielmehr erwuchs die Forderung nach Kontrollinstrumenten aus den negativen Erfahrungen im Laufe der Zunahme von Vertragsschlüssen.

Es zeigt sich danach, dass die Selektivverträge das geltende System einer Steuerung der ambulanten Versorgung über die Zulassung als Vertragsarzt auf der einen Seite nicht nur stören, sie können es auf der anderen Seite auch nicht ersetzen. Die Geschichte des Vertragsarztrechts und der sozialen Krankenversicherung ist mahnendes Beispiel für die bei einer solchen Entwicklung zur einzelvertraglichen „Unterdrückung" der Leistungserbringer durch die Krankenkassen drohenden Gefahr, nämlich die Reaktion der Leistungserbringer mit Streiks und Unruhen, welche die Patientenversorgung gefährden.

Im geltenden System erfolgen Kontrolle und Umsetzung im Wesentlichen noch durch die Mitgliedschaft der Vertragsärzte in der KV und damit über die Zulassung des Vertragsarztes. Über die vertragsärztliche Zulassung ist eine von Vollständigkeit und Ausdifferenzierung geprägte Steuerung der Qualität möglich.[737] Neben der Qualität wird auch die Quantität der Versorgung durch Vermeidung von Über- und Unterversorgung aufgrund der Bedarfsplanung gesteuert. Letztlich ist auch die Quantitätssteuerung ein Qualitätskriterium einer bedarfsgerechten Versorgung. Mit zunehmender Entwertung des Systems verliert die vertragsärztliche Zulassung jedoch diese Steuerungsfunktion bis zu einem gewissen Grade. Als Steuerungsinstrument für die Qualität greift die Zulassung nicht mehr umfassend. Gewährleistung und Herstellung von Qualität in der bisherigen Planung der ambulanten ärztlichen Versorgung kann aber in Teilbereichen nur unter erschwerten Umständen oder gar nicht geleistet werden, sie bedarf eines umfassenden Konzepts, wie mit der vertragsärztlichen Zulassung als Steuerungsinstrument gegeben.

---

[734] Laufer et al., das Krankenhaus 2010, 921 (922). Die Autoren beziehen sich auf eine Studie.
[735] Wie vor.
[736] Prüfer-Storcks, RPG 2009, 27.
[737] Vgl. ausführlich dazu unter Kap. 2 A.III.4..

b. c. Vergleichsmodell Hilfsmittelverträge

Die Entwicklung im Bereich der Hilfsmittelverträge kann als Indiz für Selektivverträge gewertet werden, da auch hier Krankenkassen Verträge mit einzelnen Korporativen schließen, die in Konkurrenz zur herkömmlichen Versorgung treten. Konzentrationstendenzen und Preiswettbewerb haben zu einer Verschlechterung der Qualität der Versorgung geführt.[738] Insgesamt ist das gegebene Ziel einer Qualitätsverbesserung nicht erreicht worden.

Im Bereich der Hilfsmittel haben die vertraglichen Vereinbarungen nach § 127 mit den Anbietern dazu geführt, dass die Qualität nicht gemäß dem gesetzgeberischen Willen[739] berücksichtigt wird. Vielmehr haben Krankenkassen durch Ausschreibungen mit Anbietern Verträge geschlossen, deren Leistung schlechter als vor der gesetzlichen Regelung war. Beispielfälle hierfür wurden unter Kapitel 3 B.VI.2.a.a.c. geschildert. Die Folgeprobleme geringerer Qualität, wie Infektionen und den hieraus wiederum erwachsenden Folgeerkrankungen, wie etwa dem Dekubitus, ziehen Folgekosten nach sich, die die Krankenversicherung belasten.[740] Von den Krankenkassen gewünschte Einspareffekte gehen verloren, das gesetzgeberische Ziel einer Erhöhung der Qualität wird verfehlt. Im Ergebnis liegt eine Verschlechterung der Versorgung und im Zweifel eine Ausgabenerhöhung vor. Dementsprechend wurde zum GKV-OrgWG auch die Rücknahme der Ausschreibungspflicht für Hilfsmittel thematisiert.[741] Die damit diskutierte uneingeschränkte Beitrittsmöglichkeit zu bestehenden Verträgen wurde in der Anhörung am 24.09.2008 zum GKV-OrgWG vom GKV-Spitzenverband als Rückkehr vom Wettbewerb zum Verbandskorporatismus im Bereich der Hilfsmittel gedeutet.

Das danach ersichtliche mögliche Ergebnis von Einzelverträgen für die Versichertengemeinschaft, eine qualitative Verschlechterung der Versorgung, wenn die Leistung nicht mehr frei von den Versicherten gewählt, sondern von den Krankenkassen vertraglich ausgewählt werden kann und diese die falschen Anreize setzen, lässt sich auf Selektivverträge mit ärztlichen Leistungserbringern übertragen. Die Sachverhalte der Einzelverträge sind vergleichbar, unabhängig davon, ob die Verpflichtung der Leistungserbringer nach Ausschreibung oder ohne eine solche erfolgt. Selbst die Ver-

---

[738] BT-Drs. 16/10609, 49.

[739] Die Bedeutung des Qualitätserfordernisses ergibt sich explizit aus Abs. 1, da diese in S. 1 und 2 gefordert wird.

[740] So Professor Klaus-Peter Jünemann, Vorsitzender Deutsche Kontinenzgesellschaft in Frontal 21, am 18.11.2008, Ms. liegt d. Verf. vor, berichtet wird über die Sendung und entsprechende Aussage überdies unter: o. V., 2008e = http://www.digitalfernsehen.de/ZDF-Magazin-Frontal-21-prangert-schlechte-Versorgung-von-Kassenpatienten-an.news_657394.0.html (12.01.1012).

[741] O. V., 2008c = gid 30/2008, 11 (13).

pflichtung zur offiziellen Ausschreibung und damit zur grundsätzlich offiziellen Anwendung der Auswahlkriterien im Rahmen der Hilfsmittel-Verträge hat schlechte Auswahlkriterien (wie den Schwerpunkt nach dem günstigsten Angebot, nicht dem besten) nicht verhindern können.[742]

Zwar sieht der Gesetzgeber ausdrücklich das Ziel günstiger Preisvereinbarungen vor, sie sollen aber nicht zu Lasten der Qualität gehen.[743] Wenn die Verhandlungsposition jedoch einseitig stärker ist, was für die Kassen, welche die Hilfsmittelanbieter auswählen, der Fall ist, geraten die gesetzgeberischen Vorgaben schneller außer Kontrolle als bei gleichwertigen Verhandlungspartnern. Auch dies dient als Warnung vor schon historisch kritisch gewesenen Machtungleichgewichten bei Selektivverträgen mit ärztlichen Leistungserbringern.

b. d. Ergebnis zur Qualität

Eingangs wurde zwischen der Qualität und Quantität (als mittelbare Qualität) der Versorgung unterschieden. In beiderlei Hinsicht stellen Selektivverträge eine Schwächung gegenüber der Steuerung über die vertragsärztliche Zulassung dar.

Ein Indiz für Fehlentwicklungen einer Versorgung allein nach von den Krankenkassen vertraglich vereinbarten Kriterien sind Hilfsmittelverträge. Dort zeigen sich trotz der Pflicht einer wohnortnahen Versorgung der Versicherten mit Hilfsmitteln, wie sie in § 127 Abs. 1 S. 2 vorgeschrieben ist, Fehlentwicklungen, beispielsweise durch eine örtliche Konzentration oder ein in anderer Weise eingeschränktes Angebot aus Gründen der geringeren Anzahl zugelassener Anbieter (weil nur der oder die günstigsten Anbieter die Leistung erbringen dürfen) und der Konzentration, weil weniger Diversifikation z. B. weniger Verwaltungskosten bedeutet. Es stehen also bezogen auf die GKV versicherungsfremde Aspekte bei der Auswahl der Selektivvertragspartner im Vordergrund, besonders Kostenaspekte. Im Hilfsmittelbereich schlägt sich dies im konkreten Produkt und bei der Auswahl der Hersteller nieder.

In der ambulanten Versorgung mit der ärztlichen Dienstleistung gibt es ebenfalls Fehlentwicklungen bei selektiver vertraglicher Vereinbarung. Es handelt sich aber um eine andere Qualität von Versorgungsnachteilen. Aufgrund des in den einzelnen Verträgen übertragenen Sicherstellungsauftrags sind Defizite in Bezug auf Verteilung (örtliche

---

[742] Jan Wolter, bis 2010 Qualitätsverbund Hilfsmittel, in Frontal 21, Sendung vom 18.11.2008, danach ist dies in den Ausschreibungsunterlagen der AOK Mecklenburg-Vorpommern entscheidendes Kriterium. Dieser O-Ton wurde auf telefonische Nachfrage d. Verf. am 22.11.2011 ebenso bestätigt, wie die Tatsache, dass dies in der Mehrzahl der Ausschreibungen der Fall ist.

[743] *Nolte*, in: KassKomm § 127 Rn. 4.

Konzentration) und Angebot (günstigere Anbieter) nicht so unmittelbar wie bei Hilfsmittelverträgen ersichtlich. Dennoch werden die Krankenkassen entscheidend von Kostenaspekten geleitet, denn nur so können sie bei gleichen Beiträgen im Wettbewerb mit den besten Leistungen bestehen. Der aus dieser Tatsache folgende Handel um Preise für die ärztliche Dienstleistung machte sich beispielsweise in Verträgen der HzV schon mehrfach deutlich bemerkbar, wenn Vertragsinhalte bekannt wurden, nach welchen für ein bestimmtes Codieren Vorteile vereinbart wurden. Preisverhandlungen können dabei auf die Krankenkassen wie auf die Berufsverbände zurückgehen. Der Nachteil für die Versorgung äußerte sich bereits wiederholt in einer (geschichtlich vor Jahrzehnten mit Errichtung der KVen behobenen) Gefährdung der Versorgung durch die schon an anderer Stelle[744] beschriebenen Kollektivverzichtsaufrufe. In Verträgen, welche Produkte umfassen wie Verträge der IV, spielen Preise grundsätzlich eine Rolle[745], dieser Wettbewerb um das Produkt kann sich daher wie bei Hilfsmittelverträgen auswirken.

Neben den konkreten Mängeln der Qualität durch die Auswahl der Leistungsanbieter besteht ein weiterer Mangel der (mittelbaren) Qualität der Versorgung in einer nicht bedarfsgerechten Verteilung. Die Ursache ist, dass Selektivverträge wichtige Anforderungen nicht erfüllen und dadurch den Sicherstellungsauftrag der KVen schwächen. Soweit KVen in Selektivverträgen nicht einmal mehr Vertragspartner sind, verlieren sie an Einfluss als Prüfungs- und Kontrollinstanz für die Einhaltung der Qualität in der ambulanten vertragsärztlichen Versorgung. Ein Qualitätsverlust der vertragsärztlichen Versorgung fällt wiederum auf die KVen und damit auch auf das Instrument der vertragsärztlichen Zulassung als Steuerungsinstrument für die Qualität in der ambulanten vertragsärztlichen Versorgung zurück. Ein konkurrenzfähiges System steht dabei mit modellbezogenen Einzelregelungen zu Qualitätsanforderungen im Rahmen der Selektivverträge nicht zur Verfügung. Es fehlt insbesondere an einer einheitlichen Kontroll- und Sanktionskoordination. Absehbare Weiterentwicklungen, etwa die Öffnung für andere als ärztliche Leistungserbringer, werden die Situation verschärfen. Rein schuldrechtliche Mittel, wie Vertragsstrafen zur Qualitätssicherung, sind rechtlich nicht durchsetzbar, zumindest aber unzureichend. Es bedarf zur Vermeidung zweier unabgestimmter, paralleler Systeme einer Kollektiv- und Selektivsicherstellung der ambulanten Versorgung eines Gesamtkonzepts des Gesetzgebers.

---

[744] Kap. 1 A.I. und Kap. 2 B.IV..
[745] Vgl. EuGH, Urt. v. 11.06.2009, Rs. C-300/07 - Hans & Christophorus Oymanns GbR/AOK Rheinland/Hamburg, NJW 2009, 2427, http://eur-lex.europa.eu/LexUriServ/LexUriServ.do?uri=CELEX:62007J0300:DE:HTML, Rn. 26 und 69 (16.11.2011).

Dabei soll nicht die Problematik im Rahmen des Leistungsangebots durch die Zulassung verschwiegen werden, dass auch dort die wohnortnahe Versorgung (aktuell) nicht sichergestellt ist. In ländlichen Regionen und in den östlichen Bundesländern macht sich das zunehmend bemerkbar. Dieser Entwicklung könnte auch durch vertragliche Anreize gegengesteuert werden. Dass hieße, dass Selektivverträge grundsätzlich ein geeignetes Mittel zur Steuerung darstellen können. Dies kann aber auch mit einer Anpassung des Instruments der vertragsärztlichen Zulassung erreicht werden, z. B. mit einer Anpassung der Bedarfsplanungskriterien und Anreizen zur Niederlassung. Eine einfache Anpassung der Bedarfsplanung um aktuelle, der gesellschaftlichen Situation entsprechende Kriterien würde Defizite beheben lassen. Der Gesetzgeber hat dies nach vielen Fehlsteuerungen offenbar erkannt und nimmt mit dem GKV-VStG ab dem Jahr 2012 in ersten Schritten die längst fällige Anpassung der Bedarfsplanungskriterien und damit der Bedarfsplanung vor und passt folglich das Instrument der vertragsärztlichen Zulassung an die geänderten Versorgungsanforderungen an. Über Verträge wird eine Verbesserung des Leistungsangebots im Hinblick auf den regionalen Bedarf tatsächlich kaum erreicht. Das liegt daran, dass eine Versorgung der Regionen, bei denen Bedarf besteht, nämlich ländliche Gebiete und unterversorgte Gebiete, nicht im Fokus der Kassen liegen. Diese setzen vielmehr, und insoweit durchaus dem Ziel des Gesetzgebers nach mehr Wettbewerb folgend, auf Zentralisierung, um Kosten einzusparen. Eine (Mit-)Steuerung der Versorgung über Selektivverträge löst somit nicht das Problem der Unterversorgung bestimmter Gebiete. Es wird eher noch verschärft werden, da eine Zentralisierung Einsparmöglichkeiten für die Kassen bedeutet. Die solchermaßen eingesparten Kosten stehen Mehraufwendungen von Patienten gegenüber, die höhere Anfahrtskosten tragen müssen. Ebenso wie selbständig arbeitende Patienten Kosten für Zeiten des Arbeitsausfalls tragen müssen, müssen dies auch Arbeitgeber, deren Mitarbeiter einen Arztbesuch weniger als bisher außerhalb der Arbeitszeiten ermöglichen können. Trifft das noch nicht die finanzielle Ausstattung der Krankenversicherung, ist das aber an anderer Stelle der Fall. So führt die Konzentration in Gesundheitszentren und die damit beabsichtigte Verbesserung der Versorgung mit zunehmender Entfernung zum nächsten medizinischen Zentrum zugleich zu einer Verschlechterung derselben. Akutfälle und nicht mobile Patienten vor allem ländlicher und wenig besiedelter Regionen werden zumindest solche Folgen zu tragen haben, wie sie derzeit teilweise auch für die weitere Entwicklung bei abnehmenden Arztzahlen vorhergesagt werden. Aufgrund der demografischen Veränderung in Form der zunehmend älter werdenden Gesellschaft[746] wird das eine erhebliche Anzahl der Versicherten treffen. Hieraus entstehende Kosten fallen auch auf die GKV zurück.

---

[746] Zur Demografie etwa o. V., A+S aktuell 22/2008, 17.

Überdies haben die Versicherten im Rahmen der Leistungserbringung durch zugelassene Ärzte die freie Wahl unter den Leistungserbringern. Mit Blick auf die Geschichte ist in Erinnerung zu rufen, dass die Ärzte gerade auch mit dem Ziel der Gewährleistung der freien Arztwahl vertragliche Verpflichtungen gegenüber den Krankenassen abgelehnt haben. Die Steuerung der Versorgung über die Bedarfsplanung und ihr Umsetzungsinstrument, die Zulassung, hat die freie Arztwahl gewährleistet und dabei eine ausreichende, zweckmäßige, flächendeckende und notwendige Versorgung grundsätzlich ermöglicht. Im Rahmen der Selektivverträge gibt es hingegen auch bei der freien Arztwahl die dargelegten Beschränkungen, zudem ist eine flächendeckende Versorgung nicht zu gewährleisten. Im Ergebnis bedeutet das in jeder Hinsicht eine Gefahr für die konkrete Qualität der Versorgung vor Ort (z. B. bzgl. des Spektrums des Versorgungsangebots), wie auch die Qualität der Versorgung insgesamt (z. B. Quantität und Verteilung der Versorgung durch qualifizierte ärztliche Leistungserbringer). Das muss durch die verstärkte Nutzung des Instruments der vertragsärztlichen Zulassung revidiert werden, was nicht die Forderung nach einer Rücknahme der Option von Selektivverträgen bedeutet, sondern vor allem eine Klarstellung ihrer Aufgabe und die Erhaltung und Stärkung der Rolle der vertragsärztlichen Zulassung als vorrangiges Steuerungsinstrument. Das GKV-VStG macht erste Schritte in diese Richtung, indem es die Bedarfsplanung und die Zulassung stärkt. Eine Klarstellung des Verhältnisses der Selektiv- zur Kollektivversorgung aber erfolgt ebenso wenig wie Eingriffe an anderer Stelle in das Instrument der vertragsärztlichen Zulassung zurückgenommen werden. Vielmehr werden sie etwa durch eine spezialfachärztliche Versorgung ausgebaut.

c. Wirtschaftlichkeit (ausreichende, zweckmäßige, notwendige und wirtschaftliche Versorgung)

Nach §§ 12 Abs. 1 S. 1, 70 Abs. 1 müssen die Leistungen der GKV ausreichend, zweckmäßig und wirtschaftlich sein; sie dürfen das Maß des Notwendigen nicht überschreiten. Die Erreichbarkeit des Ziels, mit mehr Vertragswettbewerb wirtschaftlicher[747] und zugleich qualitätsverbessernd zu agieren, scheint in vielerlei Hinsicht zweifelhaft. Wenn sich die Versorgung durch Selektivverträge tatsächlich als unwirtschaftlicher darstellt, verstößt dies gegen Grundsätze des SGB V. Das muss daher grundsätzlich ausgeschlossen sein. Die begrenzte Wirkung der HzV bei zudem nachteilhafter Auswirkung auf das bestehende System wurde ausführlich dargestellt. Das Wissenschaftliche Institut der AOK kommt darüber hinaus in seinem Gutachten aus dem Jahr 2006, unter Berücksichtigung der Entwicklung des GKV-WSG bis in das Jahr 2008, zu dem Ergebnis, dass Einsparungsbemühungen mangels gleichzeitiger Neuregelung anderer Systeme nicht greifen können. Die Gutachter stellen fest, dass ihr Ergebnis

---

[747] Prüfer-Storcks, RPG 2009, 27; für die IV vgl. Keil-Löw, ZMGR 2009, 269 (275).

von 2006 beim Blick auf die im Jahr 2008 bestehenden Möglichkeiten für Selektivverträge kaum an Aktualität eingebüßt hat.[748] Auch nach der Reform bleiben die zentralen Reformbaustellen wie Fragen der Bereinigung der Kollektivvergütungen und der grundsätzlichen Systemorganisation weiterhin bestehen.[749] Das hat sich auch in den Folgejahren nicht geändert. So sei beispielsweise die Problematik erwähnt, dass die Bereinigung auch Vergütungsanteile der Gesamtvergütung umfasst, die den Not- und Bereitschaftsdienst entgelten, der aber dessen ungeachtet weiterhin auch von Ärzten erbracht werden muss, die im Rahmen der hausarztzentrierten Versorgung eingebunden sind[750] oder die Problematik, dass die Krankenkassen vor Entscheidung von Streitigkeiten über Bereinigungsfragen zunächst die Vergütung im Rahmen vom Selektiv- und Kollektivsystem zahlen, was zu einer finanziellen Doppel-Belastung führt, die sich besonders bei hierdurch verursachter Notwendigkeit der Erhebung von Zusatzbeiträgen wettbewerbsrelevant und wettbewerbsverzerrend auswirken kann.[751] Daneben bestehen die Probleme der mannigfaltigen, unterschiedlichen Bereinigungsverfahren, die die Kontrollen durch die KVen erheblich erschwert und in Praxen zu ebensolchen bürokratischen Folgen führt, z. B. durch individuelle Ziffern und Zifferntexte in den verschiedenen Verträgen.[752] Die Honorarreform zum 01.01.2009 (Morbi-RSA und Orientierungswerte) ändert an der Vertragssituation nichts. Die KBV spricht davon, dass es kein faires Bereinigungsverfahren gebe.[753] Auf die IV hat sich die Honorarreform vielmehr rückschrittlich ausgewirkt. Die einzelnen Vertragsmodelle haben im Hinblick auf das Ziel des Gesetzgebers, durch Wettbewerb eine Versorgungsverbesserung zu erreichen, an Effektivität nicht wesentlich gewonnen, sondern es gab Erschwerungen in Bezug auf die HzV nach § 73b und ein Auslaufen der Anschubfinanzierung bei der IV. Im Hinblick auf die Wirtschaftlichkeit möglicherweise wirksame Neuerungen, wie etwa die Möglichkeit der Einbeziehung von Pflegeberufen in Modellvorhaben, sind unter dem Aspekt der Schwächung des Instruments der vertragsärztlichen Zulassung kritisch zu überprüfen. Die Defizite, die aus dem Konkurrenzmodell „Selektivverträge" für die ambulante Versorgung gesetzlich Versicherter folgen, wirken sich mittelbar auf die Wirtschaftlichkeit aus, so führen beispielsweise die Qualitätsdefizite zu Mehr-Kosten (dabei wird noch nicht von den Umstellungskosten[754] bei Systemänderungen und den daraus folgenden Verwaltungskosten gesprochen) oder das

---

[748] Wasem et al., 6 (Vorwort).

[749] WIdo, http://www.wido.de/publikation_2008.html (14.11.2011), zusammenfassende Mitteilung zur Publikation auf der Homepage.

[750] Vgl. *Hess*, in: KassKomm § 73b Rn. 20.

[751] O. V., A+S aktuell 5/2010, 4 (6).

[752] O. V., A+S aktuell, 6 10/2010, 6 f.

[753] Broschüre der KBV zur Honorarreform zum Stand 2010, vom 21.05.2010, KBV, 2010, http://www.kbv.de/26443.html, 15 (16.11.2011).

[754] Dazu auch Knappe et al., 2003, 16.

entstehende Machtungleichgewicht zu Versorgungsengpässen (Kollektivverzicht, Mangel von Ärzten in der ambulanten Versorgung etc.). Damit ist keine ausreichende Versorgung mehr gewährleistet.

Der Mangel im Rahmen der vertragsärztlichen Zulassung, der vor allem ein Allokationsproblem aufgrund veränderter gesellschaftlicher Verhältnisse darstellt, kann durch Anpassungen des Instruments der Zulassung, der Änderung der Bedarfsplanungskriterien und zusätzlich installierte Anreize entscheidend reduziert werden. Mehr Geld ist auch im Rahmen von Selektivverträgen nicht im System. Die gleiche Problematik stellt sich im Hinblick auf die Orientierungswerte dar. Anreize können regional erfolgen, wie z. B. Hilfen bei einem Zuzug des beworbenen Vertragsarztes zum Ort seiner künftigen Tätigkeit, Darlehen oder sonstige Anreize. Die Wirtschaftlichkeit der Versorgung war durch das System der vertragsärztlichen Zulassung als ihr Umsetzungsinstrument jahrzehntelang gesichert. Statistische Nachweise belegen positive Auswirkungen einer bedarfsgerechten Versorgung auf deren Wirtschaftlichkeit[755]. Die Ermittlung des Bedarfs ist erklärte Grundlage der Bedarfsplanung, und diese wird durch das Instrument der vertragsärztlichen Zulassung in die Tat umgesetzt. Sie dient daher einer wirtschaftlichen Versorgung. Dem Steuerungsmittel von Zulassungsbeschränkungen wird grundsätzlich die Wirkung einer bedarfsgerechteren und gleichmäßigen Versorgung bestätigt, die lediglich verbesserungsbedürftig ist.[756] Neue Modelle wie auch Selektivverträge können das nur punktuell, nicht aber in Erfüllung der Aufgabe der GKV für die gesamte ambulante Versorgung gewährleisten. Sie müssen daher die vertragsärztliche Zulassung als vorrangiges Instrument unberührt lassen. Die „leere Hülle" einer Zulassung erfüllt diese Anforderung nicht.

d. Kollektivvertrags- versus Selektivvertragssystem

d. a. Transparenz und Koordination

Eine Zunahme an Einzelverträgen verkompliziert die Bedingungen des Zugangs zur ambulanten Versorgung für Versicherte wie für Leistungserbringer. Insbesondere für viele Versicherte nimmt die Transparenz der Bedingungen der ambulanten Versorgung ab. Transparenz ist ein grundlegendes Prinzip des deutschen Rechtssystems und des Rechtsstaates.[757] Zwar verlangen die einzelnen Rechtsgrundlagen regelmäßig, dass die Versicherten durch die Krankenkassen informiert werden. In der Praxis haben die vielen verschiedenen Vereinbarungen aber zu Unübersichtlichkeit geführt. Schon die

---

[755] BT-Drs. 12/3608, 97 ff. mit statistischer Darlegung.
[756] Vgl. *Hess*, in: KassKomm § 103 Rn. 3a und § 101 Rn. 27; BT-Drs. 16/3100, 128.
[757] Vgl. Bröhmer, 34 (Transparenz als Element der Rechtsstaatlichkeit), 31 (Beispiel zur Relevanz von Transparenz im Gesundheitswesen).

Vorschriften bleiben ungenau, wenn sie eine Information der Versicherten über die Inhalte und Ziele der Verträge verlangen, so z. B. bei der HzV oder der speziellen ambulanten Versorgung (§§ 73b Abs. 6, 73c Abs. 5). Sie geben nicht vor, in welcher Weise, in welchem zeitlichen Rahmen, ob auf Anfrage oder ungefragt Informationen erteilt werden sollen. Eine Information der KV, die die Versorgungsplanung mit den Krankenkassen abstimmen muss, ist gar nicht vorgesehen. Die Regelung zur IV ist noch oberflächlicher und gibt nicht an, über was informiert werden soll (§ 140a Abs. 3). Das wirkt sich so aus, dass viele Versicherte die HzV ihrer Krankenkasse nicht kennen, die Ärzte bzw. ihre Mitarbeiter hierüber ebenfalls nicht ausreichend informiert sind und Unklarheit über die Inhalte besteht. So erstatten Krankenkassen in manchen Fällen die Praxisgebühr, in anderen werden dem Versicherten Artikel des Gesundheits- oder Wellnessmarkts überreicht, gleich ob sie der Versorgungsverbesserung dienen oder nicht. So wird auch metaphorisch von der Erforderlichkeit eines „Beipackzettels" für Selektivverträge gesprochen.[758]

Nachteilige Erfahrungen bei einer Steuerung der Teilnahme am Versorgungssystem gerade durch vertragliche Vereinbarungen anstatt Zulassungen gibt es im stationären Bereich der Rehabilitation. Durch die verschiedenen zuständigen Träger, wie die Krankenversicherung, Unfall- und Rentenversicherung sowie die Beihilfe, gelten überall, wenn auch teilweise nur in Nuancen, unterschiedliche Anforderungen, die Klinik-Verwaltungen und Versicherte gleichermaßen erheblich häufiger als in der ambulanten Versorgung Schwierigkeiten bei der Leistungsgewährung aussetzen. Nicht nur Leistungsfall und Leistungsinhalt sind streitig, sondern schon der Träger und für jeden Träger wiederum die dort geltenden Leistungsbedingungen. Wie das aus der privaten Versicherungswirtschaft bekannt ist, schieben auch hier die Träger untereinander die Verantwortlichkeiten hin und her, und die Betroffenen müssen sich in die Details der Regelungen - auf welche sie auch Zugriff erlangen müssen - vertiefen. Bei einer Zunahme von Verträgen in der GKV dürfte zwar die grundsätzliche Verantwortlichkeit der Krankenkasse fraglos bleiben, die Details aus den Selektivverträgen können aber unerwartet zu Unklarheiten bei Leistungserbringern und Versicherten führen. Nur beispielhaft sei erneut die HzV genannt. So werden viele Versicherte die Differenzierungen, etwa der fehlenden Erstreckung auf bestimmte Fachärzte wie Gynäkologen oder der Zahnärzte, nicht kennen. Sie werden nicht wissen, dass sie gegebenenfalls zunächst die Gebühr zahlen müssen und erst später eine Erstattung erhalten, oder ob es in „ihrem" Vertrag überhaupt eine Erstattung gibt oder eine Sachleistung. Wenn sich die Versicherten für eine Krankenkasse im Wettbewerb entscheiden, werden sie die Folgen, die sich für sie aus den einzelnen Verträgen ergeben, nicht überschauen und

---

[758] Paquet, Vertragswettbewerb, 47.

daher nicht in ihre Entscheidung mit einbeziehen können. Das ist im Hinblick auf das Ziel eines Wettbewerbs zur Qualitätssteigerung kontraproduktiv. Denn eine Mitgliedergewinnung über qualitativ gute Verträge erfordert Kenntnis der Versicherten bezüglich der für sie relevanten Vertragsinhalte. Bei Intransparenz reduziert sich der Wettbewerb auf den Kampf um die finanzielle Vorrangstellung der Krankenkassen. Versicherte werden unter den jetzigen Voraussetzungen der Selektivverträge und der Wahltarife eine zielgerichtete Entscheidung mangels Transparenz kaum treffen können.

Dieses Defizit betrifft nicht nur die Versicherten, sondern ebenso die Leistungserbringer, denen eine Übersicht über vorhandene Vertragsmodelle nicht zur Verfügung steht. Die Teilnahme an Verträgen führt zu Rechtsunsicherheiten, die aus der unübersichtlichen Rechtslage resultieren. Es wird auch von einem bürokratischen Horrortrip gesprochen.[759] So müssen fehlende Regelungen, wie nur beispielsweise für das Verhältnis von DMP und Strukturvertrag geschehen, gerichtlich geklärt werden[760], unterliegen aber im Übrigen nur geringer Kontrolle, „da das BSG den landesrechtlichen Vertragspartnern einen weiten Ermessensspielraum zubilligt".[761] Allein in der HzV existieren Altverträge (mit / ohne KVen), Neuverträge (mit / ohne KVen), Vollverträge, Add-on-Verträge, frei verhandelte und schiedsvertraglich geregelte Verträge.[762] Die Selektivverträge führen daher zu weiterer Intransparenz und zu Koordinationsdefiziten in der ambulanten vertragsärztlichen Versorgung.

Die Inkonsistenz der Steuerungsstrukturen aufgrund von fehlender Abstimmung in Einzelregelungen und von unterschiedlichen Ordnungs- und Steuerungsprinzipien[763] wächst. Bestand bislang vor allem die sektoral unterschiedliche Steuerung, werden nun auch innerhalb der ambulanten Versorgung mit Selektivverträgen neue und unterschiedliche Steuerungsstrukturen mit unterschiedlichen Zielrichtungen und parallel zum staatlichen System der vertragsärztlichen Zulassung eingeführt. Zudem werden die Sektoren vermengt. Inkonsistenz verschiedener Steuerungssysteme führt zu Qualitäts- und Effizienzdefiziten.[764] Eine bessere Steuerung ist über die derzeitige Ausgestaltung der Selektivverträge als Wettbewerbselement, eine vertragswettbewerbliche Steuerung[765], somit gerade nicht erreicht. Unverändert, vielmehr verschärft zeigt sich das Problem eines fehlenden Ordnungsrahmens, wie sich an den nachfolgend darge-

---

[759] O. V., A+S aktuell 15/2010, 4 (7).
[760] LSG Bayern, Urt. v. 27.05.2009, L 12 KA 547/07, GesR 2009, 579.
[761] Beraterhinweis Hartmannsgruber zu LSG Bayern, wie vor, GesR 2009, 579 (580).
[762] O. V., A+S aktuell 15/2010, 2010, 4 (6).
[763] Vgl. Wasem et al., 219.
[764] Vgl. wie vor.
[765] Vgl. wie vor.

stellten Entwicklungen im Kartell- und Wettbewerbsrecht, bis hin zur Forderung eines „Gesundheitsregulierungsrechts"[766], zeigt.

Die (vornehmliche) Teilnahme am ambulanten Versorgungsmarkt aufgrund der vertragsärztlichen Zulassung hingegen belässt den kollektiven Korporationen der KVen ihre Einflussnahme und zentrale Koordination, die die Grundanforderungen des SGB V einer ausreichenden, zweckmäßigen, notwendigen und wirtschaftlichen Versorgung gewährleistet und Transparenz für die Versicherten bewahrt[767]. Das gilt allerdings nur, wenn das Instrument der Zulassung nicht zur leeren Hülle wird, indem es nur noch eine bedeutungslose Voraussetzung der im Übrigen selektivvertraglich ausgestalteten Teilnahme an der ambulanten Versorgung ist, sondern die vertragsärztliche Zulassung weiterhin ein umfassendes Gestaltungsmittel der ambulanten Versorgung bleibt.

Dabei spielt die Nutzung und Überarbeitung der Bedarfsplanung eine erhebliche Rolle, damit die Versorgung über die Zulassung auch eine bedarfsgerechte Versorgung gewährleisten kann. Auch an dieser Stelle ist festzustellen, dass eine Anpassung der Bedarfsplanung umfassend möglich ist. Sie ist erheblich überarbeitungsbedürftig, aber auch -fähig.[768] Unrichtig ist es daher, wie die Krankenkassenseite vertritt, dass es erst die Selektivverträge ermöglichen, den Behandlungsbedarf der Versicherten differenziert nach regionalen Gesichtspunkten in den Mittelpunkt zu stellen.[769]

Die Rekurrierung des GKV-VStG auf die Bedarfsplanung und Re-Regionalisierung lässt erkennen, das der Gesetzgeber der aktuellen Reform ebenfalls die Auffassung vertritt, dass die „alten" Instrumente die aktuellen Versorgungsanforderungen bedienen können, nicht etwa (nur) Selektivverträge.

d. b. Machtungleichgewicht im Kollektivrechtssystem - Parallele Arbeitsrecht

Der Vergleich zum arbeitsrechtlichen Kollektivvertragssystem, der bereits im Hinblick auf die Strukturen im geltenden Vertragsarztrecht unter Kapitel 2 A.II.2. gezogen wur-

---

[766] Vgl. Kaltenborn, GesR 2011, 1 (8).
[767] Auch im Koalitionsvertrag der CDU, CSU und FDP, 92, „Wachstum. Bildung. Zusammenarbeit" aus dem Jahr 2009 wird formuliert, dass die Selbstverwaltung im deutschen Gesundheitswesen ein tragendes Ordnungsprinzip ist, welches es zu bewahren gilt und modernen Verhältnissen anzupassen ist, CDU, CSU und FDP 2009, http://www.cdu.de/doc/pdfc/091026-koalitionsvertrag-cducsu-fdp.pdf (16.11.2011).
[768] Vgl. etwa Kap. 2.A.III.5.a. und Kap. 3 B.II.. Weiter gehend stellt *Hess*, in: KassKomm § 101 Rn. 27 aufgrund der gesetzgeberischen Flexibilisierungen bereits die Verhältnismäßigkeit der aktuellen Bedarfsplanung in Frage.
[769] So Jacobs, 2009, http://www.aok-bv.de/imperia/md/aokbv/presse/psg/thema/psg_thema_0209_web.pdf, 10 (16.11.2011).

de, lässt sich auch in der Situation des Umbruchs in der jüngeren Vergangenheit wieder ziehen und erlaubt die Prognose einer Entwicklung. Auch im Arbeitsrecht verliert das Kollektivsystem in den letzten Jahren an Relevanz. Die Gewerkschaften verzeichnen einen Rückgang der Mitglieder[770] und werden als Interessenvertreter der Arbeitnehmer infrage gestellt. Die Auswirkung für die Arbeitnehmerschaft ist nicht immer vorteilhaft, wie verschlechterte Arbeitsbedingungen zeigen. Andererseits können die Unternehmen freier von Kollektivstrukturen marktgerechter agieren, was letztlich dem System der „sozialen Marktwirtschaft" dienen kann.

Auch für Ärzte und Ärztegruppen, die ohne korporative Vertretung agieren, besteht wie für nicht gewerkschaftlich organisierte Arbeitnehmer die Gefahr wirtschaftlicher Einbußen infolge des Preiswettbewerbs. Andererseits bietet der Wettbewerb ein Mittel, das System unter der finanziellen und demografischen sowie der fortschreitenden medizinischen Entwicklung flexibler anzupassen als unter dem derzeitigen System der vorrangigen Kollektivverträge von KVen und Krankenkassen. In dem Sinne einer besseren Anpassung an geänderte gesellschaftliche Voraussetzungen hat schließlich schon der Gesetzgeber des GKV-WSG eine Neuordnung der Institutionen vorgenommen mit dem Ziel, in einem wettbewerblich orientierten Ordnungsrahmen besser agieren zu können.[771]

Der Verlust von Einfluss der Gewerkschaften wird im Arbeitsrecht teilweise ausgeglichen. So entwickeln sich neue Mitwirkungsträger und -ebenen, welche die Arbeitnehmerinteressen vertreten sollen. Ferner wirken sich das EU-Recht, beispielsweise das Arbeitnehmerentsendegesetz und eine arbeitnehmerfreundliche Rechtsprechung zugunsten der Arbeitnehmerseite aus und stärken diese. Die schwächere Position der Arbeitnehmerschaft gegenüber Arbeitgebern wird ohne gewerkschaftliche Vertretung (ausgenommen dem öffentliche Dienst) jedoch letztlich nicht ausreichend kompensiert, was zu einer zunehmend kritischen Arbeitsmarktsituation und wachsender Leiharbeitnehmerschaft führt. Die unmittelbaren Folgen der verschlechterten Situation der Arbeitnehmer auf die Wirtschaft und Gesellschaft zeichnen sich deutlich ab. Ähnliche Folgen können sich für Ärzte ergeben, die nicht mehr durch eine KV oder einen ähnlich starken Verhandlungspartner gegenüber den Krankenkassen vertreten werden.

Die Vergleichbarkeit der Machtverhältnisse im Kollektivvertragssystem des Arbeitsrechts mit jenen in der GKV zeigt sich auch daran, dass es im Rahmen der Diskussion zur Änderung des Krankenhausfinanzierung im Jahr 2008 eine bis zu diesem Zeitpunkt nicht zu beobachtende Allianz zwischen den Krankenkassen und den Arbeitge-

---

[770] Laut dpa Mitteilung v. 19.09.2001 hatten die deutschen Spitzengewerkschaften von 1999 bis 2001 knapp ein Drittel ihrer Mitglieder verloren, ArbRB 2001, 35.
[771] BT-Drs. 31/1600, 90.

bern gab, im Rahmen derer ein Defizit an wettbewerblichen Regelungen mit selektiven Verträgen im stationären Bereich bemängelt wurde. So äußerte sich der noch amtierende Arbeitgeberpräsident Hundt, ebenso wie der stellvertretende Vorsitzende des Vorstandes des GKV-Spitzenverbandes Johann-Magnus von Stackelberg im Sinne einer Verstärkung von Selektivverträgen.[772]

Im Gesundheitswesen muss ein Machtungleichgewicht, wie es zwischen Arbeitgebern und Arbeitnehmern zu beobachten ist, verhindert werden. Die Kostenträger und die Leistungserbringer müssen gleichberechtigt zusammenwirken. Die Geschichte hat gelehrt, dass Ungleichgewichte und Preisdruck zu sozialstaatswidrigen Versorgungsengpässen führen.

Ersichtlich müssen zwar die KVen flexibel werden und ihre Rolle zumindest in wichtigen Teilbereichen neu definieren, damit ihre Mitglieder sie weiterhin als Vertretung akzeptieren.[773] Auch das ist im Arbeitsrecht nicht anders. Ein Fortbestehen des Kollektivvertragssystems ist auch dort nur zu erwarten, wenn die Gewerkschaften umdenken. Im Bereich des Arbeitsrechts liegen andere Ursachen zugrunde, aber die Anforderung an eine Systemänderung aufgrund geänderter Bedingungen des Kollektivgefüges ist ebenso die Folge. Um das Kollektivsystem zu erhalten und seine ursprüngliche Aufgabe fortzuführen, müssen sich also auch die Gewerkschaften umorganisieren. Auch dort geht es „in vielen Bereichen" „längst nicht mehr um Kollektivverträge, sondern um individuelle Vertragsberatung".[774] Schon von Gesetzes wegen ist aber das Arbeitsrecht dem Individualvertragsrecht viel weitergehend geöffnet als das Leistungserbringerrecht Recht der GKV. Das Leistungserbringerrecht der GKV basiert bisher im Wesentlichen auf dem Kollektivprinzip. Durch das GKAR ist der soziale Friede im Zusammenwirken zwischen Ärzten und Krankenkassen vor allem dadurch gesichert worden, dass den Krankenkassen als Körperschaften des öffentlichen Rechts zur Vertretung der Rechte der Kassenärzte (heute Vertragsärzte) selbständige Körperschaften des öffentlichen Rechts in Form der KVen gegenübergestellt wurden.

„Das gesetzliche Ziel, streikähnliche Auseinandersetzungen in einem Kollektivvertragssystem mit der Ersetzung durch ein Schiedsamt im Wege der verbindlichen Festsetzung des Vertragsinhalts bei Nichteinigung der Vertragsparteien über den Vertrags-

---

[772] O. V., 2008b = gid 30/2008, 5 (6).
[773] Die grundsätzliche Bereitschaft der Ärzteschaft, weiterhin am kollektiven System teilzunehmen, besteht. Nur beispielsweise beabsichtigte etwa laut Information d. Verf. aus einem Gespräch am 10.10.2008 gelegentlich des 1. Kölner Medizinrechtstags des Instituts für Medizinrecht der Univ. zu Köln, mit Martin Fuchs, Vorsitzender der BZÄK RP, die Ärzteschaft für die SAPV über die KV zu verhandeln. Sollte sich dies allerdings als Hemmnis herausstellen, würde man auch ohne die KV verhandeln.
[774] Dörre, Karriere 2007, 59 (60).

inhalt auszuschließen, ließ sich [...] nur durch die Bildung [einer Körperschaft, Anm. d. Verf.] der KÄV mit Pflichtmitgliedschaft [der Ärzte hierin, Anm. d. Verf.] erreichen."[775] Die teilweise kritische Situation der Versorgung der Versicherten, die durch die streikbedingten Versorgungsausfälle entstanden war, sollte künftig ausgeschlossen sein. Nur auf dem Weg der Einbindung und Verpflichtung aller Beteiligten war und ist dies denkbar. Das wird bei Auflösung der KVen und Zergliederung der Ärzte wiederum in einzelne Gruppen, die nur ihre eigenen Interessen zu vertreten versuchen, heute nicht mehr sicherzustellen sein. Die altbekannte Gefahr der Störung einer funktionierenden Versorgung der Versicherten von Seiten der Leistungserbringer ist grundsätzlich auch heute im Blickfeld des Gesetzgebers, wie sich zum Beispiel an der Entwicklung zu § 69 zeigt. So hat der Bundestags-Ausschuss für Gesundheit im Gesetzgebungsverfahren zum GKV-WSG neben den zunächst nur geplanten Vorschriften der §§ 19 und 20 GWB auch die Vorschrift des § 21 GWB, die vor allem das Boykottverbot betrifft, in die gesetzliche Regelung einbezogen - und zwar entgegen der Gegenäußerung der Bundesregierung zu dem Änderungsvorschlag des Bundesrates, die sich lediglich für die entsprechende Geltung der §§ 19 und 20 GWB (Diskriminierungs- und Missbrauchsverbot) aussprach. Die Möglichkeit eines Boykotts hatte der Bundesrat nach Begründung seines Änderungsvorschlags vor allem bei den Leistungserbringern gesehen. Sind dem Gesetzgeber daher die Gefahren von Streik und Boykott grundsätzlich noch gegenwärtig, scheint dies aber im Falle der Verleihung von Verhandlungsmacht an einzelne Arztgruppen und der Möglichkeit des faktischen Marktdrucks durch die zunehmende Machtverleihung an die Krankenkassen offenbar nicht mehr der Fall zu sein.

d. c. Oligopolisierung von Krankenkassen und Berufsverbänden im Sozialstaat - Art. 20 Abs. 1 GG

Die historische Entwicklung nach der Etablierung eines Systems der GKV vom Einzel- zum Kollektivvertrag folgte insbesondere aus dem Scheitern der Krankenkassen und damit des Sozialstaats, die Versorgung zu sichern. Grund hierfür war, dass ursprünglich nur jene Leistungserbringer einen Vertrag mit einer Krankenkasse abschließen und damit an der ambulanten Versorgung teilnehmen konnten, welche die Bedingungen der Krankenkassen akzeptierten. Vereinfacht dargestellt[776], waren die Folgen unter anderem Preisdiktate der Krankenkassen und Existenznöte von ärztlichen Leistungserbringern. Die Reaktion hierauf war die Bildung von Kooperationsformen aufseiten der Leistungserbringer zur Wahrung der eigenen wirtschaftlichen Interessen, ei-

---

[775] *Hess*, in: KassKomm § 75 Rn. 3.
[776] Vgl. detailliert Vgl. oben, Kap. 1 B.II.2..

ne der ersten durch Gründung des Leipziger Verbandes im Jahr 1900[777], dem späteren, noch heute existierenden Hartmannbund[778]. In der Nachkriegszeit bildeten sich mehrere ärztliche Standesorganisationen wieder neu.[779] Die Verhandlungen mit den Krankenkassen führten nicht zu dem erwarteten schnellen Ergebnis sondern zu einer durch Streiks mit Folgen von Versorgungsengpässen geprägten Situation der Gefährdung der gesundheitlichen Versorgung unter anderem durch Interessenwiderstreitigkeiten der Oligopole KBV und Hartmannbund untereinander.[780] Der Einflussgewinn von Oligopolen, zudem außerhalb öffentlich-rechtlicher Strukturen, als Folge von Wettbewerbsmitteln wie der Ausübung von Druck über die Vergütung (Preisdruck), führte daher zur Gefährdung der Versorgung.

Die Lage war somit die, dass der Sozialstaat seiner Pflicht zur Gewährleistung einer ausreichenden, zweckmäßigen, notwendigen und flächendeckenden Versorgung nicht mehr nachkommen konnte. Es zeigte sich damit die Notwendigkeit eines Verhandlungsgleichgewichts für die Erfüllung der Aufgaben des Sozialstaates in Form der GKV. Das Sozialstaatsprinzip fordert vom Gesetzgeber in Umsetzung des Art. 2 Abs. 1 GG in Verbindung mit den Art. 20 Abs. 1 und 28 Abs. 1 S. 1 GG zum Schutz des Einzelnen in Fällen von Krankheit[781] ein funktionierendes System der ambulanten ärztlichen Versorgung sicherzustellen. Im Grundgesetz finden sich allenfalls Anhaltspunkte, wie ein System der ambulanten ärztlichen Versorgung auszugestalten ist. Aus dem Sozialstaatsprinzip kann aber abgeleitet werden, dass der Gesetzgeber verpflichtet ist, für ein angemessenes Gesundheits- und Versorgungssystem Sorge zu tragen, und unter Beachtung des Gleichheitsgrundsatzes den Zugang für alle behandlungsbedürftigen Bürger zu gewährleisten.[782]

Der Gesetzgeber hat auf die Gefährdung der Versorgung durch Streikzustände reagiert, indem er mit dem Jahr 1913 mit dem so genannten Berliner Abkommen ein - jedoch noch privatrechtlichen Strukturen angenähertes - System der Selbstverwaltung, somit ein korporatistisches System verfasst hat. Dies waren die Anfänge einer Neuordnung. Durch Schaffung der KVen mit Wirkung zum Jahr 1932[783] wurde diese Ordnung nochmals verfestigt und in öffentlich-rechtliche Strukturen überführt. Dieses

---

[777] Schneider, Kassenarztrecht, Rn. 31.

[778] Vgl. zu seinen Aufgaben Wannagat, 132; vgl. auch oben, Kap. 1B.II.2..

[779] Vgl. Kap. 1 B.II.9..

[780] Wie vor.

[781] BVerfG, Beschl. v. 06.12.2005, 1 BvR 347/98, BVerfGE 115, 25 - juris Rn. 53; vgl. zur Aufgabe einer staatlichen Gesundheitsfürsorge, BVerfGE, Urt. v. 23.03.1960, 1 BvR 216/51, BVerfGE 11, 30, NJW 1960, 715 - juris Rn. 50.

[782] BT-Drs. 11/6380, 53 Enquete Kommission zur Strukturreform der GKV.

[783] Vgl. oben, Kap. 1 B.II.7.. Vgl. auch informativ BVerfG, Urt. v. 23.03.1960,1 BvR 216/51, BVerfGE 11, 30 - juris Rn. 2 f..

korporatistische System hat sich nach einer kurzen Phase der Neubildung in der Nachkriegszeit, die noch einmal durch die Nachteile widerstreitender Interessenverbände gekennzeichnet war, durchgesetzt und bis heute sowohl in praxi wie in rechtlicher Hinsicht bewährt.

Es bedarf aber nicht nur des Verhandlungsgleichgewichts der sich gegenüberstehenden Pole der Kostenträger und Leistungserbringer, sondern auch der internen Einheitlichkeit der Interessenvertretung auf den jeweiligen Seiten (Polen) der Verhandlungspartner. Eine Situation der Oligopolbildung nach Etablierung des korporatistischen Systems[784] gab es noch nicht. Insbesondere die Idee von ärztlichen Berufsverbänden, die erstmals entscheidend mit der Gründung des Hartmannbundes Bedeutung erhielt, ging im Hinblick auf das Vertragsarztrecht in der Organisation der KVen auf. Die Gesamtvertretung der KVen erforderte sodann Jahrzehnte lang keine Oligopole, die sich der Angelegenheiten der „Kassenärzte" annahmen. Die Oligopolbildung auf den beiden Seiten der Verhandlungspartner für Verträge über die ambulante Versorgung ist ein besonderes Problem, dass sich in der heutigen Zeit abzeichnet. Man kann von einer beiderseitigen Oligopolbildung sprechen - auf Seiten der Leistungserbringer ebenso wie der Kostenträger. Die Oligopolbildung birgt das Risiko von Versorgungsdefiziten durch fehlenden - kontrollierten - Wettbewerb. Des Weiteren können Entscheidungsprozesse durch vermehrte gegensätzliche Interessenpositionen verzögert werden. Das hat sich in der Nachkriegszeit gezeigt, als es zwischen Hartmannbund und KBV insbesondere um das Streikrecht zu heftigen Auseinandersetzungen kam, welche die schnell erwarteten und für die Versorgung wichtigen Einigungsprozesse erheblich verzögerten[785]. Die Zahl der Krankenkassen sinkt schon seit Jahrzehnten stetig.[786] Der Gesetzgeber fördert durch Einführung des Gesundheitsfonds im Jahr 2007[787] zielgerichtet die (deutliche[788]) weitere Konzentration von Krankenkassen und damit eine Oligopolbildung.[789] Die Krankenkassen müssen seither zum Bestehen im Wettbewerb um jeden Preis die Erhebung von Zusatzprämien vermeiden.

---

[784] Zu diesem Begriff als Begriff der Gesundheitsökonomen vgl. Schirmer, DÄBl. 1997, 94 A-1790-1793.

[785] Kap. 1 B.II.9..

[786] GKV-Spitzenverband, o. J., https://www.gkv-spitzenverband.de/upload/Krankenkassen_ Fusionenverlauf_1970-2011_15401.pdf, (16.11.2011).

[787] Die Neuregelung zum Gesundheitsfonds erfolgte mit Wirkung zum Jahr 2009, BT-Drs. 16/3100, 91.

[788] Der Gesetzgeber spricht von einer deutlichen Intensivierung des Wettbewerbs zwischen den Krankenkassen BT-Drs. 16/3100, 91.

[789] BT-Drs. 16/3100, 90.

Das hat für das Verhältnis unter den Krankenkassen untereinander wie gegenüber den Leistungserbringern Folgen. Die Bedingungen zwingen nämlich die Krankenkassen zur Fusion mit starken Partnern. Viele Krankenkassen haben daher schon kurz vor Wirksamwerden des Gesundheitsfonds Fusionen vollzogen. Nur beispielsweise sei die Fusion von Techniker Krankenkasse und IKK-Direkt genannt.[790] Fusionen als Folge von Wettbewerb waren eine Folge, die der Gesetzgeber gesehen und gewollt hat. Ein allgemeines Mittel der Kontrolle von Fusionen ist eine Fusionskontrolle, die der Gesetzgeber daher spezialgesetzlich im SGB V in verschiedenen Vorschriften geregelt hat (vgl. etwa § 171a). Eine Zuständigkeit der Kartellbehörden nach §§ 35 ff. GWB ist hingegen nicht vorgesehen.[791] Konsequent hat der Gesetzgeber danach auch die Möglichkeit der Insolvenz für Krankenkassen, die in diesem Markt scheitern, eingeführt.[792] Die Oligopolbildung gehört daher zum Plan des Gesetzgebers.

An sich führt die Marktkonzentration in einem wettbewerbsfreien System jedoch nicht zu einer Gefährdung der Versorgung. Der Gesetzgeber fördert aber den Wettbewerb, insbesondere den Vertragswettbewerb intensiv. Das Verhandlungsgleichgewicht, das der Staat mit Beginn des letzten Jahrhunderts geregelt hat, wird hierdurch gestört. Damit treten die Nachteile einer Marktmacht[793] durch Verleihung gesetzlicher Befugnisse neben der daneben tretenden Konzentration der so verteilten Macht zusammen auf. Es handelt sich um den Fall der missbräuchlichen Ausübung von Marktmacht gegenüber Wettbewerbern, wie ihn § 19 Abs. 2 S. 1 Nr. 2 1.Hs. GWB regelt. Es handelt sich ferner um den Fall der missbräuchlichen Ausübung von Markmacht gegenüber Vertragspartnern, wie ihn § 19 Abs. 2 S. 1 Nr. 1 GWB regelt. Daher bedarf „Wettbewerb in vermachteten Märkten der Regulierung [...]".[794]

---

[790] Diese Fusion mit 7,1 Millionen Versicherten verwies den bis dahin existierenden Marktführer, die Barmer, auf den zweiten Platz: Thelen, 2009, http://www.handelsblatt.com/politik/deutschland/krankenkassen-im-fusionsfieber/3223622.html, (16.11.2011).

[791] *Engelmann*, in: jurisPK-SGB V, § 69 Rn. 324, 157.1..

[792] Das geschah durch Einfügung des § 171b mit dem GKV-WSG und der §§ 171c - f mit dem GKV-OrgWG, zu den Gründen auch BT-Drs 16/10609, 1 f. (Beschlussempfehlung und Bericht des Ausschusses für Gesundheit zum Gesetzentwurf der Bundesregierung) sowie die Änderungen durch das KVRÄndG (Gesetz zur Änderung krankenversicherungsrechtlicher und anderer Vorschriften) vom 24.07.2010, BGBl. I, 983; vgl. auch BT-Drs. 16/3100, 157. Medienwirksam war etwa die Insolvenz der City-BKK im Jahr 2011, vgl. SG Hamburg, Urt. v. 24.10.2011, S 6 KR 957/11; Verwaltungsgerichtshof Baden-Württemberg, Beschl. v. 27.09.2011, PB 15 S 1026/11 - beide juris.

[793] Nach Köhler in A+S aktuell, 25/2008, o. V., 2 wächst die Marktmacht der Krankenkassen (allein, Anm. d. Verf.) durch Fusionen.

[794] Koenig/Schreiber, GesR 2010, 127 (128).

Im Hinblick auf die Leistungserbringer wirkt sich die Wettbewerbsförderung und das Bestreben nach Marktmacht so aus, dass die Krankenkassen Selektivverträge idealerweise so gestalten müssen, dass sie mit ihren Vertragsangeboten konkurrenzfähig zu anderen Krankenkassen sind, was letztlich nur über den Preis und die Leistung erfolgen kann. Diese beiden Faktoren tragen aber die Leistungserbringer, da sie es sind, die eine geringere Vergütung erhalten oder mehr bzw. bessere Leistung erbringen müssen, denn die Krankenkassen verfügen qua Gesetz über zunehmende Möglichkeiten, die Verteilung der Vergütung über Verträge zu steuern[795], insbesondere durch Festlegung der Vertragsbedingungen. Sie geben also faktisch den Wettbewerbsdruck über die Selektivverträge an die Leistungserbringer weiter. Das wirkt sich in Leistungs- und Preisbedingungen aus, die in einem funktionierenden Markt nicht zu erreichen wären. Der Nachteil der Oligopolisierung auf Seiten der Krankenkassen als Kostenträger ist absehbar ein ruinöses Diktat der Preise.[796] Dabei wird die Interessenvertretung durch die KVen aufgrund ihres Ausschlusses in vielen Selektivvertragsbereichen ausgeschaltet. Aus einem Selektivvertragssystem folgt daher fast zwingend das Erfordernis zur Gründung von Berufsverbänden auf Seiten der Leistungserbringer.

Dass den Krankenkassen aufgrund ihrer Marktmacht eine marktbeherrschende Stellung zukommen kann, hat der Gesetzgeber ebenso gesehen. Zielrichtung seiner Anordnung der Geltung der Vorschriften des GWB in § 69, insbesondere des § 19 GWB, war es daher, eine missbräuchliche Ausnutzung der Stellung der Krankenkassen zu verhindern.[797] Die begrenzte Abhilfe dieser Maßnahme u. a. aufgrund der fehlenden einheitlichen Anwendung auf alle Selektivverträge wird an anderer Stelle dargestellt.[798]

Auch eine Oligopolisierung von Berufsverbänden (oder „Konglomeratisierung" von Leistungserbringergemeinschaften[799]) ist eine Folge des Wettbewerbs durch Selektivverträge. Die Leistungserbringer sind bei der Regelung der Teilnahme an der ambulanten Versorgung über Selektivverträge auf „Aufträge" der Krankenkassen angewiesen.

---

[795] BT-Drs. 17/2413, 26.

[796] So etwa *Engelmann*, in: jurisPK-SGB V, § 69 Rn. 117, der ausführt, dass die Gefahr, dass Krankenkassen eine marktbeherrschende Stellung ausnutzen"[...] [vor allem dann entstehen kann, Anm. d. Verf.] „wenn sich Krankenkassen eines Krankenkassenzweigs zusammenschließen oder Krankenkassen gemeinsam auftreten, um gegenüber - z. B. nicht industriell strukturierten - Betrieben von Leistungserbringern Preis- und Leistungsbedingungen durchzusetzen, die nicht den Preisen und Geschäftsbedingungen entsprechen, die sich bei einem funktionierenden Markt ergeben würden."

[797] Engelmann, in: jurisPK-SGB V, § 69 i. d. F. v. 15.12.2008, Rn. 116.

[798] Kap. 3 B.VI.2.e.eb..

[799] So ist die Vorstellung des Gesetzgebers nach Schirmer, Vertragsarztrecht kompakt, Kap. E.6.3.1.,148.

Die Krankenkassen müssen sich auch den Leistungserbringern gegenüber nur durch gute oder faire Bedingungen behaupten, wenn diese ihnen gegenüber in größeren Kollektiven auftreten; denn für die Krankenkassen ist der Wettbewerb lediglich gegenüber den Versicherten als „Abnehmern" und Mitgliedern ihrer Leistungen von Bedeutung. Besonders zeigte sich das durch die gesetzliche Regelung der Vertragspartner im Bereich der Leistungserbringer für die HzV. Der mit dem Jahr 2009 reformierte § 73b sah als Vertragspartner und Leistungsanbieter nur Korporationen vor, die mindestens 50 % der Leistungserbringer einer Region darstellen, und führt damit praktisch zum Ausschluss bestimmter Gruppen von Leistungserbringern, wie z. B. der allgemeinärztlich tätigen Internisten.[800] Diese gesetzliche Bevorzugung eines Oligopols ließ das zuvor schon bestehende Problem des „Gruppenzwangs" verstärkt in die öffentliche Diskussion gelangen. Die Problematik von Oligopolen ist, dass in der Praxis als Vertragspartner allein die Gruppen Erfolg haben, die aufgrund ihrer Marktmacht die besten Angebote machen und den größten Druck ausüben können. Damit wird das Recht der Leistungserbringer, also der Vertragsärzte, auf Teilnahme an der ambulanten vertragsärztlichen Versorgung und auf angemessene Vergütung (§ 72 Abs. 2) gefährdet, was sich im derzeitigen Zulassungssystem im grundsätzlichen Rechtsanspruch auf Zulassung verkörpert.[801] Innerhalb des Kollektivvertragssystems mit dem Vertragspartner der KVen besteht diese Gefahr nicht, da sie alle Ärzte vertreten. Kingreen spricht zwar von der herkömmlichen dualen Struktur von KVen und Berufsverbänden[802], die ein Gleichgewicht vermuten lassen könnte. Berufsverbände haben sich bislang jedoch auch in historischer Sicht nicht annähernd als geeignet gezeigt, ein solches Gegengewicht gegenüber den Kostenträgern zu erlangen wie die Gesamtheit der in einer KV verbundenen Leistungserbringer. Nur in einer KV ist die Ärzteschaft grundsätzlich gleich stark und einheitlich vertreten. Zu konstatieren ist zwar, dass auch diese Kooperative nicht uneingeschränkt im Sinne ihrer Mitglieder agieren, was sich in Fällen des kollektiven Zulassungsverzichts gezeigt hat. Das erschüttert aber ihre grundsätzliche Konsistenz als Gruppe, die einheitlich Ziele verfolgt, bisher nicht. Zu konstatieren ist auch, dass es Gruppen gibt, die eine erhebliche Marktmacht neben der KV erlangt haben, wie die Hausärzteverbände, sie führen aber wiederum gruppenintern zur Gefährdung eines diskriminierungsfreien Teilnahmeanspruchs aller Leistungserbringer. Diese

---

[800] Dabei gibt es eine Monopolstellung des Deutschen Hausarztverbandes (HÄV) bei den HzV-Verträgen, vgl. dfg 27 - 10, 9.

[801] Vgl. Urt. v. 23.03.1960, 1 BvR 216/51, BVerfGE 11, 30 (49) und a. E.; BVerfG, Entscheidung v. 23.07.1963, 1 BvL 1/61, 1 BvL 4/61, BVerfGE 16, 286 (293), das insbesondere von einem Rechtsanspruch spricht; ausdrücklich auch BT-Drs. 11/6380, 68 Enquete Kommission zur Strukturreform der GKV.

[802] Kingreen, 2009, http://www.igmr.uni-bremen.de/deutsch/veranst/Workshop09-Kingreen.pdf, Folie 9, (30.12.2011).

innververbandlichen Auseinandersetzungen wurden dargestellt.[803] Auch bei den Leistungserbringern ist - wie bei Oligopolbildung auf Seiten der Krankenkassen - die Nachrangigkeit der Sicherstellung einer ausreichenden Qualität und Vielfalt der Leistungen gegenüber den Preisen eine absehbare Gefahr der Oligopolisierung.

Grundsätzlich ist die Folge einer Oligopolisierung in einem Selektivvertragssystem jedoch fast unvermeidbar. Finden nämlich möglicherweise Oligopole auf Seiten der Krankenkassen als Kollektivvertragspartner noch entsprechend ähnlich marktmächtige Vertragspartner auf Seiten von Berufsverbänden, ist dies beim einzelnen Leistungserbringer, der beim Selektivvertragsmodell ebenfalls Vertragspartner sein kann, nicht der Fall. Hier kommt es fraglos zu einem Machtungleichgewicht, das keine gleichberechtigte Verhandlungssituation mehr gewährleistet.

Das bestätigen auch die Aussagen im Gutachten des Wissenschaftlichen Instituts der AOK aus dem Jahr 2008. Danach ist bei Fehlen eines Instrumentariums für eine sachgerechte Wettbewerbstätigkeit der Krankenkassen eine sachgerechte Auswahl und diskriminierungsfreie Behandlung der Leistungserbringer nicht gegeben. Dies ist hingegen für Körperschaften öffentlichen Rechts gewährleistet, da sie einerseits in einem Machtgleichgewicht zueinander stehen, welches ihre jeweilige Marktmacht neutralisiert, andererseits dem Gebot sachgerechter Auswahl und diskriminierungsfreier Behandlung aufgrund von Art. 3 Abs. 1 GG unterliegen.[804] Zwar gab es gesetzgeberische Nachbesserungen seit Zunahme der Versorgung über Selektivverträge, vor allem die Anordnung von Regelungen des Vergabe- und Wettbewerbsrechts. Sie haben auch Verbesserungen bei der diskriminierungsfreien Auswahl und Behandlung erreicht, aber an der Problematik der Oligopolbildung durch eine Versorgung über Selektivverträge nichts grundlegend geändert. So besteht nach wie vor ein Monopol des Berufsverbandes der Hausärzte und kein Anspruch auf Teilnahme an Selektivverträgen, wohl aber auf die Erteilung einer Zulassung.

Die Nachteile einer Oligopolisierung und Veränderung der Machtverhältnisse zeigen sich auch in anderem Zusammenhang. Sozusagen mit anderem Vorzeichen erfahren die Krankenkassen die Folgen des Wachstums des Gewichts von Selektivverträgen im Verhältnis zur Pharmabranche. Von anderen Vorzeichen kann man hier sprechen, weil nicht die Krankenkassen die Preise diktieren und eine Selektion im Wettbewerb untereinander vornehmen, sondern ihre Vertragspartner, die Pharmafirmen. Dabei hat es sich ergeben, dass der Rabattmarkt in kürzester Zeit durch wenige große Firmen beherrscht wurde und sich damit eine Tendenz zur Kartellbildung abzeichnete. Im April

---

[803] Vgl. Kap. 3 B.VI.1.c.c.b..
[804] Wasem et al., 130.

2007 stammten erst fünf Prozent der rabattierten Medikamente von großen Unternehmen. Im Oktober 2008 waren es schon 78 Prozent, wobei kleinere Unternehmen bei rund elf Prozent stagnierten.[805] Es hat somit ein Konzentrationsprozess auf wenige Hersteller stattgefunden, die dadurch in der Lage sind, die Preise zu diktieren. Der ehemalige Präsident des Bundeskartellamts, Bernhard Heitzer[806], sah die Entwicklung, dass die Rabattverträge zwischen Hersteller und Kassen die Oligopolisierung der Generikafirmen verstärken und letztlich zu höheren Preisen führen, voraus. Das betraf seiner Ansicht nach vor allem die von den Kassen kollektiv abgeschlossenen Verträge. Sie sollten seiner Auffassung nach dazu führen, dass die Kassen auf längere Sicht das Nachsehen haben, wenn diese ihre Marktmacht in der Weise ausspielen[807], dass sie selbst durch Preisdruck einen Konzentrationsprozess bei den Pharmaherstellern hervorrufen, die sodann selbst zunehmend Marktmacht erlangen. Bestätigt hat sich die Erwartung, dass die Krankenkassen zu viel Marktmacht ausüben, ebenso wie die Prognose, dass sie infolge von Maßnahmen des Gesetzgebers hierdurch auf längere Sicht das Nachsehen haben. Das verwirklichte sich nicht nur im Konzentrationsprozess der Pharmahersteller, sondern auch darin, dass der Gesetzgeber im Jahr 2010 mit dem AMNOG bezüglich der Rabattverträge in der Arzneimittelversorgung nach § 130a Abs. 8 die wettbewerbsregelnden Vorschrift des GWB mit dem AMNOG angeordnet hat[808] und damit die Marktmacht der Krankenkassen auch von Gesetzes wegen eingedämmt hat.

Eine für die vertragsärztliche Zulassung entscheidende Problematik einer Oligopolisierung ist danach, dass in der Praxis als Vertragspartner allein die Gruppen Erfolg haben, die aufgrund ihrer Marktmacht die besten Angebote machen und den größten Druck ausüben können. Damit werden historisch erkämpfte und erreichte Ziele wie das Recht der Leistungserbringer, der Vertragsärzte, auf Teilnahme an der ambulanten vertragsärztlichen Versorgung und auf angemessene Vergütung (§ 72 Abs. 2) gefährdet und die ebenfalls aus der Geschichte bekannten nachteilhaften Folgen heraufbeschworen: Streik und Versorgungsnotstand. Ferner geraten das Ziel einer Versorgungsverbesserung und die Verpflichtung zu ihrer Sicherung bei gruppenintern widerstreitenden Interessen in Gefahr.

---

[805] O. V., A+S aktuell, 20/2008, 12 (12).
[806] In dieser Position war er bis November 2009.
[807] O. V., A+S aktuell, 20/2008, 12 (13).
[808] *Engelmann* kritisiert nicht zu Unrecht, dass die Marktmacht der Krankenkassen begrenzt wurde, da gerade die gemeinsame Ausschreibung von Arzneimittelrabattverträgen dazu beigetragen hat, dass der Marktmacht der großen multinationalen Pharmakonzerne ein gewisses Gegengewicht entgegengesetzt werden konnte, in: jurisPK-SGB V, § 69 Rn. 318.

d. d. Systematisch-geschichtliche Bewertung - vertragsloser Zustand

Eine kritische Beurteilung der Vision einer Sicherstellung der ambulanten vertragsärztlichen Versorgung mittels einzel- oder selektivvertraglicher Verpflichtung der Leistungserbringer durch die Krankenkassen ist begründet aus der Erfahrung aus der Geschichte der vertragsärztlichen Zulassung. Die vollständige Regelung der ambulanten vertragsärztlichen Versorgung durch Einzelverträge ist danach nicht neu, sondern entspricht dem ursprünglichen System bei Begründung der GKV. Die vertragliche Verpflichtung ohne kollektive Elemente und gleichberechtigte Korporationen auf Seiten von Leistungserbringern und Krankenkassen ist schon einmal gescheitert. Die Folgen waren im Hinblick auf die Verpflichtung des Sozialstaats erhebliche, nämlich kritische Versorgungsdefizite und eine Einschränkung der ärztlichen Unabhängigkeit. Jahrzehntelang hat sich die Ärzteschaft hiergegen gewehrt. Das Ergebnis entsprach zwar nicht genau den Forderungen der Ärzteschaft, führte es doch u. a. doch zu einer Zwangsmitgliedschaft in der KV. Es stellte sich aber als geeigneter Weg dar, sich aus der Abhängigkeit von dem Verhandlungspartner, den Krankenkassen, zu lösen, was noch bis heute funktioniert. Die Gründe, die mit den letzten Gesundheitsreformen zu einem Zurückgreifen auf das alte System führen, sind solche, die es seinerzeit nicht gab, wie insbesondere die Trias Demografie, medizinischer-technischer Fortschritt[809] (sowie dem daraus erwachsenden Leistungsanspruch von Patienten) und Wegbrechen der Finanzquellen. Um die Frage, ob ein viertes Problem in Gestalt eines Ärztemangels besteht, wird dabei gestritten. Derzeit handelt es sich jedenfalls um ein reines Verteilungsproblem. Das entsprechende Ergebnis einer diesbezüglichen aktuellen Studie[810] wurde unter Kapitel 3 B.IV.1.b. wieder gegeben. Die alten Risiken, die sich mit dem zum Ziele des Wettbewerbs wieder erweckten Einzelvertragssystem entwickelten, sind dabei weiterhin oder wieder höchst aktuell.

Der Rückgriff auf das alte Vertragssystem beschwor schnell das altbekannte erhebliche Risiko von vertragslosen Zuständen herauf. So haben einerseits die Leistungserbringer in den letzten Jahren bereits mehrfach das Mittel des Kollektivausstiegs aufgegriffen[811], besonders nach Einführung einer Vertragsabschlusspflicht der Krankenkassen, sodass ein vertragsloser Zustand drohte. Auf der anderen Seite haben die Krankenversicherungen in Vorbereitung auf die Anforderungen des Gesundheitsfonds mit dem Jahr 2009 ihr Engagement bei dem Abschluss von Hausarztverträgen eingeschränkt, ohne dass diese Einwirkung auf die Versorgungslage durch andere, am Ge-

---

[809] Zu diesem Aspekt m .w. N. Huster, GesR 2010, 337 (339).
[810] Klose/Rehbein, 2011,
   http://www.wido.de/fileadmin/wido/downloads/pdf_ambulaten_versorg/wido_amb_pub-
   aerzteatlas2011_0511.pdf, (15.11.2011).
[811] Vgl. Kap. 1 A.I. und Kap. 2 B.IV..

sundheitswesen Beteiligte, beeinflusst werden konnte. Als Folge war der Gesetzgeber gezwungen, eine Abschlusspflicht einzuführen, was mit dem GKV-OrgWG unter großer Kritik vonseiten der Krankenkassen als auch der Leistungserbringer erfolgte. Auch Verträge der IV nahmen mit der Einführung des Gesundheitsfonds ab.[812] Die Krankenkassen agieren nachvollziehbar profitorientiert, um im Wettbewerb bestehen zu können. Qualitäts- und Bedarfsmomente treten in den Hintergrund. Dies geht auf Kosten von Qualität und flächendeckender Versorgung.

Die Entwicklung zu dem heutigen System wurzelt also im Wesentlichen in der Erfahrung aus der Geschichte, dass es bei Uneinigkeiten zwischen Leistungserbringern und Kostenträgern zu einer Gefährdung der Versorgung durch vertragslose Zustände kommen kann. Die GKV ist dem Sozialstaatsprinzip verpflichtet, der Gesetzgeber muss daher eine Gefährdung der Versorgung unbedingt vermeiden. Der zunehmende Vertragswettbewerb, gefördert durch den Gesetzgeber, führt aber zu Versorgungslücken, auch so bezeichneten „weißen" Flecken[813], und zu Deregulierung. Damit kann die Versorgung nicht sichergestellt werden.

d. e. Ergebnis Kollektivvertrags- versus Selektivvertragssystem

Bei jeglicher Form sowohl einer beabsichtigten als auch einer nur mittelbaren Machtveränderung- und verschiebung unter den am Gesundheitssystem beteiligten Korporationen müssen die Auswirkungen und Vor- wie Nachteile gegen-über dem bisherigen System vom Gesetzgeber sorgfältig prognostiziert und beachtet werden.

Wettbewerb im Gesundheitswesen stellt keinen Selbstzweck dar, sondern ein Instrument zur Erfüllung der Aufgaben der GKV unter den gegebenen wirtschaftlichen Rahmenbedingungen. Knappere Ressourcen erfordern eine bessere Verteilung. Ziel ist daher auch eine bessere Allokation, indem die korporative Steuerung durch eine wettbewerbliche Koordination verbessert wird.[814] Ob sich unter gesamtwirtschaftlichen Aspekten dazu eine Abschaffung oder Einschränkung des Korporatismus im Gesundheitswesen eignet, hängt davon ab, inwieweit diese alternativen Steuerungskonzepte die fiskalischen und allokativen Zielsetzungen per saldo besser erfüllen als das derzei-

---

[812] Osterloh/Rieser, DÄBl 2010; 107(17): A-791 / B-691 / C-679, o. S., http://www.aerzteblatt.de/v4/archiv/artikel.asp?id=74546 (14.11.2011).

[813] Hier wird von „weißen" Flecken aufgrund vertragsloser Zustände, Köhler, o. V., A+S aktuell, 25/2008, 2 oder „blinden" Flecken im Qualitätssicherungssystem, Schrappe, o. V., A+S aktuell, 2008, 25/2008, 4 gesprochen. Die KBV spricht von vielen „kleinen Versorgungsinseln", in die „das über Deutschland gespannte Versorgungsnetz" mit jedem Selektivvertrag, der Geld aus der kollektivvertraglich geregelten Grundversorgung abzieht, zerfällt, 5, KBV, 2009, http://www.liberale-aerzte.de/files/21795/KBV_Reformpositionen.pdf (16.11.2011).

[814] Zur Allokationsfunktion des Wettbewerbs, vgl. Bungenstock, Wirtschaftsdienst 2007, 679.

tige, auch als planwirtschaftlich kritisierte[815] Kollektivsystem. Davon kann jedoch aktuell nicht gesprochen werden. Vielmehr entstehen neben einer rechtsstaatlich bedenklichen Intransparenz eine sozialstaatsgefährdende Oligopolbildung sowie ein ebensolches Verhandlungsungleichgewicht. Der Kollektivvertrag hingegen hat sich bisher als besseres Modell und wichtige Klammer für Versorgungsgerechtigkeit[816] bewiesen.

Die Existenz der KVen könnte auch nur dann zur Disposition stehen, wenn ihre Aufgaben von anderen Akteuren bzw. Institutionen umfassend effektiver und effizienter erfüllt würden.[817] Die damit gegebene parallele Fragestellung eines Ersatzes der vertragsärztlichen Zulassung (als Tatbestand der Mitgliedschaft in der KV) als Steuerungselement ist ersichtlich. Auch hier kommt es letztlich darauf an, welchen Zielen die Zulassung als Steuerungselement dient und inwieweit die durch die Gesundheitsreformen eingeführten Steuerungselemente diese ersetzen oder verbessern können. Ein bloßer Austausch allein würde schon aufgrund der Umstellungsrisiken auf ein neues System eine Änderung nicht rechtfertigen. Erforderlich ist eine begründete Aussicht auf eine Verbesserung, welche die Nachteile überwiegt. Auch davon kann derzeit nicht gesprochen werden. Der bloße Rückgriff auf das Kollektivsystem ist allerdings keine Lösung. Das Kollektivvertragssystem hat seine Defizite durch fehlende Wettbewerbsanreize so deutlich offenbart, dass der Gesetzgeber begründet stets zunehmende Wettbewerbsinstrumente zur Verfügung gestellt hat. Das Kollektivelement sollte daher als maßgebender Rahmen genutzt bleiben. Wettbewerbliche Aspekte müssen ebenfalls berücksichtigt werden. Die fehlende Abstimmung mit dem bestehenden System jedoch, oder sogar noch weitergehend eine Konkurrenz zu diesem, ist hingegen zu beenden.

Die herausgearbeiteten Probleme von Selektivverträgen im Hinblick auf eine bedarfsgerechte Verteilung hat der Gesetzgeber zwischenzeitlich gesehen und plant in Bezug auf die Verteilung der Versorgung im Jahr 2012 im GKV-VStG den Rückgriff auf die Bedarfsplanung und damit das Steuerungsinstrument der vertragsärztlichen Zulassung sowie die Entscheidungskompetenz der Selbstverwaltung. Im Bereich der Konkurrenzmodelle zum Instrument der vertragsärztlichen Zulassung hat der Gesetzgeber zwar die Fehler der Sonderorientierungswerte beendet, mit der konkreten Gestaltung der spezialfachärztlichen Versorgung aber schon mit Ihrer Idee an sich das Funktionieren der Zulassung wieder neuen Gefährdungen ausgesetzt. Das wird verstärkt durch Elemente wie die neu eingeführte Befristungs- und Einziehungsmöglichkeit von Zulassungen, welche den Status, der mit der Zulassung begründet wird, künftig umfangreich einschränken.

---

[815] Etwa *Jacobs/Schulze*, in: Jacobs et al., Sicherstellung der Gesundheitsversorgung, 141 (160).

[816] O. V., A+S aktuell, 25/2008, 2.

[817] Wille, KrV 2006, 7 (8).

e. Staatliche, vergaberechtliche und wettbewerbsrechtliche Kontrolle - vertragsärztliche Zulassung versus Selektivverträge

Die Versorgung gesetzlich Versicherter findet in einem staatlich organisierten Versicherungssystem (im Gegensatz zur freien Wirtschaft der PKV) statt. Die Instanzen, denen die Erteilung oder Vergabe des Teilnahmerechts an der ambulanten vertragsärztlichen Versorgung obliegt und die darüber die Teilnahme steuern, üben daher die Funktion von staatlichen Zuteilungsstellen für öffentlich-rechtliche Teilhaberechte aus. Ihr Handeln bedarf neben einem Regelungsrahmen insbesondere der Kontrolle. Das gilt unterschiedslos für jede Form der Eröffnung eines Marktzugangs zur Leistungserbringung im Rahmen der GKV und damit auch für Selektivverträge. Es stellt sich die Frage, wie Kontrolle und Regelungsrahmen bei der herkömmlichen Verteilungsstelle und Teilnahmeform gewährleistet sind und wie bei einer Gewährung durch Selektivverträge mit Krankenkassen.

e. a. vertragsärztliche Zulassung - Doppelte Kontrollfunktion

Der Zugang zur ambulanten vertragsärztlichen Versorgung über die Zulassung wird auf Seiten der Leistungserbringer entscheidend durch die Institution KV mit gesteuert. Jeder Leistungserbringer, der über eine vertragsärztliche Zulassung am Markt teilnimmt, wird Zwangsmitglied in der zuständigen KV. Diese hat nach dem Gesetz die ambulante ärztliche Versorgung aller gesetzlich Versicherten in Deutschland sachgerecht sicherzustellen[818] und ist Kontrollinstanz für eine funktionierende, das bedeutet nach dem SGB V, eine zweckmäßige, ausreichende, wirtschaftliche, notwendige und flächendeckende Versorgung. Sie muss daher stets alle Aspekte einer ausreichenden, zweckmäßigen Versorgung berücksichtigen, was etwa durch Qualitätskontrollen, entsprechende Disziplinarmaßnahmen oder Wirtschaftlichkeitsprüfungen ermöglicht wird.

Die KVen, welche diese Kontrolle ausüben, unterliegen als öffentlich-rechtliche Institutionen in Form der Körperschaft des öffentlichen Rechts[819] mit hoheitlicher Funktion der staatlichen Rechtsaufsicht.[820] Im Rahmen des ihnen umfassend übertragenen Si-

---

[818] Vgl. *Orlowski*, in: Orlowski et al. GKV-Kommentar, § 75 SGB V Rn. 4.

[819] § 77Abs. 5. Sie sind organisiert als genossenschaftliche Vereinigung, vgl. BVerfG, Urt. v. 23.03.1960, 1 BvR 216/51, BVerfGE 11, 30 - juris Rn. 28.

[820] *Hess*, Kass.-Komm. § 78 Rn. 4 f. Aufgrund verschiedener Entwicklungen, z. B. der Einrichtung eigenständiger Institutionen der gemeinsamen Selbstverwaltung, wie den G-BA oder die Bundesgeschäftsstelle Qualitätssicherung, kann die Frage gestellt werden, ob die Grenze zur Fachaufsicht überschritten ist. So äußerte sich die KBV aufgrund des mit den Institutionen gegebenen unmittelbaren Einflusses durch das BMG,

cherstellungsauftrags (§ 75) erfüllen sie nahezu ausnahmslos öffentliche Aufgaben, die sie unter den Vorgaben des Regelungsgefüges und der Zielsetzungen, insbesondere des Sicherstellungsauftrags des SGB V, erfüllen müssen. Soweit es der Gesetzgeber KVen ermöglicht, ausnahmsweise nicht hoheitlich tätig zu werden wie mit Dienstleistungsgesellschaften nach § 77a[821], wurde daher auch eine separate Unterrichtungspflicht an die Aufsichtsbehörde[822] vorgeschlagen, die jedoch letztlich wohl nicht für erforderlich gehalten und somit nicht mit aufgenommen wurde. Daher dürfte die Rechtsaufsicht ausreichend sein. Aus der Geschichte ergibt sich, dass die in den KVen in Selbstverwaltung vertretenen Ärzte diesen umfassenden und reglementierten öffentlich-rechtlichen Auftrag und den Verzicht auf Streiks für höhere Honorare in Kauf genommen haben, um eine machtgleiche Verhandlungsposition gegenüber den Krankenkassen zu erzielen. Dennoch durchgeführte Streiks in Form von kollektiven Zulassungsverzichten werden demgemäß mit gesetzlich zugelassenen Mitteln sanktioniert.

Mit der im Bereich der Selektivverträge entstandenen Diskussion der Anwendbarkeit des Vergaberechts (dazu sogleich unter e.b.) stellte sich die Frage einer Kontrolle auch der KVen sowie der Zulassung als Vergabeakt.

In Bezug auf den Akt der Zulassung spricht schon ihre Rechtsnatur als Verwaltungsakt, im Gegensatz zu Verträgen, gegen eine Anwendung des Vergaberechts. Ein Verwaltungsakt kann selbst bei weitester Auslegung nicht als entgeltlicher Vertrag i. S. d. § 99 Abs. 1 GWB angesehen werden. Ferner dient die vertragsärztliche Zulassung nicht unmittelbar dem konkreten Beschaffungsinteresse der Krankenkassen[823]. Die Zulassung wird als ein ganz anderes, paralleles Modell der Teilnahme am Vergütungssystem der gesetzlichen Krankenkassen als das Modell der Selektivverträge bezeichnet. Begründet wird das damit, dass auf die Zulassung bei Vorliegen der Voraussetzungen ein Anspruch bestehe, sie durch öffentlich-rechtlichen Akt erteilt werde und dass keine Rechtsbeziehung der Krankenkasse mit dem Leistungserbringer vorliege.[824] Das trifft zu. Zwar stellt die Zulassung, wie die Geschichte zeigt, letztlich mittelbar auch einen Akt zur Bedienung bzw. Erfüllung des Beschaffungsinteresses der Krankenkassen dar. Allerdings führt der Umweg (und damit die mittelbare Erfüllung des Beschaffungsinteresses der Krankenkassen) über die KVen und die Verschiebung der Verantwort-

---

http://www.kbv.de/publikationen/520.html (letzter Zugriff 25.04.2009, nicht mehr zugreifbar).

[821] Nach *Engelmann,* in: jurisPK-SGB V, § 77a sind die nach § 77a zu gründenden Gesellschaften privatrechtlicher Natur. Das lässt sich auch aus der Gesetzesbegründung entnehmen BT-Drs. 16/3100, 117. Sie nehmen hier also keine öffentlich-rechtliche, hoheitliche Tätigkeit wahr.

[822] BT-Drs. 16/3950, 18.

[823] Klöck, NZS 2008, 178 (183).

[824] Wie vor.

lichkeit zu Lasten dieser zu ganz anderen Umständen der „Vergabe". Die KVen sind zugleich zur Sicherstellung der Angemessenheit der Bedingungen für die Gesamtheit der Leistungserbringer verantwortlich, was etwa Krankenkassen bei einem Abschluss von Selektivverträgen nicht sind, allenfalls beschränkt auf die jeweilige Vertragsform. So sind KVen mit ihrem umfassenden Sicherstellungsauftrag gemäß § 75 Abs. 1 S. 1 und bei dem Abschluss von Kollektivverträgen auch nicht als Unternehmen im Sinne der Art. 101, 102 AEUV (alt: Art. 81 und 82 EGV - Kartellverbot) einzuordnen.

Außerdem ist die Erteilung durch die KV streng geregelt. Es gibt festgelegte Erteilungsbedingungen, die zwar auch einen Ermessensspielraum gewähren; dieser ist aber ebenfalls gesetzlich geregelt. Man kann daher auch von einer Ordnungsfunktion der KVen sprechen. Ferner unterliegt seine Anwendung der verwaltungsbehördlichen bzw. gerichtlichen Kontrolle. Das wird etwa am Beispiel der Praxisnachfolge nach § 103 Abs. 4 deutlich. Die in der Vorschrift geregelten Kriterien für eine Auswahlentscheidung der KV gegenüber Antragstellern zur Teilnahme an der vertragsärztlichen Vergütung zeigen zwar deutlich die Vergleichbarkeit der Interessenkonstellation im Vergaberecht. Das Verhältnis der Pflicht, die Versorgung mit geeigneten Leistungserbringern sicherzustellen und andererseits die berechtigten (Grund-)Rechts-interessen der Leistungserbringer zu wahren, deckt sich mit der Interessenkonstellation im Vergaberecht.[825] Die durch das Vergaberecht geschützten Interessen sind nach den obigen Ausführungen aber im Falle der Zulassungsentscheidungen von KVen einerseits durch gesetzliche Vorgaben gewahrt, andererseits liegt mit der verwaltungsbehördlichen und gerichtlichen Kontrolle ein ausreichendes Regulierungsinstrumentarium vor.

Auch die Geschichte bestätigt die völlig andere Rolle der Zulassung als die einer Vergabeentscheidung. Die Zulassung hat die ursprünglichen Einzelverträge der Leistungserbringer mit den Krankenkassen gerade aus Gründen eines zu sehr im Vordergrund stehenden Beschaffungsinteresses abgelöst; denn ein Hintergrund für die Entstehung von KVen und des Instituts der vertragsärztlichen Zulassung waren inakzeptable Vertragsbedingungen der Krankenkassen für die Leistungserbringer. Die Abhängigkeit der Ärzte von der Not, sich solchen Bedingungen unterwerfen zu müssen, war daher ein wesentlicher Anlass für die Ablösung des Systems einer vertraglichen Verpflichtung von Leistungserbringern durch die Krankenkassen und die Begründung des Status der vertragsärztlichen Zulassung, dieser verbunden mit der Einbindung in ein öffentlich-rechtliches System mit einem gesetzlichen Anspruch unter Verzicht auf ein Streik-

---

[825] Plagemann/Ziegler, GesR 2008, 617 m. w. N., dabei befassen sich die zitierten Gerichtsentscheidungen vor allem mit dem Vertragsschluss der öffentlichen Verwaltung und eben gerade nicht Verwaltungsakte wie dem Akt der Zulassung.

recht. Es erfolgte also explizit eine Ablösung von einem freien vertraglichen System zu einem öffentlich-rechtlich geregelten Anspruch.

Differenziert könnte allerdings die Beteiligung von KVen an Selektivverträgen zu beurteilen sein.[826] In diesem Falle werden KVen aber nicht als Anbieter eines Teilnahmerechts (Vergabe) zur Marktteilnahme tätig, sondern in Vertretung der Anbieter der Leistung, der Leistungserbringer, die sich für einen Auftrag, also eine Vergabe der Krankenkassen, bewerben. Sie sind daher nicht in der Rolle als Auftraggeber bei der Vergabe von Aufträgen, unterliegen deshalb bei der Teilnahme an Selektivverträgen keinem weitergehenden Kontrollbedarf und unterscheiden sich damit von den Krankenkassen.

Nicht übersehen werden darf dabei freilich, dass KVen als Teilnehmer am Vertragsmarkt dennoch den Regelungen von UWG, GWB und Vergaberecht unterliegen könnten, weil sie im Rahmen von Selektivverträgen mit ihrer Marktmacht in Konkurrenz zu Managementgesellschaften, Dienstleistungsgesellschaften oder einzelnen Leistungserbringern treten können (als Bewerber oder als Berater von Bewerbern oder Bewerbergruppen), wenn sie sich für eine Leistung bewerben. Auch hierbei „vergeben" sie allerdings keine Aufträge, sondern bieten sie an. Bei dem Angebot bündeln sie im Übrigen die Interessen aller Vertragsärzte, was einen Anbieterwettbewerb untereinander ausschließt.[827] Unabhängig davon, ob in diesem Fall die weiteren Voraussetzungen einer Kontrolle durch die entsprechenden Vorschriften der genannten Gesetze vorliegen würden, ist dieses Problem ohne Bedeutung, weil die KVen bislang regelmäßig nicht in Form von Berufsverbänden in Konkurrenz zu ihren eigenen Mitgliedern treten, sondern versuchen, sich hierin in neuen Formen zu engagieren oder diese mitzubilden, also alle Teilnehmer mit einzubeziehen.

Im Hinblick auf die Frage des Angebots der Teilnahme am ambulanten deutschen Gesundheitsmarkt gewährleistet das öffentlich-rechtlich geregelte System der vertragsärztlichen Zulassung die wettbewerbsrechtlichen und vergaberechtlichen Grundprinzipien einer rechtsstaatlichen (untechnischen) Vergabe, besser Erteilung. Selbst wenn vergaberechtliche Vorschriften geprüft würden, würden viele Vorschriften schon an den Tatbestandsvoraussetzungen bei der Erteilung der Zulassung scheitern, die bei der Zulassung mit dem beschränkten Teilnehmerkreis oder dem Vorliegen einer (vergaberechtsfreien) Dienstleistungskonzession gegeben sind.

---

[826] Vgl. ausführlich Koenig/Schreiber, GesR 2008, 561 ff., insbes. 562, 563.
[827] Koenig/Schreiber, GesR 2008, 561 (564 f.).

e. b. Selektivvertrag - lückenhafte Kontrollfunktion

Im Bereich der „sekundären Zulassung" über eine Teilnahme an Selektivverträgen ist ein Kontrollbedarf durch Vergabe- und Wettbewerbsrecht zu prüfen. Selektivverträge als Teilnahmeform an der ambulanten Versorgung werden von Krankenkassen mit Leistungserbringern, Leistungserbringergemeinschaften oder KVen (etwa § 73c) geschlossen. Krankenkassen sind nach § 4 Abs. 1 Körperschaften öffentlichen Rechts. Sie werden insbesondere vom Gesetzgeber nicht als Unternehmen i. S. d. § 1 GWB beurteilt, so dass mangels Unternehmenseigenschaft jedenfalls auch keine unmittelbare Geltung des GWB und der Zuständigkeit der Kartellbehörden zur Überprüfung der Vertragsabschlüsse der Krankenkassen mit Leistungserbringern zur ambulanten oder stationären Versorgung der Versicherten gegeben ist.[828] Als Versicherungsträger unterliegen sie, wie die KVen auch staatlicher Aufsicht (§ 87 Abs. 1 S. 1 SGB IV). Sie haben aber nicht den umfassenden Sicherstellungsauftrag für die ambulante vertragsärztliche Versorgung. Zudem bedarf der Zugang zur ambulanten vertragsärztlichen Versorgung nach wie vor grundsätzlich des Status begründenden Akts einer Zulassung, auch im Rahmen eines Selektivvertrags, sodass eine gewisse Auswahl, auch im Rahmen von Selektivverträgen, bereits im ersten Schritt der Zulassung getroffen wird.

Hieraus könnte in Bezug auf Krankenkassen auf einen geringeren oder fehlenden speziellen Kontrollbedarf der Einhaltung des gesetzlichen Regelungsgefüges für die ambulante ärztliche Versorgung und für die Erfüllung der Zielsetzungen des Sicherstellungsauftrags geschlossen werden, da insoweit die KVen durch die Zulassung die Kontrolle wahren. Das traf zu Zeiten, in denen die Krankenkassen nur ganz ausnahmsweise Selektivverträge schließen konnten (etwa Modellvorhaben) und der Wettbewerbsgedanke noch weniger vorherrschte, auch zu. Mit der Entwicklung der letzten Gesundheitsreformen und der Zunahme von Selektivverträgen erhielten die Krankenkassen allerdings auch vermehrt die Möglichkeit von Regelungen, die den Sicherstellungsauftrag der KVen[829] tangieren[830]. Viel einschneidender aber ist die mit den letzten Reformen zunehmende ausdrückliche Rückübertragung von Sicherstellungsaufgaben in Teilbereichen durch den Gesetzgeber (vgl. beispielsweise für die IV § 140a Abs. 1 S. 3). In diesen Teilbereichen ist der Einfluss der KVen umfassend und ausdrücklich suspendiert. Die Krankenkassen regeln die konkrete Ausgestaltung der Teilnahme an der ambulanten Versorgung in den zugelassenen Teilbereichen, wie etwa Umfang, Anforderungen und Vergütung, und steuern die Versorgung. Das betrifft überdies nicht nur aktive Teilnehmer an Selektivverträgen, sondern mittels der Steue-

---

[828] Vgl. *Engelmann,* in: jurisPK-SGB V, § 69 Rn. 161.

[829] Vgl. *Orlowski,* in: Orlowski et al., GKV-Kommentar, § 75 Rn. 4.

[830] Nach Huster insbesondere durch wettbewerbliche Elemente, *Huster,* in Becker/Kingreen § 75 Rz. 3 m. w. N. und GesR 2010, 338.

rung von Ressourcen über Verträge und der Lenkung von Patienten[831] beispielsweise durch Boni oder Prämien auch passiv solche Leistungserbringer, die zwar zugelassen sind, aber nicht an Selektivverträgen partizipieren wollen oder können. Der den KVen qua Gesetz obliegende Sicherstellungsauftrag für die ambulante vertragsärztliche Versorgung wird daher fortschreitend durch Kompetenzen der Krankenkassen nicht nur ergänzt, sondern auch ersetzt, wobei die ursprünglichen Steuerungsmöglichkeiten und -ziele, die mit der Erteilung der Zulassung bestehen, anhaltend zurückgedrängt werden.

Dies wird auch an der Begriffsbildung deutlich, die sich im Rahmen der Selektivverträge entwickelt hat. Man spricht von zwei Formen, den Verträgen, die zusätzlich zu kollektivrechtlichen Vereinbarungen geschlossen werden, und den Verträgen, die den Kollektivvertrag ersetzen. Insbesondere im Rahmen der HzV wird in dieser Weise differenziert und zusätzliche Verträge (Add-on)[832] solchen, die an die Stelle der bestehenden hausärztlichen Versorgung treten sollen (Vollvertrag oder Vollversorgung), gegenübergestellt. Nur Verträge, die eine Vollversorgung regeln, führen zur Bereinigung der Gesamtvergütung. Dabei werden kontrovers beide Formen der Selektivverträge befürwortet. Für den Bereich der HzV hat der ehemalige Vorsitzende Richter des Vertragsarztsenats beim BSG, Klaus Engelmann, in einem Schiedsspruch allerdings die Vollversorgungs- oder Bereinigungsverträge als gesetzgeberischen Willen interpretiert und die vom Schiedsspruch betroffenen Verträge entsprechend festgesetzt.[833] Es kann daher nicht davon gesprochen werden, dass (bloß) aufgrund der nach wie vor gegebenen Grundvoraussetzung der Zulassung auch für die Teilnahme an Selektivverträgen die Kontrolle in der Verantwortung der KVen liege und die Frage nach derselben damit vernachlässigt werden könne.

Damit stellt sich also die Frage einer ausreichenden Kontrolle der Vertragstätigkeit der Krankenkassen. Die vertragsärztliche Zulassung zur Leistungserbringung über die Zulassung bewegt sich, wie eben unter e. a. dargestellt, in einem öffentlich-rechtlich geregelten Organisationssystem, das überdies engmaschig durch die Vorschriften des SGB V (nebst Verweis auf die Zulassungsverordnung) und durch kollektiv vereinbarte Verträge aller Beteiligten des Systems reguliert ist (etwa Bundesmantelverträge und HVV[834]). Bei Selektivverträgen der Krankenkassen fehlt dieser lückenlose ordnungspolitische[835] Rahmen. Die Krankenkassen müssen etwa bei der Auswahl der Leistungserbringer nur generell auf deren Vielfalt (§ 2 Abs. 3 S. 1) und das Wirtschaftlich-

---

[831] Vgl. zur Lenkungswirkung von Anreizen Kaltenborn, GesR 2011, 1 (2).
[832] Vgl. Huster, SGb 2010, 253 (253).
[833] A+S aktuell 6 - 10/2010, 2 f..
[834] Vgl. zur Normsetzungsqualität der HVV Kap. 2 Fn. 96 und 107 „Normsetzungsverträge".
[835] Vgl. zum Begriff beispielsweise Wasem et al., 191 f..; BT-Drs. 16/13770, 31.

keitsgebot (§§ 2 Abs. 1 und 4, 12 Abs. 1, 70 Abs. 1 S. 2) achten sowie auf die in einzelnen Regelungen zu Selektivverträgen vorgesehene Kriterien.

Mit Zunahme der einzelvertraglichen Regelungen wurden die Forderungen nach Kontrollmöglichkeiten der Vertragstätigkeit der Krankenkassen daher lauter. Dabei spielten nicht nur die Kontrollfragen in Bezug auf die konkrete Vergabe eines Marktzugangs eine Rolle, sondern aufgrund des an Bedeutung gewinnenden Vertragspartners, der Krankenkassen, auch Regeln des Marktverhaltens, wie Machtmissbrauch oder - als Spiegelwirkung auch auf Seiten der Leistungserbringer, des Boykotts. Ein Höhepunkt der Diskussion drehte sich um die Frage der Anwendbarkeit des Wettbewerbs- und Vergaberechts auf Selektivverträge von Krankenkassen mit Leistungserbringern. Das Vergaberecht beinhaltet vor allem eine Ausschreibungspflicht und ein dafür geregeltes Verfahren. Die Frage war u. a. eine Folge verstärkter öffentlicher Kritik an einer dominierenden Stellung der gesetzlichen Krankenkassen auf dem Gesundheitsmarkt, in der man die Behinderung eines funktionierenden Wettbewerbs erkannte.[836]

Ganz neu war die Frage nicht, denn die Thematik der Anwendbarkeit von kartellrechtlichen Vorschriften auf Krankenkassen wurde schon fast ein Jahrzehnt früher mit der Frage aktuell, inwieweit Kartellrechtsregeln der EU in das nationale Sozialrecht hineinwirken. Anlass waren seinerzeit die Festbetragsregelungen, die vorsehen, dass die (ehem.) Spitzenverbände der Krankenkassen (seit dem GKV-WSG mit § 217a Spitzenverband Bund) gemeinsam Festbeträge für Arzneimittel beschließen (§ 35 Abs. 3). Nachdem schon im Jahr 1995 das BSG Zweifel an der EU-kartellrechtlichen Zulässigkeit von § 35 in einem Vorlagebeschluss an das BVerfGE[837] geäußert hatte, hatten sich verschiedene Zivilgerichte mit den Festbetragsregelungen befasst und kamen zu unterschiedlichen Auffassungen hinsichtlich der Unternehmenseigenschaft von Krankenkassen und damit der Einschlägigkeit von Art. 101 AEUV (ehem. Art. 81 EGV)[838]. Zunächst reagierte der Gesetzgeber mit einer Änderung der Rechtslage im Jahr 2000 dahingehend, dass das Gesetz gegen Wettbewerbsbeschränkungen in der GKV nicht mehr anwendbar war.[839] Das GKV-Leistungserbringerrecht wurde allein dem 4. Kapitel des SGB unterworfen und ausschließlich dem Sozialversicherungsrecht, mithin dem öffentlichen Recht, zugewiesen[840]. Materiell-rechtlich wurde das

---

[836] *Engelmann*, in: jurisPK-SGB V, § 69 Rn. 11.

[837] BSG, Beschl. v. 14.06.1995, 3 RK 20/94, NZS 1995, 502 (507 f.), bestätigt in BSG, Urt. v. 31.08.2000, B 3 KR 11/98 R, SGb 2000, 613 f. - juris Rn. 16 = G+G, Gesundheit und Gesellschaft, Das AOK-Forum für Politik, Praxis und Wissenschaft, 01/2001, 56.

[838] Vgl. umfassend zur Rechtsprechung, Giesen, GGW 2001, 20, Fn. 12 u. 13.

[839] Umfassend zu den Hintergründen, Peikert/Kroel, MedR 2001,14 ff. (16 ff.).

[840] Mit dem GKV-GesundheitsreformG 2000 geänderte und am 01.10.2000 in Kraft getretene Fassung des § 69, die so verstanden wurde, dass die Vorschriften des GWB und des UWG

durch die Änderung des § 69 und prozessual im SGG und GWB vollzogen[841]. Grundsätzlich nur für private Unternehmen geltende Kartell- und Wettbewerbsregelungen waren damit auf die Krankenkassen nicht anwendbar.

Damit hatte der Gesetzgeber eine unternehmerische Tätigkeit der Krankenkassen ebenfalls abgelehnt. Die instanzgerichtliche Rechtsprechung sah sich nach dieser Zuordnung schon durch die erste gesetzliche Regelung[842] allerdings der Problematik ausgesetzt, dass das Fehlen von Unterlassungsansprüchen und Vorschriften zur Vermeidung von Diskriminierung, wie sie für Unternehmen gelten, den Krankenkassen auf Kosten der Leistungserbringer eine zu weite Handlungsfreiheit beließ und wandte entgegen der dem Gesetzgeber folgenden höchstrichterlichen Rechtsprechung von BSG und BGH letztlich doch kartellrechtliche Grundsätze über § 242 BGB an.[843]

Unter der veränderten Rechtslage und dem vermehrten Abschluss von Selektivverträgen wandelte sich die Rechtsauffassung. Zu der geänderten Rechtslage gehörte z. B., dass mit den Selektivverträgen die Marktmacht und Marktrelevanz der Krankenkassen bedeutsam wuchs und keine Einheitlichkeit und Gleichberechtigung im Wettbewerb mehr gewährleistet war. War dies bei einheitlicher Festlegung von Festbeträgen durch Krankenkassen noch der Fall, agierten nun viele von ihnen einzeln im Wettbewerb.

Im November 2006 forderte insbesondere das Bundeskartellamt in einer Stellungnahme, die Regelung des § 69 zu streichen, aufgrund derer die Krankenkassen von der Anwendung des Kartell- und des Wettbewerbsrechts ausgenommen seien. „Der Bundesrat griff dieses Anliegen auf"[844], und unter dem Druck der Öffentlichkeit wurde im Verlaufe des Gesetzgebungsverfahrens zum GKV-WSG zum 01.04.2007 in § 69 der Satz 2 aufgenommen.[845] Diese Vorschrift war im Gesetzentwurf der Fraktionen von CDU / CSU und SPD und dem gleichlautenden Gesetzentwurf der Bundesregierung zunächst nicht enthalten. Ohnehin stellte sich schon die Frage, warum die „fiskalpolitische Grundentscheidung, ob das Beschaffungswesen" der GKV bei der wachsenden

---

nicht mehr auf die Rechtsbeziehungen der Krankenkassen zu den Leistungserbringern anzuwenden sind (vgl. z. B. BSG, 3. Senat, Urt. v. 25.09.2001, B 3 KR 3/01 R, BSGE 89, 24 - juris, Leitsatz; a. A. BSG, 6. Senat, Urt. v. 28.06.2000, B 6 KA 26/99 R, BSGE 86, 223 - juris Rn. 24).

[841] Das erfolgte zunächst mit dem GKV-Gesundheitsreformgesetz 2000, später nochmals mit dem GKV-OrgWG, vgl. *Engelmann*, in: jurisPK-SGB V, § 69 Rn. 5, 52, 65 ff.

[842] Das GKV-Gesundheitsreformgesetz 2000.

[843] LSG Niedersachsen-Bremen, Urt. v. 20.09.2006, L 4 KR 123/04, Breith 2007, 743 - juris, Leitsatz, für häusliche Krankenpflege. Vgl. zur Entwicklung *Engelmann*, in: jurisPK-SGB V, § 69 Rn. 59 - 67.

[844] *Engelmann*, in: jurisPK-SGB V, § 69 SGB V, Rn. 11.

[845] Kahl/Gärditz, NZS 2008, 337 (342).

wirtschaftlichen Bedeutung der Beschaffungsvorgänge den Regeln des GWB-Vergaberechts unterliegen soll, in den Gesetzgebungsverfahren keine Beachtung fand und den Vorschriften nicht mit hinreichender Deutlichkeit zu entnehmen war. Der kurzfristig daher noch aufgenommene neue Satz 2 des § 69 sah nun eine entsprechende Geltung eines Teils der GWB Vorschriften vor, nämlich der §§ 19 bis 21. Sie enthalten ein Verbot des Missbrauchs marktbeherrschender Stellung und Behinderung, der Diskriminierung und des Boykotts. Allerdings haben die Regelungen keine unmittelbare Geltung, da der Gesetzgeber Krankenkassen und ihre Verbände nicht als Unternehmen im Sinne des § 1 GWB beurteilt.[846] § 69 Abs. 2 S. 2 stellt schon danach nur eine (Teil-)Rechtsgrundverweisung dar, neben der es weiterer Voraussetzungen bedarf. Danach war zunächst erforderlich, dass es sich um Verträge der Krankenkassen handelt, zu deren Abschluss sie keine Verpflichtung haben und bei denen es an der Geltung einer Schiedsamts-regelung fehlt, weil eine Entscheidung des Schiedsamts einer Verpflichtung auch schon wieder nahekäme.

Mit dem GKV-WSG waren die vorgenannten Tatbestandsvoraussetzungen zunächst für die Selektivverträge und Verträge der IV gegeben.[847] Bei § 73b besteht zwar eine Verpflichtung, es fehlt jedoch das Kriterium der Schiedsamtsfähigkeit. In § 73b ist ein besonderes Schiedsverfahren geregelt, was nicht dem Schiedsamtsverfahren entspricht, das der Gesetzgeber gemeint hat.[848] Kollektivverträge hingegen sind nach § 69 S. 2 HS. 2 von der Geltung ausgenommen, weil die Krankenkassen zu deren Abschluss verpflichtet sind und zudem bei deren Nichtzustandekommen eine Schiedsamtsregelung (vgl. § 89) gilt. Aufgrund einer Änderung durch das AMNOG wurden die Tatbestandsvoraussetzungen nochmals geändert. Seither werden Verträge schon dann von der Geltung der GWB-Vorschriften ausgenommen, wenn bei ihnen nur eine Abschlussverpflichtung besteht. Es kommt nicht mehr auf die zusätzliche Voraussetzung an, dass Streitigkeiten durch eine Schiedsamtsregelung entschieden werden. Damit sind auch Verträge der HzV von der Geltung ausgenommen.

Das Fehlen weiterer Tatbestandsvoraussetzungen führt jedoch häufig zum Scheitern der Anwendung der §§ 19 bis 21 GWB. So agieren viele Krankenkassen einzeln im Wettbewerb, wodurch der kartellrechtliche Tatbestand der „Marktbeherrschung" für die Erfüllung des § 19 GWB in vielen Gerichtsentscheidungen bereits als nicht gegeben gesehen wurde.[849] Griffen die Tatbestandsvoraussetzungen, stellte es bis zur Änderung durch das AMNOG ein erhebliches weiteres Problem dar, dass die Ahndung

---

[846] Begründung des Gesetzentwurfs zum AMNOG, BT-Drs. 17/2413, 26.
[847] Vgl. Aufzählung bei *Engelmann*, in: jurisPK-SGB V, § 69 Rn. 299 f..
[848] Wie vor.
[849] Zum Tatbestand der Marktbeherrschung, vgl. BSG, Urt. v. 17.07.2008, B 3 KR 23/07 R, BSGE 101, 142 - juris Rn. 43.

von Verstößen nur begrenzt möglich war. Verstöße konnten zwar durch aufsichtsrechtliche Maßnahmen gemäß § 89 Abs. 1 SGB IV verfolgt werden, was letztlich jedoch als wenig schlagkräftig angesehen wurde.[850] Im Übrigen sah man aber nur eine Möglichkeit von Sanktionen nach § 33 Abs. 1 und 3 GWB und § 1004 BGB.[851]

Erst mit dem AMNOG wurde die entsprechende Geltung der §§ 32 bis 34a, 48 bis 80, 81 Abs. 2 Nr. 1, 2a und 6, Abs. 3 Nr. 1 und 2, Abs. 4 bis 10 GWB und der §§ 82 bis 95 GWB gesetzlich angeordnet.[852] Damit sind seither Sanktionsregelungen des GWB anwendbar (und schon durch das GKV-WSG bzw. jedenfalls das GKV-OrgWG auch die Regelungen des Ausschreibungsverfahrens, dazu noch sogleich). Zugleich wurde die Zuständigkeit zur Entscheidung entsprechender Rechtsstreitigkeiten, die seit dem GKV-OrgWG bei den Sozialgerichten[853] lag, von diesen wieder auf die Zivilgerichtsbarkeit, konkret die Vergabesenate bei den Oberlandesgerichten, (rück)übertra-gen und der mit dem GKV-OrgWG eingeführte § 29 Abs. 5 SGG gestrichen. Nicht abschließend geklärt ist das Verhältnis dieser Sanktionsbefugnis der Kartellbehörden zu aufsichtsrechtlichen Maßnahmen der Aufsichtsbehörden.[854]

Vor dieser Erweiterung durch das AMNOG führte die Anordnung der Geltung der §§ 19 bis 21 GWB unter dem GKV-WSG (insoweit teilweise unverändert auch noch nach dem späteren AMNOG) jedoch zu weiteren Auslegungsschwierigkeiten. Vor allem war umstritten, ob (neben den Vorschriften der §§ 19 bis 21 GWB, also des Verbots des Missbrauchs marktbeherrschender Stellung und Behinderung, der Diskriminierung und des Boykotts) „das Kartellvergaberecht der §§ 97 ff. GWB auf die Beschaffungsverträge der Krankenkassen Anwendung findet, und welche Gerichtsbarkeit - Zivil- oder Sozialgerichtsbarkeit - über entsprechende Rechtsstreitigkeiten zu entscheiden hat".[855]

Für den Fall, dass § 69 in der Fassung des GKV-WSG einen Ausschluss des Vergaberechts auf Beschaffungsverträge der Krankenkassen bedeutet hätte, wurde in Teilen der Literatur überdies ein Widerspruch zum Anwendungsvorrang europäischen Vergaberechts gesehen.[856] Der Gesetzgeber klärte die Frage daher mit dem GKV-OrgWG und regelte die Anwendbarkeit der §§ 97 bis 101 GWB, das bedeutet eine unmittelbare

---

[850] *Engelmann*, in: jurisPK-SGB V, § 69 Rn. 134.
[851] *Engelmann*, in: jurisPK-SGB V, § 69 Rn. 138 - 141.
[852] *Engelmann*, in: jurisPK-SGB V, § 69 Rn. 323.
[853] BT-Drs. 16/10609, 66.
[854] BT-Drs. 17/3116, 12, Nr. 8; anders Hessisches LSG, Urt. v. 15.09.2011, L 1 KR 89/10 KL - juris.
[855] *Engelmann*, in: jurisPK-SGB V, § 69 Rn. 12.
[856] *Engelmann*, in: jurisPK-SGB V, § 69 Rn. 167, 168 m. w. N. zum Streit in der Literatur.

Anwendung der materiellen Vergaberechtsvorschriften[857] sowie der §§ 102 bis 115 und 128 GWB, d. h. die Durchführung des vergaberechtlichen Nachprüfungsverfahrens vor den Vergabekammern auf Verwaltungsebene zwischen Krankenkassen und Leistungserbringern, soweit die in den Vorschriften des GWB genannten Voraussetzungen erfüllt sind (§ 69 Abs. 2 S. 1 2. HS)[858]. Für Rechtsstreitigkeiten, die sich aus der Anwendung der Vorschrift ergeben, sah er die ausschließliche Zuständigkeit des für den Sitz der Vergabekammer zuständigen Landessozialgerichts vor. Das SGG wurde dahingehend geändert, dass in Streitigkeiten über Entscheidungen von Vergabekammern, die Rechtsbeziehungen nach § 69 betreffen, ausschließlich das für den Sitz der Vergabekammer zuständige Landessozialgericht entscheidet[859] und zwar unter Ausschluss der Kartellbehörden[860]. Korrespondierend zu den gesetzlichen Änderungen wurde § 29 Abs. 5 SGG als besondere Rechtswegzuweisung durch das GKV-OrgWG geregelt.[861]

Eine weitere Hürde für die Anwendung des GWB, nach der bei der Anwendung der Vorschriften der besondere Versorgungsauftrag der gesetzlichen Krankenkassen zu berücksichtigen ist (§ 69 Abs. 2 S. 3 a. F.)[862], wurde dann mit dem AMNOG jedenfalls augenscheinlich aufgehoben.[863] Der Gesetzgeber wollte mit Herausnahme der wörtlichen Formulierung dieses Auftrags allerdings keineswegs eine entsprechende Pflicht beseitigen, sondern sah die Formulierung wohl eher als deklaratorisch an und damit entbehrlich.[864]

Auch nachdem das Thema der Kontrolle durch das GKV-WSG und das GKV-OrgWG wie dargestellt umfassend u. a. auf Missbrauchstatbestände hin, bei der Vergabe in Bezug auf Sanktionen behandelt worden war, bestanden immer noch Kontrolldefizite,

---

[857] BT-Drs. 16/10609, 65.
[858] BGBl. I 2008, 2426, 2426 f. Das erfolgte nach einem Änderungsantrag der Regierungsfraktionen von CDU/CSU und SPD im BT-Ausschuss für Gesundheit, Änderungsantrag Nr. 8, Ausschussdrs. 16(14)0413.
[859] BGBl. I 2008, 2426, 2436.
[860] Im Gesetz gegen Wettbewerbsbeschränkungen wurde entsprechend mit einer Ergänzung des § 116 Abs. 3 S. 1 klargestellt, dass für Streitigkeiten über Entscheidungen von Vergabekammern, die Rechtsbeziehungen nach § 69 betreffen, die LSGe zuständig sind (BGBl. I 2426, 2437).
[861] Die bisherige besondere Regelung nur für Arzneimittelrabattverträge wurde damit aufgehoben, da sie sich mit der allgemeinen Rechtswegzuweisung des § 29 Abs. 5 SGG erübrigt hat.
[862] BGBl. I 2008, 2426, 2426 f.
[863] Art. 12 Abs. 1, BGBl. I 2010, 2262.
[864] Hierzu lautet es in der Begründung des Gesetzesentwurfs, dass der besondere Auftrag ohnehin bzgl. Missbrauch und bei der Vergabe von den entsprechenden Behörden zu prüfen sei, die der Gesetzgeber in seiner Begründung auch nochmals ausdrücklich nennt, BT-Drs. 17/2413, 27.

die auch im AMNOG wieder Nachbesserungen, z. B. die oben genannte Klärung der Sanktionsmöglichkeiten des GWB und des zuständigen Rechtszweigs, erforderlich gemacht haben.

Durch das AMNOG wurde die Anwendung des Kartellrechts daher wie eben dargestellt noch einmal erheblich erweitert und die Geltung auch des allgemeinen Wettbewerbsrechts nach §§ 1 bis 3 GWB als Ordnungsrahmen für die GKV eingeführt. Eine Ausnahme der Anwendung besteht - wie auch schon für die zuvor angeordneten Regelungen des GWB - für Rechtshandlungen der gesetzlichen Krankenkassen(verbände), zu deren Vornahme sie gesetzlich verpflichtet sind[865] (bei Wegfall der ursprünglichen weiteren Anforderung der Geltung einer Schiedsamtsregelung).

Nach den detaillierten Regelungen und Nachbesserungen des Gesetzgebers sollten das Wettbewerbs- und Vergaberecht des GWB umfassend anwendbar sein. Das ist für die Verbote der §§ 19 bis 21 GWB, des Missbrauchs marktbeherrschender Stellung und Behinderung, der Diskriminierung und des Boykotts, ebenso wie für die allgemeinen wettbewerbsrechtlichen Vorschriften des GWB, die durch das AMNOG Anwendung finden, von Gesetzes wegen auch der Fall.

Der tatsächlichen Anwendung von wettbewerbs- und vergaberechtlichen Vorschriften darf aber einerseits europäisches Recht nicht entgegenstehen. Andererseits verbleibt eine Reihe von Fragen im Hinblick auf die Tatbestandserfüllung vergaberechtlicher Regelungen.

Zunächst zur Europarechtskonformität: Die Anwendung wettbewerbsrechtlicher Regelungen stellt auf Unternehmen ab. Gesetzliche Krankenversicherer nehmen bei Selektivverträgen eine für das deutsche, gesetzliche Krankenversicherungssystem untypische Rolle ein. Sie kommen als Wirtschaftsunternehmen in Betracht. Die Frage der Anwendbarkeit von Wettbewerbsregelungen wird daher nach einer Auffassung bejaht, da hiernach die kartellrechtliche „Unternehmereigenschaft" aller Beteiligten (Krankenkassen und Leistungserbringer) bejaht wird.[866]

Die ständige europäische Rechtsprechung des EuGH hat Krankenversicherern jedoch bislang eine Unternehmereigenschaft im Sinne der Wettbewerbsregeln abgesprochen.[867] Der EuGH beurteilt als Unternehmen „jede eine wirtschaftliche Tätigkeit aus-

---

[865] *Engelmann*, in: jurisPK-SGB V, § 69 Rn. 308.
[866] Schirmer, Vertragsarztrecht kompakt, Kap. C.7, 84.
[867] Vgl. unter Bezugnahme auf die Rechtsprechung des EuGH, LSG Baden-Württemberg, Beschl. v. 23.01.2009, L 11 WB 5971/08 - juris Rn. 164 ff.; BT-Drs. 17/2413, 26.

übende Einheit"[868] und entscheidet nach der konkreten Art der Tätigkeit[869], ob ein Unternehmen im Sinne der Wettbewerbsregeln vorliegt. Krankenkassen stellen danach zwar zweifelsfrei wirtschaftliche Tätigkeiten ausübende Einheiten dar. Eine wettbewerbsrelevante Tätigkeit hingegen verneint der EuGH. Zwar schließen das Fehlen von Gewinnerzielungszwecken oder soziale Zielrichtungen den Unternehmenscharakter nicht schlechthin aus.[870] Bei Einrichtungen, die die gesetzlichen Renten- oder Krankenversicherungssysteme verwalten, sieht der EuGH jedoch grundsätzlich keine Unternehmenseigenschaft im Sinne der Wettbewerbsregeln. Zur Begründung führt er u. a. an, dass die Krankenkassen unabhängig von Beiträgen im Wesentlichen zur Bereitstellung gleicher Pflichtleistungen verpflichtet sind und damit keine Möglichkeit hätten, auf die Leistungen Einfluss zu nehmen. Weiteres Argument ist die sich aus der Pflicht zum Ausgleich von Kosten und Risiken von Krankenkassen untereinander im Wege des Risikostrukturausgleichs ergebende Solidargemeinschaft.[871]

Auch nach heute geltender Rechtslage wird man zum gleichen Ergebnis kommen. Zwar können die Krankenkassen nach § 53 in der ab dem 01.04.2007 geltenden Fassung des GKV-WSG[872] ihren Versicherten in größerem Umfang als zuvor so genannte Wahltarife mit Selbstbehalt und Beitragsrückzahlung anbieten. Da die Versicherten aber nicht gezwungen sind, hiervon Gebrauch zu machen, ändert das nichts an der Tatsache, dass die Krankenkassen ihren gesetzlich Pflichtversicherten im Wesentlichen gleiche Leistungen anbieten müssen, die unabhängig von der Beitragshöhe sind. Ferner ist auch nach den ab dem 01.01.2009 geltenden Regelungen in den §§ 266 ff. ein Risikostrukturausgleich vorgesehen, der die gesetzlichen Krankenkassen weiterhin zu einer Art Solidargemeinschaft zusammenschließt. Sie erhalten als Zuweisungen aus dem neu eingeführten Gesundheitsfonds nicht nur eine Grundpauschale, sondern auch alters-, geschlechts-, und risikoadjustierte Zu- und Abschläge zum Ausgleich unterschiedlicher Risikostrukturen. Der Spielraum, über den die Krankenkassen mit der Möglichkeit verfügen, einen Zusatzbeitrag zu erheben (§ 242 Abs. 1) oder eine Prä-

---

[868] EuGH, Urt. v. 11.07.2006, Rs. C-205/03, Slg. 2006, 6295 - FENIN, http://lexetius.com/2006,1440, Rn. 26; EuGH, Urt. v. 22.01.2002, Rs. C-218/00, Slg. 2002, 691 - INAIL, http://lexetius.com/2002,50, Rn. 25; EuGH, Urt. v. 12.09.2000, Rs. C-180/98- C-184/98, Slg. 2000, 6451 - Pavlov u. a., http://www.jusmeum.de/urteile/EuGH/82275e7938b21f4ef2da766d80d46c7776316286473 94060c97b3da321492b21, Rn. 74.
[869] *Lissel*, in: Ratzel/Luxenburger, Hdb. Medizinrecht, § 3 Rn. 67.
[870] EuGH, Urt. v. 21.09.1999, Rs. C-219/97, Slg. 1999, 6121 - Drijvende Bokken, http://lexetius.com/1999,1950, Rn. 77; EuGH, Urt. v. 16.11.1995, Rs. C-244/94, Slg. 1995, 4013 - FFSA u. a., http://lexetius.com/1995,446, Rn. 22.
[871] EuGH, Urt. v. 16.03.2004, Rs. C-264/01, Slg. 2004, 2493 - AOK-Bundesverband u. a., http://lexetius.com/2004,269, Rn. 65 (23.11.2011).
[872] Gesetz v. 26.03.2007, BGBl. I, 378.

mienzahlung (§ 242 Abs. 2) vorzusehen und dadurch einen gewissen Wettbewerb um Mitglieder untereinander zu führen, geleitet somit nicht zu einer anderen Betrachtung. Der Gesetzgeber hat diese Möglichkeit eröffnet, um die Krankenkassen zu veranlassen, im Interesse des ordnungsgemäßen Funktionierens des Krankenversicherungssystems ihre Tätigkeit nach den Grundsätzen der Wirtschaftlichkeit auszuüben, d. h. so effizient und kostengünstig wie möglich. Die Verfolgung dieses Ziels ändert nichts an der Natur der Tätigkeit der Krankenkassen, wie sie der EuGH in seinem Urteil vom 16.03.2004 vorgenommen hat.[873]

Bei der Bewertung der konkreten Vertragstätigkeit von Krankenversicherungen kommt der EuGH zu keinem anderen Ergebnis und bewertet Einkäufe von Drittleistungen nicht als unternehmerische Tätigkeit. Dabei stellt er auf das Ziel der Nutzbarmachung dieser Leistungen ab, die er wiederum in der reinen Erfüllung des Krankenversicherungssystems sieht. Der wirtschaftliche oder nichtwirtschaftliche Charakter der späteren Verwendung bestimme zwangsläufig den Charakter.[874]

Dass das Ergebnis, die unternehmerische Tätigkeit von Krankenversicherungen stelle eine reine Erfüllung der Aufgaben des Krankenversicherungssystems dar, bei Selektivverträgen nicht den Realitäten des deutschen Gesundheitsmarkts unter der vom Gesetzgeber ausgesprochenen Wettbewerbsmaxime[875] entspricht, denn er hierfür sogar Insolvenzregelungen eingeführt[876], drängt sich auf.[877] In der Literatur wird bereits damit gerechnet, dass es „nicht mehr sehr lange dauern [wird], bis erneut eine Frage zur Auslegung des Unternehmensbegriffs bei Sozialversicherungsträgern dem EuGH zur Vorabentscheidung vorgelegt werden wird".[878] Als Hintergrund für die Negierung der Unternehmenseigenschaft bestimmter Tätigkeiten und das restriktive Vorgehen des EuGH bei der Auslegung, wird ohnehin vorrangig die Achtung der „Kompetenz der Mitgliedsstaaten zur Ausgestaltung der sozialen Sicherungssysteme" gesehen.[879]

---

[873] Vgl. LSG Baden-Württemberg, Beschluss v. 23.01.2009, L 11 WB 5971/08 - juris Rn. 166.

[874] EuGH, Urt. v. 11.07.2006, Rs. C-205/03, Slg. 2006, 6295 - FENIN, http://lexetius.com/2006,1440, Rn. 27.

[875] Vgl. BT-Drs. 16/3100, 157.

[876] Wie vor.

[877] Vgl. Kaufmann, 97, der davon spricht, dass verschiedene Regelungen des SGB V die Annäherung an eine Unternehmenseigenschaft der Krankenkassen intensivieren, der aber eine Unternehmenseigenschaft (auf dem Stand der Publikation zum Jahr 2003) i. E. ablehnt, 98. Ebsen wird mit der Aussage zitiert, dass im Vertragswettbewerb auch für gesetzliche Krankenkassen der gemeinschaftsrechtliche Unternehmensbegriff erfüllt sein dürfte, Greß/Wasem, MedR 2006, 512 (514).

[878] Bucher, RPG 2009, 58 (68).

[879] Bucher, RPG 2009, 58 (62).

Fraglich ist, ob sich die Anwendung von Wettbewerbsregeln nach nationalem Recht daher nicht aufgrund der „Zwischenstaatsklausel" verbietet. Denn danach ginge das europäische Kartellrecht dann dem nationalen vor, wenn es andernfalls zu Widersprüchen käme. Die europäische Kartellverfahrensordnung VO 1/2003 regelt das Verhältnis zwischen europäischem Kartellrecht und nationalem Kartellrecht dergestalt, dass bei Sachverhalten, die abstrakt geeignet sind, den zwischenstaatlichen Handel zu beeinträchtigen und bei denen nationales und europäisches Recht (in grundsätzlich zulässiger Weise) parallel eingreifen, sich bei unterschiedlichen Ergebnissen aufgrund des Anwendungsvorrangs stets das europäische Kartellrecht durchsetzt.[880] Danach wäre es dem deutschen Gesetzgeber untersagt, einen weiteren Unternehmensbegriff als nach europäischem Recht zu verwenden, denn damit würde er ein strengeres nationales Kartellrechtsregime errichten, als es nach europäischem Recht gilt. Eine unternehmerische Tätigkeit wäre nach der europäischen Rechtsprechung allenfalls in Bezug auf freiwillige Zusatzversicherungen in Erwägung zu ziehen. Das könnte für das deutsche Sozialversicherungssystem die Frage aufwerfen, ob Wahltarife nach § 53 eine unternehmerische Tätigkeit begründen könnten.[881] Der EuGH hat allerdings bei der Befassung mit Zusatzversicherungen eher solche eigenständiger (privater) Versicherungsunternehmen im Auge gehabt[882], nicht Zusatzleistungen von Sozialversicherungen. Bei diesen wird er seiner Rechtsprechung zufolge wohl wieder auf den wirtschaftlichen oder nichtwirtschaftlichen Charakter der späteren Verwendung einer einzelnen Einkaufstätigkeit abstellen und daher auch bei Zusatzleistungen sozialversicherungsrechtlicher Unternehmen keine Unternehmereigenschaft im Sinne wettbewerbsrechtlicher Vorschriften annehmen.

Es verbleibt also die Frage, ob der europäische Unternehmerbegriff aufgrund eines Anwendungsvorrangs „vorgeht". Das ist dann nicht der Fall, wenn es keinen zwischenstaatlichen Bezug gibt. Da die Teilnahme an Selektivverträgen (noch) stets die Zulassung oder sonstige Berechtigung zur Teilnahme erfordert und Teilnehmer anderer Mitgliedstaaten nur über § 95a Abs. 5 und somit nur, wenn sie im Inland zur Berufsausübung zugelassen sind, partizipieren können, ist ein zwischenstaatlicher Bezug der Teilnahme an Selektivverträgen im Rahmen des vertragsärztlichen Zulassungssystems derzeit nicht zu erkennen. Denn die Teilnahme am System, auch über Selektivverträge, erfolgt (jedenfalls nach aktueller Rechtslage noch) bereits über die Entscheidung auf einer Stufe vor Vertragsverhandlungen, nämlich zunächst der (vertragsärztlichen) Zulassung zum System. Bei der Zulassung handelt es sich um eine rechtmäßige

---

[880] ABl. L 1 vom 04.01.2003, S. 1, vor Art. 1 Abs. 8.
[881] Vogelmann, 131 (134 f.); Bucher, RPG 2009, 58, (68).
[882] EuGH, Urt. v. 21.09.1999, Rs. C-67/96, Slg. 1999, 5751 - Albany, http://lexetius.com/1999,2099 - Rn. 83, 91.

nationale Ausgestaltung des Gesundheitswesens. Selektivverträge sind - de iure (dass die faktische Entwicklung, etwa aufgrund von Patientenströmen in eine andere Richtung geht, wurde bereits dargelegt) - als bloße Ausgestaltung derselben in Form von Erweiterungen damit ohne Auswirkungen auf den Handel mit Mitgliedsstaaten. Der deutsche Gesetzgeber unterliegt also - begrenzt auf die Selektivverträge zugelassener Leistungserbringer - keinem Anwendungsvorrang europäischen Rechts, weil eine Teilnahme nur über die Zulassung möglich ist und daher der zwischenstaatliche Handel durch Selektivverträge nicht betroffen sein kann.

Die Anordnung der Geltung von wettbewerbsrechtlichen Vorschriften widerspricht somit nicht europäischem Recht.

Auch der Anwendung des weiteren Regelungsbereichs des Vergaberechts, könnte aber europäisches Recht aus einem weiteren Gesichtspunkt entgegen stehen. Gerade Selektivverträge, die Gesundheitsdienstleistungen betreffen - und somit die Selektivverträge, die den Bereich der vertragsärztlichen Zulassung tangieren - sind von einer Sonderregelung betroffen. Aufgrund von Art. 21 VKR - Richtlinie 2004/18/EG - in Verbindung mit Anhang VII Nr. 25 der Verordnung (EG) der Kommission Nr. 213/2008[883] (so genannte Bereichsausnahme für Gesundheitsdienstleistungen)[884] sind sie als so genannte nicht-prioritäre Dienstleistungen einzustufen und müssen nicht nach Kartellvergaberecht ausgeschrieben werden. Zu den Gesundheitsdienstleistungen ist auch die ambulante Versorgung zu zählen.[885] Das ändert auch die Richtlinie zur Ausübung der Patientenrechte nicht.[886] Nach Art. 21 der Richtlinie 2004/18/EG sind nur die Art. 23 und 35 Abs. 4 und - im Sektorenbereich - nach Art. 32 der Richtlinie 2004/17/EG nur die Art. 34 und 43 unmittelbar einschlägig. Neben der Pflicht zur Berücksichtigung der technischen Anforderungen (Art. 23 der Richtlinie 2004/18/EG) muss danach lediglich noch die erfolgte Auftragserteilung nach Zuschlagserteilung (Art. 35 Abs. 4 der Richtlinie 2004/18/EG) bekannt gemacht werden.[887] Sormani-Bastian bezeichnet diese Regelungen als (bloße) Beobachtungspflichten.[888] Jedenfalls wäre das Kartellvergaberecht daher aufgrund der europäischen Regelungen für Gesundheitsdienstleistungen nicht anwendbar.

---

[883] Abl. L 74/375 v. 15.03.2008. Vgl. auch LSG Nordrhein-Westfalen, Beschl. v. 03.11.2010, L 21 SF 208/10 Verg. - juris Rn. 33.

[884] Vgl. *Engelmann*, in: jurisPK-SGB V, § 69 Rn. 220.

[885] *Engelmann*, in: jurisPK-SGB V, § 69 i. d. F. v. 15.12.2008 Rn. 250.

[886] http://www.europarl.europa.eu/sides/getDoc.do?pubRef=-//EP//TEXT+TA+P7-TA-2011-0007+0+DOC+XML+V0//DE (06.10.2011).

[887] Probst/Tews, 2011, ELR 3/2011, 86 (88).

[888] Sormani-Bastian, ZESAR 2010, 13 (17).

Der deutsche Gesetzgeber hat diese spezielle Ausnahme für Gesundheitsdienstleistungen allerdings wesentlich außer Kraft gesetzt, indem er die Anforderungen verschärft hat. Danach gelten für Gesundheitsdienstleistungen über die reinen Beobachtungspflichten nach europäischem Recht hinaus, denen die §§ 8a, 28 VOL/A, 8 Abs. 2 bis 7, 17 VOF entsprechen, weitere bieterschützenden Anforderungen.[889] So gelten nach § 4 Abs. 2 Nr. 2 der Vergabeverordnung (VgV) für die Vergabe von Aufträgen, deren Gegenstand Dienstleistungen nach Anhang I Teil B der VOL/A sind (entspricht Anhang II Teil B Vergaberichtlinie), die §§ 8 EG, 15 EG Absatz 10 und 23 EG VOL/A sowie die Regelungen des Abschnitts 1 der VOL/A mit Ausnahme von § 7 VOL/A.[890] Zudem ist „weder nach § 1a Abs. 2 Nr. 2 VOL/A noch nach § 2 Abs. 1 S. 2 VOF [ist] die Anwendung des GWB-Vergaberechts und der VgV für diesen Bereich ausgeschlossen.“[891] „Eine Quasi-Bereichsausnahme für den GKV-Bereich kennt das GWB-Vergaberecht im Gegensatz zum Europarecht bisher nicht.“[892]

Damit gelten nach derzeitigem Recht trotz der europäischen Bereichsausnahme jedenfalls die bieterschützenden Vorschriften des materiellen Vergaberechts grundsätzlich auch für die öffentlich-rechtlichen Dienstleistungsaufträge mit medizinischem Bezug.[893] Soweit dies allerdings die klassischen freiberuflichen Leistungen des Arztes betrifft und die Dienstleistung einer vorab eindeutigen und erschöpfenden Beschreibung nicht zugänglich ist, ist die VOF vorrangig, für deren Anwendbarkeit erst ein (Euro-)Schwellenwert der vertraglich geregelten Dienstleistung erreicht werden muss.[894] „Die VOF ist überdies weitaus lockerer hinsichtlich der Auftragsvergabe.“[895]

Dieser vom europäischen Recht abweichenden Regelung dürfte wiederum die Zwischenstaatlichkeitsklausel nicht entgegenstehen. Hier gilt, wie eben schon ausgeführt auch, dass es sich um rein mitgliedsstaatinterne Sachverhalte handelt, da kein Selektivvertrag ohne Zulassung möglich ist und die Selektivverträge überdies nicht das gan-

---

[889] Soweit § 22 Abs. 1 S. 1 SVHV i. V. m. § 78 SGV IV Geschäfte im Rahmen der Beauftragung zur Erbringung von Versicherungsleistungen ausschließt, bezieht sich dies nur auf solche Pflichten aus haushaltsrechtlicher Sicht, vgl. Klöck, NZS 2008, 178 (182).

[890] *Engelmann*, in: jurisPK-SGB V, § 69 Rn. 221.1.

[891] Sormani-Bastian, ZESAR 2010, 13 (17); Ebsen, KrV 2010, 139 (142) sieht allerdings insoweit nur ein Erfordernis der Anwendung der Beobachtungspflichten nach § 1a Nr. 2 Abs. 2. VOL/A.

[892] Wie vor.

[893] Wie vor.

[894] Wie vor. Unterhalb dessen die Vergabe allerdings nach dem Grundsätzen von Transparenz, Verhältnismäßigkeit und Diskriminierungsfreiheit erfolgen muss, Plagemann/Ziegler, GesR 2008, 617 (622).

[895] Ebsen, KrV 2010, 139 (143).

ze Hoheitsgebiet[896] der Bundesrepublik erfassen. Die Anwendung von Vergaberecht über das deutsche Recht der VOF und VOL/A verstößt also nicht gegen die Zwischenstaatlichkeitsklausel.

Für die Verträge nach § 73b gilt eine Ausschreibungspflicht auch nach deutschem Recht ohnehin nicht, da hier das gesetzgeberische Konzept gegen eine Auswahlentscheidung spricht.[897] Das Verordnungsrecht ist dem Gesetzesrecht für die HzV insoweit nachrangig.[898]

Selbst wenn die Zulassung nicht „das Kleid" für Selektivverträge darstellen würde, würde europäisches Recht auch deswegen nicht entgegen stehen, weil die Richtlinie nur einen Mindestmaßstab (Mindestharmonisierungskonzept)[899] darstellt, aber eine Anwendung von bieterschützenden Vorschriften nicht ausschließen wollte. Der Richtlinien- bzw. Verordnungsgeber ist bisher einfach „davon ausgegangen, dass sich ein europaweiter Markt für Gesundheitsdienstleistungen noch nicht in einem hinreichenden Maße gebildet hat [...]".[900] Der Bereich von Gesundheitsdienstleistungen wurde in Richtlinie 2006/123/EG über Dienstleistungen im Binnenmarkt entgegen der ursprünglichen Fassung heraus genommen. „Der Gesundheitsbereich [sollte, Anm. d. Verf.] in einer separaten Richtlinie behandelt werden".[901] Nach der diese ablösenden Vergaberichtlinie (Art. 21 VKR) - der Richtlinie 2004/18/EGVKR - ist das jedoch auch nicht der Fall.[902] Die inzwischen existierende entsprechende Richtlinie betreffend die Gesundheitsdienstleistungen, die Richtlinie über die Ausübung der Patientenrechte in der grenzüberschreitenden Gesundheitsversorgung, erfasst zwar nun Gesundheitsdienstleistungen, behandelt jedoch vor allem Fragen der Effizienz und Sicherheit der Gesundheitsversorgung bei grenzüberschreitenden Gesundheitsdienstleistungen und Fragen der Kostenerstattung. An die Dienstleistungen selbst werden keine Forderungen gestellt, die sich auf das Zulassungssystem in Deutschland - und somit die mitglieds-

---

[896] Zur Anwendbarkeit der Zwischenstaatlichkeitsklausel in solchen Fällen, vgl. Peikert/Kroel, MedR 2001, 14 (20) unter Bezugnahme auf OLG Düsseldorf, Urt. v. 28.08.1998, U (Kart) 19/98, NJW-RR 2000, 193.

[897] LSG Nordrhein-Westfalen, Beschl. v. 03.11.2010, L 21 SF 208/10 - juris Rn. 34.

[898] LSG Nordrhein-Westfalen, Beschl. v. 03.11.2010, L 21 SF 208/10 Verg. - juris Rn. 34; so auch Weiner, GesR 2010, 237 (243).

[899] Nach Sormani-Bastian sind nach dem so genannten Mindestharmonisierungskonzept der europäischen Vergaberichtlinien intensivere nationale Bestimmungen immer möglich, aber nicht notwendig, ZSEAR, 13 (17).

[900] Ax et al. KammerForum 2010, 132 (134), bzgl. der in den Anhang I Teil B der VOL/A und VOF aufgeführten Tätigkeiten allgemein. LSG Nordrhein-Westfalen, Beschl. v. 03.11.2010, L 21 SF 208/10 m. w. N. - juris Rn. 34; EuGH, Urt. v.13.11.2007, Rs. C-507/03 -Kommission, Irland («An Post»), EuZW 2008, 23.

[901] Lissel, in: Ratzel/Luxenburger, Hdb. Medizinrecht, § 3 Rn. 50.

[902] Vgl. dazu schon Kap. 2 C.II.7..

staatliche Hoheit in den Sozialversicherungssystemen - auswirken. Einzige Forderung an die Dienstleistungen ist, dass grenzüberschreitende Netzwerke gebildet werden, deren Erfüllung der Richtliniengeber nicht an Modifizierungen der mitgliedsstaatlichen Teilnahmeregelungen (wie etwa der Zulassung im Mitgliedsstaat der BRD) knüpft und dies daher offenbar auch nicht voraussetzt.

Auch die Anordnung der Geltung von vergaberechtlichen Vorschriften widerspricht somit nicht europäischem Recht.

Selbst wenn aufgrund der europäischen Bereichsausnahme jedoch die Folge wäre, dass das Kartellvergaberecht für Gesundheitsdienstleistungen nicht anwendbar wäre (oder aufgrund fehlender Erfüllung der Tatbestandsvoraussetzungen, wie etwa dem finanziellen Schwellenwert[903], nicht eingriffe), hieße das nicht, dass das Verfahren zur Vergabe frei von Reglementierung wäre, sondern nur, dass kein förmliches Vergabeverfahren stattzufinden hat, aber dennoch ein in allen Fällen transparentes, diskriminierungsfreies, verhältnismäßiges und nachprüfbares.[904] Der EuGH hat ferner festgestellt, dass die Auftraggeber die Grundregeln des EG-Vertrages beachten müssen[905], wobei die Grundrechte als Verfahrensrechte zum Tragen kommen, wenn das Vergaberecht nicht anwendbar ist, auch wenn manche Verträge oder auch Konzessionen vom Anwendungsbereich der Gemeinschaftsrichtlinien auf dem Gebiet des öffentlichen Auftragswesens ausgenommen sind. Das ist allerdings wiederum nur dann der Fall, wenn die „Vergabe" eine Binnenmarktrelevanz aufweist.

Nach den dargestellten ständigen gesetzgeberischen Anpassungen durch die letzten Gesundheitsreformen, gibt es damit nunmehr zwar eine umfangreiche Anordnung von Wettbewerbs- und Vergabevorschriften des GWB auf Selektivverträge der Krankenkassen. Ersichtlich gibt es Bedarf für einen Ordnungsrahmen[906] und ist der Gesetzgeber hierum bemüht. Allein eine Anordnung des GWB-Rechts scheint hierfür aber nicht ausreichend, da es nicht auf die Besonderheiten eines Sozialversicherungssystems und damit öffentlich-rechtlichen Systems ausgerichtet ist. Aber schon bei der Anordnung der GWB-Regelungen ist kein ausreichender Erfolg der Bemühungen zu verzeichnen.

---

[903] Zur Anwendbarkeit der VOF und VOL/A vgl. ausführlich Ax et al. KammerForum 2010, 132 insbesondere 133 und 136.

[904] Ax et al. KammerForum 2010, 132 (134); *Engelmann*, in: jurisPK-SGB V, § 69 Rn. 265 f.; vgl. auch EuGH, Urt. v. 21.02.2008, Rs. C-412/04 - Kommission ./. Italien u. a., Aufträge, die aufgrund ihres Wertes nicht diesen Richtlinien unterliegen, http://lexetius.com/2008,224 (12.12.2011), Rn. 82 f.; *Ebsen*, KrV 2010, 139 (140).

[905] EuGH, Urt. v. 07.12.2000, Rs. C-324/98, Slg. 2000, I-10745 Rn. 60 - Telaustria und Telefonadress; EuGH vom 18.11.2010, Rs. C-226/09 - Kommission ./. Irland, Rn. 31.

[906] So selbst die Krankenkassen: Pfeiffer, ZMGR 2007/5+6, 119 (119), dagegen aber: Platzer, RPG 2011, 12 (17).

Denn es bestehen, wie oben ausgeführt wurde, noch weitere Rechtsunsicherheiten infolge von Unklarheiten oder Unwägbarkeiten auf der Ebene der jeweiligen Tatbestandsvoraussetzungen.[907]

In Bezug auf wettbewerbsrechtliche Regelungen stellt sich etwa die einige Absätze zuvor bereits erwähnte Frage, ob Krankenkassen marktbeherrschend sein können. Das aber ist zur Erfüllung der §§ 19 bis 21 GWB Voraussetzung.

Insbesondere die Anwendbarkeit der vergaberechtlichen Vorschriften ist noch völlig einzelfallabhängig. So bedarf es für eine Ausschreibungspflicht eines öffentlichen Auftrags (in Form des Dienstleistungsauftrags), eines öffentlichen Auftraggebers und bestimmter Schwellenwerte der Auftragsvolumina. Zwar kann inzwischen die Auftraggebereigenschaft der Krankenkassen auch aus europäischer Sicht nach der „Oymanns" Entscheidung des EuGH bejaht werden.[908] Unberührt bleibt aber eine relevante Unsicherheit, ob es sich bei den verschiedenen Selektivverträgen um öffentliche Aufträge i. S. d. § 99 GWB oder um (vergaberechtsfreie) Dienstleistungskonzessionen[909] handelt[910]. Die Frage, ob es sich jeweils um einen öffentlichen Auftrag handelt, ist nicht nur rechtsdogmatisch umstritten, sondern vor allem auch für jeden Selektivvertragstypus und seine Ausformung häufig erst im Einzelfall festzulegen.[911] Die rechtsdogmatische Frage stellt sich schon auf der Ebene der europäischen Rechtsprechung, so besteht auch nach der „Oymanns" Entscheidung eine nicht geklärte Grenzziehung zwischen einer Dienstleistungskonzession aufgrund eines ausreichend relevanten Geschäftsrisikos und einem öffentlichen Auftrag.[912] Im Einzelfall wird von einer Dienstleistungskonzession und nicht einem öffentlichen Auftrag vor allem dann auszugehen sein, wenn ein erhebliches Absatzrisiko, also ein wirtschaftliches Risiko des Leistungserbringers besteht, weil etwa die Zahl der durch Selektivverträge ausge-

---

[907] Vgl. sinngemäß Sormani-Bastian, ZESAR, 13 (18).

[908] EuGH, Urt. v. 11.06.2009, Rs. C-300/07 - Hans & Christophorus Oymanns GbR/AOK Rheinland/Hamburg, NJW 2009, 2427, Leitsatz. Das war lange streitig, Kaltenborn, GesR 2011, 1 (1) oder Klöck, NZS 2008, 178 (178).

[909] Öffentliche Aufträge unterscheiden sich von Dienstleistungskonzessionen danach, ob die Leistungserbringer ein wirtschaftliches Risiko der Inanspruchnahme tragen (dann Auftrag) oder ihnen das wirtschaftliche Risiko einer Inanspruchnahme abgenommen wird (dann Dienstleistungskonzession).

[910] Engelmann, in: jurisPK-SGB V, § 69 Rn. 207; so auch BT-Drs. 16/10609, 66; vgl. i. Ü. ausführlich Kap. 3 B.V.2.b.b.. Die Zulassung wird hingegen mit einer Konzession verglichen, vgl. Kap. 2 B.III. und C.I..

[911] Vgl. mit einer Besprechung der Besonderheiten im Hinblick auf alle Selektivvertragsformen: Kaltenborn, GesR 2011, 1 (4 ff.). Allerdings gibt es Besonderheiten, wie vergaberechtliche Sondervorschrift des § 73c Abs. 3 S. 3, der zu der Annahme führt, dass die Verträge nach § 73c grundsätzlich auszuschreiben sind, vgl. OLG Düsseldorf Vergabesenat, Beschl. v. 07.12.2011, VII-Verg 77/11 - juris Rn. 37 u. 48 ff..

[912] Wie vor, 1 (4).

wählten Leistungserbringer größer oder auch die Inanspruchnahme aufgrund der unterschiedlichen Morbidität der Versicherten nur schwer abschätzbar ist.[913] Besteht das Risiko aller möglichen Defizite aus der Leistungserbringung hingegen für den Auftraggeber, die Krankenkasse, ist ein öffentlicher Auftrag anzunehmen.[914]

Das muss daher, wie erörtert, letztlich für die jede Selektivvertragsform[915] und hier wiederum für jedes Modell separat überprüft werden.[916] Das UWG ist zwischen Krankenkassen und Leistungserbringern ohnehin nicht anwendbar.[917] Andere Verfahrensvorschriften zur grundsätzlichen Regelung eines Kontrollregimes sind nicht ersichtlich.[918]

Aufgrund der uneinheitlichen Anwendung im Einzelfall[919] hat sich trotz der gesetzgeberischen Nachbesserungen damit auch nicht grundlegend eine wesentliche Aussage des Gutachtens des Wissenschaftlichen Instituts der AOK aus dem Jahr 2008 verändert. Danach ist bei Fehlen eines Instrumentariums für eine sachgerechte Wettbewerbstätigkeit der Krankenkassen eine sachgerechte Auswahl und diskriminierungsfreie Behandlung nicht gegeben.[920] Das ist hingegen für Körperschaften öffentlichen Rechts gewährleistet, weil sie einerseits in einem Machtgleichgewicht zueinander stehen, welches ihre jeweilige Marktmacht neutralisiert und andererseits dem Gebot sachgerechter Auswahl und diskriminierungsfreier Behandlung nach Art. 3 Abs. 1 GG unterliegen.[921]

---

[913] Wie vor, 1 (4 f.).

[914] Wie vor, 1 (3).

[915] Das gilt mit der Einschränkung von Sonderregelungen, wie etwa für § 73c gelten, vgl. OLG Düsseldorf Vergabesenat, dieses Kap. Fn. . 910.

[916] Wie vor, 1 (4 ff.); BT-Drs. 16/10609, 66.

[917] *Engelmann*, in: jurisPK-SGB V, § 69 Rn. 68, ebenso: *Becker/Kingreen*, in: Becker/Kingreen, SGB V, 2008, § 69 Rn. 41. Anders für das Verhältnis privater Krankenhauskonzerne und Leistungserbringern im Rahmen des § 116b, Pitschas, GesR 2010, 513 (521); vgl. BSG, Urt. v. 25.09.2001, B 3 KR 3/01 R, BSGE 89, 24 - juris, Leitsatz, bzgl. UWG insoweit noch aktuell, bzgl. GWB überholt.

[918] Der Vorschlag einer Neuregelung eines § 56a VwVfG (Kooperationsvertrag/public-private-partnership) zur Sicherung der Gemeinwohlbelange jedenfalls im Bereich des § 73b von Kingreen, 2009, http://www.igmr.uni-bremen.de/deutsch/veranst/Workshop09-Kingreen.pdf, Folie 10, (30.12.2011), würde zum Einen die Anwendbarkeit der Regelungen zum öffentlich-rechtlichen Vertrag i. S. d. § 54 Abs. 3 VwVfG voraussetzen - vgl. insoweit Kap. 3 B.V.2.b.b.b. -, ferner eine gesetzliche Neuregelung.

[919] Die Mangelhaftigkeit eines Ordnungsrahmens bei einer (nur) Teilübertragung von Regelungen wurde schon im Rahmen des GKV-OrgWG kritisiert, BT-Drs. 16/10609, 49, das hat sich aufgrund der vielfältigen Anwendungshindernisse von Wettbewerbs- und Kartellrecht bis heute nicht maßgeblich gebessert.

[920] Dazu schon unter Kap. 3 B.VI.d.d.c..

[921] Wasem et al., 130.

Von einem ausreichenden Ordnungsrahmen durch eine Anwendung von Kartell- und Wettbewerbsrecht oder sogar einem „Gesundheitsregulierungsrecht"[922], ordnungspolitischen Gesamtkonzept[923] für die Sicherstellung der ambulanten vertragsärztlichen Versorgung über Selektivverträge, d. h. im Vertragswettbewerb, oder einer „eigenständige[n] sozialrechtliche[n] Wettbewerbsordnung"[924], kann daher auch nach mehreren Gesundheitsreformen keineswegs gesprochen werden. Die Forderung steht daher auch noch im Raum.[925] Als Unterstützungselement von Bedeutung für den Vertragswettbewerb wird dabei die Anwendung der Wettbewerbs- und Kartellrechtsvorgaben als Kontrollinstrumente genannt.[926] „Die Vielfalt der unterschiedlichen Ausschreibungsregime und die oftmals unklare Rechtslage hinsichtlich der Anwendbarkeit des Kartellvergaberechts ist [auch, Anm. d. Verf.] aus der Sicht der Rechtsanwender wenig befriedigend."[927] Im Rahmen der Sicherstellung der Versorgung über das Instrument der vertragsärztlichen Zulassung bedarf es keines Ausschreibungsregimes. KVen müssen aber in diesem Falle auch im Rahmen der Selektivverträge Einfluss auf die Sicherstellung haben und nicht zunehmend mit „weißen" oder „blinden Flecken" der Versorgung konfrontiert werden.[928]

Treten die KVen hingegen zunehmend in Konkurrenz zu den Krankenkassen und übertragen im Rahmen von Selektivverträgen einen Teil des Sicherstellungsauftrags wieder an die Krankenkassen zurück, muss auch eine Gleichstellung der Akteure im Hinblick auf eine Kontrolle erfolgen. An einer solchen Kontrolle mangelt es bei Abschluss der Selektivverträge im freien Wettbewerb. Dazu sind die derzeitigen Anforderungen an vertragliche Regelungen unzureichend. Die Regelungen sind in den jeweiligen Rechtsgrundlagen für die Selektivverträge enthalten und bilden kein einheitliches System. Sie berücksichtigen stets nicht alle Aspekte einer ausreichenden, zweckmäßigen Versorgung, so fehlen etwa Qualitätskontrollen und entsprechende Disziplinarbefugnisse, es mangelt an Wirtschaftlichkeitsprüfungen oder die vertraglichen Vorkehrungen werden der Verantwortung für die flächendeckende Organisation der Versorgung nicht gerecht. Auch beim Abschluss der Verträge fehlt ein zuverlässiger Rechtsrahmen, insbesondere fehlt ein Anspruch, wie er auf die vertragsärztliche Zulassung

---

[922] Vgl. Kaltenborn, GesR 2011, 1 (8).

[923] Vgl. Jacobs/Schulze, in: Cassel, Wettbewerbsperspektiven, 89 (94 f.).

[924] Luxenburger/Wölk, ZMGR 2008, 111 (124).

[925] Vgl. Kaltenborn, GesR 2011, 1 (8).

[926] Vgl. Jasper/Sundmacher, Sozialer Fortschritt, 2005, 53 (57); Kritik an der gesetzgeberischen Gestaltung übt Gaßner, RPG, 2011, 7 (11), und weist auf eine Problematik divergierender Behördenentscheidungen hin, die es für sachgerechter erscheinen lasse, die Kontrolle der erweiterten Geltung des Kartellrechts bei der Zuständigkeit der Aufsichtsbehörden i. S. d. § 90 SGB IV zu belassen.

[927] Vgl. Kaltenborn, GesR 2011, 1 (8).

[928] Vgl. zu diesen Begriffen schon dieses Kap. Fn. 812.

besteht. Auch vergaberechtliche Vorschriften des GWB greifen nicht umfassend und bedürfen der Anwendungsprüfung im Einzelfall.

e. c. Ergebnis zur Kontrollfunktion der Steuerungsinstrumente Zulassung und Vertrag

Das System der Einzelverträge stellt ein planmäßiges Konkurrenzmodell zu dem System der Zulassung dar. Es ist daher nicht überraschend, dass die Frage einer umfassenden Kontrolle der Gestaltung der Teilnahmeberechtigung an Behandlung und Vergütung der gesetzlich Versicherten - speziell durch das Vergaberecht - durch die Leistungserbringer über Verträge mit den Krankenkassen und deren Verbänden nicht lange auf sich warten ließ. Die Geltung des Vergaberechts wurde mit den angeführten Gesetzen schrittweise ausgeweitet. Dennoch bestehen erhebliche Rechtsunsicherheiten. Es war die Absicht des Gesetzgebers des letzten Gesetzes, welches diesen Regelungsbereich behandelte, des AMNOG, sicherzustellen, dass das Kartellrecht als Ordnungsrahmen umfassend auf die Einzelvertragsbeziehungen zwischen Krankenkassen und Leistungserbringern Anwendung findet und es auf Nachfrager-, aber auch auf Anbieterseite zu keinen unerwünschten, einer wirtschaftlichen Versorgung abträglichen Wettbewerbsbeschränkungen kommt.[929] Das ist jedoch selbst mit der seit dem AMNOG umfassenden Anwendung des GWB nicht gegeben. Auch unter der gegenwärtigen Rechtslage wird daher die Einführung eines „Gesundheitswettbewerbs- bzw. -regulierungsrechts" gefordert.[930]

Das System der Zulassung stellt ein funktionsfähiges, wenngleich verbesserungsbedürftiges Kontrollinstrument dar. Wie schon die Diskussion um die Anwendung von vergaberechtlichen Vorschriften zeigt, ist das System der Teilnahme über den Abschluss von Einzelverträgen als Konkurrenzmodell zur vertragsärztlichen Zulassung im Hinblick auf die Kontrolle einer diskriminierungsfreien, missbrauchs- und behinderungsfreien Teilhabe und damit zur Sicherstellung der Versorgung jedenfalls nicht geeignet. Es fehlt an erforderlichen Vorkehrungen, um eine Monopolstellung[931] der Krankenkassen zu vermeiden. Die Fusionskontrolle, die der Gesetzgeber spezialgesetzlich im SGB V in verschiedenen Vorschriften zur Vorbeugung vor missbräuchlicher Marktherrschaft geregelt hat (vgl. etwa § 171a) reicht hierfür nicht aus. Das Wissenschaftliche Institut der AOK hat seinem Gutachten aus dem Jahr 2006 zum Erfolg der Verträge auch im Jahr 2008 nur hinzu fügen können, dass unter der gesetzlichen Weiterentwicklung nach dem Jahr 2008 „die zentralen Reformbaustellen, wie Fragen

---

[929] Begründung zum Gesetzentwurf, BT-Drs. 17/2413, 26.
[930] Vgl. Kaltenborn, GesR 2011, 1 (8, m. w. N.).
[931] Vgl. zur Möglichkeit einer marktbeherrschenden Stellung etwa *Engelmann*, in: jurisPK-SGB V, § 69 Rn. 116.

der Bereinigung der Kollektivvergütungen und der grundsätzlichen Systemorganisation, weiterhin bestehen."[932] Zu eben dieser Systemorganisation gehört die Neudefinition bestehender Instrumente, z. B. etwa der Nutzung des Kontrollelements der Zulassung.

Solange den Sicherstellungsauftrag nach aktueller Rechtslage letztlich vorrangig die KVen erfüllen, muss auf ihre Kompetenz zurückgegriffen werden und ihnen eine Letztentscheidung für die flächendeckende Versorgung verbleiben. Sollten die KVen bei prognostizierter Ausweitung der Selektivvertragsversorgung jedoch kein Letztentscheidungsrecht haben, sondern etwa lediglich ein Beratungs- und nicht Vetorecht, könnten sie konsequenterweise die Sicherstellung der Versorgung nicht mehr gewährleisten. Sie müssten gesetzlich hiervon entbunden werden. Mangels einer Entscheidungskompetenz wäre dann auch ein Kontrollerfordernis der KVen weit geringer, wenn nicht entbehrlich - vor allem aber gegenüber Krankenkassen und deren Verbänden, die demgegenüber entsprechender Überwachung umfassend unterliegen müssten.

f. Gemeinschaftsrecht

Nach Art. 3 Abs. 1 lit. g EGV soll die Gemeinschaft ein System gewährleisten, welches den Wettbewerb vor Verfälschungen schützt. Art. 101 AEUV (alt: Art. 81 ff. EGV) sieht dafür Regelungen für am Markt agierende Unternehmen vor, so u. a., dass nach Art. 82 EGV a. F. die missbräuchliche Ausnutzung einer beherrschenden Stellung auf dem Binnenmarkt oder auf einem wesentlichen Teil desselben durch ein oder mehrere Unternehmen mit dem Gemeinsamen Markt unvereinbar und verboten ist, soweit dies dazu führen kann, den Handel zwischen Mitgliedstaaten zu beeinträchtigen.[933] Ferner sind aufgrund der Rechtsprechung des EuGH die Grundfreiheiten der Niederlassungsfreiheit und Dienstleistungsfreiheit[934] zu beachten. Hieran muss sich das System der Teilnahme am deutschen ambulanten Gesundheitsmarkt messen lassen.

Die Teilnahme wird über die vertragsärztliche Zulassung und über Selektivverträge der Krankenkassen ermöglicht. Die Gemeinschaftskonformität der vertragsärztlichen

---

[932] WIdo, zusammenfassende Mitteilung zu einer Publikation auf der Homepage, http://www.wido.de/publikation_2008.html (14.11.2011); Wasem et al., Vertragswettbewerb in der GKV - Möglichkeiten und Grenzen vor und nach der Gesundheitsreform der Großen Koalition, vgl. auch 151 ff. der Publikation. Laut KBV gibt es kein faires Bereinigungsverfahren, Broschüre der KBV zur Honorarreform zum Stand 2010, vom 21.05.2010, 15, KBV, 2010, http://www.kbv.de/26443.html, (14.11.2011).
[933] *Lissel*, in: Ratzel/Luxenburger, Hdb. Medizinrecht § 3 Rn. 64.
[934] EuGH, Urt. v. 28.04.1998, Rs. C 120/95 - Decker, NJW 1998, 1769 ff. und Rs. C 158/96 - Kohll, NJW 1998, 1771 ff..

Zulassung als Zugang zum System ist insbesondere durch § 95a Abs. 5 gewährleistet und wurde im Einzelnen bereits dargestellt.[935]

Das System einer Marktteilname über Selektivverträge mit Krankenkassen müsste ebenfalls gemeinschaftskonform sein. Zunächst sind diese von Kollektivverträgen abzugrenzen, an denen Krankenkassen auch beteiligt sind.

Das spezifisch deutsche System der normativen Regelung der Leistungserbringung in kollektiven Selbstverwaltungsbeziehungen zwischen Verbänden der Krankenkassen einerseits und den KVen andererseits als korporatistisches System ist nicht dem Kartellverbot des Art. 101 AEUV (alt: Art. 81, 82 EGV) unterworfen[936], soweit es die Vereinbarungen unter den Beteiligten angeht. Die Korporationen werden nicht als Unternehmen im Sinne der Bestimmungen tätig, weil sie von Gesetzes wegen zu einer öffentlich-rechtlichen Vereinigung „gemeinsame Selbstverwaltung" geordnet sind, welcher der gesetzliche Auftrag der Organisation der Versorgung übertragen ist.[937] Die Versorgung als Ausgestaltung des Krankenversicherungssystems unterliegt wiederum bislang souverän den jeweiligen Mitgliedstaaten.[938]

Etwas anderes gilt in den Bereichen, in denen gesetzliche Krankenkassen die Möglichkeit haben, mit privaten Krankenversicherungsunternehmen zu kooperieren. Da die Krankenkassen, abweichend von den von § 69 Abs. 1 S. 1 erfassten Rechtsbeziehungen, insoweit nicht ihren öffentlich-rechtlichen Versorgungsauftrag erfüllen, finden nach der Gesetzesbegründung[939] die Vorschriften des Wettbewerbs- und Kartellrechts Anwendung.[940]

Grundsätzlich steht dem deutschen Gesetzgeber auch die Ausgestaltung des jetzigen kollektivrechtlichen Vertragssystems in der Beziehung von Krankenkassen zu Leistungserbringern als exklusives, hoheitlich ausgestaltetes System zu. Es handelt sich um einen zulässigen Annex zum Regelungsvorbehalt für die Ausgestaltung der Krankenversicherungssysteme, unterliegt daher auch dem Rechtfertigungsvorbehalt des Art. 86 Abs. 2 EGV[941] und verstößt nicht gegen die Grundfreiheiten. Auch der Europäische Gerichtshof erkennt daher bei der Anwendung des EU-Wettbewerbsrechts und

---

[935] Vgl. ausführlich Kap. 2 C.II.7..
[936] Auch insoweit schon Kap. 2 C.II.7..
[937] Schirmer, Vertragsarztrecht kompakt, Kap. C.7, 83.
[938] Giesen, GGW 2001, 20, Fn. 33 u. 34. Schirmer, Vertragsarztrecht kompakt, Kap. C.7, 83.
[939] Gesetzentwurf zum GMG, BT-Drs. 15/1525, S. 138, zu Nr. 136, § 194 Abs. 1a.
[940] Das gilt entsprechend für die Anwendung des UWG bei der Vermittlung von privaten Zusatzversicherungen durch gesetzliche Krankenkassen: OLG Braunschweig, Urt. v. 16.12.2008, 2 U 9/08, GesR 2009, 312, u. a. Leitsatz.
[941] Schirmer, Vertragsarztrecht kompakt, Kap. C.7, 83.

der EU-Grundfreiheiten die grundsätzliche Zuständigkeit der Mitgliedstaaten im sozialrechtlichen Bereich an.[942]

Das klassische Kollektivsystem der deutschen GKV bleibt von den genannten gemeinschaftsrechtlichen Vorschriften daher aufgrund des Regelungsvorbehalts des deutschen Gesetzgebers unberührt.

Offen ist damit allerdings, wie es sich bei dem Abschluss von Selektivverträgen verhält.

Wenn KVen an Selektivverträgen teilnehmen, dann erfolgt das in Vertretung der Leistungserbringer als Auftragnehmer oder Teilnehmer an der ambulanten Versorgung, nicht als Anbieter von Versorgungsaufträgen mit Ausschließlichkeit im deutschen Krankenversicherungssystem, wie es sich aber auf Seiten der Krankenversicherer mit möglicherweise eigenem wirtschaftlichem Interesse darstellt. KVen handeln daher im Rahmen des Kollektivrechtssystems und kommen nicht als wettbewerblich-, kartellrechtliche Subjekte in Betracht.

Wie unter Kapitel 3. B.VI.2.e.e.b. (vorvorgehender Titel) dargestellt, wird eine Unternehmereigenschaft der Krankenkassen im Ergebnis vom EuGH abgelehnt. Nach dem ebenfalls dort dargestellten gesetzgeberischen Entstehungsprozess hat dagegen der deutsche Gesetzgeber mit Änderungen im GKV-OrgWG die Anwendbarkeit des GWB im Hinblick auf Vertragsschlüsse der Krankenversicherungsunternehmen mit der Neufassung des § 69 Abs. 2 klargestellt. Danach sind die §§ 97 bis 115 und 128 des Gesetzes gegen Wettbewerbsbeschränkungen auf die in § 69 Abs. 1 genannten Rechtsbeziehungen anzuwenden, soweit die in den Vorschriften des GWB genannten Voraussetzungen erfüllt sind. Das erfolgte mit der ausführlichen Änderung des § 69 durch das GKV-OrgWG vom 17.12.2008:

„Die §§ 19 bis 21 des Gesetzes gegen Wettbewerbsbeschränkungen gelten für die in Absatz 1 genannten Rechtsbeziehungen entsprechend; die §§ 97 bis 115 und 128 des

---

[942] Giesen, GGW 2001, 20, Fn. 33 u. 34. Offen gelassen hat die Möglichkeit einer Verletzung von Grundfreiheiten Versicherter anderer Mitgliedsstaaten oder im EU-Ausland niedergelassener Ärzte das LSG Nordrhein-Westfalen, Beschl. v. 03.11.2010, L 21 SF 208/10 - juris Rn. 37. Kritisch zur Gemeinschaftsrechtskonformität des deutschen Leistungserbringerrechts, insbesondere in Bezug auf die Dienstleistungs- und Warenverkehrsfreiheit, Iungareva, 411 (446). Die konkreten Forderungen von Iungareva zur Behebung fehlender Gemeinschaftsrechtskonformität (sehr weit gehend eine flächendeckende Versorgungsstruktur im EWG-Ausland mit Hilfe eines Netzwerkkonzepts) dürften mit den Inhalten der Richtlinie zur Ausübung der Patientenrechte in der grenzüberschreitenden Gesundheitsversorgung (11038/2/2010 – C7-0266/2010 – 2008/0142(COD)) jedenfalls teilweise umgesetzt werden.

Gesetzes gegen Wettbewerbsbeschränkungen sind anzuwenden, soweit die dort genannten Voraussetzungen erfüllt sind. Satz 1 gilt nicht für Verträge von Krankenkassen oder deren Verbänden mit Leistungserbringern, zu deren Abschluss die Krankenkassen oder deren Verbände gesetzlich verpflichtet sind und bei deren Nichtzustandekommen eine Schiedsamtsregelung gilt. Die in Satz 1 genannten Vorschriften gelten mit der Maßgabe, dass der Versorgungsauftrag der gesetzlichen Krankenkassen besonders zu berücksichtigen ist."[943]

Bei alledem blieb jedoch eine zu der europäischen Sicht gegensätzliche Gewichtung bestehen, nach welcher Krankenkassen nicht als Unternehmen gesehen werden und deshalb Kartellrecht nicht einschlägig ist. Der deutsche Gesetzgeber beurteilt zwar Krankenkassen und ihre Verbände ebenfalls unverändert nicht als Unternehmen im Sinne des § 1 GWB, was sich in der Regelung der nur entsprechenden, nicht aber unmittelbaren Geltung der Vorschriften des GWB zeigt. Er wendet aber die Vorschriften zur wettbewerblichen und kartellrechtlichen Kontrolle in Bezug auf die Krankenversicherungen weitergehend an.

Wie auch unter B.VI.2.e.e.b. bereits erörtert, hebt der deutsche Gesetzgeber - aus seiner Sicht konsequent - nach nationalem Recht auch die europäische Bereichsausnahme des Kartellrechts für Gesundheitsdienstleistungen auf, indem er die bieterschützenden Vorschriften des Vergaberechts anwendet.[944] Nach diesen Änderungen sind danach letztlich wettbewerbsrechtliche Regelungen einschlägig und nur noch solche Verträge von einer vergaberechtlichen Ausschreibungspflicht ausgeschlossen, zu denen die Krankenkassen verpflichtet sind. Das ist der Fall, wenn die Leistungserbringer faktisch einen Anspruch auf den Vertragsabschluss haben oder bei Verträgen, bei denen die Versicherten deren Abruf entscheiden können, wie bei der HzV.[945]

Die Niederlassungs- und die Dienstleistungsfreiheit (Art. 49 ff., 56 ff. AEUV) werden nicht tangiert, da die Verträge nicht die Eintragung in das Arztregister oder die Zulassung als Vertragsarzt betreffen, für die die Art. 49 ff., 56 ff. AEUV anwendbar sind, sondern nur eine zusätzliche Spezifizierung der Leistungserbringung durch Vertragsärzte innerhalb Deutschlands. Es handelt sich also um „Sachverhalte, die sich aus-

---

[943] BGBl. I 2008, 2426, (2426, 2427). Satz 3 wurde mit dem AMNOG gestrichen, ohne eine materiell-rechtliche Änderung zu beabsichtigen, sondern weil er nach Auffassung des Gesetzgebers entbehrlich war, BT-Drs. 17/2413, 27, zu Nr. 9 (§ 69).

[944] Sormani-Bastian, ZESAR 2010, 13 (17).

[945] Vgl. BT-Drs. 16/10609, 52, wonach dies letztlich im Einzelfall „von der konkreten Vertragsgestaltung" abhänge. So auch Kaltenborn, GesR 2011, 1 (4 ff.) mit einer Besprechung der Besonderheiten im Hinblick auf alle Selektivvertragsformen. Grundsätzlich eine Pflicht zur Ausschreibung für Verträge nach §§ 73b, 73c, 140a ff. sehen demgegenüber Goodarzi/Schmid, NZS 2008, 518 (521). Zur Ausschreibungspflicht vgl. i. Ü. Kap. 3 B.VI.2.e.eb..

schließlich innerhalb eines Mitgliedstaates abspielen".[946] Auch de facto liefe daher „ein europaweites Ausschreibungsverfahren nach Kartellvergaberecht [...] ins Leere".[947]

Aus der Perspektive des deutschen Rechts, bei dem im Hinblick auf Selektivverträge eine Kontrolle durch Vergabe- und Kartellrecht erfolgt und Krankenkassen insofern wie Unternehmen behandelt werden, liegen daher geeignete Instrumente vor, um den Anforderungen des gemeinsamen Marktes gerecht zu werden und auch Leistungserbringer aus anderen Mitgliedstaaten am deutschen ambulanten Gesundheitsmarkt teilhaben zu lassen, wobei im Hinblick auf das deutsche Sachleistungssystem Änderungen, etwa eine Erweiterung der Kostenerstattung, erfolgen müssten. Da eine Öffnung des Markts für europäische Dienstleister im System der Zulassung mangels Anwendbarkeit von Vergaberegelungen regelmäßig nicht erreichbar ist - und aufgrund des Regelungsvorbehalts für Krankenversicherungssysteme auch nicht erforderlich - könnte man Selektivverträge als europaoffener und damit auch fortschrittlicher als die vertragsärztliche Zulassung bezeichnen.

Ob es im Sinne insbesondere auch der Krankenversicherungen wäre, unter Umständen bei einer Teilnahme ohne das Instrument der Zulassung - nur über Verträge - andere europäische Anbieter mit der ambulanten Versorgung beauftragen zu müssen und damit, ähnlich wie bei dem bereits bestehenden Anspruch auf Auslandsbehandlung deutscher Patienten, auch einen Anspruch auf Inlandsbehandlung europäischer Leistungserbringer zu installieren, ist fraglich. Es würde in diesem Fall derzeit jedenfalls eine nach deutschem Recht gegebene (allerdings lückenhafte Kontrolle) existieren, die auch nicht am Anwendungsvorrang europäischen Kartellrechts scheitert.[948]

Nach wie vor ist aber die vertragsärztliche Zulassung noch Voraussetzung jeden Selektivvertrags. Sie stellen daher derzeit auch keine gemeinschaftsrechtlich „freundlichere" Alternative zur vertragsärztlichen Zulassung für eine europaweite Teilnahme an der ambulanten ärztlichen Versorgung in Deutschland dar. Das Ziel des Gesetzgebers insbesondere des AMNOG, das Kartellrecht als Ordnungsrahmen für die Beziehungen zwischen Krankenkassen und Leistungserbringern zu etablieren, bleibt ferner deswe-

---

[946] *Adolf,* in: jurisPK-SGB V, § 73b Rn. 30.7 unter Bezugnahme auf EuGH, Urt. v. 20.04.1988, C-204/87, EuGHE 1988, 2029 ff..

[947] *Engelmann,* in: jurisPK-SGB V, § 69 Rn. 264.

[948] Die Anwendung von Wettbewerbsrecht aufgrund der Änderung des § 69 trotz des europäischen Anwendungsvorrangs problematisiert allerdings das Rechtsgutachten, Bechtold, Rainer/Brinker, 2010, 3, http://www.aok-bv.de/imperia/md/aokbv/politik/reformaktuell/gutachten_kartellrecht_amnog_eckpunkte.pdf (17.11.2011).

gen unerreicht, weil es für das tatsächlich Eingreifen von Wettbewerbsregelungen auf jede vertragliche Regelung im Einzelfall ankommt.[949]

Somit ist das Instrument der vertragsärztlichen Zulassung als gemeinschaftsrechtskonform und als sicherer Teilnahmeanspruch mit klar definierten Voraussetzungen und bei Bestehen eines einheitlichen Ordnungsrahmens für die Form der Teilnahme an der ambulanten Versorgung - im Gegensatz zu den Selektivverträgen - nach wie vor für das Funktionieren des Systems der ambulanten vertragsärztlichen Versorgung vorrangig.

g. Steuerrecht

Umsätze, die von Ärzten bei der Ausübung der Heilkunde erzielt werden, sind nach § 4 Nr. 14a UStG von der Umsatzsteuer befreit. Ärztliche Leistungen sind nur umsatzsteuerfrei, soweit ein therapeutisches Ziel im Vordergrund steht. Selektivverträge können hier Risiken beinhalten.[950] Insbesondere Verträge der IV[951] bergen die Gefahr der Gewerbesteuerpflicht, da sie häufig neben der steuerrechtlich privilegierten ärztlichen Heilbehandlung auch andere Elemente umfassen, die nicht von der Begünstigung des § 4 Nr. 14a UStG mit umfasst sind, z. B. den Verkauf von Linsen (Implantaten) durch den Augenarzt, die dieser bei der Augenoperation einbringt, oder etwa die Impfstoffe, die der Arzt verwendet.[952] Die Einbindung des Verkaufs von z. B. Medizinprodukten in eine Behandlungsleistung und damit ein Abweichen von der umsatzsteuerrechtlich vorausgesetzten Erbringung einer heilkundlichen Leistung bedeutet nicht zwingend eine Gewerbesteuerlast. Es kommt auf weitere Aspekte an, wie darauf, ob die heilkundliche Leistung und die nicht heilkundlichen Umsätze so miteinander verflochten sind, dass eine einheitliche ärztliche Leistung anzunehmen ist. Letzteres ist etwa bei der Abgabe von Impfstoffen als unselbständiger Teil der ärztlichen Heilbehandlung im Rahmen der Durchführung von Impfungen durch Ärzte gegeben[953]. Des Weiteren gibt es Geringfügigkeitsgrenzen. Bei Infizierungsgefahr kann durch Trennung der Tätigkeiten eine Gewerbesteuerlast vermieden werden, dies bedarf aber der Änderung von Verträgen mit den Krankenkassen und der Organisation der Praxis- und Gesellschaftsstrukturen.

---

[949] Vgl. auch Kaltenborn, GesR 2011, 1 (8) zur Forderung eines Gesundheitswettbewerbsregulierungsrechts, m. w. N..

[950] Etwa OFD Frankfurt/M., Vfg. v. 16.06.2008, Az.: S 2246 A - 33 - St 210, Ziff. 1 - 3.

[951] 01.06.2006 - BMF IV B 2-S 2240-33/06 und OFD Rheinland v. 09.06.2006 - Kurzinfo ESt Nr. 32/2006.

[952] DStR 2000, 730; Michels/Ketteler-Eising, PFB 2008, 282 (283). Eine Revisionsentscheidung des BFH könnte hier eine Änderung herbeiführen, Az.: Rev. BFH V R 19/11 auf FG Münster Urt. v. 12.05.2011, 5 K 435/09 U.

[953] BMF v. 17.02.2000, DStR 2000, 730 (730).

Nicht nur Selektivverträge, auch das ärztliche Handeln mit vertragsärztlicher Zulassung bringt das Risiko einer Umsatzsteuer- oder Gewerbesteuerpflicht mit sich, z. B. bei der Erstellung von Gutachten, denn nur Heilbehandlungen sind steuerbefreit.[954] Weiterer Grenzfall ist der Verkauf von Artikeln in der ärztlichen Praxis. Das stellt sich als Gefahr für eine Gewerbesteuerpflicht dar, weil es sich nicht um die typisch freiberufliche oder dieser ähnlichen Tätigkeit i. S. d. § 18 Abs. 1 Nr. 1 EStG, sondern eine sonstige selbständige Tätigkeit handelt. Allerdings ist es hier im Gegensatz zu Selektivverträgen ausreichend, die Organisation der Praxis- und Gesellschaftsstrukturen anzupassen. Die Problematik, häufig mühevoll austarierte (Selektiv)Verträge - somit den Leistungsinhalt an sich - neu zu organisieren, entfällt.

Auch in steuerlicher Hinsicht sind Selektivverträge gegenüber der vertragsärztlichen Zulassung damit stärker risikobehaftet. Es fehlt an der Beachtung steuerlicher Folgen für den freiberuflich tätigen niedergelassenen Vertragsarzt. Schon der Akt der Teilnahme am System kann bei Selektivverträgen somit zum Steuerrisiko werden. Bei Teilnahme über das Instrument der vertragsärztlichen Zulassung gibt es eine solche Gefahr allein über den Teilnahmeakt nicht, hier kann lediglich die Ausgestaltung der freiberuflichen Tätigkeit Steuerrisiken hervorbringen.

VII. Fazit zu neuen Steuerungsinstrumenten

Der Blick auf die Alternativen zum Steuerungsinstrument der vertragsärztlichen Zulassung hat gezeigt, dass unverändert vornehmlich, zunehmend und dauerhaft Selektivverträge ein direktes Konkurrenzmodell zur Teilnahme an der ambulanten Versorgung gesetzlich Versicherter darstellen. Es hat sich aber auch ergeben, dass sie keine Alternative zum Steuerungsmodell der vertragsärztlichen Zulassung in der gewachsenen Form der Bedarfsplanung darstellen. Ihre Ergänzungsfunktion ist hingegen wichtig und weiterhin förderungswürdig. Der Umfang einer ergänzenden Steuerung muss dabei dem Vorhandensein eines entsprechenden Ordnungsrahmens folgen. Sonderorientierungswerte sind als Alternativmodell gescheitert und durch den Gesetzgeber des GKV-VStG revidiert worden. Andere Steuerungsinstrumente wie der Morbi-RSA sind weder als Alternative zur vertragsärztlichen Zulassung eingeführt worden, noch könnten sie diese Aufgabe leisten.

Vorrangig sollte daher die vertragsärztliche Zulassung viel weitergehender in ihren Möglichkeiten als Steuerungs- und Regulierungsinstrument genutzt werden. Die letzten Gesundheitsreformen enthielten mit ihren Wettbewerbsinstrumenten und -tendenzen dagegen eine deutliche Abkehr vom Steuerungsinstrument der vertragsärztlichen

---

[954] § 4 Nr. 14a UStG 2009.

Zulassung, so geschehen in Form der Abschaffung der Bedarfszulassung für Vertragszahnärzte, der Einführung der Sonderorientierungswerte als Ablösungsmodell zur Steuerung des Bedarfs über die Zulassung als Umsetzungsinstrument der Bedarfsplanung, durch Entzug von regionalen Steuerungsmöglichkeiten und Verkürzung der Aufgaben der KVen und ferner durch Einführung zusätzlicher Konkurrenzen zum Vertragsarztmodell wie dem ambulanten Operieren durch Krankenhäuser nach § 116b. In die Richtung eines Besinnens auf die Möglichkeiten der Steuerung über zugelassene Vertragsärzte und damit der Nutzung des Steuerungsinstruments der vertragsärztlichen Zulassung geht der Gesetzgeber des GKV-VStG durch eine Re-Regionalisierung[955] und die Rücknahme der Sonderorientierungswerte. Eine weitere Stärkung erfolgt durch die Fortführung der Gleichstellung mit den MVZ und von Flexibilisierungen, etwa durch Förderung der Zweigpraxisgründungen. Mit der spezialfachärztlichen Versorgung hingegen und der Befristungs- und Einziehungsmöglichkeit von Zulassungen schwächt auch diese Gesundheitsreform das Instrument der vertragsärztlichen Zulassung an anderer Stelle entscheidend.

---

[955] Das ist allerdings in der Tat ein „Besinnen" und keine neue Idee. Schon die Enquete Kommission zur Strukturreform der GKV sah die Kompetenzen für die Gestaltung und Steuerungsinstrumente für die Versorgung auf regionalen Ebene, BT-Drs. 11/6380, 57.

Kapitel 4

Zukunft der vertragsärztlichen Zulassung als Steuerungsinstrument -
Fazit und evaluative Umfrage

A. Lösungswege

I. Machtgleichgewichte und Kollektivsystem erhalten - Rekurrieren auf die vertragsarztrechtliche Geschichte

Die dargestellten Ergebnisse und der Blick auf die Geschichte zeigen, dass eine Regulierung der ambulanten ärztlichen Versorgung nicht aufgrund von Verträgen der Krankenkassen mit den Leistungserbringern allein erfolgen darf. Sie führt zu Versorgungsdefiziten durch Störungen im Machtgefüge der Verhandlungspartner. Eine Versorgung über Selektivverträge wird aber Folge sein, wenn das Instrument der vertragsärztlichen Zulassung weiter geschwächt wird und alternative Teilnahmemöglichkeiten gestärkt werden. Denn insoweit sei an die deutliche Zielvorgabe des Gesetzgebers des GKV-WSG erinnert, nach dem „diese Maßnahmen" (scil.: mehr Wettbewerb) zusammen mit der Einführung des neuen Vergütungssystems und den im VÄndG vorgesehenen Regelungen zur Flexibilisierung und Liberalisierung des Vertragsarztrechts die Grundlage dafür bilden, die Bedarfszulassung im Sinne von Zulassungssperren zu einem späteren Zeitpunkt abzulösen und künftig auf eine Versorgungsplanung zu konzentrieren, die auch sektorenübergreifend sein sollte.[1] Dabei waren sowohl mit der Bedarfszulassung eine zentrale Funktion der Zulassung, als auch mit dem Ziel einer sektorenübergreifenden Versorgungsplanung entscheidende Strukturen des Steuerungsinstruments der vertragsärztlichen Zulassung angesprochen. Dem folgte in Form des § 116b dann auch ein erheblicher Eingriff in die Vorrangstellung freier Ärzte mit vertragsärztlicher Zulassung, der viel Kritik, Rechtsstreitigkeiten sowie Konkurrenz- und Abgrenzungsfragen nach sich zog. Das Modell wird gleichwohl umfassend mit der aktuellen Reform des GKV-VStG durch die spezialfachärztliche Versorgung fortentwickelt. Insbesondere zulasten der Zulassung geht dabei aber, dass eben nicht die vom Gesetzgeber des GKV-WSG - auch - unterstellte ausreichende übergreifende Versorgungsplanung hierzu etabliert wird. Der ambulante vertragsärztliche Markt wird vielmehr der Vermengung mit dem stationären Sektor und dessen Konkurrenz zunächst verstärkt ausgesetzt. Gleichzeitig bestätigt der Gesetzgeber des GKV-VStG das Fortschreiben der letzten Reformen mit dem GKV-FinG und dem AMNOG[2] und damit deren Zielen von

---

[1] BT-Drs. 16/3100, 88.
[2] BT-Drs. 17/6906, 1.

Wettbewerb[3], insbesondere auch um „gute Verträge" zu gestalten[4]. Die Gesetzesbegründung des AMNOG noch im Jahr 2011 zeigt dabei, dass eine stetige Zunahme von Selektivverträgen verzeichnet und weiter erwartet wird. So wird die Verschärfung des Wettbewerbsrechts mit folgenden Begründungen gestützt:

„Nach der europäischen Rechtsprechung zum Unternehmensbegriff sind sie [scil.: Die Krankenkassen] daher bei Vertragsabschlüssen mit Leistungserbringern, die der Versorgung der Versicherten dienen, nicht als Unternehmen anzusehen. Es besteht daher in diesem Bereich die Notwendigkeit zu regeln, dass die Einkaufstätigkeit der Krankenkassen im Anwendungsbereich des nationalen Rechts vom Wettbewerbsrecht erfasst wird. ... Da derartige Praktiken von Krankenkassen bei Vertragsabschlüssen von den §§ 19 bis 21 GWB nicht erfasst werden, ist es erforderlich, die Geltungsanordnung des Kartellverbots zu regeln. ... Die entsprechende Geltung der §§ 1 bis 3 GWB stellt sicher, dass das Kartellrecht als Ordnungsrahmen umfassend auf die Einzelvertragsbeziehungen zwischen Krankenkassen und Leistungserbringern Anwendung findet und es auf Nachfrager-, aber auch auf Anbieterseite zu keinen unerwünschten, einer wirtschaftlichen Versorgung abträglichen Wettbewerbsbeschränkungen kommt (Kartellabsprachen und Oligopolbildung)."[5]

Diese Tradition der Wettbewerbsstärkung einerseits und Schwächung des Instruments der vertragsärztlichen Zulassung andererseits erfolgt speziell mit den Gesundheitsreformen seit 2004. Das GKV-VStG folgt dem mit der Einführung der spezialfachärztlichen Versorgung, womit die durch § 116b bereits erfolgten Einschnitte erweitert und etabliert werden, ebenso, wie mit der Einführung von Befristungs- und Entziehungsmöglichkeiten von Zulassungen. Die spezialfachärztliche Versorgung spiegelt zwar die konsequente Fortentwicklung eines sinnvollen alten gesetzgeberischen Plans wieder, die so genannte „doppelte Facharztschiene", zu verringern, also die vermutete bzw. unterstellte „Verdoppelung" der fachärztlichen Versorgung in der niedergelassenen Praxis und in den Krankenhäusern.[6] Wenn das Instrument der Zulassung und die Vertretungskörperschaft zugelassener Ärzte bei der konkreten Ausgestaltung jedoch fortgesetzt an Bedeutung und Akzeptanz verlieren, können Selektivverträge die Steuerung übernehmen. Ein anderes funktionsfähiges Modell der Steuerung ist nach dem Ergebnis dieser Arbeit nicht ersichtlich und die Krankenkassen als Selektivvertragsanbieter propagieren schon lange Jahre öffentlich ihre Bereitschaft und Aktivität zur

---

[3] BT-Drs. 17/3040, schon auf den Seiten 1, 2 und 3 für das GKV-FinG; das AMNOG geht als Grund für eine Verschärfung der Anwendung des Wettbewerbsrechts selbstverständlich schon von der „Einkaufstätigkeit der Krankenkassen" aus, Drucksache 17/2413, 26.
[4] BT-Drs. 17/3040, 3.
[5] BT-Drs. 17/2413, 26.
[6] Paquet, Vertragswettbewerb, 24.

Übernahme der Lenkung der ambulanten Versorgung. Auch wenn daher aktuelle Reformen die Entwicklung derzeit nur fortführen, nicht zusätzliche Eingriffe durch Selektivvertragsmöglichkeiten vornehmen, arbeiten die Krankenkassen mit den Möglichkeiten und der Öffnung des ambulanten Markts, die ihnen der Gesetzgeber eingeräumt hat und weiter einräumt. Es sei an die an früherer Stelle zitierten aktuellen Äußerungen des Wissenschaftlichen Instituts der AOK aus dem Jahr 2011 durch prominente Vertreter erinnert, nach welcher die „Bedarfsplanung [ist darum] unter den Bedingungen eines geregelten Vertragswettbewerbs überflüssig" ist, vielmehr sogar „doppelt kontraproduktiv"[7] und „das bestehende System der zentralen Bedarfsplanung und Zulassung von Ärzten" "überholt".[8]

Wird die KV die Steuerungsmechanismen vollumfänglich Direktverträgen der Krankenkassen überlassen, wird das allenfalls kurzfristig oder vereinzelt zu einer positiven Dynamik führen, in der weiteren Entwicklung hingegen zu einer unübersichtlichen Versorgungslandschaft, und der Wettbewerb wird sich zu Lasten des schwächeren Verhandlungspartners, der Ärzteschaft, auswirken.

Allein ein Zusammenspiel kann die Machtverhältnisse der Leistungserbringer einerseits und der Krankenkassen andererseits im Gleichgewicht halten. Das vornehmliche Problem sind dabei auch nicht grundsätzlich Oligopole, soweit sie in einem bilateralen Gleichgewicht stehen, denen flexible Vertragslösungen zur Verfügung stehen.[9] Hieran fehlt es aber, wie festgestellt[10], zurzeit und auf weitere Sicht bei den Leistungserbringern. Bei Auflösung wesentlicher Aufgaben der KVen muss es fast zwangsläufig zu Gegengewichten in Form neuer Zusammenschlüsse von Ärzten kommen. So haben sich trotz innerärztlicher Streitigkeiten im Vorfeld zur Bundestagswahl 2009 freie Ärzteverbände zu der so genannten Allianz deutscher Ärzteverbände zusammengeschlossen, um möglichst geschlossen Forderungen an die Politik heranzutragen. Als Vorbild diente den beteiligten Ärzten der Erfolg des einheitlichen Auftretens des BHÄV. Dieser hatte vor den Landtagswahlen durchgesetzt, dass sich die bayerische Staatsregierung für Änderungen an den gesetzlichen Bestimmungen für Hausarztmodelle einsetzt, was sich durch eine verstärkte Position bei den Hausarztmodellen mit dem GKV-OrgWG tatsächlich ausgewirkt hat.[11]

---

[7] Greß/Ebsen/Jacobs/Wasem, in: Jacobs et al., Sicherstellung der Gesundheitsversorgung, 117 (129).

[8] Jacobs/Schulze, in: Jacobs et al., Sicherstellung der Gesundheitsversorgung, 141 (160).

[9] So schon Rebscher, 1994, Gesprächskreis Arbeit und Soziales Nr. 37, 48.

[10] Kap. 3 B.VI.2.d.dc..

[11] O. V., A+S aktuell, 04/2009, 2.

Sind Ärzteverbünde jedoch nicht einheitlich organisiert und machen sich wie einzelne Leistungserbringer ebenfalls untereinander Wettbewerb, wird das Machtgleichgewicht gegenüber den Krankenkassen ebenso wenig aufrechterhalten wie bei einem völligem Entfallen der Kooperation in der Organisationsstruktur der KVen. Einen Wettbewerb würde es nur innerhalb der Ärzteschaft zu deren Nachteil geben. Die Krankenkassen könnten Bedingungen bestimmen. Der Hartmannbund bezeichnet den Vertragswettbewerb ohne Mitwirkung der KVen und bei derzeitiger Regelung daher auch als „staatlich gelenkten Pseudowettbewerb".[12] Die Geschichte und die vorliegende Bearbeitung zeigen, dass Wettbewerb unter Ärzten um Verträge mit den Krankenkassen zu einem qualitätsschmälernden Preiswettbewerb und einer Gefährdung der Versorgung führt. Am Modell der HzV zeigen sich überdies bereits die erheblichen verfassungsrechtlichen Bedenken an privaten Oligopolen.

Zudem fehlt der gesetzliche Regelungsrahmen, was sich etwa in Forderungen nach einem Gesundheitsregulierungsrecht zeigt. Hier bestehen entscheidende Defizite. Für eine hinlängliche Regulierung reicht auch nicht die einfache „eindimensionale" Forderung danach, den Übergang des Sicherstellungsauftrags auf die Krankenkassen besser zu regeln. So sehen es offenbar Befürworter eines Vertragswettbewerbs, welche vorschlagen, dass der G-BA gesetzlich beauftragt werden möge, leistungsbezogene Mindeststandards festzulegen, die eine Krankenkasse einhalten muss, die mehr als zehn Prozent ihrer Versorgung über Selektivverträge organisiert. Die zuständige Aufsichtsbehörde solle dann überprüfen, ob die entsprechenden Krankenkassen in ihren Verträgen dieser Anforderung nachgekommen sind.[13] Allein das Kollektivvertragssystem bietet einen ausreichenden Regulierungsrahmen, auf den der Gesetzgeber für die Anforderungen an Selektivverträge auch umfänglich zurückgreift, sich aber andererseits fortgesetzt und entscheidend aus ihm löst.

Ein weiterer Transformationsprozess von der kollektivvertraglichen zur einzelvertraglichen Versorgung ist daher nicht zu befürworten. Parallele Systeme erfordern zumindest einen dem Kollektivvertrag entsprechenden Ordnungsrahmen, der bei dem System von Selektivverträgen auf lange Sicht nicht erkennbar ist.

II. Anpassungsprozess oder Funktionswandel der KV?

Die Entscheidung für einen Wettbewerb über Selektivverträge der Krankenkassen mit den Zielen der Effizienz- und Qualitätsverbesserung bei veränderten gesellschaftlichen und ökonomischen Bedingungen ist gerechtfertigt. Den Vertragsärzten als Leistungserbringern für die Krankenkassen müssen jedoch die Aufgaben der Steuerung oder

---

[12] O. V., A+S aktuell 22/2009, 5 (6).
[13] Wasem et al., 125.

wenigstens Mitsteuerung neben den Krankenkassen verbleiben, jedenfalls solange und soweit sie über ihre Vertretungskörperschaft den Sicherstellungsauftrag haben und der Regelungsrahmen für Selektivverträge sich so lückenhaft wie nach der aktuellen gesetzlichen Lage zeigt. Das gilt umso mehr als der Gesetzgeber sogar plant, mit einer Neuordnung der ambulanten Versorgung - der spezialfachärztlichen Versorgung - massiv in die Vorrangstellung der freiberuflichen Ärzte einzugreifen.

Die Steuerung durch die KVen kann und muss allerdings in teilweise gewandelter Form erfolgen. Es geht nicht um die Abschaffung der Institution KV, sondern um die Neudefinition ihres Auftrags.[14] Diese Ansicht herrscht nicht ungeteilt vor, sodass ein Wandel zur Aufrechterhaltung der KVen und der mit ihr zwingend verbundenen[15] Zulassung dringend angezeigt ist. Dabei sollte es auch im ureigensten Interesse der KVen sein, dass eine Weiterentwicklung vermieden wird, bei der sich ihr Einfluss reduziert. Auch das kann nämlich der Wandel beinhalten. So wäre es, wie bereits an früherer Stelle erwähnt, etwa denkbar, dass KVen nicht mehr die Rolle einer Mitentscheidung zur Zulassung haben, sondern nur noch reduzierte Verwaltungs- und Kontrollrechte oder eine Art Vetorecht besitzen und damit ihren heutigen Einfluss auf die Steuerung der ambulanten Versorgung verlieren. Wird sich das System nicht anpassen und bewähren, ist der Gesetzgeber nicht gehindert, die Funktion der KVen weitreichend auszuhöhlen oder zu beseitigen, da sie nach ständiger Rechtsprechung nicht grundrechtsfähig sind.[16] Sie genießen für ihre Zuständigkeit deshalb keinen Bestandsschutz. Werden die KVen sich den durch die Vorgaben des Gesetzgebers erforderlichen Wandlungen nicht anpassen oder Möglichkeiten hierzu nicht nutzen, besteht diese Gefahr verstärkt. Dass der Gesetzgeber ihre Rolle im Bedarfsfall auch entscheidend ändert und zurückdrängt, haben schon verschiedene jüngere Gesundheitsreformen gezeigt. Hier sei nur auf die vielfache Entziehung des Sicherstellungsauftrags für die ambulante Versorgung im Rahmen unterschiedlicher Selektivvertragsformen verwiesen.

Auch die Feststellungen des Gesetzgebers im Rahmen einiger Änderungen dazu, was seiner Auffassung nach den KVen an Aufgaben verbleibt, zeigen dessen Absicht einer deutliche Reduzierung von der ursprünglich bei den KVen gesehenen umfassenden Sicherstellungsaufgabe. Im Entwurf zum GMG[17] etwa deklarierte der Gesetzgeber es als Hauptaufgabe der Selbstverwaltungspartner im Rahmen der HzV, zur Umsetzung der Regelung sachgerechte und leicht überprüfbare Kriterien zur Beschreibung der notwendigen Qualität dieser besonderen Versorgungsart aufzustellen. Das dürfte wohl als

---

[14] Rebscher, 1994, Gesprächskreis Arbeit und Soziales Nr. 37, 47.
[15] Hierzu sei an die Zwangsmitgliedschaft erinnert.
[16] BVerfG, Beschl. v. 08.12.1982, 2 BvL 12/79, BVerfGE 62, 354 - juris Rn. 25.
[17] BT-Drs. 15/1525, 97.

Aufgabe von untergeordneter Bedeutung zu bezeichnen sein und weit entfernt von einem umfassenden Sicherstellungsauftrag.

Noch weiter geht er mit der Zurückdrängung von Aufgaben im Rahmen der IV. In diesem Zusammenhang bringt der Gesetzgeber die Ablösung vom Sicherstellungsauftrag an die KVen als Grund vor, auch davon abzusehen, dass sich Vertragsärzte von ihrer KV beraten lassen oder sie mit der Verteilung der Vergütungen oder Vergütungsanteile in der IV beauftragen können.[18] Ergänzt wird die Begründung um die spätestens nach Einführung einer flächendeckenden, verpflichtenden HzV mit dem GKV-OrgWG nicht mehr zutreffende Äußerung, dass es sich schließlich nur um einzelne Mitglieder handele, die an der Selektivvertragsform teilnehmen. Da auch das Ziel der IV eine Zunahme der Verträge ist, erscheint die Begründung, es handele sich nur um einzelne Mitglieder, die hier u. a. der Beratung bedürften, um unbewusste oder wohl eher bewusste Realitätsferne. Einen weiteren massiven Eingriff stellte die Verlagerung der Vergütungsentscheidungen auf die so genannte Makro-Ebene dar, was insoweit immerhin durch das GKV-VStG zu Gunsten einer Re-Regionalisierung in großen Teilen revidiert wurde.

Das von Selektivverträgen nicht mehr nur einzelne Mitglieder betroffen sind, hat der Gesetzgeber wenigstens (schon vor der Regelung einer Verpflichtung zur Einführung der flächendeckenden HzV) selbst gesehen und mit dem GKV-WSG die Vorschrift des § 77a eingeführt.[19] Damit wurde den KVen ausdrücklich gestattet, Dienstleistungsgesellschaften zu gründen. Bis dahin war das gesetzlich nicht geregelt und die Zulässigkeit solcher Geschäftstätigkeiten umstritten. Der Gesetzgeber hat den KVen somit explizit ein Mittel an die Hand gegeben, unter den neuen Marktbedingungen geänderte Aktivitäten zu entfalten.

Danach trifft lediglich noch die Aussage des Gesetzgebers zu, dass (aber) die Beiträge der Mitglieder ausschließlich dazu gedacht sind, die gesetzlichen Aufgaben, die sich aus dem Sicherstellungsauftrag ergeben, wahrzunehmen, und diese nicht für das Aushandeln, die Überwachung und die Durchführung der Verträge zur IV und damit bloß im Sinne einzelner Mitglieder eingesetzt werden dürfen.[20] Insoweit ist der Gesetzgeber mit den Finanzierungsvorgaben in § 77a Abs. 3 konsequent geblieben.

Die KVen selbst sind zu einer Entwicklung und Offenheit für einen Wandel aufgerufen. Sie müssen sich als Selbstverwaltungskörperschaft in die politische Diskussion einbringen und sich ferner als Selbstverwaltungskörperschaft der Vertragsärzte bewei-

---

[18] BT-Drs. 15/1525, 130.
[19] BT-Drs. 16/3100, 16.
[20] BT-Drs. 15/1525, 130.

sen, damit Kollektivverzichtsaktionen nicht weiter das Instrument der Zulassung schwächen und ihnen wie ihren Mitgliedern auf diese Weise durch eigene Fehler die Steuerung aus der Hand nehmen.

Die Bandbreite von Handlungsmöglichkeiten der KVen zur Wahrung ihrer Schlüsselrolle und damit der Schlüsselrolle ihrer Mitglieder in der ambulanten Versorgung ist groß. Ebenso die existierenden Vorschläge. So bieten sich berufspolitische Aktivitäten, die Entwicklung regionsspezifischer finanzieller Anreize, ein reformierter Service für Mitglieder und schließlich rechtliche Maßnahmen an. Beispielhaft werden nachfolgend einige Möglichkeiten von Aktivitäten genannt, die aber der Art nach nicht Ausnahme bleiben dürfen, sondern Regel werden müssen. Darüber hinaus existieren ausführliche Vorschläge und Konzepte.[21] Denn die Forderung nach einem Wandel der KVen ist schon lange bekannt.[22]

Diese Arbeit macht es sich nicht zur Aufgabe, konkrete Lösungsmodelle für KVen zu erarbeiten. Schwerpunkt ist vielmehr die Frage, ob das Instrument der vertragsärztlichen Zulassung in seinem Bestand gefährdet ist, ob Alternativmodelle zur Verfügung stehen und wenn eine Gefährdung besteht, wie grundsätzlich reagiert werden sollte oder kann.

KVen arbeiten allein in ihrem Eigeninteresse und aufgrund ihrer wiederholten Infragestellung auch schon lange an Konzepten und Ideen für einen Wandel, sodass ein Portfolio an Ideen bereitsteht. Problematisch ist vielmehr, dass die Gefährdungslage nicht nur für eine Körperschaft, sondern auch für ein wesentliches Steuerungsinstrument der GKV verkannt und Maßnahmen bisher viel zu zögerlich und nur punktuell ergriffen werden.

Eine Möglichkeit der Anpassung an die Verhältnisse und Sicherung der Akzeptanz der Zulassung sind die zuvor genannten Dienstleistungsgesellschaften nach § 77a, die von den KVen auch genutzt werden, häufig mit der Bezeichnung als KV-Consult.[23] In dem Rahmen können auch Abrechnungsdienste angeboten werden. § 77a Nr. 2 eröffnet die Möglichkeit von Beratung in Fragen der Datenverarbeitung, der Datensicherung und

---

[21] Vgl. ausführliches Konzept der KBV, 2009: http://www.liberale-aerzte.de/files/21795/KBV_Reformpositionen.pdf (02.01.2012).

[22] Für viele sei nur beispielsweise genannt, die Verlautbarung der KBV in einer Pressemitteilung vom 23.11.2004: „Wettbewerb erfordert strategische Neuausrichtung", KBV, o. J., http://daris.kbv.de/daris.asp, Archivnr. 1003744160, (17.11.2011).

[23] *Engelmann*, in: jurisPK-SGB V, § 77a Rn. 6. Zu Folgen von Falschberatung der KV, also nicht einer Beratungsgesellschaft der KV: SG Marburg, Urt. v. 10.11.2010, S 12 KA 841/09 - juris, Leitsatz und Rn. 51 ff.

des Datenschutzes. Hier könnten sich KVen weit mehr hervortun. Öffentlichkeitswirksamer agieren hingegen Landesdatenschutzstellen.[24]

Zu finanziellen Möglichkeiten, unabhängig von den mannigfaltigen Aufgaben im Rahmen der Honorarverteilung und -verhandlung, gehören die zielgerichtete Förderung von Medizinstudenten[25], die Investitionsförderung bei Niederlassung in unterversorgten Regionen oder Stipendienprogramme[26]. Als ein Projekt in diesem Bereich kann etwa die Patiomed AG genannt werden, die es als ihr Ziel bezeichnet, mit einem eigenen Versorgungskonzept die Freiberuflichkeit des Arztes zu erhalten.[27]

Äußerst positiv zu beurteilen und durch die Änderungen mit dem GKV-VStG in ihrer hohen Wirksamkeit bestätigt, ist die Reaktion einiger KVen auf die Verlagerung der Vergütungsentscheidungen, insbesondere durch die bis zum GKV-VStG geltenden Orientierungswerte auf die Bundesebene durch die Honorarreform zum 01.01.2009. Der Entzug wesentlicher Einflussmöglichkeiten wurde teilweise offensiv angegangen. Die KV Nordrhein hat öffentlichkeitswirksam Klage gegen die KBV und den Spitzenverband Bund als Trägerorganisationen des Bewertungsausschusses erhoben[28], um Nachteile für ihre Mitglieder, u. a. aufgrund des vorgegebenen Ermittlungsverfahrens für das RLV, auszugleichen. Angesichts des durch die Rechtsprechung weit interpretierten Gestaltungsspielraums des Bewertungsausschusses im Rahmen der gesetzlichen Vergütungssystematik mit Orientierungswerten und RLV, die seit dem seit 01.01.2009 bis zum GKV-VStG galt, war der Erfolg eines solchen rechtlichen (klageweisen) Vorgehens jedoch fraglich.[29] Angezeigt waren vielmehr gesetzliche Revidierungen. Wie an den Änderungen im GKV-VStG zu ersehen ist, führte der verstärkte Widerstand zur Überprüfung der Vergütungsreform genau zu solchen erforderlichen Revidierungen, und die Mitglieder der KVen erlebten den weitgehenden Einsatz ihrer Körperschaft für ihre Interessen, was die Akzeptanz der KVen und damit das Zulassungssystem stärkt. Erfolgreich hat die KBV als Zusammenschluss der KVen etwa auch für eine Ausgliederung und Mengenbegrenzung von Leistungen aus dem RLV (etwa der Bronchosko-

---

[24] ULD, 2010, http://www.landtag.ltsh.de/infothek/wahl17/umdrucke/0400/umdruck-17-0498.pdf (15.11.2011).
[25] Vgl.: KV Sachsen, 2008, http://www.kvs-sachsen.de/mitglieder/kvs-mitteilungen/2008/062008/aktuelles-thema-aerztemangel/ oder http://www.kvs-sachsen.de/uploads/media/akt_them.pdf, (beide 17.11.2011).
[26] Mehrere KVen haben solche etwa mit der AOK entwickelt: AOK Bundesverband, 2010a, http://www.aok-bv.de/presse/medienservice/politik/index_04967.html, (17.11.2011).
[27] Friebe, PFB 2011, 112 (116).
[28] KV Nordrhein, 2010, http://www.kvno.de/60neues/2010/honorarreform/index.html, o. S. (17.11.2011).
[29] Vgl. die Ausführungen zu Orientierungswerten und dort zitierte Rechtsprechung zu Vorgaben des Bewertungsausschusses, Kap. 3 B.IV.1..

pie) gestritten, um die RLV für ihre Mitglieder attraktiver zu machen.[30] Überzeugend ist auch der Erfolg, der in der Mitteilung einer KV liegt, dass die Krankenkassen im Rahmen ihrer Vertragspartnerschaft des HVV mit der Maßnahme der KV einverstanden waren, entgegen der gesetzlichen Regelung für die Bezugsgröße des RLV nicht auf das Vorquartal Bezug zu nehmen, sondern auf ältere Quartale. Mit solchen Maßnahmen - auch gemeinsam mit den Krankenkassen - stärken die KVen ihre Position und die ihrer Mitglieder, mithin auch das Instrument der vertragsärztlichen Zulassung. Die Wirksamkeit zeigt sich in der Reaktion des Gesetzgebers in Richtung auf die bereits genannte Re-Regionalisierung, allerdings nicht ganz im ursprünglichen Umfange der Regionalverantwortung.[31] Es kann angenommen werden, dass die Reaktion des Gesetzgebers auch die Folge einer wirkungsvollen Tätigkeit der Freien Allianz einiger KVen[32] (FALK) war, die mit dem Ziel angetreten war, eine Re-Regionalisierung zu erwirken.[33] Solche Zusammenschlüsse dürfen allerdings nicht zu Zerwürfnissen und Machtkämpfen der KVen untereinander führen.[34] Im Sinne dieser Aktivitäten war auch der öffentlichkeitswirksame Protest von 16 der 17 KVen gegen die spezialfachärztliche Versorgung, nachdem sie im Kabinettsentwurf des GKV-VStG bekannt geworden war.[35] Aktives Vorgehen von KVen wird auch durchaus wahr- und ernstgenommen, wie etwa die Klage einer Krankenkasse gegen eine negative Äußerung über Selektivverträge zeigt.[36]

Als weitere Entwicklung der KVen wäre es etwa denkbar, dass sie die Aufgabe übernehmen, für Mitglieder von Ärztegemeinschaften, die Vertragspartner der Krankenkassen sind, besondere Pflichten vorzusehen. In der mildesten Form wäre dies eine Meldepflicht über die Beteiligung an Ärztegemeinschaften zur Erstellung einer Vertragsdatenbank, die der KV die Möglichkeit zu einer Reaktion in Form von Beratung, Beteiligung durch Dienstleistungsgesellschaften oder Etablierung eigener Alternativen gibt. Die KVen könnten auch eine Informationsdatenbank über Selektivverträge für Ihre Mitglieder bereitstellen. Formen und Inhalte der Selektivverträge sind nach wie vor unübersichtlich und damit intransparent. Die Literatur spricht metaphorisch von einem

---

[30] O. V., A+S aktuell 08/2009, 3; o. V., A+S aktuell 09/2009, 4; inzwischen sind es Leistungen der so genannten QZV.

[31] Vgl. nachfolgend unter III.

[32] Bayern, Baden-Württemberg, Hessen, Mecklenburg-Vorpommern.

[33] Zu FALK, o. V., A+S aktuell, 32/2011, 4; vgl. auch zur neuen Allianz LAVA, mit dem Ziel besserer Honorarvolumina.

[34] Zu Differenzen zwischen „FALK" und anderen KVen, o. V., A+S aktuell 20/2011, 2.

[35] O. V., http://www.aerzteblatt.de/v4/news/news.asp?id=46671 oder o. V., 2011c, http://www.aerzteblatt.de/nachrichten/46671/16_KVen_protestieren_gegen_spezialaerztliche_Versorgung.html, (09.09.2011).

[36] SG Berlin, Beschl. v. 19.02.2010, S 83 KA 745/09 ER - juris.

Beipackzettel für Selektivverträge[37], der erforderlich sei. Hierzu müsste allerdings den Krankenkassen vom Gesetzgeber eine Informationspflicht gegenüber den KVen auferlegt und unter Umständen den KVen entsprechende Rechte gegenüber ihren Mitgliedern eingeräumt werden. Bereits nach jetziger Gesetzeslage können die KVen ihre Mitglieder aufgrund ihrer körperschaftlichen Organisationsgewalt zur Übernahme bestimmter Aufgaben verpflichten, soweit die KVen damit ihre gesetzlichen Aufgaben erfüllen. Im Rahmen ihres gesetzlichen Aufgabenbereichs hat ihnen der Gesetzgeber hierzu die Satzungsgewalt verliehen. Allerdings ist die zulässige Eingriffsintensität in das Recht zur Berufsausübung nur gering.[38]

Zur ausreichenden Kontrolle und Abstimmung des Bedarfs in der ambulanten Versorgung ist ferner zu überdenken, ob auch nicht ärztliche Berufe und Kapitalgesellschaften, die zunehmend an der ambulanten Versorgung partizipieren, in die körperschaftlichen Strukturen einbezogen werden.

Die KVen müssen sich mit dem Wettbewerb und Selektivvertragsrecht arrangieren. Ihr uneingeschränktes Festhalten am Kollektivvertrag wird nicht durchsetzbar sein und zum Verlust der Akzeptanz des Zulassungssystems führen. Das heißt nicht, dass die Auffassung der KVen falsch ist, nach welcher der Kollektivvertrag vorherrscht und daher auch ihre Überlegung grundsätzlich zweckmäßig ist, erfolgreiche Selektivvertragsmodelle und deren Verbesserung der Versorgung regelmäßig in Kollektivverträge der KBV zu überführen[39]. Das Problem und die berechtigte Kritik an dieser Auffassung ist aber, dass die KVen bzw. KBV häufig immer noch von dem ihnen vorgeworfenen Monopoldenken geleitet sind und es ihnen weniger darum geht, erfolgreiche Konzepte im Kollektivvertrag fort zu führen, sondern (mehr) um Vereinnahmung und Ausschaltung von Konkurrenz. Ferner ist die Idee von Selektivvertragskonzepten überhaupt nur teilweise im Kollektivrahmen darstellbar, so etwa bei abgeschlossener Erprobung besonderer Versorgungsformen. Denn der Idee von Selektivverträgen widerspricht der Kollektivvertragsrahmen, soweit sie unter dem Erfordernis des Wettbewerbs stehen. Der Gesetzgeber macht aber die klare Vorgabe der Vereinbarung von Selektivverträgen, mit dem Ziel einer Verbesserung der Versorgung und der Qualität[40]. Das soll durch Wettbewerb erreicht werden. Sobald ein funktionierendes Konzept in den Kollektivvertrag umgesetzt wird, geht aber der Wettbewerbsaspekt verloren. Die

---

[37] Paquet, Vertragswettbewerb, 47.

[38] BVerfG, Beschl. v. 08.12.1982, 2 BvL 12/79, BVerfGE 62, 354 - insbesondere juris Rn. 26 ff..

[39] O. V., in: A+S aktuell, 25/2008, 2 (3).

[40] BT-Drs. 16/3100, 2, so spricht der Gesetzgeber des GKV-WSG von „Qualitäts- und Effizienzsteigerung durch Intensivierung des Wettbewerbs auf Seiten der Leistungserbringer z. B. durch mehr Vertragsfreiheit in der ambulanten Versorgung,...".

Anreize für Leistungserbringer, das Angebot zu verbessern, wenn es vorhersehbar in Form von Kollektivvertragsvorgaben zum Maßstab für alle Leistungserbringer wird, gehen verloren. Wenn alle Vertragsärzte die Anforderungen erfüllen, kann hierfür spätestens dann kein Wettbewerbsvorteil mehr gewährt werden. Es spricht auch gegen die deutlichen Maßstäbe, die der Gesetzgeber in den letzten Reformen setzt, nach welchen Wettbewerb durch Einzelverträge gefördert werden soll. Die Idee des Wettbewerbs und das alleinige Festhalten an Kollektiven in Form von Monopolen[41], wie der KVen stehen sich dabei diametral gegenüber. Eine zu befürwortende Entwicklung ist dagegen wiederum das Vorhaben, dass KVen und KBV arbeitsteilig ein Portfolio von eigenen Vertragskonzepten entwickeln, mit dem sie als Kollektivvertragspartei konkurrenzfähige Produkte bereitstellen.[42] Hier wären die KVen aber wieder aufgefordert, sich von ihrer klassischen Funktion als Kollektivvertragspartei zu einem wettbewerbsfähigen Vertragspartner weiterzuentwickeln, neben dem die eigenen Mitglieder selbst auch Anbieter sein dürfen. Konkurrenz- oder „Übernahmekämpfe" zwischen KVen und Ärzteverbänden hingegen, wie etwa von der KV Baden-Württemberg, Medi-Verbund und dem Hausärzteverband, sind destruktiv.[43] Andernfalls gilt auch hier, dass das alleinige Agieren eines Monopols dem Wettbewerbsgedanken entgegensteht. Das Handeln der KVen bzw. KBV muss dabei anhaltend sein. Fehlende Aktualität und Nachhaltigkeit müssen vermieden werden, wie sie ein Beispiel auf der Website der KBV aber zeigen. Dort findet sich der Hinweis, dass eine Arbeitsgemeinschaft (AR-GE) gemeinsam mit 15 KVen gegründet worden sei, um die Vertragserfahrung der KVen auch bundesweit tätigen Krankenkassen anbieten zu können. Ziel soll der bundesweite Abschluss von Verträgen nach § 73b und c sein. Sodann werden zwei Vertragsbeispiele benannt, die aus Mai bzw. September 2008 datieren.[44]

Dabei sollten mit der ARGE auch übergeordnete Ziele verbunden werden. KBV und KVen wollten belegen, dass sie ebenfalls Ideengeber im gewünschten Vertragswettbewerb sein könnten, wenn man sie denn ließe.[45] Berufsverbände schätzen die Vertragsmodelle besonders wegen der Zusammenarbeit mit den KVen, über die mehr

---

[41] Müller, 2007, FAZ v. 17.10.2007,
http://www.faz.net/s/Rub0E9EEF84AC1E4A389A8DC6C23161FE44/Doc~EDC566592C
8C14AFA838FD2493970F0FF~ATpl~Ecommon~Scontent.html, o. S., (11.11.2011).
[42] O. V., in: A+S aktuell, 25/2008, 2 (3), z. B. für nicht im RSA gesondert berücksichtigte Krankheiten.
[43] Vgl. hierzu o. V., A+S aktuell, 32+33/2010, 4.
[44] KBV, 2008a, https://www.kbv.de/11925.html, o. S., (17.11.2011).
[45] Vgl. hierzu Meißner u.a., DÄBl. 2010; 107(13): A-580 / B-508 / C-500. Es gibt tatsächlich eine Vielzahl von Vertragsmodellen. Allerdings scheitert die Übernahme der Modelle häufig daran, dass die Krankenkassen nicht absehen können, ob sie für eine Erkrankung, über die ein Vertrag abgeschlossen wird, auch Mittel aus dem Morbi-RSA bekommen und diese sie daher nicht etablieren wollen, Meißner, wie vor.

Möglichkeiten bestehen, Konzepte auch „in eine breite Versorgung zu bekommen". Regionale Selektivverträge werden als zu „kleinteilig" kritisiert. Dieser Vorwurf ist berechtigt angesichts der Tatsache, dass etwa für verschiedene Indikationen verschiedene Verträge mit verschiedenen Kassen geschlossen werden, alle mit unterschiedlicher Administration und Dokumentation.[46] Wohlgemerkt handelt es sich dabei nicht um eine Überführung in Kollektivverträge, sondern um eine transparente, in der Administration möglichst einheitliche und auf die nicht nur kleinräumige Versorgung abgestimmte Vorgehensweise.

Dem Versuch der Selbstverwaltungskörperschaften, das Instrument der vertragsärztlichen Zulassung zu aktualisieren, muss die Nachhaltigkeit abgesprochen werden. So ist nicht nachvollziehbar, dass die KBV davon spricht, schon im Jahr 2008 ein Modell entwickelt zu haben, das den Bedarf im Sinne einer kleinräumigen Versorgungsanalyse besser erfassen kann[47], und zwar durch so genannte Regionalverbünde. Darin sollten neben der KV die Landeskrankenhausgesellschaft, die Landesärztekammer und das Landesministerium stimmberechtigt vertreten sein. Vertreter der Kassen und der Patienten hätten im Gremium eine beratende Funktion. Die Sicherstellung verantworteten für den ambulanten Bereich weiter die KVen und für den stationären Bereich die Länder.[48] Gleichwohl sind die Orientierungswerte bis zum GKV-FinG als Konkurrenzmodell zur Bedarfssteuerung aufrecht erhalten worden, und es erfolgte erst im Jahr 2010 eine erste Anpassung der Bedarfsplanung um einen Demografiefaktor und zwar durch den G-BA. Von einer Nutzung der Kenntnis regionaler Strukturen, die offenbar dem Modell der KBV zugrunde lag, wurde mit der Verlagerung auf bundeseinheitliche Entscheidungen im Rahmen der Vergütungsreform zum 01.01.2009 völlig abgegangen. Erst mit dem GKV-VStG erfolgt wieder eine Re-Regionalisierung im Sinne einer besseren Bedarfssteuerung. (Erst) jetzt - immerhin - kann, wie eben schon erwähnt, wenigstens positiv bewertet werden, dass die Entwicklung zur Re-Regionalisierung auch auf ersichtlich verstärktem politischem Vorgehen der KVen beruht. Auch hat die KBV nach Inkrafttreten des VStG die Überarbeitung der Bedarfsplanung als wichtige Aufgabe erkannt und deren Bearbeitung in Angriff genommen.[49]

Die KVen als Vertretungskörperschaft der zugelassenen Vertragsärzte müssen politisch aktiv bleiben und ihre neue Rolle mit gestalten. Hierzu stehen Instrumente zur

---

[46] Wie vor.
[47] Rieser, DÄBl., Heft 1/2010, 4 mit Bezug auf DÄBl. 26/2008, in welchem das Konzept schon vorgestellt wurde, 2010,
http://www.aerzteblatt.de/v4/archiv/artikel.asp?src=suche&p=kleinr%E4umige+versorgungsanalyse&id=67323 (14.12.2011).
[48] Vgl. DÄBl. wie vor.
[49] KBV, 2012a, http://www.kbv.de/40652.html, o. S. (28.02.2012).

Verfügung. Weitsichtig hat der Gesetzgeber mit dem GKV-WSG die Möglichkeit der Gründung von Dienstleistungsgesellschaften (§ 77a) der KVen eingeführt, durch welche sie sich im Bereich der Verträge positionieren können. Das muss auch genutzt werden. Der Gesetzgeber des GKV-VStG stärkt KVen zudem durch eine Revidierung der Entwicklung der Vergütung als Steuerungsinstrument hin auf die Makro-Ebene durch das GKV-WSG zurück in die Regionalkompetenz der KVen. Ferner erweitert er ihr Tätigkeitsspektrum dadurch, dass er den Betrieb von Eigeneinrichtungen zur ärztlichen Versorgung in der Form erleichtert, dass sie nach § 105 Abs. 1 S. 3 n. F. künftig aus der Gesamtvergütung zu finanzieren sind, nicht mehr aus den Verwaltungskosten, und ermöglicht ihnen zudem Zusammenschlüsse mit anderen KVen.

Das Festhalten an alten Rollenverständnissen bei gleichzeitigem Brachliegen neuer gesetzlicher Instrumente schwächt die Position der Vertragsärzteschaft. Das hieraus erwachsende Machtungleichgewicht schadet den Beteiligten, den Leistungserbringern und Patienten. Bei Zunahme der Unzufriedenheit wird diese zu irgendeinem Zeitpunkt auch auf die Krankenkassen zurückfallen, die damit auch die Auswirkungen einer fehlenden Positionierung der KVen bemerken werden. Die Geschichte hat gezeigt, dass die Versorgung in Deutschland bedroht sein kann, wenn die Ärzteschaft aufgrund einseitiger Vorgaben durch die Krankenkassen ihre Leistung irgendwann verweigert. Hinzu kommt heute die Möglichkeit des Abgangs der Leistungserbringer in das Ausland sowie anderer Branchen. Es geht also auch für die Krankenkassen um den Erhalt und das Funktionieren der flächendeckenden Versorgung in Deutschland. Diese Rolle müssen sie nach dem Gesetz im Bereich der Selektivverträge mit erfüllen. Gelingt ihnen dies nicht, wird auch ihre Rolle als Vertragspartner nicht zu rechtfertigen sein.

III. Andere Modelle von Anreizen zur Steuerung

Die Basis der Steuerung der ambulanten vertragsärztlichen Versorgung sollte das gesundheitspolitisch wie verfassungsrechtlich bewährte Instrument der vertragsärztlichen Zulassung sein. Für die Verteilungssteuerung hat sich die Bedarfsplanung jahrelang für den vorgesehenen Fall der Überversorgung als geeignet gezeigt. Ihr Werkzeug ist das Instrument der vertragsärztlichen Zulassung, die entsprechend rationiert wird. Die Verteilung der Versorgung und die regionale Unterversorgung insbesondere, sind seit Jahren ein aktuelles und drängendes Problem in der ambulanten Versorgung. Bekannt ist, dass die Kriterien der Bedarfsplanung daher dringend anpassungsbedürftig, aber auch anpassungsfähig sind.[50]

---

[50] Das sehen auch Krankenkassen-Vertreter und der Spitzenverband Bund grundsätzlich so. So verlautbarte etwa Ingo Kailuweit, Vorstandsvorsitzender der KKH-Allianz, dass es nicht generell zu wenig Ärzte gebe, sie nur falsch verteilt seien und verwies darauf, dass

Es ist daher unverständlich, wieso es seit dem GKV-WSG kaum eine Anpassung gab und die Bedarfsplanung für die neuen Erfordernisse des Gesundheitswesens nicht genutzt wurde. Insbesondere für eine Steuerung von Unter- und Fehlversorgung ist sie übereinstimmend noch nicht ausreichend definiert. Sie war aber bei ihrer Konzipierung auch auf die Situation der Überversorgung ausgerichtet. Ein erster Schritt, nachdem die Bedarfszulassung schon durch den Gesetzgeber in Frage gestellt worden war, ist erst im Jahre 2010 durch die Einführung eines Demografiefaktors in die Bedarfsplanung getan worden.[51] Das GKV-VStG ist das erste Gesetz, das hier wieder verstärkt ansetzt.

Auf der Grundlage einer aktualisierten Bedarfsplanung können sodann Anreize zur Niederlassung nach Anzahl oder Fachrichtung oder zu besonderen Formen der Versorgung, z. B. IV oder Chronikerversorgung, die Bedarfsdeckung sowie die Qualität steuern und stetig kontrollieren. Beispielhaft bereits gelungener Anreiz ist die finanzielle Förderung von Kooperationen und damit innovativen Leistungsformen, die, abgesehen von den charakteristischen Mängeln der letzten Gesundheitsreformen, wenigstens teilweise gegriffen hat. Das GKV-VStG sieht wieder mehr Möglichkeiten für solche Maßnahmen vor. Diese müssen nun ergriffen werden. All dies sind Aspekte, die bis 2012 mehr oder weniger den Selektivverträgen überlassen wurden, wenn der Gesetzgeber z. B. allein im Rahmen dieser Abweichungsmöglichkeiten von verschiedenen Regelungen des SGB V zuließ (etwa Abweichung vom EBM). Es bedarf danach auch keiner neuen Steuerungsinstrumente wie eines Sonderorientierungswertes für die Bedarfssteuerung oder (allein) der Selektivverträge für eine Qualitätsverbesserung, wenngleich ihre wichtige Rolle für Innovation und Entwicklung - insbesondere wegen des fehlenden Wettbewerbsaspekts im Kollektivsystem - damit keinesfalls in Frage gestellt werden soll. Wenn der Wettbewerbsaspekt hingegen in Bezug auf die für Selektivverträge gewünschten Ziele von Qualitätsverbesserung und eine wirtschaftlichere Versorgung so wenig Erfolg liefert, dass Rückschritte in kollektivrechtliche Strukturen gemacht werden, wie für die HzV geschehen, ist auch der Wettbewerbsgedanke als Rechtfertigung für Selektivverträge in Frage gestellt.

---

bei der Zulassung „stärkere Differenzierungen nach Regionen, nach Schwerpunkten des Arztes und nach Erkrankungen der Bevölkerung erforderlich" seien. Auch der Spitzenverband Bund der Krankenkassen würde eine Neujustierung begrüßen, DÄBl. wie vor.

[51] Beschluss des Bewertungsaussschusses vom 15.07.2010, in Kraft getreten zum 27.11.2010 und veröffentlicht: BAnz Nr. 180, 3954, vgl. auch http://www.g-ba.de/informationen/ beschluesse/1166/ (14.12.2011). Zur Kritik der Krankenkassen an der konkreten Form des Demografiefaktors, Meißner DÄBl. 2010, 341, 2010, http://www.aerzteblatt.de/v4/archiv/ artikel.asp?id=77920, (14.12.2011).

Wie bereits an anderer Stelle angeführt, ist die Bedarfsplanung dabei auch disponibel und flexibel, um für die Anforderungen des Gesundheitsmarkts offen bleiben zu können, so hat der Gesetzgeber es zur Erhaltung und Fortentwicklung der praktischen hausärztlichen Kompetenz der Hochschullehrer durch Einfügung des § 95 Abs. 9a Hausärzten gestattet, Hochschullehrer für Allgemeinmedizin als angestellte Ärzte außerhalb der Bedarfsplanung und ohne Beschränkung des Praxisumfangs zu beschäftigen.[52] Wie ferner schon im Rahmen dieser Arbeit eingeräumt, kann die Bedarfsplanung im Falle der Unterversorgung zwar auch nur begrenzt wirken, weil ein Arzt weniger und vor allem nicht unmittelbar zur Niederlassung gezwungen werden kann, er kann nur unmittelbar durch Gebietssperren daran gehindert werden. Gleichwohl ist die Bedarfsplanung jedoch zur Analyse erforderlich, dazu ist sie folglich selbst nach Aufhebung der Bedarfszulassung bei den Vertragszahnärzten fortgeführt worden. Auf Basis ihrer Ergebnisse sind vielfältige Anreize möglich, die schon angeführt wurden und durch die sodann auf die Unterversorgung umfänglich steuernd eingewirkt werden kann.

Konkrete Anreize, die auf Basis der Ergebnisse einer innovativen und aktualisierten Bedarfsplanung erfolgen können, sind zunächst die vorhandenen Sicherstellungszuschläge (pretiale Steuerung), die mit ihrer Rekurrierung durch das GKV-FinG das angedachte neue Steuerungsinstrument von Orientierungswerten insofern auch zunächst als gescheitert gezeigt haben. Darüber hinaus ist eine Steuerung über die Vergütung - immer auf Basis der Bedarfsplanung und regionalen Beurteilung der KVen - umfangreich einsetzbar. Ferner können nach § 24 Abs. 2 S. 2 erleichterte Bedingungen der Wohnortwahl bei Unterversorgung geboten werden. Eine weitere Möglichkeit sind Investitionskostenzuschüsse für Vertragsärzte, die sich in ärztlich unterversorgten Regionen niederlassen. Die KV Brandenburg etwa hat gemeinsam mit den Krankenkassen von 2006 bis 2010 Praxisübernahmen mit bis zu 50.000 Euro gefördert[53]. Auch Stipendien- oder Förderprogramme sind Wege der Steuerung bei Erhalt der Zulassung als Steuerungsinstrument.[54] Weitere zahlreiche Beispiele von Möglichkeiten wie z. B. infrastrukturelle Maßnahmen finden sich in Kapitel 3 A.I.3.. Das GKV-VStG greift eine Vielzahl dieser Möglichkeiten auf und geht diesbezüglich wieder in die richtige Richtung. So werden Ärzte in unterversorgten Regionen, die so genannten „Landärzte", regelmäßig von Maßnahmen der Budgetbegrenzung ausgenommen. Dafür sieht § 87b Abs. 3 vor, dass im Falle eines Beschlusses des Landesausschusses der Ärzte

---

[52] Vgl. zu entsprechender Forderung: BT-Drs. 16/2474, 23.
[53] AOK Bundesverband, 2010a, http://www.aok-bv.de/presse/medienservice/politik/index_04967.html (17.11.2011.)
[54] Vgl. eine umfassende Darstellung bei der AOK, die an den vorgestellten Maßnahmen jeweils beteiligt war, wie vor.

und Krankenkassen nach § 100 Abs. 1 oder 3 für die Behandlung von Patienten durch Ärzte des betroffenen Planungsbereiches im Verteilungsmaßstab Maßnahmen zur Fallzahlbegrenzung oder -minderung nicht angewendet werden dürfen. Die Vorschrift ist allerdings begrenzt auf die Patienten des betroffenen Planungsbereichs. Ferner werden Ärztenetze aufgewertet, indem diese durch Honorarzuschläge oder durch ein eigenes Honorarvolumen gefördert werden können, soweit dies der Verbesserung der ambulanten Versorgung dient[55] (§ 87a Abs. 3). Auch die Gründung von Zweigpraxen wird erleichtert und gefördert. Neben der gesetzlichen Klärung einiger Fragen, die nach dem alten § 24 Ärzte-ZV offen waren, gehört hierzu als konkreter finanzieller Anreiz, dass Neugründungen von Zweigpraxen nach § 105 Abs. 1a durch Zuschüsse zu Investitionskosten aus dem einzurichtenden Strukturfonds gefördert werden können.[56] Ferner kann die Neuregelung der Wirtschaftlichkeitsprüfung, nach der vor der Sanktion zunächst eine Beratung erfolgt, jüngere Ärzte ermutigen, sich eher niederzulassen. Die Angst vor Fehlern und Regressen wird damit gemindert.

Mit der spezialfachärztlichen Versorgung, Befristungs- und Entziehungsmöglichkeiten der Zulassung dagegen schwächt auch das GKV-VStG die vertragsärztliche Zulassung als zentrales Steuerungsinstrument und das in Tradition der Einschränkungen solcher Art, wie er sie schon mit vorhergehenden Gesundheitsreformen vorgenommen hat. Diese wurden in der vorliegenden Arbeit dargestellt, zu ihnen gehören der § 116 a. F., die Erweiterung der selektivvertraglichen Versorgung, die bis zum GKV-VStG erfolgte Verlagerung auf die Makroebene für Vergütungsentscheidungen oder die beginnende Öffnung für nicht approbierte Berufsangehörige.

IV. Künftige Funktion der vertragsärztlichen Zulassung

Die vertragsärztliche Zulassung als Alleinzugang zur ambulanten Versorgung der großen Anzahl der gesetzlich Versicherten, erteilt durch die KVen, wird erwartungsgemäß weiter an Bedeutung verlieren. Die Gesundheitsreformen der letzten Jahre, insbesondere seit 2004 haben zu dieser Entwicklung geführt. Die aktuelle Politik mit dem anstehenden GKV-VStG sieht zwar wieder eine Stärkung der KVen durch Stärkung der regionalen Partner vor. Bedeutend und zu befürworten ist auch die Rücknahme der Orientierungswerte als aufgestelltem Gegenmodell zur Bedarfsplanung. Zudem wird eine weitere Angleichung an die Vorteile, die MVZ gewährt werden, vorgenommen und die Flexibilisierung fortgeführt, wie etwa durch Aufhebung der Residenzpflicht und Erleichterung der Niederlassung in einer Zweigpraxis. Auch ist zu befürworten, dass nicht-ärztliche Leistungserbringer als Investoren aus der ambulanten Versorgung

---

[55] BR-Drs. 785/11, 14.
[56] BR-Drs. 785/11, 23.

dadurch zurück gedrängt werden, dass die zulässigen Träger von MVZ enger gefasst wurden.[57] Dennoch entspricht die Situation nicht der, die vor der Honorarreform zum 01.01.2009 existierte. Zudem wird der Einschnitt in die Alleinstellung der zugelassenen Vertragsärzte für die ambulante Versorgung ganz entscheidend durch den Aufbau einer ambulanten spezialfachärztlichen Versorgung weitergeführt. Ob die Maßnahme einer Re-Regionalisierung durch den Gesetzgeber daher wirklich ein Besinnen auf die Bedeutung und die Möglichkeiten des Instruments der vertragsärztlichen Zulassung bedeutet, kann bezweifelt werden. Auch eine Regelungen, nach der den KVen eine Entziehung der Zulassung[58] möglich ist, stärkt zwar grundsätzlich die Selbstverwaltung und Verantwortung der zugelassenen Vertragsärzte bzw. ihrer Vertretungskörperschaft. Wenn zugleich aber eine Befristung von Zulassungen (§ 98 Abs. 2 Nr. 12 GKV-VStG[59]) und eine über die bisherige „Ausdehnung" des Marktes (§ 116b Abs. 2)[60] erfolgende „Neuordnung"[61] hinausgehende Ausdehnung des Marktes in Form der ambulanten spezialfachärztlichen Versorgung zugunsten des stationären Sektors erfolgt und sich damit die Vertragsärzte dem Wettbewerb mit diesem aussetzen müssen, erscheint die Möglichkeit einer Entziehung von Vertragsarztsitzen als vermeintliche Stützung der Selbstverwaltung bei der Organisation der ambulanten Versorgung als Augenwischerei oder Nebensächlichkeit. Sie wird die Akzeptanz des Instruments der vertragsärztlichen Zulassung vielmehr wieder schwächen, da ihr wirtschaftlicher Wert damit gleich in zweierlei Hinsicht gemindert wird. Sie kann einerseits aufgekauft werden (wobei auch hier mit einer Auseinandersetzung mit den Zulassungsausschüssen zumindest über den Verkehrswert gerechnet werden kann), andererseits kann sie durch den finanziell und ressourciell besser ausgestatteten stationären Sektor jedenfalls im Bereich der fachärztlichen Versorgung ausgehöhlt werden. Das berufsgrundrechtliche Systemelement der Freiberuflichkeit der vertragsärztlichen Leistungserbringer[62] wird mit der geplanten Neuordnung der fachärztlichen Versorgung somit erschüttert. Die Rahmenbedingungen im geplanten GKV-VStG, zu denen die fehlende sektorenübergreifende Abstimmung mit der Bedarfsplanung[63] und die unterschiedliche Finanzierung der Sektoren gehört, sind massiv zu kritisieren.

---

[57] BR- Drs. 785/11, 18.
[58] BR-Drs. 785/11, 21.
[59] BR-Drs. 785/11, 19.
[60] Vgl. Pitschas, GesR 2010, 513 (519).
[61] Vgl. Pitschas, GesR 2010, 513 (516).
[62] Vgl. Pitschas, GesR 2010, 513 (518).
[63] Der Gesetzgeber sieht bei der Berechnung des Versorgungsgrades nach § 101 lediglich eine Berücksichtigung der von Ärzten erbrachten spezialärztlichen Leistungen, die auch Leistungen nach § 115b umfassen, vor, BR-Drs. 785/11, 20.

Die vertragsärztliche Zulassung als Marktzugang und damit als Steuerungsinstrument ist trotz ihrer gesundheitspolitischen und in Folge ihrer langen Tradition und Prüfung auch in verfassungsrechtlicher Hinsicht bewährten Funktion weiterhin in ihrem Bestand gefährdet. Sie bedarf der Modernisierung, die nicht ausreichend vorangetrieben wird. Zwar wird sie fortwährend durch Flexibilisierung im Rahmen von Gesundheitsreformen gestärkt, andererseits aber gleichzeitig durch Einführung verstärkten Wettbewerbs in den Reformversuchen nicht nur geschwächt, sondern in wesentlichen Funktionen sogar zur Disposition gestellt. Dieses ungesteuert erscheinende Vorgehen des Gesetzgebers - was den Gesundheitsreformen insbesondere seit 2004 insgesamt innewohnt - ist zu kritisieren und führt zu der Forderung, planmäßig vorzugehen und die Folgen von Versuchen mit immer neuen Gesundheitsreformen zu Lasten funktionierender Steuerungsinstrumente wie der vertragsärztlichen Zulassung zu überdenken.

Dazu gehört auch, dass der Gesetzgeber der Rücknahme von Flexibilisierungen, die er eröffnet, durch unklare oder zu offene Regelungen auf Ebene der Vertragspartner vorbeugt. Nur so kann das weitreichende Scheitern begrüßenswerter gesetzlicher Flexibilisierungsziele der vertragsärztlichen Zulassung, wie ins-besondere für das VÄndG mit der vorliegenden Arbeit anhand vieler Beispiele dargestellt, vermieden werden. Auch im GKV-VStG zeichnen sich solche Fehler wieder ab. So beabsichtigt der Gesetzgeber durch Neuregelung des § 24 Ärzte-ZV und dem neu eingefügten Abs. 1a zu § 105 offenbar eine Förderung von Zweigpraxen.[64] Zugleich lässt er aber mit Abs. 3 S. 3 wieder Einschränkungen seiner mit selbem Gesetz eingeführten Flexibilisierung in S. 2 durch die Bundesmantelvertragspartner zu.

Die vorliegende Arbeit hat gezeigt, dass die vertragsärztliche Zulassung als Schlüsselrolle für den Zugang zum Markt der ambulanten Versorgung erhalten bleiben sollte. Es bedarf daher dringend der Anpassung ihrer Rahmenbedingungen. Auf gesundheitspolitischer Ebene sind die Vertretungskörperschaften und nicht zuletzt auch die Mitglieder aufgerufen, weiter und verstärkt dafür einzutreten. Ferner besteht diese Forderung an den Gesetzgeber. Als Erfordernisse zur Herstellung einer Anpassung der Zulassung an die Rahmenbedingungen seien nur beispielsweise genannt: die Überarbeitung der Kriterien der Bedarfsplanung, die Förderung und Unterstützung der Vertragsärzte durch die KVen und regionalen Partner sowie die wirtschaftliche Absicherung der zugelassenen Teilnehmer, aber auch eine Flexibilisierung der Tätigkeit als zugelassener Arzt an sich, etwa über Wege der Telemedizin, für die die Residenzpflicht völlig neu definiert werden müsste (wofür das GKV-VStG bereits einen entscheidenden Ansatz liefert). Die Erweiterung der Nutzung von sinnvollen Anreizen wurde un-

---

[64] BR-Drs. 785/11, 23. Nach § 105 Abs. 1a sollen Neugründungen von Zweigpraxen durch Zuschüsse zu Investitionskosten aus dem einzurichtenden Strukturfonds gefördert werden.

ter dem vorangegangenen Punkt III. ausgeführt. Dazu soll auf das bewährte, nur anpassungsbedürftige Instrument der Zulassung als Steuerungsinstrument zurückgegriffen und vermieden werden, neue und unausgereifte - konkurrierende - Steuerungsinstrumente einzuführen. Ein besonderes Negativ-Beispiel war das Modell der Sonderorientierungswerte, welches das GKV-VStG nicht ohne Grund nicht mehr weiter verfolgt. Auch in weiteren Punkten geht das GKV-VStG in die Richtung der Umsetzung der angeführten Punkte. Zugleich führt das GKV-VStG aber wiederkehrende, alte gesetzgeberische Fehler fort (siehe vorhergehender Absatz) und schwächt die Zulassung an anderer Stelle erheblich (siehe dieser Titel weiter oben).

Die KVen spielen eine ganz entscheidende Rolle im Anpassungsprozess des Steuerungsinstruments der vertragsärztlichen Zulassung, da sie die Koordinierungsstelle für alle zugelassenen Teilnehmer an der vertragsärztlichen Versorgung sind. Um diesen unter den Bedingungen der Einschränkung ihres Sicherstellungsauftrags mehr Einfluss einzuräumen, wäre etwa die Einführung einer vertragsärztlichen Pflicht denkbar, bei Vereinbarungen mit den Krankenkassen Kontroll- und Abstimmungswege einzuhalten und die Beratung und Unterstützung der KV einzuholen. Zu den Anforderungen an die KVen wurden oben unter Punkt II. bereits Ausführungen gemacht. Soweit die KVen nicht weiterhin die entscheidenden Vertretungskörperschaften der Vertragsärzte wären, bedürfte es jedenfalls ähnlicher überregionaler Zusammenschlüsse, die gemeinschaftlich für die Sicherstellung einer flächendeckenden Versorgung Verantwortung tragen und ebenbürtige Partner der Krankenkassen bleiben. Zumindest einer der Vertragspartner muss die Verantwortung für die Gewährleistung der regional erforderlichen Versorgung übernehmen. Das kann durch Krankenkassen und Leistungserbringergemeinschaften gemeinschaftlich oder alternativ erfolgen. Die Krankenkassen könnten Daten zum Bedarf über die ihnen vorliegenden Informationen aus Abrechnung und Morbidität beitragen, die Leistungserbringer den Überblick über Art und Zahl vorhandener Leistungserbringer liefern sowie Möglichkeiten der - auch flexiblen - Bedarfsdeckung aufzeigen (beispielsweise durch verwandte Fachgruppen, wenn erforderliche nicht bedient werden können). In diesem Sinne forderten etwa die Ärzte auf dem 114. Deutschen Ärztetag eine Beteiligung bei der Bedarfsplanung.[65]

Unbedingt bedarf es der Überarbeitung der Bedarfsplanung, damit das Instrument der vertragsärztlichen Zulassung eine seiner wesentlichen Aufgaben, die Verteilungssteuerung oder zutreffender: die Bedarfssteuerung behält. Im Sinne des ungestörten Funktionierens der vertragsärztlichen Zulassung muss der Gesetzgeber des GKV-VStG beobachten, ob seine Vorkehrungen zur Abstimmung der spezialfachärztlichen Versorgung mit der Bedarfsplanung geeignet sind. Andernfalls wird die Schwächung der

---

[65] Schumacher, Rheinisches Ärzteblatt, 7/2011, 12 (13).

Wirksamkeit der Bedarfsplanung, die schon mit § 116 Abs. 2 in Rede stand, weiter verstärkt, denn der die Bedarfsplanung rechtfertigende Grund der Sicherung der finanziellen Stabilität der GKV verliert z. B. zunehmend an Gewicht, wenn der Gesetzgeber selbst den Zugang von Leistungserbringern zur ambulanten Versorgung auch in gesperrten Planungsbereichen öffnet, ohne dass dies durch Versorgungsdefizite gerechtfertigt wäre.[66] Insoweit die Bedarfsplanung für die Steuerung der spezialfachärztlichen Versorgung nicht greift - deren Teilnahmerecht für Krankenhäuser konsequenterweise auch nicht eine Zulassung sondern im einfachsten Fall eine bloße Anzeige bei Erfüllung gesetzlich geregelter Voraussetzungen bilden soll[67] -, stellt sich die Frage, was für Steuerungsinstrumente bei Unterversorgung greifen sollen und wie dies auf die ambulante Versorgung im Übrigen abgestimmt wird.[68] Auch wird der Gesetzgeber die Bereinigung der Gesamtvergütung um die Zahlungen der Krankenkassen für die spezialfachärztliche Versorgung unter dem Aspekt der Verfassungsmäßigkeit ihrer Auswirkung auf die angemessene Vergütung der Vertragsärzte und der Einschränkung der freien ärztlichen Berufsausübung durch die Bedarfsplanung vor dem Hintergrund ihrer Rechtfertigung durch die finanzielle Stabilität der Krankenversicherung zu beobachten haben. Der Gesetzgeber regelt zwar mit § 116b Abs. 6 S. 13, dass die Bereinigung nicht zu Lasten des hausärztlichen Vergütungsanteils und der fachärztlichen Grundversorgung gehen darf[69], die Einhaltung dieser Anforderung ist aber ebenfalls zu kontrollieren.

Mit den gesetzgeberischen Eingriffen in die Bedarfsplanung und der Zulassung stationärer Leistungserbringer zur ambulanten Versorgung ohne Regelung des Verhältnisses und der Auswirkungen auf das System eines Marktzugangs zur ambulanten Versorgung über die vertragsärztliche Zulassung wird diese in ihren Schlüsselfunktionen erheblich geschwächt. Sie verliert an Steuerungswirkung für den Versorgungsbedarf und ferner ihre Gewährfunktion zur Sicherung der Vorrangstellung freiberuflich niedergelassener Ärzte im Bereich der ambulanten Versorgung. Dieser Vorrang hat keinen Verfassungsrang[70] und ist daher einer Verletzung ausgesetzt. Möglicherweise sollte die Forderung der Länder nach einer sektorenübergreifenden (Rahmen-)Planung wieder aufgenommen werden.[71] Gleiches gilt für die Forderung der Ärzte, die spezial-

---

[66] Wenner, GesR 2007, 337 (342).
[67] BR-Drs. 785/11, 26 (§ 106 Abs. 2).
[68] Auch der vdek schlägt insoweit eine konsequente bedarfsplanerische Einbeziehung der ambulanten Kapazitäten in den Krankenhäusern vor, Informationsbroschüre des vdek, Ärztliche Versorgung flexibel gestalten, 10, vdek, 2012,
http://www.vdek.com/politik/gesundheitspolitik/index.htm, 9, (letzter Zugriff 11.11.2011).
[69] BR-Drs. 785/11, 29.
[70] Quaas, GesR 2010, 455 (456).
[71] Vgl. o. V., A+S, 43/2010, 2 (4).

fachärztliche Versorgung über die vorhandenen Strukturen der KVen abzuwickeln statt über die Krankenkassen.[72]

Bei Wahrung und Weiterentwicklung der vertragsärztlichen Zulassung als Schlüsselrolle der ambulanten medizinischen Versorgung, insbesondere durch Definition des Verhältnisses zum stationären Sektor, kann der Selektivvertrag den Kollektivvertrag ergänzen, aber nicht ablösen. Mindestens ist hierfür aber ein Kontrollrahmen durch den in diesen Bereichen zurückgedrängten Kollektivvertragspartner erforderlich, der die gesamte Gruppe der Leistungserbringer vertritt, somit der KV. Das die letzten Gesundheitsreformen negativ kennzeichnende reaktive Vorgehen durch Einzellösungen, die nicht mit dem System abgestimmt werden, ist durch planmäßige, zukunftsgestaltende Reformen zu ersetzen. Im Falle der Erforderlichkeit von Teillösungen und Erprobungen ist es entscheidend, dass deren Auswirkung auf das funktionierende System der Steuerung der ambulanten Versorgung durch die vertragsärztliche Zulassung erschöpfend prognostiziert und gesteuert wird.

B. Umfrage bei KVen - Evaluation

I. Fragestellung

Von Mai 2010 bis Dezember 2011 wurde im Wege einer Befragung die Meinung der KVen in der Bundesrepublik zu ihrer Sicht der Zukunft der vertragsärztlichen Zulassung eingeholt. Ein Muster des Fragebogens ist im Anhang der Arbeit beigefügt. Von 17 Befragten antworteten bis zum Abschluss der Bearbeitung 16, unmittelbar antworteten sechs KVen, auf einmalige oder mehrfache Nachfrage acht, zwei Befragte lehnten eine Beteiligung an der Umfrage ab, gaben aber kurz Auskunft zu dieser Entscheidung. Zwei KVen stellten vor einer Antwort Rückfragen, z. B. nach dem Auftraggeber der Arbeit, für welche die Befragung erfolgte. Auf Wunsch sollen nahezu alle Antworten anonym behandelt werden. Eine KV hat ihre Antwort letztlich nicht abschließend abgesagt, eine solche aber bisher nicht retourniert. Die Antworten kamen nicht durchgehend vom Vorstand sondern vor allem von zuständigen Abteilungen.

Die Fragen eins bis vier von fünf Fragen konnten mit „Ja" oder „Nein" im Wege des Ankreuzens beantwortet werden. Zusätzlich konnten ergänzende Fragen beantwortet oder Anmerkungen getätigt werden. Die Antworten werden im nachfolgenden Diagramm dargestellt. Hierauf folgt eine Zusammenstellung eines Teils der zusätzlichen in den Fragebögen gemachten Antworten oder von freien Angaben, teils wörtlich, teils in Zusammenfassung durch die Verf..

---

[72] O. V., A+S aktuell 43+44 - 11/2011, 3 (5).

1. Diagramm

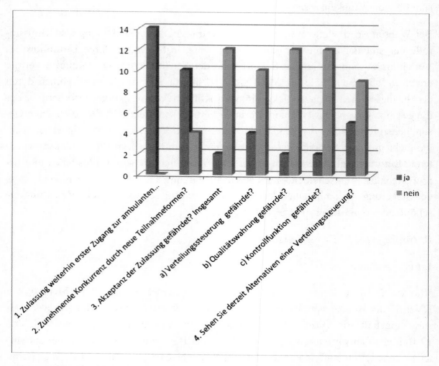

2. Zusätzliche Angaben

Anmerkung: Die nicht fett markierten Buchstaben vor den Antworten sind zur internen Zuordnung d. Verf. zu den jeweiligen KVen bestimmt und für den Leser daher nicht zuordnungsfähig.

1. Die Zulassung wird weiterhin den vorrangigen Zugang zur ambulanten vertragsärztlichen Versorgung darstellen.

a. Denkbare Alternativen zur Zulassung sind langfristig Teamarztstrukturen wie in den USA, was allerdings der intensiven (evolutionären) Entwicklung von Rahmenbedingungen bedarf.

d. Der Staat wird das Steuerungsinstrument nicht aus der Hand geben.

i. Das ist abhängig von der Zukunft der Bedarfsplanung bzw. morbiditätsorientierter Versorgungsplanung. Die Öffnung für arztergänzende Heilberufe wurde zu den von der Verfasserin beispielhaft benannten konkurrierenden Teilnahmeformen als Konkurrenz genannt.

Insgesamt wurde die Relevanz einiger Teilnahmeformen von verschiedenen Teilnehmern durch handschriftliche Anmerkung hervorgehoben. Darunter befanden sich §§ 116b (bzw. bei jüngeren Antworten die spezialfachärztliche Versorgung,) (9 Antworten), 73b, c, 140 ff. oder ganz neue Formen, gesteuert von der gesellschaftlichen Akzeptanz.

2. Wird die Zulassung zunehmend Konkurrenz durch neue Teilnahmeformen erhalten (ggf. welche, z.B. Selektivverträge, ambulante Behandlung KH)?

a. Viele Alternativen sind denkbar, die Durchsetzung wird von gesellschaftlicher Akzeptanz abhängen.

m. Anstellung in Praxis und MVZ erlangt Bedeutung.

3. Wie sehen Sie die Entwicklung der vertragsärztlichen Zulassung in der Zukunft?

a) Insgesamt gefährdet

a. Derzeit sind keine Alternativen ersichtlich, aber die Entwicklung der gesellschaftlichen Voraussetzungen (etwa bei einer veränderten Situation der Überversorgung, Bevölkerungsentwicklung) wird das ggf. erfordern.

b) Verteilung

i. weniger der Zugang als sinnvolle Anreizsysteme sind künftig wohl relevant. Das spielt auch für die Steuerung der Qualität nach Frage 3. c) eine Rolle.

m. die Bedarfsplanung wird es weiterentwickelt auch zukünftig geben.

c) Qualität

a. Ein Vertragspartner ist u. U. einfacher für die Qualitätswahrung. Im Rahmen von Verträgen ist die Etablierung eines Vertragsdiktats wie in der Vor-Bismarck-Zeit denkbar (was Ärzte danach von diesem Diktat abhängig machen kann).

o. Die KV hat die Erfahrung in der Qualitätswahrung. Hindernis sind weniger Selektivverträge mit eigenen Qualitätsanforderungen, sondern „bürokratische Behinderung" durch ständige gesetzliche Änderungen.

d) Kontrolle

4. Gehen Sie davon aus, dass es derzeit wirkungsvolle Alternativen für die Verteilungssteuerung zur vertragsärztlichen Zulassung gibt? Insbesondere durch die vertragsärztliche Vergütung!! (Orientierungswert)

Wirkungsvolle Alternativen einer Verteilungssteuerung

a. Infrastruktur und work-life-balance werden eine große Rolle spielen.

b. Kleinräumige Bedarfsplanung unter Einbeziehung der Demographie und der Morbiditätsentwicklung

d. Pretiale Lenkung ist heute schon gewährleistet.

e. Über einen echten Markt, Kostenerstattung und Selbstbehalte.

i. Es fehlt eindeutig an regionalen Optionen und akzeptabler Vergütungsmöglichkeit von morbiditätsorientierten Sicherstellungszuschlägen.

o. „Malusregelungen" werden abgelehnt, Anreize, konkret auch erhöhte Orientierungswerte als denkbare Option gesehen, die allerdings als Instrument neben der Zulassung zur Verteilungssteuerung vorausgesetzt wird (sie schließen sich nicht aus).

p. Selbst das GKV-VStG wird hier nicht den Durchbruch schaffen.

5. Welche Maßnahmen der Anpassung an die gesetzgeberischen Änderungen plant Ihre KV

a) - c)

a. Aufgaben der KV: Entwicklung zum Dienstleister der ersten Wahl und Agieren auf dem nicht kollektiv-vertraglichen Markt.

b. Die Unterstützung und Bildung von Ärztenetzen oder anderen Organisationen wird als eine der künftigen Aufgaben bejaht. Ferner werden Gutachten zur zukünftigen vertragsärztlichen Versorgung in dünn besiedeltem ländlichem Raum als Aufgabe benannt.

c. Stärkere Einbindung in Selektivvertragsmodelle und Unterstützung von Ärzten wird bejaht, sowie individueller Service als Dienstleistung benannt.

d. Erarbeitung eigner Selektivverträge, aktive Partnerschaft und Umsetzung sowie Änderung des Selbstverständnisses der KV und ihrer Mitarbeiter.

e. Add-on Verträge, Unterstützung von Ärzten als Vertragspartner.

i. Selektivverträge sind ggf. wirtschaftlich sinnvolle Alternative zum Kollektivvertrag. Einbindung durch Kooperationsmodelle sichergestellt (Anm. d. V.: die entsprechende Aktivität der KV kann bestätigt werden, hier wurden auch der Verf. bekannte Bsp. angeführt). Übernahme des Abrechnungsgeschäfts.

j. Teilnehmer, der eine Beantwortung u.a. mit der Begründung der nach dortiger Auffassung durch das „Versorgungsgesetz" nicht (mehr) zu befürchtenden Abwendung von der Zulassung als Zugangsvoraussetzung - an der Umfrage ablehnte, gab im E-Mail Austausch sorgfältige Beobachtung und Einbringung in der politischen Meinungsbildung als Aufgabe der KV in der Fortentwicklung der vertragsärztlichen Versorgung an.

k. Information auf kommunaler Ebene, Verstärkung des Beratungsangebotes für Ärzte, aber keine Unterstützung / Einbringung bei Selektivverträgen.

l. Unterstützung bei der Entwicklung von Konzepten und der Verhandlung von Selektivverträgen mit Krankenkassen. Dienstleistung in Form einer Vertragswerkstatt und bei der Abrechnung.

m. Teilnehmer beantwortet die Frage nach Einbringung in Selektivvertragsmodell mit „ja, durch ´Einbeziehung Verträge´". Dabei ist unklar, ob damit gemeint ist, dass sich die KV mehr in die Modelle einzubringen versuchen oder diese in das Kollektivvertragsmodell übernehmen will. Ferner wird Ausbau des Beratungsangebotes angegeben.

o. Add-on wird befürwortet, weil sie die Arbeits- und Verdienstbedingungen der Ärzte verbessern können, ohne die anderer Ärzte zu verschlechtern.

p. Erhöhung der Angebote an Niedergelassene, Kontakt zu Berufsverbänden. KV steht Ärztenetzen beratend zur Seite.

Zwei KVen benannten den Wechsel, bedingt durch Vorstandswahlen 2010, als Grund für politische Umbrüche an, die u. U. auch die aktuelle Politik der KVen ändern. (j. und k.)

II. Auswertung

Die Umfrage ergibt, dass die Mehrheit der befragten Vertretungskörperschaften der Ärzte das Instrument der vertragsärztlichen Zulassung als „nicht gefährdet" sieht, d. h. von seinem grundsätzlichen Bestehen ausgeht. Das deckt sich mit der Grundvoraussetzung für die weitaus umfänglichste Teilnahme an der Versorgung der gesetzlich Versicherten, wie sie der Gesetzgeber vorsieht. Grundsätzlich ist die Zulassung danach Bedingung jeder Teilnahme an der ambulanten Versorgung. Nicht deckt sich dies allerdings mit der Meinung mehrerer Mitglieder der KVen, nämlich einiger Ärzteorganisationen[73] und der großen Gruppe von Hausärztegemeinschaften, welcher der Gesetzgeber mit § 73b einen eigenen „Selektivvertragsanspruch" eingeräumt hat, den in dieser Arbeit bezeichneten „Dritten Weg". Er reduziert umfassend die Zulassung als Grundlage der Teilnahme am Markt, was sich nicht zuletzt in der gerade hier latenten Bereitschaft zu Kollektivverzichten zeigt, welche letztlich eine Form des Streiks sind. Diese Bereitschaft zeigt sich aber auch allgemein, etwa im Zusammenhang mit der Unzufriedenheit mit der ärztlichen Vergütung, und dokumentiert, dass die vertragsärztliche Zulassung von ihren Inhabern zur Disposition gestellt wird. Es sind also die eigenen Mitglieder der KVen, die den Bestand des Instruments unmittelbar in Frage stellen. Dies ist eine Folge der jüngeren Gesundheitsreformen.[74] Es sind daher letztlich gesetzgeberische Maßnahmen, die das Instrument „bedrohen". Mittelbar ist es auch die Trias der Änderung der Demografie (verbunden mit einer Wanderungsbewegung in Ballungsgebiete), des medizinisch-technischen Fortschritts und des Wegbrechens der Finanzquellen. Sie erzwingen aber nicht unmittelbar die Infragestellung des Instruments der vertragsärztlichen Zulassung und sind daher nicht unmittelbare Ursachen ihrer Gefährdung.

KVen als Vertreter der zugelassenen Vertragsärzte haben die Möglichkeit, die geschichtliche Bewährung des Instruments der Zulassung stärker herauszustellen und

---

[73] Vgl. Kap. 3 B.VII „Fazit zu neuen Steuerungsinstrumenten".
[74] Vgl. u. a. Kap. 1 A.I..

zugleich für die richtige Anpassung an die geänderten Umstände aktiv zu werden. Möglichkeiten hierzu wurden aufgezeigt. Die Umfrage lässt zu wenig Aktivität erkennen. Hiernach werden nur unterstützende Maßnahmen - weniger aktive Vertragsgestaltung und -verwaltung - bei Selektivverträgen oder der Abrechnung als neu gesehene Aufgaben der KVen angegeben. Auch wird ein Schwerpunkt darin gesehen, das „gesicherte Einkommen" der Ärzte weiterhin zu gewährleisten, was zwar ein wichtiger Aspekt des Zusammenschlusses der Ärzte und Gründung der KVen war, aber nur einer von vielen und unter ganz anderen Bedingungen des Gesundheitsmarkts als sie heute existieren. Hier ergibt die Umfrage also einen Hinweis auf zu wenig Engagement. Zwar engagieren sich KVen in der Unterstützung der Ärzte, sehen aber offenbar weniger die Notwendigkeit zu politischer Aktivität. Nur in Ansätzen wird das erkennbar, wenn von „Kontakt zu Berufsverbänden" oder „Unterstützung von Ärztenetzen" gesprochen wird. Nur in einem Fall wird politische Aktivität ausdrücklich als relevante Aufgabe genannt. Ferner wird der Ausbau von regionsspezifischen wie finanziellen Anreizen nicht einmal angegeben, welche aber die Mittel darstellen, für das Ziel der Sicherung der Vergütung an die vertragsärztlichen Zulassung anzuknüpfen. Gerade das regionale Agieren ist zu den wichtigen Aufgaben der KVen zu zählen. Das ist die Grundlage für eine geeignete Versorgung und angemessene Vergütung. Der Gesetzgeber hatte den KVen, besonders in Bezug auf die Vergütung viel von ihrem Handlungsspielraum entzogen. Es ist angezeigt, das zu revidieren. Das GKV-VStG macht mit der Re-Regionalisierung einen Anfang, allerdings erhält der Gesetzgeber auch deutlich die Verstärkung von bundeseinheitlichen Vorgaben aufrecht, indem u. a. dem G-BA eine erhebliche Verantwortung zugewiesen bleibt. Das Problem einer umfassenden Schwächung des Zulassungsprinzips wird nur bedingt gesehen. Man könnte in Hinsicht auf die KVen feststellen: „Problem nur bedingt erkannt und noch weniger gebannt".

C. Fazit

Die vertragsärztliche Zulassung ist seit den 1930er Jahren ein funktionierendes Instrument, die Qualität und Wirtschaftlichkeit der Versorgung der gesetzlich Krankenversicherten zu steuern und sicherzustellen. Damit erfüllt sie wesentliche Aufgaben der GKV. Sie kann als bewährtes Steuerungsinstrument nicht nur in gesundheitspolitischer Hinsicht bezeichnet werden, sondern in Folge ihrer langen Tradition und Prüfung auch in verfassungsrechtlicher Hinsicht. Über Jahrzehnte hinweg wurde über sie zudem die Verteilung der Leistungserbringer mittels der Bedarfszulassung (mit Zulassungssperren bei Überversorgung) kontrolliert und gesteuert. Zunehmende Kosten infolge demografischer Veränderungen, Wanderungsbewegungen und erhöhter medizinisch-technischer Anforderungen[75] sowie das Angehen von Defiziten in der Versor-

---

[75] Vgl. zu den Ursachen für Kostensteigerung, Huster GesR 2010, 337, (339), m. w. N..

419

gung, wie beispielsweise einer schlechten Chronikerversorgung oder Unterversorgung ländlicher Bevölkerung, fordern Veränderungen. Der Einsatz von Mitteln, wie z. B. neuen Versorgungsformen, Wettbewerb oder grundsätzliche Systemänderungen (etwa Infragestellung der Sektorentrennung oder des Ärztevorbehalts) sind nicht abzulehnen. Abzulehnen sind aber Änderungen, die das in seinen Grundzügen funktionierende System der vertragsärztlichen Zulassung gefährden, offenbar ohne weitsichtige Planung des Gesetzgebers. Wie die Arbeit gezeigt hat, wird das funktionierende System der Steuerung über die vertragsärztliche Zulassung aber mit den letzten Gesundheitsreformen, insbesondere seit 2004 in Frage gestellt. Zudem zeigt sich die Planlosigkeit des Gesetzgebers darin, dass er in widersprüchlicher Weise das Instrument der Zulassung einerseits durch Flexibilisierung gestärkt hat, andererseits durch neu entwickelte Steuerungsinstrumente wie den Sonderorientierungswert, mit dem GKV-WSG in wesentlichen Aufgaben, vor allem der Bedarfssteuerung, intentional zur Disposition gestellt hat. Bezüglich der Flexibilisierungen hat die Arbeit gezeigt, dass für die letzten Reformen kennzeichnend ist, dass die Gesetzgebung an vermeidbaren Unklarheiten leidet und zudem Restriktionen auf untergesetzlicher Ebene oder durch die Praxis in der Anwendung der Zulassungsausschüsse zulässt. Dadurch werden die Liberalisierungen zur Förderung des Instruments der Zulassung - jedenfalls zunächst, vor der Entscheidung durch die Rechtsprechung - wieder beseitigt. Bezüglich neu entwickelter Steuerungsinstrumente sind exemplarisch u. a. an dem System einer bundeseinheitlichen Vergütung (Orientierungswert) die Folgen für die Zulassungssteuerung gezeigt worden. Das Scheitern der Orientierungswerte hat sich schon kurz nach ihrer Einführung mit den Änderungen durch das GKV-FinG und nun mit ihrer Abschaffung durch das GKV-VStG erwartungsgemäß offenbart. Die Zulassung als bewährtes Instrument wurde durch diesen für die Gesundheitsreformen als typisch zu bezeichnenden „Versuchsballon" massiv bedroht, wie die mit der Vergütungsreform im Zusammenhang mit den Orientierungswerten aufgetretenen Versorgungsgefährdungen und -verschlechterungen ebenso gezeigt haben, wie die mit dem parallel verfolgten Ausbau des Selektivvertragswettbewerbs, besonders im hausärztlichen Bereich, erfolgten Aufrufe zu Kollektivverzichten.

Die Geschichte zeigt eine Abhängigkeit des Funktionierens des Systems von der gewachsenen Struktur der Zulassung der Vertragsärzte in einem grundsätzlich kollektiven System und das Scheitern eines Systems ohne einen Zulassungsanspruch, insbesondere eines dezentralen Systems von Einzelverträgen mit Krankenkassen. Auch in anderen „Zulassungsberufen", sei es gewerblich oder freiberuflich, gibt es keine Teilnahme über Verträge ohne eine eindeutige Klärung des Verhältnisses zum herkömmlichen Regelungsrahmen.

Zu dem funktionierenden System gehören gleiche Kräfteverhältnisse der beteiligten Partner des Gesundheitswesens, das Prinzip freiberuflicher ärztlicher Leistungserbringer und deren grundsätzliche wirtschaftliche Absicherung. Es ist angezeigt, das Kollektivvertragssystem als (Ordnungs-)Rahmen aufrecht zu erhalten. Die Erkenntnisse aus der Geschichte, die eine Entwicklung weg von Einzelverträgen mit Krankenkassen erfordert haben, die Jahrzehnte lang funktionierte, müssen mahnend in Erinnerung gerufen werden. Denn historisches Anliegen der Ärzte war es, im Wege der von ihnen selbst verwalteten Zulassungen zur Teilnahme an der vertragsärztlichen Versorgung ihr Honorar zu sichern und von der Entscheidung der Krankenkassen, ob sie einen Leistungserbringer beauftragt oder nicht, unabhängig zu sein. An diesen Forderungen hat sich nichts geändert. Bei einem Selektivvertragssystem werden daher auch heute die Verhältnisse und Probleme wie sie um das Jahr 1931 herrschten, erneut eintreten. Folge wäre, dass die nach den Anforderungen des SGB V erforderliche Versorgung nicht mehr gewährleistet werden kann.

Die vertragsärztliche Zulassung ist in ihrer Form der Bedarfszulassung ein über Jahre aus dem Modell von Verhältniszahlen gewachsenes, inzwischen wiederum über ein Jahrzehnt bewährtes Instrument zur Verteilungssteuerung. Das etablierte System hat auf die finanzielle und demografische sowie fortschreitende medizinische Entwicklung nicht ausreichend reagiert. Es hat hierdurch an Wirksamkeit und Qualität verloren. Der wichtige Auftrag der sozialen Krankenversicherung zur Sicherstellung der Versorgung hat gelitten. Gesundheitspolitik und Gesetzgeber haben alternative Wege eingeschlagen, insbesondere mit der Bereitstellung von Vertragsmodellen zur alternativen Sicherstellung der medizinischen Versorgung und mit dem Versuch der Etablierung eines neuen Vergütungssystems mit Sonderorientierungswerten. Diese können die bisherigen Steuerungselemente nicht ersetzen, sondern müssen vielmehr als zusätzliche Instrumente erkannt, genutzt und kontrolliert werden, um Wege zur Steuerung der Versorgung bereitzustellen. Daneben bedarf es der Modernisierung bzw. Reformation der Bedarfsplanung. Diese Aufgabe ist insbesondere an Vertragsärzte und ihre Vertretungskörperschaften adressiert sowie den dem Sozialstaatsprinzip verpflichteten Gesetzgeber. Dabei ist aktives und präventives Vorgehen und Planen gefordert, nicht das sich in den Reformen regelmäßig zeigende reaktive Vorgehen. Ferner ist der Gesetzgeber mahnend an seine Beobachtungpflicht zu erinnern, da er bei Änderungen des Systems, in das die vertragsärztliche Zulassung eingebunden ist, häufig sozialpolitische Prognoseentscheidungen zu treffen hat.

Kapitel 5

Zusammenfassung der Ausarbeitung in Thesen

1. Die vertragsärztliche Zulassung erschließt den Zugang zur Versorgung von rund 90 % der gesetzlich Versicherten. Sie gewinnt damit eine Schlüsselrolle über die erhebliche Steuerungsmöglichkeiten und Steuerungsfunktion eröffnet werden, welche vom Gesetzgeber und der Selbstverwaltung auch ausgefüllt werden. Sie ist damit entscheidend für die Sicherstellung wesentlicher Anforderungen des SGB V wie Qualität, Wirtschaftlichkeit und Notwendigkeit einer Behandlung und demgemäß für die Erfüllung des Sicherstellungsauftrags als zentralem Auftrag der GKV.

2. Die vertragsärztliche Zulassung hat sich historisch zunächst ordnungspolitisch entwickelt. Mit ihr sollten wirtschaftliche Interessen von Behandlern berücksichtigt, ihre Unabhängigkeit hergestellt und die Versorgung der gesetzlich Versicherten gewährleistet werden. Sie hat damit aber zugleich auch verfassungsrechtlich geschützte berufsfreiheitliche Grundrechtspositionen der Behandler einerseits und die verfassungsrechtlich geschützte Arztwahlfreiheit der Patienten sowie mittelbar auch die Sicherstellung der Versorgung von Patienten (u. a. Streikverbot) andererseits gewährleisten können und damit Anforderungen an den Sozialstaat erfüllt. Sie hat sich auch in den folgenden Jahrzehnten erfolgreich der stetigen verfassungsrechtlichen Prüfung unterzogen, wurde angepasst und hat sich an dieser Prüfung bewährt.

3. Historisch gescheitertes Modell hingegen war eine individualvertragliche, dienstvertragsähnliche Rechtsbeziehung zwischen Ärzten und Krankenkassen, die den heutigen Selektivverträgen nahe kommt. Ebenfalls historisch nicht bewährt hat sich das Modell einer Vertretung ärztlicher Interessen durch privatrechtliche Berufsverbände, was durch die heutigen Selektivvertragsstrukturen, exemplarisch an der HzV zu beobachten, jedoch wieder gefördert wird. Erst eine Kollektivierung der Beteiligten und die Einbindung in einen öffentlich-rechtlichen Ordnungsrahmen, verbunden mit der Einführung eines gesetzlichen Teilnahmeanspruchs aller entsprechend qualifizierten Ärzte an der Versorgung der gesetzlich Versicherten, haben die nach dem SGB V erforderliche Versorgung her- und sichergestellt.

4. Gesundheitsreformen, insbesondere mit dem GMG ab dem Jahr 2004 haben das funktionierende Instrument der vertragsärztlichen Zulassung erheblichen Wandelungen ausgesetzt. Sie zielen einerseits auf Stärkung der Zulassung durch Flexibilisierungen, andererseits schwächen sie diese gezielt, aber ersichtlich auch ungezielt. Die Reformen wirken sich auf den Bestand und das Funktionieren der Zulassung und ihres Rahmens, des Kollektivvertragssystems, teilweise in massiver Weise ne-

gativ aus, was sich u. a. in der Wiederkehr historischer Versorgungsdefizite wie Streik und Behandlung gegen Vorkasse äußert oder in zahlreichen Rechtsstreitigkeiten niedergelassener Ärzte um ihre gesicherte Rechtsposition (bspw. i. R. d. § 116b).

5. Eine Schwächung erfolgt durch zielgerichtet eingeführte Alternativsteuerungsmodelle (insbesondere Selektivverträge und eine Vergütungssteuerung, wie in Form der Sonderorientierungswerte des GKV-WSG), aber auch der gesetzlichen Umstrukturierung des Gesundheitsmarktes (etwa die Öffnung nach § 116b und eine spezialfachärztliche Versorgung) und Änderungen des Instruments der Zulassung selbst (so etwa eine Befristung der Zulassung nach dem GKV-VStG).

6. Das Ziel der Stärkung haben vor allem gesetzliche Flexibilisierungen für die Tätigkeit von Vertragsärzten, die das Steuerungsinstrument bedeutsam modernisiert haben. Sie scheitern jedoch wiederholt an Mängeln, die auf Ebene des Gesetzgebers verursacht werden (unklare gesetzliche Regelungen bspw. zum Vorliegen einer „Versorgungsverbesserung" bei Zweigstellen, des Drittschutzes im Rahmen von § 116b oder die Anzahl angestellter Ärzte), aber auch durch die enge und zweckwidrige Auslegung auf Ebene der Selbstverwaltung und Kollektivvertragspartner. Ferner leidet die Gesetzgebung an reaktiver, dem Druck des Marktes folgender Gestaltung. Gefordert ist hingegen aktive, vorsichtige, planmäßige und weitsichtige Gesetzgebung.

7. Mit der Einführung von Alternativmodellen zur vertragsärztlichen Zulassung trifft der Gesetzgeber sozialpolitische Prognoseentscheidungen, deren Anforderungen einer strikte Beobachtungs- und Anpassungspflicht er jedoch unzureichend beachtet. Schon bei der Einführung der Alternativmodelle geschehen Planungsfehler, wie sich am Beispiel der Vergaberechtsdiskussion für Selektivverträge zeigt, und es fehlt an Festlegung der Gestaltungsentscheidung im Verhältnis zum bisherigen System. Positivbeispiel ist die klare Definition des Gesetzgebers zur Aufgabe der Sonderorientierungswerte im Verhältnis zum Steuerungsinstrument der Zulassung (unabhängig von der festgestellten Tatsache ihrer fehlenden Eignung und dem Fehlen einer Befristung), zu kritisieren ist dagegen, dass er die Rolle von Selektivverträgen keineswegs als Alternativmodell gestaltet oder gar definiert hat, gleichwohl aber ihre zunehmende Störung des Zulassungssystems in der ambulanten Versorgung zulässt.

8. Der Gesetzgeber ist bei künftigen Gesundheitsreformen aufgefordert, historischen Kenntnisschatz zu nutzen. Viele Fehler der letzten Gesundheitsreformen und deren Folgen (z. B. Kollektivverzichte, schädliche Verhandlungsungleichgewichte, Vor-

kasse) wären hierdurch vermeidbar gewesen. Neben dem Gesetzgeber sind die Selbstverwaltungspartner zur Flexibilität gefordert. Sie agieren teilweise noch zu weitgehend in alten Rollenverständnissen (so mangelt es an Innovation, stärkerer politischer Aktivität und unternehmerischer Denkweise der von öffentlich-rechtlichen Strukturen geprägten Vertretungskörperschaften).

9. Die allgemein gesehenen Anforderungen des gesellschaftlichen Wandels wie insbesondere die Trias

- demografische Änderungen der Patienten- wie Ärztestruktur,

- medizinisch-technischer Fortschritt und entsprechende Erwartung der Patienten an die Versorgung,

- bei unverändert knappen finanziellen Ressourcen

stellen neue Anforderungen an die ambulante Versorgung und damit auch an das Steuerungsinstrument der vertragsärztlichen Zulassung. Sie bedarf des Wandels und der (steten) Anpassung. Sinnvoll sind dabei auch ergänzende Instrumente wie die Selektivverträge. Der Wandel erfordert auch in gewissem Umfang ein Experimentieren wie auch die Infragestellung des Ärztevorbehalts oder der Sektorentrennung, das aber verantwortungsvoll geplant und im Umfange deutlich in der gesetzgeberischen Entscheidung zum Ausdruck kommen muss, etwa durch eine Befristung von Erprobungen und Alternativmodellen und - wie teilweise erfolgt - gleichzeitige Förderung des bestehenden Modells.

10. Eine Alternative zur vertragsärztlichen Zulassung hat sich bisher weder historisch ergeben und bewiesen noch zeichnet sich eine solche annähernd in der bisherigen und aktuellen Entwicklung ab. Eine weitere Gefährdung der Funktionsfähigkeit des Steuerungsinstruments ist zwingend zu vermeiden, um dem vorrangigen Ziel des SGB V, der Sicherstellung einer ausreichenden, zweckmäßigen, wirtschaftlichen und notwendigen Versorgung, gerecht zu werden.

Rückantwort

Per Fax 0221 34029333

Absender:

Kassenärztliche Vereinigung
Bundesland
Der Vorstand
Straße
Postleitzahl Ort

Adressat:

Heller Kanter Rechtsanwälte
Ringstr. 44
50996 Köln

Ich befasse mich mit der zukünftigen Rolle / Funktion der vertragsärztlichen Zulassung, insbesondere aufgrund der Überprüfung der Aufhebung der Bedarfszulassung (und schon erfolgten Aufhebung derselben bei den Zahnärzten). Damit zusammenhängend stellt sich die Frage der Aufgaben der KVen.

Meine Fragen an Sie:

1. Wie sehen Sie die zukünftige Entwicklung der vertragsärztlichen Zulassung als Zugang zur ambulanten vertragsärztlichen Versorgung, insbesondere seit Zunahme von Selektivverträgen / IV-Verträgen? Dabei kommt es weniger auf die rechtliche Voraussetzung an, nach der die Zulassung derzeit grundsätzlich noch Teilnahmevoraussetzung ist - auch für die Teilnahme an Selektivverträgen - als auf die Frage, ob ihre tatsächlichen Rolle im ambulanten Versorgungsmarkt erfolgreich zu praktizieren, abnimmt. Wenn Ihr Standpunkt ist, dass es rechtlich „ohne Zulassung" derzeit sowie so nicht möglich ist, an der ambulanten Versorgung teilzunehmen, können Sie dies natürlich auch antworten. Schön wäre aber auch die Einbeziehung der Überlegung, dass sich das gesetzlich ändern könnte bzw. sich auch faktisch bereits ändert.

Die Zulassung wird weiterhin den vorrangigen Zugang zur ambulanten vertragsärztlichen Versorgung darstellen.

Ja ☐

Nein ☐

Sonstiges (z. B. „nur in näherer Zukunft" oder „ggf. parallel mit weiteren Instrumenten des Zugangs zum Markt")

....

2. Wird die Zulassung zunehmend Konkurrenz durch neue Teilnahmeformen erhalten (ggf. welche, z.B. Selektivverträge, ambulante Behandlung KH)?

Ja, ☐

durch ....

Nein ☐

Sonstiges..

3. Wie sehen Sie die Entwicklung der vertragsärztlichen Zulassung in der Zukunft?

a) Ihre Akzeptanz ist **insgesamt** gefährdet.

Ja ☐

Nein ☐

Sonstiges..

b) Sie ist gefährdet im Hinblick auf ihre **Steuerungsfunktion** zur Verteilung der Versorgung (insbesondere wg. geplanter Überprüfung der Bedarfszulassung 2012)

Ja ☐

Nein ☐

Sonstiges...

c) Sie ist gefährdet im Hinblick auf ihre Funktion einer **Qualitätswahrung** (durch Disziplinarmaßnahmen, Qualifizierungsvoraussetzungen für Abrechnungsbefugnisse etc.) der ambulanten Versorgung (etwa, weil dies zunehmend in Verträgen geregelt wird oder Teilnehmer auf Zulassungen verzichten)

Ja ☐

Nein ☐

Sonstiges...

d) Sie ist gefährdet im Hinblick im Hinblick auf ihre **Kontrollfunktion** (z. B. Pflicht als zugelassener Arzt auch tatsächlich tätig zu sein) der Teilnehmer an der ambulanten Versorgung

Ja ☐

Nein ☐

Sonstiges..

e) Weitere gefährdete Funktionen der Zulassung:

....

4. Gehen Sie davon aus, dass es derzeit wirkungsvolle Alternativen für die Verteilungssteuerung zur vertragsärztlichen Zulassung gibt? Insbesondere durch die vertragsärztliche Vergütung!! (Orientierungswert)

Ja ☐

Nein ☐

Sonstiges ....

5. Welche Maßnahmen der Anpassung an die gesetzgeberischen Änderungen plant Ihre KV?

a) Stärkere Einbringung in Selektivvertragsmodelle (ggf. Angabe, wie das erfolgen kann / soll, da KVen vom Gesetzgeber zumeist nicht „eingeplant" sind. Z. B., Prüfung von Angeboten der KKen an Ihre Mitglieder?)

....

....

b) Unterstützung / Bildung von Ärztenetzen oder anderen Organisationen (Vertragspartnern für Selektivverträge mit Krankenkassen)

....

....

c) Dienstleistungen sonstiger Art:

....

....

Unsere Angaben dürfen

Mit Benennnung der KV ☐

nur anonym ☐

publiziert werden.